# 근대 중국인의 해국 탐색

청말 출사대신의 일기와 해양문명

**지은이**

**조세현**(曺世鉉, Cho Se-hyun)

현재 부경대학교 사학과 교수로, 서강대학교 사학과에서 학·석사과정을 마치고 북경사범대학 역사과에서 박사학위를 받았다. 저서로 『清末民初無政府派的文化思想』(中國, 社會科學文獻出版社, 2003), 『동아시아 아나키스트의 국제교류와 연대』(창비, 2010), 『부산화교의 역사』(산지니, 2013), 『천하의 바다에서 국가의 바다로』(일조각, 2016), 『해양대만과 대륙중국』(부경대 출판부, 2017) 등이 있다. 몇 해 전에는 부경대학교 사학과 교수들과 공동으로 『해양사의 명장면』(산지니, 2019)을 출간하기도 했다. 동아시아 근대사상문화에 관심을 가졌으며, 요즘은 주로 동아시아 근대해양사를 공부하고 있다. 부경대학교 박물관장, 도서관장, 기록관장, 해양인문학연구소 소장 등을 역임했고 현재 부경대학교 인문한국플러스(HK+)사업단에 참여하고 있다.

**근대 중국인의 해국 탐색** – 청말 출사대신의 일기와 해양문명

**초판인쇄** 2022년 4월 20일 **초판발행** 2022년 5월 6일

**지은이** 조세현 **펴낸이** 박성모 **펴낸곳** 소명출판 **출판등록** 제13-522호

**주소** 서울시 서초구 서초중앙로6길 15, 2층

**전화** 02-585-7840 **팩스** 02-585-7848 **전자우편** somyungbooks@daum.net **홈페이지** www.somyong.co.kr

값 39,000원 

ISBN 979-11-5905-678-9 93910



이 책은 2017년 대한민국 교육부와 한국연구재단의 지원을 받아 수행된 연구임(NRF-2017S1A6A3A01079869).

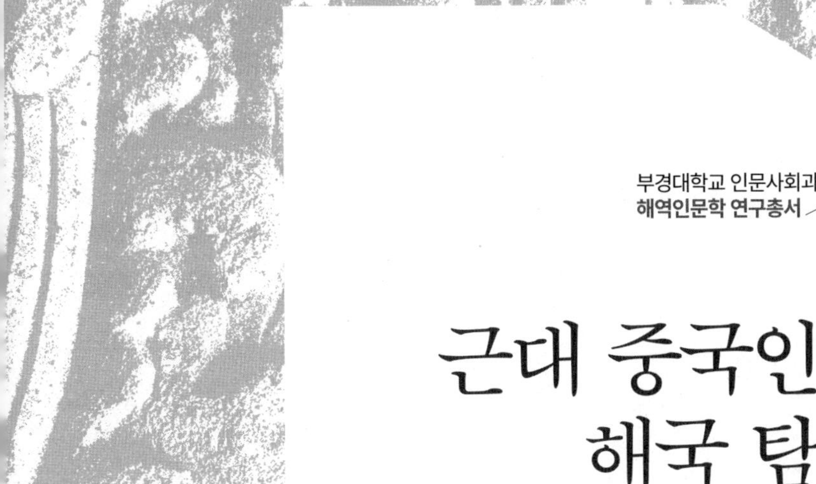

부경대학교 인문사회과학연구소
해역인문학 연구총서 / 07 /

# 근대 중국인의 해국 탐색

## 청말 출사대신의 일기와 해양문명

조세현 지음

Modern Chinese Exploration on the Maritime State

## 발간사

부경대학교 인문사회과학연구소와 해양인문학연구소는 해양수산 교육과 연구의 중심이라는 대학의 전통과 해양수도 부산의 지역 인프라를 바탕으로 바다를 중심으로 하는 인간 삶에 대한 총체적 연구를 지향해 왔다. 바다와 인간의 관계에서 볼 때, 아주 오랫동안 인간은 육지를 근거지로 살아왔던 탓에 바다가 인간의 인식 속에 자리잡게 된 것은 시간적으로 길지 않았다. 특히 이전 연근해에서의 어업활동이나 교류가 아니라 인간이 원양을 가로질러 항해하게 되면서 바다는 본격적으로 인식의 대상을 넘어서 연구의 대상이 되었다. 그래서 현재까지 바다에 대한 연구는 주로 과학기술이나 해양산업 분야의 몫이었다. 하지만 인간이 육지만큼이나 빈번히 바다를 건너 이동하게 되면서 바다는 육상의 실크로드처럼 지구적 규모의 '바닷길 네트워크'를 형성하게 되었다. 그리고 이 해상실크로드를 따라 사람, 물자, 사상, 종교, 정보, 동식물, 심지어 병균까지 교환하게 되었다.

이제 바다는 육지만큼이나 인간의 활동 속에 빠질 수 없는 대상이다. 바다와 인간의 관계를 인문학적으로 점검하는 학문은 아직 정립되지 못했지만, 근대 이후 바다의 강력한 적이 인간이 된 지금 소위 '바다의 인문학'을 수립해야 할 시점에 이르렀다. 하지만 바다의 인문학은 소위 '해양문화'가 지닌 성격을 규정하는 데서 시작하기보다 더 현실적인 인문학적 문제에서 출발해야 한다. 그것은 한반도 주변의 바다를 둘러싼 동북아 국제 관계에서부터 국가, 사회, 개인 일상의 각 층위에서 심화되고 있는 갈등과 모순들 때문이다. 이것은 근대 이후 본격화된 바닷길 네트워크를 통해서 대두되었다. 곧 이질적 성격의 인간 집단과 문화가 접촉, 갈등, 교섭해 오면서 동양과 서양, 내셔널과 트랜스내셔널, 중앙과 지방의 대립 등이 해역海域 세계를 중심으로 발생했던 것이다.

다시 말해 해역 내에서 인간이 교류하며 만들어내는 사회문화와 그 변용을 그 해역의 역사라 할 수 있으며, 그 과정의 축적이 현재의 상황으로 나타난다고 할 수 있다. 따라서 해역의 관점에서 동북아를 고찰한다는 것은 동북아 현상의 역사적 과정을 규명하고, 접촉과 교섭의 경험을 발굴, 분석하여 갈등의 해결 방식을 모색토록 하며, 향후 우리가 나아가야 할 방향을 제시해주는 하나의 방법이라고 할 수 있다. 개방성, 외향성, 교류성, 공존성 등을 해양문화의 특징으로 설정하여 이를 인문학적 자산으로 상정하고 또 외화하는 바다의 인문학을 추구하면서도, 바다와 육역陸域의 결절 지점이며 동시에 동북아 지역 갈등의 현장이기도 한 해역을 연구의 대상으로 삼아 실제적으로 현재의 갈등과 대립을 해소하는 방안을 강구하고, 나아가 바다와 인간의 관계를 새롭게 규정하는 '해역인문학'을 정립할 필요성이 여기에 있다.

이러한 인식하에 본 사업단은 바다로 둘러싸인 육역들의 느슨한 이음을 해역으로 상정하고, 황해와 동해, 동중국해가 모여 태평양과 이어지는 지점을 중심으로 동북아해역의 역사적 형성 과정과 그 의의를 모색하는 '동북아해역과 인문 네트워크의 역동성 연구'를 제안한다. 이를 통해 우리는 첫째, 육역의 개별 국가 단위로 논의되어 온 세계를 해역이라는 관점에서 다르게 사유하고 구상할 수 있는 학문적 방법과 둘째, 동북아 현상의 역사적 맥락과 그 과정에서 축적된 경험을 발판으로 현재의 문제를 해결하고 향후의 방향성을 제시하는 실천적 논의를 도출하고자 한다.

부경대 인문한국플러스사업단이 추구하는 소위 '(동북아)해역인문학'은 새로운 학문을 창안하는 일이다. '해역인문학총서' 시리즈는 이와 관련된 연구 성과를 집약해서 보여줄 것이고, 또 이 총서의 권수가 늘어가면서 해역인문학은 그 모습을 드러낼 수 있을 것으로 기대한다. 끝으로 해역인문학총서가 인간과 사회를 다루는 학문인 인문학의 발전에 기여할 수 있는 하나의 씨앗이 되기를 희망한다.

부경대 인문한국플러스사업단 단장 손동주

## 인사말

저자는 대전에서 태어나 집안 사정으로 초등학교 1학년 때 부산으로 이사를 왔다. 얼마 후 영도라는 섬으로 집을 옮긴다는 소식에 영도가 부산 일부라는 사실도 모른 채, 섬 소년이 되는가 싶어 무척 불안했던 기억이 막연하게 남아있다. 태종대 앞바다에서 어린 시절을 보내면서 집 밖의 해양 풍경을 바라보거나, 해안가 따라 학교를 오가면서도 별다른 감흥은 없었던 듯싶다. 태풍이 몰려오면 창가에서 방파제에 이는 거친 물보라를 바라보거나, 친구들과 수영을 배우려다 짠 바닷물을 듬뿍 마신 기억 정도가 뚜렷하다. 물론 바다에 얽힌 적지 않은 추억들이 있을 터이지만 대부분 까먹었다는 것이 적절한 표현일 것이다. 그리고 서울로 대학과 대학원을 진학하고, 다시 북경으로 유학을 떠나면서 바다는 저자로부터 멀어졌다.

중국의 한 대학에서 '아나키즘'이라는 연구주제로 박사학위를 받고 한국으로 돌아와 운 좋게도 수산대학을 뿌리로 한 부경대학교에 자리를 잡았다. 중국을 비롯한 동아시아의 사상과 문화를 평생 연구할 줄 알았는데, 소속 대학이 해양수산에 특성화된 대학이어서인지 어쩌다 보니 자연스레 해양사를 공부하게 되었다. 처음에는 재직 학교에 대한 기념이자 선물로 한 권의 책을 쓰고 원래 연구하던 주제로 돌아갈 생각이었다. 그런데 이런저런 인연에 얽혀 벌써 두세 권의 동아시아 관련 해양사 저서를 내다 보니, 언제부터인가 주변에서 해양사 연구자라는 소리를 듣게 되었다. 어떤 분은 아나키즘의 정신과 바다의 성격이 닮아서 그런 것이니 자연스러운 인연이라고 위로 아닌 위로를 건네기도 한다. 어쨌든 이번에도 중국 해양사 관련 연구서 한 권을 세상에 내놓게 되었다.

이 책은 몇 년 전에 출판한 『천하의 바다에서 국가의 바다로－해양의 시각으로 본 근대 중국의 형성』일조각, 2016이라는 저술과 관련이 깊다. 그 내용의 한 축을 이루는 전통적 수사水師로부터 근대적 해군海軍으로 전환하는 과정에서 당시 청국 외교관인 출사대신出使大臣이 중요한 역할을 담당했다는 내용이 있다. 출사대신의 여행기(혹은 일기)에는 대양을 건너 유럽으로 가서 영국과 독일 등지에서 군함과 대포를 구매해 북양해군을 건설하는 과정이 실려 있다. 저자는 평소 여행기에 관심이 있던 터라 이를 계기로 청말 지식인들의 세계여행기를 모아 놓은 종숙하鍾叔河 주편의 『주향세계총서走向世界叢書』 시리즈를 본격적으로 읽게 되었다. 게다가 상해에서 자료를 수집하던 중 두 번째 시리즈인 『주향세계총서』일백종(一百種)가 나온 사실을 확인하고 구매해 읽으면서, 출사일기에 담긴 해양 문명이란 주제로 이번 저서의 골격을 잡았다.

한국의 역사기록에서 해양 관련 기사를 찾는 일은 쉽지 않다. 언제부터인가 우리가 해운, 해군, 항만, 수산 등 수해양 여러 분야에서 세계적인 수준에 도달했다고 자부하면서도, 막상 우리가 바다에 관한 독창적인 인문학적 관점을 가지고 있느냐고 자문하면 주저하지 않을 수 없다. 저자는 대표적인 항구도시인 부산, 남북분단으로 사실상 하나의 큰 섬을 이루는 한국, 한·중·일과 대만을 아우르는 동북아해역 등 동아시아의 지리 공간을 해양사의 관점에서 어떻게 그려볼 수 있을까? 라는 문제의식으로 공부해 왔다. 하지만 머리가 둔한 탓인지 여전히 바다를 통해 역사를 풀어내기가 쉽지 않다. 이번에도 전공 분야인 중국 근현대사를 중심으로 출사대신의 출사일기에 실린 바다 이야기를 장황하게 늘어놓는 수준에서 그쳤다. 재미있는 여행기를 가지고도 부족한 필력과 빈곤한 상상력으로 말미암아 실감 나기는커녕 무미건조한 책을 만들었다는 부끄러움을 지울 수 없다. 앞으로 뛰어난 연구자들이 많이 나와 해역을 매개로 동아시아(혹은 한국)의 '해양인문학'을 구축해 주었으면 좋겠다.

이 저서는 몇 년 동안 학술지에 발표한 여러 편의 논문들을 기반으로 이루어졌다. 하지만 시작부터 저서를 염두에 놓고 글을 썼기에 논지의 일관성은 어느 정도 있는 편이다. 본문을 구성하는 개별논문들은 대부분 한국연구재단이나 부경대학교 등 여러 학술기관의 재정지원을 받았다. 모두 저자의 행운이라고 생각한다. 무엇보다 이 책은 부경대학교 인문한국플러스HK+사업단단장 손동주의 '동북아해역과 인문네트워크의 역동성 연구'라는 연구프로젝트에 참여하면서 기획되었다. 그 결과물로 사업단의 해역인문학 연구총서의 한 권으로 출판하게 된 점을 무척 기쁘게 생각한다. 그동안 해양 문화를 주제로 함께 연구하면서 지적 자극을 준 주변 여러 선생님의 도움이 컸으며, 특히 원고를 꼼꼼히 읽어주신 김문기 선생님과 현재 북경에서 공부하고 있는 손자영 학생에게 감사의 마음을 전한다. 아울러 소명출판의 조혜민 편집자에게도 고마움을 전한다. 끝으로 이 책을 최근 하느님의 부름을 받으신 존경하고 사랑하는 어머니의 영정 앞에 바친다.

광안리를 바라보며 연구실에서

조세현

발간사 3
인사말 6

서론 **대양을 건넌 중국인들** 13

## 제1부 서유기西遊記, 유럽의 해양강국을 탐색하다

제1장 **해외 여행기에 나타난 해양 문명** 37
1. 개인 견문기에 나타난 해양 이미지 38
2. 사절단 여행기에 나타난 해양 문화 46

제2장 **곽숭도 일행의 대양항해와 해양 문명** 80
1. 출사 과정과 출사 인원 81
2. 대양에서 겪은 해양 문화 87
3. 영국에서 경험한 해양 문명 103

제3장 **주영 공사의 '견선리포堅船利炮' 관찰과 군함 구매**
곽숭도郭嵩燾 일행과 증기택曾紀澤의 출사일기 118
1. 하트와 캠벨, 그리고 이홍장 119
2. 곽숭도 일행의 일기에 나타난 '견선리포' 126
3. 증기택 일기에 나타난 군함 구매 149

제4장 **주독 공사의 군함 구매와 해군 건설**
이봉포李鳳苞와 허경징許景澄의 출사일기 164
1. 과학기술자 이봉포와 서건인 165
2. 이봉포 공사 시기1878~1884 171
3. 허경징 공사 시기1884~1887 186

제5장 **해군 유학과 해군 건설** 198
1. 복주선정학당과 해군유학 계획 199
2. 영국 해군 유학생 205
3. 유럽 해군 유학생 221

제6장 **설복성의 '해국海國' 구상** 234
1. 출사 전 해방海防인식 235
2. 출사 후 해군 건설 구상 240
3. 서양문명과 중서회통中西會通 249
4. 화교정책과 해금海禁 폐지 259

소결 1 **해양문명의 격차, 중체서용의 한계** 271

제2부 **동유기東遊記, 해국일본을 학습하다**

제7장 **여행기 속의 해국일본**
중일 항로와 개항장 화교를 중심으로 283
1. 중일 항로와 지리관의 변화 284
2. 개항장과 화교들 304

제8장 **출사대신과 일본해군**
대만출병부터 나가사키 사건까지 321
1. 막말 메이지 초 해군 건설과 대만출병 322
2. 일본 출사대신의 여행기에 나타난 일본해군 332
3. 영국 출사대신의 일기에 나타난 해국일본 345
4. 북양함대의 일본방문과 나가사키 사건 355

제9장 **동유일기에 나타난 해양 문명** 363
1. 청일전쟁 전후의 '동유열東遊熱' 364
2. 교육 시찰과 수해양학교 369
3. 실업 시찰과 수해양산업 381
4. 법 · 행정 시찰 및 해양 문화 394

제10장 **동유일기 속의 군사 시찰과 군사 유학** 408
1. 청국 관신官臣의 군사 시찰 409
2. 청국 청년의 군사 유학 423

소결 2 **해국일본, '모범'이자 '적국'** 447

결론 **동양과 서양 사이** 454

참고문헌 464
용어 찾아보기 475
인명 찾아보기 481
책명 찾아보기 486

## 표 차례

〈표 1〉 개인과 사절단의 대표적인 여행기(곽숭도 출사 이전) 79
〈표 2〉 주영 공사와 주독 공사 일람표(청일전쟁 이전) 117
〈표 3〉 북양함대 중의 영국제 군함 155
〈표 4〉 북양함대 중의 독일제 군함 177
〈표 5〉 청말 제1차 해군 유학생(영국과 프랑스) 233
〈표 6〉 청일전쟁 이전 중국인의 일본 여행기 주요 현황표 320
〈표 7〉 일본해군 확장계획 중 주요 군함(1883~1893) 362
〈표 8〉『走向世界叢書』(一百種)에 실린 대표적인 동유일기 목록 406

서론

# 대양을 건넌 중국인들

'북쪽 깊은 바다'에 물고기 한 마리가 살았는데, 그 이름은 곤鯤이라 하였습니다. 그 크기가 몇천 리인지 알 수 없었습니다. 이 물고기가 변하여 새가 되었는데, 이름을 붕鵬이라 하였습니다. 그 등 길이가 몇천 리인지 알 수 없었습니다. 한번 기운을 모아 힘차게 날아오르면 날개는 하늘에 드리운 구름 같았습니다. 이 새는 바다 기운이 움직여 물결이 흉흉해지면, 남쪽 깊은 바다로 가는데, 그 바다를 예로부터 '하늘 못天池'이라 하였습니다.

—『장자』의 제1편 「소요유」 중에서

## 1. 서유기

청말 중국의 지식인들에게 해양은 무슨 의미였을까? 전근대 중국인들은 바다에 대한 체계적인 지식이 부족했기 때문에 미지의 세계이자 두려움의 대상이었다. 중화민국의 국부로 칭송되는 손문孫文은 1878년 출국했을 때, 처음 윤선의 신기함을 보았고, 창해의 광활함을 보았다. 이로부터 서학을 흠모하는 마음이 생겼고, 천지를 탐구하려는 생각이 일어났다고 회고한 바 있다. 이처럼 증기기관으로 움직이는 근대적 윤선과 대륙을 둘러싼 드넓은 바다는 중국의 지식인들에게 새로운 세계로 들어가는 통로였다. 아편전쟁 후 청국인들이 서양 문화를 인식하는 과정에서 개인 여행자와 해외 사절단 및 출사대신出使大臣은 매우 중요한 매개 역할을 담당하였다.

아편전쟁 이후 1840년대부터 1860년대까지 청국인의 해외여행은 개인 차원으로 이루어졌는데, 주로 상인이나 유학생이었다. 임침林鍼이 미국으로 일하러 간 일, 용굉容閎이 미국으로 유학 간 일, 왕도王韜가 영국으로 건너간 일 등이 대표적이다. 사절단 차원으로는 1866년 빈춘斌椿 부자 일행이 출국한 것이 청국이 처음 파견한 관방 여행단이었다. 해관총세무사 로버트 하트Robert Hart, 赫德가 영국 휴가를 갈 때 함께 유럽 여행을 시킨 것인데, 엄격한 의미에서 실험적인 관광여행에 불과하였다. 두 번째는 1868년의 앤슨 벌링게임Anson Burlingame, 蒲安臣 사절단으로 미국인이 인솔한 근대중국 최초의 외교사절단이었다. 지강志剛과 장덕이張德彝 등이 수행했으며 이때 처음으로 청국을 상징하는 국기를 사용하였다. 다음으로 천진교안 때문에 1870년에 프랑스로 사죄하러 간 숭후崇厚 사절단이 있다. 이들은 뚜렷한 외교적 사명을 띠고 프랑스에 간 사절단으로 현지에서 일어난 파리코뮨을 목격한 중국인이 되었다.

양무운동 시기인 1860년대 서양의 외교사절단이 북경에 상주하고, 1870~80년대 출사대신을 해외로 파견해 공사관을 세운 사건은 청국이 국제사회에 본격적으로 참여한 중요한 지표이다. 그중 출사대신이야말로 청국이 국제사회로 편입하는 과정에서 선구자였으며, 외교 임무를 달성하기 위해 미지의 세계인 대양을 건너야 했다. 1876년 천조 제국이 지상 세계와 접촉하려 첫 번째 정식 대표를 파견하였다. 그 대표 인물이 바로 곽숭도郭嵩燾였다.[1] 곽숭도의 출사야말로 고위 관료 출신의 전통 지식인이 대양을 건너 유럽으로 가서 서양문명을 학습하기 시작한 진정한 출발점이다.[2] 그 이후 청국과 외교관계를 맺은 많은 국가로 출사대신을 파견하였다.

청말 해외로 나간 중국인 가운데 출사대신의 여행기(혹은 일기)에는 구미 열강의 정치, 경제, 사회, 문화, 풍속 등 다양한 내용을 담고 있는데, 그들의 눈에 가장 인상적으로 들어온 것은 19세기 서양의 놀라운 과학기술이었다. 근대 문명을 상징하는 대표적인 과학기술로는 증기기관으

1 종숙하(鍾叔河)는 곽숭도(郭嵩燾) 일기의 서론에서 "영국의 대포가 중국 황제의 권위를 파괴해, 천조 제국과 지상 세계가 접촉하도록 압박했다"라는 마르크스의 말을 인용하였다(郭嵩燾, 『倫敦與巴黎日記』(『走向世界叢書』 第1輯 第4冊), 岳麓書社, 1985, 서론, p.5).

2 출사대신(出使大臣)은 평소에 현지 신문을 열람하고, 공문서를 검토 초안하며, 현지 외무부와 절충하고, 명사와 사교하며, 화인(華人) 문제에 대처하였다. 기존 출사대신 연구는 주로 해외로 나간 관료나 지식인의 서양관과 세계관을 추적하였다. 외교관들이 남긴 여행기나 일기 및 공문 등을 통한 사상사 연구가 그것이다. 이 경우 출사일기(出使日記)는 가장 중요한 사료였다. 근래에는 공사관과 영사관의 기능과 설치과정 등을 많이 연구한다. 이런 외교사 연구에서는 대만출병, 해방(海防) 논의, 이민노동자, 화공(華工) 보호 등과 관련해 재외공관의 설치와 본국 당국과의 관계를 검토한다(岡本隆司·箱田惠子·青山治世, 『出使日記の時代』, 名古屋大學出版會, 2014, pp.1~6).

로 움직이는 윤선과 대형함포를 구비한 군함을 꼽을 수 있다. 곽숭도를 비롯한 청국의 출사대신들은 여전히 '동양東洋'에 대한 자부심을 가지고 출양하였다. 그러나 구미 사회에서 자신들이 상상하지 못했던 진정한 '서양西洋'을 목격하였다. 이런 동양과 서양 사이에서 출사대신들은 서로 다른 반응을 보였고 서로 다른 선택을 하였다.[3]

근대 중국 사회에서 해외 여행기는 보통 사람들이 드넓은 세상을 알 수 있는 거의 유일한 통로였다. 이런 여행기는 크게 세 종류로 나눌 수 있는데 개인 견문기, 사절단 여행기, 출사대신 일기 등이 그것이다. 한 연구에 따르면, 청말 해외 여행기의 시기 구분은 대략 세 단계로 나눌 수 있다. 1단계 초창기1840~1875는 아편전쟁이 일어난 뒤부터 곽숭도가 출사하기 전까지로, 이 시기는 소수의 민간이나 사절단 차원에서 기록을 남겼는데 신기한 풍경묘사가 주를 이루었다. 2단계 과도기1876~1894는 곽숭도가 정식으로 영국에 출사한 때부터 청일전쟁까지로, 이 시기는 관방이 주가 되어 비교적 풍부한 일기를 남겼는데 정교, 제도와 이데올로기 등도 기록하였다. 대체로 1895년 청일전쟁 이전의 해외 여행기는 비록 서양문명에 관한 경이로움으로 가득 찼지만, 동시에 중국문화에 대한 자부심도 잃지 않았다. 3단계 전환기1895~1911는 청일전쟁부터 신해혁명까지로, 이 시기는 청국이 혼란기여서 여행자의 서양 문화 인식도 심각하게 급변하는 시기라고 볼 수 있다.[4]

이 글은 여행이란 단순한 공간이동이 아니라 목적과 의미 있는 행동으로 체계화된 행위이며, 따라서 여행의 역사가 아니라 여행으로 본 역사

---

3 尹德翔, 『東海西海之間』, 北京大學出版社, 2009, pp.282~283.
4 楊波, 『晚清旅西記述研究(1840~1911)』, 河南大學博士學位論文, 2010, p.19.

도 역사학의 또 다른 방법이 될 수 있다는 전제 아래 출발한다.[5] 중국학계에서 여행기 연구는 중국의 개혁개방과 더불어 1980년대부터 비교적 활발하게 진행되었다. 그런데 청조의 대외관계, 중서 문화의 교류와 충돌, 중국인의 여행 문학 등을 다룬 주제는 적지 않지만, 저자가 아는 바로는 여행기를 통해 서양의 해양 문명을 구체적으로 다룬 연구는 거의 없다.[6] 여기서 해양 문명이란 넓게는 농업 문명과 유목 문명과 더불어 인류문명의 세 가지 기본 유형의 하나를 가리키며, 좁게는 서양 자본주의 문명이자 공업 문명의 역사적 기호이기도 하다. 그렇다고 서구만의 독자적인 문화현상을 의미하는 것은 아니다.[7] 이와 관련해 본문에서 자주 등장하는 '해국海國'이란 용어는 서양열강이 동아시아 진출과정에서 근대 중국과 일본의 지식인들이 자국의 해양성을 자각하는 동시에 세계인식의 변화가 나타난 상황과 관련한 개념으로 사용하였다.

이 책의 전반부를 구성하는 제1편 '서유기, 유럽의 해양강국을 탐색하다'는 청국에서 파견한 유럽 출사대신을 중심으로 여섯 편의 장으로 구성하였다.

---

5 김유철 외, 『동아시아 역사 속의 여행』(1), 산처럼, 2008, 14·37쪽.

6 청말 해외 여행기 연구로는 陳室如, 『近代域外游記研究(1840~1945)』, 臺北 : 文津出版社, 2008; 閔銳武, 『蒲安臣使團研究』, 中國文史出版社, 2002; 吳以義, 『海客述奇－中國人眼中的維多利亞科學』, 臺北 : 三民書局, 2002(上海科學普及出版社, 2004); 王熙, 『一個走向世界的八旗子弟－張德彝「稿本航海述奇滙編」研究』, 中山大學歷史系博士學位論文, 2004; 尹德翔, 『東海西海之間－晚清使西日記中的文化觀察, 認證與選擇』, 北京大學出版社, 2009; 楊波, 『晚淸旅西記述研究(1840~1911)』, 河南大學博士學位論文, 2010 등이 있다. 그 가운데 진실여의 『근대역외유기연구(1840~1945)』과 윤덕상의 『동해서해지간－만청사서일기중적문화관찰, 인증여선택』 등이 지금까지 알려진 대만과 대륙의 대표적인 해외 여행기 연구서이다. 일본학자가 쓴 鈴木智夫, 『近代中國と西洋國際社會』, 汲古書院, 2007; 手代木有児, 『淸末中國の西洋體驗と文明觀』, 汲古書院, 2013 등도 이번 주제와 관련이 있다. 저자가 알고 있는 한 해양 관련 주제로 쓴 여행기 연구논문으로 周佳榮의 「第一個環游地球的中國外交人員－張德彝對近代海防和西方船炮的認識」(李金强外 主編, 『我武維揚－近代中國海軍史新論』, 香港海防博物館編製, 2004) 등 매우 제한적이다.

7 양궈전, 김창경 외역, 『해양문명론과 해양중국』, 소명출판, 2019, 7~8쪽.

제1장과 제2장에서는 개인, 사절단, 출사대신의 여행기와 일기에 나타난 해양 문명을 다룰 것이다. 해외 사절의 파견은 청국인 여행자의 서방세계 인식을 심화시킨 것은 물론 서방세계의 중국에 대한 잘못된 이미지를 수정하는 데도 도움이 되었다. 특히 출사대신은 바다를 바라보는 새로운 시각을 가진 선구자였다. 그들이 서양의 해양 문명을 자각하는 과정은 곧 중국 중심의 세계질서가 균열하는 현상을 보여주는 동시에 근대적 국민국가의 건설을 암시하기에 의미심장하다.

우선 제1장에서는 양무운동 시기 청국이 해외로 파견한 세 사절단의 여행기를 중심으로 서양의 해양 문명 인식을 알아볼 것이다. 이에 앞서 개인 차원의 견문기도 간단히 살펴볼 것이다. 여기서는 이런 개인들과 세 차례 사절단의 여행기에 나타난 해양 관련 단편적인 사건들을 수집 정리해 아편전쟁 시기부터 양무운동 초기까지 서양 해양 문명의 대강을 살펴보는 것이 목적이다. 그리고 제2장에서는 출사대신 가운데 곽숭도 일행을 중심으로 그들이 바라본 서양의 해양 문명을 고찰할 것이다. 그들의 여행은 단지 관광하기 위한 여행이 아니라 자신들의 왕조를 위기에서 구하려는 사명감이 가득찬 여행이었다. 여기서는 곽숭도 일행의 출사 과정, 일행이 대양에서 겪은 해양 문화, 영국 현지에서 경험한 해양 문명 등을 차례로 소개할 것이다.

이와 관련해 청말 해외 여행기를 정리한 자료집으로는 단연 종숙하鍾叔河가 주편한 『주향세계총서走向世界叢書』를 들 수 있다. 이 방대한 시리즈에는 총 36종의 여행기가 실려 있어 가장 권위 있는 청말 여행기 자료집으로 꼽힌다. 총서에서 편집자는 모든 여행기마다 서론을 붙여 작자의 생애와 여행기의 주요 내용 및 역사의의 등을 소개하였다. 근래에는 종숙하

등이 다시 편집한 두 번째 시리즈인 『주향세계총서』일백종(一百種)이 나와 60여 종이 여행기가 추가되었다. 모두 청말 100종의 여행기가 모아져 있어 이번 연구의 기초사료로 사용하였다.[8] 그리고 주유쟁朱維錚이 책임 주편한 『곽숭도 등 서양 사신 여행기 6종郭嵩燾等使西記六種』도 유용한데, 이 자료집은 청말 저명한 네 명의 외교관이 남긴 6종의 일기와 필기를 모은 것이다.[9] 그밖에 전국도서관 문헌·마이크로필름 복제센터全國圖書館文獻縮微復制中心에서 편집 출간한 『역대일기 총서歷代日記叢鈔』 가운데 청말 해외 여행기는 50여 종이 실려 있는데, 이것은 주로 선장본을 영인한 것이다.[10]

청말 출사대신의 일기에는 서양 각국의 정치, 경제, 사회, 문화 전반에 걸친 다양한 정보가 담겨있어서 오래전부터 일기를 통한 중서 문화교류 연구는 적지 않았다.[11] 기존 연구 몇 가지를 소개하자면, 진실여陳室如의 『근대 해외 여행기 연구(1840~1945)近代域外游記硏究(1840~1945)』는 대표적인 근대 해외 여행기 연구서로 105년간 일본, 홍콩, 대만, 구미 및 대륙과

---

8 鍾叔河 主編, 『走向世界叢書』(第一輯), 岳麓書社, 1985; 鍾叔河·曾德明·楊雲輝 主篇, 『走向世界叢書』(一百種), 岳麓書社, 2016 등.

9 『郭嵩燾等使西記六種』, 三聯書店, 1998. 『郭嵩燾等使西記六種』에는 처음으로 영국에 출사한 郭嵩燾의 『使西紀程』과 『倫敦與巴黎日記』, 그의 부사 劉錫鴻의 『英軺私記』, 英法意比四國大臣으로 출사한 薛福成의 『出使英法義比四國日記』와 『出使日記續刻』, 薛福成 후임으로 출사한 龔照瑗의 주영공사관 이등참찬 宋育仁의 『泰西各國采風記』 등이 편집되어 실려 있다. 이 책의 서문에서도 출사대신 소개가 깊이 있게 이루어졌다. 한편 곽숭도에 관한 연구는 비교적 많다. 대표적인 것으로는 尹仲容 創稿, 郭廷以 編定, 陸寶千 補輯, 『郭嵩燾先生年譜』, 臺北 : 中央硏究院近代史硏究所, 1971; 汪榮祖, 『走向世界的挫折－郭嵩燾與道咸同光時代』, 岳麓書社, 2000; 曾永玲, 『郭嵩燾大傳』, 遼寧人民出版社, 1989; 張靜, 『郭嵩燾思想文化硏究』, 南開大學出版社, 2001 등이 있다.

10 全國圖書館文獻縮微復制中心, 『歷代日記叢鈔』(全200冊), 2006.

11 청말 사신단 연구로는 吳寶曉, 『初出國門－中國早期外交官在英國和美國的經歷』, 武漢大學出版社, 2000; 閔銳武, 『蒲安臣使團硏究』, 中國文史出版社, 2002; 梁碧瑩, 『艱難的外交－晚淸駐美公使硏究』, 天津古籍出版社, 2004 등이 있다. 사신 개인 연구로는 曾永玲, 『郭嵩燾大傳』, 遼寧人民出版社, 1989; 張靜, 『郭嵩燾思想文化硏究』, 南開大學出版社, 2001; 張宇權, 『思想與時代的落差－晚淸外交官劉錫鴻硏究』, 天津古籍出版社, 2004; 王熙, 『一個走向世界的八旗子弟－張德彝「稿本航海述奇滙編」硏究』, 中山大學歷史系博士學位論文, 2004 등이 있다.

대만 간 여행기를 검토하였다. 그리고 윤덕상尹德翔의 『동해와 서해 사이 –만청 서양 사행일기 중 문화관찰, 인증과 선택東海西海之間–晚淸使西日記中的文化觀察, 認證與選擇』은 청말 출사대신의 일기를 연구한 책으로, 출사대신 가운데 20여 명이 일기를 남겼는데 작자는 그 가운데 사신 15명의 일기를 분석대상으로 삼았다. 특히 빈춘, 지강, 곽숭도, 유석홍, 장덕이, 설복성 등 여섯 명을 주요 인물로 다루었다. 또한 오이의吳以義의 『해객술기–중국인의 눈으로 본 빅토리아 과학海客述奇–中國人眼中的維多利亞科學』은 곽숭도, 유석홍, 지강, 장덕이, 왕도 등 영국을 여행한 청국인의 기록에 묘사된 동물원, 도서관, 천문대, 전보관 등을 통해 빅토리아시대의 과학을 바라보았다. 그럼에도 불구하고 출사대신의 일기에 나타난 해양 문명에 주목한 글은 거의 없다.

제3장과 제4장에서는 주영 공사와 주독 공사의 군함 구매 문제를 다룰 것이다. 청국이 1875년부터 1895년까지 20여 년 동안 외국으로부터 구매한 군함은 모두 37척으로 다수가 출사대신의 책임 아래 구매한 것이다. 그들이 구매한 군함 종류는 철갑선, 순양함, 포정, 어뢰정, 운반선 등 다양하였다. 당시 일반 중국인들이 서양 야만인들로부터 배워야 할 것은 군함과 대포와 같은 무력이라고 생각한 것과는 달리 출사대신들은 현지에서 그 이상의 해양 문명을 경험하였다. 출사대신의 일기는 청국인들이 유럽의 근대해군을 어떻게 이해했는가를 살펴볼 수 있는 중요한 문헌이다.

제3장에서는 전 세계 바다를 지배하던 영국으로 출사한 곽숭도 일행과 증기택曾紀澤 일기에 나타난 군함 구매 과정을 추적할 것이다. '견선리포堅船利炮, 견고한 함선과 예리한 대포'로 상징되는 근대적 군함과 대포에 관한 기

록을 정리해, 그 임무가 단순한 무기수입 사업 이상의 의미를 지닌다는 사실을 확인할 것이다. 그리고 제4장에서는 영국과 경쟁하며 새로운 해군 강국으로 떠오른 독일로 출사한 이봉포가 이홍장의 명령을 받아 철갑선 정원定遠호와 진원鎭遠호, 순양함 제원濟遠호를 구매하고, 허경징許景澄이 임무를 이어받아 순양함 경원經遠호와 내원來遠호 등을 구매한 사건을 분석할 것이다. 이 무렵 영국에서는 증기택과 유서분劉瑞芬이 같은 임무를 수행하고 있었다. 19세기 후반 이른바 군함 구매 정책은 일본과의 해군 경쟁을 불러왔으며 청일해전은 물론 동아시아 정치정세와 세계해군의 역사에도 적지 않은 영향을 남겼다.

주외 공사의 군함 구매와 관련해 활용할 기본사료는 곽숭도의 『런던과 파리 일기倫敦與巴黎日記』, 증기택의 『출사영법아국일기出使英法俄國日記』, 이봉포의 『사덕일기使德日記』, 서건인徐建寅의 『구유잡록歐游雜錄』, 허경징許景澄의 『허문숙공유집許文肅公遺集』 등이 있으며, 그 밖에 설복성薛福成 등과 같은 다른 출사대신의 여행기도 참고할 수 있다.[12] 이와 관련해 중국 근대 해군사 대표연구로 왕가검王家儉, 마유원馬幼垣, 강명姜鳴, 진열陳悅, 척해영戚海瑩, 풍청馮青 등이 쓴 여러 권의 연구서들이 있다.[13] 특히 대륙 학계에서는 이홍장과 하트 및 캠벨, 이봉포와 서건인을 중심으로 한 인물 연구가 풍부한

12 郭嵩燾, 『倫敦與巴黎日記』(『走向世界叢書』 第1輯 第4冊), 岳麓書社, 1985; 曾紀澤, 『出使英法俄國日記』(『走向世界叢書』 第1輯 第5冊), 岳麓書社, 1985; 曾紀澤 · 李鳳苞, 『使歐日記』(臺北), 黎明文化事業公司, 1988; 徐建寅, 『歐游雜錄』(『走向世界叢書』 第1輯 第6冊), 岳麓書社, 1985; 許景澄, 『許文肅公遺集』(臺北), 文海出版社, 1968 등.

13 王家儉, 『中國近代海軍史論集』, 文史哲出版社, 1984; 『李鴻章與北洋艦隊』, 三聯書店, 2008; 『洋員與北洋海防建設』, 天津古籍出版社, 2004; 馬幼垣, 『靖海澄疆－中國近代海軍史事新詮』, 聯經, 2009; 姜鳴, 『龍旗飄揚的艦隊－中國近代海軍興衰史』, 三聯書店, 2002; 姜鳴 編著, 『中國近代海軍史事日誌(1860~1911)』, 三聯書店, 1994; 陳悅, 『北洋海軍艦船志』, 山東畫報出版社, 2009; 『中國軍艦圖誌(1855~1911)』, 商務印書館, 2013; 戚海瑩, 『北洋海軍與晚清海防建設』, 齊魯書社, 2012; 馮青, 『中國海軍と近代日中關係』, 錦正社, 2011 등.

편이지만, 상대적으로 증기택과 허경징의 해군 건설 연구는 많지 않다. 한편 청국과 독일 관계를 연구한 흥미로운 성과로는 교위喬偉 등이 공저한 『독일 크루프와 중국 근대화德國克虜伯與中國的近代化』가 있다. 이 논문집은 크루프Krupp 공사가 청 말부터 국민정부 시기까지 중국 근대화에 미친 영향을 탐구한 책이다.[14]

기존 북양해군 연구에서 외국으로부터 무기를 구매한 사건은 애국주의 사관의 영향이나 해군사 사료의 부족 등으로 양무운동이나 청일전쟁의 큰 주제 아래 부수적으로 취급된 경향이 있었다. 그러나 19세기 해군의 위력은 21세기 핵의 위력과 같은 것이라는 주장이 있듯이 19세기 국제질서에서 해군의 존재는 한 국가의 국제적 지위를 높이는 상징이었고, 국가 대외 정책의 목적을 달성시켜 주는 유효한 수단이었다.[15] 따라서 군함과 대포를 구매하는 행위는 단순한 무역 거래 이상의 상징성을 지닌다.

제5장에서는 해군 유학생 문제를 다룰 것이다. 청국은 근대해군을 서둘러 건설하는 과정에서 인재와 기술 문제에 부딪혔다. 급한 대로 거액을 들여 외국인 기술고문을 초빙하거나 신식 수사학당을 만드는 방법을 채택하였다. 하지만 서양인들이 기술을 전수하려는 열의가 부족했고, 급조한 수사학당의 수준도 그리 높지 않아 새로운 방법을 찾아야 했다. 이에 따라 중국 청년들을 유럽에 유학시켜 해군 인재를 양성하는 계획이 만들어졌다. 해군 유학생의 파견은 유럽에서 군함을 주문하고 그 제조기

14 독일 크루프 공사와 중국 정부의 당안 자료들을 활용해 크루프 공장이 중국 군사 근대화에 미친 영향을 다루었다. 전반부에서는 크루프 대포가 중국 시장에 들어오는 과정을 소개했고, 후반부에서는 크루프 대포와 군사 근대화의 관련성에 주목하였다((德)喬偉, 李喜所・劉曉琴 譯, 『德國克虜伯與中國的近代化』, 天津古籍出版社, 2001).

15 박영준, 『해군의 탄생과 근대일본』, 그물, 2014, 뒤표지 글 참조.

술을 청국에 이전할 필요에서 시작했는데, 근대화과정에서 매우 중요한 사건이었다.

1873년부터 준비를 시작해 복주선정학당福州船政學堂 졸업생을 중심으로 1877년 3월에 첫 번째 해군 유학생들이 유럽으로 떠났다. 모두 30명의 학생을 파견했는데, 12명은 영국으로 건너가서 해군 항해를 공부했으며, 18명은 프랑스로 건너가서 선박 제조를 공부하였다. 그 후 세 차례에 걸쳐 추가파견이 이루어졌다. 본문에서는 제1차 해군 유학생을 중심으로 그들이 경험한 유럽의 해양 문명을 탐색할 것인데, 군함과 대포 등을 구매한 사건들과 연계해 근대중국 해군사의 공백을 메우려는 작업의 하나이다.

이와 관련해 해군 유학생 연구는 크게 청말 유학 운동과 해군사 분야로 나눌 수 있다. 유학 운동으로는 구립학瞿立鶴, 동수의董守義, 서신성舒新城, 이희소李喜所, 오예吳霓 등의 저서에서 한두 장을 할여해 해군유학을 다루고 있다. 근래 출간한 복주선정학당 관련 저서인 심암沈岩과 진열의 연구에서도 비교적 자세히 해군 유학생 문제를 소개하였다.[16] 해군사 분야는 앞서 언급한 왕가검, 강명, 진열, 척해형, 풍청 등의 저서에서 서양 군함과 대포구매 관련 장·절에서 해군 유학생을 다루고 있다. 하지만 해군 유학생과 관련한 전문적인 연구서는 아직 없으며, 특히 유학생의 해양 문명의 인식 문제는 거의 다루어지지 않았다. 예를 들어, 근대 시기 대표적인 계몽사상가인 엄복嚴復 관련 방대한 연구 성과에도 불구하고 그의

16 瞿立鶴, 『淸末留學教育』, 三民書局, 1973; 董守義, 『淸代留學運動史』, 遼寧人民出版社, 1985; 舒新城, 『近代中國留學史』, 中華書局·上海書店, 1989; 李喜所, 『近代留學生與中外文化』, 天津人民出版社, 1992; 吳霓, 『中國人留學史話』, 商務印書館, 1997; 沈岩, 『船政學堂』, 書林, 2012; 陳悅, 『船政史』(上·下), 福建人民出版社, 2016 등.

해군 유학생 시절 연구가 별로 없다는 사실에서 연구 공백을 확인할 수 있다. 한편으로는 대륙 학계의 애국주의 역사학의 관점에서 해군 유학생에 대한 맹목적인 높은 평가를 하는 풍조에서도 거꾸로 연구한계를 엿볼 수 있다.

제1편의 마지막 장인 제6장에서는 청일전쟁 이전 출사대신 가운데 해양 문명의 인식 수준을 살펴볼 수 있는 인물인 설복성을 다룰 것이다. 그는 청말 근대적인 외교관의 탄생을 알리는 인물이라는 평가가 있다.[17] 설복성은 영국·프랑스·이탈리아·벨기에英·法·義·比 4국 출사대신으로 임명되어, 1890년 3월 주프랑스 청국공사관에 도착해 1894년 5월 현지를 떠나 귀국하기까지 유럽에서 4년이 넘는 외교관 생활을 하였다. 그는 청말 수십 명의 출사대신 가운데 서양문명에 대한 고찰의 넓이와 깊이로 보자면 대표 인물로 꼽힌다. 기존 설복성 연구는 주로 초기에 경치치용의 학자이자 양무운동 개혁가로서의 연구와 출사 후 초기 변법파의 모습에 관한 연구가 있다.[18]

여기서는 설복성 일기를 중심으로 하고 그의 문집을 참고해 출사 전 해방인식이 출사 후 해군 건설 구상으로 어떻게 심화되는가, 기초과학(해양 문화 포함)을 중심으로 한 서양 문명관과 중서회통의 특징은 무엇인

17 근래 일본학계를 중심으로 청말 외교관의 역사적 의미에 주목한 연구서들이 나왔다. 대표 저서로는 岡本隆司·箱田惠子·青山治世, 『出使日記の時代』, 名古屋大學出版會, 2014; 箱田惠子, 『外交官の誕生』, 名古屋大學出版會, 2012; 青山治世, 『近代日本の在外領事とアジア』, 名古屋大學出版會, 2014; 오카모토 다카시, 강진아 역, 『미완의 기획, 조선의 독립』, 소와당, 2009 등이 있다. 비록 서양의 해양 문명을 주목한 내용은 적지만, 중국인의 세계인식 전환과정에 주목한 부분은 적지 않은 도움이 되었다.

18 설복성(薛福成)에 관한 중국학계 연구서로는 정봉린(丁鳳麟)의 『薛福成評傳』이 있는데, 그의 출생배경, 학습과정, 정책건의, 외교활동 및 서양문명 묘사 등을 기술한다(丁鳳麟, 『薛福成評傳』, 南京大學出版社, 1998). 그 밖에도 설복성의 경세사상, 외교이념, 경제사상, 정치사상(대의정치), 양무론과 조기변법론, 근대화론, 서학이론, 문화관 등을 다룬 개별논문들이 여럿 있다.

가, 해양 정책의 하나로서 화교정책과 해금海禁 폐지 등을 살펴보고자 한다. 특히 해금 체제의 해체는 근대 동아시아 국가의 대외관계 연구와 관련해 주목받을 수 있는 주제이다. 그의 화교정책은 해양사의 관점에서 보면 수백 년간 유지되었던 해금령의 종말을 가져오는 데 결정적인 작용을 하였다. 설복성의 해양인식은 청일전쟁 이전 출사대신 가운데 가장 높은 수준에 이르렀으며, 중국의 해양성을 어느 정도 자각했다는 점에서 제한적인 범위에서 해국을 구상했다고 볼 수 있다.

요컨대, 이 책의 전반부에서는 해양이라는 키워드를 가지고 양무운동 시기 개인, 해외 사절단 및 출사대신의 여행기와 일기에 나타난 서양의 과학기술, 특히 해양 문명의 대강을 정리한 후 중국인들이 새로운 해양관을 형성하는 과정을 분석할 것이다.

## 2. 동유기

1868년 메이지유신明治維新은 일본 역사에서 획기적인 사건이었다. 그 해 일본의 유신 세력은 도쿠가와막부를 전복시키고 메이지 천황을 우두머리로 하는 신정부를 수립하였다. 메이지유신이 일어난 다음 해인 1869년 야나기와라 사키미츠柳原前光를 청국으로 파견해 조약 교섭을 하면서 경제교류를 희망하였다. 1871년에 다테 무네나리伊達宗城를 파견해 통상과 세칙을 정하였다. 같은 해 9월 13일 양국은 전권대신 이홍장李鴻章과 다테 무네나리 간 「청일수호조규淸日修好條規」18조를 체결해 정식 외교관계를 맺었다. 이를 기점으로 중국인의 공식적인 일본방문이 시작되었다.

일본을 방문한 사람 중에는 외교 목적으로 파견한 출사대신이나 지방정부가 양무 목적으로 파견한 고찰 인원이나 자비로 여행한 지식인들까지 신분이 다양하였다. 그들은 다수의 일본 여행기를 남겼다.

이 책의 후반부를 구성하는 제2편 '동유기, 해국일본을 학습하다'는 청국에서 파견한 일본 출사대신이나 시찰단 및 유학생의 여행기나 일기를 중심으로 네 편의 장으로 구성하였다.

제7장에서는 일본으로 건너간 출사대신을 중심으로 '해국海國일본'의 특징을 살펴볼 것이다. 청국이 일본에 공식적으로 파견한 주일 공사는 하여장何如璋, 여서창黎庶昌, 서승조徐承祖 등이 차례로 이어졌다. 1877년부터 청일전쟁까지 청국에서 파견한 청국 공사는 모두 다섯 명으로 앞의 세 사람 말고도 이경방李經方, 왕봉조汪鳳藻 등이 있다. 특히 여서창은 제2차와 제4차 주일공사를 두 차례 역임하였다. 이들은 류큐, 대만, 조선 문제 등 현안으로 떠오른 외교 문제를 처리하였다. 그리고 청조가 일본에 파견해 현지 조사를 시킨 인물로는 왕지춘王之春, 부운룡傅雲龍 등이 있으며, 개인 자격으로 일본에 건너간 사람으로는 이규李圭, 왕도王韜, 이소포李筱圃 등이 있었다. 이런 일본 출사대신과 여행객들이 유럽 파견 외교관과 다른 점 가운데 하나는 일본 개항장에 거주하는 화교들과 밀접한 관계를 맺었다는 사실이다.

본문에서 주로 활용할 사료로는 나심羅森의 『일본일기日本日記』, 하여장 등의 『갑오이전 일본 여행기 5종甲午以前日本游記五種』, 왕도의 『부상유기扶桑游記』, 황준헌黃遵憲의 『일본잡사시日本雜事詩』 등이다.[19] 초기 주일 외교관의 집

19 이 여행기들은 종숙하(鍾叔河)가 주편한 『走向世界叢書』 第1輯 第3冊(岳麓書社, 1985)에 실려 있다. 그 가운데 『甲午以前日本游記五種』에는 하여장(何如璋)의 『使東述略 · 使東雜咏』, 장사계

단연구는 별로 없는데,[20] 대동양戴東陽의 『청말 주일 사절단과 청일전쟁 전의 중일 관계(1876~1894)晩淸駐日使團與甲午戰前的中日關係(1876~1894)』 등이 있다. 종숙하鍾叔河의 『주향세계-근대 중국 지식인이 고찰한 서양의 역사走向世界-近代中國知識分子考察西方的歷史』에서는 여서창과 황준헌의 일본 연구를 통해 청일전쟁 이전 중국인의 일본관을 분석한 장절이 있으며, 왕효추王曉秋의 『근대 중일 계시록近代中日啓示錄』[21]과 이 책을 확장한 『근대 중일 문화교류사近代中日文化交流史』에서는 1870~90년대 중일 문화교류와 관련해 여행기를 비교적 상세하게 분석했다.[22]

재외공관의 외교활동 연구의 경우 유럽에서 활동한 곽숭도, 증기택, 설복성처럼 초창기 공사에 주목하는 것처럼 일본 경우도 초대 일본 공사인 하여장에 주목하는 경향이 강하다. 이와 달리 후임인 여서창, 서승조, 이경방, 왕봉조 등과 관련한 연구 성과는 많지 않다. 주일 외교관과 관련한 개별 연구는 있지만, 해국일본이란 주제로 분석한 글은 거의 없어 이

---

(張斯桂)의 『使東詩錄』, 이소포(李筱圃)의 『日本紀游』, 부운룡(傅雲龍)의 『游歷日本圖經餘紀』, 황경징(黃慶澄)의 『東游日記』 등이 있다. 그리고 황준헌(黃遵憲)의 『日本國志』(天津人民出版社, 2005)와 왕지춘(王之春)의 『談瀛錄』(『走向世界叢書』(一百種), 岳麓書社, 2016) 등도 유용하다.

20 외교관이 쓴 출사일기(出使日記)는 출사한 사신의 일기나 여행기로 좁은 의미에서는 상주하는 출사대신(出使大臣)이 본국에 의무적으로 제출한 일기이며, 넓은 의미에서는 상주 공사 이외에 사절의 부하들이 쓴 일기도 포함한다. 이와 관련한 기초 사료집으로 『走向世界』총서는 그 효시였으며 최근에는 속집이 출간되었다(岡本隆司 · 箱田惠子 · 青山治世, 『出使日記の時代』, 名古屋大學出版會, 2014, pp.6~7).

21 戴東陽, 『晩淸駐日使團與甲午戰前的中日關係(1876~1894)』, 社會科學文獻出版社, 2012; 鍾叔河,『走向世界-近代中國知識分子考察西方的歷史』, 中華書局, 1985, 王曉秋, 『近代中日啓示錄』, 北京出版社, 1987; 王曉秋, 『近代中日文化交流史』, 中華書局, 2000. 왕효추의 『근대 중일 계시록』은 국내에서 번역되었는데, 왕효추, 신승하 역, 『근대 중국과 일본-타산지석의 역사』(고려대 출판부, 2002)가 그것이다.

22 초기 주일 사절단의 개인 연구로는 오진청(吳振淸) · 오유현(吳裕賢)이 편집 정리한 『何如章集』(天津人民出版社, 2010); 유정(兪政)의 『何如樟傳』(南京大學出版社, 1991); 종현배(鍾賢培) 등이 편집한 『黃遵憲詩選』(廣東人民出版社, 1994), 왕효추(王曉秋)의 『黃遵憲與近代中日文化交流』(遼寧師範大學出版社, 2007) 등이 있다.

점에 주목하였다. 여기서는 청말 중국인의 일본 여행기 가운데 중일 항로와 개항장 화교를 중심으로 해국일본의 이미지를 검토하였다.

제8장에서는 청국이 일본과 유럽으로 파견했던 출사대신의 일기에 나타난 일본해군의 현황을 분석할 것이다. 막말부터 메이지 초기에 이루어진 일본의 해군력 증강은 청국으로서는 가장 큰 위협으로 인식되었으며, 따라서 일본과 유럽으로 파견한 청국 출사대신도 일본해군에 대해 주목하였다. 이홍장이 엄청난 재원을 투자해 유럽에서 군함과 대포를 구매해 북양함대를 건설한 사실은 일본을 가장 위협적인 가상의 적으로 인식한 점을 잘 보여준다. 일본해군의 발달과정은 대만출병과 류큐병합, 임오군란과 갑신정변 등 류큐, 대만, 조선을 둘러싼 동아시아 해양 패권을 놓고 벌어진 일본과 청국 간의 해군력 경쟁과 관련이 깊다. 결국 상호 불신과 갈등이 반복되는 가운데 발생한 나가사키 사건은 그 정점을 이루었다.

일본주재 청국 공사 말고도 영국주재 청국 공사도 주목할 예정인데, 그 까닭은 일본과 청국 양쪽 모두 해군 강국인 영국의 군함과 대포를 대량 구매하거나 해군 유학생을 파견하면서 서로 견제했기 때문이다. 실제로 청일 양국은 영국해군을 표준으로 삼아 근대해군을 건설하였다. 이와 관련해 일본 해군사 연구는 일본학계에서 무척 풍부하지만,[23] 국내 학계의 경우는 박영준의 연구가 있다. 이 책은 근대 일본이 해군의 건설과정을

23 일본해군사 연구는 많은데 몇 가지 예를 들자면, 神谷大介, 『幕末の海軍－明治維新への航跡』, 吉川弘文館, 2018; 野村實, 『日本海軍の歷史』, 吉川弘文館, 2002; 外山三郎, 『日本海軍史』, 吉川弘文館, 2013; 戶高一成, 『海戰からみた日淸戰爭』, 角川書店, 2011 등이 있다. 최근 연구서로는 막말의 해군탄생부터 메이지유신으로의 발전과정을 상세하게 소개한 신곡대개(神谷大介)의 『幕末の海軍』이 있다. 이 책은 막말 해군을 메이지 해군 성립의 전제로 연구하는 경향에서 탈피해, 막말 시기 시대적 상황에 주목해 막말 해군의 창립과정과 활동실태를 규명하였다(神谷大介, 『幕末の海軍』, 吉川弘文館, 2018, p.8).

통해 청국이나 조선에 비해 왜 근대화된 국가건설에서 앞서 나갔나라는 문제 의식을 가지고 막부 말기의 이른바 '해군혁명'에 주목한 역작이다.[24]

중국학계의 해군사 연구는 일본해군에 대해 단편적인 정보를 제공하는 수준이며,[25] 그나마 재일 화인 학자 풍청의 연구가 청 해군과 근대 청일관계를 다루고 있다.[26] 여기서는 1870년대 청조 북양함대의 형성과 붕괴, 청일전쟁 후 해군 재건의 진전, 중화민국 전기 해군 건설의 정체, 해군 가운데 일본 유학파와 동북해군의 발전 등을 중일 관계사의 관점에서 다루고 있다. 그런데 일본을 가상적국으로 삼은 청국의 시각에서 일본해군을 어떻게 파악했는지에 관한 연구는 부족하다.

제9장에서는 청일전쟁 후부터 청말신정 시기까지 중국 지식인들이 남긴 동유일기를 중심으로 일본 사회를 교육, 실업, 법·행정 분야로 나누어 정리하고, 특히 각 분야와 관련한 수해양 문명을 분석할 것이다. 청일전쟁의 패배 이후 중국은 폐과거廢科擧, 흥학교興學校, 파유학派留學, 개관제改官制, 편신군編新軍 등의 제도개혁부터 예비입헌에 이르기까지 일련의 신정新政을 실시하였다. 이런 체제개혁을 위해 일본 메이지유신의 경험을 배우고자 다수의 청국 관리와 학자 및 각계 인사들이 경쟁적으로 시찰 활동을 벌였다. 그들 중에는 중앙이나 지방정부가 파견한 경우는 물론 개인이 자비로 간 경우도 있었다. 이른바 관료와 신사로 구성된 시찰단은 정부, 교육, 산업기관들을 직접 방문했고 해당 전문가와 담당 관리들을 만났으며 관련 자료들을 수집하였다. 그들이 시찰한 분야는 헌정, 군사,

24 박영준, 『해군의 탄생과 근대일본』, 그물, 2014.

25 姜鳴, 『龍旗飄揚的艦隊－中國近代海軍興衰史』(三聯書店, 2002)와 陳悅, 『北洋海軍艦船志』(山東書報出版社, 2009) 등과 같은 중국해군사 연구 가운데 부분적으로 일본해군을 언급한다.

26 馮青, 『中國海軍と近代日中關係』, 錦正社, 2011.

공업, 농업, 교육부터 경찰, 감옥, 위생 등 전 방위적이었다. 이 가운데 많은 사람들이 다양한 시찰 보고서와 여행기를 남겼다.

청말 광서 연간부터 민국 전기까지 중국인들이 일본을 시찰하거나 유학한 여행기와 보고서 및 연구저작을 총칭해 동유일기東遊日記라고 한다. 이런 동유일기는 작자가 능동적으로 쓴 경우가 많지만 어떤 경우에는 시찰 보고서 제출을 위해 어쩔 수 없이 쓴 경우도 없지 않았다. 중국인의 동유일기는 시찰단뿐만 아니라 유학생과도 관련이 깊다. 일본 학무를 고찰한 기록, 유학생을 호송해 일본에 건너간 기록, 유학생 운동과 풍조의 기록, 유학생 개인의 일기 등이 포함된다. 따라서 동유일기는 청국인의 일본 시찰과 유학을 연구하는 데 중요한 1차자료이다.[27]

동유일기 주제 관련 대표적인 연구자는 일본학자 사네토 케이슈實藤惠秀이다. 그는 청국인의 방대한 일본 여행기와 일기의 중요성을 일찍부터 파악해 이를 수집해서 동유일기라고 명명하고, 도쿄 도립도서관에 문고를 만들어 227종민국 시기 77종 포함을 보관하였다. 사네토 케이슈는 1940년대부터 이미 동유일기 연구를 시작해 근대 중일 교류사는 물론 청국인 유학생 연구에 독보적인 위치를 차지했으며, 연구서 중에는 중국학계에서도 연구가치를 인정받은 중역본이 있다.[28] 중국학계의 경우 왕보평王宝平은 각종 동유일기를 종합, 교육, 군사, 정법, 농공상, 창수唱酬 등으로 분류해 『만청동유일기휘편晚清東游日記滙編』이란 제목으로 상해고적출판사에

---

27 (日)實藤惠秀, 譚汝謙・林啓彦 譯, 『中國人留學日本史』, 三聯書店, 1983, pp.116~117.

28 實藤惠秀, 『增補・中國人日本留學史』, 黑潮出版, 1970; 『近代日中交涉史話』, 春秋社, 1973; 『中國留學生史談』, 第一書局, 1981; 實藤惠秀, 譚汝謙・林啓彦 譯, 『中國人日本留學史』, 三聯書店, 1983 등. 그리고 2000년대 초반에는 동유일기 12편을 뽑아 시대 배경과 저자소개 및 내용 일부를 소개한 사토 사부로(佐藤三郎)의 책이 나왔다(佐藤三郎, 『中国人の見た明治日本－東遊日記の研究』, 東方書店, 2003).

서 영인 출판했는데, 현재 청일 문인들의 문학 교류와 청국인의 일본 군사 고찰기 관련 자료집을 확인할 수 있다.[29] 특히 근래에 나온 종숙하鍾叔河 등이 주편한 『주향세계총서走向世界叢書』 일백종(一百種) 중에는 대표적인 동유일기가 모아져 있어 이번 연구의 기초자료가 되었다.[30]

중국학계의 경우 왕효추, 종숙하, 엄안생嚴安生 등[31]이 동유일기 관련 정리와 연구를 진행하였다. 그리고 절강대학 일본문화연구소에서 1989년부터 동유일기를 연구주제의 하나로 잡은 바 있다. 여순장呂順長은 청말 중국인의 일본 시찰기 자료집을 펴내면서 기존 시찰기 연구는 청국 유학생 연구에 비해 상대적으로 부족했는데, 점차 학계의 광범위한 주목을 받고 있다고 평가했다. 그는 자신의 연구서에서 일본으로 건너간 시찰단, 재일본 중국 유학생, 일본인의 중국 인식 등으로 나누어 청말 중일간 교육문화교류 관련 연구를 종합하였다. 아울러 여순장은 청말 절강성과 일본 간 문화교류를 연구했는데, 절강과 일본 유학생, 절강 관민과 일본이라는 주제로 유학생과 시찰 관민의 문제를 다루었다.[32] 근대 중국인의 '동유열東遊熱'과 일본 시찰에 대한 일본 유학 출신 중국인 연구자로는 웅달운熊達運과 왕안汪婉이 있다.[33] 현재까지 청국인의 일본 시찰에서 교육

29 王宝平 主編, 『晚清東游日記滙編』(兩冊), 上海古籍出版社, 2004.

30 鍾叔河・曾德明・楊雲輝 主篇, 『走向世界叢書』(一百種), 岳麓書社, 2016.

31 王曉秋, 『近代中日啓示錄』, 北京出版社, 1987; 王曉秋, 『近代中日文化交流史』, 中華書局, 1992; 鍾叔河, 『從東方到西方－走向世界叢書敍論集』, 岳麓書社, 2002; 옌안성, 한영혜 역, 『신산을 찾아 동쪽으로 향하네』, 일조각, 2005 등.

32 呂順長, 『晚清中國人日本考察記集成－教育考察記(上)』(總序), 杭州大學出版社, 1999; 『清末中日教育文化交流之硏究』, 商務印書館, 2012; 『清末浙江與日本』, 上海古籍出版社, 2001 등.

33 웅달운(熊達運)의 책 『近代中國官民的日本考察』(甲府, 成文堂, 1998)에서는 먼저 중국 관민의 일본 고찰의 출발, 고찰 열기의 형성, 고찰 인물의 파견 경과, 고찰의 전개 과정 등을 역사적 측면에서 분석하였다. 다음으로 일본을 시찰한 중국 관민이 근대일본의 선전자, 새로운 제도의 실천자, 입헌사업의 설계자로서 청말 근대화의 발전과정 중에 끼친 영향을 기술하였다. 그리고 왕완(汪婉)의 책 『清末中國對日教育視察的硏究』(東京, 汲古書院, 1998)에서는 청말 중앙과 지방 관

분야 소개는 적지 않지만, 해양과 관련해 상선학교나 수산학교에 주목한 글은 거의 없다. 그리고 농·공·상과 같은 실업 분야 시찰은 종종 소개했을망정 수해양 분야를 언급한 글은 없었다.

제2편의 마지막 장인 제10장에서는 동유일기를 통해 청국인의 군사 시찰(육군, 해군)과 군사 유학(육군, 해군)으로 나누어 정리 분석하였다. 청국 군인과 관리들의 일본 군사 시찰을 다룬 연구는 찾기 어렵다. 왜냐하면 이 주제는 특수한 분야일 뿐만 아니라 비공개적인 성격이 강하기 때문이다. 하지만 군사 시찰단에 참여한 인물들은 관직에 있어서 경험이 풍부했고 구미 사회나 일본 문명에 대한 이해가 깊었으며 근대화를 실질적으로 추진하는 세력이었다. 따라서 이들의 군사 시찰 연구는 충분히 이루어져야 할 필요가 있다. 청말신정 시기 육군 시찰 연구는 일부 이루어져 있지만, 해군 시찰 과정은 거의 다루어지지 않았다. 양무운동 시기의 해군 연구가 많이 이루어진 것과는 대조적인 현상이다. 하지만 재순載洵 일행이 미국방문 여행 도중 두 번씩이나 일본해군을 시찰한 사건은 주목할 만한데, 그나마 풍청의 저서가 이 주제를 다루었다.[34]

근대중국에서 외국으로 유학한 세 번의 고조기가 있었다고 한다. 양무운동 시기 구미 열강을 학습한 것이 첫 번째이고, 청일전쟁 후 일본을 학습한 것이 두 번째이며, 러시아 10월 혁명 후 소련을 학습한 것이 세 번째이다. 구미와 소련으로 유학한 사건은 이미 연구자들의 주목을 받았으나 일본으로 유학한 사건은 상대적으로 연구가 부족하였다.[35] 그나마 청

---

신이 일본교육을 시찰하는 과정과 일본 측의 대응조치를 주로 다루었다. 특히 일본에 건너간 직례성 관신들 가운데 성(省)의 교육행정에 종사한 신분을 세 등분해 그들의 교육 시찰을 기술하면서 청말 중국인의 일본 교육 시찰을 심도 있게 다루었다.

34 馮青, 『中國海軍と近代日中關係』, 錦正社, 2011.

말 유학생 연구는 앞서 언급했던 몇 권의 연구서가 있지만,[36] 군사 유학생 연구는 덜 이루어졌다. 게다가 해군 유학의 경우는 육군 유학에 비해 중요성이 크게 줄어들어 중국 학계는 물론이고 해외 학계의 연구도 거의 없다.[37] 다수가 전문적인 해군학교가 아니라 상선학교와 같은 수해양 학교에 진학했던 상황과 관련이 있어 보인다.

요컨대, 이 책의 후반부에서는 청일전쟁 이전 청국의 출사대신이 해국 일본과 일본해군을 이해하는 수준과 청일전쟁 이후 동유일기를 통해 일본 사회의 해양 문명을 시찰하거나 유학하는 과정을 분석할 것이다.

정리하자면, 이 책은 청국의 지식인들이 서양과 일본의 해양 문명을 어떻게 이해를 했는가라는 주제를 가지고 양무운동과 청말신정의 역사 경험을 새롭게 해석하려는 작업의 하나이다. 몇 년 전 저자가 쓴 근대중국의 해양사 연구서 『천하의 바다에서 국가의 바다로』일조각, 2016의 연장선 상에서 이루어진 성과물이라고 말할 수 있다. 제1편 '서유기'에서는 청국에서 파견한 유럽 출사대신의 일기를 중심으로, 제2편 '동유기'에서는 청국에서 파견한 일본 출사대신의 일기를 중심으로, 각각 그들의 근대 해양 문명의 인식 문제를 다루고자 한다. 여기서는 첫째, 청말 출사대신이 서양(혹은 일본)으로 출양하는 과정에서 겪은 대양항로의 경험; 둘

35 劉學詢, 『考察商務日記』(緒文)(『走向世界叢書』(一百種)), 岳麓書社, 2016, p.17.

36 瞿立鶴, 『淸末留學教育』, 三民書局, 1973; 黃福慶, 『淸末留日學生』, 中央研究院近代史研究所, 1975; 董守義, 『淸代留學運動史』, 遼寧人民出版社, 1985; 舒新城, 『近代中國留學史』, 中華書局·上海書店, 1989; 陳瓊瑩, 『淸季留學政策初探』, 文史哲出版社, 1989 등.

37 군사 시찰과 군사 유학에 제한하자면, 왕보평(王宝平)의 『晩淸東游日記滙編』 가운데 『日本軍事考察記』에는 청말 광서 연간의 군사 사료 여섯 종을 모아 놓았는데, 요문동(姚文棟)의 『日本地理兵要』, 정홍신(丁鴻臣)의 『四川派赴東瀛游歷閱操日記」, 정홍신(丁鴻臣)의 『游歷日本視察兵制學制日記』, 심익청(沈翊淸)의 『東遊日記』, 전덕배(錢德培)의 『重游東瀛閱操記』, 무명씨의 『赴日觀操報告書』 등이 실려 있다(王宝平 主編, 『晩淸東游日記滙編』(2)(解題), pp.2~3).

째, 출사대신의 유럽(혹은 일본) 군함 구매나 시찰을 통한 해군 건설; 셋째, 출사대신과 유학생 등이 경험한 유럽(혹은 일본) 현지의 해양 문명; 넷째, 출사일기에 나타난 중서 문화 비교인식 등에 주목할 것이다. 이를 통해 해양사의 관점에서 청국의 서양(혹은 일본)의 해양 문명을 수용하는 과정은 물론, 전통적 중국 중심의 세계질서가 균열을 일으키고 근대적 만국공법 질서가 침투하는 과정을 파악할 수 있으리라 기대한다.

제1부

# 서유기西遊記, 유럽의 해양강국을 탐색하다

**제1장**_해외 여행기에 나타난 해양 문명

**제2장**_곽숭도 일행의 대양항해와 해양 문명

**제3장**_주영 공사의 '견선리포堅船利炮' 관찰과 군함 구매

**제4장**_주독 공사의 군함 구매와 해군 건설

**제5장**_해군 유학과 해군 건설

**제6장**_설복성의 '해국海國' 구상

제1장

# 해외 여행기에 나타난 해양 문명

지구의 광활함은 항해하지 않고서는 그 끝을 알 수 없다. 고금에 멀리 여행했다는 사람으로 비록 한漢의 장건張騫과 당唐의 현장玄奘이 있으나 단지 인도를 여행하다 그쳤을 뿐이다. 구주 밖을 돌아다니려면 왕복 수만 리인데, 천조天朝의 사신을 칭하며 외양外洋을 편력한 사람이 몇 명이나 되겠는가? 나張德彝는 동치同治 병인丙寅년에 명을 받들어 태서泰西에 파견되었는데, 10만 리를 여행하면서 15개국을 구경하였다. (…중략…) 정묘丁卯년에 다시 사신을 따라 유럽과 미국 등지에 갔는데, 족적이 거의 지구 한 바퀴를 일주하였다. (…중략…) 기이하고도 기이한 것은 여러 나라를 돌아다닌 지 불과 1년 만에 또다시 삼구통상대신三口通商大臣 숭후崇厚를 따라 출사하게 된 일이다.

— 장덕이의 『수사법국기』 중에서

## 1. 개인 견문기에 나타난 해양 이미지

아편전쟁 이전에도 대략 일곱 종류의 해외 견문록이 남아있다. 베트남을 여행한 석대산釋大汕의 『해외기사海外紀事』1695~1696, 미국을 거쳐 유럽을 여행한 번수의樊守義의 『신견록身見錄』1707년 겨울~1720, 러시아를 여행한 도리침圖理琛의 『이역론異域錄』1712~1715, 자바와 주변 도서를 여행한 정손이程遜我의 『갈라파기략噶喇吧紀略』1729~1736, 구미, 아프리카, 아시아 등 세계 각지를 여행한 사청고謝淸高의 『해록海錄』1782~1796, 자바와 주변 도서를 여행한 왕대해王大海의 『해도일지海島逸志』1783~1791, 베트남을 여행한 채정란蔡廷蘭의 『해남잡저海南雜著』1835~1836 등이 그것이다. 이런 해외 견문록 가운데 번수의와 도리침은 조정의 명을 받아 해외로 출국한 경우이며, 나머지 견문록의 작자들은 개인적인 이유로 해외를 여행한 것이다. 개인적인 이유란 주로 상업과 같은 경제적인 목적이었으며, 일부 종교교류나 해상표류 등의 경우도 있었다.[1]

이 가운데 유럽을 방문하고 남긴 기록으로는 번수의의 『신견록』이나 사청고의 『해록』이 있다.[2] 번수의는 1707년 이탈리아 선교사를 따라 유럽에 갔다가 1720년 중국으로 돌아왔다. 강희제의 부름을 받아 『신견록』을 썼는데, 중국인이 쓴 첫 번째 유럽 여행기로 알려져 있다. 그리고 사청고는 어린 시절 바다로 나가 무역을 하다 폭풍우를 만나 표류했는데,

---

1 陳室如, 『近代域外游記研究(1840~1945)』, 臺北 : 文津出版社, 2008, pp.41~42 도표 참고.

2 아편전쟁 이전의 해외 여행기는 대부분 중국 이외의 지역을 야만적이고 낙후한 異文化로 폄하했으며 거꾸로 天朝에 대해서는 위대하다고 찬양했다. 아편전쟁 이후 청국은 국제정치의 압력 아래 어쩔 수 없이 사절단을 파견해 구미 각국을 방문했는데, 여행기의 수량이 현저히 증가했음에도 불구하고 여전히 천조 의식과 자아 우월 의식이 농후하였다(陳室如, 『近代域外游記研究(1840~1945)』, p.588).

외국 상선에 극적으로 구조되었다. 그 후 외국선박을 따라 해외 여러 나라를 여행하다 14년 만에 중국으로 돌아왔다. 그는 만년에 마카오에 정착해 해외에서 보고 들은 것을 구술했는데, 이를 정리한 책이 『해록』이다. 이 견문록에서 비교적 상세하게 묘사한 나라는 포르투갈, 영국, 미국 등이었는데, 특히 대서양국大西洋國으로 부른 포르투갈 관련 내용이 많다.[3]

세계사의 시각에서 보면 신항로의 개척과 유럽 산업혁명의 영향으로 교통수단이 발전하면서 윤선과 기차 등 새로운 기계가 출현하자 전 지구적인 장거리 여행이 가능하게 되었다. 1835년 영국 윤선 자딘Jardine호가 먼 항해 끝에 광동 앞바다에 나타난 사건은 윤선이 중국의 바다에 출현한 시작으로 알려져 있다. 그 후 윤선이 중국의 연근해를 광범위하게 운항하면서 중국인이 해외로 나갈 기회가 마련되었다. 청말 중국 지식인의 출양出洋은 대부분 관방이 파견한 성질을 띠는데, 개인 자격으로 대양을 건넌 경우는 예외적인 사례에 속한다. 우선 개인 견문기에 나타난 해양 기억의 단편들을 정리해 보면 다음과 같다.[4]

아편전쟁 이후 중국인이 직접 외국에 갔다 와서 기록을 남긴 첫 번째 인물은 임침林鍼으로, 그의 『서해기유초西海紀游草』는 현존하는 개항 시기 가장 빠른 해외 여행기이다. 임침이 1847년도광(道光) 27년 봄 미국에 간 원인은 "가세가 빈곤해 부모와 조모를 봉양할 수 없어 풍랑에 몸을 실어 해외로 나가게 되었다"라고 한 것으로 보아 경제적인 원인이었던 듯싶다.

3 尹德翔, 『東海西海之間－晚淸使西日記中的文化觀察, 認證與選擇』, 北京大學出版社, 2009, p.44.

4 여기서 주로 검토한 여행기로는 임침(林鍼)의 『西海紀游草』, 용굉(容閎)의 『西學東漸記』, 기조희(祁兆熙)의 『游美洲日記』, 왕도(王韜)의 『漫游隨錄』, 빈춘(斌椿)의 『乘槎筆記』, 장덕이(張德彝)의 『航海述奇』, 지강(志剛)의 『初使泰西記』, 張德彝의 『歐美環游記』(혹은 再述奇), 張德彝의 『隨使法國記』(혹은 三述奇), 이규(李圭)의 『環游地球新錄』 등 10여 종이다.

그는 하문에서 미국 상인의 통역을 하다가 한 미국인을 따라 광동에서 미국으로 건너가 1년 넘게 중국어 번역과 교사를 담당했으며 1849년 2월 고향인 복건으로 돌아와 기록을 남겼다.[5] 임침이 태평양을 건너갈 때 탄 배는 윤선이 아니라 세 개의 돛대를 가진 범선이었다. 청국에서 미국까지 가는 시간은 도중에 정박한 때를 포함해 무려 140일이나 걸리는 무척 힘든 여행이었다.[6] 대양을 횡단하면서 경험한 검푸른 해수면의 강렬한 인상과 거친 풍랑과 배멀미 관련 기억은 여행자의 기록에 공통으로 나타난다. 『서해기유초』 서문에는 자신이 타고 갔던 미국花旗호의 웅장한 모습을 묘사했고, 미국 항구에 입항할 때 바라본 도시의 거대한 건축물 인상도 남겼다. 아울러 선박이 항구를 드나드는 풍경과 배를 정박시키기 위해 길게 늘어선 모습 등을 기록하였다.[7]

임침은 "대지가 회전하는 것을 쉬지 않기 때문에 중국이 낮이면 서양은 밤이다"라며 지구가 둥글고 자전한다는 사실을 소개하였다. 그리고 서양인들이 거리를 정확하게 측정해 항해하는 데 오차가 없는 사실에 경탄했으며, 마테오 리치Matteo Ricci의 지리설도 이들보다 상세하지는 않을 것이라고 했다.[8] 그는 미국인의 각종 과학기술, 특히 증기기관을 이용한 기계의 작동에 찬탄을 아끼지 않았다. "옛날에는 우물에 앉아 하늘을 보았다면, 요즘은 겨우 조개껍데기로 대해를 측량한다"라며 자신의 수준을 '측해규려測海窺蠡'에 비유하였다. 물론 작은 조개로 대해를 측량할 수

---

5 鍾叔河, 『走向世界－近代中國知識分子考察西方的歷史』, 中華書局, 1985, p.51; 陳室如, 『近代域外游記硏究(1840~1945)』, p.70.

6 鍾叔河, 『從東方到西方－走向世界叢書敍論集』, 岳麓書社, 2002, p.12.

7 林鍼, 『西海紀游草』(『走向世界叢書』 第1輯 第1冊), 岳麓書社, 1985, p.36.

8 Ibid., pp.36~37.

는 없겠지만 바다와 전혀 접촉하지 않았거나 바다를 본 적이 없는 사람보다는 낫다고 생각한 것이다.[9] 임침은 전통 사대부가 아니었기 때문에 자만심이 적었고, 미국의 선진적인 모습을 배워야 한다고 보았다. 비록 그의 여행기는 아편전쟁 이후 최초의 중국인 해외 여행기라는 상징성이 있지만, 견문기의 전체 분량이 많지 않고 학문 수준도 그리 높지 않았다.

근대중국 최초의 유학생 용굉容閎이 남긴 유명한 여행기 『서학동점기西學東漸記』의 영문제목은 *My Life in China and America*이다. 이 책은 그가 1847년 미국으로 건너가 1854년까지 겪은 현지 생활을 말년인 1909년에 쓴 영문 회고록이다.[10] 1847년 1월 용굉, 황승黃勝, 황관黃寬 세 사람은 황포강에서 범선 헌트러스Huntress호를 타고 미국 여행길에 올랐다. 용굉 일행이 미국으로 유학 갈 때 탄 선박은 뉴욕의 올리펀트 형제공사The Olyphant Brothers의 배로 청국에서 차를 실어 미국으로 운반하는 범선이었다. 그 항로는 임침과 반대 방향으로 인도양을 지나 희망봉을 경유한 후 대서양으로 북상해 뉴욕에 도착하는 항로였다. 용굉 일행은 황포에서 출발해서 희망봉에 이르는 구간은 비교적 순항했으나, 그 후 대서양의 거친 파도에 고생했으며 망망한 바다 가운데 하늘의 별들에 의지하며 오랜 항해를 버티었다.[11] 이 범선의 항행기간은 98일이었는데, 임침보다는 짧은 것이다.

용굉은 1854년 예일대학을 졸업한 후 그해 11월 뉴욕에서 범선 유레

9 Ibid., p.39.

10 용굉(容閎)은 광동 향산인으로 1836년 마카오의 모리슨 남자학교에서 교육을 받았고, 1847년 1월 4일 미국인 선생과 함께 미국 유학길에 올랐으며, 예일대학의 첫 번째 중국인 졸업생이 된 후 1854년 11월 13일 뉴욕에서 귀국하였다. '서학동점(西學東漸)'이라는 번역서 이름에서 알 수 있듯이 서양 근대 문명을 중국으로 전파해 중국이 서양 국가와 같은 근대국가로 변하길 바라는 희망이 담겨 있었다(陳室如, 『近代域外游記研究(1840~1945)』, p.72; 鍾叔河, 『走向世界－近代中國知識分子考察西方的歷史』, p.123).

11 容閎, 『西學東漸記』(『走向世界叢書』 第1輯 第2冊), 岳麓書社, 1985, pp.50~51.

카Eureka호를 타고 중국으로 귀국하였다. 이 시기는 희망봉 주변 날씨가 가장 험악한 때로, 동북풍이 자주 불어 범선이 동쪽으로 향할 때면 역풍을 만났다. 그가 탄 선박은 미국에서 홍콩으로 화물을 운반하는 범선으로 용굉 일행 말고는 손님이 없었으며 무려 154일이나 걸리는 힘든 여행이었다. 게다가 권위적이며 폭력적인 선장을 만나 선상에서 학대받는 선원들을 목격하였다. 용굉은 평생 여러 차례 장거리 항해를 했지만, 이때보다 힘든 여행은 없었다고 회고했다.[12]

10여 년 후 증국번曾國藩의 지시로 기계를 구매하러 다시 미국에 갈 때에는 상해에서 출발해 싱가포르에서 머문 후 인도양을 횡단했으며, 도중에 스리랑카에 잠시 상륙하였다. 이집트의 카이로에서 다시 하선할 수밖에 없었는데, 당시 수에즈운하Suez Canal는 공사 중이어서 기차를 타고 육로로 수에즈를 지나 알렉산드리아로 갔다. 그곳에서 다른 배에 올라 프랑스 마르세유항구로 항행하였다. 프랑스 파리와 영국 런던에서 얼마간 유람하다 대서양을 건넜는데, 1864년 봄 뉴욕에 도착하였다.[13] 용굉이 1865년 봄 기계구매를 마치고 귀국할 때 뉴욕에서 희망봉을 돌아 상해로 가는 노선은 과거의 끔찍한 경험 때문에 피하고자 했다. 그래서 뉴욕 반대편인 샌프란시스코로 이동해 태평양을 건너는 노선을 선택하였다. 하지만 대륙 간 횡단철도가 완성되지 않아서 연해 윤선을 타고 뉴욕에서 파나마로 이동한 후 육로를 통해 반대편 멕시코 해안에 도착해 다시 배를 타고 샌프란시스코로 갔다. 결국 샌프란시스코에서 태평양을 건너 요코하마로 가는 삼궤범선에 몸을 실었다.[14] 그는 이런 방법을 통해 지구

12 Ibid., pp.63~64.
13 Ibid., pp.113~114.

의 동서 항로를 모두 돌았는데, 수에즈와 파나마운하Panama Canal가 만들어지기 전의 항로를 잘 보여준다.

용굉이 귀국 후 태평천국의 홍인간洪仁玕에게 제안한 7가지 건의 중에는 해군학교의 건립이 있었고, 증국번의 지지로 강남제조국江南製造局을 만들 때에는 기선공사의 건립을 제안한 바 있었다. 용굉은 적어도 두 가지 사건에 중요한 영향을 미쳤다. 하나는 중국에서 처음 만들어진 대형공장인 강남제조국을 건립하는 데 참여한 일이고, 다른 하나는 청조의 관비유학생으로 네 차례에 걸쳐 아동 120명을 미국에 유학시킨 일이었다.[15] 1872년 여름 제1차 학생 30명이 태평양을 건널 때 용굉은 인솔자의 자격으로 또다시 미국으로 건너갔다. 그 후 유학생을 관리하며 몇 차례 중국과 미국을 왕복하다가 나중에 미국에 정착하였다. 그의 도움으로 미국에 유학했던 학생 가운데 귀국한 사람들은 여러 분야에서 일했는데 상해전보국, 복주선정국, 강남제조국, 천진수사 등 다양하였다. 특히 해군에 종사한 사람은 20명으로, 그 가운데 해군 장교는 무려 14명이었다. 이 숫자는 다른 분야에 비해 많은 인원이었다. 용굉의 여행기는 말년에 자신의 생애를 회고한 것이라 아쉽게도 해양과 관련한 생동감 있는 묘사는 별로 남아있지 않다.

훗날 용굉의 미국 유학사업과 관련해 기조희祁兆熙라는 인물이 1874년 동치(同治) 13년 제3차 아동의 미국행 호송을 담당했는데, 미국으로 가는 여정을 담은 견문기 『유미주일기遊美洲日記』가 남아있다. 이들 일행이 미국으로 갈 때 일본에서 차이나China호라는 배를 타고 갔다. 먼 외국으로 가는

14 Ibid., pp.116~117.

15 鍾叔河, 『走向世界－近代中國知識分子考察西方的歷史』, p.133.

어린 학생들이 자신의 나라 이름을 딴 선박을 타는 것은 묘한 인연이었다. 아이들이 탄 배는 명륜선明輪船이었는데, 이런 선박은 양쪽에 큰 바퀴가 달려 있고 배 안에 두 현이 안장되어 있었다. 큰바람과 파도가 일면 쉽게 전복될 위험성이 있었다. 당시 점차 사라져가는 모형이었는데 광동과 홍콩 간에 오고가는 연해 선박 중에는 종종 볼 수 있었다.[16] 아이들은 처음 배가 출발할 때는 천진난만했으나 비바람에 풍랑이 일어 배가 흔들리자 다수가 울고 잠을 이루지 못하였다.[17] 차이나호는 태평양을 횡단하는데, 불과 28일이 걸렸다.[18] 그는 아동을 관리하는 자신의 임무를 마치고 미국을 유람하다 1875년 초 귀국하였다.

1840년대 미국으로 건너갔던 임침과 용굉은 범선을 탔는 데 반해, 1870년대에 미국으로 건너간 기조희는 새로운 교통수단인 윤선을 이용하였다. 그 사이에 원양항해의 혁신이 이루어진 사실을 경험한 것이다. 이처럼 선박의 개량에 따라 항로의 단축이 하루하루 빠르게 진행되었다.[19]

앞의 임침과 용굉 등이 모두 미국으로 건너갔던 반면, 1860년대에 영국으로 건너간 저명한 사상가 왕도王韜의 여행기도 남아있다. 당시 태평천국과 연루되어 홍콩으로 망명했던 왕도는 홍콩 영화서원英華書院 원장인 레그James Leege의 요청으로 1867년 영국인 한학자를 따라 스코틀랜드에 갔다가 1870년 여행을 마치고 홍콩으로 돌아왔다. 왕도는 영국 현지

---

16 祁兆熙, 『游美洲日記』(『走向世界叢書』 第1輯 第2冊), 岳麓書社, 1985, pp.269~270.

17 Ibid., p.212.

18 鈴木智夫, 『近代中國と西洋國際社會』, 汲古書院, 2007, p.43.

19 기조희(祁兆熙)의 기록에 따르면, 당시 샌프란시스코에서 요코하마로 돌아오는 항로는 세 가지였다. 해도를 보면 중간 항로가 가장 빠른데, 대신에 풍랑이 가장 세다. 5월 이후에 운항하면 17일 만에 도착할 수 있다. 북쪽 항로로도 여름에 갈 수 있다. 남쪽 항로는 겨울에 갈 수 있지만, 항로가 길어져 28일 만에 요코하마에 도착할 수 있다(祁兆熙, 『游美洲日記』, p.247).

에서 중국 경전의 번역을 도와주며 시간이 나면 여러 명승지를 돌아다녔다. 그의 『만유수록漫遊隨錄』은 유럽 여행기로 1887년에 회고록 형식으로 출판되었다.[20] 왕도는 스코틀랜드에 2년 넘게 거주하면서, 그가 도착하기 1년 전에 영국에 빈춘斌椿 사절단이 오고 간 사실을 알았으며, 그가 있는 동안에 벌링게임蒲安臣 사절단이 온다는 소식도 들었다.[21] 왕도는 청국 최초의 영국 공사인 곽숭도郭嵩燾보다 7년 빨리 영국에 와 있었다. 그의 여행은 중국 고급지식인이 처음 자유로운 신분으로 유럽 현지를 고찰한 것이자, 서방세계에도 제대로 된 중국 실상을 알려준 것으로 해외 여행기에서 중요한 위치를 차지한다.

왕도의 여행기에는 비록 해양 관련 기록이 적지만 수에즈운하의 강한 인상이 남아있다. 그에 따르면, 옛날에 영국인이 동방으로 오는 해로는 모두 희망봉을 돌아 청국으로 향했다. 함풍咸豐 연간에 이르러 비로소 홍해를 통해 육로로 170리 이동하면 지중해에 도착하는데 거리가 거의 수만 리나 단축되었다. 이에 따라 희망봉의 지리적 상징성이 점점 사라졌는데, 앞으로 수에즈운하가 열리게 되면 동서 간 윤선이 직접 통할 수 있으니 형세가 크게 변할 것이라고 적었다. 실제로 왕도는 여행 중 수에즈에서 내려 이집트를 구경하였다. 수에즈의 동남쪽은 홍해이고, 서북쪽은 지중해와 접해있다. 수에즈는 두 바다의 목줄로 영국인들이 특별히 화륜차를 만들어 우편과 여행객을 실어 날랐다. 근래 프랑스인이 새로운 운하를 열어 화륜차를 이용하는 사람이 줄어들었다면서, 시대의 변화에 인사는 무상하니 어찌 이길 수 있겠는가?[22]라고 썼다. 이 기록은 수에즈운

20 陳室如, 『近代域外游記研究(1840~1945)』, p.71.
21 王韜, 『漫游隨錄』(『走向世界叢書』 第1輯 第6冊), 岳麓書社, 1985, p.129.

하가 막 개통했을 때1869년 말의 상황을 기록한 것이라 흥미롭다.

임침, 용굉, 왕도 등이 남긴 개인 견문기에는 항로 관련 언급 말고는 해양 이미지가 대부분 단편적이다. 그들은 대양에 대해 놀라움이 가득했지만 이와 관련한 체계적인 기술을 남기지 않았다. 이와 달리 청국에서 파견한 해외 사절단의 경우 그들의 정치적 위상 때문인지 서방국가의 배려로 좀 더 자세히 서양의 해양 문명을 관찰할 수 있었다. 사절단은 고급 호텔에 묵었을 뿐만 아니라, 유럽 각국의 고위인사로부터 성대한 접대를 받았고 그들의 각종 활동에 참여할 수 있었다.

## 2. 사절단 여행기에 나타난 해양 문화

### 1) 빈춘斌椿 사절단(1866)

청조가 유럽을 고찰하라고 처음 파견한 사절단이 곧 최초로 서양의 근대문화를 접촉한 중국인 관료들이었다. 1861년에 성립한 총리아문總理衙門에서 유럽탐방을 추진했는데, 이 계획을 발의한 사람은 영국인 해관총세무사 로버트 하트R. Hart, 赫德였다. 1866년동치 5년 봄 하트는 휴가를 얻어 영국으로 잠시 귀국할 때, 중국 최초의 외국어학교인 동문관同文館 학생 한두 명을 동행시켜 그곳의 풍토와 인정을 살펴 견문을 넓힐 수 있도록 제안하였다. 이에 총리아문은 하트에게 빈춘斌椿과 그의 아들 광영廣英과 함께 동문관 내 영문관의 봉의鳳儀, 덕명德明, 즉 장덕이과 법문관의 언혜彥慧

22 Ibid., pp.78 · 80.

등 모두 다섯 명을 동행해 유럽을 고찰하도록 했다. 빈춘은 기인 출신이었으며 수행 학생들은 모두 동문관 졸업생들이었다. 그런데 빈춘 일행은 사실상 관광 성격을 띤 사절단이어서 정식 외교사절은 아니었다. 인솔책임자인 빈춘은 『승사필기乘槎筆記』를 남겼으며, 통역인 장덕이張德彝가 『항해술기航海述奇』를 남겨 이번 여행의 대강을 알 수 있다.

빈춘은 1866년 봄에 출발해 그해 겨울에 돌아왔는데, 총 8개월 반 정도의 여정이었다. 프랑스, 영국, 네덜란드, 프로이센, 덴마크, 스웨덴, 폴란드, 러시아, 오스트리아 등 11개 국가를 여행했는데, 오고 간 시간을 빼고 나면 이들이 실제로 유럽에 체류한 시간은 4개월이 채 되지 않았다.[23] 사절단은 북경을 떠나 천진에서 배를 타고 상해로 내려가 다시 배를 바꾸어 홍콩에 도착하였다. 홍콩에서 다른 선박으로 바꾸어 탄 후 베트남 연안을 따라 말라카해협을 통과해 인도양으로 나갔다. 당시 프랑스 선박은 주로 프랑스 식민지를, 영국 선박은 주로 영국 식민지를 경유하는 경우가 보통이었다.

서양인들이 어떤 '견선리포堅船利炮'를 가지고 있는가에 관한 소문은 무성했지만, 진정으로 중국인 가운데 화륜선을 구경한 사람은 드물었다. 특히 화륜선에 승선한 기록은 거의 없었는데, 그런 의미에서 빈춘의 『승차필기』는 귀중한 자료이다.[24] 그는 상해에서 프랑스 윤선을 탄 후 이 배를 진지하게 관찰해 선박의 크기, 구조, 선내환경, 사용설비, 직원업무, 업무원리 등을 기록하였다. 빈춘은 "화륜을 사용하면 인력을 쓰지 않고

23 鍾叔河, 『走向世界 – 近代中國知識分子考察西方的歷史』, pp.60~61; 陳室如, 『近代域外游記研究(1840~1945)』, pp.72~73.

24 尹德翔, 『東海西海之間 – 晚淸使西日記中的文化觀察, 認證與選擇』, p.49.

도" 정교하게 일을 할 수 있다며, 윤선의 증기기관과 정밀한 기계들에 무척 감탄하였다.[25] 일행인 장덕이 역시 여행 초기 천진항에서 영국 화륜선 세 척을 본 경험을 기록하였다. 두 척은 암륜선이었고 한 척은 명륜선이었는데, 외형상 깔끔하고 견고한 것이 청국 선박과는 다르다고 평가했다. 그중 한 윤선에 올랐을 때, 선박에 달린 구명튜브를 보고 이를 소개하였다. 배가 위험해지면 몸에 튜브를 걸치고 바다로 뛰어내리면 해류에 따라 표류하다 구조를 기다릴 수 있다는 것이다. 뿐만 아니라 그의 일기에는 영국 선박의 구조와 설비의 정교함부터 손님을 맞는 방식까지 상세하게 적혀있다.[26]

19세기 중엽 구미 사회는 증기기관으로 상징되는 공업 문명이 확립되어 윤선, 기차, 전보 등 각종 신식 기계들을 광범하게 사용하였다. 장덕이는 배를 탄 후에 "화륜기는 불로써 물을 끓여 증기가 상하로 철륜을 작동하며 회전시키면 배가 스스로 움직이는 것"[27]이라고 윤선의 원리를 설명하였다. 그의 『항해술기』에도 빈춘처럼 중국인이 증기기관을 바라보는 첫인상이 담겨있어 의미가 있다.[28] 홍콩에서 프랑스 신식 윤선으로 바꾸어 탄 다음에도 장덕이는 이 배에 대한 자세한 설명을 잊지 않았다.[29] 어쩌면 당연한 얘기지만 대부분 초기 여행자들은 서양 윤선의 구조에 관심을 가지고 이런저런 감상을 남기고 있다.

빈춘 일행이 베트남 해안을 지날 때 새로 만든 서양 건물 십여 채를 보

---

25 斌椿, 『乘槎筆記』(『走向世界叢書』 第1輯 第1冊), 岳麓書社, 1985, pp.94~95.
26 張德彝, 『航海述奇』(『走向世界叢書』 第1輯 第1冊), 岳麓書社, 1985, pp.446~447.
27 Ibid., p.449.
28 鍾叔河, 『走向世界－近代中國知識分子考察西方的歷史』, p.95.
29 張德彝, 『航海述奇』, pp.453~455.

았는데, 이곳에는 프랑스해군 제독과 해군 3천 명이 체류한다고 썼다. 그리고 베트남에는 복건인과 광동인 5만~6만 명이 무역에 종사한다고도 했다. 베트남이나 싱가포르 등지의 차이나타운을 방문해 화교를 만난 기록은 대부분 해외 여행기에서 공통으로 나오는 소재이다. 일본을 거쳐 미국으로 가는 여행단도 나가사키, 고베, 요코하마에 사는 화교들을 종종 언급하였다. 화교라는 존재는 근대 해양 문명을 이해하는 또 다른 키워드이다.

사절단이 항해하는 과정에서 대양의 강한 인상이 곳곳에 나타난다. 망망대해의 경이로움이 사라지기도 전에 강한 바람과 높은 파도를 만났다. 항해의 힘든 과정은 모든 여행기에 반복적으로 나타나는데, 대표적인 고통이 풍랑을 만났을 때의 배멀미였다. 장덕이는 "밤에 갑자기 광풍이 불어 파고가 백 척이고, 선박이 요동을 치니 사람들이 모두 구토를 멈추지 못했다. 창밖은 파도 소리가 우렁차고 선내에는 사람들의 구토 소리가 요란하며, 금속들이 울음소리를 내고 찻잔과 쟁반이 떨어졌다"[30]라고 묘사했다.

항구 밖의 등대도 신기한 존재였는지 일기에 종종 보인다. 장덕이의 일기에는 청국의 국경을 넘어 베트남국경에 도달할 즈음 높은 탑처럼 생긴 등대를 보았는데, 이것은 항구 밖의 등탑으로 그 빛이 백리 밖을 비칠 수 있어서 야간에 운항하는 선박들이 항구를 알 수 있도록 한다고 했다.[31] 빈춘의 일기에도 아덴을 떠난 후 바다 한가운데 높은 철탑을 보았다는 글이 있다. 선원이 말하길, 그곳은 물이 얕아 배가 위험할 수 있어

30 Ibid., p.449.
31 Ibid., p.460.

서 탑을 세우고 사람이 지킨다고 했다. 낮에 선박이 보이면 깃발을 흔들고, 밤에는 등을 켜서 위험을 알린다는 것이다.[32] 이런 영국인의 제도는 "진실로 좋은 일"이라고 호평하였다.

빈춘의 일기에는 스리랑카에서 아덴으로 항해 도중 한 인도인 회교도가 선상에서 사망하는 사건이 실려 있다. 그는 본래 터키로 가서 순례에 참가할 계획이었으나 배에 오른 후 병이 악화되어 죽었다. 원양 해운의 규정에 따르면, 선상에서 손님이 죽으면 하루 안에 바다로 던지게 되어 있었다. 선주는 신원을 파악한 후 짐과 돈을 모두 일행에게 맡기고, 유산을 아들에게 준다는 글을 모처로 보내었다.[33] 장덕이의 일기에도 이 사건이 실려 있는데, 시신이 썩어 전염병이 선내에 돌 것을 우려해 어떤 경우라도 재빨리 시신을 처리한다고 했다.[34] 선상에서 사람이 죽는 사례는 다른 여행기에서도 종종 발견되는데, 대양항해의 어려움을 잘 보여주는 대목이다.

빈춘은 바다 멀리 범선의 돛대가 수평선 너머 사라지는 장면을 보면 지구가 둥글다는 사실을 확인하기에 충분하다며 이는 억측이 아니라고 했다.[35] 특히 장덕이는 『항해술기』 본문에 앞서 따로 「지구설地球說」이라는 글을 써서 지구의 개념을 설명하는데, 지구의 둘레, 직경, 운행방식 및 해양과 대륙분포의 지리 위치 등을 상세하게 소개했다.

기氣로서 말하자면, 가볍고 맑아 위로 뜬 것이 하늘天이고, 무겁고 탁해서 아

32 斌椿, 『乘槎筆記』, p.103.
33 Ibid., p.102.
34 張德彝, 『航海述奇』, p.468.
35 斌椿, 『乘槎筆記』, p.129.

래로 가라앉은 것이 땅地이다. 이理로서 말하자면, 하늘은 만물을 덮는 것이요 땅은 만물을 싣는 것이다. 형形으로 말하자면, 혹자는 하늘은 둥글고 땅은 네모라 하고, 혹자는 하늘의 모양은 덮개와 같다고 하고, 혹자는 하늘과 땅의 모양이 계란과 같다고 한다. 요컨대 뒤의 학설이 사실에 가깝다. 대체로 하늘 모양은 바깥을 둥글게 둘러싸고 있으며, 땅 모양은 가운데 둥글게 모여 있으니 공 모양이 지구의 모습에 가깝다. 지구를 동반부와 서반부로 나누는데, 사실은 하나를 억지로 나눈 것이다.[36]

「지구설」 다음에는 〈지구도地球圖〉라는 동반구와 서반구의 세계지도를 싣고 있다. 동반구에는 아시아·유럽·아프리카대륙이, 서반구에는 남·북아메리카대륙이 각각 그려져 있었다. 아울러 지도에는 상해 항에서 마르세유 항으로 가는 자신들의 항로가 점선으로 희미하게 표시되어 있다.[37] (후술할) 몇 년 후 이규李圭의 『환유지구신록環遊地球新錄』에서도 장덕이와 비슷하게 「지구도설地球圖說」과 함께 더욱 상세한 〈지구도〉를 삽입해 새로운 지리 개념을 소개하였다.[38]

지구의 모양은 공과 같고 태양 주위를 도는데, 태양은 움직이지 않고 지구가 돈다 — 우리 중화는 이런 이치를 분명히 말한 사람이 진실로 적지 않으나, 이 학설을 믿지 않는 사람이 열에 여덟이나 아홉이다. 나 이규도 처음에는 이 사실을 자주 의심하였다. 지금 출양 하는 일을 맡아 지구를 유람하면서 믿게 되

36 張德彝, 『航海述奇』, pp.441~443.
37 Ibid., p.443 〈地球圖〉 참고.
38 李圭, 『環游地球新錄』(『走向世界叢書』 第1輯 第6冊), 岳麓書社, 1985, p.315 〈地球圖〉 참고.

었다. (…중략…) 지구의 모양이 사각형이거나 태양이 움직이고 지구가 움직이지 않는다면, 어찌 상해에서 동쪽으로 끝까지 가면 다시 상해로 돌아올 수 있단 말인가?[39]

위와 같이 지구가 둥글다는 사실을 믿는 사람이 열에 하나 혹은 둘이던 시절에 세계여행을 통해 이런 사실을 확인하는 일은 용기가 필요하였다. 여행가들의 진솔한 소개로 중국인들은 지구라는 용어가 점차 생소하지 않은 단어로 자리 잡았다.[40]

사절단이 수에즈 지역을 통과할 즈음 "그 입구는 매우 넓으나 물이 얕고 모래가 많아 큰 배는 안으로 들어갈 수 없다"라고 했다. 그리고 이곳은 두 대륙이 연결되는 지역인데, 동쪽이 아시아이고 서쪽이 아프리카이며 북으로는 지중해가 남으로는 홍해가 연결된다면서, 이집트의 동북 국경이라고 소개했다.[41] 빈춘 일행은 이집트에서 배에서 내려 육지에 올랐으며, 약 천 리의 육로로 수에즈 지역을 지나 다시 배에 오른 후 지중해를 통과해 마침내 이탈리아를 바라보았다. 빈춘 사절단이 수에즈에 왔을 때는 아직 수에즈운하가 완공되지 않았다. 그래서 이 지역을 기차를 이용해 육로로 이동하는 여행 과정을 적었다.[42] 결국 1866년 5월 최종 목적지인 프랑스 마르세유항구에 도착한 후 본격적인 유럽 일정에 들어갔다. 장덕이는 마르세유의 모든 배들이 항구를 출입할 때 반드시 프랑스

39 Ibid., pp.312~313.

40 張德彝의 『航海述奇』와 李圭의 『環游地球新錄』에 실린 두 종류의 지구도를 비교하면 중국인의 지리관의 심화과정을 상징적으로 읽을 수 있다.

41 周佳榮, 「第一個環游地球的中國外交人員－張德彝對近代海防和西方船炮的認識」, 李金强 外主編, 『我武維揚－近代中國海軍史新論』, 香港海防博物館編製, 2004, p.170.

42 斌椿, 『乘槎筆記』, pp.104~106.

의 도항선이 인도하는 모습에 신기해했다.[43] 빈춘 일행은 전체 여행 기간 중 화륜선은 19번 화륜차는 42번이나 탔는데, 모두 모양이 달랐다고 적었다.[44]

빈춘은 영국 항구에서 미국으로 가는 매우 큰 윤선을 보았다. 작은 배를 이용해 그 배에 올라 구경할 수 있었는데, 선박은 대략 길이가 70장丈이며 연통이 무려 5개나 있었다. 당시 전기동선을 실어 미국으로 갈 계획이었데, 이미 화물이 가득 실려 있다고 했다.[45] 장덕이도 세상에서 가장 큰 윤선인 그레이트이스턴Great Eastern호를 보았다며, 그 뜻은 대동방大東方이라고 썼다. 영국에서 대서양을 건너 미국으로 왕복하는 선박인데, 원래 계획과는 달리 전기동선 등을 실어 해저전선을 설치하는 용도로 쓰이고 있다고 소개했다. 앞으로 그 사업이 끝나면 비용 문제 때문에 다른 작업을 하지 못해 세워둘 것이라고 썼다.[46]

영국에서 조선소를 방문한 기록이 있다. 조선소의 크기가 매우 넓고 큰 작업장이 무려 백여 칸인데, 여기서 만든 각종 정교한 윤선 모형도를 관람한 후 공장을 견학하였다. 철을 녹이는 용광로가 모두 자동으로 작동하며 이미 완성된 윤선과 제조 중인 윤선을 관람한 내용을 남겼다. 조포창을 방문한 기록도 있다. 조포창에서는 나무로 만들어진 수십 칸의 방에 각종 기계가 자동으로 작동하며 무기를 정교하게 만들고 있었다고 기록했다.[47] 빈춘 일행은 발틱해에서 러시아 포대를 구경했는데, 10년

43 張德彝, 『航海述奇』, p.584.
44 斌椿, 『乘槎筆記』, p.144.
45 Ibid., p.120.
46 張德彝, 『航海述奇』, p.532.
47 周佳榮, 「第一個環游地球的中國外交人員－張德彝對近代海防和西方船炮的認識」, p.170.

전 영프 함대가 포대를 공격했으나 함락시키지 못해 결국 화의를 맺었다고 했다.[48] 일행이 러시아 크론슈타트 항구에 도착했을 때, 이 항구 다섯 곳의 높은 요지에 세운 백석白石 포대를 보았다. 포대의 하얀 돌담 너머로 대포를 숨겨놓았으며, 밖에는 큰 화륜병선 몇 척이 떠 있었다고 묘사했다.[49] 이들의 군함과 대포 관련 이해 수준은 개인 여행가들에 비해서는 좀 더 구체적이었다.

대양을 건넌 중국인들은 해양생물을 본 인상이 꽤 깊었던 듯하다. 빈춘이 싱가포르에서 스리랑카로 항행 중 비어飛魚를 본 기록이 있는데, 수면을 날아올라 한참을 공중 비행하는 모습이 질서정연해 정말 신기한 광경이었다고 썼다.[50] 귀국하는 길에도 원형의 눈이 없는 물고기 관련 기록이 있는데, 그것이 해파리인지 분명하지 않지만 크고 작은 무리가 배 주변에서 먹이를 찾았다고 했다.[51] 이처럼 바다에서 본 경험 말고도 유럽 각국의 동물원이나 수족관 등에서 본 기사도 적지 않다. 장덕이는 프랑스의 동물원에서 국화 모양의 물고기 등 해양에서 사는 형형색색의 물고기를 소개하였다.[52]

특히 고래 관련 기억은 가장 강렬하였다. 빈춘은 스웨덴의 한 박물관에서 고래표본을 구경하였다. 해변 사람들이 포어했다는데, 전시한 고래를 구경하기 위해 누각에 올라 작은 다리를 건너 고래 입속으로 들어갔다.[53] "물고기의 길이가 6장이다. 잘 처리하면 그 가죽으로 배를 만들 수

48 斌椿, 『海國勝游草』(『走向世界叢書』 第1輯 第1冊), 岳麓書社, 1985, p.176.
49 張德彝, 『航海述奇』, p.551.
50 斌椿, 『乘槎筆記』, p.99.
51 張德彝, 『航海述奇』, p.586
52 Ibid., p.493.
53 斌椿, 『乘槎筆記』, p.127.

있어 백여 명을 수용할 수 있고 큰 건물을 덮을 수 있다"라고 다소 과장해서 묘사했다.[54] 장덕이도 같은 박물관에서 짐승들의 뼈를 철사로 이어 놓아 살아있는 듯이 보이는 표본들을 보았는데, 그 가운데 거대한 고래가 있었다. 이 고래의 입은 커서 문과 같이 출입할 수 있었고, 그 뱃속은 6~7명의 사람이 들어갈 수 있을 정도로 크다고 했다. 북해에서 잡았는데, 어선을 여러 척 뒤집을 정도로 커서 사람들이 지혜를 짜내어 그 가죽을 얻을 수 있었다고 썼다.[55]

여행기에는 해양 신화에 관한 기록도 있다. 귀국 도중 스리랑카에 잠시 정박할 때에 파도 높이가 산과 같아서 작은 배를 타고 부두로 이동하는데 위험하였다. 당시 현지인은 한 가지 전설을 얘기해 주었다. 스리랑카는 인도 최남단의 섬으로 예전에 네덜란드가 이 땅을 차지하려 했을 때 바다에 살던 해룡海龍이 허락하지 않았다고 한다. 네덜란드 군함이 총과 대포를 쏘며 며칠간을 싸워 결국 해룡이 이기질 못하고 사라지자 비로소 네덜란드 소유가 되었다고 한다.[56]

"중국에서 서방으로 온 첫 번째 사람"이라는 별칭을 얻은 빈춘은 서양의 물질문명에 대해 큰 호기심을 느꼈으나, 바쁜 일정 때문인지 정치제도나 정신문명에 대해서는 잘 이해하지 못했다. 『승차필기』에는 서양의 면방직기, 도서 인쇄, 동전 제조, 윤선과 대포 제조 등과 같은 기술문명을 찬탄하는 기사도 있지만, 대부분 한밤의 가스등, 훌륭한 말쇼, 남녀가 함께하는 무도회, 물을 뿜는 분수, 작은 폭포와 기이한 공원, 신기한 동

54 斌椿, 『海國勝游草』, p.174.
55 陳德勤, 「1866年張德彝在瑞典見到藍鯨標本」, 『中華科技學會學刊』, 2013年第18期, pp.101~102.
56 張德彝, 『航海述奇』, p.588.

물원, 근대적 극장, 반라의 서양 미녀, 화려한 궁중 연회 등을 소개하는 데 더 많은 지면을 할당하였다. 빈춘은 출국할 때 이미 63세의 노인으로 생각이 보수적이어서 해외 기담을 적듯이 여행기를 남겼다. 이와 달리 장덕이는 처음 출사할 때 불과 19세의 어린 나이로 그의 『항해술기』는 빈춘의 『승차필기』에 비해 상대적으로 내용이 풍부하고 감각도 예민하다고 볼 수 있다. 따라서 그가 전통적 가치관에 얽매이지 않고 새로운 문명관을 받아들이는 데는 오랜 시간이 필요하지 않았다.[57] 특히 장덕이는 이번 사절단뿐만 아니라 곧 이은 두 차례 사절단에 모두 참여한 통역이라 주목할 만한 인물이다.[58]

### 2) 벌링게임蒲安臣 사절단(1868~1870)

청영 「천진조약」 규정27조에 따르면 청국과 영국 쌍방이 10년 후에는 세칙과 통상장정을 수정할 수 있는 내용이 있었다. 조약이 체결된 때가 1858년함풍 8년이므로 1868년동치 7년에는 조약 기간이 만료되어 조정해야 할 시점이었다. 이 일을 책임지고 나선 사람이 청국주재 미국 공사 출신의 앤슨 벌링게임Anson Burlingame, 蒲安臣이었다. 청조는 그를 구미 각국에 출사하는 흠차欽差로 임명하고 1868년 11월 조약국으로 파견하기로 했다. 이때 판리중외교섭대신辦理中外交涉大臣으로 지강志剛과 손가곡孫家谷을 임

57 手代木有児, 『清末中國の西洋體驗と文明觀』, 汲古書院, 2013, pp.112・115.

58 장덕이(張德彝)의 경우, 첫 번째는 동문관 졸업생의 신분으로 빈춘(斌椿) 사절단을 따라 처음 유럽으로 갔는데, 양무운동 중에 소년기를 보내며 서양식 교육을 받은 신형 지식인의 출현이라고 볼 수 있다. 두 번째는 벌링게임(Burlingame) 사절단을 수행해 다시 구미 사회를 장기간 방문했는데, 우연한 낙마 사고로 회복이 늦어지자 빨리 귀국해 중국인으로서는 최초로 지구를 일주한 사람이 되었다. 세 번째는 숭후(崇厚) 사절단을 따라 출양 했는데, 파리코뮨의 목격자가 되면서 구미 사회의 이해 깊이를 더해갔다. 장덕이는 그 후에도 여러 차례 해외로 출사해 근대중국에서 가장 견문이 넓은 외교관이 되었다.

명하고, 장덕이와 같은 통역과 동문관 학생들을 사절단의 구성원으로 삼아 함께 파견하였다. 이 사절단은 청국이 구미에 파견한 진정한 의미의 첫 번째 외교사절단이자 해외 거류 기간이 가장 긴 사절단이기도 했다.

1868년 2월 상해를 출발해 1870년 10월까지 미국, 영국, 프러시아, 러시아와 기타 유럽 국가들을 방문하였다. 일행 가운데 지강은 『초사태서기初使泰西記』를, 장덕이는 『구미환유기歐美環游記』를 각각 남겨 당시의 여행 과정을 알 수 있다.[59] 특히 장덕이의 경우 이번에도 벌링게임을 따라 구미로 출사했는데, 첫 번째 빈춘 일행이 유럽을 구경한 것이라면 두 번째 여행은 외교적 사명을 띠고 지구를 한 바퀴 돈 장거리 여행이었다. 그런데 항로가 이전처럼 동남아를 거쳐 유럽으로 가는 서쪽이 아니라, 일본을 거쳐 미국으로 가는 동쪽이었다.[60] 지강과 장덕이는 벌링게임을 수행한 일행으로 같은 장소를 방문하고 별도의 기록을 남겼기 때문에 두 일기를 비교하는 것은 흥미롭다.

벌링게임 사절단은 미국을 상징하는 화기花旗처럼 청국도 국기가 필요하다고 판단해 자신들이 탄 선박이나 열차에 청조를 상징하는 용기龍旗를 달았다.[61] 1868년 2월 25일 상해 항을 출발해 일본을 경유한 후 태평양을 건넜으며 4월 1일 미국 샌프란시스코항구에 도착하였다. 사절단은

---

59 陳室如, 『近代域外游記研究(1840~1945)』, p.74. 이 사절단은 3종의 기록물을 남겼다. 지강(志剛)의 『初使泰西記』, 손가곡(孫家穀)의 『使西書略』, 장덕이(張德彝)의 『歐美環游記』가 그것이다(尹德翔, 『東海西海之間－晚淸使西日記中的文化觀察, 認證與選擇』, pp.67~68).

60 어떤 자료에 따르면, 청국에서 영국으로 가는 방법은 두 가지이다. 하나는 남양, 싱가포르, 홍해, 수에즈운하, 지중해, 대서양 등을 지나 영국의 남부 항구 사우샘프턴에 도착하는 것이며, 다른 하나는 일본에서 태평양을 건너 캐나다의 몬트리올이나 퀘벡에 간 후 다시 대서양을 건너는 배를 타서 영국의 리버풀에 도착하는 것이다(林汝輝 外, 『蘇格蘭游學指南』(『走向世界叢書』 第1輯 第2冊), 岳麓書社, 1985, p.656).

61 張德彝, 『歐美環游記』(『走向世界叢書』 第1輯 第1冊), 岳麓書社, p.677.

미국에서 4개월간 체류한 후 다시 배를 타고 대서양을 횡단해 9월 19일 영국의 리버풀항구에 도착하였다. 벌링게임 일행은 유럽에서 영국, 프랑스, 스웨덴, 덴마크, 네덜란드, 프로이센, 러시아, 벨기에, 이탈리아, 스페인 등 10개국을 방문한 후 지중해, 인도양, (남·동)중국해를 거쳐 1870년 10월 18일 상해로 돌아왔다. 전체 일정은 무려 2년 8개월이었다. 1870년 2월 러시아를 방문하던 중 벌링게임이 병으로 사망하는 불행한 사건이 있었지만, 일행의 여행 일정은 계속되어 성공적으로 귀국하였다.

지강이 쓴 『초사태서기』의 내용 중에 가장 특징적인 것은 과학기술 부분으로, 전체 책의 4분의 1가량을 점한다. 이 책에서 과학기술 묘사는 처음 저자가 강남제조국의 병기창과 조선창을 본 것부터 시작해서 일본 요코하마에서 미국 윤선 차이나호로 바꾸어 탄 후 이 선박의 구조와 작동원리를 상세히 기록한 것으로 이어졌다.[62] 바람이 충분히 불지 않아 큰 배를 움직일 힘이 없다면, 장차 어떻게 샌프란시스코항구로 가는 2만 수천 리의 대양을 건널 수 있을까? 이런 궁금증을 풀기 위해 살펴본 결과 배에는 6개의 화로가 있고, 이들 화로의 증기가 모여 피스톤을 상하로 움직이면 기계가 작동한다는 사실을 알아냈다. 즉 윤선의 축이 상하로 움직이며 선박의 쌍륜을 돌리게 하면 배가 움직인다는 것이다.[63] 이 시기는 명륜과 암륜이 교체하는 시대였는데, 윤선의 암륜 모양에 대해서도 자세히 설명하였다.[64] 비록 지강은 기계구조나 작동과정과 같은 기술

62 장덕이(張德彝)도 이 선박을 묘사하는데, 명륜이고 길이가 대략 45장(丈)이며, 넓이가 10장인데, '재납(齋納)'이란 이름은 영어로 '중화(中華)'라고 했다(Ibid., p.629).
63 志剛, 『初使泰西記』(『走向世界叢書』 第1輯 第1冊), 岳麓書社, 1985, pp.255~256.
64 Ibid., p.292.

문제는 비교적 잘 이해했지만 그 배후의 과학 원리에 대해서는 모호하게 인식했다.

예를 들어, 지강이 차이나호의 증기기관을 묘사하는 대목을 보면, 중국 전통의 천인합일天人合一 사상을 가지고 증기기관을 직관적이고 인본주의적으로 해석한 사실을 알 수 있다. 그는 증기기관이 엔진의 축을 상하로 왕복하면서 배가 움직이는 원리를, "마치 사람의 생명과 같아서 심장의 불火이 내려가면 콩팥의 물水이 올라오니 물이 불의 성질을 품기 때문이다. 열은 곧 기계를 움직여 기운氣을 만들고, 만들어진 기운이 앞뒤로 오르내리며 순환하는 것을 통제해 사지와 모든 근육으로 퍼지게 한다"[65] 라고 설명했다. 만약 막히면 병이 나고, 굳으면 죽는 것이다. 이것이 천지 인생의 대기관이다. 이처럼 지강은 중의학의 심장과 콩팥心腎 관계를 이용해 증기기관의 작동원리를 설명하였다. 물론 중국의 중의학과 서양의 동력학은 비교하기 곤란한데, 그는 무의식중에 이 두 가지를 섞은 것이다.[66]

이처럼 지강이 서양의 과학기술을 중국식으로 해독하는 방식은 주목할 만하다. 앞서 심신心身 관계를 가지고 증기기관의 원리를 설명한 것 말고도, 중국의 오행五行 사상을 빌어 윤선의 구조를 그린다든지, 중의학 사상을 가지고 정신병원의 존재를 이해한다든지, 음양설을 가지고 달 표면의 명암 분포를 설명하는 것 등이 그러하다. 한 연구에 따르면, 지강이 서양 과학을 받아들이는 태도는 지식 본래의 문제가 아니라 받아들이는 당사자가 소속된 사회문제라고 본다. 지강이 살던 시대에 청국은 두 가

65 Ibid., pp.256~257.

66 尹德翔, 「『初使泰西記』中的西方科技與中國思想」, 『北方論叢』, 2008年 第1期, p.102.

지 어려움에 직면해 있었다. 하나는 서양의 '견선리포'의 위협 속에 살아남기 위해 반드시 서양의 선진 무기를 받아들여야 했다. 다른 하나는 '서학'의 수용을 대대적으로 실행할 경우 전통 신앙의 권위를 위협해 결국 중국인의 지위와 신분을 상실할 것이라는 두려움이었다.[67] 지강은 이런 곤란을 정당화하기 위해 중학中學을 가지고 서양문명을 설명한 것이다.

바다의 풍경묘사와 큰바람과 높은 파도 관련 기술은 벌링게임 사절단의 일기에도 예외 없이 등장한다. "사신과 수행 학생들이 이미 어지러워 크게 토해 서서 있을 수 없었다"[68]라든가 "선실의 물건 중 둥근 것은 구르고, 네모난 것은 부러지며, 서있는 것은 넘어지고, 달려있는 것은 요동친다"[69]라고 묘사했다. 특히 이 사절단이 대동양大東洋, 즉 태평양을 건너가는 기록은 비교적 상세하다. 장덕이는 『구미환유기』에서 요코하마를 떠나 광활한 태평양을 처음 만났을 때의 감상을 적었다. 배를 탄 후 오직 하늘과 바다만을 보았을 뿐이며, 멀리 배 한 척이라도 보이면 사람들은 모두 즐겁게 바라보니 항해의 어려움을 알 수 있다고 했다. 보통 식사를 마치면 모두 일어나 노래를 부르는데, 그 의미는 안전하게 바다를 건너게 해달라는 바람이라고 했다.[70]

사절단은 태평양에서 큰 풍랑을 만나 고생하였다. 장덕이는 "분명히 대동양이고 혹은 태평양이라고 부른다. 풍랑이 이처럼 험악하니 아마도 명실이 부합하지 않는다. 험조양險阻洋 혹은 구풍양颶風洋이라고 불러야 할 것이다. 그러나 사람들이 이 대양의 이름을 태평양이라 지은 까닭은 그

67 尹德翔, 『東海西海之間－晚淸使西日記中的文化觀察, 認證與選擇』, p.76.
68 志剛, 『初使泰西記』, p.252.
69 Ibid., p.258.
70 周佳榮, 「第一個環游地球的中國外交人員－張德彝對近代海防和西方船炮的認識」, p.172.

험악함으로 인해 태평이라고 명명해 두려운 마음을 안정시키려 했을 것이다. 아니라면 다른 바다가 태평양보다 더욱 험악했기에 태평이라고 지었을 것이다. 모두 알 수는 없다"[71]라고 했는데, 이는 어원을 잘 몰랐기 때문이다.[72] 자신들이 탄 차이나호가 매우 견고한 것은 다행한 것이 아니라 마땅한 것이다. 해양이 넓고 항로가 길기 때문에 이런 배가 아니면 어찌 건너겠느냐며 반문했다. (후술할) 이규의 일기에는 태평양이 아닌 대서양의 풍랑을 묘사하였다. 그는 미국 필라델피아에서 영국 런던으로 항해하던 중 거센 풍랑으로 5일 동안 음식을 먹지도 못하고 앓아 누웠다. 친구가 찾아와 풍랑이 비록 심하지만 별다른 일은 없을 것이며 항상 벌어지는 일이니 두려워하지 말라고 위로하였다. 죽는 것 못지않게 배멀미로 인한 고통이 대단했었던 듯싶다. 선주는 대서양의 풍랑이 가장 험악하다며 이 바다는 1년 중 3개월 정도만 잠잠하다고 했다. 서양인 선원들은 풍랑보다는 오히려 암초를 두려워하였다. 왜냐하면 큰 바다는 암초가 없으니 선박에 치명적인 침몰 사고가 많지 않기 때문이다. 선박끼리 밤에는 등광 색깔을 통해 어느 회사의 선박인지 확인했고, 평소에는 전신을 통해 육지와 연락을 주고받으며 날씨 변화를 예측하였다.[73]

벌링게임 사절단은 미국의 샌프란시스코에 도착한 후 다시 멕시코 쪽으로 항행하였다. 항구에서 내려 기차로 바꾸어 타고 파나마를 지나 대서양 연안까지 가서 새로운 배에 올랐다. 이때 대동양과 대서양 사이의

---

71 張德彝, 『歐美環游記』, p.632.

72 태평양(太平洋, Pacific Ocean)은 크고 평온한 바다라는 뜻이며, 포르투갈 항해가 마젤란(Ferdinand Magellan)이 풍랑이 심한 대서양과 비교해 이름을 붙인 것이다(정수일 편, 『해상 실크로드 사전』, 창비, 2014, 328쪽).

73 李圭, 『環游地球新錄』, p.338.

허리가 불과 백십 리에 불과하니 지구 지리의 신기함이 이와 같다며 놀라워했다.[74] 이 기록은 파나마운하가 만들어지기 전의 풍경이다. 이들 일행은 동북쪽으로 항해를 계속해 뉴욕에 도착했으며, 다시 대서양을 건너 결국 영국의 리버풀에 도착하였다.

> 이전에 사신이 중국에서 서양 각국으로 갈 경우, 상해에서 윤선을 타고 동쪽으로 대동양을 건너 아메리카에 도착하였다. 뉴욕에서 윤선을 타고 동쪽으로 대서양을 건너 영국과 프랑스에 갔다. 포르투갈, 러시아, 스페인, 이탈리아 등 여러 나라는 남북으로 대서양의 동부에 흩어져 있다. 이것이 서양 각국의 대세인데, 마치 중국 연해의 각 성과 같다. 지금 사절단이 중국으로 귀국하기 위해서 마르세유항구에서 지중해 동남 일대를 지나 인도양에서 동쪽으로 가면 중국의 민광閩廣 경계에 들어가니, 더 동북으로 가면 원래 윤선을 탔던 상해에 도착한다. 출국을 동쪽으로 하여 돌아오는 것도 여전히 동쪽이니 지구의 대세를 분명히 알 수 있다.[75]

벌링게임 사절단은 "동양의 동쪽이 서양의 서쪽"이라는 사실과 "태양의 반대 방향으로 여행하면 하루가 더 많아진다"라는 사실을 확인한 지구를 일주한 최초의 중국 사절단이었다. 지강은 시차 문제를 설명하면서, 아시아와 유럽이 동반구이고, 아메리카와 동서양이 서반구라면서 대동양의 중간을 기준으로 날짜가 하루 차이가 난다고 했다.[76] 그리고 장

---

**74** 志剛, 『初使泰西記』, pp.266~267; 張德彝, 『歐美環游記』, p.650.
**75** Ibid., pp.370~371.
**76** Ibid., p.257.

덕이도 지구의 자전과 공전을 설명하면서, 지구를 오대주아시아, 유럽, 아프리카, 북아메리카, 남아메리카와 오대양대동양, 대서양, 인도양, 남빙양, 북빙양으로 나누었다. 지구의 자전에 따른 시차 관념도 여행기에 나타난다. "태양과 반대 방향으로 주행하면 지구는 매일 반드시 몇 분 늦어진다. 태양을 따라 주행하면 지구는 매일 반드시 몇 분 빨라진다. 만약 그 증감을 계산하지 않는다면, 어떤 곳에 도착한 날은 달력과 다를 것이다"[77]라고 썼다.

지강은 자신의 일기 마지막 부분에서 오늘날 서양인들이 그린 지구도와 사절단이 지구를 돌며 견문한 바에 따르면 그들의 지리관이 옳다는 사실을 확인할 수 있다고 썼다. 그러나 그는 여전히 추연鄒衍의 설이 모두 잘못된 것은 아니라며 세계를 아홉 개로 나눈 설九州說이 불가한 것은 아니라는 주장을 폈다. 이런 구주를 큰 바다가 둘러싼 사실도 예전에는 정확하게 설명하진 못했지만, 지금은 그 설을 증명할 수 있게 되었다는 것이다.[78] 단지 서양인들이 윤선이나 기차를 통해 수륙을 연결한 후에 인간과 금수가 서로 통하게 되었다고 보았다. 지강은 전통적인 세계관에 대한 미련을 버리지 못한 채 여전히 유교적 사고 틀 안에서 서양의 과학을 견강부회해 해석했는데, 이런 생각은 장덕이도 크게 다르지 않았다.

한편 1869년 7월 25일 장덕이는 파리에서 낙마해 크게 다쳤다. 치료 후에도 체력이 회복되지 않아 일찍 귀국했는데, 돌아오는 길에 수에즈 지역을 통과하였다. 이때 바다의 감상을 밝히면서, "지구 위를 생각하면 물이 5분의 3을 차지한다. 물은 정지해 모여져 새지 않는 까닭은 실은 중력의 힘에 의존하기 때문이다. (…중략…) 바다는 모든 하천의 왕이

77 張德彝, 『歐美環游記』, p.633.
78 志剛, 『初使泰西記』, pp.379~380.

니, 바다를 물이라 보기는 어렵다"라며 크고 작은 물줄기들이 모두 바다로 모이는 현상을 소개하였다. 아울러 자신이 지구를 돌면서 여러 바다를 편력했는데, 옛 서적에 실리지 않은 곳들도 모두 직접 경험하며 목격했다고 자부했다. 조정이 통상을 허락하는 조서가 없었다면 어찌 배를 타고 역외의 지역을 볼 수 있었겠는가?[79]라며 귀국 직전의 안도감을 드러내었다.

지강은 외국의 군사 무기에 관심이 많았다. 유럽에서 신식대포와 포탄을 묘사하면서, "포탄이 발사될 때 회전하면서 나가도록 했는데, 힘이 많이 축적되어 멀리 갈 수 있으며 힘이 여러 배가 된다. 보이지 않는 군인이 있더라도 갑자기 포탄이 앞에서 터져 사람을 상하게 한다. 수십 리 밖에서 망원경을 이용해야만 발포한 자를 알 수 있다"[80]라고 기록했다. 벨기에에서 만든 다연발 포 소개나 미국에서 만든 기관단총 소개도 있는데, 아마도 총구에서 일곱 발의 총알이 연속해서 발사되는 기능이 무척 신기했을 것이다.[81]

미국 샌프란시스코에 도착했을 때, 지강은 조선소를 비롯한 다양한 산업시설을 관람한 후 자세한 기록을 남겼다. 한 조선소를 방문했을 때는 큰 배를 만들어 바다로 입수시킬 때의 어려움을 소개하였다. 갑문을 만들어 빈 공간에서 선박을 만들고, 배가 완성되면 갑문을 열어 배를 띄운 후 바다로 내보는 방식에 대한 묘사가 상세하다.[82] 일행인 장덕이도 지강, 손가곡 등과 강 하구로 나가 새로 만든 윤선의 진수식을 참관한 광경을 기

79 張德彝, 『歐美環游記』, p.807.
80 志剛, 『初使泰西記』, p.254.
81 Ibid., p.313.
82 Ibid., p.260.

록하였다. 다시 배로 돌아온 후에 20여 리를 운항해 샌프란시스코 포대에 도착했는데, 이 포대의 현황과 대포가 발사되는 원리를 썼다.[83]

지강은 보스톤의 한 조선소를 방문했을 때, 그곳에 있던 군함을 설명하였다. "포대선炮台船은 견고해 전쟁을 견디는 무기이다. 그 선박은 철의 두께가 수 촌寸이며, 길이가 이십여 장이다. 선박의 전후에 철포대 두 좌를 설치하였다. 중간에는 기통과 연통과 단단한 원형 유리 몇 곳 이외에 별다른 설치물이 없었다. 선미에는 암륜창이 있고, 그 가운데 화륜기를 설치하였다. 암륜의 진퇴는 비교적 편리하다. 포대는 원형 모양이고 정상이 약간 높으며 (…중략…) 전쟁 시 사방으로 모두 돌며 발사할 수 있다"[84]라며 전함의 이런저런 특징을 묘사하였다. 그리고 "막을 수 없는 포선이 있다면, 공격할 수 없는 포갱炮坑, 혹은 포대이 있다. 공격하는 데 포선을 이용한다면, 방어하는 데 포대를 이용할 수 있다. 포대는 돌도 있고 흙도 있고 철도 있는데, 모두 포갱을 쉽게 지키고 어렵게 공격하도록 만들었다"[85]라며 포대의 구조를 설명했다. 지강은 '포대선견炮大船堅'이란 표현으로 서양의 해군력을 묘사하곤 했다. 일행인 장덕이 역시 보스톤 포대를 구경한 기록이 있다. 이곳에서 장교는 예포 13발을 발사했고 천하제일의 포대라고 자랑하며 러시아보다 뛰어나다고 했다. 일행은 화약고를 구경한 후, 곧이어 해군 요양병원과 조선소 등을 관람하였다.[86]

장덕이는 프랑스 여행 중 신문을 통해 영국에서 신형어뢰를 만들었다는 기사를 접했다. 신문에 따르면 "영국에서 새롭게 수뢰水雷 내부에 면화

83 張德彝, 『歐美環游記』, p.647.
84 志剛, 『初使泰西記』, p.290.
85 Ibid., p.291.
86 張德彝, 『歐美環游記』, p.689.

화약棉花火藥, 신형화약의 일종을 넣었는데 가장 큰 것은 1천 5백 근이고, 작은 것은 3백 근이다. 명인이 제조법을 발명해 새롭게 만든 것이니, 그 이름을 바꾸어 어뢰魚雷라고 부른다. 적선의 원근을 측정한 후 전기로 작동해 스스로 물 밑으로 움직여 공격할 수 있는데, 그 힘이 매우 강하고 빠르다"[87]라고 했다. 이 글은 서양해군의 판도를 바꾼 어뢰의 발명을 알린 초기 기사이다.

지강의 글에는 덴마크 항구와 포대 설명이 있다. "덴마크는 항구가 병사 식량의 근원인데, 항구나 또는 포대가 북문의 통로이다. 대서양 각국은 이곳을 통해 들어오고 러시아, 스웨덴, 노르웨이 등이 이곳을 통해 나간다. 덴마크는 그 수출입 세금을 걷는다"[88]라면서 이런 항구를 지키는 포대에 관해 썼다. 또 다른 곳에선 발틱해에 있는 러시아의 크론슈타트 항구의 해안포대를 소개하며 수도인 페테르부르크로 들어갈 경우, 마치 중국의 대고구와 같이 중요한 요지라며 포대 방비의 엄중함을 기록하였다.[89] 벨기에를 방문했을 때에도, 멀리서 볼 때는 보이지 않던 포대가 가까워지며 드러나는 정교한 구조를 그렸다.[90]

지강의 일기에는 처음 보는 해양생물 기록이 있어 흥미롭다. 일행이 태평양을 건너 샌프란시스코항구에 도착했을 때, 해안 주변으로 몇 개의 섬들이 보였다. 이 섬의 바위에는 바다사자海獅 수십 마리가 출몰하였다. 이에 대해 "소 같기도 하고, 양 같기도 하고, 크기도 같지 않다. 우는 소리는 개와 같고, 갈색에 얇은 털이 있다. 짐승 모양에 물고기의 성질을

87 Ibid., p.757.
88 志剛, 『初使泰西記』, p.328.
89 Ibid., pp.342~343.
90 Ibid., p.349.

가진 듯하다. 그래서 해우海牛, 해마海馬, 해구海狗, 해저海猪 등이 있는 것이다"[91]라고 했다. 지강은 이것은 형성形性의 번잡함을 이름이니, 그 상리常理를 잃은 것으로 물에서 나와 생활하다 그리된 것이라고 여겼다. 장덕이도 바다사자를 구경한 기록이 남아있는데, 수십 마리의 바다사자가 수면에서 나와 바위 위에 엎드려 해를 향해 졸고 있다고 썼다. 몸은 물고기와 같고 털이 있는데 회색과 자주색이며 머리는 쥐와 같고 개와 같다. 두 다리는 물고기가 물장난치는 것 같고 큰 것은 소와 닮았고 울음소리는 개가 짖는 것 같다고 묘사했다.[92]

지강은 영국에서 동물원을 구경하다가 조련사가 물개海狗공연을 하는 것을 보았다. "수족관에 갔는데, 물개의 머리는 개와 닮았고 회색빛에 얇은 털이 있다. 다리는 있으나 발이 없고 꼬리는 물고기와 같다"라고 했다. 조련사가 작은 생선을 이용해 물개를 물 밖으로 유인해 입을 맞추는 시늉을 했는데, "이 개는 비록 바다에 살지만, 또한 구차하게 먹을 것을 구하는 방법을 안다"라고 썼다.[93] 지강은 물개가 큰 생물임에도 불구하고 음식을 구걸하는 모습이 다소 서글프게 보인 듯싶다.[94] 당시 그의 눈에 비친 동물들은 현재 우리가 바라보는 동물들과는 좀 다른 의미로 읽혔다. 그 밖에도 악어鰐魚, 바다뱀海龍, 상어鋭魚 및 고래鯨魚 관련 기사도 있다. 특히 "(고래는) 가장 큰데 단지 그 뼈를 보아도 (…중략…) 전신의 뼈가 10여 장으로 철골이 연결된 것 같은 모양이 그 기본형이다. 그러나 목뼈는 원통과 같다"라면서 고래의 거대한 뼈를 그렸다.[95] 이런 호기심

---

**91** Ibid., p.259.

**92** 張德彝, 『歐美環游記』, p.638.

**93** 志剛, 『初使泰西記』, p.295.

**94** 吳以義, 『海客述奇－中國人眼中的維多利亞科學』, 上海科學普及出版社, 2004, p.27.

은 구미의 동물원이나 수족관을 방문하는 청국 사신의 견문록에 고루 나타난다.

지강은 귀국 도중에 서양 범선이 조류에 밀려 좌초하자 다른 선박들이 이를 구조하려는 모습을 목격하였다. 그러나 배에 실린 석탄의 무게를 이기지 못하고 큰 파도에 결국 침몰하였다. 다행히 선원들은 모두 탈출했는데, 그 장면이 무척 인상적이었다. 그는 서양인 항해자들은 이런 위기 상황을 모두 고려한다면서, 지구 해수면에서 매년 파손되는 배가 모두 4천 척 전후라고 전하였다.[96] 장덕이는 귀국 도중에 스리랑카에서 들은 런던발 전신을 소개하였다. 영국의 화륜선 한 척이 수에즈에서 운항을 시작했으나 뒤처지자 선주는 불쾌해져 홍해에 다다랐을 때 속도를 내게 하고 경로를 바꾸어 우리가 탄 배를 앞질러 나갔다. 그러나 배가 암초에 부딪혀 절단이 났고, 물에 빠진 사람은 그 수를 알 수 없었으니 경계를 삼을 만하다고 했다. 여행기의 말미에는 누구에게 들었는지 영국 윤선은 빨리 가는 것을 좋아해 자주 위험에 직면하며, 프랑스와 미국 윤선은 천천히 운행해 절대 위험에 빠지지 않는다고 평가했다.[97]

요컨대, 빈춘의 『승차필기』와 지강의 『초사태서기』를 비교하면 차이점이 뚜렷하다. 시기상 불과 일 년밖에 차이가 나지 않지만 두 여행기의 성격은 좀 다르다. 『승차필기』는 관광과 오락에 관한 내용이 풍부해 기차나 윤선 묘사도 심미적인 관점에서 출발해 시의 소재로 삼는다. 이와 달리 『초사태서기』는 서방의 과학기술, 군사, 정치, 외교 방면의 내용이

95 志剛, 『初使泰西記』, p.295.
96 Ibid., pp.374~375.
97 張德彝, 『歐美環游記』, pp.812 · 817.

대부분을 차지하며 오락이나 사교 방면의 내용은 별로 없다.[98] 지강의 사고방식은 전통사상에서 출발했기 때문에 서양의 과학기술을 긍정적으로만 평가하기는 쉽지 않았다. 전통적 신념체계의 와해에 대한 두려움은 서방세계에 대한 객관적인 관찰을 방해한 것이다.[99] 한편 장덕이는 연이은 출국으로 어떤 중국인보다도 서양문명 관련 '첫 번째 인상'을 많이 남겼는데, 예를 들어 서양 음식, 서양 표점 부호, 자전거, 재봉틀, 피임 도구 등 다양하였다. 그런데 그는 갑작스러운 부상으로 지강 일행보다 일찍 중국으로 귀국하는 바람에 가장 먼저 지구를 일주한 중국인이 되었다.[100]

### 3) 숭후崇厚 사절단(1870~1871)

벌링게임을 이어받아 청국대표단이 출양한 것은 1870년 숭후崇厚 사절단이다. 천진교안天津教案이 발생한 후 청조는 1870년동치 9년에 병부시랑 숭후를 특사로 프랑스에 파견해 폭동 중 사망한 프랑스 성직자 문제에 대해 사과하기로 했다. 이 사절단에는 장덕이와 같은 중국인 말고도 영국인, 프랑스인 등이 포함되었다. 숭후 일행은 그해 겨울 천진항을 출발해 다음 해 마르세유항에 도착하였다. 이들이 도착할 당시 프랑스는 프로이센과 전쟁 중이었는데 프랑스가 전쟁에서 패배하자 사절단은 곳곳을 전전할 수밖에 없었다. 그 과정 중 1871년 3월 파리코뮨을 진압하는 광경을 우연히 목격한 중국인이 되었다. 1871년 11월에야 겨우 정식으로 프

98 尹德翔, 『東海西海之間－晚淸使西日記中的文化觀察, 認證與選擇』, p.69.

99 陳室如, 『近代域外游記硏究(1840~1945)』, p.588.

100 7년 후 이규(李圭)가 청국 해관의 대표 신분으로 미국 필라델피아 세계박람회에 참석한 후 8개월 동안 지구를 일주하였다.

랑스 정부를 접견할 수 있었다.[101] 앞의 두 차례 사절단에 참여한 바 있었던 장덕이는 이번 사절단에도 통역으로 참가해 보불전쟁과 파리코뮨을 묘사한 세 번째 여행기 『수사법국기隨使法國記』8권를 남겼다.

장덕이는 청국을 출발할 때, 마침 지강 일행이 귀국하는 것을 목격하였다. 천진에서 상해로 내려오는 과정에 흑수양黑水洋을 지나는데, 이곳은 본래 중국의 바다 가운데 풍랑이 심한 곳이었다. 그래서 일행 중에 금강경을 바다에 던져 무사 안녕을 기원하는 사람이 있었다.[102] 세 번째로 출양한 장덕이로서는 여행기의 단골 메뉴인 항구와 윤선, 대양과 지리 등과 관련한 놀라움은 이번 여행기에서는 종종 생략되었다. 따라서 상대적으로 해양 관련 기사는 많지 않다.

장덕이의 여행기에는 아시아와 유럽을 연결한 이집트의 수에즈운하1869년 완공를 직접 통과한 기록이 있다. 이전의 견문록이나 여행기에는 수에즈운하가 공사 중이어서 이와 관련한 소개만 하고 육로를 이용하였다. 벌링게임 사절단이 귀국길에 대운하를 이용한 것으로 보이지만 일기에 매우 간략하게 처리되어 있어 자세한 상황을 알 수 없다. 하지만 숭후 사절단의 경우는 달랐다. 프랑스 외교관 페르디낭 마리 드 레셉스Ferdinand Marie Vicomte de Lesseps에 의해 10년 동안 추진된 대운하 공사에 감탄하며, 아시아와 아프리카대륙을 꿰뚫은 이 공사는 인간의 노력이 하늘을 이긴 우공이산愚公移山의 고사에 비유하였다. 수에즈운하를 설명하는 과정에서 진흙을 퍼내는 신기한 선박 묘사도 엿보인다.[103] 중국인의 눈에 수

101 陳室如, 『近代域外游記硏究(1840~1945)』, p.75.
102 張德彝, 『隨使法國記』, p.323.
103 Ibid., pp.363~364.

에즈운하와 같은 대공사는 서양인의 해양 개척정신을 보여주는 대표적인 사례였다.[104]

수에즈운하 기록은 사절단이나 출사대신의 여행기에 상세하게 묘사되는 단골 소재라고 할 수 있다. 특히 몇 년 후 이곳을 지난 이규의 글에는 수에즈운하 항목이 별도로 있을 정도로 자세하다. 그 내용을 요약하면 다음과 같다. 수에즈운하는 본래 사막이었는데, 아시아와 아프리카양 대륙 간에 걸쳐있으며 이집트 총독의 통치 아래에 있다. 북으로는 지중해를 접하고 남으로는 홍해를 접한다. 중간에 238리가 육지인데 거주하는 사람이 없다. 서쪽에서 온 선박이 지중해에 다다르면 반드시 지중해 남단의 한 곳에서 화륜차를 타고 육지로 이동하고 홍해 북단의 수에즈 지방에 다다르면 다시 배에 올라 동쪽으로 향한다. 물길로 곧바로 갈 수 없었다. 함풍 6년 한 프랑스인의 발의로 지중해 상선이 곧바로 홍해로 갈 수 있도록 연결을 시키자고 주장해 이집트 총독의 동의를 얻었다. 이에 자금을 모아 오랜 대공사가 시작되었다. 처음 프랑스인이 이 일을 시작했을 때 천하에 논란이 많았다. 영국인들은 이 사업이 불가능하다고 생각했으나 잘못 판단하였다. 이 운하는 통과할 때마다 그 크기와 무게에 따라 비용을 징수한다. 현재 듣기에 서양인들은 장차 서반구의 경계 지역인 파나마운하도 개통하려고 노력 중인데, 만약 완성된다면 동서 두 대양을 상선이 곧바로 통과할 수 있다. 거리는 불과 10여 리로 수에즈운하의 절반에 미치지 못하지만, 지반이 견고해 쉬운 공사는 아니라고 했

104 레셉스(Lesseps)는 2억 프랑의 자본금으로 1858년에 '만국수에즈해양운하회사'를 만들고, 프랑스와 이집트 통치자가 공동으로 지분을 소유하였다. 수에즈운하는 총 길이 162.5 킬로미터의 대공사로 1859년 4월부터 시작해 1869년 11월 17일에 완공하였다(정수일 편, 『해상 실크로드 사전』, 189쪽).

다.[105] 여기서는 수에즈운하뿐만 아니라, 설계에 들어간 파나마운하 소식을 전하고 있다.

숭후 사절단 여행의 특징 가운데 하나는 프랑스의 군사시설에 주목한 점이다.[106] 베트남 연해를 지날 때 프랑스 포선을 만난 것이나 프랑스 현지에서 병선과 조포창을 참관한 사실 등이 실려 있다. 프러시아와 전쟁이 한창일 때 방문한 한 조선소에서는 군용물자의 필요 때문에 일반 작업이 중단된 상황을 소개하며 동철은 모두 대포 만드는 용도로 쓰는데, 대부분이 신형 후당포라고 했다.[107] 7천 톤급 1,200마력의 대형군함을 구경한 일이나 수뢰를 만드는 공장을 구경한 일도 있다. 철로 만들고 3천 근의 화약을 장착한 수뢰에 대해 "바다 속에 들어가는데 앞에는 작은 물건이 붙어있고 가운데는 전선이 연결되어 있다. 크고 작은 병선을 막론하고 접촉하면 폭발한다"라고 설명했다.[108] 여행기 중에는 별도의 부기를 달아 세계 각국의 군함은 여러 종류가 있는데, 두 가지 철포선이 매우 유명하다고 했다. 하나는 버지니아Virginia호이고, 다른 하나는 모니터Monitor호라면서 두 철포선의 성능을 비교하였다. 이 군함들의 대포는 사방을 경계할 수 있으며 적의 공격에도 사람을 상해하지 못하도록 견고하다고 썼다.[109] 여기서 철포선은 곧 초기 철갑선을 말한다. 이와 같은 해군에 관한 관심은 얼마 후 곽숭도와 같은 출사대신의 일기에서는 더욱

---

105 李圭, 『環游地球新錄』, pp.304~306.

106 프랑스 현지에서 서양의 군사 지식에 대해 이해가 깊어졌는데, 프러시아군과 프랑스군의 병력에 대해서도 상세하게 소개했다(周佳榮, 「第一個環游地球的中國外交人員－張德彝對近代海防和西方船炮的認識」, p.174).

107 張德彝, 『隨使法國記』, p.389.

108 Ibid., p.392.

109 Ibid., p.488.

심화되었다.

숭후 일행은 1871년 8월 말 프랑스를 떠나 영국과 미국을 유람하였다. 프랑스 항구에서 망루와 등대를 본 구절이 있다. "각 항구를 오가는 배들에게 장애물이 있는 곳이나 운항하기에 불편한 곳의 산 정상 가운데 땅을 골라 (…중략…) 원형 모양의 탑을 쌓는데 (…중략…) 모두 돌로 만든다"[110]라면서 망루의 모양과 운영 방법은 물론 등대의 유리등에 관해서도 자세히 묘사하였다. "등대의 큰 불빛은 55리까지 비출 수 있어서 사방의 선박들에게 어느 곳에 위험물이 있어 피해야 하는지 보여준다. 검은 안개로 혼미해져서 등광이 어두워지면 종을 울려 알리는데, 오는 배는 스스로 소리 나는 곳이 위험한 곳이라는 사실을 알아차린다. 오늘날 사해四海의 위험한 곳에는 등대를 많이 설치해 항해하는 사람을 보호한다"[111]라고 적었다. 숭후 일행이 영국에서 미국으로 건너갈 때는 400여 명을 태울 수 있는 명륜선을 탔다. 이런 배는 대서양의 거친 풍랑을 만나면 충격이 커서 토하거나 우는 사람이 절반이 넘었다고 한다.[112]

사절단의 일기에 만국공법萬國公法, 혹은 국제법이 종종 언급된 사실은 주목할 만하다. 여행 중에 만난 미국인들이 10년 전 미국의 남북전쟁을 소개하면서 내전 당시 영국이 남부군을 도와 만든 병선 때문에 미국 정부가 영국에 항의하면서 국제법 분쟁으로 확대되어 결국 영국 정부가 미국에 배상하게 된 사연을 자세하게 소개했다. 이 앨라배마Alabama호 사건[113]과 관련해 만국공법을 언급한 대목은 흥미롭다.

110 Ibid., p.516.
111 Ibid., p.517.
112 Ibid., p.493.
113 조세현, 『천하의 바다에서 국가의 바다로』, 일조각, 2016, 162~169쪽 참고.

(공법에 실린 바에 따르면) 국가에 민변이 있으면 이웃나라는 소탕하는 데 협조할 수 있으나, 역도들을 도와서 거꾸로 공격하는 일은 옳지 않다. 또 양국이 교전을 하면, 중립국은 전쟁국의 인민과 선박을 국경 내에 두어 적에게 다치게 하거나, 병사와 민간인이 전쟁을 돕는 데 참여하는 것을 허가하거나, 전선과 전쟁 도구를 대신 제조하는 등의 일을 용납해서는 안 된다. 중립국 상선은 비록 전쟁하는 나라와 무역할 수는 있으나 결코 군사물자를 운반해서는 안 된다. 빈 선박으로 영해海界 밖에 정박해 있거나 혹은 다른 나라의 항구로 들어갈 때, 그 나라의 군사물자를 운반하는 일 등은 할 수 없다. 또한 각국의 선박은 관민을 막론하고 해상의 여러 곳으로 갈 때 모두 그 나라의 영역과 같다. 만약 다른 나라에 의해 파손되면 그 강역을 침범한 것과 다름없는데, 국가의 주권을 간섭했기 때문이다. 화약을 맺은 후에는 하나하나 숫자만큼 배상해야 한다.[114]

이것은 국제법상 해양 전시법에 대해 그 요점을 기록한 것이다. 『수사법국기』에는 서양문명의 보편성과 우월성을 인정하고, 그들의 문명관을 일부 받아들이는 대목과 함께, 중국 문명의 보편성을 절대시하는 전통적 문명관에 대해 이의를 제기하는 표현이 등장한다. 장덕이는 이제 "각 나라마다 좋은 정치와 좋은 풍습이 있다"라는 사실을 기꺼이 받아들였다.[115] 이에 앞서 지강의 기록에도 "종전에 프로이센 병선이 천진 해구에서 덴마크 화물선을 약탈해 공법을 어겼다. 이번에 분명하게 처리해 각국이 동의한다면 앞으로 중국은 이런 번거로움을 면할 것이다"라고 썼다. 이것은 이른바 대고구大沽口 선박사건[116]에 대해 언급한 것이다. 사절

114 張德彝, 『隨使法國記』, p.513.
115 手代木有児, 『清末中國の西洋體驗と文明觀』, p.118.

단은 서양문명의 성과 가운데 하나인 만국공법을 주목하였다.

숭후 일행은 프랑스 마르세유항구에서 암륜선을 타고 귀국하였다.[117] 귀국선에서 한 여인이 병으로 죽는 일이 발생하였다. 침상에 눕히고 백의를 입힌 후 입에 향수 작은 병 하나를 부어 나쁜 냄새를 없앴다. 선박 규정에 따르면, 사람이 죽어 하루가 지나면 전염위험 때문에 바다로 던지게 되어 있었다. 하지만 스리랑카와 멀지 않아 잠시 배를 세워 목재를 구해 관을 만들었다.[118] 한편 여행기의 말미에는 서양인들이 지구를 논하는 내용을 실었다. 그는 이전의 여행기처럼 지구의 자전으로 낮과 밤이 나누어지고, 지구의 공전으로 사계절이 나누어진다는 사실도 소개하였다.[119] 숭후 사절단은 구체적인 외교 임무를 띠고 있었기 때문인지 상대적으로 벌링게임 사절단에 비교해 유럽의 해양 문명에 대한 언급이 소략한 편이다.

청말 중국인의 구미 여행기 중에는 청국 정부가 공식적으로 임명하지 않은 경우가 드문데, 그런 면에서 중국 상공업계를 대표해 세계박람회에 참여하고 세계를 일주한 이규의 여행기는 이채롭다. 간단히 소개하면 다음과 같다. 숭후 사절단이 귀국한 지 몇 년 후인 1876년 미국이 건국 100주년을 경축하기 위해 필라델피아에서 대규모 세계박람회를 열었다. 청국은 해관의 주관 아래 절해관 위원 이규를 대표로 참가시켰는데, 그해 5월 광동인 통역을 데리고 미국 상인과 함께 상해로 향했다. 이규

116 조세현, 『천하의 바다에서 국가의 바다로』, 157~162쪽 참고.

117 장덕이(張德彝)는 자신의 여행기에 프랑스 국제 윤선의 출발지와 도착지 및 1등 칸부터 5등 칸까지의 가격표를 실었다(張德彝, 『隨使法國記』, pp.557~560).

118 Ibid., p.548.

119 Ibid., pp.551~552.

는 미국을 거쳐 유럽을 여행한 세계 여행기 『환유지구신록』을 남겼다.

그때까지도 여전히 상해에서 직접 미국으로 가는 항로가 없었기 때문에 일본 요코하마로 건너가 미국 해운회사 태평양우선의 정기선을 타는 것이 빠른 방법이었다. 이규는 요코하마에서 북경北京호라는 배에 올랐는데, 태평양우선의 5,500톤급 대형 외륜선이었다. 이 배는 동경호, 중국호, 일본호, 아메리카호 등 태평양우선의 동양 항로에 취항한 11척의 신식 윤선 가운데 가장 크고 성능이 좋은 배였다. 당시 이 선박에는 다수의 중국인 노동자들이 2층의 중등 선실에 있었다. 홍콩에서 미국으로 가는 화공들이었다. 이런 화공과 같은 중국인들은 학력이 낮아 별로 기록을 남기지 않았으나, 어쩌면 가장 먼저 서양의 근대를 몸소 체험한 사람들일 것이다. 일본 요코하마에서 미국 샌프란시스코까지 가는 여행 기간은 18일이었다. 1840년대 임침이 태평양을 건널 때보다 무려 122일이나 단축된 것이다. 그리고 몇 년 전인 1871년 일본의 이와쿠라 사절단岩倉使節團이 23일 만에 태평양우선의 아메리카호를 타고 요코하마에서 미국으로 건너간 때에 비하면 5일 단축된 것이었다.[120]

필라델피아 박람회 묘사는 이규의 여행기 가운데 가장 많은 분량을 차지하였다. 박람회장의 지도를 비롯해 서양의 다양한 근대 과학기술 문명에 관한 놀라움이 담겨있다. 거대한 증기기관, 신식 기관단총, 하천을 준설하는 선박, 크루프 대포 등 여러 가지 제품들이 전시되었다. 미국 체류 기간 동안 이규는 어린 청국 유학생들을 만났는데, 학생들은 미국 신사 집에 나누어서 거주한다고 했다. 용굉을 소개하면서 무척 서양인에 대해

120 鈴木智夫, 『近代中國と西洋國際社會』, pp.163~171.

탄복하는 사람이라는 인상을 받았으며, 그와 함께 총포공장을 견학하기도 했다.[121] 이규는 영국의 울리치Wooliwich에 있는 대형 군수공장을 방문하였다. 수십 곳의 큰 공장이 있었는데 소총과 대포는 물론 수뢰 등 다양한 무기들을 관람하였다.[122] 포츠머스 군항도 시찰하였다. 이곳은 영국의 대표적인 군함 조선창이었다. 그가 도착하자 담당자가 마중 나와 철갑선을 비롯해 여러 군함을 소개하였다.

이규의 기록 가운데 북극 탐험선 두 척에 관한 기사가 있다. 이 탐험선들은 당시 북극해를 탐험하고 막 돌아왔으며 크기가 400~500톤에 불과하였다. 국가에서 탐험선을 처음 파견할 때, 사람들은 배가 작고 길이 험해서 돌아오지 못할 것을 염려하였다. 비록 선체는 작았지만 다른 배들보다 견고해 무사히 돌아올 수 있었다. 특히 선장의 뛰어난 능력에 감복하지 않을 수 없었다고 썼다.[123] 또한 이규가 영국에서 프랑스로 건너갈 때 다른 사람들처럼 배를 탔다. 이용객들은 많으나 큰 배가 출입하기 어려운 항구 사정으로 말미암아 상인들이 불편하게 여긴다면서 최근 소문에 양국 의회에서 해저터널을 뚫는 계획을 논의한다고 전했다.[124] 한편 귀국선에서는 서양인들이 윤선에 있는 기계를 이용해 물과 불로써 해수를 담수로 만든 후 다시 얼음으로 만든다는 신기한 사실도 소개하였다.[125] 이 무렵은 서양의 해양 문명이 혁명적으로 발전하던 시기였다.

이규는 과거 사절단처럼 마르세유항구에서 출발해 상해로 돌아왔는

121 李圭, 『環游地球新錄』, pp.263~265.
122 Ibid., pp.292~293.
123 Ibid., p.294.
124 Ibid., p.342.
125 Ibid., p.347.

데, 손님은 영국, 프랑스, 네덜란드 사람들이 가장 많았다. 주로 영국인은 인도로 가고, 프랑스인은 베트남의 사이공으로 가고, 네덜란드인은 자카르타로 간다면서, 그곳에 자신들의 식민지가 있기에 관리와 상인들이 꾸준히 오간다는 것이다. 나머지는 독일인, 미국인, 일본인, 인도인 등이 있었다.[126] 그는 장덕이처럼 서양의 끝이 동양이라는 사실을 몸소 체험한 사람이었다. 이규가 세계 일주할 때는 청국 최초의 해외공사 곽숭도가 영국에 파견된 시기와 비슷하다. 그는 공무로 출장 간 인물이라서 그런지 여행기가 비교적 상세해 출판되자마자 중국 사회에 적지 않은 파장을 미쳤다.[127]

덧붙이자면, 양무운동洋務運動 시기 청국이 최대 규모로 해외에 파견한 해외시찰단은 숭후 사절단이 돌아오고 거의 20년 후인 1887년 7월 열두 명의 시찰단을 다섯 조로 나누어 파견해 동시에 20여 개국을 고찰한 일이다. 동문관에서 시험을 통해 선발한 젊은 관원들로 구성된 대규모 사절단이었으나 의외로 이 사절단이 남긴 영향은 그리 크지 않았다.[128] 그리고 청말신정淸末新政 시기인 1905년의 유명한 오대신출양五大臣出洋 사건도 빼놓을 수 없는 대규모 해외 사절단이다. 이것은 청국이 왕공 대신의

---

126 Ibid., p.344.

127 곽숭도(郭嵩燾)가 영국에 온 하트로부터 이규(李圭)의 『環游地球新錄』을 선물로 받은 기록이 있다. 미국에서 열린 독립 100주년 기념 필라델피아 세계박람회에 하트의 명령으로 해관 서기였던 이규가 참석했다가 쓴 4권의 여행기라고 했다(郭嵩燾, 『倫敦與巴黎日記』(『走向世界叢書』 第1輯 第4冊), 岳麓書社, 1985, pp.628~629).

128 부운룡(傅雲龍), 고후혼(顧厚焜) 등 2인은 일본, 미국, 캐나다, 페루, 쿠바, 브라질 등 6개국을 여행했고, 유계동(劉啓彤), 이영서(李瀛瑞) 등 4인은 영국, 프랑스, 및 영프 소속 식민지 인도 등지를 여행했으며, 이병서(李秉瑞), 정소조(程紹祖) 등 2인은 독일, 오스트리아, 네덜란드, 벨기에, 덴마크 등을 여행했고, 무우손(繆佑孫), 김붕(金鵬) 등 2인은 러시아를 여행했으며, 홍훈(洪勛), 서종배(徐宗培) 등 2인은 스페인, 포르투갈, 이탈리아, 스웨덴, 노르웨이 등을 여행하였다. 그들이 방문한 국가는 모두 21개국이 넘었다(王曉秋, 『三次集體出洋之比較－晚淸官員走向世界的軌迹」, 『學術月刊』 第39卷 6月號, 2007, pp.140~145).

고위급 인사를 중심으로 각국의 정치를 출양 고찰한 사절단이었다.

〈표 1〉 개인과 사절단의 대표적인 여행기(곽숭도 출사 이전)

| 여행기 | 작자 | 여행지 | 여행 시기 | 참고 |
|---|---|---|---|---|
| 『西海紀游草』 | 林鍼 | 미국 | 1847년 봄~1849년 2월 | 아편전쟁 이후 중국인 최초의 해외 여행기로 경제적인 이유로 미국행 |
| 『西學東漸記』 | 容閎 | 미국 | 1847년~1854년 | 중국 최초의 미국 유학생으로 1909년에 쓴 영문회고록 |
| 『遊美洲日記』 | 祁兆熙 | 미국 | 1874년~1875년 초 | 미국으로 제3차 아동 유학 호송을 담당 |
| 『漫遊隨錄』 | 王韜 | 영국 등 | 1867년~1870년 말 | 유럽 여행기로 1887년 회고록 형식으로 출판 |
| 『乘槎筆記』 | 斌椿 | 유럽 | 1866년 봄~1866년 11월 | 빈춘 사절단의 책임자로 프랑스, 영국, 네덜란드, 프로이센, 덴마크, 스웨덴, 폴란드, 러시아, 오스트리아 등 유럽 국가 방문 |
| 『航海述奇』 | 張德彝 | 유럽 | 〃 | 동문관 출신으로 빈춘 사절단의 통역으로 참가 |
| 『初使泰西記』 | 志剛 | 세계 일주 | 1868년 2월 ~1870년 10월 | 벌링게임 사절단의 일원으로 미국, 영국, 프랑스, 스웨덴, 덴마크, 네덜란드, 프로이센, 러시아, 벨기에, 이탈리아, 스페인 등 11개 국가를 공식방문 |
| 『歐美環游記』 | 張德彝 | 세계 일주 | 〃 | 벌링게임 사절단의 통역으로 참가해 중국인 최초로 세계 일주 |
| 『隨使法國記』 | 張德彝 | 프랑스, 영국, 미국 등 | 1870년 11월~1872년 | 숭후 사절단의 통역으로 천진교안에 따른 사죄목적으로 프랑스 방문 |
| 『環游地球新錄』 | 李圭 | 미국 등 세계 일주 | 1874년 | 미국 필라델피아에서 열린 세계박람회에 참석 후 세계 일주 |

제2장

# 곽숭도 일행의 대양항해와 해양 문명

무릇 중원에서 춘추전국시대에 사신이 왕래한 것은 오직 특별한 명령을 받은 관리들로, 그들이 왕래한 곳은 노魯, 진晉, 제齊, 초楚 등 몇 곳에 불과하였다. 한당漢唐 시대의 서역 사신들도 지금의 인도에 그쳤으며, 드물게나마 이중으로 통역하며 산 넘고 물 넘어 수레바퀴가 만 리에 다다랐다. 우리 왕조에 이르러 사신을 고려와 류큐 등에 보냈지만 수륙으로 계산하면 불과 수천 리일 뿐이었다. 경자년庚午年 천진교안으로 말미암아 삼구통상대신三口通商大臣 숭후가 명을 받들어 프랑스에 파견되어 우호조약을 맺었다. 중국이 오로지 대신을 태서泰西 한 나라에 파견한 것은 이로부터 시작되었다. 나張德彝도 다행히 명을 받아 수행하였다. 각국이 이미 조약을 맺어 많은 공사들이 중국에 머무른다. 국가는 각국의 크고 중요한 나라에 마땅히 대신을 파견해 우호를 표시하고 소식을 전하며 상민을 보호한다. 광서 을해년乙亥年 봄 소사마少司馬 곽숭도郭嵩燾가 명을 받들어 영국에 공사로 파견되었다. 이것이 중국이 공사를 외국으로 파견해 주재시킨 출발이었다. 나는 또다시 명을 받들어 가게 되었다.

— 장덕이의 『수사영아기』 서문에서

## 1. 출사 과정과 출사 인원

1874년 일본이 대만을 침공하자 청국에서는 위기감이 높아져 자강과 해방의 중요성이 대두되었다. 이때 중앙에서 양무를 주지하던 혁흔奕訢과 문상文祥 등은 총리아문의 이름으로 해방 관련 상소를 올렸는데 연병練兵, 간기簡器, 조선造船, 주향籌餉, 용인用人, 지구持久 등 해방육사海防六事를 제안하였다. 전국의 독무들에게 이 문제에 대해 논의하도록 했는데, 광동순무 장조동張兆棟은 정일창丁日昌을 대신해 여섯 조항을 올렸다. 이 육조의 주요 내용은 서법을 채용해 연병하고, 외국에서 병선과 창포를 구매하고, 기기機器와 군화軍火를 제조하는 공장을 건설하는 것이었다. 특히 정일창은 양무에 능한 인재를 선발해 연해 지방관을 담당시키고, 서학과 외국어에 능통한 인물로 제조창을 관리해야 한다고 주장했다.[1] 당시 양무파는 견선리포가 서양이 강성한 주요 원인이라고 보아 대량의 자본으로 군함과 대포를 구매하면 해방을 공고히 할 수 있으리라 믿었다.

당시 곽숭도郭嵩燾 역시 이 토론에 참여해 자신의 의견을 내었다. 그가 1875년에 쓴 『조의해방사의條議海防事宜』에서는 경제적 관점에서 출발해 양무파의 주장을 반박하였다. 이 글에서는 중국의 힘을 다해 철갑선과 병선을 만들어 해구에 배치한다면 정말 중국에 승산이 있을까? 과연 그것으로 충분할까? 라는 의문을 제기했다. 곽숭도는 이 점에 회의적이어서 우선 서양의 정치와 경제를 배울 것을 주장하면서 중국에서 개인 자본을 육성할 것을 제안하였다. 양무 기업처럼 국가가 신식기업을 독점하

1 鍾叔河, 『從東方到西方－走向世界叢書敍論集』, 岳麓書社, 2002, p.428.

는 것이 아니라 중국에 자본주의 상공업을 발전시키자는 것이었다.

곽숭도는 1856년 상해에서 처음으로 바다의 광활함과 화륜선의 신기함을 목격하였다. 그 후 광동 순무로 있을 때, 영국 영사 로버슨과 윤선을 만드는 방법에 대해 논의하였다. 당시 로버슨이 말하기를, "서양의 기기 가운데 선박의 외륜기가 가장 큰데, 각 나라마다 많이 보유해도 몇 개에 불과하다. 군주가 마련할 수 없으면 부유한 상인이 이를 준비한다. 군주의 병선 역시 많은 경우 상인의 기계를 빌려 쓴다". 또 다른 외국인 마틴 역시 말하기를, "영국인의 철로가 버마를 지나고 러시아인의 철로가 이리를 지나는데 모두 상인이 만든 것이다"라고 했다.[2] 이런 경험을 통해 곽숭도는 일반적인 양무파와 달리 서양은 단지 견선리포만이 있는 것이 아니라 정교와 문물 등 여러 방면에서 이미 중국보다 우월하다는 결론에 도달하였다. 영국 출사 이전 곽숭도는 종래의 중국=중화, 서양=이적이라는 질서관을 수정했으며, 부강을 추구하는 서양이 중국 문명과는 다른 문명으로 보았다.[3]

1860년대 중반부터 청조 내부에서는 외국으로 출사대신을 파견하는 문제와 관련해 몇 차례 논의가 있었다. 그 후 1874년 일본의 대만출병을 계기로 일본에 대항하기 위해 서양 열강과 적극적인 교류가 필요하다고 느낀 청조는 이홍장 등의 제안을 받아들여 상주 외교사절단의 파견을 준비하였다. 특히 1875년 2월 영국공사관 통역관 마가리Augustus R. Magary, 馬嘉理가 청국－미얀마 국경에서 살해당한 사건이 결정적인 계기가 되었다. 마가리는 총리아문이 발행한 신분증을 가지고 운남에 가서 미얀마로

2 鍾叔河, 『從東方到西方』, pp.250~251.
3 手代木有児, 『清末中國の西洋體驗と文明觀』, 汲古書院, 2013, p.53.

부터 청국으로 넘어오는 영국탐험대를 맞이하러 갔다가 현지 원주민에게 피살되었다. 마가리 사건을 외교적으로 처리하는 과정에서 영국 정부는 청국이 영국에 사신을 파견해 공식적으로 사과한다는 조항을 넣었다. 청조는 양국 외교관계의 파국을 막기 위해 1875년 8월 28일 곽숭도를 초대 주영공사出使英國欽差大臣로 임명해 외교단을 이끌고 영국으로 가서 사과하고 런던에 머물며 첫 번째 대외상주 공사관을 설립하도록 했다. 당시 조정에서는 곽숭도를 "양무를 잘 아는 일인자通知洋務第一人"라고 평가해 모두가 회피하는 영국주재 청국 공사로 임명한 것이다.[4]

곽숭도 일행은 모두 15명으로 구성되었다. 부인 양씨梁氏, 부사 유석홍, 참찬 여서창, 통역 장덕이와 봉의, 영국인 메카트니Halliday Macartney, 馬格里와 힐리어Walter Caine Hilleir, 禧在明, 기타 수행원과 무관들이었다.[5] 곽숭도는 1876년 12월 2일광서(光緖) 2년 10월 17일 출국해 1877년 1월 21일광서 2년 12월 8일 런던에 도착하였다. 그 후 1879년 1월 31일 영국을 떠나 중국으로 귀국했으니 대략 영국주재 기간은 2년이었다. 비록 긴 시간은 아니었지만, 청국의 고위급 지식인이 서양문명을 고찰한 일은 중국의 대외관계사에서 역사적 사건이자 중서 문화 교류사에서도 획기적인 경험이었다.[6] 그는 전통학문의 대가이자 뛰어난 문장력을 가졌으나 영어를 알지 못했기 때문에 통역관을 통해 서양 문화를 이해하였다.

부사인 유석홍劉錫鴻은 보수적인 인물로 곽숭도와 자주 갈등을 일으킨 사람이다. 1874년 무렵 해방대논쟁海防大論爭에서도 이미 두 사람의 생각

4 陳室如, 『近代域外游記研究(1840~1945)』, 臺北 : 文津出版社, 2008, p.31.

5 곽숭도 일행이 쓴 일기(혹은 여행기)로는 곽숭도(郭嵩燾)의 『倫敦與巴黎日記』, 유석홍(劉錫鴻)의 『英軺私記』, 여서창(黎庶昌)의 『西洋雜志』, 장덕이(張德彝)의 『隨使英俄記』 등이 있다.

6 鍾叔河, 『走向世界－近代中國知識分子考察西方的歷史』, 中華書局, 2000, p.213.

은 달랐다. 곽숭도가 "상인이 스스로 윤선을 제조하도록 하자"는 주장에 대해 부정적이었으며, 개인 상인을 장려하고 서법을 채용하자는 주장에 대해서는 더욱 반대하였다. 유석홍은 "이적의 도를 어떻게 중국에 실행할 수 있느냐?"고 반문했다.[7] 유럽에 건너가서도 보수파의 입장을 대변해 한참 동안 서양을 배울 필요가 없다고 생각하며 곽숭도를 견제하였다. 결국 유석홍은 개인적인 감정까지 겹쳐 서양을 높이 평가한 곽숭도의 언행을 총리아문에 고발하며 대립하다가 주독일 청국 공사로 발령받아 자리를 옮겼다. 결국 양자의 갈등이 해소되지 않은 채 다음 해 곽숭도와 함께 해임되어 귀국하였다.[8] 곽숭도를 대신해 증기택曾紀澤이 주영국과 주프랑스 공사를 대신했고, 유석홍을 대신해 이봉포李鳳苞가 주독일 공사를 대신하였다. 따라서 그가 남긴 여행기는 곽숭도와 관련해 반면 자료의 성격을 띤다.[9]

이 시기의 여행기는 서방세계의 제도와 사상 관련 토론이 시작되었으며, 개명한 여행자와 보수적인 여행자 사이에 구분이 일어났다. 여행자들이 자주 채용한 '서학중원설西學中原說'과 '중체서용론中體西用論'의 관점은 여전히 전통적 가치와 서구적 근대성 간의 긴장을 드러내었다.[10] 예를 들어, 주영 공사 곽숭도와 부사 유석홍 간의 분쟁은 혁신과 보수 세력의

7 Ibid., p.241.

8 부사(副使)라는 외교관 직위로 영국에 갔던 유석홍(劉錫鴻)은 부사라는 직책이 영국에 없자 곤경에 처하기도 했다. 그는 다시 1877년 11월 13일 독일로 출사해 베를린으로 갔으며 런던에는 모두 9개월 정도 머물렀을 뿐이다. 독일에서도 오래 있지 못하고 1878년 8월 25일 귀국했는데, 같은 날 곽숭도(郭嵩燾) 역시 영국에서 소환되었다. 유석홍은 귀국 후 이홍장(李鴻章)을 탄핵했다가 직책을 박탈당하였다.

9 곽숭도(郭嵩燾)는 귀국 후 고향인 호남에 머무르며 더 이상 실제적인 관직을 맡지 않았다. 하지만 그는 활발한 금연 운동을 전개했으며, 이홍장(李鴻章), 증기택(曾紀澤) 등과 서신을 주고받으며 철로, 윤선, 외교 등에 관한 견해를 밝혔다. 1891년에 병사하였다.

10 陳室如, 『近代域外游記硏究(1840~1945)』, p.589.

격렬한 투쟁의 전형으로 볼 수 있다.

참찬인 여서창黎庶昌은 곽숭도를 따라 영국 런던으로 출사했다가, 다시 유석홍을 따라 독일 베를린으로 출사하였다. 다음 해에는 프랑스 파리로 건너가 현지 청국공사관 참찬이 되었다. 여서창은 젊은 시절 비록 경세를 주장했으나 서양의 근대 문명을 학습하는 것에는 부정적인 태도를 보인 인물이다. 하지만 정치적으로 어떤 특정 파벌에 속하지는 않았다. 그의 일기는 보고들은 사실을 담담하게 기술했으며 분량도 많지 않았다. 하지만 여행기 가운데 1870년대 유럽의 사회혁명 운동 기록이 있어 흥미롭다. 독일 사회당원이나 러시아 나로드니키 당원의 황제암살사건 등을 소개하였다.[11] 이런 기록으로 말미암아 여서창은 중국 사회에 유럽의 사회주의를 가장 먼저 소개한 인물 중 한 사람이 되었다.[12]

통역 장덕이의 경우 해외 경험이 매우 풍부한 인물이었다. 앞서 소개했듯이, 첫 번째는 동문관 졸업생의 신분으로 빈춘 사절단을 따라 처음 유럽을 방문하였다. 두 번째는 벌링게임 사절단을 수행해 다시 구미를 장기간 방문했는데, 갑작스런 낙마 사고로 일행보다 일찍 귀국하면서 중국인으로서는 최초로 지구를 일주한 사람이 되었다. 세 번째는 숭후 사절단에 포함되어 프랑스에 갔는데 파리코뮨의 목격자가 되면서 구미 사회 이해의 깊이를 더해갔다. 장덕이는 곽숭도를 따라 영국으로 출사했을 뿐만 아니라, 다시 1878년 12월 유럽에 온 출사대신 숭후를 수행해 러

11 黎庶昌, 『西洋雜志』(『走向世界叢書』 第1輯 第6冊), 岳麓書社, 1985, pp.427~430. 1880년에는 주스페인 참찬(參贊)이 되어 마드리드에 1년 여 거주하였다. 1881년에 귀국한 후 다시 주일공사로 출사하였다(鍾叔河, 『走向世界－近代中國知識分子考察西方的歷史』, p.260).

12 이봉포(李鳳苞)의 일기에는 무정부주의자들은 군주를 암살하는 것을 정치 수단으로 삼는다면서 유럽의 '평회(平會)'라는 것이 무정부주의자 조직이라고 소개하였다.

시아로 건너갔다.[13] 그는 평생 무려 여덟 번의 출사를 통해 여덟 권의 여행기를 남긴 것으로 알려져 있다. 이른바 『칠술기七述奇』를 제외한 일곱 권의 여행기가 전해지면서 19세기 후반 중국인 가운데 가장 일찍 그리고 가장 풍부한 세계견문록을 남긴 인물이 되었다.

장덕이의 여행기 『수사영아기隨使英俄記』(혹은 『四述奇』)는 곽숭도의 『윤돈여파려일기倫敦與巴黎日記』와 서로 비교할 수 있다. 비록 장덕이의 학문과 사상 수준은 곽숭도에 미치지 못하지만, 기록 내용이 상세하고 일부 기사들은 곽숭도 일기에 없는 내용이었다. 대체로 곽숭도의 경우 영국의 정치, 경제, 과학 등에 관심이 많았다면, 영국을 여러 차례 방문한 바 있었던 장덕이는 영국인의 사회생활에 더욱 흥미를 느꼈다고 볼 수 있다. 그리고 유석홍의 『영초일기英軺日記』와 장덕이의 『수사영아기』 간에 적지 않은 내용이 중복되는 사실은 두 일기와 관련해 최대의 의문점으로 알려져 있다. 왜냐하면 같은 시간에 같은 장소에 있었다는 동행 사실 말고도 일기 내용 중에 여러 곳이 구체적인 표현까지 일치하기 때문이다. 이와 같은 점은 연구자들 사이에서 오래전부터 지적하였다. 기존에는 유석홍이 장덕이의 글을 베꼈다는 주장이 지배적이었으나 근래에는 오히려 장덕이가 유석홍의 글을 인용했다는 주장도 나왔다.[14] 게다가 곽숭도의 글과 장덕이의 글 간에도 유사한 표현이 종종 발견되어 의문점이 증폭된다.

13 광서(光緖) 4년(1878) 말 장덕이(張德彝)는 숭후(崇厚)를 따라 러시아로 가서 러시아와 국경조약 수정회담에 참가하였다. 광서 6년 초 그가 파리에 있을 때 증기택(曾紀澤)의 명을 받아 다시 러시아로 가서 조약개정을 담판할 때도 동행하였다. 장덕이는 부친의 병이 깊어지자 계속 체재하지 못하고 유럽을 떠나 귀국하였다. 이번 출장은 이전 세 차례 여행보다 길었다(張德彝, 『隨使英俄記』, p.245).

14 尹德翔, 『東海西海之間—晚淸使西日記中的文化觀察, 認證與選擇』, 北京大學出版社, 2009, pp.125~137 참고.

아편전쟁 이전에 태어나 전통 학문을 공부하며 사상이 형성된 세대夷務世代와 아편전쟁 이후에 태어나 양무운동 중 서양 정보를 흡수하며 사상이 형성된 세대洋務世代로 나눌 수 있다. 이무세대는 과거를 통해 관리가 된 전통적인 지식인이라면, 양무세대는 전통적인 지식인과 양무 인재를 양성하는 기관에서 공부한 신형 지식인을 포함한다. 곽숭도 사절단과 같이 초기의 상주외교사절은 출사대신이든 부사이든 대체로 이무세대에 속하는 지식인들이었지만,[15] 양무 세대의 신식지식인에 속하는 장덕이와 같은 인물도 포함되어 있었다.

곽숭도 일행의 일기에 나타나는 특징은 외교교섭보다도 서양 관찰을 중심으로 이루어졌다는 사실이다. 그런데 일행의 관찰 활동에 서양인의 입김이 강하게 작용한다는 사실을 기억할 필요가 있다. 곽숭도 일행의 경우 영국인 메카트니와 힐리어가 그런 역할을 담당하였다. 그것은 상해에서 영국으로 항해하는 과정에서부터 나타난다.[16]

## 2. 대양에서 겪은 해양 문화

### 1) 대양항해의 기억

1840년대 임침과 용굉이 미국으로 건너갈 때는 범선을 이용하였다. 하지만 1870년대에는 이미 윤선이 보편화되었는데, 이 시기는 원양항해의 혁명이 일어나던 시기였다. 곽숭도 일행은 상해에 모여 1876년 12월

15 手代木有児, 『清末中國の西洋體驗と文明觀』, p.8.
16 Ibid., pp.32~33.

윤선을 타고 출양하였다. 그들은 원래 프랑스 국적 윤선을 탈 예정이었으나 수행 인원 가운데 영국인 매카트니가 영국 국적 우편 윤선 트라반코르Travancore호를 제안해 상해에서 영국의 사우샘프턴 항구로 가게 되었다. 도중에 홍콩, 싱가포르, 말라카, 스리랑카, 아덴, 홍해, 수에즈, 몰타, 지부롤타 등지를 거쳤는데, 이 지역 대부분은 영국의 식민지였다. 청국 외교대표단이 지구를 반 바퀴 도는 동안 영국 국기만 본 사실은 일행에게 심각한 인상을 남겼을 것이다.[17] 프랑스 선박에서 영국 선박으로 바뀐 배경은 우연이 아니라 메카트니의 고도의 정치적 계산이 깔렸을 가능성이 높다. 1877년 1월 런던에 도착했는데, 모두 18개국을 거쳐 51일을 소모한 긴 여행이었다.

1860년대 후반 구미 사회를 방문했던 빈춘, 벌링게임, 숭후 사절단과 같은 초기 출사대신의 여행기에는 서양 윤선에 관한 놀라움이 가득 차 있었다. 이들은 처음 윤선에 승선한 중국인에 속했기 때문에 구조와 설비에 큰 관심을 가졌다. 특히 증기기관의 작동과정은 신기한 것이었다. 하지만 곽숭도 일행의 경우 이미 윤선 경험이 있어서인지 이에 대한 묘사는 대체로 소략한 편이다. 간단히 윤선 이름과 선박 크기와 명륜이나 암륜 여부 혹은 견고하다거나 깨끗하다는 소감 정도가 보통이었다.[18] 대양을 항해하는 윤선을 직접 타본 사람은 적었겠지만, 여행 인프라 정보는 어느 정도 알려졌기 때문일 것이다. 이 시기 중국의 바다에는 서양 윤선뿐만 아니라 초보적인 수준이지만 근대식 청국 병선도 만날 수 있었다.

---

17 (美)汪榮祖, 『走向世界的挫折－郭嵩燾與道咸同光時代』, 岳麓書社, 2000, p.174.

18 1881년 채균(蔡鈞)이 미국으로 갈 때에는 홍콩에서 출발해 일본을 거쳐 태평양을 건너 워싱턴에 도착하는데 모두 27일이 걸렸다. 교통수단의 발달은 여행 기간을 단축시켰는데, 중국인 여행자들은 서양 과학기술의 최신 성과인 윤선에 강한 인상을 받았다.

곽숭도 일행이 홍콩으로 향할 때 영국 군함을 만났는데, 선박끼리 서로 깃발을 올리고 내리며 경의를 표하였다. 항해 예절의 하나로 돛을 올리는 행위는 멀리 보이도록 하는 것이며, 엔진을 정지시키는 행위는 양보를 의미하는 것이다. 뿐만 아니라 영국 군함에서는 군악대의 연주로 영국으로 가는 청국 공사에 대한 경의를 표하였다.[19] 홍콩에 정박할 때는 다른 윤선과 충돌해 선박을 수리하는 사건도 있었다.

일행이 경주瓊州 남쪽으로 100여 리 왔을 때, 선원들은 이곳을 '차이나 시China Sea, 齋納細'라고 불렀는데, 이는 중국해라는 뜻이었다, 바다에는 비어가 많아, 해면 위를 뛰어올라 한참을 날다가 다시 가라앉았다. 이 주변 해역은 현재의 서사군도西沙群島로 해삼이나 산호가 나오는데 황량한 섬으로 사람이 살지 않았다.[20] 귀국 길의 기록에도 서사군도 관련해서 짧은 기록이 나온다. 선장의 말에 따르면 "섬에는 거주민이 없으며 오직 흙과 돌이 섞여 있을 뿐이니 해적들이 출몰하는 곳이다"라고 했다.[21]

싱가포르 주변에서 청국 병선 양무揚武호를 만나기도 했다. 이 군함은 복주선정국에서 만든 병선으로 채국상蔡國祥, 채국희蔡國喜 두 형제 제독의 지휘 아래 있었다. 양무호의 제독이 곽숭도 일행에게 인사를 왔으며 병사들의 사열을 받았다. 병선은 돛대를 올리고 대포를 쏘아 경례하였다. 곽숭도는 병사들을 훈련 시키는 사람이 영국인 교관이란 사실을 알았다. 그는 지휘하는 능력이 무척 뛰어났으며 복건과 광동 출신 학생 20명도 함께 훈련을 시키고 있었다. 현지 영국 총독은 사람을 보내어 일행을 환

19 張德彝, 『隨使英俄記』, p.218.
20 郭嵩燾, 『倫敦與巴黎日記』(『走向世界叢書』 第1輯 第4冊), 岳麓書社, 1985, p.35.
21 Ibid., p.961.

영했는데, 곽숭도의 정치적 위상을 알 수 있는 대목이다.[22]

곽숭도는 비록 중국 내에서 여행경험이 많았지만, 원양항해는 처음이었다. 일단 먼 바다에 나가자마자 풍랑을 만나 배가 진동하고 바람이 거세지자 하루 종일 제대로 앉아있질 못하였다. 그는 배멀미에 따른 고통을 일기 중에 자주 호소하였다.[23] 대양항해에서 가장 많이 등장하는 기록은 아마도 배멀미 기억일 것이다.[24] 인도양일명 小西洋과 같은 넓은 바다에 진입해서는 풍랑이 더욱 거세졌는데 태풍을 만난 기록이 있다. "대풍大風을 복건·광동인은 태풍颱風, 남중국해에서 발생하는 심한 열대저기압이라고 부르고, 서양인들은 사이클론이라고 부른다. 배가 태풍 안으로 들어가면 바람에 따라 회전해 헤어 나오지 못하면 전복된다고 했다. 바람이 멈추지 않으면 배가 항해할 수 없다"라고 썼다. 선장은 태풍을 만났을 때 풍랑은 물론 천둥 번개가 치자 급히 엔진을 정지시키고 돛을 내리려 했다. 그 과정에서 선원 세 사람이 돛에서 떨어져 부상을 입었다. 동승했던 메카트니에 따르면 서양에서는 기상관측소를 설치해 태풍이 발생하면 전보를 쳐서 주변에 알린다고 했다. 예를 들어, 영국에서 바람이 일면 전보로 독일이나 프랑스 등 각국에 알리는데, 러시아도 마찬가지라고 했다. 전보를 받으면 각 항구의 선박들에게 알려 입출항을 통제한다는 것이다.[25] 훗날 주영 공사 설복성薛福成의 출사일기出使日記에도 태풍 기사가 상세하게 적혀있다.[26]

---

22 Ibid., p.40 劉錫鴻, 『英軺私記』(『走向世界叢書』 第1輯 第7冊), 岳麓書社, 1985, pp.53~54; 張德彝, 『隨使英俄記』, p.285.

23 (美)汪榮祖, 『走向世界的挫折－郭嵩燾與道咸同光時代』, p.175.

24 증기택(曾紀澤)의 일기에도 태풍을 만난 기록이 나타난다. 출사할 때 배멀미로 부인과 딸이 병이 났다든지, 태풍으로 파도가 선박을 덮쳐 방수하느라 안간힘을 썼다든지, 폭우로 말미암아 해가 보이지 않아 항로를 알 수 없었다는 등의 상황을 기록했다(曾紀澤, 『出使英法俄國日記』(『走向世界叢書』 第1輯 第5冊), 岳麓書社, 1985, p.137).

25 郭嵩燾, 『倫敦與巴黎日記』, pp.45~46; 張德彝, 『隨使英俄記』, p.289.

태풍은 공기 흐름이 회오리치면서 발생하는 것으로 회전하는 범위가 매우 넓어 2~3천 리에 이른다. 선박은 이것을 만나면 가장 위험하다. 태풍이 일어나는 곳을 보면 대부분 열대지역이다. 무릇 가까운 섬은 그 세력이 더욱 맹렬하다. 적도 가까운 곳은 오히려 이런 바람이 없다. 이 회전하는 흐름은 북반구에서는 오른쪽으로 돌고 남반구에서는 모두 왼쪽으로 돈다. 중심에 접근할수록 풍력은 더욱 커지는데, 만약 한가운데 있으면 오히려 바람이 없다고 느낀다. 지구상에 태풍이 일어나는 지역은 세 곳인데, 한 곳은 서인도제도의 서북이고, 한 곳은 중국 동남양이며, 한 곳은 인도양 동북이다. 이 바람이 일어나는 시기는 대체로 가장 더울 때가 많다.[27]

곽숭도 일행 중 요리사가 며칠 동안 병을 앓아 손에 붉은 반점이 생기자 양의를 불러 검사했는데 역질이라고 했다. 서양 선박에서는 병을 가장 금기시하는데 역질은 특히 심하였다. 이런 환자가 발생하면 선박에 황색 깃발을 올리고 선원은 해안에 상륙한 후 사람들과 왕래하는 것을 엄금한다. 각 항구에는 의사가 있어 병원에서 환자를 격리시키고, 선박 또한 반드시 20일 동안 정박한 후 전염이 더 이상 없는 것을 확인된 후에야 선원들은 항행할 수 있다.[28]

일행은 인도양의 배 위에서 한 영국인 선교사가 병으로 죽는 사건을

26 곽숭도(郭嵩燾)의 귀국길에도 유사한 기사가 있다. 서양에서 선박을 운항할 때 바람을 예측하는 데는 일정한 규칙이 있다. 구풍(颶風)은 남양과 인도양에서 일어난다. 구풍이 일어날 때는 반드시 수천 리 해면이나 도서가 둘러싼 곳에서 일어난다. 바람이 불면 파도와 부딪치고 도서와 부딪혀 회오리바람이 생긴다. 태평양의 만 리 바다에는 장애물이 없어 구풍이 없다. 지중해와 홍해는 해면이 불과 천여 리여서 도서가 비록 많지만 바람이 약해 구풍의 해가 없다. 한 번 회오리 안에 들어가면 전복되지 않는 경우가 거의 없다(郭嵩燾, 『倫敦與巴黎日記』, pp.926~927).

27 薛福成, 『出使英法義比四國日記』(『走向世界叢書』 第1輯 第8冊), 岳麓書社, 1985, p.705.

28 郭嵩燾, 『倫敦與巴黎日記』, pp.46~47 · 66.

경험하였다. 항행 규정에 따르면 시신이 썩어 전염병이 선내에 돌 것을 우려해 어떤 경우라도 시신을 재빨리 바다에 버리도록 정해져 있었다. 그 처가 아덴이 가까운 거리에 있어 하루면 다다르니 잠시 정박해 땅에 매장할 수 있게 해달라고 사정했다. 선장은 죽은 자가 거주하는 곳이 아덴이 아니므로 바다에 던지는 것과 다름없다고 여겨 허락하지 않았다. 반나절의 시간을 준 후 사람이 죽었음을 알리고 영혼이 하늘에 갔다며 시체를 철과 함께 관에 넣어 바다로 던졌다.[29] 선상에서의 죽음은 대양항해의 어려움을 잘 보여준다. 훗날 주영 공사 증기택이 귀국하는 배 안에서도 한 아랍인이 병으로 죽는 일을 경험하였다. 선장은 관에 시체를 넣고 망자를 위해 경을 읽은 후, 철을 함께 넣어 바다에 가라앉혔다는 유사한 기록이 남아있다.[30]

대양항해에서 암초는 가장 위험한 존재이다. 영국이 해상무역을 국가사업으로 삼아 처음 선박이 대양으로 나갔을 때 아직까지 정부는 바다를 통제하지 못했다. 선량한 사람들이 암초 있는 곳에서 장작을 태워 알려주었다. 그 후 건축물을 세워 그 안에서 장작을 태웠는데 비바람을 만나면 불붙이기가 어려웠다. 시간이 흘러 기름 등이 발명되고 여러 개의 등을 회전시키자 빛이 더욱 밝아지고 정교해졌다. 다시 가스로 바뀌었으며 또다시 전기로 바뀌었다.[31] 이런 신기한 등대를 묘사한 기사는 다른 여행기에서도 종종 엿보인다. 앞서 언급했듯이, 빈춘 사절단의 여행기에는 아덴 주변의 암초가 있는 바다에서 낮에는 깃발을 흔들고, 밤에는 등을 켜서 위

29 Ibid., p.58; 張德彝, 『隨使英俄記』, p.295.
30 曾紀澤, 『出使英法俄國日記』, p.958.
31 郭嵩燾, 『倫敦與巴黎日記』, pp.507~508.

험을 알리는 좋은 제도가 있다는 기록이 있고,[32] 숭후 사절단의 여행기에도 프랑스 항구 주변의 등대를 보고 그 운영 방법을 서술하면서, 밤에는 등을 밝혀 위험을 알리고 안개가 끼면 종을 울려 위험을 알린다고 썼다.[33]

장덕이의 일기에는 청국에서 프랑스로 오던 프랑스 선적의 한 윤선이 인도양에서 침몰했다는 소식을 전한다. 아마도 그 배는 당일 밤 아덴에 도착할 예정이었으나 항로를 잘못 들어 암초에 부딪힌 듯하다. 선박에 누수가 있었으나 곧바로 침몰하지 않았고 승객들은 짐을 챙겨 날이 밝아지기를 기다렸다. 이 배는 자신들이 있음을 알리고자 세 번 불을 올렸고, 주변 배들도 역시 불을 올려 화답하였다. 날이 밝기 전 도와주려는 선박이 왔으나 너무 위험해 감히 접근하지 못했다. 사람들이 해안에 상륙하고 선박은 가라앉았는데, 그 과정에서 선원 세 명이 익사했고 화물은 건지지 못했다. 육지에 오른 승객들은 사막을 건넜는데 더위와 갈증으로 노인 세 사람이 죽었다. 그 후 화물선이 사람들을 아덴으로 실어 나른 후 다른 프랑스 선박에 옮겨 탔다고 썼다.[34]

### 2) 지리관의 혁신

대부분의 근대 여행기는 '지리서'의 성격을 농후하게 띤다는 지적이 있다. 청국인의 여행기도 자신의 공무상 목적에 부합하기 위해 외국 지리를 상세하게 담으려고 노력하였다.[35] 과거 빈춘 사절단에 참가한 장덕

32 斌椿, 『乘槎筆記』, p.103.
33 張德彝, 『隨使法國記』, pp.516~517.
34 張德彝, 『隨使英俄記』, p.429.
35 박경석, 「근대 중국인의 해외여행과 내셔널리즘, 그리고 타자인식」, 『동양사학연구』 107, 2009, 103쪽.

이가 쓴 『항해술기』나 미국 박람회에 참가한 이규가 쓴 『환유지구신록』에는 지구 관련 기초 지식을 소개한 '지구설'과 지구의 동반구와 서반구를 그린 '지구도'가 실려 있었다. 그들은 대양항해를 통해 "동양의 동쪽이 서양의 서쪽"이라는 사실을 확인하였다.[36] 이처럼 대양항해는 지리관의 혁신을 동반하는데 모든 여행자들이 실감한 경험이었다. 그럼에도 불구하고 중국인들은 벌링게임 사절단의 지강처럼 추연의 구주설과 같은 전통적 지리관과 서양의 근대적 지리관을 결합하려는 노력을 멈추지 않았다. 당시 지강은 자신의 여행을 통해 추연의 구주설을 직접 확인할 수 있다고 믿었다.[37] 앞서 세 차례의 사절단에 통역으로 모두 참가했던 장덕이조차 예외는 아니었다.

> 천하의 대지가 크기 때문에 나라가 많은 것이다. 『사기史記』에 실린 추연이 말하길, "중국은 천하의 81분의 1에 불과하다. 중국을 적현赤縣이라고 부르는데 안으로는 구주九州가 있다. 우禹의 구주가 그것인데 주州의 숫자를 이르는 것은 아니다. 중국 밖에는 적현, 신주神州와 같은 것이 아홉 개 있는데 역시 구주라고 부른다". 추자鄒子가 천지의 광대함을 말한 것은 중화 하나의 주만을 얘기한 것이 아니며, 아마도 그 이름들을 상세히 하지 않았을 뿐이다. 예를 들어, 유럽과 아메리카 각주는 중국인들이 예로부터 항해를 통해 그 땅을 알아 각자 이름을 부여했을 것이다.[38]

---

36 張德彝, 『航海述奇』, pp.441~443; 李圭, 『環游地球新錄』, pp.312~313 · 315.
37 志剛, 『初使泰西記』(『走向世界叢書』 第1輯 第1冊), 岳麓書社, 1985, pp.379~380.
38 張德彝, 『隨使英俄記』, p.284.

장덕이의 이런 사고방식은 다른 데서도 발견된다. 그는 『진서晉書』에 실린 고대 중국인의 세 가지 천체관 주비설周脾說, 선야설宣夜說, 혼천설渾天說을 언급하면서 그중 혼천설이 대체로 서양인의 천문학에 부합한다고 보았다. 혼천설은 천체가 계란과 같이 생겨 하늘이 땅을 둘러싸고 노른자와 같은 지구가 가운데 있는 것으로 서양인의 학설과 비슷하다는 것이다. 혼천설의 이런저런 주장은 서양인의 생각과 유사할 뿐만 아니라 이미 그들보다 3천 년이나 빨랐다고 했다. 오늘날 중국인이 혼천설을 잘 알지 못하는 것은 옛사람의 유제를 깊이 생각하지 않았기 때문이라고 변호했다.[39] 장덕이는 배에서 만난 한 독일인이 중국에 큰 선박이 있었느냐는 질문에, 이미 2천 년 전 한무제가 만든 배는 만 명을 실을 수 있었다고 했다. 다시 큰 전함이 있었느냐고 묻자, 역시 있었다면서 특히 수양제 때에는 5층짜리 군함에 군인 8백 명을 실을 수 있었다고 대답했다.[40] 훗날 설복성의 일기에는 장덕이보다 상세한 대양 관련 기사가 실려 있다.

> 바다 가운데 가장 큰 곳을 대동양해大東洋海라고 부르는데, 아시아의 동쪽이자 아메리카의 서쪽이다. 서양인들은 풍랑이 없는 곳이라고 여겨 태평양太平洋이라고 부른다. 넓이는 대략 3~4만 리이다. 그 다음이 대서양해大西洋海인데, 유럽과 아프리카의 서쪽이자 아메리카의 동쪽이다. 넓이는 대략 1만 4천 리로 좁은 곳은 만 리에 미치지 못한다. 다음이 인도해印度海인데, 북쪽으로는 아시아에 이르고 동쪽으로는 호주에 이르며 서쪽으로는 아프리카에 이른다. 그 가운데 인도 대륙의 남쪽을 바라보기에 인도양印度洋이라고 부른다. 중국의 남양南洋은 역

39 Ibid., p.293.
40 Ibid., p.294.

시 소서양小西洋이라고 부르는데, 넓이는 대략 1만 6천 리이다. 또 북극과 남극의 아래는 북빙해北冰海, 남빙해南冰海라고 부르는데 서리와 눈이 엉겨있고 단단한 얼음은 녹지 않는다. 그 바다의 넓고 좁고 길고 짧은 것은 모두 알 수 없다. 이것이 그 대략이다.[41]

곽숭도가 런던에서 청국 유학생 책임자이자 과학기술자인 이봉포가 그린 〈천하전도天下全圖〉를 본 소감이 남아있다. 4대주와 여러 크고 작은 섬들이 모두 지명과 함께 상세하게 그려져 있었다. 미국영토를 나타낸 범주와 영국이 점거한 인도는 중국의 크기와 맞먹었는데, 이 두 대륙은 모두 영국인이 개척했다면서 놀라워했다. 곽숭도는 지구를 위도와 경도로 나누어 섬세하게 그린 이봉포의 능력을 높이 평가하였다.[42] 일기에는 이봉포가 곽숭도에게 전 세계의 해양 조류를 설명하는 대목도 엿보이며, 해양 조류는 달과 관련이 있어 달과 지구 간의 중력으로 조수간만의 차이가 나타난다고 설명했다.[43]

중국에서 영국으로 가는 선상에서 곽숭도는 통역관 아일랜드인 힐리어로부터 영국 『런던타임즈』 신문1876.11.10에 실린 영국 항해가이자 해군 장교인 네어스George Strong Nares의 북극 탐험 이야기를 들었다. 네어스가 이끄는 두 척의 영국 선박 얼러트Alert호와 디스커버리Discovery호가 1874년 4월부터 1876년 6월까지 북극을 탐험한 이야기를 소개하였다. 북위 82도 선까지는 땅이 보이는데, 그곳을 넘어서는 모두 빙해였다. 배

41 薛福成, 『出使英法義比四國日記』, pp.697~698.
42 郭嵩燾, 『倫敦與巴黎日記』, pp.624~625.
43 Ibid., pp.369~370.

로 항행하면서 얼음의 두께를 측량했으며, 배로 갈 수 없자 얼음 위를 걸어 북쪽으로 행군했는데 매일 3리 정도 전진하였다. 북위 83도 25분 지점부터 두 달 가까이 행군했는데, 태양이 보이지 않는 날이 20여 일이었으며 네 명이 죽고 동상으로 발을 자른 사람이 여러 명이었다. 결국 더이상 전진할 수 없자 2년여 만에 철수하였다. 영국 군주는 이들의 용기 있는 행동을 높이 사서 훈장을 내렸다는 기사였다.[44] 이 기사를 통해 곽숭도는 영국인의 강인한 모험정신에 깊은 인상을 받았으며, 다시금 영국인이 과학 고찰을 중시한다는 사실을 확인하였다.[45]

그 후 곽숭도는 영국 현지의 한 모임에서 유명한 북극 탐험가의 이야기를 다시 들었다. 1845년 영국인이 처음으로 북극항로를 탐사했는데 책임자 이름은 플랭클린John Franklin이었다. 그는 탐험대를 이끌고 바다로 나가 서북쪽 항로를 찾았는데 출발한 후 몇 년간 소식이 끊겼다. 영국 정부는 몇 차례 탐험대를 보내 그들을 찾았으나 실패하였다. 플랭클린의 부인이 탐험대를 다시 보낼 것을 해군부에 여러 차례 요청했으나, 이미 10여 년이 지나 빙해에서 죽었을 것이라며 파견은 무익하다고 답변했다. 부인은 자신의 재산을 팔아 선박 한 척을 구하고 래John Rae라는 의사를 책임자로 탐험에 나섰다. 빙해로 들어가 탐색작업을 진행했는데, 위험을 겪으며 사망자가 속출하자 점차 선원들은 돌아가길 원했다. 그럼에도 불구하고 래는 계속 전진해 결국 한 섬을 발견해 상륙하였다. 그곳에

44 郭嵩燾, 『倫敦與巴黎日記』, p.43.

45 장덕이(張德彝)의 일기에도 이 사건이 실려 있다. 수년 전 영국 총병 래(John Rae)가 병사를 모집해 북극으로 갔다. 북위 79도에서 배를 타고 83도까지 갔는데, 다시 얼음 위를 1,200리 행군하였다. 대략 140여 일 태양을 보지 못하고 병사 다수가 병이 나서 돌아왔다. 병이 난 이유는 과일을 먹지 못했기 때문이었다. 병부에서는 과일즙을 충분히 준비하지 못해 계획이 실패했다고 보아, 다음에 다시 탐험할 경우, 얼음 바다는 기한을 정하기로 했다(張德彝, 『隨使英俄記』, p.773).

서 땅에 뒤집힌 작은 배와 백골이 된 시신 여러 구를 발견했고 이런저런 물건들도 찾았다. 비록 래는 프랭클린의 실종과 관련한 중요한 단서를 찾았지만, 최종적으로 플랭클린의 유골과 항해일기 및 사망원인을 찾은 사람은 래가 아니라 훗날 맥클린톡Francis Leopold McClintock의 노력 때문이었다. 오늘날 북빙해를 넘어 북극을 탐험한 것은 프랭클린의 공으로 이룬 것이라 본다.[46] 그런데 정확하게 말하면 북극항로 탐사의 다양한 역사 중 영국인의 일화를 소개한 것이다. 곽숭도는 영국인들의 탐험 활동은 개인의 우발적인 행동이 아니라 일종의 사회풍토로 "영국인은 호기심이 많고 실용적이며 어려움을 피하지 않는다. 그런 풍속과 인심이 일을 성취한다"[47]고 높이 평가했다.

곽숭도는 북극의 관심과 마찬가지로 미지의 또 다른 대륙 아프리카에 대한 호기심도 많았다.[48] 한 사례를 들자면, 아프리카에 수단이라는 나라가 있는데 대부분 사막의 땅이다. 그 가운데 사하라사막이 있는데 지세를 살펴보면 해수면보다 낮다. 해구가 모래로 막혀 있으나 해수를 끌어들여 사하라사막을 관개하는 계획이 진행 중이다. 하천의 물을 관개하면 식물을 심을 수 있을 것이라는 현지 기사를 소개하였다.[49] 이것은 중국인으로서는 처음 듣는 신비한 대륙의 관심을 드러낸 것이다. 한편 여서창의 일기에는 프랑스 자료에 근거해 유럽지형을 상세하게 소개한 내용이 있다. 여기선 유럽 주변에 있는 해海, 해협海峽, 해만海灣, 해도海島 등을 소개하였다.[50]

---

**46** 郭嵩燾, 『倫敦與巴黎日記』, p.623; 尹德翔, 「郭嵩燾使西日記中的西方形象及其意義」, 『社會科學戰線』, 2009年 第1期, p.191 참고.

**47** 郭嵩燾, 『倫敦與巴黎日記』, p.459.

**48** Ibid., pp.339 · 396~398 · 456~459.

**49** Ibid., p.584.

**50** 黎庶昌, 『西洋雜志』, pp.593~594.

### 3) 수에즈운하

1869년 11월 17일에 완공한 수에즈운하는 벌링게임 사절단이 귀국할 때 중국인으로는 처음 통과한 것으로 보이나 자세한 기사는 없다. 그 이전 개인이나 사절단은 수에즈운하 공사 소식을 전하면서 육로로 수에즈 지역을 지나 지중해로 들어갔다. 1840년대 용굉의 경우는 인도양에서 남하해 아프리카 희망봉을 지나 대서양으로 북상하는 전통적인 장거리 항로를 이용하였다. 수에즈운하 공사가 시작되면서부터 중국인의 여행기에는 이 운하 관련 상세한 내용이 실렸으며 곽숭도 일행도 예외는 아니었다.

곽숭도 일행에 따르면 수에즈운하는 이집트 영토에 새로 만든 운하라며 아시아와 아프리카 두 대륙이 연결되는 곳에 있다고 했다. 내용을 요약하면, 길이는 약 300리로 홍해와 지중해 사이에 있다. 동치 초에 프랑스인 레셉스가 기계를 동원해 6년 만에 배가 다닐 수 있도록 운하를 열었는데 각국의 상인들이 투자하였다. 투자에 따라 지분을 나누었고 선박세를 징수해 분배기준에 따라 이익을 나누었다.[51] 프랑스가 수에즈운하를 열었을 때 주식을 많이 보유했으나, 동치 13년 이집트가 영국에게 자신들의 지분을 팔자 영국인이 전체 주식의 절반 이상을 차지하였다. 서양인들은 매번 큰 공사를 할 때 상민이 주식을 만들어 회사를 만드는데, 천만금이라도 어렵지 않게 모을 수 있다. 이와 달리 중국인들은 믿음이 부족해 힘을 합쳐 합작하기가 곤란하다고 평가했다.[52]

운하를 통과할 때 여러 척의 선박이 흙을 퍼내어 운반했으며, 양안의

---

**51** 劉錫鴻, 『英軺私記』, p.62.

**52** 郭嵩燾, 『倫敦與巴黎日記』, pp.70~71; Ibid., p.61.

흙과 돌로 제방을 쌓았는데, 양안에 쌓인 퇴적물을 아직 치우지 못했고 사방은 여전히 사막이었다.[53] 본래 나일강과 수에즈운하는 물길이 흐르는 방향이 같아 새로운 운하 주변에 퇴적물이 쌓여 막히는 문제가 발생하였다. 그동안 여러 가지 해결책을 시도했지만, 모래가 퇴적되는 자연현상을 근본적으로 해결하기 어려웠다.[54] 이런 기술적인 문제는 사절단의 경우 중국의 대운하 운영체계와도 관련이 있어 흥미를 가졌을 것이다.

일행은 수에즈에 도착한 후 잠시 배에서 내려 화륜차를 타고 시내 주변을 돌아보았다. 다시 작은 배를 타고 운하를 개폐하는 모습을 구경하며 작동원리를 살펴보았다. 운하를 따라 통과할 때는 수로가 갈수록 좁아져 선박 간의 거리가 불과 몇 척이었는데 서로 양보해야만 통과할 수 있었다.[55] 증기택의 일기에도 수에즈운하 관련 유사한 경험이 나타난다. 프랑스인 레셉스가 유럽과 아프리카 두 대륙이 인접한 곳에 하천을 만들어 선박이 통하도록 만들었다며, 이로 말미암아 아시아에서 유럽으로 가는 항로가 2만여 리 단축되었다고 했다. 하지만 운하의 넓이는 불과 10장 전후여서 겨우 큰 윤선 한 척이 지날 수 있었는데, 만약 두 척이 서로 만나면 한 척이 옆으로 피해 다른 한 척이 지나도록 양보해야 한다고 설명했다.[56]

몇 년 후 이곳을 지난 설복성의 일기에는 수에즈운하의 운영체계를 더욱 자세하게 설명하였다.[57] 일기에 따르면, 운하 입구에 도착했을 때 작

---

53 徐建寅, 『歐游雜錄』(『走向世界叢書』 第1輯 第6冊), 岳麓書社, 1985, p.656.

54 郭嵩燾, 『倫敦與巴黎日記』, p.541.

55 張德彝, 『隨使英俄記』, pp.298~299.

56 曾紀澤, 『出使英法俄國日記』, p.145.

57 프랑스인 레셉스(Lesseps)가 예전에 수에즈운하를 개척할 때 이집트 왕과 계약을 맺으면서 운하 주변의 땅 일부를 수에즈운하공사에 주기로 약속하였다. 또한 운하 공사에 필요한 노동력이 매우 많이 필요해 수만 명에게 일자리를 주었다. 영국 돈 1,800만 파운드가 필요했는데 모두 레셉스 박사가 만든 주식에 의존하였다. 주식을 매입한 사람 가운데 프랑스인이 가장 많고 다른 나라

은 배가 와서 세금을 받아 갔다. 자신이 탄 선박은 화물을 3천 5백 톤 실을 수 있는데 납세액은 7천 양은이며, 승객은 5백 명이어서 납세액은 1천 양은이었다. 모두 8천 4백여 양은을 납부했는데, 프랑스 화폐로 3만 5천 프랑으로 싸지 않았다. 그러나 이 운하를 운영하는 비용도 만만치 않다. 강바닥의 흙을 계속 퍼내고, 10리마다 전선국을 설치해 오가는 선박과 통신해야 했다. 만약 선박이 정지해 서로 마주보게 되면 오갈 수 없다. 밤에는 홍색등과 녹색등을 밝혀야 한다. 예전에 밤에는 정박했으나 요즘은 전등이 있어 밤에도 정박하지 않는다. 배의 선수에 전등을 달면 몇 리를 밝힐 수 있기 때문이다. 거둔 세금은 운영비용 말고도 주식보유에 따라 이익을 나누어야 하는데 매년 수백만 파운드 이상 소요되었다. 처음 운하를 열었을 때 주식은 장당 5백 프랑에 불과했는데, 지금은 크게 올라 3천 프랑에 이른다고 썼다.[58]

수에즈운하와 쌍벽을 이루는 미주지역의 파나마운하는 곽숭도 일행이 출사할 때는 아직 공사를 시작하지 않았다. 그래서 벌링게임 사절단의 경우 태평양을 건너 미국 서해안에 도착한 후 다시 멕시코 연안으로 남하해 파나마지역을 육로로 통과하였다. 철도를 이용해 반대편으로 건너간 후 다시 연안 선박을 타고 북상해 대서양 방향으로 나아갔다. 이 루트는 아직

---

사람들도 있었다. 주식의 절반은 이집트 왕이 제공한 토지가격이었는데, 20년 후부터 이익을 배당받도록 하였다. 운하가 개통되고 무역로가 열리자 주식 가격이 폭등하였다. 이집트는 국가 빚이 나날이 늘어나자 어쩔 수 없이 수에즈운하 주식을 프랑스인에게 팔려고 했는데 실패했다. 이에 영국과 비밀리에 협의해서 자국 소유 지분을 4백만 파운드에 팔았다. 프랑스인들이 어렵게 건설한 수에즈운하의 지분을 영국인들은 앉아서 절반을 얻었으나 막을 방법이 없었다. 지금 영국의 주식 4백만 파운드는 가치가 5~6천만 파운드가 되었다. 레셉스 박사는 천하에 이름을 떨치고 프랑스는 그에게 백작 작위를 내렸으며 단번에 거부가 되었다. 후에 다시 파나마운하 공사를 만들어 새로운 사업을 시작했으나 실패했다(薛福成, 『出使英法義比四國日記』, pp.576~577).

58 薛福成, 『出使英法義比四國日記』, pp.90~91.

미대륙 횡단철도나 파나마운하가 만들어지기 전의 일반적인 코스였다. 그렇지 않으면 미대륙을 육로로 횡단하는 무척 불안정하고 어려운 과정을 거쳐야만 했다. 설복성이 유럽으로 출사할 무렵에는 마침내 공사가 진행 중이어서 수에즈운하와 함께 소개하였다. 이를 요약하면 다음과 같다.

남북아메리카 사이에는 중부 아메리카가 있고 그곳에 파나마가 있다. 남북으로 약 200마일, 동서로 40마일인데 가장 좁은 곳은 30마일이다. 1879년 프랑스인 레셉스 박사는 대서양과 태평양을 관통하는 운하를 만들기로 하고 그 일을 맡았다. 레셉스는 과거 수에즈운하를 개통한 사람으로 다시 주식으로 자본을 모아 파나마운하를 개통하려던 것이다. 본래 7년이면 뚫을 수 있으리라 예상하고 공사비용을 1억 프랑으로 계산하였다. 그러나 비용 조달이 원활하지 않아 성과를 내지 못하다가 엄청난 손실을 보고 결국 9년 만에 중단하였다. 그 과정에 정부 고위 관료의 뇌물수수 사건에 레셉스 부자가 연루되면서 감옥에 들어가는 등 풍파가 있었다.[59] 파나마지역은 수에즈와 달리 지질과 지형이 전혀 달라서 운하를 만들기가 쉽지 않았다. 결국 운하 건설에 눈독을 들이던 미국이 1903년 파나마를 독립시키고 운하 주변 지역을 영구 임대한 후, 프랑스로부터 운하 굴착권과 설비를 매입해 최종적으로 1914년에야 완공시켰다.

곽숭도 일행은 수에즈운하를 지나 지중해를 항해한 후 지브롤타 해협을 통과해 다시 대서양으로 나와 북상해 영국으로 향하였다. 1877년 1월 21일 저녁 사우샘프톤 항구에 도착했는데, 청국 해관총세무사 하트와 영국주재 사무소 대표 켐벨James D. Campbell, 金登幹 등이 마중을 나왔다.

59 Ibid., pp.261 · 420 · 667 · 693 · 752.

그들은 기차를 타고 함께 런던으로 향했는데, 모두 50일간의 항해가 끝나는 순간이었다. 당시 총리아문은 출사대신이 대외교섭, 각국의 풍토인정, 정치경제 등의 현황을 상세히 기록해 수시로 국내에 보내도록 지시하였다. 이런 방침에 따라 곽숭도는 상해에서 출발하는 날을 기점으로 런던에 도착할 때까지 한 달여간의 일기를 정리해 『사서기정使西紀程』[60]이라는 제목을 지어 우편으로 중국으로 보내었다. 이 일기는 총리아문에서 인쇄 배포했는데, 예상치 않게 국내에서 큰 정치적 풍파를 일으켰다.[61] 대양에서 겪은 해양 문화는 근대과학적인 지리 지식과 중국과 다른 외부 세계의 묘사에 불과했지만, 청조 내 보수파는 서양을 숭상하는 내용을 담았다며 집단적으로 반발하였다. 결국 『사서기정』의 판본을 없애고 유통을 금지시켰지만 그 여파는 계속되었다.

## 3. 영국에서 경험한 해양 문명

### 1) 윤선과 선정船政

곽숭도는 런던에 도착한 후 1877년 2월 8일 영국 여왕을 만나 국서를 전달하였다. 런던에 만들어진 영국주재 청국공사관은 공사, 참찬, 통역, 영사, 무관 등으로 구성되었다. 곽숭도는 자신의 임무를 영국의 장점을 공부해 청국에 도움을 주는 것과 청국과 영국 간의 평화 관계를 유지하

60 곽숭도(郭嵩燾)의 『倫敦與巴黎日記』 중 卷二(pp.27~98)의 내용이 상해에서 런던으로 가는 항해일기인데, 『走向世界叢書』 시리즈에서는 『使西紀程』의 본문과 상호 비교하고 있다.

61 曾永玲, 『郭嵩燾大傳』, 遼寧人民出版社, 1989, pp.230~236.

는 것으로 삼았다.[62] 실제로 그의 영국 생활은 이런 목표에 맞추어졌으며, 그의 통역관 메카트니와 외교 파트너인 웨이드Tomas Wade 등 영국인들이 도움을 주었다.

일행이 영국 생활을 시작했을 때 가장 인상적인 경험은 이전 사절단과 마찬가지로 선진적인 기계와 최신 기술을 응용한 대규모 공장들이었다. 일기 중에는 조선창, 화폐주조창, 기차창, 대포주조창, 소총제조창, 연강창, 농업기기창 등 여러 공업 설비들을 보았다는 기록이 있다. 좀 더 세부적으로는 의원, 감옥, 시청, 우정국, 은행, 공장, 신문사, 학교, 박물관, 수족원, 도서관, 천문대, 미술관, 군대 등을 관람했고, 전화, 유성기, 컬러사진, 천문, 지질, 광학, 성학, 생물학, 공학 등을 체험하였다. 하지만 중국적 세계관을 가지고 서양과학과 관념에 반응하는 것은 험난하고 시간이 걸리는 일이었다. 왜냐하면 중국인의 인식구조와 지식체계가 영국의 현대과학과 서로 통하지 않았기 때문이다.

곽숭도의 출사일기는 서방 과학기술 서술이 중요한 부분을 차지한다. 그는 공예 기술뿐만 아니라 기초과학을 더욱 중시하였다. 이것은 벌링게임 사절단의 지강과는 다른 점으로 양무파의 고급지식인임을 보여주는 대목이다. 곽숭도는 런던에 도착한 지 오래지 않아 영국 황실학회의 과학자들과 접촉하면서 그들의 다양한 연구 활동에 참가하였다.[63] 그는 근대 유럽 문명의 상징인 철로, 전보, 윤선의 역사에 대해서도 언급하였다. 그 가운데 윤선 관련 대목을 보면, “화륜선이 가장 빠른 것은 1736년건륭

62 해외공사관의 설치에 대해서는 양벽형(梁碧瑩)의 『艱難的外交－晩淸中國駐美公使硏究』(天津古籍出版社, 2004), pp.70~81을 참고할 것.
63 尹德翔, 『東海西海之間－晩淸使西日記中的文化觀察, 認證與選擇』, pp.91~93.

(乾隆) 원년 영국인 헤일즈Stephen Hales가 만든 것이다. 1765년건륭 30년 와트James Watt가 새로운 방식으로 만들었다. 1801년가경(嘉慶) 6년 처음으로 시험하였다. 1838년도광 18년 처음으로 병선을 만들었는데, 당시에는 병선이 몇 척에 불과하였다. 1840년도광 20년 병선 2척을 중국에 파견했는데, 라미래스호 등 두 척의 배는 각각 32파운드 무게의 포탄을 쏘는 대포 두 문이 있었다"[64] 그리고 다른 글에서는 영국 윤선 공사의 창시인은 해군 장교 출신으로 국가가 해운업을 허락해 주도록 요청해 먼저 스페인과 포르투갈에서 인도로 항행하도록 허가받았다고 썼다.[65] 1860년부터 1878년까지 기준으로 대략 영국, 프랑스, 네덜란드 세 나라의 선박을 비율로 산정한다면, 만약 배 100척으로 가정하면 영국은 79척, 프랑스는 17척, 네덜란드는 4척을 가지고 있었다.[66]

곽숭도 일행이 잠시 유럽에 머물렀던 사절단과 다른 점이라면 윤선이나 군함과 같은 눈에 보이는 물질적 성과 말고도 이를 운영하는 정책에 관한 주목과 이해가 나타난다는 사실이다. 예를 들어, 선정船政과 어정漁政 등이 그것이다. 중국에서 영국으로 오는 배 안에서 곽숭도는 통역관 메카트니와 함께 선장의 측량기술이 정밀하다는 사실을 칭찬하면서 유럽의 선정에 대해 듣고 자세히 기록하였다.

> 서양 각국에는 상부대신商部大臣이 있으며 선정학관船政學館이 있다. 공부가 끝나면 상부에서 시험을 보는데, 높은 점수를 얻어야 선주가 될 수 있다. 그다음

64 郭嵩燾, 『倫敦與巴黎日記』, p.167.
65 Ibid., p.456.
66 黎庶昌, 『西洋雜志』, pp.440~441.

에 각자 분야를 나눠 역할을 담당하는데 모두 등급이 있다. 다음번에 시험을 보거나 혹은 또다시 보기도 한다. 선장이 되는 사람은 반드시 뛰어난 자이다. 선박을 만드는 집안도 함부로 사사로이 선장이 될 수 없다. 배가 항구를 나갈 때, 상정대신商政大臣은 반드시 선박에 실린 화물과 승객의 수가 제한을 넘지 않았는지 살핀다. 화물이 선박의 용량을 넘거나 승객이 객실의 수를 넘으면 모두 금지시키는데, 위반하면 벌칙을 가한다. 무릇 배를 만들 때 상정대신은 공정이 엄격한지 여부를 살펴 사용한 목재의 질량은 어떤지 반드시 모두 규격에 맞도록 했는지 확인하고, 그 후에 항해할 연한을 정해 10년에서 20년으로 한다. 금지한 것을 어기고 항해를 한 경우 위반한 자는 벌칙을 가한다. 항해할 때 고용한 선원이나 실은 식량은 반드시 정원수에 맞추고, 선체의 크기에 따라 인원의 다과를 정하는데, 숫자를 지키지 못하면 출항할 수 없다. 사람들에게 날마다 쌀과 소금과 육식을 지급하는데 모두 규정이 있으며, 이를 어기면 벌칙을 가한다. 선장은 출항한 후에는 선원들의 상벌을 모두 이행하는데, 반드시 명령을 따라야 하며, 일기에 실행한 바를 적는다. 쟁론이 있으면 상부대신은 기록한 바에 따라 처분한다. 서양은 상업으로 나라의 기틀을 만들었다. 상정商政을 다스리는 것이 정제되어 엄밀하며 조리가 질서정연하다.[67]

곽숭도는 선장의 뛰어난 능력과 상당한 권력이 인상적이었던 듯싶다. 흥미로운 점은 장덕이가 귀국할 때 쓴 일기에도 위의 내용과 거의 유사한 서양의 선정 기사가 있다는 사실이다.[68] 뿐만 아니라 유석홍의 일기

67 郭嵩燾, 『倫敦與巴黎日記』, pp.55~56.

68 "서양 국가들은 항해와 통상 때문에 상부와 선정학원을 설치하였다. 공부를 마치면 상부에서 시험을 보아 우수한 자는 선주로 충원할 것을 명한다. 무릇 조선의 집안이라도 사사로이 선주로 초청할 수 없다. 선박이 완성되면 상부가 그 공정과 재료가 견실한지를 점검한 후에 그 가치를

와 장덕이의 일기 사이에도 서양의 선정 관련 비슷한 글이 있다. 예를 들어, 유석홍이 기록한 빈민구제 사업에 관한 글에서 시중에 가난해 의탁할 곳이 없는 사람들을 여러 선박에 거주하도록 하고 의식을 제공하며 감독을 두어 수사로 교육시킨다. 2년간 기술을 습득시켜 상선에 나누어 선원으로 충당해 스스로 힘으로 먹거리를 해결하도록 한다. 만약 기술을 습득하지 못하면 다시 1년 동안 가르친다. 그래도 기술을 이루지 못하면 구금해 힘든 일을 시킨다고 적었다.[69] 장덕이의 일기에도 해군 교육선을 통해 빈민을 구제하는 유사한 정책을 설명하였다.[70] 문제는 이들 서로 간의 일기 내용이 같은 시간과 장소에서 동일한 경험을 했기 때문만이 아니라 그렇지 않은 경우에도 종종 똑같은 표현이 나타나는 점에 있다.

한편 항구의 운영에 대해 감탄한 내용도 있다. 일행은 리버풀 항구의 풍경을 묘사하면서 선박을 묶는 부두의 길이가 20여 리에 이른다며 놀랐다. 수백 척의 배가 항구를 드나드는데 질서가 정연했으며, 특히 미국 상인들이 이곳에 많이 모인다고 했다.[71] 각국의 상선은 모두 규정이 있어서 매년 정해진 계획에 따라 어느 달에 어느 곳으로 간다는 사실을 알고 있으니 그 조리가 있음을 알고 칭찬하였다.

---

계산한다. 항해 기간을 년으로 제한해 10년 혹은 20년으로 정한다. 규정을 따르지 않으면 운항을 허락하지 않으며 위반한 자는 벌칙을 준다. 상부는 또한 탑재한 화물과 탑승한 사람을 살펴 화물이 실을 수 있는 양을 넘거나 사람이 수용할 수 있는 수를 초과하면 모두 금지해 위반한 자는 벌을 준다. 항해에 필요한 선원과 휴대할 식량은 반드시 숫자를 채워야 하는데, 수를 채우지 못하면 벌을 준다. 날마다 선원과 기술자에게 쌀, 소금, 고기를 지급하는데 모두 기준이 있고 기준을 어기면 벌칙을 준다. 선주가 출항하면 모든 명령을 들어야 하며 일기에 그 행한 바를 책에 적는다. 쟁론 등의 일이 발생하면 상부에 제출해 일을 처리한다. 출양관이 검표를 주어 왕복 모두 정해진 기간이 있는데 이를 위반하면 벌칙을 준다."(張德彝, 『隨使英俄記』, p.337)

**69** 劉錫鴻, 『英軺私記』, p.170.

**70** 張德彝, 『隨使英俄記』, p.433.

**71** 郭嵩燾, 『倫敦與巴黎日記』, p.781; 劉錫鴻, 『英軺私記』, pp.203~204.

### 2) 군함과 대포

서양의 물질문명 가운데 청국의 지식인들이 가장 주목한 것은 군사 무기였다. 이홍장은 군사력을 통해 자강을 이루고자 하여 대포와 소총, 철갑선과 수뢰 등을 구매하는 데 열중했으며, 해군 유학생을 영국과 프랑스로 파견해 군사 지식을 학습시켰다. 곽숭도는 영국에서 이홍장과 계속 연락하면서 일상적인 외교업무 이외에 무기 구매정책에 부합하는 업무를 실행하였다. 곽숭도는 엄복嚴復을 비롯한 해군 유학생의 학습과 생활에 관심이 많았으며, 그들과 함께 조선창과 대포창 등을 참관하였다. 본인이 직접 대포를 만지거나 어뢰를 시연하면서 서양 병기를 체험했고, 군함에도 올라 훈련을 지켜보았다.[72] 윤선, 철갑병선, 어뢰, 수뢰, 철포선, 면화화약, 군기창, 크루프 공장, 포대, 병사훈련 등의 키워드는 일기의 곳곳에 나타나는 주요 관심사였다. 이와 관련한 풍부한 내용은 다음 장에서 다루기로 하고 여기서는 한두 가지 기사만을 소개하고자 한다.

곽숭도 일행은 1878년 8월 13일 영국 빅토리아 여왕이 해군을 사열하는 행사에 초대받았다. 영국 해군부의 요청에 따라 곽숭도는 네 명의 수행원과 함께 포츠머스항구로 가서 다른 외국 공사들과 함께 영국함대의 위용을 관람하였다. 사열식에 참가한 해군은 터키로부터 영국으로 돌아온 군함들이었다. 본래 함대가 대양으로 나가 훈련하는 것을 사열할 예정이었으나 바람이 강해 간단하게 진행했다. 일기에는 영국 여왕이 26척의 병선을 사열하는 것부터 각 병선의 포수, 마력, 중량, 인원 등을 상세하게 기록해 1878년 무렵 영국함대의 현황을 알려주고 있다. 대략

72 (美)汪榮祖, 『走向世界的挫折－郭嵩燾與道咸同光時代』, p.200.

19척이 하나의 해군 편제를 이루며 가장 큰 병선은 9천 톤이라고 하는데, 그 가운데는 수뢰선도 있었다.[73] 여서창의 일기에도 영국 여왕이 열병하는 과정을 묘사하였다.[74]

곽숭도는 프랑스 공사도 겸임했기에 얼마 후인 1878년 9월 15일 프랑스 총통 맥마흔이 육군을 사열하는 행사에도 참석하였다. 곽숭도는 프랑스 군부의 요청에 따라 마건충馬建忠과 함께 프랑스 총통이 기병과 보병을 열병하는 것을 참관하였다. 곽숭도는 두 차례의 열병식을 통해 당시 세계에서 가장 강력한 해군과 육군을 관찰하면서 청국과 서양과의 군사력 차이를 실감하였다.

일기 중에는 다른 여행자와 마찬가지로 각종 포대와 대포에 대한 묘사가 자주 발견된다. 예를 들어, 싱가포르주재 영국 총독은 곽숭도 일행을 데리고 대포, 화약고, 거대한 망원경이 있는 신식포대를 참관시켜주었다. 곽숭도는 "그 제도와 규모가 중국 포대와 완전히 다르다. 병사 중에는 포병과 보병이 있는데, 보병은 양창으로 훈련하며 포병을 돕는다"라고 적었다. 일행은 영국에서 울리치 병기공장을 찾아 무기 제조를 참관하였다. 공장 규모가 엄청나게 크다는 사실에 놀랐으며, 하루 만에 관람할 수 없다는 사실과 생산기술의 정교함이 나날이 더해진다는 사실에 충격을 받았다. 특히 화약을 시험하면서 화약의 성능을 높이는 정교함에 감탄하였다. 그 밖에도 장덕이의 기록에는 영국 수사의 기관명, 군항 명, 수사 인원, 해군 배치 등을 소개하였다.[75] 그는 숭후를 따라 러시아에 갔

73 郭嵩燾, 『倫敦與巴黎日記』, pp.601~602.
74 黎庶昌, 『西洋雜志』, pp.434~436.
75 張德彝, 『隨使英俄記』, pp.601~603.

을 때도 러시아 수사 소개를 잊지 않았다.[76]

곽숭도 일행의 기록에는 청국의 가상적국인 일본해군과 해군 유학생에 관한 기사가 심심치 않게 나타난다. 예를 들면, 청국 외교관들은 일본 포함 청휘淸輝호가 영국을 방문했을 때, 그들의 초대를 받아 군함을 구경하였다. 이 군함은 처음으로 영국에 온 일본 포선으로 비록 배는 크지 않았으나 깨끗하고 서양식이었다. 선장과 선원은 모두 일본인으로 서양 복장을 하고 잘 훈련되어 있었으며, 영국 방문을 기념해 남녀 수백 명이 참여하는 연회를 열었다.[77]

### 3) 수족관과 어정漁政

영국에서 수족관을 방문한 기록이 여러 차례 나타난다. 수족관의 구조를 설명한 것은 물론, 전시실에 있는 문어 등을 비롯한 신기한 어류들에 관해 소개했는데 무척 인상적이었던 듯싶다.[78] 해양생물의 생김새가 신기했는데, 거북이나 게 모양과 같은 다양한 어류를 열거하거나 특히 유리관 속에 있는 어류를 자세히 묘사하였다. 수도관을 통해 바닷물을 공급해 바다 어류를 기르고 전시하는 모습에도 놀라워했다.[79]

해양생물 가운데 일행에게 가장 인상 깊은 어류는 단연 고래였다. 과거 사절단의 여행기에서도 고래는 자주 언급되는 수중생물이었다. 예를 들어, 빈춘 일행은 스웨덴의 한 박물관에서 거대한 고래표본을 보고 경악한 기사가 있다.[80] 곽숭도 일기에도 뉴욕에서 살아있는 고래를 잡았는

76 Ibid., pp.780~782.
77 Ibid., p.582.
78 郭嵩燾, 『倫敦與巴黎日記』, pp.126~127 · 290.
79 劉錫鴻, 『英軺私記』, pp.103~104; 張德彝, 『隨使英俄記』, pp.388~389 · 447~448.

데, 길이가 2장 8척이었다. 영국인이 사서 수족관에 넣었으나 며칠 만에 죽었다. 의사들이 죽은 원인을 조사하니 싣고 오던 배 안에 충분한 바닷물이 없었고 찬바람을 많이 마셔 폐가 상해서 죽었다고 전했다.[81] 일기에는 고래수염 이야기도 있다. 한 영국인이 고래수염 하나를 구입했는데, 길이는 6척 5촌으로 가격은 30금이라고 했다. 이런 종류의 고래는 북빙해에 사는데 이른바 식인 고래라는 별명이 있다. 수염이 콧구멍 중앙에 있는데, 왼쪽 코에만 있고 오른쪽은 수염이 안에 들어가 있어 불과 6~7촌이어서 밖으로 드러나지는 않는다고 했다.[82] 훗날 설복성의 일기에도 "물고기 중에 가장 큰 것은 '곤鯤'과 '경鯨'이 있다. 그러나 곤이라는 물고기는 직접 그 형상을 본 사람이 없으며, 아마도 장자의 우언이 이것이다. 경은 오늘날 서양박물관에 그 뼈가 모두 있는데, 길이가 3~4장에 이른다"[83]고 기록했다. 대체로 바다를 두려워한 중국인들은 곤이란 전설의 큰 물고기를 훗날 고래라고 추측하기도 했고, 중국을 둘러싼 큰 바다를 천지天池 등으로 상상하였다.

곽숭도 일행은 영국인들이 해양생물을 수집하고 항해일지를 연구해 해양 관련 지식을 증대시키고 있다는 사실에 주목하였다. 한 영국인이 인도를 왕래하며 중국이나 호주 등지를 돌아다니며 해도나 풍경을 그리

---

80 張德彝, 『航海述奇』, p.509; 斌椿, 『乘槎筆記』, p.127.

81 郭嵩燾, 『倫敦與巴黎日記』, pp.315 · 357~358.

82 Ibid., p.752.

83 薛福成, 『出使英法義比四國日記』, p.707. 설복성(薛福成)이 유럽으로 갈 때 큰 물고기가 배 왼쪽 10丈 밖에 있었는데, 올라갔다 내려갔다 하며 배를 따라왔다. 윤선 옆에는 항상 작은 물고기들이 따라오는데 배 위에서 버린 음식물을 먹기 위해서였다. 그리고 큰 물고기는 이런 작은 물고기를 잡아먹기 위해 따라왔다. 사람들은 베트남의 한 왕자가 물에 빠졌는데, 두 마리의 고래가 날개로 구해주니 현지인들은 고래를 신으로 여겼다. 그 후 고래를 감히 포획할 생각을 하지 않자 더욱 커졌다고 한다(薛福成, 『出使英法義比四國日記』, p.73).

거나 항해 도중 해양생물 수백 종을 채집한 사실이나,[84] 한 영국의 대학 박물관에서 다양한 해양생물 표본과 물고기 화석을 전시한 사실 등을 여행기에 남겼다.[85] 양어장을 방문한 기록도 있다. 그 가운데 주둥아리가 몇 척이나 삐쭉한 날새치劍魚라는 물고기가 있었다. 수십 년 전 선박이 철제가 아니던 시절 종종 날새치가 배를 훼손시켰다. 그 힘이 목재를 뚫을 정도여서 낡은 선박이나 선체의 두께가 얇으면 문제를 일으켰다. 물고기의 주둥아리가 한 번 박히면 빠지지 않아 배의 방향을 틀면 주둥아리가 부러져 물고기가 죽는다고 소개했다.[86]

영국에서 한 수족원을 방문했을 때, 북극해에서 온 남녀 네 사람을 만난 경험이 있다. 그들은 모두 사슴 가죽으로 옷을 입고 있었으며 모자와 신발 등도 가죽으로 만들었다. 겨울과 여름옷을 갈아입지 않고 목욕도 하지 않는다. 사슴 기르는 일을 생업으로 삼는데 부자는 수천 마리를 기른다. 이 동물을 이용해 마차를 끄는데 하루 100마일을 간다. 남녀가 함께 지내지만 난잡한 일은 일어나지 않는다고 했다.[87] 이미 중국에서 영국으로 가는 선상에서 북극 에스키모인의 생활을 쓴 기록이 나타난다. 이에 따르면 얼음 위에도 사람이 사는데 얼음으로 집을 짓고 눈으로 문을 만든 후 안으로 들어오면 막는다. 생선과 짐승을 수렵해 식량으로 삼고 옷은 사슴 가죽으로 만들며 그 가죽으로 침낭을 만든다. 물고기를 잡을 때는 얼음을 10여 장 깊이만큼 뚫어 낚시한다. 생선 기름을 연료로 삼고 밤에 등을 밝힌다. 생선과 짐승을 찾아 이동하는 것이 몽골의 유목민과 같으니 매우

84 郭嵩燾, 『倫敦與巴黎日記』, pp.550~551.
85 Ibid., pp.758~759.
86 Ibid., p.357.
87 Ibid., pp.374~375.

황량하다고 적었다.[88] 장덕이의 일기에도 거의 유사한 기사가 있다.[89]

유석홍이 테임스 강변에서 고기잡이하는 사람이 보이지 않는 까닭을 묻자 메카트니는 영국은 매년 2월부터 8월까지 금어 기간이라면서, 민간인은 이 시기에 그물을 놓을 수 없다고 했다.[90]

> 영국의 상어常魚는 모양이 중국의 청어靑魚와 비슷한데, 양어법養魚法에서 주의할 것은 다음과 같다. 알을 낳는 시기가 5~6월이므로 이 시기에는 포어하는 것을 금지한다. 근 14~15년 전부터 이와 같이 금지하니 물고기가 이전보다 몇 배 많아졌다. 물고기의 알은 콩과 같으며 강 상류로 올라가 얕은 곳에서 알을 낳는다며 물고기의 성장 과정을 소개하였다. 영국인의 양어학문을 알 수 있다.[91] (다른 날 일기에는) 영국의 어류학자는 각 지역 물고기의 생산량을 유지하기 위해 작은 물고기를 포획하는 것을 금지하는 문제를 논의하였다. 서양 만찬에서는 생선을 가장 중요시해서 항상 나오는데 작은 물고기는 만찬에 내놓지 말자는 것이다.[92]

장덕이의 일기에서도 "영국인들은 어업과 수렵에 대해 관청에서 모두 기간을 정해 제한한다"라면서 수렵의 경우 18종의 야생동물을 지정해 수렵을 금지하는 기간을 정한다고 했다. 예를 들어, 올해는 꿩의 경우 12월 10일부터 금지해서 다음 해 8월 20일까지 사냥을 금지한다. 물고기의 경우 "낚시를 제한하거나 금지하는 기간은 대체로 5개월 반을 기간으

88 郭嵩燾, 『倫敦與巴黎日記』, pp.78~79.
89 張德彝, 『隨使英俄記』, p.773.
90 劉錫鴻, 『英軺私記』, p.135.
91 郭嵩燾, 『倫敦與巴黎日記』, p.357.
92 Ibid., p.799.

로 한다"라면서 판매금지 품목도 열거하였다. 물고기가 많이 나는 어장을 모두 지정해 관리인들이 감시하도록 했다.[93] 다른 날 일기에서도 영국인은 어업과 수렵을 관청에서 모두 기간을 정해 백성들이 마음대로 포획하는 것을 막아 생산량을 보존한다. 금지 기간에는 시장에서 팔지 못하도록 하고 이를 지키지 않은 사람에게는 벌금을 부과한다. 겨울에는 시장에서 생선을 살 수 없다고 적고 있다.[94]

#### 4) 해양기술과 해양법 등

해양기술에 관한 단편 기록도 종종 엿보이는데 몇 가지 소개하면 다음과 같다. 첫째, 영국과 프랑스 두 의회는 해저터널을 뚫기로 하고 공사비로 7조 파운드약 2천 2백여만 량를 책정해 양국이 각각 절반을 뚫기로 했다. 영국 항구는 도버이고 프랑스 항구는 칼레로, 해저터널은 총 22마일인데, 현재 양안은 이미 20여 장 깊이를 팠다고 한다. 해저 공사 중에 누수 문제나 공기주입 문제가 난제이다. 영프 양국이 이 공사를 하는 까닭은 양안 항구가 많지 않고 물 깊이가 낮아 큰 배를 띄울 수가 없으며 파도가 높아 종종 위험하기 때문이다. 해저터널이 만들어져 철로가 놓이면 바람과 파도의 위험을 피할 수 있을 것이라 했다.[95]

둘째, 한 항구에 180년 전 침몰한 배 한 척이 있는데, 그 안에 많은 금

93 張德彝, 『隨使英俄記』, pp.632~633.

94 Ibid., p.632. 근래 영국, 프랑스, 러시아, 미국 등지에서 고기잡이 문제 때문에 분쟁이 일어났다. 해상 어류의 수확량은 미국이 가장 많은데 매년 포획량이 2천 8백만 량이다. 다음이 영국인데 어획량이 매년 2천만 량이며 많으면 2천 5백만 량이다. 대체로 미국의 동쪽 해안보다 어류가 많은 곳은 없으며, 물이 깊지 않아 어민들이 가장 많이 모인다. 각국의 장정에 따르면 국경 10리 내 어류는 외부인의 어업을 허락하지 않으며, 10리 밖에서는 고기잡이를 할 수 있다(薛福成, 『出使英法義比四國日記』, p.402).

95 郭嵩燾, 『倫敦與巴黎日記』, p.310.

이 있다고 전해졌다. 프랑스인이 근래 입수해 인양하는 방법을 찾았다. 해저에서 건져낸 유물 수백 가지를 진열했는데 부패한 목재, 부러진 병, 조각난 기와 등이었다. 인골도 있었으며 절인 고기를 먹은 것이 위 속에 남아있었다고 한다. 서양 의사에 따르면 절인 고기는 잘 소화되지 않아 남아있을 수 있다고 했다.[96]

셋째, 귀국 도중에 선상에서 곽숭도는 영국인 해양 전문가를 만나 대화를 나누었다. 그 영국인의 저서는 수십 종인데, 모두 국가에서 수중생물을 연구하라고 장기간에 걸쳐 연구비를 지급받아 출판한 것들이었다. 수중생물이 국가 대계와는 관련이 없지 않느냐는 곽숭도의 질문에 수중생물은 국가의 이익과 깊은 관련이 있다는 영국인의 답변을 들었다. 해양 전문가의 말에 따르면 수중생물의 성질뿐만 아니라 바다와 토양 연구도 함께 진행한다고 했다. 그는 예시를 들어 해양학의 유용성을 설명하였다. 영국과 미국의 뉴욕 간에 해저전선을 설치했는데 갑자기 중단되었다. 그 까닭을 살펴보니 해저에서 유황이 발생해 전선의 표피를 부식시켜 전기가 끊긴 것이었다. 결국 동선을 교체해 문제를 해결했다고 한다. 곽숭도는 서양인의 격치格致 학문은 천지 만물을 탐구하는데, 모두 실사구시의 효과가 있다고 높이 평가했다.[97]

곽숭도의 일기에는 해양법과 관련한 기사가 종종 보인다. 페루의 철갑병선 후아스카Huáscar호가 반란을 일으켜 명령에 불복하고 바다로 나갔다. 페루 국왕은 각국 영사에 알려 외국선박에 이런 사실을 통보하였다. 이 병선이 해상에서 영국 선박 세 척에 실린 석탄을 약탈하자 선주는 영

96 Ibid., p.716.
97 Ibid., pp.903~904.

국 제독에게 요청해 두 척의 군함으로 추격하였다. 영국 영사는 페루 국왕에게 이 사실을 알렸으며, 페루 반란선을 만난 영국 군함은 5분 이내에 깃발을 내리지 않으면 포격하겠다고 통보했다. 답이 없자 포격을 가했는데, 반란선은 페루로 돌아가 오히려 바다에서 영국 군함 두 척을 격침 시켰다고 허위 보고했다. 그러나 실제로는 영국 군함 두 척은 부서진 곳이 없고, 오히려 페루 반란선이 3~4곳 포격을 받고 세 명이 죽었다. 이에 페루 국왕은 영국 외무부에 상황을 질의하면서 해양법 문제로 비화되었다. 곽숭도는 이 사건을 해결하는 과정을 통해 국제법상의 해양법의 형평성을 이해하였다.[98]

특히 그의 일기에는 유명한 해양 전시법 분쟁인 앨라배마호 사건도 소개해 흥미롭다. 영국에서 만들어진 앨라배마호는 남북전쟁 당시 남군에게 불법적으로 건네져 전 세계의 바다를 돌아다니며 약탈했으나 쉽게 포획하지 못했다. 미국인은 남북전쟁 중 앨라배마호가 약탈한 재산이 500만 파운드가 된다며 배를 판 영국에게 배상을 요구하였다. 영국이 거절하자 미국은 이탈리아, 프랑스 등과 스위스에서 국제재판을 열어 결국 배상하도록 만들었다. 곽숭도는 영국인이 만국공법에 승복한 결과라고 높이 평가했다.[99] 서양문명의 성과 가운데 하나인 만국공법에는 해양법이 핵심적인 위치를 차지하고 있었다.

그 밖에도 영국인의 해양스포츠에 대한 열정도 언급하였다. 통역관 메카트니는 근래 영국 사람들이 영프 해협을 헤엄쳐 건너는 경기를 했는데, 이 해협의 넓이는 60리라고 알려주었다.[100] 그에 따르면 영국인 웹

---

**98** Ibid., pp.322~323.
**99** Ibid., p.438.

Captain Mathew Webb 선장이 1875년 처음으로 영프 해협을 성공적으로 건넜는데, 그 후 사람들이 이를 따라 했지만 성공한 사람은 별로 많지 않다고 썼다.[101] 그리고 서양인들이 해수욕하는 모습도 인상적이었던 듯하다. 해수욕장에서 남녀가 함께 파도에 따라 해수욕을 하는 풍경이나 수영할 줄 모르는 아이들이 물장구치며 물과 가까워지려는 모습을 남겼다.[102] 특히 언 바다의 얼음을 깨고 해수로 몸을 씻으면 일 년 동안 무병하다는 소식도 전하였다.[103] 출사대신의 일기에는 중국인과 비교해 우월한 서양인의 강인한 체력을 종종 소개해 기억할만하다.

〈표 2〉 주영 공사와 주독 공사 일람표(청일전쟁 이전)[104]

| 국가 | 성명 | 생년 | 출사연령 | 재임기간 | 임기 | 출사일기 |
|---|---|---|---|---|---|---|
| 영국 | 郭嵩燾 | 1818 | 57세 | 1875~1878 | 3년 | 『倫敦與巴黎日記』 |
| | 曾紀澤 | 1839 | 39세 | 1878~1885 | 7년 | 『出使英法俄國日記』 |
| | 劉瑞芬 | 1827 | 58세 | 1885~1889 | 4년 | |
| | 薛福成 | 1838 | 51세 | 1889~1893 | 4년 | 『出使英法義比四國日記』 |
| 독일 | 劉錫鴻 | 1823 | 54세 | 1877~1878 | 1년 | 『英軺私記』 |
| | 李鳳苞 | 1834 | 44세 | 1878~1884 | 6년 | 『使德日記』 |
| | 許景澄 | 1845 | 39세 | 1884~1887 | 3년 | |

100 Ibid., p.291.
101 尹德翔, 「郭嵩燾使西日記中的西方形象及其意義」, p.190.
102 黎庶昌, 『西洋雜志』, p.521.
103 薛福成, 『出使英法義比四國日記』, p.609.
104 李文杰, 『中國近代外交官群體的形成(1861~1911)』, 三聯書店, 2017, pp.262~263 도표를 참고해 작성.

제3장

# 주영 공사의 '견선리포堅船利炮' 관찰과 군함 구매

## 곽숭도郭嵩燾 일행과 증기택曾紀澤의 출사일기

총리아문에서 주청하였다. 해방업무를 처리한 이래 모든 군사 무기는 각 성의 위원들이 상해 등지로 와서 구매했는데, 양행洋行이나 중국인들이 가격을 정해 독식하는 것이 갈수록 심해졌습니다. 낮은 가격으로 오래된 무기를 구매한 후 새롭게 제조한 것이라 속이거나, 낮은 가격으로 서양에서 구매한 후 가격을 부풀립니다. 만약 이런 폐단을 막지 않으면 예산이 새는 것을 어떻게 막겠습니까? 근래에 선박과 창포 및 군수물자는 독일, 미국, 영국 등 세 나라의 공장에서 구매한 것이 많은데, 모두 출사대신이 있는 곳입니다. 각 출사대신에게 명령해 참찬, 수행원 중에 제조에 익숙하고 기계에 정통한 사람들을 선발해 나라별로 한 두 사람을 평소 제조창에 찾아가서 연구하도록 시키십시오. 각 성에서 구매할 일이 생기면 독무가 예산을 만들어 남・북양대신을 통해 출사대신에게 알리고, 해당 분야 담당 관리가 서양공장에서 구매를 타진해 가격과 기한을 정해 중국으로 운반하도록 시키십시오. 그리고 반드시 출사대신이 직접 문제 여부를 검수해 책임지도록 하십시오.

— 설복성의 『출사영법의비사국일기』 중에서

## 1. 하트와 캠벨, 그리고 이홍장

19세기 중엽부터 외국에서 군함을 구매하는 일은 청국의 해방을 건설하는 핵심 사업이 되었다. 1862년동치 원년 태평천국의 반란에 자극을 받은 청조는 영국에서 휴가 중이던 제1대 해관총세무사 레이Horatio Nelson Lay, 李泰國로 하여금 현지에서 중소형 포함 7척을 구매하도록 한 적이 있었다. 이 소형함대는 오스본Captain Sherard Osborn, 阿思本이란 해군 장교의 지휘 아래 중국까지 왔으나 남·북양대신과 레이 간에 군함 지휘권을 놓고 갈등이 빚어져 계약이 취소되었다. 보통 레이-오스본함대 사건이라고 부르는 이 사건은 처음으로 서양으로부터 신식군함을 대량으로 구입하려던 시도였다. 이 사업 실패의 영향으로 말미암아 그 후 10여 년간 외국 군함을 구매하려는 논의가 어려워졌다. 그동안 외국 무기의 수입은 서양 상인이나 양행洋行에 의해 대신 이루어졌으나 군함과 같은 대형 무기 구매에는 한계가 있었다.

1874년 일본이 대만을 침공한 대만사건이 일어나자 청조 내부에서 대규모 해방대논쟁이 일어났다. 이때 관리들은 육전이 중요하냐, 해전이 중요하냐? 어떤 병기를 쓸 것인가? 어떻게 군비를 마련할 것인가? 어떻게 양무 인재를 키울 것인가? 등의 문제를 논의했다. 논쟁에 가장 적극적으로 가담한 인물은 이홍장李鴻章이었다. 그는 직례총독1870.9과 북양대신1870.11을 겸임하면서 북양 해방을 담당해 북양수사北洋水師를 창설1875.5했고 훗날 북양해군北洋海軍을 성립1888시켜 청일전쟁을 수행했던 인물이다. 이홍장이 북양을 담당했던 때는 양무운동의 전성 시기였다. 그는 서학을 알고 있는 사람에게 관직을 주려면 과거제도를 개혁해야 한다고 주장했다. 현행 과거제도 아래서 관리가 될 수 있는 사대부는 서학 전문가가 아니라 사서오경과 팔고문에 능할 뿐이라는 것이다. 만약 서학을 공부한 지식인이 관리가 될 수 없어 정치적 영향력이 없다면, 서학을 응용해 중국의 부강을 건설하는 일은 불가능하다고 역설했다.[1] 이홍장 막부에는 외국에 유학했거나 신식학문을 공부한 인재들이 대거 포진하고 있었다.

해방대논쟁 시기 이홍장은 자신의 막료였던 설복성이 쓴 『주의해방접籌議海防摺』을 청조에 상주했고, 강소순무 정일창이 쓴 『해방조의海防條議』를 읽었으며, 후에 스스로 『복주해방조의覆奏海防條議』를 상주하였다. 이런 글들을 통해 그의 초기 해방 사상을 알 수 있다. 그 가운데 프로이센인 쉬리허Viktor Ernst Karl Rudolf von Scheliha가 쓴 『방해신론防海新論』을 언급한 사실은 주목할 만하다.[2] 이 번역서에서는 항구방어와 수뢰의 중요성을 강조하는 등 청 육군의 기초 위에 해방 능력을 갖출 것을 제시하였다. 이홍장은 "외세를 제압하는 방도로는 해양 방어보다 중요한 것은 없으며, 해양 방어의 핵심으로는 수군보다 중요한 것은 없다"라고 생각했다. 동시에 청국 스스로 군함을 건조하는 비용이 외국에서 수입하는 비용보다 갑절에 이르고, 현재 해군을 신속하게 건설해야 하므로 외국에서 수입하는 것이 편리하다고 판단했다.

---

1 (日)小野泰教, 「郭嵩燾與劉錫鴻政治思想的比較硏究」, 『清史硏究』, 2009年 第1期, p.40.

2 이 책은 프라이어(J. Fryer)가 구술하고 화형방(華蘅芳)이 중국어로 옮기는 방식으로 번역해 강남제조국 역서관에서 출판하였다. 『방해신론(防海新論)』은 두 가지 해양 방어 전략을 소개하는데, 하나는 본국의 모든 군함을 동원하여 적국의 각 항구를 봉쇄해 적선이 출입하는 것을 막는 것이다. 다른 하나는 본국의 해안을 스스로 지키면서 주요 항구를 보호하는 것이다. 전자가 상책이지만 중국의 경우 현실적으로 후자의 방법이 적절하다고 보았다(劉中民, 이용빈 역, 『중국 근대 해양방어 사상사』, 한국해양전략연구소, 2013, 133~134쪽).

이홍장은 우선 주요 항구를 방어할 수 있는 소형포함 구매에 나섰는데, 그를 도와준 인물이 바로 해관총세무사 하트와 청국 해관의 런던사무처 주임 캠벨이었다.[3]

일본의 대만침공은 총리아문으로 하여금 신식군함의 필요성을 인지시켰으며 영국 공사 웨이드Tomas Wade, 威妥瑪나 프랑스인 고문 지켈Prosper Marie Giquel, 日意格 등을 통해 군함을 구매하려는 계획을 세웠다. 얼마 후 하트와 웨이드를 통해 영국 정부에 군함 판매 의사를 타진했으나 거절당했다. 비록 첫 번째 시도는 실패했지만, 이 과정에서 하트의 역할이 두드러졌다. 하트가 청국에서 일한 시간은 모두 54년이며, 해관에서만 49년간 근무하였다. 그 중 해관총세무사로 무려 46년을 복무하였다. 거의 반세기 가까이 청국 해관을 담당하면서 황실의 신임을 얻었으며, 특히 양무운동 초기에는 총리아문의 전폭적인 지지를 받아 북양대신 이홍장과 함께 군함 구매 사업을 진행하였다.[4]

당시 하트는 청국의 재정 상황을 보았을 때 단기간 내에 대형 철갑선을 구매할 능력이 없다고 판단했다. 그래서 가격이 저렴하면서 철갑선을 공격할 수 있는 소형 포정인 문자선蚊子船(혹은 문포선蚊炮船, 철포선鐵炮船, 수포대水炮臺 등으로 부름)에 관심을 가졌다. 이 포선은 작은 선체에 거포를 장착했는데, 모기 같은 모양이라고 해서 문자선이라고 불렸다. 본래 이홍장은 철갑선을 구매하고 싶었지만 마지못해 포정인 문자선을 구매하는 쪽으로 기울어졌다. 이런 결정은 하트의 "문자선이 철갑선을 제압할 수 있

3 麥勁生, 「德國海軍與李鴻章早年的海防思想」, (李金强 外主編)『我武維揚－近代中國海軍史新論』, 香港海防博物館編製, 2004, pp.208~211.

4 王家儉, 『洋員與北洋海防建設』, 天津古籍出版社, 2004, p.55.

다"라는 주장에 따른 것이다.

출사대신들의 하트 평가는 사람마다 달랐다. 초대 주영 공사 곽숭도는 하트를 매우 신뢰하였다. 광서 3년 4월 14일 일기에는 "하트는 세밀하고 신중하며 조리가 있다. 중국에서 이와 같은 인재를 구하려 해도 진실로 얻을 수 없을 것이다"[5]라고 높이 평가했다. 이것은 훗날 주영 공사로 임명되는 설복성의 평가와는 달랐다. 그는 "하트의 사람됨은 음험하고 이익을 밝히며, 세력을 믿고 자만한다. 비록 넉넉한 녹봉과 높은 직위를 받았음에도 그 뜻은 여전히 서양인에게 있고 중국은 아니다"[6]라며 하트는 영국인으로 청국을 위해 근무하지만, 결코 조국을 잊지 않는다고 의심했다.

하트의 청조에 대한 충성심은 학계에서 이견이 있으며, 그가 신식군함을 얼마나 이해했는지는 의문이 있다. 본래 하트와 이홍장 간에는 군함 구입방식부터 의견이 달랐다. 이홍장은 철갑선을 갖추어야 청국의 해방 능력이 강화될 것이라고 믿었다. 이와 달리 하트는 문자선 함대만 갖추고 밖으로 두 척 정도의 팽쾌선碰快船, 혹은 동각순양함만 더하면 항구방어가 가능하다고 보았다. 한 연구자에 따르면, 하트가 이런 주장을 한 것은 그가 대단한 식견을 갖추어서가 아니라 해관총세무사 직책의 편의에 따른 판단일 가능성이 크다고 본다. 하트가 내심 청국해군이 영국의 영향권에 놓이길 바랐다는 것이다. 하트는 청국이 많은 수뢰를 갖추고 거포의 도움을 받는다면 해안의 안전을 보장할 수 있다고 보았다. 군함 종류에 대해서도 작은 군함이 속도가 빠르므로 적당하고 굼이 큰 철갑선은 필요 없다고 판단했다.[7] 영국 정부 역시 청국이 원양작전을 수행할 수 있는 해

5 郭嵩燾, 『倫敦與巴黎日記』(『走向世界叢書』 第1輯 第4冊), 岳麓書社, 1985, p.206.
6 王家儉, 『李鴻章與北洋艦隊』, 三聯書店, 2008, pp.134~135 재인용.

군을 갖추는 것을 달가워하지 않아 단지 연근해를 방어할 수 있는 소규모 역량만을 갖추길 원하였다. 바다로 나아가 해도를 소탕할 수 있는 수준이면 충분하다는 것이다.[8]

1875년 하트는 총리아문에 영국에서 새로 건조 중인 문자선을 소개하였다. 그는 총리아문의 명령을 받아 천진으로 가서 이홍장과 몇 차례 상의한 끝에 영국 암스트롱Armstrong 공사에서 문자선 네 척을 구매하기로 결정했다. 그런데 이홍장이든 하트든 근대해군이나 신식군함의 이해가 깊지 않았고, 영국 현지 사정을 잘 몰랐기 때문에 청국 해관 런던사무처의 캠벨을 통해 해군 관련 정보를 얻었다. 캠벨의 주요 임무는 청국을 위해 군함과 무기를 구매하는 것이었다. 그는 유럽 조선업계와 밀접한 관계를 가졌는데, 북경의 하트와 전보를 주고받으며 포정 성격을 띤 소형 군함을 추천하였다. 최종적으로 정식계약은 캠벨과 암스트롱 공사 간에 이루어졌다.

캠벨은 스코틀랜드 출신으로 일찍이 1863년부터 청국 해관과 인연을 맺었다. 레이-오스본함대 사건으로 영국과 청국 간에 분쟁이 일어나자 청조는 영국에서 구매한 군함들을 전부 돌려주기로 결정하였다. 이때 해관총세무사 레이와 청국 해관에 고용된 캠벨이 반환 문제를 처리하면서 북경에서 반년간 체류하였다. 영국으로 돌아갔던 캠벨은 1866년 다시 하트에 의해 좋은 조건으로 고용되어 중국으로 돌아왔다. 그 후 청국과 영국 간을 여러 차례 왕복하다 하트의 명령으로 1873년 말부터 런던에 상주하며 청국 해관 런던사무처의 책임자가 되었다.

---

7 王家儉, 『洋員與北洋海防建設』, p.64.

8 陳悅, 『北洋海軍艦船志』, 山東書報出版社, 2009, p.8.

북양 해방과 관련된 캠벨의 임무로는 우선 군함 구매가 있다. 북양에서 영국으로부터 문자선과 팽쾌선을 구매할 때 캠벨을 통해 암스트롱 공사와 교섭했고, 조지 렌델George Rendel, 倫道爾과 그 동생 스튜어트 렌델Stwart Rendel과 접촉하였다. 이 형제는 저명한 설계사 제임스 렌델James Rendel의 아들로, 특히 조지 렌델은 아버지를 이어 뛰어난 조선 설계사로 문자선을 설계하였다. 뿐만 아니라 훗날 이홍장이 영국에서 구매한 순양함 초용超勇호와 양위揚威호도 설계하였다. 다음으로 청국해군을 훈련시킬 인물을 초빙하는 업무가 있었다. 대표 사례로는, 유능한 영국인 해군 장교 윌리엄 랑W. M. Lang, 琅威理을 청조 수사에 초빙한 일이었다. 이와 관련해 랑과의 접촉은 물론 영국 해군부와 외교부 등과 교섭을 담당하였다.[9]

1875년부터 1881년까지 청국이 영국으로부터 구매한 13척의 군함은 캠벨이 하트에게 군함 자료를 보내고 하트가 공친왕恭親王과 이홍장에게 추천한 후, 이홍장의 결정에 따라 다시 하트가 캠벨에게 구매 명령을 하달하는 방식으로 이루어졌다. 최종적으로 캠벨이 암스트롱 공사와 구매 계약을 맺었는데, 청국이 구매한 군함은 사실상 캠벨의 판단에 기초한 것이라고 말할 수 있다.[10] 그런데 캠벨은 유럽에서 유행하던 철갑선은 이미 시대에 뒤쳐졌다는 주장에 동조해 청국이 철갑선을 구매하려는 시도를 반대하였다. 당시로서는 이런 생각은 큰 잘못이 아니었는데, 실제로 초기 철갑선에 나타난 각종 문제점을 보완하는 데는 오랜 실험과 개

9 王家儉, 『洋員與北洋海防建設』, pp.98~100. 캠벨(Campbell)은 유럽에서의 중국 업무를 무려 35년간 담당하다가 1907년 병으로 사망하면서 끝을 맺었다.

10 하트(Hart)와 캠벨(Campbell) 사이에 오고 간 전보는 1866~1907년까지 41년간이며 모두 1,437건에 달한다. 이 문건은 양자 간의 친밀도를 드러내는 것은 물론 하트의 중국 활동을 자세히 보여주고 있어 사료적 가치가 높다. 여기에는 북양에서 군함과 대포 등을 구매하는 과정도 상세하게 실려 있다(Ibid., p.99).

량이 필요하였다.[11]

청국이 문자선을 대량 구매한 일은 하트에게 과잉의욕을 불러일으켜 청국해군 총사령관의 꿈을 꾸도록 만들었다. 그는 청조가 더 많은 군함을 영국에서 구매하도록 유도해 영국 정부의 청국해군에 대한 영향력을 증대하도록 만들었다. 1879년 하트는 청국 해방건설의 주도권을 가지기 위해 청조에 해방총서海防總署를 설립하도록 제안하고, 자신은 총해방사總海防司의 꿈을 꾸며 신식해군을 통제하고자 했다. 그는 이홍장에게 문자선으로 항구를 방어하면 충분하다고 설명했지만, 철갑선으로 해상작전을 수행하면 항구방어에 매우 유용하다는 사실을 애써 간과하였다.[12] 결국 하트는 총리아문 대신들의 지지를 받아 청국해군의 중앙화를 시도했으나, 남양대신 심보정은 하트가 무기 구매를 넘어 자신의 권력을 위협한다고 보아 북양대신 이홍장과 공동보조를 취해 이 시도를 저지하였다. 그런데 군함 구매 결정 과정에서 하트나 캠벨과 같은 서양인들의 역할에 의존하던 방식은 주외 공사의 출현으로 새로운 국면을 맞이하였다.[13]

---

11 洪子杰, 『一八七五－一八八一年海關購艦之硏究』, 國立中央大學歷史硏究所 碩士學位論文, 2008, p.104.

12 하트는 「條陳海防司」(1879)에서 여전히 청국해방에는 팽선(碰船)과 문자선(蚊子船)이 필요하지, 철갑선은 필요 없다고 보았다.

13 이와 관련해 해양사 관련 연구서 말고도 姜鳴, 「北洋購艦考」, 『復旦學報』, 1984年 第3期; 張家瑞, 「李鴻章與晚淸海軍艦船裝備建設的實與造」, 『軍事歷史硏究』, 1998年 第3期; 關威, 「"定遠""鎭遠"訂購及來華述略」, 『歷史敎學』, 2000年 第12期; 羅肇前, 「李鴻章是怎樣開始購買鐵甲艦的」, 『福建論壇』, 1993年 第4期; 賈熟村, 「北洋艦隊的籌建」, 『安徽史學』, 2008年 第3期; 劉振華, 「李鳳苞, 徐建演主持購買鐵甲艦考論」, 『軍事歷史硏究』, 2009年 第1期 등 다양한 논문이 있다.

## 2. 곽숭도 일행의 일기에 나타난 '견선리포'

### 1) 암스트롱 공사와 1차 문자선蚊子船 구매

19세기 중엽 해군 분야에서 혁명적인 변화가 일어났다. 1855년 10월 크림전쟁에서 영프 연합함대가 러시아군 포대를 포격한 사건은 해상전투가 범선에서 철갑선Ironclad 시대로 진입했다는 선언이었다. 철갑선 시대는 짧은 시간 내에 적어도 세 분야에서 놀라운 기술혁신을 이루었다. 선체 설계와 구조, 동력 시스템, 무기 장비 등에서다. 간단히 말하면, 해군 장비는 목재에서 강철로, 풍력 범선에서 증기기관으로, 구형 탄환에서 신형포탄으로 바뀌었다.

1867년 12월 영국에서 조지 렌델이 새로운 형식의 소형군함을 만들었다. 이 군함의 이름은 견정堅定, Staunch호로 배수량이 불과 200톤인 소형 포선Gunboat이었다. 비록 순양함에 비해 작고 속도도 느렸지만, 구식 포선과는 완전히 다른 특징이 있었다. 전통적으로 선체 측면에 대포를 배치하던 방식을 버리고 앞뒤에 대포를 배치했는데, 특히 선체의 앞머리에 노출되도록 9인치 구경의 대형 전당포를 장착하였다. 대포는 평시에 선체 안에 있어 배의 균형을 유지하다가 전시에 압력 시스템으로 4~6분 만에 갑판으로 끌어올린 후 발포하도록 되어 있었다. 매번 한 발 발사한 후에는 후진력으로 갑판 아래로 내려갔다가 다시 장전 준비를 하였다. 이른바 렌델식 포함은 전혀 새로운 포대, 즉 수포대水炮臺로 물 위의 포대였다. 겉으로는 군함이지만 실제로 군함 기능은 약하고 거대한 포를 안장한 포대일 뿐이었다. 대구경 대포를 갖춘 철갑선과 제조가격을 비교하면 상대가 되지 않을 정도로 저렴했지만, 탑재한 대포의 위력은 별다른 차이가 없었다. 비록 대해에서 철갑선과 겨룰 수 없었지만 장착한 대포는 철갑선의 그것과 유사해 근해방어에는 장점이 있었다.[14] 앞서 언급했듯이 이 포선을 청국에서는 문자선이라고 불렀다.

문자선을 만든 공장은 암스트롱 공사였다. 윌리엄 암스트롱William George Armstrong이 창립한 암스트롱 공사는 본래 화포를 전문적으로 생산하는 공장이었고 자신의 독립적인 조선소를 가지고 있지 않았다. 선박들은 뉴캐슬의 테임즈 강가에 있던 미첼Mitchell 조선소에서 건조되었다. 대부분의 문자선이 이 조선소에서 만들어졌는데, 북양해군 역사에서 해외 구매 군함의 출발점이 되었다.[15] 그런데 군함 구매의 계약주체가 암스트롱 공사여서 그런지 두 공장을 구분하지 않고 암스트롱조선소라고 쓰기도 한다. 암스트롱 공사는 일찍부터 청국과 거래관계를 맺고 있었다. 예를 들어, 1876년 강남제조국은 암스트롱 공사 화포창의 감독을 초빙해 대형 전당포를 만든 적이 있었다. 한 출사대신에 따르면, 암스트롱 포창은 윤선과 창포에 정통한 공장으로 해마다 신식제품을 생산하는데, 외국에서 화포공장을 만들 때 종종 모델로 삼는다고 했다. 영국인 캠벨도 청국 고관의 명령을 받아 런던에 거주하며 창포·화약 구매를 담당하는데, 모두 암스트롱에 의지해 처리한다고 적었다.[16]

광서 4년 9월 15일 곽숭도 일기에는 하트가 찾아와서 말하길 이홍장이 군함 네 척을 위탁해 제조하는데 비밀리에 진행되며 알려져서는 안 된다. 중국에 가뭄과 재해가 심해서 영국인들도 진휼금을 내는데, 갑자

14 陳悅, 『北洋海軍艦船志』, pp.5~8.
15 陳悅, 『中國軍艦圖誌(1855~1911)』, 商務印書館, 2013, p.81.
16 劉錫鴻, 『英軺私記』(『走向世界叢書』 第1輯 第7冊), 岳麓書社, 1985, p.172.

기 수십만 금을 들여 군함을 제조한다고 알려지면 반드시 많은 분란이 발생할 것이기 때문이다. 하트는 이홍장에게 작년부터 건조한 군함에 몇 척을 추가하면 함대를 만들 수 있다고 했다. 이 사업이 재해로 인해 지금까지 연기되었는데, 다행히 비가 내려 서북지역의 여러 성이 추수를 기대할 수 있어 인심이 크게 안정이 되었다고 했다.[17] 여기서 언급한 건조 중인 군함이 곧 문자선이다.

영국인들은 1차로 주문받아 만든 네 척의 문자선을 알파벳 함대Alph-abetical Fleet라고 불렀다. 왜냐하면 각 군함은 모두 그리스 자모를 사용해 알파, 베타, 감마, 델타라고 명명했기 때문이다. 청국에서는 임시로 1호, 2호, 3호, 4호라고 불렀다. 네 척 군함의 화포는 모두 암스트롱 공사에서 만들었고, 군함의 선체는 미첼 조선소에서 건조하였다. 조선소에서 문자선이 출고될 즈음 청영 간에 마가리 사건이 발생하자 영국해군은 이 포선들을 청국으로 보내는 것에 부정적이었다. 청조의 교섭과 켐벨의 노력으로 1876년 6월 9일 알파와 베타호 두 척의 320톤급 포정이 영국 깃발을 달고 해군 장교 해밀턴Blair Hamiltan의 지휘 아래 테임즈 강변의 뉴캐슬을 떠나 중국으로 향한 긴 항해를 시작하였다. 알파와 배타호는 11인치 대포를 장착하고 선체가 완전히 철로 제작되었는데, 문자선의 초기모델인 견정호와 매우 흡사하였다. 두 척의 배는 서로 의지하며 5개월에 걸친 항해 끝에 11월 10일 천진 대고구에 도착하였다. 이홍장은 알파와 베타호를 보고 만족을 표시했으며 1호를 용양龍驤호, 2호를 호위虎威호라고 각각 명명하고 해방에 투입하였다.

17 郭嵩燾, 『倫敦與巴黎日記』, p.753.

1876년 말 알파와 베타호가 청조수사에 넘겨지고, 다시 1877년 1월에 440톤급 감마와 델타호가 완성되어 시험 운행에 들어갔다. 감마와 델타호가 정부 검사를 받기 직전 청국의 첫 번째 주외 공사인 곽숭도 일행이 영국 런던에 도착하였다. 캠벨은 곽숭도에게 이 군함들을 참관할 것을 제안했고, 곽숭도의 동의 아래 중국으로 보내기 전에 해군기지인 포츠머스항구에서 구경하기로 했다. 캠벨은 자신의 능력을 과시할 요량으로 세부적인 업무까지 모두 계획하였다. 특히 감마와 베타호가 포츠머스항구에 일찍 도착해 행사 준비에 차질이 없도록 신경을 썼다. 곽숭도 일행의 일기에는 그날 사건이 비교적 자세하게 묘사되어 있다.

광서 3년 1월 5일1877.2.17 곽숭도 일기에는, 캠벨 등과 함께 숙소에서 마차를 타고 대표적인 군항인 포츠머스로 가서 건조 중인 철갑소선을 보았다고 기록했다. 포츠머스항구에 도착해 현지 수사제독이 보낸 작은 화륜선을 타고 철갑선이 만들어지는 과정을 보았다. 캠벨의 보고에 따르면 네 척이 차례로 만들어졌는데, 알파벳에 따라 A, B, C, D로 구분해 그리스어로 번역해 알파, 베타, 감마, 델타로 부른다고 했다. 알파와 베타호는 이미 중국으로 보내졌고, 감마와 베타호는 장차 영국인 해군 장교가 인솔할 것이라 했다. 곽숭도는 이번 행사에 참여한 감마와 델타 중 감마호에 올랐다. 선주는 요리를 차려놓고 함포사격 시범을 보였다. 화포 무게가 38톤이고 포탄은 350파운드이며 화약은 130파운드인데, 모두 기계로 작동하였다. 곽숭도는 직접 12.5인치의 거포를 시험 발사하였다. 그는 이날 매우 흥분해 일기에 대포가 움직이는 과정을 상세히 묘사했으며, 군함 모양에 대해서도 자세히 설명하였다.[18]

일행 중 해외여행 경험이 풍부한 통역 장덕이의 일기『사술기(四述奇)』에도 이날 일을 자세히 소개하였다. “근래 영국인이 말하는 대철갑선은 비록 좋으나 해면이나 강가에서 회전하거나 이동하는 것이 불편하다. 만약 선체가 작고 대포가 큰 배 4~5척이 함께 한 척의 철갑선을 둘러싸면 침몰시킬 수 있다”라고 했다. 이런 소식이 이홍장에게 전해지자 캠벨에게 포함을 구매하도록 지시한 것이다. 먼저 두 척이 만들어졌는데, 군함의 선두에는 신식대포 1문이 놓이고 무게가 38톤이었다. 청국 사절단이 처음 런던에 도착했을 때 캠벨은 곽숭도에게 뉴캐슬지방에 가서 이 포선을 보자고 했다. 당시에는 아직 국서를 처리하지 못한 때이고 왕복 사흘거리라서 사양해 가질 못했다. 이번에 포츠머스항구에 가서 보았다. 일기에는 포츠머스 군항 기술과 각국 무관 소개와 대포의 시험발사 광경을 묘사하였다. 곽숭도가 먼저 배에 올라 군함과 함포 모양을 살폈고, 직접 대포를 발사했는데 소리는 크지 않으나 멀리 나갔다고 기록했다.[19]

영국해군의 고위 장교와 각국의 주영 외교관들이 감마와 델타호의 항행 시험행사에 참여하였다. 현장을 참관한 해군 장군 스튜어트는 문자선을 높이 평가하였다. 영국해군은 이번 중국으로 보내는 포함이 가장 선진적인 군함임을 확인한 후 파격적으로 현역군인을 휴가를 내는 방법을 빌려 해군 장교 랑W. M. Lang 등을 고용할 수 있도록 배려하였다. 특히 랑은 곽숭도로부터 높은 평가를 받은 인물로, 훗날 북양함대 고문 겸 부제독이 되어 청조 수사를 훈련시켰다. 본래 이홍장은 중국인 수병을 영국으로 파견해 군함을 인수하려 했으나, 영국 정부는 이를 거절하고 캠벨이 선발한 랑이 감마와 베타호를 지휘하도록 했다. 이 포선 역시 이전처

---

18 Ibid., pp.116~117; 陳悅, 『北洋海軍艦船志』, pp.15~16 참고.
19 張德彝, 『隨使英俄記』(『走向世界叢書』 第1輯 第7冊), 岳麓書社, 1985, pp.329~331.

럼 영국 국기를 달고 영국인의 인솔 아래 중국으로 출항하였다. 감마와 델타호는 1877년 3월 1일 포츠머스를 떠나 6월 25일 복주에 도착해서 청조에 넘겨졌다. 이홍장은 3호를 비정飛霆호, 4호를 체전掣電호라고 각각 명명하고 북양에 배치하였다.

광서 4년 7월 15일 곽숭도 일행은 영국 해군부의 초청으로 포츠머스 항구에 가서 영국 군주의 수사 사열을 관람한 적이 있었다. 행사 전에 한 조선소를 방문했는데, 그곳에는 새로 건조 중인 철갑선이 있었다. 서양에서 가장 큰 철갑선이라고 소개하면서 군함 양식이 이전과는 전혀 다르다며 선박구조를 설명하였다.[20] 곽숭도는 신식 철갑선에 관심이 많았는데, 특히 일본이 영국에서 부상扶桑호를 비롯해 세 척의 철갑선을 구매하자 무척 예민하게 반응하며 청조에 보고하였다.

곽숭도는 이홍장과 계속 연락을 주고받으며 일상적인 외교업무 이외에 군함 구매 정책과 관련한 활동을 하였다. 윤선, 철갑병선, 어뢰, 수뢰, 철포선, 면화화약, 군기창, 크루프 공장, 포대, 병사훈련 등의 기사들은 일기의 곳곳에 나타난다. 하지만 초대 공사인 곽숭도는 현지에서 직접 군수물자의 구매를 담당하지는 않았다는 사실을 기억할 필요가 있다.

### 2) 울리치 공사와 대포 및 각종 무기

#### (1) 대포

초기 증기시대 군함에서 가장 중요한 무기는 범선시대와 마찬가지로 화포였다. 19세기 중반 대구경 화포는 가장 위협적인 병기였다. 해상에

20 郭嵩燾, 『倫敦與巴黎日記』, pp.692~693.

서 대구경 화포를 탑재한 대형 철갑선이 출현했으며, 육지에서는 견고한 포대 공사가 한창이었다. 철갑선과 포대가 서로 경쟁하며 발전했는데, 철갑선과 달리 포대의 거포는 잘 은폐하는 것이 중요하였다. 혹자는 "기계로서 적을 제압하려면 철제군함과 철제대포만한 것이 없다"라면서 대포를 만드는 기술은 오로지 제련하는 데 있는데, 명중하는 곳이 멀수록 좋고 파괴력은 클수록 좋은 것이라고 평가했다.[21]

1880년대까지도 대구경 화포 후미의 밀폐 문제를 확실하게 해결할 방법이 없었기 때문에 주로 전당포前膛炮가 쓰였다. 그런데 전당포의 경우 발사가 완료된 후에 화포 포구를 청소해야 하고 동시에 탄약을 다시 장전하는데 조작이 매우 불편하다는 약점이 있었다. 게다가 포구에 사람이 쉽게 접근할 수 없을 경우는 더 큰 문제였다. 1860년대 독일 크루프 공사에서 처음으로 조작이 편리한 후당포後膛炮를 만들어 점차 전당포를 대신하였다.[22] 1867년부터 1870년까지 영국에 머물렀던 왕도는 자신의 일기에서 서양의 창포 방식이 나날이 발전하며 화약의 폭발력이 극대화된다는 사실을 소개하였다. 그는 대포의 머리와 꼬리가 균일한 후당포가 일반화되고 있으며, 포구가 나선형으로 만들어지고 튼튼하게 주조되어 쉽게 폭발하지 않는다는 사실 등을 적어 놓았다.[23]

곽숭도 일행은 영국 런던 동쪽에 위치한 군수산업 중심지인 울리치 병기공장The Royal Arsenal at Wooliwich을 찾아 무기 제조를 참관하였다. 울리치는 그 공장 규모가 엄청나게 커서 하루 만에 관람할 수 없었다. 그리고

21 薛福成, 『出使英法義比四國日記』, p.697.
22 陳悅, 『中國軍艦圖誌(1855~1911)』, pp.264~265.
23 王韜, 『漫游隨錄』(『走向世界叢書』 第1輯 第6冊), 岳麓書社, 1985, p.114.

생산기술의 정교함이 나날이 발전한다는 사실에 큰 충격을 받았다. 광서 3년 3월 5일 곽숭도 일기에는 울리치 병기공장의 각종 무기를 구경한 기록이 자세하다. 포대나 철갑선을 공격하는 다양한 포탄들을 관람했으며, 포탄의 제조과정은 물론 포탄 속도나 화약 성능 등에 대해서도 많은 관심을 보였다.[24] 여서창의 일기에도 별도로 울리치 대포공장과 암스트롱 대포공장을 나누어 각자의 특색을 소개하였다. 당시 유럽에서 가장 유명한 대포 제조회사는 세 곳으로 영국의 울리치와 암스트롱, 그리고 독일의 크루프였다. 울리치가 국영기업이라면, 암스트롱은 개인 기업이었다. 암스트롱이 울리치보다 뛰어나다고 자랑했지만 서로 대포를 만드는 방식은 비슷하였다.[25]

곽숭도와 함께 울리치 병기공장을 방문한 유석홍의 관찰은 흥미롭다. 기본적으로 신식대포와 포탄 묘사는 비슷하지만, 곽숭도와 달리 서양 대포구매에 대해 비판적인 평가가 담겨있다. 예를 들어, 군함의 경우 배가 작으면 많은 포를 실을 수 없고, 배가 크면 많은 포를 실을 수 있지만, 적의 포에 맞을 가능성이 높다. 그래서 영국인은 함포의 경우 크고 견고한 것을 연구한다. 몇 년 후 다시 개량이 되면 기존의 것은 낭비일 뿐이다. 그의 주장에 따르면, 후당대포는 몇 년 전에는 신식이었는데 지금은 쉽게 폭발하는 사실을 알아 그 방법을 버리고 오직 권총만을 후당식으로 한다고 썼다. 이렇게 쉽게 폭발하는 포를 싼 가격에 중국으로 판매한다고 비판했다. 어뢰도 처음 만들었던 것들이 별로 쓸모없게 되자 중국으로 넘긴다며 서양 무기 구매에 부정적인 시각을 드러내었다.[26]

24 郭嵩燾, 『倫敦與巴黎日記』, pp.169~172.
25 黎庶昌, 『西洋雜志』(『走向世界叢書』 第1輯 第6冊), 岳麓書社, 1985, pp.455~456.

장덕이 일기도 서양 함포에 관심이 많은데, 대포가 나날이 그 방식이 개량되는 사실에 주목하였다. 포의 머리가 크고 꼬리가 작으면 화병과 같고, 머리와 꼬리가 고르면 대나무 통과 같다. 후당포 가운데 불량한 것은 모두 폐기했고 새롭게 만든 후당포는 화력이 대단하며 쉽게 폭발하지 않는다고 했다. 그는 서양 포대가 나날이 정교해져 외적이 쉽게 공격할 수 없다는 사실도 기술하였다. 포대의 내부 시설에 대해 자세히 묘사하였다. 포대 내 대포들을 자유자재로 이동시키거나 적선 몰래 갑작스레 포격할 수 있는 시설 등을 소개하였다.[27] 대포 못지않게 포대 기술도 출사대신 일기에서 단골로 등장하는 주제였다.

대포 양식에서 전당포와 후당포의 우열 문제는 곽숭도 일행의 큰 관심사였다. 언젠가 곽숭도 일행이 와와스 공사를 방문했을 때 일이다. 당시 유석홍 일기에는, 서양 대포는 생철生鐵과 동으로 만드는데 생철은 무르고 동 역시 부드러워 폭발하기가 쉬워 숙철熟鐵로 바뀌는 추세이다. 와와스 공사는 런던에 있는 대포 제조 공장인데, 숙철을 잘 다루어 뛰어난 대포를 만든다. 와와스도 처음에는 전당포를 만들었지만, 각국이 후당포를 경쟁적으로 만들자 여기에 끼어들었다. 다른 공장들의 후당포는 잘 폭발했지만, 와와스는 폭발하지 않는 대포를 만들어 유명해졌다고 썼다.[28] 같은 날 장덕이의 일기에도, 서양 포는 생철과 동으로 주조했는데 쉽게

---

26 劉錫鴻, 『英軺私記』, pp.132~134. 여서창(黎庶昌)은 울리치(Wooliwich) 대포공장을 두 차례 방문하였다. 첫 번째는 위에서 언급한 곽숭도(郭嵩燾) 공사와 함께였고, 두 번째는 이봉포(李鳳苞) 감독과 동행하였다. 처음 방문했을 때는 39톤 대포의 발사를 참관했는데, 포의 모양은 소라 모양으로 포탄은 7백 파운드이고 화약은 2백 파운드이다. 포탄 안에는 작은 포자가 무수하다고 했다. 두 번째 방문했을 때는 대포 형식, 포관 주조, 차량 제조, 강관 제조, 포탄 주조, 철강 용해, 철강 시험, 구형 대포 전시 등을 담당하는 부서를 고루 관람하였다(黎庶昌, 『西洋雜志』, pp.451~454).

27 張德彝, 『隨使英俄記(四述奇)』, pp.532~533 · 703~704.

28 劉錫鴻, 『英軺私記』, p.164.

폭발하자 숙철로 대포를 개량해 전체를 동시해 주조한다. 숙철도 순철의 견고함과 가벼움만 못해 다시 개량하였다. 본래 전당포가 있었지만, 각국이 경쟁적으로 후당포를 개발하였다. 후당포는 폭발하기 쉬운데, 와와스는 폭발하지 않는 기술을 개발했다고 썼다.[29]

그들의 일기에는 전당포에서 후당포로 바뀌는 시대의 흐름에 따른 기업과 그렇지 않은 기업의 운명은 갈렸다. 전당포로 유명했던 암스트롱 대포는 변신에 실패하면서 점차 쇠락의 길을 걸었다고 기록했다.[30] 하지만 암스트롱포가 후당포 개발에 밀린 것은 사실이 아니며, 오히려 후당식 강선포를 개발한 회사가 바로 암스트롱 공사였다. 암스트롱 공사는 주력 상품을 해군용 무기 생산으로 전환하면서 미첼 조선사와 제휴해 군함을 제작하는 조선소의 길을 걸었으며, 훗날 두 회사는 합병해 더욱 큰 군함 전문 조선소를 열었다.

한편 청말 청국 군함의 대포에서 사용하던 포탄은 개화탄開花彈, 실심탄實心彈, 자모탄子母彈 등 세 종류가 대표적이었다. 개화탄은 목표에 명중하면 폭발하면서 그 힘으로 파괴 효과를 내는 것이다. 실심탄은 전함의 장갑을 뚫은 후에 함대의 인원과 설비를 파괴하는 목적으로 만들어졌다. 탄두가 매우 날카롭고 두터운 것이 특징이다. 자모탄은 외형이 개화탄과

29 張德彝, 『隨使英俄記』, p.425.

30 광서(光緖) 4년 9월 12일 곽숭도(郭嵩燾) 일기에는, 청국 유학생을 데리고 영국에 와 있던 이봉포(李鳳苞)가 곽숭도에게 이홍장(李鴻章)이 서양 대포와 소총에 대해 언급한 편지를 보여 준 내용이 있다. 그중 대포를 언급한 부분을 보면, "포를 논하며 말하길, 독일 공사 크루프는 전문적으로 전강(全鋼)인 후당포를 만들고, 영국 공사인 암스트롱은 전문적으로 숙철(熟鐵)의 전당포를 만든다. 또 와와스 공사는 전당포와 후당포를 모두 만든다. 포격할 때 멀리 날아가는 것은 전당포가 후당포만 못하고(내 생각에는 이 말은 정확하지 않는데, 후당포는 오로지 빠르고 편리할 뿐이다), 튼튼해 오래 쓰는 것은 후당포가 전당포만 못하다. 이동시킬 수 있는 작은 포는 후당포가 쓰기에 적당한데 그 가벼움을 취해 먼 곳에 이른다. 군함이나 포대에서 쓰는 큰 화포는 전당포가 마땅하다"라고 했다(郭嵩燾, 『倫敦與巴黎日記』, p.750).

비슷한데 포탄이 폭발하면서 그 안에 들어있던 탄알들이 퍼져 대량 인명 살상에 유리하였다.[31]

(2) 수뢰와 어뢰

19세기 중반부터 수뢰는 서양 열강의 해전에서 사용하기 시작해 수뢰만을 전문적으로 다루는 증기선이 등장하였다. 서양열강은 앞다투어 수뢰를 갖추었는데, 미국 남북전쟁에서 수뢰가 큰 위력을 발휘했기 때문이다. 그러나 수뢰는 고정되어 움직이지 못하는 약점이 있어서 피동적인 방어무기로 능동적으로 적을 공격할 수 없는 단점이 있었다.[32] 방어적인 성격의 수뢰가 공격적인 무기로 바뀌는 과정에서 타뢰拖雷와 간뢰杆雷라는 개량형 무기가 만들어졌다.[33]

해군 무기 분야에서 일대 혁명적인 사건으로는 어뢰가 타뢰와 간뢰 등과 같은 개량형 수뢰를 대신한 일이다. 1866년 영국에서 화이트헤드R. Whitehead에 의해 스스로 움직이는 수뢰가 처음 만들어지면서 어뢰라고 불리었다. 그 후 어뢰로 인해 소형함정이 철갑선과 같은 대형 함정을 침몰시킬 기회를 얻게 되었다. 그 파괴력이 너무나 커서 수뢰와 어뢰의 구분이 분명해졌다. 어뢰의 사용방식에 맞추어 어뢰정도 만들어졌고, 어뢰

31 陳悅, 『中國軍艦圖誌(1855~1911)』, pp.275~277.

32 陳悅, 『北洋海軍艦船志』, p.40.

33 타뢰(拖雷)란 군함에 끈을 이어 수뢰를 싣고 항행하다 적선을 만났을 때, 방향을 조정해 적함에 수뢰를 충돌시켜 폭파하도록 만든 것이다. 이런 공격 방법은 지나치게 위험해 타뢰는 임시로 소형증기선의 뒤에 연결시켜 사용했지, 전문적인 함선은 없었다. 타뢰에 이어 간뢰(杆雷)가 등장하였다. 증기선의 갑판에 8~9미터의 철간을 싣고 소형어뢰를 그곳에 결박시킨 후, 평시에는 배 안에 보관하다가 전시에 목표물에 접근하면 철간을 당겨 수뢰를 발사시켜 적선을 공격하는 것이다. 전기로 촉발시키거나 직접 촉발시키는 방법 등이 있으며, 간뢰를 실은 소함정을 간뢰정(杆雷艇)이라고 부른다. 청프전쟁 시기에 프랑스군이 간뢰정으로 복건수사를 공격해 큰 피해를 준 적이 있다(陳悅, 『中國軍艦圖誌(1855~1911)』, p.243).

정을 막기 위해 어뢰순양함과 어뢰포정 및 구축함이 차례로 출현하였다. 어뢰라는 작지만 강력한 병기는 이홍장과 장지동張之洞을 매혹시켜 자신들의 관할구역인 직례와 양광지역을 어뢰 병기의 집산지로 만들었다. 복주선정국에서도 프랑스 군함 설계방식의 영향을 받아 아시아 최초로 어뢰포정을 만들었다.[34]

곽숭도 일행이 영국에 체류할 시기는 바로 수뢰에서 어뢰로 변화하던 때였는데, 당시에는 여전히 수뢰와 어뢰의 구분이 모호했었던 듯싶다. 광서 3년 3월 5일 곽숭도는 울리치 병기공장 주변 강가에서 화이트헤드 어(수)뢰의 시연을 본 기록이 있다. 마치 고기와 같은 모양으로 생겨 앞뒤가 뾰쪽한데, 대략 세 부분으로 구성되었다. 뒤에는 프로펠러가 달려 마치 물고기의 꼬리와 닮았는데, 바다 속을 9리 가까이 운행할 수 있다. 중간에는 기계가 있어 부침을 조절하는데 구조가 매우 정교하였다. 앞부분에는 면화화약이 실려 있는데, 그 위력이 보통 화약의 5배로 대단하였다. 곽숭도는 이런 어뢰의 구조에 대해 경탄하였다.[35]

유석홍, 여서창, 장덕이의 일기에도 모두 울리치 병기공장에서 화이트헤드가 발명한 어뢰를 본 유사한 경험이 실려 있다. 장덕이의 경우 어뢰란 "수뢰 가운데 물고기 모양을 한 것"이라며, 그 모양이 물고기와 같은데 머리와 꼬리가 뾰쪽하고 지느러미와 날개가 있어 어뢰라고 부른다고 했다. 길이는 8~9척이고 무게는 119파운드이며, 세 부분으로 구성되었다. 앞부분은 국화 모양의 기계인데 동으로 만들어져 있으며 어뢰가 이동하는 원근을 정한다. 중간 부분은 기계가 내장되어 입수 깊이를 정하

---

**34** Ibid., p.121.
**35** 郭嵩燾, 『倫敦與巴黎日記』, p.171.

는 곳인데 비밀이어서 내부를 다른 사람에게 보여주지 않는다. 뒷부분은 화약이 들어있는데 모두 면화화약이어서 폭발력이 대단하다. 수중에서 발사하면 소리가 없고 파동도 미세하지만, 폭발하면 솟구치는 물기둥이 운무 같다. 비록 적선이 멀리 십여 리 떨어져 있어도 즉각 도착한다고 설명했다.[36] 곽숭도와 장덕이의 어뢰 모양 설명이 앞뒤가 거꾸로여서 흥미롭다.

광서 3년 11월 28일 곽숭도 일기에는 울리치 병기공장에서 수십 개의 수뢰를 본 내용이 실려 있는데, 대략 수중수뢰와 수상수뢰 두 종류로 나눌 수 있다고 했다. 보통 전기를 이용해 수뢰를 작동시키는 방식이었는데, 전기기기를 설치하면 수뢰가 자동으로 작동하였다. 매 수뢰마다 전선을 하나씩 연결시키는데, 붉은색과 검은색이 하나로 묶여졌다. 보통 선박에 충격하는 수뢰는 두 종류였다. 하나는 적선이 정박한 곳이 보이는 장소에서 소형 윤선을 이용해 방출시켜 인위적으로 충격하는 것이며, 다른 하나는 기계를 이용해 수면에서 나아가도록 하는 것이라고 했다.[37] 1년 후인 광서 4년 11월 28일 해군 유학생 유보섬劉步蟾이 찾아와 곽숭도에게 서양 수뢰 세 종류를 소개한 일기 내용도 있다. 가장 정밀한 것이 어수뢰魚水雷, 다음이 수중수뢰沈水水雷, 그다음이 선박수뢰夾船水雷이다. 그 가

---

36 張德彝, 『隨使英俄記』, pp.377~378. 유석홍(劉錫鴻)의 일기에는 울리치 병기공장을 방문해 어뢰를 구경한 내용이 상세하다. 어뢰는 수뢰의 모양이 물고기와 같은 것으로 머리와 꼬리가 뾰쪽하다. 내부구조는 비밀이라 사람들에게 보여주지 않는다. 화약은 면화화약으로 폭발력이 굉장하다. 어뢰를 발사하면 소리가 없고 물결도 미세하다. 입수하면 수면에서 보이지 않으며, 적선이 15리(里) 떨어져 있어도 1각(刻)이면 도달한다고 썼다(劉錫鴻, 『英軺私記』, pp.131~132). 여서창(黎庶昌)의 일기에도 어뢰 발사를 참관한 기록이 있다. 어뢰의 길이는 14척, 무게는 190파운드로 3단으로 나누어져 있다. 전단은 어뢰 이동의 원근과 속도를 정하고, 중단은 입수의 깊이를 정하는데 기관이 내부에 있어 사람에게 보이지 않는다. 후단은 면화화약이 실려 있다고 했다(黎庶昌, 『西洋雜志』, pp.451~454).

37 郭嵩燾, 『倫敦與巴黎日記』, p.253.

운데 어뢰를 설명하면서, 적선의 원근을 계산해 발사하는 무기로 어뢰가 발사되면 지나는 곳에는 물거품이 인다. 작은 배에 실어 사용할 수 있으며, 적선에 부딪히면 물거품을 일어난다. 어뢰는 발사된 후 점화되며 적선을 맞추지 못하고 지나치면 그대로 침몰한다. 어뢰에 면화화약을 사용해 위력이 4배 이상 증가했으며, 수중에서 폭발하면 그 위력이 배가 된다고 했다.[38]

한 영국 군수업자가 곽숭도에게 수뢰(어뢰?)를 추천하면서 철갑선도 뚫을 수 있는 무기라고 소개하면서 "중국에 10만 금을 받고 제조법을 제공할 수 있으며, 아시아의 다른 나라에는 팔지 않겠다"라고 제안했다. 그러나 곽숭도는 "아시아 연해에 고려와 안남 등이 있는데 모두 중국을 침략할 마음이 없으며, 서북지역은 아예 수로가 없다. 일본은 서양 방식을 연구하려는 의지가 많아 20~30년 후 그 제조 능력이 반드시 유럽 여러 나라와 가까울 것이다. 중국이 장차 이 수뢰를 홀로 가진들 강하다고 하겠는가?"[39]라며 수뢰기술은 쓸모가 없다고 보았다. 곽숭도의 후임자인 증기택도 수뢰에 대해 별로 관심을 보이질 않았다. 1880년 이홍장이 이봉포에게 수뢰 50구具를 구매하도록 하자, 증기택은 프랑스인 지켈과의 대화 중에 수뢰가 전쟁에서 큰 공을 세운 경우가 별로 없다면서 신병기에 대해 신임하지 않는 태도를 보였다.[40] 여기서 말하는 수뢰는 어뢰로

38 Ibid., p.837.

39 Ibid., p.400.

40 광서(光緒) 6년 4월 15일 프랑스인 지켈이 와서 말하길, "이홍장(李鴻章)이 한 공장에서 수뢰 10구(具)를 구매하려는데, 이 공장은 반드시 50구를 팔려고 하며 각 항목 비용이 대략 영국 돈 4만 파운드이어서 아직 정해지지 않았다"라고 했다. 나(曾紀澤)는 말하길, "수뢰가 무기로 만들어져 사용된 것이 길지 않아 각국의 큰 전쟁에서 수뢰를 사용해 공을 세운 보고를 듣지 못했다. 따라서 그 효용을 알지 못하니 많은 돈을 들여 구매할 수는 없다"라고 했다. 지켈이 매우 그렇다고 동의했다(曾紀澤, 『出使英法俄國日記』(『走向世界叢書』 第1輯 第5冊), 岳麓書社, 1985,

보인다. 이런 회의적인 태도는 어뢰에 열광했던 이홍장과는 다른 점이었다. 당시로서는 수뢰나 어뢰 기술이 성숙되지 않아서 그렇지 출사대신들이 불신한 것은 특별한 이유가 있었던 것은 아니었다.

### (3) 소총과 화약

소총 역시 하트와 캠벨이 적극적으로 영국의 군수공장에 연락해 구매한 품목이었다. 대표적인 공장으로는 헨리-마티니 무기 공사. 버밍험 경무기 공사, 런던 소형무기 공사, 엔필드 정부소형무기 공사, 암스트롱 공사 등이 있었다. 곽숭도가 켐벨, 브라운 등과 함께 한 서양 소총공장을 방문한 기록이 남아있다. 헨리-마티니와 시라이더 등 두 가지 소총을 만들고 있었는데, 총기 제작의 국가감독이 엄격하다는 사실을 기록하였다. 수십 년 전 한 영국인이 원형 탄환은 멀리 나갈 수 없으므로 탄환을 빼쭉하게 개량해야 한다고 주장하면서, 소총의 탄환이 회전하면 더 멀리 나간다고 했다. 보통 소총은 만든 사람의 이름을 따르는데, 유명한 소총으로는 영국의 헨리-마티니, 미국의 리밍턴, 독일의 모제르 등이 있으며 모두 후당식이다. 소총은 대포보다 일찍 후당식으로 바뀌었다.[41] 이처럼 소총의 역사나 각종 소총을 비교하는 내용을 담았다. 장덕이 일기에도 소총은 초기에 무겁고 총구가 컸을 뿐만 아니라 강선이 없고 원형 탄환을 사용했는데, 요즘은 이런 소총은 모두 폐기하고 새 것을 쓴다. 그리고 신형소총은 총구에 나선형의 강선이 있고 탄환도 대추 모양으로 바뀌었다고 썼다.[42]

---

p.332).

**41** 郭嵩燾, 『倫敦與巴黎日記』, pp.271~273 · 440~441.

소총과 대포의 중간쯤인 기관포는 매우 빠른 속도로 사격할 수 있는 소구경 화포로 소형 속사포라고도 부른다. 프랑스에서 만들어진 호치키스Hotchkiss 기관포는 1890년대 이전 청국 군함에서 흔히 볼 수 있는 기관포였다. 이것은 미국인이 발명한 것이나 영국 암스트롱 공사에서 생산한 것을 주로 사용하였다. 미국인 발명가의 이름을 딴 개틀링Gatling 포도 유명한데, 이 기관포는 치원, 정원 등의 순양함에 설치되었다. 개틀링 포는 일찍이 1874년 용굉이 페루로 건너가 개틀링 포 50문을 구매한 적이 있었다.

면화화약(혹은 솜화약) 소개 기사도 종종 엿보인다. 면화화약이란 면과 같은 섬유소에 황산과 질산 혼합액을 담아 만든 화약으로 무연화약의 출발이다. 유석홍은 실제로 면화화약이 만들어지는 과정을 참관했는데, 제약 방법이나 화약 폭발력을 소개하였다.[43] 장덕이도 화약 성능을 자세히 묘사하였다. 그는 영국인과 면화화약의 폭발력에 관해 대화를 나눴다. 큰 나무로 울타리를 세우고 그 아래 8파운드의 화약을 묻고 폭발시키면 목책이 무너지고 나무는 부서진다. 철로 1척을 땅에 누이고 화약 3량을 폭발시키면 철로가 두 동강이 난다고 썼다.[44]

### 3) 유석홍과 브라운의 토론

곽숭도 일행인 유석홍은 출사 전에 서양식 군함을 만든다든지 구매하는 것에 반대하던 보수적 인물이었다. 그는 윤선으로 적을 제압하자는

---

42 張德彝, 『隨使英俄記』, p.533.
43 劉錫鴻, 『英軺私記』, pp.190~192.
44 張德彝, 『隨使英俄記』, pp.508~509.

것은 우리의 단점으로 적의 장점을 공격하려는 것이라며 부정적인 태도를 가졌다. 서양 군함을 구매할 필요가 없다는 방어논리로 중국의 창포가 서양과 별로 차이가 없다거나, 전쟁의 승부는 사람에게 있지 무기에 있지 않다거나, 영국 오랑캐를 제어하는데 군함은 필요하지 않다는 등의 이유를 들었다.[45] 이런 유석홍의 보수적인 태도가 군함 구매에 장애가 될 것을 염려해서인지 하트는 북경에서 런던으로 전보를 쳐서 캠벨로 하여금 브라운H. Octavius Brown, 博郞과 함께 청국공사관을 방문해 유석홍과 대화를 나누도록 하였다. 브라운은 영국인으로 어릴 때 독일에서 공부했으며, 오랫동안 중국 문제에 관심을 가져 중국어에 능통한 사람이었다.[46] 브라운과 유석홍의 논쟁적인 대화는 철도건설부터 윤선과 군함의 구매 및 조선업에 이르기까지 다양하였다. 서양문명에 대한 양자의 관점 차이를 잘 보여주기에 주목할 만한 토론이므로 주제별로 알아 볼 만하다.

첫째, 철도 문제를 살펴보자. 유석홍은 영국에서 처음 기차를 보았다. 그의 일기에는 영국인들이 기차를 만들어 자칭 치부의 기술이라고 말하지만, 실은 이것은 문제가 많다고 했다. 철로 비용, 석탄 비용, 노동 비용, 수리 비용 등이 들어가는데, 사람이나 화물이 적으면 문제가 발생한다는 것이다. 가격도 한번 정하면 쉽게 바꿀 수 없다고 적었다. 유럽과 달리 중국에는 여행객이 많지 않다거나 막대한 건설비용 등이 들기 때문에 실행하기 어렵다는 보수파의 주장을 뒤풀이한 것이다.[47]

브라운은 철도에 대해 다음과 같이 설명하였다. 중국은 손님이 적어

45 張宇權, 『思想與時代的落差－晚清外交官劉錫鴻研究』, 天津古籍出版社, 2004, pp.85~92.
46 劉錫鴻, 『英軺私記』, p.140.
47 Ibid., pp.62~63 · 148.

기차를 만들면 손해를 본다는 주장에 대해서는, 그렇지 않다면서 기차는 사람뿐만 아니라 화물도 실어 나르므로 충분히 경제성이 있다고 했다. 도적이 기차를 빼앗을 가능성에 관한 질문에서도 관청에서 관리하므로 혹시 도적이 기차를 빼앗을 수 있을지 몰라도 결코 철로는 빼앗을 수 없다고 답변했다. 그리고 건설비용에 관한 질문은 외국에서 차관을 빌리면 해결할 수 있다고 답변했다.[48]

둘째, 군함 형식 문제를 살펴보자. 광서 4년 6월 5일 브라운이 말하길, 일본 공사가 영국에서 만드는 윤선을 감독하고 사람들을 유학시켜 수사를 공부한다고 했다. 이에 유석홍은 "윤선의 크고 작은 양식은 어떤 장점이 있습니까?"라고 묻자, 브라운은 "철갑대선은 영국 수사가 든든한 장벽처럼 의지합니다. 군함 설계에 정통한 영국 전문가 리드는 쉽게 침몰할 것을 우려합니다. 리드는 러시아인이 만든 원형식 대선은 포대를 대신해 자칭 무적이라지만 그 무용성을 강조합니다. 오늘날 터키와 러시아 간 전쟁 결과를 놓고 본다면 선식의 유용성을 알 수 있는데, 당시에는 예단하기 어려웠습니다. 철갑선이 어떻게 전투할 수 있는지 알게 되면서 사람들은 모두 철갑을 제조하고 있으며, 중국 목선은 무기로는 도움이 될 수 없습니다"라면서 청국 목선은 이미 전투할 수 없으며, 군함 중에는 철갑선이 가장 우수하다고 말했다. 또 수뢰에 관해 묻자, 브라운은 "그것은 어둠 속 기계로 비유할 수 있는데, 맹인을 함정에 빠뜨리기는 충분하지만, 횃불을 들고 길을 찾는 사람을 함정에 빠뜨리기엔 부족합니다. 재정에 여유가 있다면 갖추어 이용할 수 있지만, 그렇지 않으면 마땅히 군

---

**48** Ibid., pp.155~156.

함과 대포를 우선해야 합니다"라고 대답했다.[49]

유석홍은 일기에 부기를 달아 말하길, "서양에서 근래 제조한 포탄은 웬만하면 수백 근으로 오직 내가 맞지 않길 바랄 뿐이다. 만약 맞으면 비록 철선이라도 파괴되지 않을 수 없다. 만약 선체를 보존하더라도 연통이나 풍장이나 기계 한 곳이라도 부서지면 움직일 수 없으니 어찌 철선이 유익하겠는가? 따라서 개인적인 생각으로는 여전히 화륜목선을 만드는 것만 못하다"라고 했다.[50] 영국에서 근 반년 동안 여러 군수공장을 고찰한 다음에도 유석홍은 여전히 화륜목선이 철갑선보다 나쁘지 않다고 고집했다. 하지만 그의 생각에 점차 동요가 일어났다.

셋째, 군함 건조 문제를 살펴보자. 6월 18일 켐벨, 브라운, 유석홍 세 사람이 군함 문제를 다시 토론하였다. 브라운은 복주선정국福州船政局에서 배를 건조하는 데 비용이 적지 않게 들어간다. 하지만 선체가 전투하기에 부족하고 목질이라 견고하지 못하다. 일격에 침몰하면 비용을 낭비하게 되며 복주선정국의 위치도 문제라고 지적하였다. 그는 "조선은 원래 해양을 방어하기 위한 것이므로 오로지 외국에서 구매해 의존하는 것은 장기적인 대책은 아닙니다. 총명한 사람 100~200명을 각국 조선창에 나누어 유학시키면 불과 4~5년 안에 스스로 건조할 수 있을 것이며, 창포를 만드는 것도 마찬가지입니다"라며 해외에서 무기를 구매하는 위험성을 지적하였다.[51]

브라운은 유석홍과 대화 중에 영국제 군함의 우수성을 선전하는 일을

49 Ibid., p.167.
50 Ibid., p.167.
51 Ibid., p.177.

잊지 않았다. 암스트롱 철선은 선체가 넓고 길지 않아 적의 대포가 쉽게 명중시킬 수 없다. 선체 머리에는 7만여 근의 대포 1문을 안착시킬 수 있으며, 만약 10척으로 적 큰 전함을 차례로 포격하면 이기는 것이 확실하다. 10척을 건조하는 비용은 한 척의 큰 군함을 만드는 비용일 뿐이다. 이런 배는 단지 전쟁용이 아니라 평시에는 화물을 운반할 수 있는데 실을 수 있는 수량은 많지 않다. 현재 영국의 철갑대선은 61척이고, 화륜목선은 300척이며, 병사를 실어 나르는 협판선은 170척인데, 근래 제조한 것이 이 정도이다. 청국 군함이 적은 수로 방비한다면 비록 있어도 없는 것이나 마찬가지라고 했다.[52]

넷째, 윤선 구매 문제를 살펴보자. 유석홍이 중국에 윤선이 얼마나 있어야 하느냐고 묻자, 브라운은 예를 들어 암스트롱 공사에서 만든 비교적 큰 배로 대략 200척이 필요하다. 매 척마다 대략 은 10만 량으로 계산하면 이를 구매할 경우 가격은 은 2천만 량 정도가 필요하다. 외국으로부터 차관을 빌리면 매 은 100량당 연이율 4량으로 계산하면 해마다 불과 은 80만 량이 필요할 뿐이다. 해군을 어느 정도 이루어 구식 수군과 육군을 정리하면 해마다 은 300~400만 량을 절약할 수 있으며, 해방의 육군을 줄이면 다시 은 300~500만 량을 절약할 수 있다. 각국이 속이지 않는다면 은 수십만 량을 아낄 수 있다. 외국과의 무역세로 해마다 또한 은 수백만 량을 더 거둘 수 있으니 중국이 어찌 꺼릴 필요가 있겠느냐며 반문했다. 그리고 유석홍이 "윤선을 운전하는 방법은 중국인이 배운 적이 없는데 어떻게 합니까?"라고 다시 묻자, 브라운은 일반선원은

52 Ibid., pp.197~198.

젊은이로 충당하면 되고, 전문분야는 총명한 자제 수백 명을 각 나라에 보내어 처음부터 공부시키면 된다고 대답했다.[53] 이처럼 브라운은 유석홍이 연해 포대로 방어하자는 주장이나 윤선이 필요 없다는 생각을 바꾸기 위해 토론을 계속하였다.

유석홍 일기에는 브라운과 해방에 관해 토론한 후기도 남아있다. 대화를 요약하면, 브라운은 청국 해면이 매우 넓으니 이를 지켜야 한다고 했다. 나(유석홍)는 바다를 지킬 수 없으면 항구를 지키는 것이 어떠냐? 라고 물었다. 브라운은 포대로 항구를 지키는 것은 가능하다. 그러나 항구가 많으면 모두 막을 수 없고 한 곳을 잃으면 전체가 위험하다. 나는 항구 중에 핵심이 있느냐고 다시 묻자, 그는 (핵심은) 없다면서 북양과 남양이 넓으니 어느 곳이든 적군이 진공할 수 있으니 어찌 막을 수 있겠는가? 나는 그렇다면 윤선이 있다면 막을 수 있겠느냐고 또다시 물었다. 브라운은 윤선을 갖추는 것은 지키기 위한 것이 아니라 평시에 각국과 교역해 해외로 화물을 수송하기 위한 것이다(브라운의 뜻은 서양인들이 은을 가지고 나가는 것을 보았지, 중국인들이 은을 가지고 들어오는 것을 보지 못했다. 수십 년 내에 중국은 국고가 바닥날 것이라는 사실을 지적하였다). 그는 해군이 있어 전투에서 이길 수 있으면 나아가 적을 격퇴할 수 있고, 이길 수 없으면 물러나 항구에서 포대로 지키면 적이 어떻게 하지 못한다고 했다.[54]

당시 브라운이 제안한 내용은 과거 1874~1875년의 해방대논쟁에서 유석홍이 반대한 것들이었다. 유석홍은 중국과 서양이 사정이 다르므로 서양인들은 조선의 필요가 있지만, 중국은 조선의 필요가 없다고 주장했

53 Ibid., pp.195~196.
54 Ibid., pp.194~195.

었다. 뿐만 아니라 민간이 스스로 윤선을 만드는 것은 왕조 통치에 위협이 되므로 반드시 금지시켜야 한다고까지 말했다.[55] 하지만 브라운과의 토론 후 유석홍은 더 이상 군함이나 조선의 무용성을 주장하지 않았다. 그는 보수적인 인물이었으나 런던에서 9개월간의 현지 관찰과 외국인과의 접촉을 통해 '중국으로 오랑캐를 변화시키겠다用夏變夷'라는 자신의 관점이 잘못되었다는 사실을 인정하지 않을 수 없었다.[56] 그 후 유석홍은 서양의 무기 장비와 군수공장 및 군사 체제를 주의 깊게 고찰했는데, 무기 진보의 신속함과 포대의 견고함에 강한 인상을 받았다. 결국 영국을 떠날 무렵 더 이상 군대를 육성하는 것이 무익하다거나 서양 대포와 윤선은 배울 필요가 없다거나 하는 주장을 하지 않았다. 오히려 서양의 선박과 기계를 구매해야 할 뿐만 아니라 스스로 만들 수 있어야 한다고 말했다.

곽숭도와 갈등을 빚은 유석홍은 영국을 떠나 첫 번째 주독일 청국 공사가 되었다. 그는 독일로 떠나면서 쓴 마지막 일기에서는 윤선과 창포를 구매할 때 알아야 할 여섯 항목을 제시하였다. 그 가운데 군함과 대포에 관한 내용은 다음과 같다. 첫째, 영국인이 말하기를 대형 철갑선의 무용성은 터키와 러시아 간 전쟁에서 이미 명확하게 드러났다. 우리 중국은 이를 구매할 필요가 없다(영국인들은 현재 철갑선을 중국에 팔려고 한다). 암스트롱에서 만든 소철선이홍장이 산 렌델식 포함은 영국 수사의 관리들 역시 문제가 있다고 여긴다. 둘째, 서양 신식대포는 모두 호리병 모양으로 전

55 張宇權, 『思想與時代的落差－晚淸外交官劉錫鴻硏究』, pp.85~92.

56 종숙하(鍾叔河)의 연구부터 많은 연구자들이 유석홍(劉錫鴻)의 완고하고 수구적인 태도를 비평했지만, 근래 들어 장우권(張宇權)과 윤덕상(尹德翔)의 연구 등에서는 유석홍에 대한 긍정적인 평가가 나타난다.

당포가 많다. 머리가 크고 꼬리가 작아 병과 같은데 모두 폐기해야 할 포이다. 후당포 역시 쉽게 폭발해 폐기할 포이지만 신식 후당포는 지극히 정교하다. 창포는 반드시 신식을 구입해야 한다. 서양인들이 낡은 대포와 낡은 소총을 중국에 파는데, 중국인들은 가격이 싸다고 여겨 쉽게 구매한다. 이처럼 구식병선은 이미 쓸모없으며, 창포 역시 반드시 신식을 구해야 한다고 썼다.[57] 그 밖에도 병기가 양호한지를 가장 주목해야 한다. 화약과 탄알은 보존에 주의해야 한다. 선박과 기계를 구매할 경우는 담당자를 두어 책임을 지워야 한다. 사격기술을 반드시 연구해야 한다 등 다양한 견해를 제시하였다. 이런 의견들은 유석홍이 영국에서 군사 고찰한 후 내린 결론이었으며, 나름대로 서양 무기에 대해 자신의 견해를 갖추었음을 엿볼 수 있다.

유석홍은 짧은 주독 공사 재임 기간에도 불구하고 독일의 군사제도에 관심이 많았다. 육군과 해군을 소개하면서 군대 구성을 자세히 기록하였다. 독일의 신식포대에도 관심이 많아 신식과 구식포대를 비교해 청국 포대의 부족한 점을 지적하였다. 그는 총리아문에 상서해 신식포대를 만들고 운영할 것을 제안했을 뿐만 아니라 귀국 후 해방에 관련한 주절을 세 차례나 올렸다.[58]

요컨대, 1874년부터 1879년까지는 하트와 캠벨이 군함 구매를 주도한 시기로 볼 수 있다. 그 사이 곽승도 일행이 영국에 와서 이른바 '견선

---

57 劉錫鴻, 『英軺私記』, p.209.

58 유석홍(劉錫鴻)의 주절은 영국과 독일에 출사했을 때 실지 고찰을 통해 얻은 결론을 담은 것으로 그의 귀국 후 해방 사상을 알 수 있다. 유석홍이 제안한 총 10조의 해방 건의는 모두 유용한 것이었는데, 특히 통일된 지도층과 통일된 장정 제정 주장은 매우 가치 있는 주장이었다. 하지만 그가 이홍장(李鴻章)의 탄핵에 간여해 직책에서 쫓겨나면서 대부분 주장들은 버려졌다(張宇權, 『思想與時代的落差—晚清外交官劉錫鴻研究』, pp.252~262).

리포'를 관찰했는데, 그들의 일기에 기록이 남아있다. 하지만 일행은 아직까지 서양 무기의 이해 수준이 높지 않았고 해외에서 군함을 구매하는 문제에 대한 확신이 부족하였다. 이와 달리 일본이 영국에서 구매한 부상호, 금강金剛호, 비예比睿호 등 세 척의 군함은 영국주재 일본공사 우에노 가게노리上野景范가 주도적으로 구매한 것이다.[59] 증기택이 곽숭도를 대신해 주영 공사가 되면서 상황은 바뀌었다.

## 3. 증기택 일기에 나타난 군함 구매

### 1) 2차 문자선 구매

1878년광서(光緖) 4년 영국과 프랑스 출사대신이던 곽숭도가 귀국하자 그를 이어 21세나 어린 증기택[60]이 주영 공사가 되었다. 증기택은 증국번의 아들로 출사할 무렵 천진에서 이홍장이 새로 구매한 문자선을 구경한 적이 있었다. 그는 선체가 매우 작고 대포는 6만여 근이어서 오랫동안 견딜 수 있을지 알 수 없다는 궁금증과 함께, 장착부터 발포까지 모두 기계로 이루어지는데 인력이 필요 없다는 소감을 남겼다.[61]

59 劉振華, 『晚淸政府向西方購買艦船過程與其中的人事考察(1874~1884)』, 華東師範大學人文學院歷史學系 碩士學位論文, 2006, p.28.

60 증기택(曾紀澤)은 호남 상향출신으로 증국번(曾國藩)의 아들이다. 비록 그 명성이 아버지에 미치지 못했으나 외교 방면에 많은 공헌을 하였다. 1878년 영국과 프랑스로 출사했고, 1880년 러시아 공사를 겸임하였다. 그는 국제법에 조예가 깊은 인물이었다. 예를 들면 첫째, 브라질에 다수의 화공이 유입되는 상황에서 청국과 브라질 간의 평등한 수교에 공을 세웠다. 둘째, 국제법을 활용한 전형적인 모범사례는 청러 「이리조약」 개정을 담판하는 과정에서였다. 셋째, 청프 간 베트남 문제로 교섭할 때도 국제법을 적절하게 활용하였다. 1888년 출사대신 임기를 채우고 중국으로 돌아왔다. 증기택은 귀국 후 해군 사무를 도와주다가 후에 총리아문 대신이 되었다. 그는 해군아문과 총리아문에서 중요한 역할을 담당하다가 1890년 병사하였다.

증기택이 영국에 가서도 문자선은 자주 화제에 올랐다. 광서 5년 4월 19일 청신淸臣과 함께 일본 공사인 우에노 가게노리를 만난 일이 있다. 여기서 일기에 나타난 청신은 참찬 메카트니로 보인다. 일본 공사가 말하길, "문자선의 포법은 상하 원근은 정확하게 훈련할 수 있지만, 좌우로 조정할 수 없다"라고 한 것에 대해 증기택은 "내가 천진에서 이 배를 보았을 때도 역시 그 점이 의심스러웠다. 배가 작고 포가 커서 포를 좌우로 움직이면 배가 한쪽으로 기울어 버티기 힘든 것이 문제였다. 그래서 나는 메카트니에게 말하길, 문자선은 해상포水炮架라고 부를 수 있지, 병선이라고 부를 수는 없다"라고 했다. 이에 메카트니는 영국인도 역시 그와 같이 말한다고 대답했다.[62]

광서 5년 5월 1일 캠벨이 새로 초빙한 해군 장교 랑과 함께 증기택을 방문해 오랜 시간 이야기를 나누었다. 증기택의 말을 요약하면, 자신이 천진에서 문자선을 보았을 때 두 가지 문제점이 있었다. 하나는 배가 작고 포가 커서, 앞을 향한 포구를 돌릴 수가 없어 좌우로 매우 자유롭지 못하며 반드시 뱃머리를 돌려야만 명중시킬 수 있다. 다른 하나는 선창이 좁아 병력을 많이 실을 수 없어 배 가운데 비록 서양 총이 있더라도 유사시에 효용성이 떨어졌다. 오로지 포병은 대포에만 전력해 서양 총을 다룰 겨를이 없어 적군이 접근하면 혼란에 빠진다. 캠벨과 랑은 자신의 의견에 동의하면서 새로운 포함은 일부 개조했다고 말했다.[63]

광서 6년 1월 9일 프랑스인 지켈이 와서 오랫동안 대화를 나누었다.

61 曾紀澤, 『出使英法俄國日記』(『走向世界叢書』 第1輯 第5冊), 岳麓書社, 1985, p.123.
62 Ibid., p.216.
63 Ibid., p.221.

문자선의 무용성을 언급했는데, 쾌선은 10여 톤의 포를 사용할 수 있는데 굳이 25톤의 대포는 필요하지 않다고 했다. 증기택의 생각에 "비록 하트를 질시해서 이렇게 말했지만 주장한 바가 타당하지 않은 것은 아니다. 나도 일찍이 이홍장에게 편지로 말했지만 이른바 문자선은 배는 작고 포는 크고 포를 좌우로 회전할 수 없어, 명중 여부는 조타수에게 달려 있고 훈련이 무척 쉽지 않다. (…중략…) 영국인들은 수사를 오랜 세월 연구해서 수준이 높은데, 문자선은 너무 작아서 전문가 중에 이 배를 군사용으로 유용하다고 찬성하는 경우를 듣지 못했다. 다른 나라에서도 이 배를 이용해 성공한 사례를 듣지 못해 크게 의심스럽다"라고 썼다.[64]

증기택이 메카트니와 철갑선에 관해 대화를 나눈 적도 있다. 증기택은 "나는 철갑선이 해방에 유용한 무기로 언젠가 구매하지 않을 수 없지만, 지금은 러시아와 화의할지 전쟁할지 미정인 상황에서 만약 전쟁이 일어난다면 눈앞의 일이다. 지금 시급한 것은 철선으로 적을 공격하기 위해 먼 바다로 나가는 것이 아니라, 좋은 총과 큰 대포로 연근해를 방어하는 무기가 필요하다"라고 했다. 메카트니 역시 그렇다면서 중국이 창포를 구매하려면 각국의 장점을 취해야 한다고 말했다. 그런데 서양 각국이 매우 경계하는 바는 포탄과 탄환이 구경이 맞지 않을 경우 문제가 심각하다는 사실이다. 영국의 암스트롱, 독일의 크루프 모두 천하의 뛰어난 무기이지만 회사가 다르고 제작법이 다르니 규격, 길이, 무게 등이 차이가 난다. 예를 들어, 어느 부대에서 암스트롱포를 주로 사용하면 탄약과 포탄을 암스트롱에서 계속 구입해야 한다. 크루프 공사에서 만든 포를

64 Ibid., pp.300~301.

사용하면 기존 대포는 폐물이 된다. 서양에서 이런 이유 때문에 전투에서 패배한 사례가 있었다. 증기택은 중국 경우도 각 부대에서 기계를 다룰 때나, 공장에서 기계를 만들 때 반드시 주의해야 할 문제라고 생각하였다.[65]

이처럼 증기택은 영국에 온 후 공사관의 영국 국적 참찬 메카트니, 일본 주영공사 우에노 가게노리, 복주선정국 감독 출신 프랑스인 지켈, 영국인 해군장교 랑 등 다양한 인물들과 대화를 통해 문자선의 장단점을 좀 더 깊이 있게 파악할 수 있었다. 그는 비록 군사전문가는 아니었지만, 문자선의 병폐를 잘 알고 있어서 새로운 문자선을 구매할 때는 그런 문제가 없도록 주의할 수 있었다.

하트가 휴가를 얻어 영국으로 돌아온 1878년 여름 이홍장은 하트와 캠벨에게 전보를 보내 암스트롱 공사와 문자선 네 척을 추가 계약할 것을 지시하였다. 이 네 척 역시 그리스 자모에 따라 엡실론Epsilon, 제타Zeta, 에타Eta, 세타Theta 라고 불렀으며, 청국에서는 5, 6, 7, 8호라고 불렀다. 증기택의 요구로 네 척의 신형군함은 미첼 조선소에서 포츠머스항으로 와서 검열을 받았다. 1879년 7월 24일 증기택은 공사관 일행 6명과 영국 해군부 관리들과 함께 포츠머스 해군기지로 갔다. 포츠머스항에는 포대와 군함들이 매우 많았다. 캠벨, 랑, 렌델 등은 이미 현지에서 기다렸고, 캠벨의 부인도 여성 손님 여러 명과 함께 군함을 구경하였다. 각국 공사관에서 파견한 해군 무관 여러 명도 참석하였다. 사람들이 나누어 네 척의 배에 올라 바다로 나갔고, 증기택은 엡실론호 갑판 아래

65 Ibid., p.341.

식당에서 점심을 함께 먹었다. 식사 후에는 대포 발사 시연이 있었는데, 매 척마다 두 번의 발사가 있었다. 증기택은 직접 선수의 대포를 시험 발사하였다. 그는 포탄이 자동으로 장전되어 발사되는 광경을 보며 감탄하였다.[66] 이처럼 대포를 직접 발사하는 체험활동은 청국 관리들의 환영을 받았다. 2년 전 곽숭도가 구경할 당시 델타호의 대포를 발사했던 캠벨 부인이 이번에도 제타호의 대포를 발사하였다. 여기서 증기택은 중서문화의 차이를 새삼 느꼈는데, "옛사람들은 군대에 여자가 있으면 사기가 오르지 않는다고 했는데, 영국인에게는 이런 말이 없다"라고 기록했다.

이 포함 역시 영국인 해군 장교의 지휘 아래 중국으로 출발했는데, 1차 문자선 감마호와 델타호의 중국행을 책임졌던 랑이 지휘관이었다. 랑이 네 척의 문자선을 이끌고 귀국할 때는 복주선정국에서 영국과 프랑스에 파견한 해군 유학생의 유학 기간이 거의 끝나갈 무렵이었다. 문자선 네 척이 거의 완성되었다는 보고를 받은 이홍장은 해군 유학생들이 배를 몰고 중국으로 돌아오기를 희망하였다. 유학생 중 소질이 뛰어난 항해사를 문자선에 태워 실습시키려 한 것이다. 하지만 캠벨이 증기택에게 말하길, 선박이 중국에 도착하지 않으면 청국 병선이 될 수 없으며 중국인이 운항하면 영국 병선의 깃발을 걸 수 없다고 했다. 반드시 영국 「상선장정」을 따르는 것이 편리하며, 영국 선원을 고용하는 것은 장정을 따르는 것이라고 했다. 이렇듯 완곡하게 말한 까닭은 청국 유학생들은 아직 전문적이지 않고 자격도 없기 때문에 함선에서 중요한 직책을 맡길 수 없기 때문이었다.[67] 증기택은 개인 의견이 없었던 것은 아니지만 이봉포

66 Ibid., pp.233~234.
67 Ibid., p.193.

와 상의해 처리하도록 했다.

1879년 7월에 출발한 네 척의 포함은 11월 대고구에 도착했는데, 심보정은 이들을 진북鎮北호, 진남鎮南호, 진서鎮西호, 진동鎮東호이라고 명명하였다. 이 문자선들은 본래 남양에서 사용하기로 했으나 이홍장은 포함들을 북양에 남기고 이미 북양에서 여러 해 사용해 철판이 부식하고 기계 부품이 마모된 네 척의 기존 선박을 상해에서 수리한 후 남양에서 쓰도록 지시하였다.

2년 후 이홍장은 산동과 광동을 대신해 영국에서 문자선 세 척을 구매해 주었다. 제3차 문자선 구매계획에 따라 들여온 세 척 가운데 두 척은 진중鎮中호, 진변鎮邊호이라는 이름으로 산동에 갈 예정이었는데, 이 군함조차 항행 인력이 없다는 이유로 북양에서 사용하였다. 다른 한 척은 해경청海鏡淸호란 이름으로 광동에 보내졌다. 청조는 은 145만여 량으로 영국에서 모두 문자선 11척을 구매하였다. 한 척은 광동에, 네 척은 남양에 보내준 것 말고는 모두 북양수사의 소유가 되었다. 이로써 문자선 구매 사업은 일단락되었다(〈표 3〉 참고). 세 차례에 걸쳐 영국에서 문자선을 대량 구매하자 청국은 유럽 이외에 문자선이 가장 많은 나라가 되었는데, 철갑선의 위협으로부터 연근해 방어력을 향상시키기 위한 명분이었다.[68] 하지만 문자선은 대포와 기본적인 항해 설비 이외에는 선체에 어떤 방호도 갖추지 않았다는 결정적인 약점이 있었다.

중국학계에서는 오랫동안 하트와 캠벨이 구매한 영국 군함에 대해 비

68 陳悅, 『中國軍艦圖誌(1855~1911)』, p.242.

69 張俠 外, 『清末海軍史料』, 海洋出版社, 1982, p.471; 胡立人・王振華 主編, 『中國近代海軍史』, 大連出版社, 1990, p.121 도표; 王家儉, 『李鴻章與北洋艦隊』, 三聯書店, 2008, p.140 도표를 참고해 작성.

〈표 3〉 북양함대 중의 영국제 군함[69]

| 군함명 | 종류 | 마력(匹) | 항속(節) | 포수 | 배수량 | 구입연도 | 구매공장 |
|---|---|---|---|---|---|---|---|
| 龍驤 | 蚊炮船 | 389 | 9 | 1 | 320 | 1877 | Armstrong |
| 虎威 | 〃 | 389 | 9 | 1 | 320 | 1877 | 〃 |
| 飛霆 | 〃 | 389 | 9~10 | 1 | 440 | 1878 | 〃 |
| 掣電 | 〃 | 389 | 9~10 | 1 | 440 | 1878 | 〃 |
| 鎭東 | 〃 | 389 | 9~10 | 1 | 440 | 1879 | 〃 |
| 鎭西 | 〃 | 389 | 9~10 | 1 | 440 | 1879 | 〃 |
| 鎭南 | 〃 | 389 | 9~10 | 1 | 440 | 1879 | 〃 |
| 鎭北 | 〃 | 389 | 9~10 | 1 | 440 | 1879 | 〃 |
| 鎭中 | 〃 | 389 | 9~10 | 1 | 440 | 1881 | 〃 |
| 鎭邊 | 〃 | 389 | 9~10 | 1 | 440 | 1881 | 〃 |
| 超勇 | 巡洋艦 | 2,400 | 15 | 18 | 1,350 | 1881 | 〃 |
| 揚威 | 〃 | 2,400 | 15 | 18 | 1,350 | 1881 | 〃 |
| 致遠 | 〃 | 5,500 | 18 | 18 | 2,300 | 1887 | 〃 |
| 靖遠 | 〃 | 5,500 | 18 | 18 | 2,300 | 1887 | 〃 |
| 左一 | 魚雷艇 | 1,000 | 24 | 6 | 1,08 | 1887 | Yarrow |

판적인 평가가 우세했으나, 과연 문자선 구매가 청조를 속이려 한 행위인지는 정론이 없다.

대만학자 왕가검王家儉은 중국이 서양의 신식무기를 구매할 때 지식이 부족해 종종 외국인에게 농락당했고, 해관총세무사 하트가 군함 구매의 막후 조정자라고 보았다. 보통 군함 구매의 잘못을 이홍장에게 돌리는 데 반해, 그는 실제로 이 업무의 책임자는 하트를 지지한 총리아문이라고 보았다. 하트의 군함 구매 관점은 이홍장과 달랐으며, 이홍장은 철갑선을 구매해야만 비로소 해방을 강화할 수 있다고 믿었다. 그러나 하트는 중국에서 철갑선이 거의 필요 없다고 주장하며 총리아문 대신들을 설득하였다. 하트 역시 조선 전문가가 아니어서 해군함정의 지식은 한계가 있어 그 역시 영국 상인에게 속았을 가능성도 없지 않다고 판단한다.[70]

그는 이홍장을 변호하며 하트의 잘못을 지적하는 입장이다.

하지만 대륙학자 강명姜鳴과 진열陳悅 등은 이홍장뿐만 아니라 하트나 캠벨 모두 군함 구매를 위해 최선을 다했다는 긍정적인 평가로 돌아서고 있다. 강명에 따르면, 각지의 양무파 관리들이 이홍장이 구매한 포정에 대해 비평을 한 내용은 기본적으로 이홍장도 알고 있었던 문제였다. 과거 중국학계 다수의 역사가들이 문자선은 서양인 사기꾼들이 중국인을 속여 불량한 군함을 판매한 것이라고 주장했는데, 실제로 이런 관점은 역사적 근거가 부족하다고 본다. 이 포정은 세계 군함사에서 매우 특별한 의미가 있는 것으로, 외국에서도 렌델식 군함은 연구 제작단계로 그 한계는 사용한 다음에야 나타났다. 캠벨이 말한 "철갑선 시대는 이미 지났다"라는 판단은 지나쳤으며, 당시 청국해군이 필요로 한 것은 여전히 외국 군함과 대결할 수 있는 대형군함이었다.[71]

북양해군 군함을 연구한 진열에 따르면, 선박 지식이 부족한 많은 문인들이나 역사연구자들이 원양작전을 하지 못한 까닭을 문자선이 서양에서 만들어진 저질 군함으로 의도적으로 중국인을 속인 것이라는 의혹을 제기한다. 하지만 문자선이 원양작전을 할 수 있다는 황당한 주장은 이홍장도 믿지 않았다. 연근해 항구를 방어하는 문자선은 새로운 군함을 구매하면서 점차 그 중요성이 낮아졌다. 훗날 경비 절감 차원에서 북양수사의 여섯 척의 문자선 가운데 두 척만이 해상근무를 하고 나머지 네 척은 부두에 정박하면서 그 명성은 갈수록 쇠퇴하였다.[72]

70 王家儉, 『李鴻章與北洋艦隊』, pp.134~135.

71 姜鳴, 『龍旗飄揚的艦隊 – 中國近代海軍興衰史』, 三聯書店, 2002, pp.120~121.

72 陳悅, 『北洋海軍艦船志』, pp.27~28. 유진화(劉振華)의 논문에서도 하트와 캠벨이 암스트롱 공사에서 구매한 문자선(蚊子船)이나 당격순양함(撞擊巡洋艦) 등이 실제로 구형이거나 성능에 문

### 2) 순양함 초용超勇과 양위揚威

문자선을 처음 구입할 당시 이홍장은 이 포선의 약점을 몰랐던 것은 아니다. 하지만 1879년 일본이 류큐 왕국을 오키나와현으로 편입하는 과정에서 청국의 해방 위기가 고조되자 문자선과 같은 포선은 항구를 방어할 뿐 대양작전을 할 수 없다는 사실을 절감하였다. 이에 따라 청국의 주적이 해국 일본임을 새삼 확인하면서 새로운 유형의 군함을 구매할 필요성이 대두되었다. 그것은 다름 아닌 포선을 넘어서 연해 작전을 펼 수 있는 순양함Cruiser[73]이었다.

초용호와 양위호는 19세기 해군 군함 분류에 따르면 당격순양함撞擊巡洋艦으로 이런 군함의 출현은 1866년 이탈리아와 오스트리아 간 해전에서 비롯되었다. 오스트리아 해군 기함이 이탈리아 기함을 당각撞角으로 침몰시키자 해군사에 한 획을 그으며 당격 전술이 등장하였다. 당격 전술에 의한 우연한 승리는 신화가 되어 당각을 주요 전투 수단으로 삼는 당격순양함이 등장하였다. 이 군함을 설계한 인물은 조지 렌델로 문자선을 설계한 바로 그 사람이다. 세계 군함 발전사에서 이정표를 점하는 초용급 당격순양함은 당시 최신식 군함으로 새로운 기술과 새로운 사상이 담겨있었다. 그러나 이 순양함 역시 항해 능력이나 방어 능력에서 약점이 없었던 것은 아니다. 하지만 영국뿐만 아니라 세계 순양함의 설계에

---

제가 있었다는 주장은 사실에 부합하지 않는다고 지적했다. 이것은 하트에 대한 부정적인 평가에 따른 왜곡이라는 것이다(劉振華, 『晚淸政府向西方購買艦船過程與其中的人事考察(1874~1884)』, 2006).

73 풍력 범선시대에 단층 포로 이루어진 갑판 군함은 근대 시기 순양함으로 발전해 해상에서 두각을 나타내었다. 철갑선보다 비교할 수 없을 정도로 고속으로 항행할 수 있어서 이런 배를 중국에서는 쾌선이라고 불렀다. 철갑선에 비해 조기 순양함은 여러 가지 다른 점이 있었는데, 대구경 화포를 추구하지 않고, 구경을 대신해 화포의 수량으로 승부하며, 톤수는 비록 적지만 엔진을 큰 것으로 달아 뛰어난 항속력을 보였다(陳悅, 『北洋海軍艦船志』, p.91).

심대한 영향을 미쳤다.[74]

초용호와 양위호를 구매할 것을 제안한 것도 해관총세무사 하트였다. 문자선으로 한창 해방업무를 수행할 때, 하트는 이홍장에게 암스트롱 공사에서 건조 중인 신형순양함을 소개하면서 이 군함은 철갑선을 추격해 충돌해 파괴할 수 있는 배라며 쾌팽선快碰船이라 불렀다. 배수량이 1,350톤, 항속이 15노트로 두 척의 구입가는 은 65만 량이었다. 군함은 외형은 낮고 작았으나 대구경의 화포와 당각을 장착해 철갑선에 도전할 수 있는 저렴한 신식군함으로 인식되었다. 당시 청국은 일본해군이 영국에 의뢰해 제작한 2등 철갑선인 부상호과 비예호를 넘어서기 위해 초용호와 양위호를 구매할 필요성을 느꼈다.

주독 공사 이봉포는 이홍장에게 보고하기를 "최근 각국은 철갑선을 만드는 것을 정지하기로 합의했기에 천천히 일을 처리하는 것이 합리적"이라고 했다. 철갑선을 구매하면 반드시 그에 따라 군함을 수리하는 부두와 포대에 의한 비호가 필요조건이라고 했다. 더욱 중요한 것은 쾌선순양함과 수뢰를 배합해야 철갑선이 비로소 제 기능을 발휘한다고 했다. 하지만 중국은 아직 이런 조건을 갖추지 못했다는 것이다. 하트는 철갑선 구매를 은근히 반대하면서 이홍장에게 먼저 쾌선을 구매한 후 나중에 철갑선을 구매할 것을 요청하였다. 이홍장은 각종 조사와 자문을 얻은 끝에 1879년 12월 켐벨을 통해 암스트롱 공사에 은 65만 량으로 두 척의 당격순양함을 구매하기로 결정했다.

초용급 군함은 선체가 전부 금속 구조물로 되어 있지만, 방어 능력이

74 Ibid., pp.33~34 · 41.

약해 주요 공격수단은 매우 모험적인 당격 전술이었다. 초용급 군함에는 설계에 따라 두 개의 대구경 후당포가 설치되었고, 당시 군함 표준에 따라 대량의 중소구경 화포도 설치되었다. 하지만 당격순양함인 이 군함의 가장 강력한 무기는 당각이었다. 냉전 병기 시대의 유물로 근대군함에 살아남은 근접 육박전의 무기가 당각인데, 증기기계와 철제군함의 결합은 사람들로 하여금 다시 철제 당각을 해전 무기로 만들었다. 왜냐하면 증기기관의 동력은 군함으로 이상적인 항속과 조절 능력으로 적선에 충돌할 수 있었기 때문이다. 이론상 군함의 앞머리에 장착한 당각으로 충격해 철갑선을 침몰시킬 수 있었다. 북양수사의 초용호과 양위호가 세계 군함 역사상 첫 번째 이런 군함이었다.[75] 이번에도 미첼 조선소에서 두 척의 순양함이 만들어졌다.[76]

초용호와 양위호는 캠벨의 노력으로 군함 건조가 순조롭게 진행되었으며 1881년 8월 완성되었다. 영국 해군부 전문가를 불러 항구에서 시범운행을 했는데 결과는 만족스러웠다. 다음 날 뉴캐슬에서 인수식이 있었다. 영국 하객 30여 명과 주영 공사 증기택 일행 등이 행사에 참가하였다. 과거 두 차례에 걸쳐 곽숭도와 증기택이 행사를 했던 곳은 런던 부근 포츠머스 해군기지였다. 이번 초용호와 양위호의 경우는 런던이 아닌 영국 동북부 미첼 조선소가 있는 뉴캐슬항구에서 기념행사를 거행하고 곧바로 청국으로 떠나기로 했다. 본래 증기택은 초용과 양위를 포츠머스 항구에서 각국 외교관을 불러 모은 가운데 성대하게 행사를 치를 생각이

75 陳悅, 『中國軍艦圖誌(1855~1911)』, p.239.

76 당시 미첼 조선소에는 칠레 정부가 주문한 동일한 순양함 한 척이 만들어지고 있었다. 나중에 이 배도 청국에 판매할 생각이었으나 이홍장(李鴻章)이 거절하였다. 결국 이 순양함은 1883년 일본에게 판매되어 축자호(筑紫號)라는 이름을 얻었다(陳悅, 『北洋海軍艦船志』, p.36).

었다. 하지만 캠벨은 이런저런 사정을 들어 증기택과 상의한 후 가능한 빨리 중국으로 보내기 위해 조선소 현지에서 인수식을 진행하기로 결정했다.[77]

이번 행사는 이전과 달리 군함을 건네받기 위해 청국에서 직접 북양수사 제독 정여창丁汝昌과 군함관리관 임태증, 등세창鄧世昌 및 영국인 총교습 랑 등의 인솔 아래 수병 264명이 파견되었다. 이것은 청국 수사가 처음 유럽으로 가서 함선을 인수한 사건으로 이홍장의 오래된 바람이 실현된 것이다. 1881년 4월 22일 밤 정여창 일행은 2개월간의 항해 끝에 눈발이 흩날리는 영국 런던 주변 항구에 다다랐다. 그들을 태운 해침海琛호에서 본 "연변의 등광을 밝힌 것이 몇 리에 걸쳐 이어진" 야경은 충격적이었다. 그 후 몇 달 동안 정여창 일행은 암스트롱 공사에서 건조 중인 초용호와 양위호를 참관했을 뿐만 아니라, 영국해군과 각종 교류하며 군사시설을 참관하였다. 정여창은 빅토리아 여왕을 접견했으며 주영 공사관의 제안에 따라 영국 해군병원을 방문하는 일정 등이 이루어졌다.[78] 그런데 현지에서 세 명의 청국 수병이 병사해 무덤에 묻히는 불행한 사건도 발생하였다.

1881년 8월 3일 증기택은 해군 유학생 감독인 지켈 등과 런던에서 기차를 타고 뉴캐슬로 이동하였다. 뉴캐슬항구에는 200여 명의 청국 수사, 30여 명의 영국 관리, 제조상 및 부인들이 참석한 가운데 군악대의 연주 속에 청국 삼각 황룡기를 초용호와 양위호의 깃대에 올렸다. 청국 용기가 처음으로 영국 본토에 펄럭인 날이었는데, 수병들은 예포를 쏘았다.

77 洪子杰, 『一八七五~一八八一年海關購艦之硏究』, pp.75~76.
78 戚海瑩, 『北洋海軍與晩淸海軍建設－丁汝昌與北洋海軍』, 齊魯書社, 2012, pp.77~86 참고.

초용호는 임태증과 양용림楊用霖, 양위호는 등세창과 장사돈章斯敦이 인솔하기로 했으며, 제독 정여창과 총교습 랑이 초용호를 기함으로 삼았다. 당시 랑은 청국 수병이 농민 출신이거나 어민이 아닌 사람들을 모집해 만들었기에 해상항해 경험이 부족하다며 그들에게 배를 맡기는 일에 부정적이었다. 하지만 이번엔 이홍장의 의지가 관철되었다. 한편 두 척 군함의 보험 문제가 갑작스레 제기되기도 했으나, 결국 보험을 들지 않은 채 초용호와 양위호는 위험한 항해 길에 올랐다.

1881년 8월 17일 초용호와 양위호는 영국을 떠나 대서양, 지중해, 수에즈운하, 홍해, 인도양, 싱가포르를 거쳐 홍콩에 도착하는 항행을 시작하였다.[79] 이 두 척의 배는 걱정했던 대로 귀국 도중 우여곡절을 겪었다. 먼저 지중해에서는 두 척이 서로 헤어지고, 양위호가 석탄이 부족해 해상에서 이틀 밤낮을 표류하였다. 겨우 알렉산드리아 항구 80해리의 해상에서 초용호가 양위호를 찾아내어 구제하였다. 다음으로 수에즈운하를 지날 때 양위호가 암초에 부딪혀 선체가 일부 파손되었으나 수리한 후 다시 운항할 수 있었다. 인도양에 진입한 후에도 양위호가 다시 고장을 일으켜 수리하는 일이 있었다. 결국 61일간의 고된 항해 끝에 1881년 10월 15일 홍콩에 도착하였다.[80] 청국에서 이 군함은 배가 작아 가격이 높지 않고, 포가 커서 철갑선을 방어할 수 있으며, 멀리 항해할 수 있어 유용하다는 호평을 받았다.

덧붙이자면, 초용호와 양위호는 근대 한중관계사에서 중요한 역할을 한 군함으로도 특별한 의미가 있다. 이 두 척의 자매함이 1880년대 조선

---

79 王家儉, 『李鴻章與北洋艦隊』, pp.136~137.

80 姜鳴, 『龍旗飄揚的艦隊－中國近代海軍興衰史』, p.123; 陳悅, 『北洋海軍艦船志』, p.47.

에서 임오군란을 비롯한 여러 사건이 발생할 때마다 출동했던 대표적인 군함이었다. 기존의 포선이 대양작전을 펼 수 없었던 것과 달리 초용호와 양위호는 연해를 벗어날 수 있었기 때문에 가능한 일이었다.[81]

하트가 청국 해군 건설 분야에서 행운이 다한 때는 초용급 순양함을 구입할 시기였다. 원래 북양대신 이홍장이 순양함을 구입하게 된 이유 가운데 하나는 군함에 어뢰정을 탑재할 수 있다고 했기 때문이었다. 이 함선이 작아 어뢰정을 탑재할 수 없다는 사실이 알려지면서 어뢰 애호가인 이홍장의 분노를 샀다. 초용호와 양위호에 어뢰정을 싣는 계획은 무산되고 겨우 각각 한 척의 간뢰정을 실을 수 있었다. 하트의 추천으로 구매했던 문자선이 정적들의 비판을 받고, 신식 순양함조차 문제가 드러나자 이홍장의 신임이 매우 악화되었다. 심지어 초용호와 양위호의 건조 일정조차 늦어지자 하트는 해군 군함 구매 사업에서 점차 배제되었다.[82] 아마도 이홍장은 정책 결정 과정에서 하트와 영국 정부와의 결탁 가능성을 의심한 것도 어느 정도 작용했을 것이다.

철갑선이란 장갑한 전열선으로 당시 해군의 주력 함정이었는데, 영국과 독일 등 해군 강국의 대표적인 전쟁수단이었다. 한 때 남양대신 심보정沈葆楨과 복건순무 정일창丁日昌 등이 여러 차례 철갑선 구매를 주장했으나 이홍장李鴻章의 소극적인 태도로 별다른 성과가 없었다. 얼마 후 이홍장 역시 철갑선의 필요성을 충분히 인지해 1877년 제1차 해군 유학생이 영국과 프랑스로 떠날 때 인솔자인 이봉포李鳳苞에게 철갑선의 현황을 알아보는 임무를 맡겼다. 얼마 후 이홍장은 영국이라는 거래선을 바꾸어

81 조세현, 『천하의 바다에서 국가의 바다로』, 일조각, 2016, 399~410쪽 참고.
82 陳悅, 『北洋海軍艦船志』, pp.39~40; 陳悅, 『中國軍艦圖誌(1855~1911)』, p.40.

신임 주독 공사로 임명한 이봉포를 통해 독일 불칸Vulcan 조선소로부터 꿈에 그리던 두 척의 철갑선 진원鎭遠호와 정원定遠호를 구매하고 순양함 제원濟遠호도 함께 계약하였다. 이번에 구입한 철갑선에는 이홍장이 희망하던 어뢰정도 실을 수 있었다.

그런데 제원호에 이어 추가로 구매할 네 척의 순양함조차 모두 독일에서 구매하려 하자 주변에서 반발이 일어났다. 논쟁 끝에 이홍장의 양보와 자희태후의 결정으로 영국과 독일에서 각각 두 척의 순양함을 나누어 구매하기로 절충했다. 영국의 경우 암스트롱 공사의 군함 설계사인 윌리엄 화이트William White가 만든 정원靖遠호와 치원致遠호였다. 독일의 경우는 불칸 조선소에서 경원經遠호와 내원徠遠호를 다시 만들어 서로 경쟁하였다.[83] 과거 영국의 암스트롱조선소가 독점하던 중국 시장은 1880년대에 들어와 독일의 불칸 조선소가 등장하면서 새로운 판도가 형성된 것이다. 이 사건에 관해서는 다음 장에서 자세히 다루고자 한다.

83 증기택(曾紀澤)이 새로운 순양함 구매 명령을 받았을 때는 독일에서 만들어진 제원호(濟遠號)가 중국으로 가고 있을 시기였다. 이 순양함은 설계부터 많은 문제점이 지적된 군함이었다. 증기택은 제원호의 "장점과 단점을 살핀 후 다시 새로운 군함을 구매할 것"을 제안하였다. 훗날 설복성(薛福成)의 일기에는, 제원의 선박 모형을 참고해 영국과 독일에서 각각 두 척의 순양함을 주문해서 대만과 팽호지역에 사용할 계획이었다. 영국 암스트롱조선소에서는 증기택 공사의 책임 아래 치원(致遠)과 정원(靖遠)을, 독일 불칸 조선소에서는 허경징(許景澄) 공사의 책임 아래 경원(經遠)과 내원(徠遠)을 만들었다고 기록했다(薛福成, 『出使英法義比四國日記』(『走向世界叢書』 第1輯 第8冊), 岳麓書社, 1985, p.190).

제4장

# 주독 공사의 군함 구매와 해군 건설

## 이봉포李鳳苞와 허경징許景澄의 출사일기

첫째, 군함 속도이다. 적이 방어할 수 없도록 할 수 있다. 둘째, 군함 크기이다. 풍랑을 두려워하지 않고, 항구 밖으로 멀리 나가 싸울 수 있다. 셋째, 쉽게 회전할 수 있어야 한다. 군함은 반드시 회전할 때 안정적이고 민첩해야 한다. 적함에 비해 더욱 넓고 평평해야 포탄 발사가 정확하다. 넷째, 석탄이 많아야 한다. 군함에 반드시 며칠간 충분히 쓸 수 있는 석탄을 비축해야 하며, 잘 사용할 수 있도록 보호해야 한다. 다섯째, 장갑이 두터워야한다. 반드시 적선 포탄이 뚫을 수 없도록 해야 한다. 여섯째, 선체가 견고해야 한다. 적함과 부딪힐 수 있어야 한다. 일곱째, 포탄이 많고 커야 한다. 반드시 발사한 포탄이 우리 항구에 있는 적선 철갑을 뚫을 수 있어야 한다. 여덟째, 포탄의 발사각도가 넓어야 한다. 무릇 포의 회전 각도가 크면 클수록 좋다. 아홉째, 포 위치가 높아야 한다. 나선형 포의 장탄은 탄환 경로가 곡선이 아니고 거의 직선이다. 포가 높아서 위에서 사격하면 적함 내부를 파괴하기 쉽다. 그러나 포가 지나치게 높으면 상층부가 너무 무거워 군함이 안정적이지 않다.(독일 해군장군의 철갑선에 관한 의견)

— 서건인의 『구유잡록』 중에서

## 1. 과학기술자 이봉포와 서건인

이봉포李鳳苞는 자는 단애丹崖이며, 강소 숭명 출생이다. 그는 일찍부터 서양 과학기술에 흥미가 많아 수학과 제도에 정통했으며, 1863년 강소 여도국에 장이 창건한 강남제조국에서 7년간 지도 제작을 하였다. 이봉포는 출사 전에 영국인 선교사 존 프라이어John Fryer, 傅蘭雅와 함께 강남제조국 번역관에서 다수의 군사기술 서적을 번역하였다. 독일제 신형대포인 크루프Krupp 대포와 관련된 번역서가 많았는데, 『극로백포탄조법克虜伯炮彈造法』4권, 『극로백포병약법克虜伯炮餅藥法』3권, 『극로백포준심법克虜伯炮准心法』2권, 『극로백포설克虜伯炮說』4권 등이 있다. 이 번역서들은 중국 사회에서 처음 크루프 대포를 소개한 책이다. 1875년 정일창이 복건순무 겸 선정대신이 되자 그를 따라서 복주선정국에서 일을 했으며, 마가리 사건으로 이홍장이 프랑스와 담판할 때 참가해 능력을 인정받았다. 1877년 이봉포는 이홍장과 정일창의 적극적인 추천으로 복주선정학당福州船政學堂의 해외유학생 감독으로 임명되어 처음 유럽으로 건너갔다.[1]

이 무렵 청국의 국내외 상황이 급변하였다. 청조는 유럽 각국에 해외공사관을 세우고 동시에 해군 유학생을 영국과 프랑스에 파견하였다. 출사대신이 서양군수업자들과 직접 접촉하면서 하트와 캠벨은 더 이상 중국에 무기 정보를 전달하는 유일한 통로가 아니게 되었다. 광서 시기 이래 하트는 공친왕의 신임을 얻어 영국에서 문자선을 11척이나 구매하였다. 이 배가 철갑선을 파괴할 수 있다고 주장하며 이홍장이 철갑선을 구

1 曾敏泰, 『駐德公使許景澄於晚清軍備購辦之研究』, 國立成功大學 歷史研究所 碩士學位論文, 2009, p.48.

매하려는 시도를 막았다. 그래서 이홍장은 하트나 캠벨이 아닌 중국인의 손으로 철갑선을 구매하기를 원했다. 이런 배경 아래 신식 철갑선의 구조와 성능을 이해하기 위해 가장 적합한 인물로 과학기술자 이봉포를 선택하였다.

이홍장이 이봉포에게 보낸 편지를 보면 구체적인 임무를 알 수 있다. 모두 다섯 조항으로 나누어진 수천 글자로 주영 공사 곽숭도 일기에 요점이 실려 있다. "제1조는 철갑선을 구매할 것, 제2조는 수뢰를 구매할 것, 제3조는 헨리-마티니 소총을 구매할 것, 제4조는 독일과 영국에서 공부하는 유학생들을 관리할 것, 제5조는 광산전문가를 육성할 것 등이었다. 특히 해외유학생의 경우 먼저 독서를 한 후에 기술을 배울 것을 권장하였다.[2]

1878년 8월 곽숭도의 추천과 이홍장의 지지로 이봉포는 제1대 독일 공사 유석홍을 대신해 독일 공사로 임명되었으며, 1881년 봄에는 오스트리아·이탈리아·네덜란드 3국 대신을 겸임하였다. 그는 독일에서 군함과 무기를 구매하는 임무에 주력했으며, 재임 기간 중 이 업무에 충실해 외교관이라기보다 차라리 군수업자에 가까운 활동을 하였다. 특히 1879년 말과 1880년 초 사이 이봉포는 영국해군의 철갑선 관련 정보를 이홍장에게 보고하면서 군함 구매 사업을 촉진하였다. 이홍장이 청조 비준을 얻은 후 이봉포에게 영국 정부와 담판을 지시하면서 군함 구매는 새로운 단계로 진입하였다.

이봉포가 독일 공사였을 때 쓴 『사덕일기使德日記』에는 군함과 무기 구

2 郭嵩燾, 『倫敦與巴黎日記』(『走向世界叢書』 第1輯 第4冊), 岳麓書社, 1985, pp.510~512; 徐建寅, 『歐游雜錄』(『走向世界叢書』 第1輯 第6冊), 岳麓書社, 1985, pp.659~660.

매에 관한 단편적인 기록이 남아있다. 이 일기는 1878년 10월 27일부터 1879년 1월 21일까지 불과 3개월간 기록으로 주독 공사 초기의 활동과 견문을 담고 있다. 『사덕일기』는 비록 분량이 많지 않으나 지리, 문화, 외교, 군사, 정치, 의학 관련 내용들이 고루 담겨있다. 무기에 관한 기록 사례를 들자면, 광서 4년 11월 6일의 일기에는 오스트리아 군수공장 기사가 있다, 11월 17일의 일기에는 독일 신식군함과 대포 소개가 비교적 상세하다, 11월 28일의 일기에는 독일 권총 제조 공장을 참관한 기술이 있다. 일기에는 독일군대의 대포 운용, 육군훈련, 포선제조, 지도측량 등과 독일 군사학교를 참관한 내용이 있다. 여기서 이봉포는 독일의 군수산업 규모는 중간 수준이고 인원이 많지 않지만 매우 효율적이라고 평가하였다. 또한 청국의 군사제도와 군사기술이 낙후한 사실을 실감하면서 독일의 육군훈련을 학습할 것을 희망하였다.[3] 이봉포가 남긴 『사덕일기』는 분량이 소략하고 철갑선을 구매하는 정책 결정 과정이 구체적으로 나타나지 않아 다소 아쉽다. 하지만 크루프 공사에서 만든 대포와 불칸 조선소에서 만든 군함 기사가 엿보인다. 그는 독일 현지에서도 다양한 서양 군사기술 서적들을 틈틈이 번역하였다.

이봉포가 독일 공사로 재직할 무렵 이홍장은 그를 도와주기 위해 과학기술자인 서건인徐建寅을 2등 참찬의 신분으로 독일에 파견하였다.[4] 서건

3 閆俊俠, 「一本薄却重的晚清出洋大臣日記－淺談李鳳苞及其『使德日記』」, 『蘭州學報』, 2006年 第12期, pp.129~132.

4 이봉포(李鳳苞)와 서건인(徐建寅)에 대해 참고할만한 논문으로는 賈熟村, 「赫德與李鳳苞」, 『東方論壇』, 2013年 第3期; 李喜所・賈菁菁, 「李鳳苞貪污案考析」, 『歷史學報』, 2010年 第5期; 閆俊俠, 「一本薄却重的晚清出洋大臣日記－淺談李鳳苞及其『使德日記』」, 『蘭州學報』, 2006年 第12期; 王偉, 「李鳳苞與晚淸海軍建設」, 『遼寧教育行政學院學報』, 2008年 第3期; 劉振華, 「李鳳苞, 徐建演主持購買鐵甲艦考論」, 『軍事歷史硏究』, 2009年 第1期; 傅琰・汪廣仁, 「徐建寅的譯著與西方近代技術的引進」, 『哈爾濱工業大學學報』, 2002.3; 徐泓・包正義・顧敏立, 「徐建寅與『兵學新書』」, 『軍

인을 간단히 소개하면 다음과 같다. 서양에서 군사기술과 장비를 들여오는 과정에서 중국 1세대 기술전문가가 양성되었는데, 서수徐壽와 그의 둘째 아들 서건인 부자가 대표 인물이다. 서수는 증국번의 명령을 받아 중국인이 만든 최초의 증기선 황학黃鶴호를 진수하였다. 그 공적을 인정받아 새로 만들어진 강남기기제조국의 총판으로 임명되었다. 강남기기제조국은 중국 근대공업의 발원지로 1세대 기술자들을 배양하였다. 여기서 혜길惠吉, 조강操江, 측해測海, 위정威靖, 해안海安, 추원騶遠 등 여섯 척의 병선을 만들었고, 선상에 필요한 각종 대포도 만들었다. 당시 서건인도 아버지를 따라 상해로 가서 일을 도왔다. "서건인의 학문은 그의 아버지 서수에게서 물려받았다"라는 말이 있을 정도로 아버지의 영향력이 컸다.[5] 훗날 이 부자는 중국 근대과학의 아버지라는 칭송을 얻었다.

서건인은 이봉포처럼 강남제조국 번역관에서 프라이어 등과 함께 해군 관련 번역서를 출판하였다. 그 가운데 『수사조련水師操練』1872은 청국에서 가장 먼저 출판한 서양해군 군사학 서적으로 알려져 있으며, 3책 18권 약 9만 자이다. 이 책의 원명은 *Gunnery Instructions for British Navy*로 영국 전선부가 1843년에 출간한 것으로 서양해군의 훈련과 전법교재였다. 그리고 『윤선포진輪船布陣』1873은 펠로우Pellow의 *Fleet Manoeuvering*과 카메론Cameron의 *Steam Tacties*를 번역한 것인데, 2책 12권 약 5만 자이다. 이 책은 군함의 전략 전술에 관한 저작으로 함정 편제, 진법 변환, 함대 작전에 관한 내용을 담고 있다. 이런 번역서들은 서양의 선진적인 해군전략과 전술이론 및 병사훈련 등을 소개한 것으로 근대중국 해군 군사학의

---

事歷史硏究』, 2012年 第1期 등이 있다.

5 鍾叔河, 『從東方到西方－走向世界叢書敍論集』, 岳麓書社, 2002, p.405.

기초가 되었다. 중국학계에서는 서건인을 근대 중국에서 해군 전법의 아버지라고 평가한다. 그 밖에도 화학분석, 전기·전선 기술, 기계제조기술, 야금기술, 기계제도 등 다양한 책을 번역하였다.

1875년 서건인은 산동순무 정보정丁寶楨이 만든 산동기기국의 총판으로 파견되었다. 그는 제남에서 2년 동안 스스로 노력해서 창조했지, 서양인을 고용하지는 않았다는 자부심으로 총포와 탄약을 만드는 병기공장을 건설하였다. 산동기기국을 성공적으로 만들 무렵 이홍장과 밀접한 관계를 맺었다. 이홍장은 이봉포를 독일 공사로 출사시킨 후, 다시 서건인을 추천해 현지에서 군함과 무기 구매를 돕도록 하였다. 1879년 10월 25일 서건인은 프랑스 상선 양자揚子호를 타고 상해를 출발해 독일로 가는 여정에 올랐다.

해군기지, 조선소, 군수공장 등을 방문하는 일은 출사대신에게 일상적인 행사의 하나였다. 특히 서건인은 주독 참찬의 신분으로 20여 개월 동안 독일, 영국, 프랑스 등 여러 나라의 80여 곳 군수공장과 연구소를 방문하고 200여 가지 공업 기술을 고찰했다고 알려졌다.[6] 그는『구유잡록歐游雜錄』이라는 일기를 남겼다. 이 여행기는 '청대 출사 인원이 쓴 공업 기술 교류에 관한 대표적인 전문서'로 근대 중서 교류와 과학기술 발전사에서 중요한 자료로 평가받는다.[7] 그가 소개한 서양은 과학기술로 훈련된 중국인 전문가의 눈으로 본 서양이었다. 이 일기는 이봉포의『사덕일기』와 달리 정원급 철갑선을 구매하고 건조되는 과정을 살필 수 있는 귀중한 자료이다. 서건인의『구유잡록』에는 새로 만들어진 철갑선, 군함에

6 Ibid., pp.410~414 참고.

7 陳室如,『近代域外游記研究(1840~1945)』(臺北), 文津出版社, 2008, p.119.

설치된 대형 포, 바다를 항해하는 쾌선과 어뢰정, 군함 정박 과정과 함포의 입고과정, 무기고 등의 묘사가 구체적이다. 그리고 수뢰창고와 어뢰창고를 방문해 수뢰 관리나 어뢰 성능 및 가격, 포대 구조 등을 설명하는 대목도 자세하다. 그의 일기에는 "철갑선에 대해 말하자면 항구를 보호하는 것으로 반드시 적선이 정박하기 전에 혹은 우리 항구에 들어오기 전에 철갑선으로 하여금 속도 내어 충격해 적선을 파괴하거나 물러나게 하면 승기를 잡게 된다"라고 적혀있다. 또한 철로를 이용해 대포를 운반하는 방식이나, 적선이 항구로 진입했을 때 화력을 어떻게 배치해 방어하는가 등에 대한 설명도 있다.[8]

『구유잡록』은 기술전문가가 처음으로 유럽의 근대공업을 고찰한 것으로 그 의미가 높다. 일기 내용은 각종 선진문물과 기술 성과를 소개함으로써 기존 중국인들이 가졌던 과학기술의 수준을 넘어섰다. 하지만 단순히 공업 문명을 숭배하는 심리는 일종의 기술결정론에 머무르고 말았다고 평가할 수 있다. 서건연은 이봉포와 함께 후당포, 철갑선, 어뢰, 어뢰정 등을 중국 사회에 가장 일찍 소개한 인물이다. 그들로 하여금 철갑선을 구매하도록 한 것은 당시로서는 적절한 선택이었다.

한편 앞의 두 사람 말고도 주독 공사를 보좌하던 전덕배錢德培의 『구유수필歐游隨筆』도 주목할 필요가 있다. 전덕배는 1877년 제1대 독일 공사 유석홍을 수행했고, 다음 해 이봉포가 독일 공사로 임명되자 유임되어 공사관 지원업무를 담당하였다. 그의 기록은 광서 3년부터 광서 10년까지 무척 길어 이봉포 공사의 3개월 기록에 비해 훨씬 자세하다. 전덕배는 독

8 徐建寅, 『歐游雜錄』, pp.704~711.

일군대에 대해 잘 알고 있었기 때문에 이봉포의 지시를 성공적으로 수행하였다. 그는 서건연과 함께 불칸 조선소에서 만들어지던 정원호를 관리했을 뿐만 아니라 독일 현지의 각종 군수공장을 참관하였다.[9]

## 2. 이봉포 공사 시기1878~1884

### 1) 크루프 공사와 불칸 조선소

군사상 독일과 영국은 각각 육군과 해군 분야에서 강국이었다. 독일 군수산업을 대표하는 기업인 크루프 공사는 알프레드 크루프Alfried Felix Alwyn Krupp가 만들었는데, 그는 독일 황실이나 비스마르크Otto Eduard Leo-pold von Bismarck 재상과 교류가 있었다. 크루프 공사는 독일제국의 통일 과정에서 이 공장에서 생산한 화포와 탄약 무기들이 주목받았다. 독일뿐만 아니라 세계시장에도 판매되어 '제국의 군수공장'이라는 명성을 얻었다. 특히 크루프 후당포는 전 세계적으로 유명해 생산품의 절반 이상을 외국에 수출하였다. 그래서 "대포는 크루프Krupp가 있고, 소총은 모제르Mauser가 있어 각국에서 으뜸"[10]이라며 유럽을 대표한다고 했다.

---

9 덧붙이자면, 종천위(鍾天緯)는 상해 광방언관(廣方言館)에서 공부하고 강남제조국번역관(江南製造局翻譯館)과 격치서원(格致書院)에서 공부한 양무운동 시기 신형 지식인의 대표 인물 가운데 한 사람이다. 1875년부터 서건인(徐建寅)의 초빙으로 산동기기국(山東器機局)에서 일하였다. 1879년 서건인이 이봉포(李鳳苞)의 출사에 참찬으로 수행했으나 종천위는 과거 때문에 동행하지 못했다가, 다음 해인 1880년 봄 41세의 나이로 이봉포의 요청으로 독일에 출사하였다. 1881년 이봉포의 참찬으로 수행하기도 했고, 서건인과 유럽 각국을 여행하기도 했다. 귀국한 후 서학 서적의 번역과 민중교육에 진력한 인물이다(手代木有児, 『清末中國の西洋體驗と文明觀』, 汲古書院, 2013, p.134).

10 錢德培, 『歐游隨筆』(『走向世界叢書』, 第2輯), 岳麓書社, 2016, p.19.

1860년대까지만 해도 청국은 주로 영국과 프랑스로부터 대포를 구매했는데, 그 가운데 영국산 암스트롱 대포가 주종이었다. 독일제 무기는 1870년대 이전에 수입되어 사용했으나 아직까지 중국인에게 깊은 인상을 주지 못하였다. 1870년 보불전쟁 당시 프로이센군은 크루프 대포를 사용해 프랑스군을 이겼다. 독일이 세계적인 군사 강국으로 거듭나자 이홍장은 영국과 독일의 신식대포를 모두 높이 평가하면서도 특히 크루프 후당포가 가장 뛰어나다고 평가했다. 이홍장은 독일육군을 군사 모델로 삼아 신식 회군淮軍을 만들기 위해 외국 상인으로부터 크루프 대포를 구매하였다.[11] 1870년대 초 해방대논쟁을 거치며 이홍장은 중국 대포를 크루프 대포와 암스트롱 대포로 통일하자고 주장했고,[12] 그 후 육군, 해군, 연안 포대, 신식군함 등에 크루프 대포가 주요무기가 되었다. 각지의 병기공장도 크루프 대포를 모방해 만들었으며 크루프 대포 관련 군사기술 서적이 다수 번역되었다. 심지어 기술자와 유학생을 직접 독일 크루프 공장에 파견했으며, 크루프 공사 역시 사람을 중국으로 파견해 이홍장 등과 접촉하였다. 그 과정에서 크루프와 이홍장 간에 개인 편지도 오고 갔다.[13]

크루프 공사는 해외 사절단이나 주외 공사의 일기에 가장 많이 등장하는 군수업체이다. 이 공사를 가장 먼저 방문한 중국인은 아마도 최초의 해외 사절단인 빈춘 사절단일 듯싶다. 1866년 빈춘, 장덕이 등 11명의 청국 사절단이 하트를 따라 영국을 방문한 후 유럽 각국을 고찰할 때 크루프 공장을 방문하였다. 그들은 크루프 공사가 대포를 잘 만든다는 사

11 張肯銘, 『從認識到認同－晚淸中國朝野對德國軍事能力的認知(1861~1890)』, p.37.
12 (德)僑偉 · 李喜所 · 劉曉琴, 「德國克虜伯與晚淸軍事的近代化」, 『南開學報』, 1999年 第3期, p.66.
13 郭嵩燾, 『倫敦與巴黎日記』, p.748.

실을 알았으며, 크루프 집안의 열정적인 환대를 받았다. 빈춘과 장덕이의 일기에 실린 크루프 공장 참관기록은 중국인이 처음으로 크루프 대포를 자세히 기록한 것이다. 사절단대표 빈춘은 "주강포를 생산하는데 매우 큰 것은 무게가 2만 근이고 가격은 5만 량이다. 그다음은 가격이 5~6천 량이다. 각국의 많은 대포를 이 공장에서 제조한다. (…중략…) 포탄은 무게가 백 근인데 모양이 길고 앞은 뾰쪽하며 안에는 화약이 채워져 있다. 적선의 철갑이 7~8촌이라도 포탄이 이를 뚫을 수 있다"[14]라고 소개했다.

사절단 통역 장덕이는 크루프 공사를 소개하면서 "석탄과 철이 많이 생산되어 대포 만드는 일을 업으로 삼아 꾸준히 만 명이 모여 소강小康을 이루었다. 결국 큰 부를 축적해 재산은 두 나라에 필적하였다. 여기서 만든 화기는 네 국가에 제공했는데 프로이센, 러시아, 네덜란드, 일본의 대포가 모두 이곳에서 만들어졌다"라고 썼다. 그는 크루프 대포에 대해 대포의 후미에 포탄을 장착하고 대포 안은 나선형이며 포탄은 무게가 만여 근이지만, 가깝게는 수십 리에서 멀리는 백여 리까지 날아간다고 했다.[15] 크루프 공장을 견학한 빈춘과 장덕이는 매우 놀랐으나 두 사람 모두 무기 전문가가 아니었기에 여행기에 담은 내용은 감탄 위주였다.[16] 빈춘 사절단의 크루프 공장 방문은 대포를 비롯한 군사물자를 청국으로 수출하는 계기를 마련했다는 평가가 있다. 실제로 빈춘 일행이 독일을 떠난 후 오래지 않아 크루프 공사는 중국 시장으로 진출해 홍콩과 상해에 상

---

14 斌椿, 『乘槎筆記』(『走向世界叢書』 第1輯 第1冊), 岳麓書社, 1985, p.132.
15 張德彝, 『航海述奇』(『走向世界叢書』 第1輯 第1冊), 岳麓書社, 1985, pp.565~566.
16 張肯銘, 「從認識到認同－晚淸中國朝野對德國軍事能力的認知(1861~1890)」, pp.28~29.

주 대리처를 설립하였다.[17]

크루프는 초대 영국 공사 곽숭도 일기에서도 자주 언급되었다. 그는 이봉포가 이홍장의 명을 받아 총포의 구매를 담당할 때 공장을 시찰하였다.[18] 일기에는 크루프 집안 내력, 공장 규모, 공장 관리, 공장자제의 학교, 수도 설비 등 다양한 내용이 실려 있다.[19] 그중에는 크루프가 중국무역을 활성화시키기 위해 사람을 청국으로 파견해 주재시키려 한다는 기사도 있다.[20] 제2대 주영 공사 증기택 일기에는 영국과 프랑스주재 청국 공사가 되어 유럽의 군함과 대포구매를 담당했을 때, 크루프 공사의 예우를 받았으며 밀접한 왕래가 있었다고 썼다.

크루프의 후당포 설계는 가장 선진적이어서 서건인도 그 정밀함을 칭찬하면서 "(크루프) 50미리 포는 두 척의 철갑선을 공격할 수 있다. 제작이 뛰어나 뚫지 못하는 것이 없어 천하 최고이다. 장차 철갑선을 구매한다면 아마도 이 포를 사용해야 할 것이다. 중국군대는 이미 그 사용법을 대략 익혔다"[21]라고 썼다. 서건인은 크루프 포탄공장에서 12인치 포탄 1천 발과 12인치 대포 20문을 구매해 성능을 반복 실험하였다.[22] 군수회

17 1876년 미국 필라델피아에서 열린 세계박람회에 참가한 후 세계를 일주한 이규(李圭)의 여행기에도 크루프(Krupp) 소개가 있어 흥미롭다. 그는 "크루프는 독일인이다. 그 제조창은 이미 유명한데, 에센지방에 있다. 공장의 넓이가 만 묘이며, 노동자가 1만6천2백 명이다. 제조한 무기가 매우 정교해 독일군대에서 사용하는 것이 모두 그 공장에서 만든 것이며, 다른 나라 역시 그것을 많이 구매한다. 차량, 철로 및 다른 여러 가지 철제 제품들 역시 만들지 않는 것이 없다. 박람회 내 진열된 광물 수십 종도 모두 그 기업의 광산에서 생산된 것이다"라고 소개했다. 이처럼 크루프 집안은 공장은 물론 석탄과 철 모두 소유해 다른 데서 구매하지 않는다고 썼다(李圭, 『環游地新錄』(『走向世界叢書』 第1輯 第6冊), 岳麓書社, 1985, p.230).

18 크루프는 이홍장(李鴻章)에게 기차 모형을 선물하자, 곽숭도(郭嵩燾)가 런던에서 그 모형을 살펴보고 이봉포(李鳳苞)에게 일을 처리하도록 하는 기사가 있다(郭嵩燾, 『倫敦與巴黎日記』, p.445).

19 Ibid., pp.639~643.

20 Ibid., p.745.

21 鍾叔河, 『從東方到西方－走向世界叢書敍論集』, 岳麓書社, 2002, p.407 재인용.

사가 제조비법을 공개하지 않기 때문에 이를 파악하려던 것이다. 크루프 대포의 탄약도 화포 성능의 발전에 따라 제조방식이 발전하였다. 왕년에 화약을 처음 발명한 중국인이 외국으로부터 제조법을 배우는 아이러니한 상황이 발생한 것이다. 훗날 서건인의 일생에서 가장 큰 공헌으로 평가받는 것은 신식화약을 발명한 일인데, 당시 유럽 각지의 화약공장을 견학한 경험이 큰 도움이 되었다.

1872년 독일 크루프 대포가 대량으로 중국에 들어오면서 영국 암스트롱 대포를 대신해 청국 해륙군의 주력 포가 되었다. 그 후 청국해군은 "포는 크루프를 사용한다"라는 원칙이 암묵적으로 정해져서 많은 크루프 대포를 구매하였다. 훗날 영국에서 만든 순양함 정원호나 치원호에도 대포는 크루프 대포를 다수 장착하였다. 외국에서 구매한 함선이든 청국에서 제조한 함선이든, 대형 철갑선이든 소형 목재전선이든, 화포를 설치할 때는 우선 크루프 대포를 선택했기 때문에 화력 수준이 제고되었다. 이봉포가 크루프 대포 관련 저작을 다수 번역한 것도 이런 상황과 관련이 깊은데, 청말 해군근대화의 상징 가운데 하나였다.[23]

독일은 1871년 통일을 이룰 때 육군은 유럽에서 최강국이었으나 해군은 상대적으로 허약하였다. 독일 상선은 대부분 외국해군의 보호를 받는 상황이었다. 그러나 오스트리아, 프랑스와 전쟁을 하면서 해군력을 증강하기 시작해 비록 영국과 프랑스에 미치지는 못했지만 급속하게 성장해 다른 국가들이 두려워했다.[24] 크루프 공사는 독자적인 조선소를 갖추지

22 徐建寅, 『歐游雜錄』, pp.743~744.

23 『독일크루프와 중국근대화』에서는 크루프 대포에 관한 번역서가 『克虜伯炮圖說』, 『克虜伯炮操法』, 『克虜伯船炮操法』, 『克虜伯子藥圖說』 등 모두 20부에 이른다고 한다.

24 許景澄, 『許文肅公遺集』(臺北), 文海出版社, 1968, p.1131.

않았지만 군함에 탑재하는 대포를 생산하였다. 대부분의 대형 군함을 만든 곳은 불칸 조선소로 신형기업이었다. 영국의 미첼 조선소가 군함을 만든 대표적 공장이었다면, 독일에는 불칸 조선소가 있었던 것이다. 신생 불칸 조선소와 독일 정부는 청국으로부터 함선 제조권을 따내기 위해 청국 외교관이 독일의 조선 능력을 주목하도록 유도했다.

불칸 조선소 방문은 서건인과 전덕배의 기록이 남아있다. 1878년 11월 9일 불칸 조선소는 주독 공사 이봉포를 새로 만든 군함의 진수식에 초청하였다. 조선소 주인 불칸이 직접 나와 손님을 맞이하였다. 당일 진수한 배는 독일해군의 주력선인 삭슨Sachsen급 철갑선인 불템베르그Wurtemberg호였다. 독일 고관이 축배를 들며 독일해군과 불칸 조선소를 치하하였다. 이 행사에 참석한 일본 공사도 독일 병선이 나날이 발전해 동방으로 향하니 사람들이 우러러본다면서 불칸 조선소가 국가 부강에 이바지하는 일은 존경할 만하다고 평가했다.[25] 이 거대한 강철 군함은 청국 외교관에게 강렬한 인상을 남겼다. 진수식 후 독일의 해군 장군과 불칸 조선소 주인은 미래의 고객이 될 중국 손님에게 호의를 베풀었다. 새로운 철갑선을 설계한 사람은 불칸 조선소 총설계사인 루돌프 하크Rudolph Haack였다. 그는 오랫동안 불칸 조선소에 근무하면서 장차 자신의 손으로 청국을 위해 제원과 경원 등 순양함을 설계할 인물이었다.[26] 이 조선소에서 만든 군함은 북양함대의 주축을 이루었다(〈표 4〉 참고).[27]

---

25 曾紀澤 · 李鳳苞, 『使歐日記』, 黎明文化事業公司, 1988, p.142.

26 陳悅, 『北洋海軍艦船志』, 山東書報出版社, 2009, pp.63~64.

27 훗날 청말신정(淸末新政)시기 대홍자(戴鴻慈) 일행도 독일을 방문했을 때 불칸 조선소를 찾았다. 공장에는 선박의 모형들이 전시되어 있는데 매우 섬세했으며, 청국 병선인 진원(鎭遠), 정원(定遠), 해용(海容), 해주(海籌), 해기(海圻) 등이 모두 이 공장에서 생산되었다고 기억했다(戴鴻慈, 『出使九國日記』(『走向世界叢書』 第1輯 第9冊), 岳麓書社, 1985, p.392).

〈표 4〉 북양함대 중의 독일제 군함[28]

| 군함명 | 종류 | 마력(匹) | 항속(節) | 포수 | 배수량 | 구입연도 | 구매공장 |
|---|---|---|---|---|---|---|---|
| 定遠 | 鐵甲船 | 6,000 | 14.5 | 22 | 7335 | 1880 | Vulcan |
| 鎭遠 | 〃 | 6,000 | 14.5 | 22 | 7335 | 1881 | 〃 |
| 濟遠 | 巡洋艦 | 2,800 | 15 | 23 | 2300 | 1883 | 〃 |
| 來遠 | 〃 | 5,000 | 15.5 | 14 | 2900 | 1885 | 〃 |
| 經遠 | 〃 | 5,000 | 15.5 | 14 | 2900 | 1885 | 〃 |
| 乾一 | 魚雷艇 | 650 | 18.2 | 1 | 28 | 1880 | 〃 |
| 乾二 | 〃 | 650 | 18.2 | 1 | 28 | 1880 | 〃 |
| 定一 | 〃 | 91 | 15 | 2 | 16 | 1880 | 〃 |
| 定二 | 〃 | 91 | 15 | 2 | 16 | 1880 | 〃 |
| 鎭一 | 〃 | 92 | 15 | 2 | 16 | 1881 | 〃 |
| 鎭二 | 〃 | 92 | 15 | 2 | 16 | 1881 | 〃 |
| 中甲 | 〃 |  | 16 | 1 | 15.7 | 1883 | 〃 |
| 中乙 | 〃 |  | 16 | 1 | 15.7 | 1883 | 〃 |
| 福龍 | 〃 | 1,500 | 23 | 4 | 115 | 1885 | Elbing Schichau |
| 左二 | 〃 | 600 | 19 | 2 | 108 | 1887 | Vulcan |
| 左三 | 〃 | 600 | 19 | 2 | 108 | 1887 | 〃 |
| 右一 | 〃 | 600 | 18 | 2 | 108 | 1887 | 〃 |
| 右二 | 〃 | 597 | 18 | 2 | 108 | 1887 | 〃 |
| 右三 | 〃 | 597 | 18 | 2 | 108 | 1887 | 〃 |

그런데 서건인은 철갑선이 가장 뛰어난 무기임에는 분명하지만, 가격이 너무 비싸서 한 척의 철갑선을 살 돈이면 여러 척의 순양함과 어뢰정을 살 수 있다고 보았다. 작은 군함이라도 죽음을 각오하고 사방에서 포위해 적함을 공격하면 반드시 한 발은 명중할 것이므로 우리 철갑선으로 적 철갑선을 공격하는 것보다 쉽게 승리를 얻으리라 보았다. 이에 반해 전덕배는 어뢰정으로 적선을 공격할 수 있는 것은 맞지만 장기적인 관점

28 張俠 外, 『淸末海軍史料』, 海洋出版社, 1982, p.471; 胡立人·王振華 主編, 『中國近代海軍史』, 大連出版社, 1990, p.121 도표; 王家儉, 『李鴻章與北洋艦隊』, 三聯書店, 2008, p.140 도표를 참고해 작성.

에서 여전히 철갑선이 주축이 되어야 한다고 믿었다. 그는 중국이 일정한 수의 철갑선, 순양함, 어뢰정을 갖춘다면 열강에 대항할 수 있다고 생각했다. 그리고 중국 해안선이 너무 넓어서 모든 지역에 포대를 설치하는 것이 불가능하므로 "가장 쓸모가 있는 것은 철갑선이다. 철갑선은 수시로 이동할 수 있어 적선을 보면 쫓을 수 있다. 어뢰정과 순양함으로 보완하면 적의 공격도 방어할 수 있다"라고 썼다.[29]

서건인은 해군 전함의 건조기술을 이해하기 위해 독일 해군기지 사령관에게 가르침을 요청하기도 했다. 사령관은 철갑선에 관한 아홉 가지 요점을 제시하였다. 군함 속도, 군함 크기, 포대 회전, 석탄저장, 선체 장갑, 선체 견고, 포탄 크기, 발사각도, 대포 위치 등을 강조하였다. 사령관은 아홉 가지 요점은 서로 견제한다면서 "속도를 빨리하려면 군함은 반드시 커야 한다. (…중략…) 군함이 너무 크면 회전하기가 쉽지 않다. (…중략…) 포의 사정거리가 너무 넓으면 포의 노출을 막기 어렵다. (…중략…) 철갑을 두텁게 하려면 앞뒤로 철갑을 사용하지 않을 수 없다. 앞뒤의 철갑을 줄이려면 주요 부분의 약점만을 두텁게 해야 한다"[30] 등의 조언을 아끼지 않았다. 크루프 공사나 불칸 조선소뿐만 아니라 지멘스 공사 등 다른 독일 군수 기업들도 청국 외교관들을 열정적으로 대접하였다.

### 2) 철갑선 정원定遠과 진원鎭遠 구매

이홍장은 처음에는 터키가 요청해 영국에서 건조 중이던 철갑선 두 척을 대신 구매하려 했다. 당시 터키와 러시아가 전쟁 중이었고 영국 정부

29 錢德培, 『歐游隨筆』, pp.78~79.
30 徐建寅, 『歐游雜錄』, p.714.

는 철갑선이 청국에 판매될 경우 다시 러시아로 넘어갈 것을 우려해 거절하였다.[31] 그 후 이홍장은 영국에서 두 척의 철갑선 베르아일Belleisle호와 오리온Orion호를 구매할 것을 고려하였다. 그러나 두 철갑선의 성능이 별로 탁월하지 않고 가격도 저렴하지 않았다. 이봉포의 의견을 듣고 구매할 뜻을 접었는데, 영국 정부도 이리 문제 등으로 인해 거대군함을 청국에 판매할 의사가 없었다. 영국에서 철갑선 구매가 난항을 겪을 무렵 청국주재 독일 공사 브란트Max August Scipio von Brandt는 이홍장에게 독일이 청국을 위해 군함을 건조할 수 있다고 제안했다. 이에 이홍장은 이봉포로 하여금 상황을 알아보도록 했다.

1870년대 유럽에서는 다양한 실험을 통해 가장 적합한 선체 설계와 화포 배치를 탐색하였다. 철갑선은 군함이 증기시대로 진입한 후 출현한 독특한 발명품이다. 과거 풍력에 기반한 목재전선에 비하면 강철 장갑과 증기 동력을 가진 신식군함은 압도적이었다. 철갑선은 해군 주력 함종이 되어 국가 무력의 상징이 되었다. 1881년 영국해군에서 만든 철갑선 인플렉시블HMS Inflexible호는 군함이 새로운 시대에 진입했음을 상징하였다. 영국의 군함 설계사인 바나비가 설계한 이 군함은 철갑선의 역사상 이정표를 세운 배로 당시 영국은 "양식은 최신이고, 두께는 가장 두텁고, 대포는 가장 큰"[32] 철갑선이라고 자랑하였다.

철갑선을 구매하는 문제는 생각보다 복잡하였다. 어떤 양식의 철갑선을 구매하느냐? 어느 곳에서 제조하느냐? 어떻게 가격을 정하느냐? 등 모두 까다로운 문제였다. 이와 관련해 서건인의 『구유잡록』과 이봉포의

---

**31** 陳悅, 『中國軍艦圖誌(1855~1911)』, 商務印書館, 2013, p.24.
**32** 徐建寅, 『歐游雜錄』, p.731.

『사덕일기』에는 철갑선 구매과정을 언급하였다. 1870년대는 영국, 프랑스, 독일 등이 군함과 무기 수출을 놓고 격렬한 경쟁을 벌이던 시대였다. 그래서인지 일기에는 이들이 독일의 해군기지와 조선소를 방문한 후, 다시 영국의 해군기지와 조선소를 방문한 것은 물론 프랑스 조선소와의 접촉도 담겨있다. 일행은 자신들이 거주하던 독일에서 철갑선박과 조선 기술 상황을 자세히 이해한 후, 다시 영국으로 건너가 포츠머스 해군기지와 여러 조선소를 참관해 선박 기술을 연구하였다. 특히 포츠머스 해군기지에는 영국해군의 부두와 조선소가 있는데, 면적이 매우 커서 선박을 정박시키는 곳이 수십 곳이고 선박을 수리하는 곳도 여러 곳이었다. 이곳에는 영국해군을 대표하는 인플렉시블호를 비롯해 많은 군함들이 체류하고 있었다.[33]

이봉포와 서건인이 이홍장의 지시를 받아 영국을 여행할 때, 하트와 캠벨의 도움을 받지 못하였다. 독일 정부가 열정적으로 청국 외교관을 대우한 것과 달리 영국해군의 태도는 그들을 실망시켰다. 청국 출사대신들이 미첼 조선소에서 건조 중인 순양함 초용호와 양위호를 참관할 수 있도록 요청했으나 영국 측으로부터 무례하게 거절당했다.[34] 캠벨은 자신이 이봉포 일행을 도와줄 의무가 없으며, 오직 청국 해관을 위해 하트에게만 충성하면 된다고 생각했다. 자신의 고유 업무였던 군함과 대포구매를 이봉포가 대신하려는 시도에 대한 불만의 표시였을 것이다. 이것은 이홍장과 하트 사이가 벌어진 것을 의미하였다. 이홍장은 영국에서 철갑선을 구매하는 일이 어렵게 되자 이봉포로 하여금 프랑스에서 구입 여부

33 Ibid., p.733.
34 陳悅, 『北洋海軍艦船志』, p.62.

를 알아보도록 지시했다. 그 과정에서 독일 공사는 영국과 프랑스가 아닌 독일에서 철갑선을 수입할 것을 제안하였다. 결국 독일 해군부의 적극적인 지원 아래 철갑선 구입처를 독일로 바꾸는데 성공하였다.[35]

영국은 전통적인 해군국가이고 독일은 신흥강국이었다. 서건인 일기에는 "현재 중국이 만들려는 배는 (영국제)인플렉시블호와 (독일제)삭슨 SMS Sachsen호를 따라서 만들되 두 군함의 장점을 모으고, 두 군함의 단점을 없애는 것"이라고 적었다. 그에 따르면, 철갑선은 영국이 최고라고 하지만 이런 군함은 단지 인플렉시블호 한 척이 있을 뿐이다. 형식이 최신이고 철갑이 가장 두터우며 대포가 가장 크고 두 개의 포대가 있다. 그러나 회전하는 포대에 약점이 있는데, 만약 적의 대포에 의해 파괴되어 회전이 원활하지 않으면 폐물이 되어버린다. 독일은 이를 교훈삼아 포대를 개조했으며 철갑의 두께도 16인치에 이른다고 했다.[36] 영국과 독일의 최신식 철갑선을 비교한 후 철갑의 두터움은 삭슨호를 따랐고, 포대의 형식은 인플렉시블호를 따르고자 했다.

최종적으로 독일의 불칸 조선소에서 두 척의 철갑선 정원호와 진원호를 구매하기로 했다. 훗날 이 두 척의 철갑선은 북양함대의 양대 주력함이 되었다. 결과적으로 정원급 군함은 기본적으로 독일 삭슨호의 설계를 따랐고, 영국 인플렉시블호의 설계로 보완하였다. 그래서 정원호와 진원호의 함선설계 가운데 포탑이나 사령탑설계는 독일의 영향을 받았다. 장갑기술 면에서 새로운 방식을 적용해 전면적으로 강철 장갑으로 구성하였다. 내부구조 면에서는 선체 하부철판을 이중으로 만드는 등 혁신적인

---

35 王家儉, 『李鴻章與北洋艦隊』, 三聯書店, 2008, pp.155~158.

36 徐建寅, 『歐游雜錄』, pp.731~732.

설계방식을 도입해 장갑 방호를 강화하였다. 당각 기술 면에서도 유선형 당각을 적용하였다. 정원급 철갑선은 배수량이 7,335톤, 항속이 14.5노트, 동력은 6,000마력이었다. 선두 좌우와 선미에 어뢰동이 세 개가 설치되었고, 소형어뢰정 세 척과 소윤선 한 척이 실렸다.[37] 당시로서는 가장 선전적인 군함으로 비록 장갑, 톤수, 항속, 화포구경 면에서 세계 최고는 아니었지만, 동아시아에서는 필적할 만한 상대가 없었다.

서건인은 수시로 불칸 조선소를 방문해 철갑선 건조과정을 관찰하며 신기술에 주목하였다. 그는 평상시 진행 과정을 감독하기 위해 청국 유학생들을 공장에 상주시켰으며, 스스로 독일과 영국의 「해부조선장정海部造船章程」 등을 번역해 규정에 따라 엄격하게 일을 처리하였다.[38] 전덕배의 일기에도 서건인과 불칸 조선소를 방문해 건조 중이던 정원호를 관찰한 기록이 남아있다. 그의 글은 이봉포와 서건인 등이 정원호와 진원호를 구매하기 위해 얼마나 심혈을 기울였는가를 잘 보여준다. 건조시한을 맞추기 위해 야간에도 작업했으며, 야간작업이 경비 절감에 도움을 준다는 사실과 갑판 등 일부 구조물은 다른 공장에서 제작된다는 사실도 알려준다.[39]

이홍장이 독일 군함을 최종 선택한 배경에는 경제적 고려가 주요 원인 가운데 하나였다. 청조는 이 두 척의 군함을 사는데 무려 340만량 백은약 80여만 파운드을 지출하였다. 만약 선진적인 영국 군함을 구매했다면 재정 부담이 더욱 커졌을 것이다.[40] 그나마 양무운동 시기 장기간 국내외 정

37 「購船篇」, 『清末海軍史料』(張俠・楊志本・羅澍偉・王蘇波・張利民 合編), 海洋出版社, 1982, p.168.
38 徐建寅, 『歐游雜錄』, pp.761・766.
39 錢德培, 『歐游隨筆』, pp.75~76.
40 姜鳴, 『龍旗飄揚的艦隊－中國近代海軍興衰史』, 三聯書店, 2002, p.129.

세가 안정되어 해관 수입 등 어느 정도 경제적 숨통이 트였기 때문에 가능한 일이었다. 이봉포가 독일에서 철갑선을 구매할 것을 결정하자 영국 정부는 물론 하트와 캠벨도 불쾌함을 숨기지 않았다. 심지어 영국주재 청국 공사인 증기택도 독일에서 군함을 구매하는 결정은 적절하지 않다고 생각했다. 그는 영국 군함이 독일에서 만든 함선보다 우월하다고 믿어 이홍장과는 다른 입장을 취하였다.[41]

철갑선 구매 갈등은 표면상 영국제와 독일제의 우월문제로 보이지만 실제로는 복잡한 인간관계가 얽혀 있었다. 이홍장은 이봉포를 매우 신뢰했으나, 이봉포와 서건인 간에 갈등이 일어나면서 구매과정을 둘러싼 의혹이 발생하였다. 두 사람 사이가 갈라진 이유는 뚜렷한 기록이 없어 분명하지 않다. 단지 철갑선을 구매하는 과정에서 강직한 성격의 서건인이 이봉포의 태도에 불만을 품고 사직해 귀국했다는 주장이 있다. 예를 들어, 서건인 일기에는 이봉포 공사가 서양인만을 지나치게 신뢰하고 중국 관리를 경시하는 경향에 대해 불만을 드러내는 구절이 있다.[42] 하지만 두 사람 모두 철갑선 건조에 매우 진지하게 노력한 사실은 분명하다. 이들의 갈등이 시작된 지 얼마 지나지 않아 일기가 끝이 나서 자세한 상황을 알 수 없다. 결국 서건인은 갑작스레 귀국했으며 얼마 동안 이렇다 할 관직을 받지 못했다. 당시 이봉포 뇌물 사건 의혹이 불거지는 과정 중 보수파에게 이홍장을 비판할 실마리를 제공한 일과 관련이 있지 않을까 싶다.[43]

---

**41** 王家儉, 『李鴻章與北洋艦隊』, p.159.

**42** 徐建寅, 『歐游雜錄』, p.775.

**43** 훗날 서건인(徐建寅)은 복건선정국(福建船政局)에 근무하면서 『병학신서(兵學新書)』(1896)를 출판하였다. 이 책은 육군 군사학 서적으로 해군 서적은 아니지만 보병, 기병, 포병에 대해 논의하면서 소총과 화포 등에 대해서도 소개하였다. 의화단운동 시기 열강이 중국에 화약을 판매하지 않자 서건인은 스스로 흑색화약과 무연화약을 만들었다. 그는 화약을 실험하다 폭발사고로

정원호와 진원호를 구매할 때 함께 주목한 해군 무기는 어뢰와 어뢰정이었다. 철갑선의 약점은 선박이 지나치게 무거워 느리고 대포 역시 발사속도가 느리다는 점이다. 이에 따라 각국은 빠른 군함과 빠른 대포를 갖추는 것을 경쟁하였다. 그런데 어뢰와 어뢰정의 출현은 이런 전략에 근본적인 변화를 몰고 왔다. 1866년 오스트리아에서 일하던 영국 기술자 화이트헤드는 오스트리아 친구이자 해군 장교가 만든 물고기 모양의 수뢰에서 아이디어를 얻어 세계 처음으로 스스로 움직이는 어뢰를 발명하였다. 1870년대 어뢰를 사용하는 신형 해군 군함이 출현했는데, 이것이 어뢰정이다. 초기 어뢰정은 해전에서 일종의 비밀병기였다. 많은 사람들이 어뢰와 어뢰정이 철갑선과 순양함을 만드는 것보다 훨씬 저렴하고 철갑선과 순양함에 치명상을 입힐 수 있다는 사실에 큰 관심을 보였다. 특히 해군력이 약한 나라의 경우 적은 비용으로 해군 강국에 맞설 수 있는 무기로 생각하였다.

어뢰정은 크기 면에서나 제조 비용 면에서나 속도 면에서나 공격 능력 면에서나 새로운 전술 무기였다. 실제로 어뢰정에서 발사하는 어뢰의 폭발력은 해전의 성격을 근본적으로 바꾸었다고 평가한다. 청국 관리들도 어뢰정의 파괴력에 주목하였다. 1874년 10월 이홍장이 천진에서 러시아 군함을 참관할 때 처음 어뢰정을 보았는데, 해군 무기로서 강렬한 인상을 남겼다. 어뢰정의 기술이 나날이 발전하자 이홍장은 어뢰 병기에 매혹되었다.

독일에서 철갑선을 만들 때, 불칸 조선소에서는 정원호와 진원호에 두

---

사망하였다(鍾叔河, 『從東方到西方－走向世界叢書敍論集』, p.423).

척의 어뢰정 건일乾一호와 건이乾二호를 만들어 탑재하기로 추가 계약하였다. 이것이 중국 최초의 어뢰정으로 독일에서 만든 어뢰발사관을 장치해 어뢰를 발사하는 첫 번째 어뢰정이기도 했다. 이봉포는 어뢰와 어뢰정을 구매했을 뿐만 아니라 해군 유학생 중에 사람을 뽑아 어뢰의 사용과 제조를 공부하도록 했다. 1882년 어뢰정과 어뢰가 청국에 인도되자 이홍장은 이봉포에게 어뢰 무기를 교육시킬 수 있는 외국인 기술자를 청국으로 초빙하도록 했다. 본래 어뢰정은 철갑선과 서로 보완하며 운용하도록 되어 있었다.[44]

그 후 북양해군은 대부분의 어뢰와 어뢰정을 독일에서 구매했으며, 독일 어뢰정을 무려 20여 척이나 운영하였다. 그 과정에서 일부 어뢰 관련 기술이 청국에도 이전되어 제조기술이 향상되었다. 나중에 복주선정국에서 두 척의 어뢰정을 자체 생산하였다. 서건인은 일기에서 "복뢰伏雷는 반드시 적선을 폭발시킬 수 없지만 적을 의심하게 만들 수 있어 많이 설치해야 한다. 어뢰魚雷로 적을 공격하면 반드시 명중시키지 못하더라도 적을 두렵게 할 수 있다. (…중략…) 중국항구는 바닷물이 비교적 맑지만, 많이 혼탁해 힘을 발휘하기 어렵다. 반드시 신식무기를 사용하고 해류의 특징을 잘 살펴야 한다"[45]라고 소개하면서 어뢰정은 배 옆에서 어뢰를 발사하는 것이 적당하다고 설명했다.[46]

---

**44** 王家儉, 『李鴻章與北洋艦隊』, pp.162~163.

**45** 徐建寅, 『歐游雜錄』, pp.713~714.

**46** 당시 독일 해부대신(海部大臣)이 와서 말하길, 철갑선이 적선과 충돌하는 것은 자신의 군함 역시 큰 타격을 받을 가능성이 높다. 따라서 바다를 운항하는 쾌속선의 물 밑에 어뢰동을 설치한 후 어뢰를 발사시켜 철갑선의 충돌을 피해야 한다. 이미 만들어진 배에는 선박의 옆쪽에 어뢰동을 설치할 수 있다. 어뢰에서 사용하는 화약은 포탄의 것과 같다고 말했다(Ibid., p.775).

## 3. 허경징 공사 시기1884~1887

### 1) 순양함 제원濟遠을 둘러싼 갈등

청국은 한때 주일공사로 파견하려던 허경징許景澄을 이봉포를 대신해 1884년 9월 프랑스·독일·이탈리아·네덜란드·오스트리아주재 5국 공사로 파견하였다. 그는 절강 가흥 출신으로 과거 출신 문인이지만 외교관으로서 해군 사무에 큰 관심을 보인 인물이다.[47] 그의 갑작스러운 독일파견은 이봉포가 구매한 철갑선 진원호와 정원호 및 순양함 제원호를 둘러싼 갈등과 관련이 깊다. 이런 우연한 기회를 통해 근대중국 해군 건설에서 이봉포 못지않은 큰 공헌을 하게 되었다. 그 시작은 이봉포 공사가 남긴 숙제를 처리하는 일에서 출발하였다.

여러 해 전 북양대신 이홍장은 해관총세무사 하트를 통해 영국에서 두 척의 순양함 초용호와 양위호를 구입한 바 있었다. 하지만 이 시대는 순양함의 혁신 시대여서 초용급 군함보다 뛰어난 개량형 순양함이 계속 나왔다. 앞서 언급했듯이 이홍장은 방호능력이 떨어지고 어뢰정을 탑재하지 못하는 초용급 군함에 불만을 품고 하트가 아닌 이봉포에게 철갑선 말고도 신식 순양함을 한 척 더 구매할 것을 지시하였다. 하트는 초용급 군함을 개량한 신형순양함을 추천하면서 영국의 제조 능력과 적절한 가격을 제시했으나 이홍장은 오히려 독일을 선택하였다.

1880년과 1881년 사이에 정원호와 진원호의 구매를 결정했고, 다시

47 허경징(許景澄)에 대해 참고할만한 논문으로는 曾敏泰,『駐德公使許景澄於晩清軍備購辨之硏究』, 國立成功大學 歷史硏究所 碩士學位論文, 2009; 賈菁菁,「許景澄與晩清海防建設」,『社會科學家』, 2010.2; 張登德·張國紅,「許景澄與晩清海軍建設」,『北洋海軍新探』(戚俊杰·郭陽 主編), 中華書局, 2012 등이 있다.

1882년에 철갑선의 느린 항속을 보완할 독일제 순양함 제원호의 구매를 결정하였다. 정원호와 진원호는 1882년과 1883년에 각각 완성되었고, 제원호도 1883년에 완성되어 시험운항에 들어갔다. 청국이 주문한 이번 신식 순양함은 독일에서 한 번도 제조한 적이 없던 것이었다. 이 군함의 특징은 4인치의 두터운 철갑으로 장갑이 잘 갖추어져 방호 순양함이라고 불렸다. 이른바 제원급 군함의 무기 배치는 초기 순양함과는 달랐다. 배 위에 다량의 화포를 배치하지 않고 소수이지만 위력적인 대구경 화포를 설치해 "구경으로 수량을 대신하는" 설계를 채택하였다.[48] 이런 함선에는 이홍장이 좋아한 어뢰도 설치되어 있었다.

그런데 제원호는 설계상 문제가 자주 제기되었다. 독일에서 처음 설계하고 건조한 실험적인 작품이어서인지 약점을 안고 있었다. 예를 들어, 석탄 창고가 지나치게 작다든지, 기관실이 한쪽으로 치우쳤다든지, 궁갑 설계에 문제가 있다 등이다. 영국 신문에서는 이 군함에 대해 대대적인 비평을 가했는데, 철갑선의 독일판매가 영국 정부와 군수업체에 큰 충격을 준 반작용이었다. 신문 기사에는 제원의 선체 설계, 장갑 방호, 주포 등에 대해 전 방위적인 비평이 이루어졌다. 영국 군함 설계사인 화이트의 비판이 대표적이다. 그에 따르면 첫째, 궁갑이 수면보다 아래에 있어서 선체가 포격을 받았을 때 궁갑이 비록 파괴되지 않아도 선체에 물이 들어와 침몰할 위험이 있다. 둘째, 제원호의 장갑 방호가 부실해 포탄이 쉽게 뚫을 수 있어서 많은 사상자가 발생할 수 있다. 셋째, 제원호의 하부가 지나치게 가볍고 선체의 중심이 지나치게 높아 전복되기 쉽다 등을

48 陳悅, 『北洋海軍艦船志』, p.97.

지적했다.[49] 영국식 개량형 방호 순양함을 구입할 것을 제안했던 하트는 이번 기회를 통해 이홍장에 대한 불만을 폭발시키는 계기로 삼아 적극적으로 제원호 관련 의문점을 제기하였다.[50] 이에 대해 독일해군과 신문들도 반발하며 비판 기사로 맞대응하였다.

청프전쟁에서 독일 정부의 불간섭정책으로 정원, 진원 두 척의 철갑선을 중국으로 보내지 못하고 독일 항구에 체류시키고, 순양함 제원호조차 설계 문제로 논쟁에 휘말리자 청조에서 파란이 일어났다. 북경 정계에서는 근대 군사 지식이 부족한 청류파 문인들이 이봉포를 공격하며 거액의 뇌물수수60여만 은량 소문을 퍼트렸다. 제원호의 결함 문제가 뇌물수수 문제로 비화된 것이다. 게다가 정원호 등이 중국으로 오지 못하고 독일에 묶여있는 것도 이봉포를 탄핵하는 구실로 작용하였다. 이홍장의 변호에도 불구하고 뇌물을 받았다는 풍문에서 빠져나오지 못하고 결국 관직을 박탈당한 후 귀국하였다.

당시 제원호를 둘러싼 의혹 가운데 함선의 가격이 지나치게 비싼 것이 이봉포가 뇌물을 받았기 때문이라는 주장은 설득력이 떨어진다. 오히려 이 배는 당시 세계적으로 유사한 군함에 비하면 저렴한 편이었다.[51] 하지만 이봉포나 그를 보좌했던 전덕배의 일기에는 이 사건에 대한 언급이

49 曾敏泰, 『駐德公使許景澄於晚清軍備購辦之硏究』, p.66.

50 (설복성(薛福成)이 살펴본 옛 자료에 따르면,) 당시 영국과 독일의 군수공장은 서로 경쟁적이다. 중국의 '제원(濟遠)' 쾌선(快船)은 독일공장에서 만드는데, 영국공장에서는 전문가들이 이 군함을 비판하였다. 제원호의 여러 곳이 현대 병선의 제조법에 미치지 않는다는 것이다 (…중략…) 외국 전문가들이 서로 승리를 구하기 위해 노력하는 것은 옛날부터 문인과 비슷하다. 비록 좋은 글이라 하더라도 그 문제점을 지적하는 것이다. 제조의 학문도 하나의 이익을 구하면 하나의 폐단이 생기는 것이 자연스럽다. 제원호의 상체가 무겁고 하체가 가벼운 문제점도 이와 마찬가지이다. 점차 이를 보완하기 위한 주장이 제기되어 그 방식이 개량되었다(薛福成, 『出使英法義比四國日記』(『走向世界叢書』 第1輯 第8冊), 岳麓書社, 1985, pp.191~192).

51 陳悅, 『中國軍艦圖誌(1855~1911)』, p.46.

없어 구체적인 상황을 알 수 없다. 이봉포의 군함 구매가 하트, 켐벨 등과 충돌하면서 기존 이익집단의 반발을 산 것은 물론, 이홍장을 견제하려는 반대파와의 권력투쟁에 휘말린 결과로 보인다.[52] 여기에는 총리아문, 북양대신, 남양대신 등 해군을 둘러싼 중앙과 지방의 정치세력 간 오랜 불신과 갈등도 한몫했을 것이다.

허경징이 독일로 파견된 것이 이 무렵이다. 그의 주독 공사 시절 업무는 크게 세 가지로 나눌 수 있다. 첫째는 복주선정국에서 파견한 유학생들을 관리하는 것, 둘째는 군사물자(총포, 화약 등)를 구매하는 것, 셋째는 독일에서 구매한 군함들을 검사하는 것으로 모두 군사 업무와 관련이 있었다. 그 가운데 가장 급박한 임무는 청프전쟁으로 출발이 늦어진 두 척의 철갑선 정원, 진원과 한 척의 순양함 제원을 검사하고 출항시키는 일이었다. 이 세 척의 군함 규모는 중국 역사상 전무한 것으로, 구매금액도 종전에 없던 거액이었다. 본래 이 함선들의 관리는 이봉포 책임이었는데, 후임자인 허경징은 자신의 경험과 지식이 부족하다는 사실을 인정하고 이봉포는 물론 수행원, 통역 등에게 도움을 구하는 데 망설이지 않았다.[53]

신임공사는 오랫동안 항구에 정박 중인 정원호와 진원호가 부식되는 것을 막기 위해 전임공사 이봉포와 함께 군함의 점검을 시행했는데, 큰 문제점은 발견되지 않았다.[54] 청조는 허경징에게 제원호에 대해서도 조

52 한 연구에 따르면, 혹자는 이봉포(李鳳苞)가 공격을 받은 것은 그가 과거 출신이 아닌데도 불구하고 주독공사로 임명받자 질시했기 때문이라고 본다. 혹자는 이봉포가 이홍장(李鴻章)의 신임을 받자 반대파가 이봉포를 공격해 이홍장을 압박하려 했다고 본다. 하지만 제원호(濟遠號)는 중국에 온 후에 성능에서 별다른 문제를 발견하지 못했다(穆易, 「敍論－值得珍視的兩份游歐記錄」(李鳳苞, 『使德日記』(走向世界叢書), 岳麓書社, 2016), p.33).

53 曾敏泰, 『駐德公使許景澄於晚淸軍備購辦之硏究』, p.35.

54 許景澄, 『許文肅公遺集』, pp.705~709.

사하고 주영 공사인 증기택과 함께 이 문제를 상의하도록 조치했다. 허경징은 정원호와 진원호는 높은 평가를 했으나 제원호에 대해서는 불만이 있었던 것으로 보인다. 비록 공식기록에는 보이지 않으나 개인 편지 등을 통해 이봉포가 제원호에 집착해 주변의 지적을 듣지 않는다는 불만을 흘렸다. 허경징은 제원호 설계상의 단점을 알고 있었으나 이봉포에 대한 이홍장의 신뢰가 높아 감히 노골적으로 이의를 제기하지 못했을 것이다. 하지만 설계상 여러 가지 문제들은 불칸 조선소와의 교섭을 통해 최대한 조정하였다.

당시 군함 제조에서 영국과 독일의 가장 큰 차이점은 궁갑 설계에 있었다. 군함의 철갑문제는 증기택과 이홍장의 견해가 서로 달랐다. 증기택은 영국 군함이 별로 무겁지 않아 속도를 낼 수 있다고 보는 반면, 이홍장은 독일 군함처럼 철갑이 튼튼해야 함포와 인원의 안전을 보장받을 수 있다고 믿었다. 허경징은 어느 한쪽을 편애하지 말고 최신식 군함들을 모두 살펴보고 우열에 따라 선택하자는 주장을 폈다. 기존에 군함 구매를 담당한 대신들이 전문성이 부족해 몇 가지 기준만을 가지고 구입을 했는데, 앞으로는 청국 항구와 연해 조건까지도 고려해야 한다는 것이다. 하지만 그 역시 전통학자 출신이어서 얼마나 최신 해군 조선 기술에 정통했는지는 의문의 여지가 있다.

1885년 6월 11일 청프전쟁이 끝난 당일 청조는 독일에 있던 세 척의 군함을 신속하게 중국으로 가져오도록 지시했다. 다음 달 7월 3일 주독공사 허경징은 독일 키엘 군항에서 출항 행사를 거행하고 중국으로 출발시켰다. 군함들은 독일 상선 깃발을 달고 독일해군의 호위아래 항행해 11월 8일 천진 대고에 도착하였다.[55] 북양수사통령 정일창과 천진해관도 주복周馥이 접수했으며, 북양수사에 편입되어 해군 유학생 출신 유보섬과 임태증 등이 이들 군함의 함장이 되었다.

한편 이봉포는 귀국 후 북양수사학당 등에서 근무했으나 자신에 대한 소란이 끊이지 않자 관직을 그만두었다. 그는 고향인 강소 숭명으로 돌아가 말년을 보냈다. 이봉포는 유럽에서 습득한 근대 군사 지식을 가지고 저술과 번역에 종사하였다.[56] 그 가운데 1885년 천진기기국에서 번역 출판한 『해전신의海戰新義』절역본가 있는데, 이 책에서 '해권海權, 혹은 海洋力, Sea Power'이란 용어가 처음 나타나는 것으로 알려져 있다. 일설에는 여순에 해군기지를 만들자는 주장도 이봉포가 처음 발의했다고 한다. 아쉽게도 1887년 6월에 큰 뜻을 펴지 못하고 57세의 나이로 죽었다.

### 2) 순양함 경원經遠과 내원來遠 구매

허경징의 새로운 임무는 또 다른 순양함 구매계약을 담당한 일이다. 청조는 정원호, 진원호 및 제원호의 청국 인수과정이 성공적으로 이루어지자 청프전쟁 후 와해된 복건수사를 재건할 생각으로 네 척의 순양함을 증강해 대만 방어를 강화하려 했다. 이홍장은 증기택과 허경징에게 각각 영국과 독일에서 제원호와 유사한 순양함을 알아보라고 했다. 일련의 논의 끝에 네 척의 순양함 경원經遠, 내원經遠, 치원致遠, 정원靖遠의 구매작업이 시작되었다.[57] 이 네 척은 독일과 영국에서 각각 두 척씩 나누어 제조했

---

55 Ibid., pp.50~52.

56 이봉포(李鳳苞)가 개인 혹은 공동번역 혹은 역저한 것으로는 『攻守炮法』, 『營壘圖說』, 『炮准心法』, 『克虜卜炮圖說』, 『克虜卜炮葯彈造法』, 『克虜卜炮餅葯法』, 『克虜卜炮表』, 『克虜卜炮操法』, 『克虜卜腰箍炮說』, 『克虜卜螺繩炮架說』, 『布國兵船操練』, 『美國兵船槍法』, 『城堡新義』, 『艇雷紀要』, 『陸操新義』(혹은 『陸戰新義』), 『海戰新義』 등이 있다(祖金玉·閆夏, 「早期駐外使節與晚清海防近代化」, 『社會科學輯刊』, 2010年 第2期, p.162).

는데, 경원호와 내원호는 주독 공사 허경징의 책임 아래 독일의 불칸 조선소에서, 치원호와 정원호는 주영 공사 증기택의 책임 아래 영국의 암스트롱 공사에서 맡았다. 그런데 네 척의 군함은 양국의 서로 다른 조선 이념 아래 만들어졌기 때문에 상이한 설계방식이 반영되었다. 증기택은 기존 제원급 설계에 이의를 제기해 새로운 설계를 요구하였다. 독일에서 제조하는 두 척도 허경징과 불칸 조선소가 함께 연구해 새로운 장갑 순양함을 만들기로 했다. 독일에서 만들어진 영국식과 독일식이 혼합된 경원호와 내원호는 선미에 대포를 장착하지 않는 새로운 유형을 탄생시켜 그 장단점으로 말미암아 논쟁을 불러일으켰다.[58]

영국과 독일에서 각각 두 척의 순양함이 경쟁적으로 만들어지면서 제조방식을 놓고 이견이 있었으나 각자의 특징을 살리는 방식으로 합의가 이루어졌다. 앞서 언급했듯이, 철갑선의 장점은 두터운 장갑 방호와 대구경 화포인 데 반해, 단점은 항속이 느리다는 것이다. 따라서 순양함은 정반대로 가장 중요한 기능은 속도에 있었다. 만약 안전을 위해 장갑을 더한다면 속도는 늦어질 수밖에 없었다. 독일 군함은 철갑을 두텁게 하데 반해, 상대적으로 영국 군함은 방호보다는 속도에 주목하였다.[59] 불칸 조선소는 제원호의 교훈을 발판으로 삼아 전혀 다른 설계를 시도하였다. 장갑 순양함을 추구해 속도의 효율성을 일부 희생하더라도 군함의 생존성을 높였다. 그러나 암스트롱 공사는 여전히 순양함은 속도야말로 최대무기라고 믿었다.[60] 이번 순양함 설계 경쟁은 사실 독일과 영국의

57 「李鴻章爲在英訂購軍船與曾紀澤許景澄往來電報」, (張俠・楊志本・羅澍偉・王蘇波・張利民 合編)『淸末海軍史料』, pp.117~119.

58 陳悅, 『中國軍艦圖誌(1855~1911)』, p.62.

59 曾敏泰, 『駐德公使許景澄於晚淸軍備購辦之硏究』, p.71.

조선 설계 이념의 차이에서 기인한 것이다.

네 척의 순양함이 완성될 즈음 이홍장은 허경징에게 증기택을 대신해 새로 부임한 유서분劉瑞芬과 상의해 과거 초용호와 양위호처럼 청국 수사를 파견해 중국으로 가져올 수 있는지를 타진하였다. 그러나 독일외교부는 영국인이 인수과정을 주도하는 방식에 반대하였다. 독일 군함은 반드시 독일인이 항행해 중국으로 보내야 한다는 것이다. 1887년 8월 독일에서 주독 공사 허경징 등이 참석한 가운데 경원호와 내원호의 기념행사를 가진 후 독일 항구를 떠나 영국 서남쪽 항구에서 별도의 출항 행사를 치른 치원호와 정원호와 합류하였다. 네 척 군함은 북양해군 소속 저명한 해군 지휘관 윌리엄 랑의 인솔 아래 중국으로 향하였다.[61] 당시 랑은 경원호와 내원호 두 척의 군함을 검사한 후 그 성능에 만족해 몇 가지 간단한 지적 말고 설계상의 문제는 제기하지 않았다. 이 사실은 비록 독일에서 처음 만들어진 장갑 순양함이었지만 불칸 조선소와 허경징의 노력으로 뛰어난 군함이 만들어졌음을 보여준다. 기존 제원호와 달리 경원호와 내원호는 청국에서도 높은 평가를 받았다.[62] 이 순양함들은 철갑선과 순양함의 장점을 겸비한 것으로 북양함대 편제에 합류하였다. 이때가 북

60 (설복성(薛福成)이 살펴본 옛 자료에 따르면) 신선(新船, 영국)과 제원호(濟遠號, 독일)의 차이는 하나, 외면상으로는 비록 유사하나 신선은 수미(首尾) 양쪽과 포위가 수면(水面)보다 높다. 하나, 군화(軍火)는 다름이 없으나 육촌(六寸) 구경포 3문을 추가해 매우 요긴하며, 포의 설치법도 뛰어나다. 하나, 신선 제조법을 적용해 뛰어나다. 하나, 궁갑이 서로 견고하지만 신선의 부력은 평온하다. 하나, 신선은 직갑판을 사용하지 않아 제원호의 상중하경(上重下輕)의 폐단이 없다. 하나, 신선은 조타를 보호할 수 있다. 하나, 선주의 전망대를 보호한다. 하나, 신선의 증기기관은 항해를 하는데 최상으로 석탄을 절약할 수 있어 엔진 주변에 공간이 있다. 하나, 속도효율이 3해리 높고 마력도 두 배이다. 하나, 제원호의 3배의 석탄을 실을 수 있다 (…중략…) 조선기술은 재료를 감독하는 것이 가장 중요하다(薛福成, 『出使英法義比四國日記』(『走向世界叢書』 第1輯 第8冊), p.194).

61 「購船篇」, (張俠 · 楊志本 · 羅澍偉 · 王蘇波 · 張利民 合編)『淸末海軍史料』, pp.169~170.

62 曾敏泰, 『駐德公使許景澄於晚淸軍備購辦之硏究』, pp.76 · 79.

양해군이 최강의 실력을 갖춘 시점이었다.

한편 허경징이 독일에서 재직하던 시절인 1880년대는 크루프 대포를 대량 구매하던 시기였다. 그는 크루프 대포가 암스트롱 대포보다 뛰어나다고 판단했다. 허경징은 여러 차례 크루프 공장을 방문해 대포들을 비교한 후 청조에 구매를 요청하였다. 뿐만 아니라 크루프 공장을 세밀하게 관찰해 대포의 생산기술을 파악한 후, 크루프 대포를 모방해 만들기 위해 유럽 각국의 대포 제조기술을 연구하였다. 그는 『각국수사포법各國水師炮法』을 저술해 독일, 프랑스, 영국, 러시아 등 각국의 대포 제조방식을 저술했는데, 다른 국가들이 크루프 대포를 모방 제조하는 과정도 소개하였다.[63]

허경징은 포탄 제조법과 화약 개량에도 관심이 많았다. 그는 "중국이 해군을 건설하려는 목적은 본래 외환을 막으려는 것이다. 해전에서 승리하려면 대포 사용법을 익혀야 하며, 대포가 힘을 얻으려면 화약을 배합하는 것이 우선이다"[64]라고 주장했다. 하지만 허경징이 청조에 구매하자고 강력히 추천한 밤색 화약은 이미 구식이었으며, 1880년을 전후해 폭발력이 훨씬 뛰어난 무연화약으로 교체되고 있었다. 그리고 허경징이 칭찬한 크루프의 최신 제강기술도 이미 오래전에 완성한 낡은 기술이었다. 이처럼 주외 공사가 서양 무기를 구입할 때 최신 무기 개발정보를 충분히 숙지한 것은 아니었다. 그가 독일 현지에 머물렀다고 하지만 크루프 공사나 불칸 조선소와 같은 독일기업이 첨단 무기 기술을 쉽게 공개하지는 않았다.[65]

63 (德)僑偉 · 李喜所 · 劉曉琴, 「德國克虜伯與晚淸軍事的近代化」, 『南開學報』, 1999年 第3期, pp.67~70.
64 許景澄, 『許文肅公遺集』, p.175.
65 孫烈, 「晚淸駐外官員與克虜伯對華軍事交流」, 『自然辨證法通訊』, 2012年 第1期, pp.31~33.

허경징이 1885년에 편찬한 『외국사선도표外國師船圖表』12권는 청말 해방 건설에 유명한 편이다. 외국 생활 십수 년 동안 프랑스, 독일, 이탈리아, 러시아, 오스트리아 등을 돌아다니며 조선창과 화포창을 방문해 얻은 자료를 번역해 책으로 엮은 것이다. 베를린에서 편역해 발행한 후 청조에 헌납하였다. 『외국사선도표』은 함선의 역사와 종류 및 국내외 함선 관념의 차이점을 소개하고, 각국 해군의 발전역사와 함선 생산능력을 서술하였다. 허경징은 이 책에서 조선 방법과 응용관리 등도 기술하였다.[66]

청국에서 해군아문이 만들어질 때, 허경징은 해외에 있었으나 자신이 관찰한 서양해군을 통해 청국해군의 재정비를 희망하였다. 이에 「조진해군사의소條陳海軍事宜疏」1886.3.13를 상소해 자신의 해방론을 제시하였다. 요지를 정리하자면 첫째, 대고구 해안에 철갑포선을 배치해 해방을 공고히 한다. 이런 허경징의 주장은 조정에서 주로 논의하던 철갑선이 아니라 상대적으로 가격이 저렴한 철갑 포선으로 경기지방을 방어하자는 독특한 논리가 담겨있다. 둘째, 철갑선과 쾌선의 흘수 깊이를 너무 낮지 않도록 한다. 셋째, 철갑선식을 나누어 배치한다. 넷째, 해군 대포는 일률적이어야 한다. 다섯째, 조선소와 기기국을 점차 확충해야 한다. 여섯째, 산동의 교주만은 해군기지로 적당하다 등이었다. 특히 마지막 제안은 통상항구와 해군기지를 분리하자는 것이었으나 조정의 주목을 받지는 못하였다.[67]

1887년 허경징은 모친이 별세하자 구매를 담당한 경원호, 내원호와

---

66 張登德・張國紅, 「許景澄與晚淸海軍建設」, 『北洋海軍新探』(戚俊杰・郭陽 主編), 中華書局, 2012, pp.228~230.

67 「出使德國大臣許景澄條陳海軍事宜疏」, 『淸末海軍史料』(張俠・楊志本・羅澍偉・王蘇波・張利民 合編), pp.70~75; 許景澄, 『許文肅公遺集』, pp.57~63.

함께 귀국하면서 독일에서의 첫 번째 임기를 무사히 마쳤다. 그는 1890년 다시 유럽으로 출사하였다. 청일전쟁 패배 후 북양함대의 재건과정에서 또다시 독일로 건너가 군함 구매를 담당한 것이다. 당시 청조는 철갑선을 구매하고 싶었으나 예산이 부족하자 허경징의 의견을 따라 해용海容호, 해주海籌호, 해침海琛호 등 세 척의 순양함을 불칸 조선소에서 구매하였다. 곧이어 해룡海龍호, 해청海青호, 해화海華호, 해서海犀호 등 네 척의 어뢰정도 구매하였다. 그 밖에도 청일해전의 패배 원인을 연구하는 등 해군 건설에 공헌했으나, 1900년 의화단운동 때 자희태후의 미움을 받아 불운하게 처형당하였다.[68]

정리하자면, 이봉포 공사 시절에 불칸 조선소와 정식으로 철갑선 정원호와 진원호의 구매계약을 맺었다. 이번 사업은 하트와 캠벨이 청조를 대신해 군함을 구매하던 사명이 끝났음을 상징하였다. 그 후 청조는 외국인을 통해 군함을 구입하지 않았고, 청국 외교관과 해군 전문가가 국제 무기 시장에서 자신들의 요구에 맞추어 구매하였다. 이런 변화는 일단 중국인의 해군 지식이 심화되었고 나아가 해양 인식이 확대되었다고 평가할 수 있다. 정원호와 진원호의 출현은 청국 해군이 동북아시아의 해군 강국이 되었다는 사실을 보여준 상징적인 사건이었다. 그리고 청국 군사기술이 독일식 모델을 받아들이는 표지였다. 영국이 최고의 해군 강국이었지만, 광서 연간에 중국이 독일에서 구매한 군함은 영국에서 구매한 군함보다 훨씬 많았다. 통계를 보면 1876년부터 1894년 청일전쟁 직전까지 청국이 외국으로부터 구매한 함정 30여 척 가운데 독일제 군함

---

**68** 賈菁菁, 「許景澄與晚清海防建設」, 『社會科學家』, 2010.2, pp.148~151.

은 전체 3분의 2를 차지하였다.

육군을 보더라도 독일제 크루프 대포와 모제르 소총 등 다양한 무기들이 청군에서 널리 사용되었다. 크루프 공사에서 생산한 강철은 품질이 뛰어나 각국이 대포를 제조할 때 즐겨 사용했으며 청국 역시 예외는 아니었다. 특히 크루프 대포는 단순히 육군에서만 사용한 것이 아니라 해군과도 밀접한 관계를 가졌다. 철갑선 정원과 진원, 순양함 제원의 주포와 부포는 예외 없이 크루프 대포를 장착하였다. 청국 병선에 설치한 것은 물론 해안포대 등에도 크루프 대포가 다수를 차지하였다. 1871년부터 1880년까지 청국은 모두 764문의 크루프 대포를 구매했다는 통계가 있다.

허경징 공사 시절에도 군비 구매와 관련한 일이 많았는데, 독일과의 우호적인 관계 속에서 많은 무기를 구입하였다. 청프전쟁의 영향으로 늦춰진 철갑선 정원과 진원, 순양함 제원 등 세 척의 군함을 검사한 후 서둘러 중국에 보냈다. 곧이어 순양함 경원과 내원을 직접 구매하는데 주독 공사 시절의 대부분을 보냈으며 그 과정에서 무기 전문가로 변신하였다. 청국해군은 독일의 군함 기술, 화포 기술, 어뢰 기술 등을 받아들였고, 독일식 군사학당을 건립하고 독일에 유학한 군사 인재들이 귀국해 해군발전에 기여하였다. 그런데 청국이 불칸 조선소에서 군함을 구매한 것은 기술이 탁월하거나 가격이 저렴해서만은 아니었다. 철갑선 정원호와 진원호의 경우 독일의 독자적인 모델이 아니었으며, 순양함 제원호는 독일이 처음 건조한 방호 순양함이었다. 경원호와 내원호 역시 독일이 처음 건조한 장갑 순양함이었다. 이처럼 실험적인 군함을 구매한 배경에는 독일에 대한 호감과 구매경로를 바꾸려는 의지 및 정치적 선택 등 다양한 변수가 존재하였다.

제5장

# 해군 유학과 해군 건설

기계와 군사 무기는 아름답게 만드는 것은 어렵지 않으나, 아름답고도 저렴하게 만드는 것이 어렵다. 이것이 암스트롱 공사가 크루프 공사를 이기는 까닭이다." 또 말하길, "울리치 공사에서 만든 선박 기계는 매우 아름답지는 않지만, 영국인들이 이것을 좋아하고 바꾸지 않는 까닭은 공장 내의 기계를 다시 바꾸면 비용이 들기 때문이다. 따라서 기계와 군사 무기를 연구할 때는 일찍부터 나중을 염두에 두는 것이 좋다". 또 말하길, "철선은 비용이 많이 들고 형식이 번잡하며 쉽게 훼손된다. 근래 포탄과 수뢰와 함께 철선이 커지지만, 철재가 목재보다 나은 점은 많지 않다. 모양이 쓸데없고 지나치게 무거워 오래지 않아 각국은 이를 버릴 것이다. 오히려 추진력이 맹렬하고 속도가 빠르며 대포 위력이 있는 것은 (목선이) 철선보다 더욱 뛰어나다.

— 엄복의 유학일기 『구가기경』 중에서

## 1. 복주선정학당과 해군유학 계획

청말 유학생 파견은 중국 역사에서 보기 드문 문화 역전 현상이었다. 청국에서 파견한 첫 번째 유학생그룹은 미국으로 보낸 아동들이었다. 1872년 용굉이 발의해 정일창의 지원과 증국번과 이홍장의 제안으로 시행되었다. 하지만 이런 유미유동留美幼童 사업은 충분한 계획을 수립하지 않았고, 목적도 명확하지 않아서 성공했다고 보기 어렵다. 이와 달리 약간의 시차를 두고 추진한 유럽으로 해군 유학생을 파견하는 프로젝트는 근대중국 유학생 교육의 출발이자 유학제도의 기본 틀을 만들었다는 평가를 받는다.

해군 유학생의 유럽파견은 아동들의 미국 유학과 별도로 준비한 대규모 인재 양성 계획이었다. 이 프로그램을 적극적으로 제안한 사람은 복주선정대신이던 심보정沈葆楨이었다. 1873년 그는 복주선정국福州船政局에서 배를 만들던 경험에 기초해 유럽으로 유학생을 파견해 필요한 기술을 배울 수 있도록 요청하였다. 복주선정국에서 만든 선정학당의 우수졸업생 가운데 프랑스어를 배운 학생들은 프랑스로, 영어를 배운 학생들은 영국으로 보낼 것을 제안하였다. 심보정은 "(학생들을) 프랑스로 보내서 선박을 건조하는 방법을 상세하게 공부하도록 하고 그 과정에서 끊임없이 혁신을 이루게 하며 (…중략…) 영국으로 보내서 배의 운용 기술과 해군을 훈련하는 방법 그리고 해전에서 어떻게 승리를 거둘 것인가에 대한 이론을 깊게 공부하는"[1] 방안을 마련하고자 했다. 이런 계획은 청조는

---

1 「船工已竣謹籌善後事宜疏」(劉中民, 이용빈 역, 『중국 근대 해양방어 사상사』, 한국해양전략연구소, 2013, 275쪽 재인용).

물론 이홍장의 지지와 총리아문 대신들의 동의를 얻었다. 1차 해군 유학생을 파견할 때 심보정은 네 가지 기준을 제시하였다. 첫째, 10개 조항의 장정을 제정한다. 둘째, 일정 수의 유학생을 선발한다. 셋째, 유학 감독을 물색한다. 넷째, 유학경비를 규정한다 등이 그것이다. 1879년 심보정은 세상을 떠나는 날까지도 상소문을 올렸으며, 후임자 정일창에 의해 실행으로 옮겨졌다.

본래 청국과 프랑스의 합작사업 가운데 공장과 조선소설립이 있었는데, 그 가운데 선박 제조 교육과 해군 장교 교육 프로그램이 들어있었다. 이에 따라 1867년 10월 만들어진 복주선정학당福州船政學堂은 청국 최초의 해군학교였다. 선정학당은 좌종당左宗棠, 심보정 등이 해군 인재와 조선 기술자를 배양하기 위해 창립한 신식 학교이다. 서양식 학교를 모방했고, 서양인 교원을 초빙하였다. 복주선정학당은 전학당前學堂과 후학당後學堂으로 나누어졌다. 전학당은 제조기술製造을 배우는 데 프랑스어로 강의했고, 후학당은 항해술駕駛을 배우는 데 영어로 강의하였다. 선정국 본관과의 거리에 따라 전학당과 후학당으로 구분했고, 이를 합쳐 선정학당이라고 불렀다.

좀 더 소개하자면, 전학당은 함선·기계 엔지니어학교로 전공은 선박수리와 엔진 제조였는데, 특히 엔진 제조에 중점을 두었다. 조선 기술은 프랑스 시스템을 표준으로 삼았기 때문에 전학당은 프랑스어로 프랑스식 선박과 엔진 이론을 배웠다. 후학당은 근대적 함선을 조종할 수 있는 항해사를 배양하는 것을 목적으로 삼았는데, 교육내용을 볼 때 서양의 해군 군관학교와 유사하였다. 동아시아에 세워진 최초의 근대해군 군관학교였다. 일본의 경우 1869년 도쿄에 해군 군관학교와 비슷한 성격을

떤 해군조련소海軍調練所가 만들어졌다. 1860년대 유럽해군에서 통용된 상식은 프랑스가 함선 건조 분야에서 우위를 점하고, 영국은 해군 건설 분야에서 우위를 점한다는 사실이었다. 따라서 후학당에서는 영국 해군학교 교육 자격을 갖춘 교습을 초빙하였다.[2] 선정학당 교육시스템 중 핵심인 전학당과 후학당말고도 오늘날 기술전문학교와 비슷한 교육기구가 있었는데, 예포藝圃라고 불렀다. 예포는 1868년 2월 개학했으며 반공반독半工半讀의 형식으로 낮에는 공장에서 기술실습을 하고 밤에는 이론 지식을 공부하였다. 이들도 상당한 수준의 기술력을 갖추었고 유럽 유학에 일부 참여하였다.[3]

해군유학계획을 처음 구상한 인물은 복주선정국 소속 프랑스인 감독 지켈Prosper Marie Gipuel, 日意格이었다. 그는 복주선정국을 창립하는 데 협력하는 등 근대 중국의 해군 건설에 많은 공헌을 한 사람이다. 지켈은 본래 프랑스군 장교 출신으로 절강, 영파 해관세무사를 지냈으며 좌종당을 도와 태평천국군을 진압한 바 있었다. 복주선정국이 만들어지자 그를 초빙해 조선소의 감독을 맡겼는데, 이때부터 선정 교육의 세부적인 논의가 이루어졌다. 1873년 11월 지켈은 선정대신 심보정에게 학생들을 선발해 유럽으로 유학 보내는 아이디어를 제안하였다. 그는 서양인 교습의 교육만으로는 학생들 기술을 제고시키기에 불충분하다; 청국은 엔지니어를 양성할 만한 충분한 공업 환경이 없다; 외국에 가야만 최신 공업발전을 이해할 수 있다; 학생들이 지속적으로 공부해야만 뚜렷한 성과를 얻을 수 있다 등의 논리를 폈다.[4] 이런 제안에 공감한 심보정은 유미유동

2 陳悅, 『船政史』(上), 福建人民出版社, 2016, pp.186・189~190.

3 Ibid., pp.198~200.

사업의 선례를 참조해 이홍장과 함께 청조에 선정학당 졸업생을 서양으로 유학시킬 필요성을 주청하였다. 대체로 총리아문의 여러 대신들에게 공감을 얻었으나, 외국인을 감독으로 삼는 문제나 유학생 장정을 만드는 문제 등에는 이견이 있었다.

유학계획이 실현되기 전인 1875년 3월 지켈은 유럽으로 건너가서 각종 기계를 구매하는 임무를 부여받았다. 프랑스로 떠날 때 심보정은 선정학당의 학생 몇 명을 데리고 가서 영국과 프랑스를 여행시켜줄 것을 부탁하였다. 이때 유럽에 건너간 학생은 전학당 출신의 위한魏瀚, 진조고陳兆翱, 진계동陳季同과 후학당 출신의 유보섬劉步蟾, 임태증林泰曾 등 다섯 명이었다. 위한 등은 지켈의 인솔 아래 영국과 프랑스에서 군함, 조선소, 공장 등을 참관하였다. 다음 해 지켈이 기계구매 업무를 마치자 영국에 있던 유보섬, 임태증과 프랑스에 있던 진계동 등 세 사람을 데리고 중국으로 귀국하였다. 그런데 위한과 진조고는 프랑스 조선소에 남아 제조기술을 계속 공부하였다. 이번 여행은 본격적인 해군유학은 아니었지만 유학생 파견의 전주곡이었다. 이 무렵 해방근대화 건설의 필요성과 해군 유학생 파견의 절박성을 실감하였다.[5]

1875년 심보정을 대신해 정일창이 선정대신과 복건순무 직책을 이어받으면서 해군 유학생 사업이 본 궤도에 올랐다. 서양 측 유학생 감독으로는 프랑스에서 귀국한 지켈이 추천되었다. 그는 복주선정국 업무에 열성적이어서 심보정과 이홍장의 신임을 얻었으나, 유학생 감독 임명에 대해서는 일부 총리아문 대신들이 회의적인 반응을 보였다.[6] 혹자는 그가

---

4 沈岩, 『船政學堂』, 書林, 2012, p.149.

5 董守義, 『清代留學運動史』, 遼寧人民出版社, 1985, p.117.

유학생 파견을 추진한 배경에는 유럽 유학계획이 실행될 경우 프랑스 현지에서 근무하면서 선정국 외국인 감독과 같은 고액 연봉을 기대했기 때문이라고 추측한다.[7]

청국 측 유학생 감독으로는 이봉포를 선발하였다. 앞장에서 언급했듯이, 그는 상해 강남제조국에서 외국인과 함께 서양 서적을 번역한 경험이 있는 중학과 서학을 겸한 인재였다. 심보정과 이홍장은 이봉포를 "학식이 넓고, 생각이 깊어 서양 지도, 산술, 각국의 흥망성쇠에 고루 조예가 깊은데다 중외 교섭에도 능해 실로 쉽게 구할 수 있는 인재가 아니다"[8]라고 높이 평가했다. 이봉포는 제1차1877~와 제2차1881~ 해군 유학생 감독이었으며, 외교능력을 인정받아 독일 공사가 된 후에도 철갑선과 같은 무기 구입의 책임뿐만 아니라 유학생 감독업무를 맡았다. 주외사절 중 이봉포가 해군 유학생과 가장 긴밀한 관계를 맺었는데, 장차 이홍장에게 군함 구매와 유학생 사업을 하나로 연결시키도록 만들었다.

정일창은 지켈을 배제시킨 후 자신이 신뢰하던 이봉포를 유학생 감독으로 삼아 주영 공사 곽숭도 일행이 영국으로 갈 때 함께 보내려 했으나 준비부족으로 미뤄졌다. 지켈은 이홍장의 만류에도 불구하고 유학생 감독직을 고집하자 영국에 유학생을 파견하는 계획 말고도 프랑스에도 유학생을 파견하기로 일부 계획을 조정해 두 사람을 공동인솔자로 삼았다.[9]

---

6 Ibid., p.122.

7 陳悅, 『船政史』(下), 福建人民出版社, 2016, pp.394~395.

8 「李鴻章等奏閩廠學生出洋學習折」(「附清單一」), 『清末海軍史料』(張俠・楊志本・羅澍偉・王蘇波・張利民 合編), 海洋出版社, 1982, pp.378~382 인용).

9 이봉포(李鳳苞)가 지켈(Gipuel)과 성격이 맞지 않아 동행하길 거부했다는 주장이 있다. 이에 이홍장(李鴻章)은 지켈과 이봉포를 따로 유럽에 보내기로 해 지켈은 학생을 인솔해 프랑스로, 이봉포는 영국으로 가도록 했다. 때마침 청국과 영국 간에 마가리 사건이 발생해 이홍장은 청국 주재 영국 공사 웨이드와 상의한 끝에 이봉포를 곽숭도(郭嵩燾)와 함께 영국으로 가도록 주선했

당시 만들어진 해군 유학생 종지에는 "해군은 영국이 가장 뛰어나므로 항해사 유학생은 마땅히 영국의 해군 전술을 배운다. 조선은 프랑스가 가장 뛰어나므로 선박 제조 유학생은 프랑스 조선 기술을 배운다. 유학 기간 중 세계 일류의 '뛰어난 장교'와 '뛰어난 기술자'를 배양한다"[10] 라고 적혀있다. 이처럼 청국은 "공장을 만드는 것은 프랑스가 가장 번성하고, 수사를 조련하는 것은 영국이 가장 정통하다"라고 판단해, 해군 예비지휘관은 영국 유학을 보냈고, 조선 예비기술자는 프랑스 유학을 보냈다. 유학 관리 장정에는 첫째 중국인 외국인 두 감독의 책임을 규정했고, 둘째 유학생의 배양목적과 학습 기간과 전공을 확정했으며, 셋째 시험절차와 관리 방법 및 학생들 대우와 장려 방법을 규정했고, 넷째 유학생 파견과 관리는 선정대신과 통상대신이 주재할 것을 규정해 외부인의 개입을 막았다.[11]

최종적으로 복주선정국 졸업생 가운데 후학당에서 항해기술을 공부하던 학생 12명, 전학당에서 제조기술을 공부하던 학생 14명(위한과 진조고는 이미 프랑스에서 공부하고 있음), 부속기관인 기술학교 출신 기술자 4명 등 모두 30명을 선발하였다. 이들은 감독 이봉포와 지켈의 인솔 아래 수행 마건충, 서기 진계동, 통역 나풍록羅豐祿 세 사람 및 외국인 수행비서 등과 함께 유럽으로 출발하였다. 다음 해인 1878년에도 5명을 추가 파견해 모두 합치면 제1차 해군 유학생은 총 35명(감독과 수행원 등 6명을 포함하면 총 41명)이다.[12] 주목할 사실은 공무로 파견한 마건충, 진계동, 나

---

다는 것이다(王家儉, 『中國近代海軍史論集』, 文史哲出版社, 1984, pp.201~202).

10 「李鴻章等奏閩廠學生出洋學習折」(「附淸單一)」, 『淸末海軍史料』, pp.378~382.

11 沈岩, 『船政學堂』, pp.163~164.

12 陳悅, 『船政史』(下), p.401.

풍록 등은 유학사무소와 청국공사관 업무를 하는 도중에 사회과학 등을 배우는 유학 생활을 겸하였다. 마건충과 진계동은 프랑스 자유정치과학 학교에서 공부했고, 나풍록은 영국 런던의 킹스컬리지에서 공부하였다. 이들 가운데 진계동은 선정학당 제조반 제1기 졸업생이며, 나풍록은 선정학당 항해반 제1기 졸업생이었다.

## 2. 영국 해군 유학생

### 1) 영국 해군 항해사 교육

영국 해군 유학생은 모두 12명으로 선정학당 항해과 제1기 졸업생인 유보섬, 임태증, 장초영蔣超英, 방백겸方伯謙, 엄종광嚴宗光, 훗날 嚴復으로 개명, 하심천何心川, 임영승林永升, 엽조규葉祖珪 등 여덟 명과 제2기 졸업생인 살진빙薩鎮冰, 황건훈黃建勛, 강무지江懋祉, 임영계林穎啓 등 네 명이었다. 본래 이들은 초대 주영 공사 곽숭도 일행을 따라 영국으로 갈 예정이었으나 다소 지체되어 1877년 3월 31일에야 중국을 떠날 수 있었다. 이봉포와 지켈이 인솔하는 유학생과 수행원마건충, 진계동, 나풍록 등은 제안濟安호를 타고 복주를 떠나 홍콩에 도착하였다. 며칠 후 그들은 외국 윤선으로 바꾸어 타고 유럽을 향한 여행을 시작하였다. 한 달 가까운 장거리 항해 끝에 5월 7일 프랑스 마르세유항구에 도착해 프랑스 관리의 환영을 받았다. 선박제조와 기술을 공부할 유학생을 남겨두고 나머지 유학생은 기차를 타고 영국으로 향하였다. 5월 13일 일행은 마침내 런던주재 청국공사관에 도착해 주영공사 곽숭도를 만났다.[13]

영국 유학생은 프랑스 유학생과 달리 영국에 도착한 후 현지 사정으로 말미암아 곧바로 학습이 시작되지 않았다. 런던에서 관련 기관과 상의해 유보섬 등 세 사람은 해군 철갑선 실습 교육을 받을 수 있었는데, 이미 한 차례 유학을 경험한 바 있었기 때문이다. 엽조규, 엄복 등 아홉 사람은 장차 그리니치 해군학교The Royal Naval College, Greenwich에 입학해 일정 기간 학습한 후 선상 실습하기로 했다. 그들은 실습이 끝난 후 시험을 쳐서 전기, 창포, 수뢰 등 각 전공 분야를 정하기로 했다. 당시 영국인 제독과 교습은 "(그리니치) 해군학교에 외국인이 취학한 경우는 없었다. 청국이 처음으로 사신을 보내고 또한 가장 먼 곳에서 왔기에 우리도 미담으로 여겨 파격적으로 처리했다"[14]라고 말했다.

1878년 정월 초 그리니치 해군학교에서 공부하던 엄복, 살진빙 등 여섯 명이 곽숭도의 숙소에 찾아와 인사를 했는데, 이것이 곽숭도와 유학생 간의 첫 만남이었다. 곽숭도는 해군학교 유학생의 현황에 큰 관심을 가졌다. 같은 해 4월에는 직접 그리니치 해군학교를 방문해 학생들을 만났다. 청국 유학생들의 생활은 크게 해군학교 학습, 선상 실습, 참관 방문 등으로 나누어 볼 수 있는데, 이를 간단히 정리하면 다음과 같다.

첫째, 해군학교 학습상황이다. 주영 공사관은 시간과 비용을 절약하기 위해 유학생들을 사우샘프턴에 머무르게 하면서 영어 공부를 시켰고, 다

---

13 곽숭도(郭嵩燾)는 광서(光緒) 3년 4월 1일 이봉포(李鳳苞)가 유학생 12명을 데리고 인사를 왔는데, 장차 포츠머스 해변에 머물 것이라고 했다는 간단히 기록을 남겼다(郭嵩燾, 『倫敦與巴黎日記』(『走向世界叢書』 第1輯 第4冊), 岳麓書社, 1985, p.195). 이와 달리 통역이던 장덕이(張德彝)는 32명의 유학생 이름을 모두 열거하며 이들에 대해 관심을 드러내었다. 이봉포와 프랑스인 지켈(Gipuel) 및 통역 등이 복주선정국 학생 32인을 데리고 런던에 왔는데, 그중에는 엄종광(嚴宗光, =嚴復)과 마건충(馬建忠)이 포함되었다고 썼다(張德彝, 『隨使英俄記』, (『走向世界叢書』 第1輯 第7冊), 岳麓書社, p.395).

14 郭嵩燾, 『倫敦與巴黎日記』, p.313.

른 한편으로는 영국외교부와 유학생의 학습과 실습문제를 상의하였다. 해군 유학생이 영국으로 온 목적은 세계적으로 유명한 그리니치 해군학교에 입학하기 위한 것이었다. 그리니치는 근대 해양 문명의 표준을 제공한 곳이다. 오늘날 그리니치 해군학교 말고도 커티샤크호, 국가 해양 박물관, 황실천문대 등이 있어 영국 빅토리아 여왕 시대의 해양 문명의 성취를 보여준다. 그런데 인원 제한과 영어 미숙 등으로 인해 엄복, 방백겸, 하심천, 임영승, 엽조규, 살진빙 등 여섯 명만이 입학시험을 통과할 수 있었다. 그밖에 황건훈, 강무지, 임영계 등 세 명은 시험성적이 좋지 않아 입학할 수 없었다.[15] 시험에 통과한 유학생들은 1877년 10월 입학해 다음 해 6월에 졸업하였다.

해군학교 수업 과정은 대략 다음과 같았다. 월요일 오전 9시 중학重學, 11시 화학을 공부하고, 오후 3시에는 포대도砲臺圖를 그린다. 화요일 오전에는 산학算學과 격치학格致學, 電學을 포함을 공부하고, 오후에는 해도도海道圖를 그린다. 수요일 오전 중학과 독일·프랑스 전쟁과 러시아 전쟁을 토론하고, 오후에는 자습을 한다. 목요일에는 9시 중학, 11시 화학을 공부하고, 오후 3시에는 포대도를 그린다. 금요일 오전에는 중학과 독일·프랑스 전쟁과 러시아 전쟁을 토론하고, 오후에는 자습을 한다. 토요일 오전에는 철갑선과 포탄 상황을 논의하고, 오후에는 자습한다. 수업 과정은 해군 기초이론을 학습하는 것을 주로 하고 교학과 실천을 결합하는 것을 중시하며 최종적으로 수사 병법을 학습하였다. 수사선은 세 가지로 나뉘는데 항해管駕, 대포掌炮, 제조製造가 그것이다. 항해는 지도 그리는 것

15 王家儉, 『中國近代海軍史論集』, p.42; 王家儉, 『李鴻章與北洋艦隊』, 三聯書店, 2008, pp.212~213.

을 중시하고, 대포 등은 화학과 전학을 중시하였다. 특히 수학은 기본이어서 공부하는 사람들이 모두 학습하였다.[16] 각 과목마다 전공 교수가 있어 수업 중에도 질문과 답변을 반복하였다. 숙소에서 공부하다 의문이 생기면 수업 후 질문을 하였다.

영국 측 감독보고에 따르면, 제1차 해군 유학생 중 유보섬, 임태증, 엄복, 장초영, 방백겸, 살진빙 등이 공부에서 가장 두드러졌다. 유보섬과 임태증 두 사람은 대담하고 섬세해 크고 작은 각종 군함을 조정할 수 있을 뿐만 아니라 해도 제작, 수뢰 배치, 해구 방어 분야도 잘해 "충분히 서양 해군 항해사와 동등한 수준이어서 고루 중임할 수 있다"라고 평가했다. 엄복에 대해서는 각종 항해과목에 뛰어날 뿐만 아니라, 생각이 깊어 원리를 탐색하는 것을 좋아한다고 보아 해군학교에서 이상적인 교사 자질을 갖추었다고 평가했다.[17]

둘째, 해군학습 후 선상 실습을 하였다. 해군 장교가 되기 위해서는 이론뿐만 아니라 실습이 매우 중요하였다. 방어설비, 전투준비, 어뢰 배치, 대포 발사 등은 여러 차례 실습하지 않고는 능숙하기 힘들었다. 이에 청국공사관은 영국 정부에 유학생들이 선상 실습을 할 수 있도록 요청하였다. 유보섬, 임태증, 장초영 등 세 사람은 이미 선박을 운전한 경험이 있어서 먼저 이들은 영국함대에서 실습할 수 있도록 허락을 받았다. 그 밖에도 황건훈, 임영계, 강울지 등은 입학시험에서 떨어지자 청국공사관의 요청과 영국해군의 협조 아래 지중해함대, 서인도함대, 대서양함대 등으

16 郭嵩燾, 『倫敦與巴黎日記』, pp.533~534; 手代木有児, 「嚴復在英國(1877~1879)」, 『1993年嚴復國際學術硏討會論文集』, 海峽文藝出版社, 1995, p.49.

17 董守義, 『淸代留學運動史』, p.135.

로 파견해 실습시켰다.[18] 그리니치 해군학교의 교육과정을 마친 후 엄복을 제외한 유학생들은 모두 영국 군함을 타고 지중해, 대서양, 남북미해역, 아프리카 연해, 인도양 등을 항행하였다. 실습 과정에서 영국해군의 해상전략과 전술을 배웠다. 배에서 내린 후에도 전기학, 창포와 수뢰 등 화기 과학을 공부하였다.

셋째, 해양 관련 기관들을 참관 방문하였다. 청국 유학생들은 해군학습을 위해 해군 시설의 이해가 필요하였다. 영국에 도착한 지 오래지 않은 1877년 7월 상순 청국공사관의 도움으로 해군기지를 방문하였다. 이봉포와 지켈은 유학생들을 인솔해 군항 포츠머스로 가서 조선소, 부두, 포대, 항구 등의 설비를 참관하였다. 포츠머스는 지금도 영국 해군 문명을 한눈에 볼 있는 박물관 등이 즐비하다. 1878년에는 이봉포의 인솔 아래 엄복, 방백겸, 살진빙 등이 프랑스 파리로 건너가 한 달여 동안 체류하였다. 당시 곽숭도는 파리에 거주했는데, 유학생들과 파리 곳곳을 유람하면서 천문대, 하수도, 조선소 등을 관람하였다.

덧붙이자면, 청국인 해군 유학생이 영국으로 유학 왔을 때 이미 일본에서 온 해군 유학생들이 있었다. 곽숭도 일기에는 일본 유학생을 접촉한 내용이 보인다. 일본이 서방을 학습하는 속도가 중국보다 빠르고 그 성과가 중국보다 뛰어났다. 당시 영국에 있던 청국 유학생은 불과 몇 명이었는데 모두 해군을 공부하였다. 이와 달리 "일본은 영국에서 기예를 공부하는 자가 200여 명이다. 각 항구마다 모두 있으며 런던에도 90명이 있다. 곽숭도가 본 사람은 20명으로 모두 영어에 능통했다"라고 기록

18 청국 유학생 여섯 명이 탄 영국 군함과 실습 기간에 대해서는 王家儉, 『中國近代海軍史論集』, pp.40~42; 王家儉, 『李鴻章與北洋艦隊』, pp.211~212 등에 자세하다.

했다. 그들은 해군뿐만 아니라 모든 분야를 공부하고 있다면서 청국 현실과 비교하였다.[19]

### 2) 청국공사관의 유학생 관리

청국공사관의 유학생 관리는 대체로 공사관과 유학생 교류, 해군학교 조사 시찰, 유학생일기 열람 등 세 가지 방면에서 이루어졌다. 이를 간단히 정리하면 다음과 같다.

첫째, 공사관과 유학생 간 교류이다. 유학생들은 공사관의 요청이나 이봉포의 인솔 혹은 스스로 찾아와 공사를 만나는 일이 잦았다. 공사관도 유학생에 관심이 많아 적극적으로 응대하였다. 곽숭도 일기에는 유럽 각지에서 유학 중인 청국인 학생들을 만나는 기사가 종종 등장한다. 예를 들어, 1878년 2월 2일 이봉포와 그리니치 해군학교에서 공부 중인 유학생 여섯 명이 청국공사관을 방문해 곽숭도를 만났다. 1878년 4월 9일 곽숭도의 생일에는 엄복 등 여섯 명의 유학생이 다시 방문해 생일을 축하하였다. 특히 엄복과 방백겸은 공사관의 단골 방문객이 되었다. 유학생은 유럽에 온 후 학교 배치부터 숙소 생활까지 다양한 방면에서 공사관의 도움을 받았는데, 그런 상황들이 공사관 휘보에 실렸다.

곽숭도는 공무 중에 유학하던 나봉록과 진계동도 높이 평가하였다. 나봉록은 영국 런던의 이공대학에서 화학, 물리와 정치학을 공부하며 공사관 통역을 담당하였다. 진계동은 프랑스정치학원에 입학해 각국 교섭과 법률 및 국제공법을 학습하였다. 이 두 사람은 외국어에 능하면서도 각

19 鍾叔河, 『從東方到西方－走向世界叢書敍論集』, 岳麓書社, 2002, p.263.

자 개성이 있었다. 곽숭도는 "나봉록은 조용한데 학문을 토론할 수 있고, 진계동은 활달한데 세상 일에 잘 적응한다"[20]라고 평가했다. 그는 이홍장이 '견갑이병堅甲利兵'에 집착하는 데 이견을 가졌으며, 오히려 학생들을 유학시켜 다양한 인재를 양성하는 것에 공감하였다. 그래서 제철, 철도건설, 전기학 등과 같은 실용 학문을 배우는 데 흥미를 가졌다.

둘째, 공사관의 해군학교 조사 시찰이다. 청국공사관 역시 수시로 해군학교로 건너가 유학생의 학업 상황을 관찰하였다. 공사관에서 행사가 있어 주변 지역을 방문할 경우 유학생이 소속된 학교를 방문하는 경우가 있었다. 예를 들어, 1878년 5월 30일 곽숭도 일행은 그리니치 해군학교를 방문해 이곳에서 공부 중인 유학생들을 만났다. 유학생 숙소를 구경한 후 해군학교를 돌며 여러 시설을 관람하였다. 여기서 영국 역대 해군 장군들의 초상화를 보았는데, 그 가운데 나폴레옹 함대를 격파하고 트라팔가 해전Battle of Trafalgar을 승리로 이끈 넬슨Horatio Nelson 제독의 초상화도 있었다. 군함 모형이나 학교 역사에 대해서도 일기에 적어 놓았다. 이때 엄복은 곽숭도에게 자연과학이나 공학은 물론 서양 학술의 연원을 설명해 높은 평가를 받았다.[21]

한편 유럽에 군함과 대포 등을 구매하러 온 청국 관리들은 유학생을 참모나 조수로 삼아 공사관 직원과 함께 움직였다. 구매계약이 체결된 후 유학생들은 자주 관련 공장에 파견되어 제조과정을 감독하는 동시에 지식을 습득하였다. 출사대신이 공장을 관람할 때에도 유학생과 동행하는 것을 좋아해 그들로부터 설명을 들었다.

---

**20** 李鳳苞, 『使歐日記』, 黎明文化事業公司, 1988, pp.1~2.
**21** 郭嵩燾, 『倫敦與巴黎日記』, pp.586~589.

셋째, 공사가 유학생일기를 열람하였다. 유학생 규정에 따르면, 유학생은 반드시 매일 보고 배운 바를 일기형식으로 남기도록 해 대다수의 학생들이 학습 일기를 썼다. 여기엔 보고 들은 것과 느끼고 경험한 것들이 자세히 기술되었으며, 해군 관련 내용도 적지 않았다. 이봉포는 수시로 영국과 프랑스 유학생일기를 곽숭도에게 보내 열람하도록 했다. 예를 들어, 1878년 6월 2일 이봉포는 엄복의 『구가기경漚舸紀經』, 이수전李壽田의 『필기筆記』, 오덕장吳德章의 『구서일사歐西日史』, 양병년梁炳年의 『서유일록西游日錄』 등 유학생일기를 곽숭도에게 보내었다. 곽숭도는 자신의 일기에 요점을 옮겨놓으면서 매우 긍정적으로 평가하였다. 6월 7일에는 나진록羅臻祿의 『서행과기西行課紀』와 양염신楊廉臣의 『일기日記』 등을 다시 읽은 후 유익하다는 감상을 실었다. 곽숭도는 유학생들의 일기를 읽으며 해군유학사업의 유용성을 실감했고, 자신의 외교활동에 자료로 삼았다. 유학생의 영국 생활을 읽을 수 있는 일기의 단면을 살펴보면 다음과 같다.

엄복의 『구가기경』에는 자연과학을 공부하며 얻은 내용들, 윤선의 변화와 발전추세, 화약의 성능과 사용 방법, 서양의 연구성과를 이용한 장강 연구, 서양의학의 양생법 등을 언급하였다. 그리고 엄복은 영국산 해군무기를 높이 평가하면서도 철선의 단점 일곱 가지를 지적하였다. 하나, 비용이 많이 든다. 둘, 쉽게 훼손된다. 셋, 포탄을 맞으면 제법 위험하다. 넷, 쉽게 침몰한다. 다섯, 쉽게 전복된다. 여섯, 나아가기가 어렵다. 일곱, 먼 거리 항해에 비용이 많이 든다 등이다.[22] 그는 포스머스 공장 감독의 말을 인용해 목선은 30여 년 쓸 수 있지만, 철선은 불과 12년

---

22 Ibid., p.594.

밖에 쓸 수 없다고 해 철선에 대세라는 사실에 의문을 제기하였다. 이것은 엄복 일기의 일부로 청년 엄복의 서양 자연과학에 대한 흥미를 엿볼 수 있다. 엄복은 자연과학자와 군사 전문가의 자질을 갖추었을 뿐만 아니라 영국 사회와 부르주아 정치 학설 등에도 깊은 관심을 가져 점점 인문·사회과학 분야로 경도되었다.

이도전의 『필기』에는 프랑스 수사에 대해 소개하였다. 프랑스해군은 이미 수사를 이룬 군함과 아직 수사를 이루지 못한 군함이 있다. 이미 수사를 이룬 배는 매일 훈련하고 군비를 갖추었기에 비상이 걸리면 즉시 적을 향해 나간다. 아직 수사를 이루지 못한 배는 돛, 기계, 소총, 화포 등을 갖추어졌으나 군함이 비었기에 분산시켜 각 항구에 정박한다. 프랑스해군은 수사를 이룬 것이 11개 함대인데, 5개 함대는 본국 연해의 군항에 있고 6개 함대는 통상지역과 식민지 등에 나누어 주둔한다. 매 함대의 함선 수는 일정하지 않아 현지 사정에 따라 조정한다. 청국과 일본의 바다에 주둔하는 군함은 철갑선 한 척, 중형 쾌선 한 척, 중소형 포선 한 척, 소형 포선 한 척이다.[23] 여기서는 해군과 육군 정보뿐만 아니라 프랑스의 학교제도, 사법제도, 심판제도, 관료제도, 조세제도, 제조업 등을 소개하였다.

오덕장의 『구서일사』에는 선체기하학 설명, 선체재료 소개, 가스제조 방법, 마력의 계산과 측정, 선체를 그리는 법, 선체의 구조와 설계 등을 담고 있다.[24] 그는 항속과 풍향에 관한 기하 관계를 분석하는 소논문을 쓰기도 했다.

---

**23** Ibid., pp.595~597.
**24** Ibid., pp.600~605.

양병년의 『서유일록』에도 다양한 내용이 담겨있다. 프랑스함대의 편제와 조련 과정을 기술했을 뿐만 아니라 철도, 윤선, 철선의 역사를 소개하였다. 철로는 영국에서 처음 만들었지만, 윤선은 프랑스에서 처음 실용화하였다. 윤선은 미국인과 프랑스인이 동시에 만들었으나 프랑스인이 먼저 완성하였다. 그 방식은 증기기관으로 기계를 움직이는 것이다. 철선은 영국에서 시작했는데, 도광 18년에 상선을 먼저 만들었고 도광 22년에는 전선을 만들었다. 프랑스인도 이를 모방해 도광 28년 철선을 만들었다. 그밖에 증기기관의 유래, 통신기술의 유래 등을 기록하였다.[25] 곽숭도는 유럽 유학이 복주선정학당에 비해 절반의 노력으로 두 배의 공부 효과가 있다고 높이 평가했다.

덧붙이자면, 훗날 영국을 유학한 장주張鑄가 쓴 「영국선정소사英國船政小史」에서는 영국 조선의 역사를 간략하게 소개했다. 목선에서 윤선으로 바뀌는 과정이나 철갑선, 순양함, 어뢰정 등의 발전이나 전투함의 구분에 관해 설명하였다.[26] 여기서 작자는 중국에 선정이 있는 듯 보이지만 실제로는 없다고 지적했다. 그는 중국 선정의 역사가 수십 년이 되었지만 발전 없이 정체된 것이 불가사의하다며 비판한다.[27] 장주는 "선정을 감독하는 사람이 반드시 선정을 알 필요는 없으며, 선정을 아는 사람이

---

25 Ibid., pp.605~607.

26 林汝耀 外, 『蘇格蘭游學指南』(『走向世界叢書』 第1輯 第2冊), 岳麓書社, 1985, pp.673~682.

27 "오호! 내가 「영국선정소사(英國船政小史)」를 기술한 것은 선정(船政)의 진화에는 원인이 있다는 사실을 알기 위해서다. 우리나라에 선정이 없는가? 복건의 선정국, 강남제조국의 조선소, 광동의 황포 조선소는 해마다 수만 원을 들이고 장인들도 많은데 과연 어떤 곳인가? 우리나라에 선정이 있는가? 우리나라 해안에 정박한 것은 적국 군함이며, 강과 바다를 오가는 것은 외국 상선이다. 순양선이든 초상선(招商船)이든 내하의 작은 윤선조차 외국으로부터 오지 않은 것이 없고 거금을 들여 외국인을 초빙해 우리를 대신해 만드니, 우리는 진실로 선정이 없다고 할 수 있다."(林汝耀 外, 『蘇格蘭游學指南』, p.681)

또한 선정을 감독할 필요는 없다"[28]라면서, 학문하는 사람들이 힘써 실행할 것을 촉구하였다. 글 중에서 '해권'을 상실했다는 표현이 나와 주목할 만하다. 그리고 임여요林汝耀가 쓴 「선정지학법船政之學法」이라는 글에서는 서양의 한 고등실업학당의 선정학 교육과정을 소개하면서 중국의 복주나 상해학당에서 이를 받아들여 운영하기를 희망하였다. 그는 3년 수업 과정을 표로 제시하면서, 이런 교과과정은 복주선정학당이나 상해의 남양공학 등에서 실행하면 가장 적절하다고 보았다. 만약 실현된다면 10년이 지나지 않아 중국 선정은 흥할 것이라고 기대하였다.[29]

### 3) 엄복의 사례

청말 서구사상을 중국 사회에 번역 소개한 대표적인 사상가인 엄복嚴復은 제1차 해군 유학생 출신이다. 그는 1866년 말 최고의 입학성적으로 최초의 해군학교인 복주선정학당 시험을 통과하였다. 엄복은 15세 나이로 선정학당에서 학습을 시작한 후 모두 5년 동안 공부했는데, 1871년 뛰어난 성적으로 복주선정학당 항해과를 졸업하였다. 엄복은 우수 학생으로 선발되어 군함 실습을 통해 외국을 돌아다닐 기회를 얻었다. 그는 동학인 유보섬, 임태증, 장초영, 방백겸, 임영승, 허수산 등 18인과 함께 남양해군의 건위建威호 실습선에 파견되어 중국 연해절강, 상해, 연태, 천진 우장 등는 물론이고 동남아의 싱가포르, 말레이시아 등을 항행하였다. 그리고 1872년 복주선정국 조선창에서 양무揚武호, 비운飛雲호, 진위振威호 등 몇 척의 신형선박이 만들어지자 엄복은 양무호 실습생이 되었다. 이 배는

28 Ibid., p.682.
29 Ibid., pp.683~694.

배수량 1,560톤, 선원 147명이 탄 당시로서는 큰 군함으로 황해의 연태와 일본 여러 항구 및 동남아 각지를 항행하였다.

엄복은 해군복무 5년을 마치고 영국으로 유학을 떠났다. 그가 유학하던 시절은 영국 자본주의가 최고조로 발전한 빅토리아 여왕 시대로 세계 최강의 해군력과 해운력을 가진 때였다. 엄복이 공부한 그리니치 해군학교는 19세기 해군이 증기시대로 진입하면서 만들어진 신식군대 장교학교였다. 서양의 해전 전술이 목질 범선에 전당포를 배치하는 것에서 철갑증기선에 회전포대와 후당포를 설치하는 것으로 변화하면서, 이에 걸맞는 해군학교를 1873년 무렵 그리니치에 만든 것이다.

엄복은 영국에 온 해군 유학생 중에 걸출한 학생으로 시험 때마다 우등생이었다고 전해진다. 그는 학교의 필수과목인 고등수학, 화학, 물리, 해군전술, 해전공법, 창포술 말고도 서양철학과 사회사상에 관심이 많았다. 그런데 영국 측 자료에 근거한 한 연구에서는 엄복 등 청국 유학생들의 그리니치 해군학교 유학 생활이 순탄한 것만은 아니었고 교원들이 유학생을 대우하는데 차별이 있었으며 학업성적이 그리 좋은 편도 아니었다는 주장이 있다.[30] 이 점은 중국 근대사에서 엄복의 상징성 때문에 기존연구가 해군 유학생을 과장해서 평가했을 가능성을 암시한다. 하지만 곽숭도를 비롯한 청국공사관에서 그의 능력에 주목한 사실은 분명하다.

곽숭도가 런던에 있을 시기 엄복과의 잦은 왕래는 주목할 만하다. 엄복의 이름이 가장 일찍 곽숭도 일기에 등장하는 때는 1878년 2월 2일이다. 일기에는 "1878년 2월 2일광서 4년 1월 1일 그리니치에서 공부하는 유학

30 陳端坤, 「嚴復與英國皇家海軍學院」, 『海峽教育研究』, 2014年 第4期, p.39 인용.

생 여섯 명이 찾아왔다. 엄우릉嚴又陵=嚴復이 이야기가 가장 많았고, 다음이 방익당方益堂=方伯謙이다"라고 썼다. 곽숭도는 처음부터 엄복을 주목하였다. 여섯 명의 유학생은 수업 과정과 학습상황을 보고했는데, 이때 엄복은 중국인과 영국인의 체질 차이에 대해서 언급하였다. "서양인의 근육과 골격은 모두 강하지만, 중국인은 그렇지 못하다. (…중략…) 서양인들이 근육과 골격을 단련하는 것은 어려서부터 이미 학습된 것"이라면서, 해군학교에서 교관 지시에 따라 영국학생과 청국 유학생이 보루를 쌓을 때의 속도와 완성도를 비교하였다.[31] 이런 경험은 훗날 엄복의 교육사상에 영향을 끼친 것으로 보인다. 그는 "교육을 얘기할 때 항상 세 가지를 나누어 다루어야 한다. 하나는 체육體育이고, 둘은 지육智育이며, 셋은 덕육德育인데, 셋 모두 중요하다"라고 했다. 엄복이 민력民力을 고취할 것을 주장한 교육사상은 영국 유학 시절의 경험이 작용했을 가능성이 높다.[32]

곽숭도 일기에는 엄복 관련 기록을 여러 차례 발견할 수 있다. 어느 날 일기에서 엄복이 서양 학술의 정밀함과 심오함을 설명하였다. 그는 단순히 과학기술을 배우는 데 머물지 않고 광학光學, 성학聲學, 전학電學, 열학熱學, 중학重學 등 격치의 학문을 실제 생활과 연관시켰다. 광학과 성학이 전학보다 일찍 등장했는데, 처음 지남침 출현이 광학의 시작이었다. 빛의 속도는 빠르고 소리는 느리기 때문에 벼락이 칠 때 먼저 번개를 보고 난 후에 천둥소리를 들을 수 있다는 것이다.[33] 엄복의 말에 따르면 "서양 사람이 바다를 측량할 때 적도 이북은 모두 동북풍이고, 적도 이남은 모두

31 郭嵩燾, 『倫敦與巴黎日記』, p.450.
32 楊千菊, 「嚴復與近代航海軍事教育」, 『航海教育研究』, 2013.4, p.47.
33 郭嵩燾, 『倫敦與巴黎日記』, p.533.

동남풍이다. 서양인들은 윤선이 등장하기 전에도 남북위도의 풍력을 이용했는데, 이를 통상풍通商風이라고 불렀다. 어째서인가? 지구가 서쪽으로 돌기 때문에 하늘의 기운은 이를 맞대어 동풍을 만든다. 적도 이북은 북방의 기운을 받으며, 적도 이남은 남방의 기운을 받기 때문에 그 바람은 모두 일정하다"[34]라고 했다. 곽숭도의 자연과학 지식은 엄복에게서 얻은 것이 적지 않았다.[35]

엄복에 따르면 중국 사회에 절박한 것이 세 가지가 있는데, 첫째는 금기를 없애는 것이고, 둘째는 인정에 따르는 것이고, 셋째는 추세를 연구하는 것이라 했다. 여기서 그가 중국 사회문제에도 눈뜨기 시작했음을 알 수 있다.[36] 비록 영국 유학생들은 대부분 해군 분야를 공부했지만 서양 근대사상도 이들에게 일정한 영향을 미쳤다. 엄복은 틈이 날 때마다 영국과 프랑스 등의 사상가 저작을 읽었다. 유럽의 철학과 법률 및 사회학설은 그의 세계관 변화에 중요한 영향을 미쳤다. 그는 서양문명의 우월성이 견선리포에 있는 것이 아니라 제도에 있다는 사실을 간파하였다. 엄복은 서양이 승리한 것은 모든 일에 조리가 있기 때문이라는 주장도 주저하지 않았다.

곽숭도는 엄복을 높이 평가해 박학하고 다재다능하며 견해가 비범하다고 했다. 그는 각지를 여행하거나 방문할 때 자주 엄복을 데리고 다녔

---

**34** Ibid., p.534.

**35** 곽숭도(郭嵩燾) 일기에 따르면, 엄복(嚴復)은 장력신(張力臣)이 쓴 『영해론(瀛海論)』의 네 가지 오류를 지적하였다. 철로를 수년간 해도 부족한 것은 일부 풍요로움을 해치기 때문으로 중국에서 만들 필요가 없다는 점이 첫 번째 오류이다. 기계로 인력을 대체하면 나날이 음탕하고 사치스러워질 것이라는 점이 두 번째 오류이다. 선박, 화차, 기계의 이익이 후에 반드시 가벼워져 사라질 것이라는 점이 세 번째 오류이다. 중국에서 각국이 상호 견제하므로 해방(海防)이 긴급하지 않다는 점이 네 번째 오류라고 썼다(Ibid., pp.496~497).

**36** Ibid., p.535.

다. 예를 들어, 곽숭도가 1878년 6월 21일 런던에서 파리로 건너갔을 때, 얼마 후인 7월 1일 엄복 등이 파리로 찾아왔다. 그들은 천문대, 하수도, 궁전, 육군사관학교, 의회 등을 구경하고 당시 파리에서 열린 만국박람회도 관람하였다.[37] 이는 엄복의 언어능력이나 안목의 성장에 적지 않은 도움을 주었을 것이다. 그는 외국어 자료와 소식들을 중국어로 번역해 종종 곽숭도에게 제공하였다. 엄복이 번역한 여행 관련 글이나 「타임즈」에 실린 곽숭도 이임 기사 등을 본 곽숭도는 그의 번역 능력을 높이 평가하였다. 후임자인 증기택이 영국으로 출사했을 때에도 엄복은 자주 찾아와 자신의 글을 보여주었다. 증기택도 엄복의 재능을 높이 사서 곽숭도의 평가에 동감하였다.[38]

당시 일본도 영국으로 해군 유학생을 파견했는데, 이토 히로부미伊藤博文나 오쿠마 시게노부大隈重信 등이 영국에서 엄복과 동학이었다는 설이 있다. 이토 히로부미는 열심히 공부하는 모범생이었으나 졸업할 때 성적은 엄복이 1등, 이토 히로부미가 2등이었다는 식이다. 하지만 이것은 엄복을 높이 평가하기 위해 만들어진 허구이다. 연구에 따르면, 엄복은 1877년부터 1879년까지 영국 유학을 한 반면, 이토 히로부미는 이보다 훨씬 앞선 1864년 1월 영국에 온 후 외국함대의 시모노세키 포격 소식을 듣고 곧바로 그해 6월 귀국했으므로 시간상 만날 가능성은 없다고 한다.[39]

그리니치에 있던 청국인 유학생 여섯 명이 1879년 1월 졸업하자 영국

---

37 手代木有児, 「嚴復在英國(1877~1879)」, 『1993年嚴復國際學術硏討會論文集』, pp.48~49.

38 曾紀澤, 『出使英法俄國日記』(『走向世界叢書』 第1輯 第5冊), 岳麓書社, 1985, p.186.

39 이토 히로부미 등을 비롯한 이른바 장주오걸(長州五傑)이 원래 해군유학을 하려던 사실은 맞지만, 이토 히로부미가 영어에 문제가 있어 정식학교에 진학하지 못하고 지인 소개로 런던대학의 한 화학 교수 집에서 영어를 공부했을 뿐이다.

외교부는 그들에게 새로운 과제를 부여하였다. 엄복은 현지에 남아서 그대로 공부하고, 나머지 다섯 명의 학생은 각자 서로 다른 군함에서 실습하도록 했다. 그해 6월 귀국할 때 엄복은 해군 분야에 정통했을 뿐만 아니라 서양사회의 사상과 문화에 대해 상당한 이해를 가졌다.[40] 특히 영국의 사회정치학설에 관한 관심은 귀국 후 중국 근대의 대표적인 계몽사상가가 되는 초석이 되었다. 엄복은 귀국 후 복주선정학당과 북양수사학당北洋水師學堂에서 무려 20여 년을 넘게 근무하였다. 그는 북양수사학당에서 오랜 기간 총교습을 하면서 다수의 해군 인재를 길러내었다. 사실상 북양수사부터 중화민국해군까지 엄복의 학생들이 청국 해군의 핵심을 이루었다고 해도 과언은 아니다. 하지만 우리에게 엄복은 근대해군의 중요 인물이 아닌 영국의 생물학자 헉슬리Thomas Huxley의 『진화와 윤리 *Evolution and Ethics*』를 『천연론天演論』이란 제목으로 번역해 사회진화론을 중국에 전파한 인물로 더욱 잘 알려졌다.

제1차 해군 유학생은 1880년에 유학 과정을 완료하였다. 그 전에 청조의 명령으로 유보섬과 임태증은 조금 일찍 귀국해 군함 함장을 맡았다. 이홍장이 이봉포에게 보낸 편지 중, "암스트롱 포선이 곧 중국에 오는데 (…중략…) 이미 유劉, 임林, 하何[41] 세 사람을 이 배의 함장으로 파견하였다. (…중략…) 유와 임 두 학생은 장차 큰 배를 관리할 것이다. 엄복도 학업에 조예가 깊어 학당 교습을 담당하기에 가장 적합하다"[42]라고 적었다. 나머지 다섯 명의 유학생도 영국 군함에서의 실습 과정이 끝나면

---

**40** 郭嵩燾, 『倫敦與巴黎日記』, p.696.

**41** 후학당 출신 유학생 하심천(何心川)은 몸이 좋지 않아 공부를 끝내지 못하고 유보섬(劉步蟾) 등과 함께 귀국하였다.

**42** 鍾叔河, 『從東方到西方－走向世界叢書敍論集』, p.407 재인용.

서 제1차 해군 유학생 일정은 마무리되어 1880년 중에 모두 귀국하였다.

유학생 가운데 유보섬, 임태증, 엄복, 장초영 등 네 명이 가장 우수했으며, 살진빙, 방백겸 하심천, 엽조규 등 네 명이 다음이었다. 임영승, 임영계, 강무지, 황건훈 등은 그다음이었다. 유보섬과 임태증은 유럽해군 항해사와 같은 수준으로 병선을 관리할 수 있고, 해도를 읽고 그릴 수 있을 뿐만 아니라, 항구를 방어하고 수뢰를 설치할 수 있었다. 나머지 학생들도 모두 부지런히 공부해 해군 항해사를 맡기에 충분하였다.[43] 그 후 청말 해군교육은 영국해군을 표준으로 삼아 각 해군학교는 영국인을 교원으로 받아들였다.

## 3. 유럽 해군 유학생

### 1) 프랑스 선박 제조 교육

앞서 언급했듯이, 1875년 복주선정국 기술감독 지켈의 인솔 아래 위한, 진조고, 진계동, 유보섭, 이태증 등 다섯 명은 프랑스를 여행하였다. 이것이 중국인들이 프랑스에 유학한 출발점이었지만 이때는 엄격한 의미에서 청국에서 학생을 잠시 파견한 것으로 청조가 공식적으로 유학시킨 사건은 아니었다.

1877년의 제1차 해군 유학생 가운데 프랑스 유학생은 12명으로 지정전池貞銓, 오덕장, 이수전, 임일장林日章, 임이유林怡游, 임경승林慶升, 장금생張金

43 王家儉, 『中國近代海軍史論集』, p.43; 王家儉, 『李鴻章與北洋艦隊』, p.213.

生, 양병년, 진림장陳林璋, 양염신, 정청렴鄭清濂, 나진록 등이다. 이들은 모두 선정학당 전학당 출신들이다. 그리고 제조과 제1기 졸업생으로 이미 프랑스에 파견되어 있던 위한과 진조고 등 두 사람을 포함하면 모두 14명이었다. 그 밖에도 복주선정학당 기술학교 출신으로 기술을 배우려고 파견된 진가회陳可會, 유무훈劉懋勳, 구국안裘國安, 곽서규郭瑞珪 등 네 명이 더 있었다. 대체로 유럽지역 유학생 관리는 프랑스를 본부로 삼았기 때문에 중국인과 외국인 감독은 장기간 현지에 체류하였다. 이봉포는 3개월에 한 번 정도 프랑스에서 기차를 타고 독일로 가서 변장승卞長勝 등 또 다른 독일 유학생의 학습상황을 살폈다.

선박 건조와 엔진 제조를 공부하는 유학생에는 전학당 출신과 기술학교 출신이 섞여 있었다. 프랑스 유학의 목적은 제조기술을 배우는 데 있었으므로 파리에 도착한 후 관련 공장과 학교 등 여러 곳으로 나누어져 학습하였다.[44] 전학당 출신의 유학생은 원래 계획에 따르면 프랑스 군항도시중국명 瑟堡에 있던 해군조선공정 응용학교에 입학할 예정이었으나 입학생 제한 규정으로 말미암아 위한, 진조고, 정청겸, 진림장 등 네 명만이 들어갔다. 그리고 이봉포가 프랑스 해군부와 협의해 양병년, 오덕장, 양렴신, 이도전, 임이유 등 다섯 명은 프랑스 해군조선소가 있었던 툴롱에 파견해 공부하였다. 이들 아홉 명의 유학생은 2년간 공부한 후 시험에 합격하면 영국과 프랑스 등 여러 조선소, 엔진공장, 강철공장 등을 참관하기로 했다. 한편 이봉포는 청국이 장차 군사 무기를 직접 제조할 것

44 곽숭도(郭嵩燾)는 광서(光緒) 4년 3월 말에 런던에서 파리로 건너가서, 일기의 19권부터는 프랑스 이야기가 적혀있다. 당시 프랑스에 유학 중인 중국 학생은 14인으로 네 명은 관학(官學)을 하고, 한 명은 광무(礦務)학당에 있으며, 다섯 명은 관선창(官船廠)에 있고, 네 명은 연철창(煉鐵廠)에 있다고 썼다(郭嵩燾, 『倫敦與巴黎日記』, pp.571~572).

을 대비해 별도로 정청겸, 임이유, 오덕장, 양렴신 등을 군수공장에 파견해 각종 무기 제조법을 공부하도록 했다.[45]

프랑스에 광무鑛務를 배우러 온 지정전, 장금생, 임경승, 이일장 등은 광무 공장중국명 科魯蘇에 입학해 각각 제조와 이론을 학습하였다. 그리고 나진록은 다른 광무 학교중국명 汕答佃에 입학하였다. 이들은 1년간 공부한 후 다시 파리고등광업학교에 들어가 전문적으로 광물을 학습하였다. 그 밖에도 기술을 배우러 온 기술학교 출신 유학생들은 기술학교중국명 白海士登에서 공부한 한 후 진가회는 조선소에, 유무훈은 주철창에, 구국안과 곽서규는 목재창에 파견되어 기술을 배웠다.[46] 얼마 후1878.11.27 기술을 배우러 엽전식葉殿鑅, 장계정張啓正, 왕계방王桂芳, 임조任照, 오학장吳學鏘 등 다섯 명의 학생들이 프랑스로 건너왔다.

프랑스 유학생 학습 관련 규정을 보면, 처음 일정 기간은 함께 총론 수업을 공부한 후 각 공장에 파견되어 기술을 연습하도록 규정했다.[47] 이에 따라 제조를 배우는 유학생들은 대부분 공장에 가서 실습하였다. 위한 등은 프랑스 여러 공장에서 구체적인 조선 과정을 학습했고, 벨기에나 독일 크루프 공장 등을 참관하였다. 광무를 배우는 학생들은 광산에 가거나 광무국에서 일정 기간 동안 공부하며 광산을 개발하는 전 과정과 세부적인 기술을 습득하였다. 수행원 마건충과 진계동은 파리에 있던 자유정치과학학교에 입학해 법학을 배웠다. 한편 나풍록은 영국 런던의 킹스컬리지에서 화학과 정치 등을 배웠다.[48]

---

**45** 陳悅, 『船政史』(下), p.404.

**46** 瞿立鶴, 『淸末留學教育』, 三民書局, 1973, p.107.

**47** Ibid., p.100.

**48** 진계동(陳季同)은 후에 프랑스공사관 참찬(參贊)으로 출사했으며, 나풍록(羅豊祿)은 후에 영국

유학생 관련 불행한 사건들도 없지 않았다. 선박 제조를 공부하던 양병년은 뛰어난 학생이었으나 1879년 여름 갑작스레 쓰러진 후 공부를 계속하지 못하고 병상에 누웠다. 결국 프랑스 현지에서 사망하였다. 그리고 기술유학생인 진가회는 복주선정학당 기술학교 출신으로 프랑스에 유학 온 후 독일 불칸 조선소에서 공부하였다. 어느 날 탐욕심이 발동해 시계방서 금시계를 훔치다가 체포되었다. 청국공사관에서는 청독조약의 평등원칙에 따라 그를 중국으로 돌려보내 처벌을 받게 하려고 시도했다. 그러나 독일 외교부의 반대로 독일법률에 따라 처리되었다. 그 후 청국은 다시 기술유학생을 출국시키지 않았다.[49]

영국의 해군 유학생에 비해 프랑스 유학생 관련 자료는 충분하지 않다. 그나마 마건충 관련 정보는 일부 알려져 있다. 앞서 언급했듯이 마건충은 프랑스의 한 정치학교에 입학해 교섭, 법률, 격치, 정치, 문사 등을 공부하였다. 당시 절대다수의 청국인들은 서양이 강성한 까닭을 선진적인 과학기술에 있다고 생각했다. 하지만 마건충은 유럽 유학을 통해 부강의 근본을 상회나 의회와 같은 자본주의 시스템에서 찾았다. 이런 생각은 당시 중국사상계에서 보기 드문 감각이었다. 게다가 그는 프랑스에 체재하던 시기 외교관의 양성을 주장한 인물로 과거제를 중심으로 관리를 양성하던 시스템에서 벗어나 기술 전문직인 전문외교관을 길러내어 서양과의 외교관계를 수립할 것을 제안하였다.[50]

마건충은 청국 해군 건설에 중요한 역할을 담당하였다. 그는 프랑스에

---

공사관 공사(公使)로 출사하였다(王家儉,『李鴻章與北洋艦隊』, p.210).

**49** 董守義,『淸代留學運動史』, p.143.

**50** 箱田惠子,『外交官の誕生』, 名古屋大學出版會, 2012, pp.1~2.

서 3년 동안 유럽을 여행하며 각국 해군을 종합적으로 관찰하고 해군 관련 서적들을 많이 읽어 상당한 수준에 도달하였다. 마건충은 유학 시절 『법국해군직요法國海軍職要』를 편역해 서양 해군제도를 소개했는데, 주로 프랑스 근대 해군제도였다. 그는 프랑스해군 건설과정을 열심히 고찰한 후 프랑스해군의 발전 원인이 완비된 해군제도에 있다고 판단했다. 책 내용 중에는 해군의 지휘체계와 해군부 제도, 관제와 병제, 해군 관리제도 등이 담겨있다.

마건충은 귀국 후 이홍장 막부로 들어가서 북양수사 건설에 참여하였다. 그는 북양수사 영무처 등에서 근무하며 대고구 부두를 만들거나 여순항 내 조선용 도크를 만드는 등 근대해군을 건설하는 데 중요한 역할을 담당하였다. 마건충이 이홍장에게 근대해군 군사 체제를 만들 것을 제안한 글이 남아있다. 이 글에는 수사아문水師衙門의 건립, 법에 의한 군대 운영, 해군교육 강화와 신법에 따른 군사훈련, 수군 인재 선발제도 수립과 새로운 관제와 병제 설립, 서양을 모방한 함선 편제, 해군기지 건립과 해양 방어 강화, 자금확보와 절약방안 등을 고루 담고 있다. 이홍장은 그의 신식군대 건설 제안을 받아들여 1888년 북양함대 건립에 반영하였다.[51] 이 시기 마건충의 해군 건설 사상의 특징은 대체로 영국해군을 모델로 삼아 해군을 건설하자는 것이었다.

한편 마건충은 프랑스, 영국, 오스트리아, 벨기에, 이탈리아 등을 여행한 경험을 기초로 나중에 『마씨문통馬氏文通』을 저술하였다. 이 책은 영어, 프랑스어, 라틴어, 그리스어 등 서양 언어를 참고해 중국 고문자를 연구

51 「上李伯相復議何學士如璋奏設水師書」(劉中民, 이용빈 역, 『중국 근대 해양방어 사상사』, pp.373~396 참고).

한 것으로 언어 · 문법 분야에서 유명한 저작이다. 뿐만 아니라 우리에게 마건충은 조선으로 출사해 영국 등과의 국교교섭 문제를 처리한 외교관으로 친숙하다. 그는 임오군란의 사후 처리와 「조청상민수륙무역장정朝淸商民水陸貿易章程」의 교섭 체결도 담당해 조선을 청의 속국으로 만들려는 데 앞장섰다.

당시 이홍장은 해군 유학생 사업에 대해 공감했으나 복건 출신의 해군 유학생에 대해서는 별로 좋은 인상을 가지지 않았다. 문인으로서의 색채가 강했지, 군인으로서의 자질이 부족하다고 본 것이다. 그리고 해외공사들이 해군 유학계획을 모두 찬성한 것은 아니었다. 곽숭도의 후임자인 증기택은 유럽으로 유학생을 파견해 군사기술을 배우는 것에 동의하지 않았다. 1879년 이홍장이 영국과 프랑스 등에 제2차 유학생 파견을 준비할 때, 영국에 갓 도착한 증기택은 이홍장에게 편지를 보내어 유학생 파견을 하지 말자는 의견을 제시하였다. 증기택이 반대한 뚜렷한 이유는 알려지지 않았다.

### 2) 독일 군사기술 유학

독일은 청국에 우호적인 입장을 가진 나라였다. 독일 수상 비스마르크는 중국 시장의 중요성을 잘 알았으며, 청국을 이용해 프랑스를 견제하려는 생각을 가졌다. 중국인들도 독일제 무기에 호감을 가지고 있었다. 이홍장은 독일과의 군사 교류를 희망해 다수의 독일인을 중국에 초빙하였다. 광서 연간에는 두 차례에 걸쳐 독일로 군사 유학을 보냈다. 독일 군사기술 유학생은 영국과 프랑스에 파견한 제1차 해군 유학생과는 성격이 좀 다르지만 청말 해군 건설과 밀접한 관련을 가지기에 여기서 잠시 살펴보겠다.

청국은 일찍부터 독일로 군사 기술자를 보내어 공부를 시켰다. 예를 들어, 1875년 이홍장은 금릉기기국의 왕승영王承榮을 독일 크루프 공사에 보내어 탐방을 시켰다. 이것이 처음으로 기술자를 파견해 독일에서 공부시킨 사건이다. 크루프 화포나 모제르 소총 등 독일제 무기는 품질 면에서 세계적으로 가장 뛰어난 무기였다. 왕승영은 독일에서 배운 지식으로 귀국 후 금릉기기국에서 처음으로 크루프 소포를 만들었다.[52]

이홍장은 독일 크루프 공사에서 신식 후당포를 구매할 때, 독일인 해군 장교 레마이어C. Lehmeyer를 북양육군의 포술교관으로 초빙하였다. 해군 유학생 계획이 한창 준비 중이던 1876년 이홍장은 회군 군관 변장승卞長勝, 왕득승王得勝, 주요채朱耀彩, 양덕명楊德明, 사련표查連標, 원우춘袁雨春, 유방포劉芳圃 등 일곱 명을 레마이어가 임기를 마치고 귀국할 때, 그의 인솔 아래 독일로 데려가 3년간 군사기술군사학교, 공장 제조, 수륙군 기계 기술 등을 배우도록 하였다. 유격대 출신인 변장생과 수비대 출신인 왕득승 등은 엄격한 의미에서 육군에서 파견한 것이지만, 실제로는 해군과 육군으로 나누어 공부하였다. 따라서 청국 최초의 해군과 육군 유학생이라고 부를 여지도 없지 않다.[53] 훗날 귀국 후 대부분 해군 관련 업무에 종사했기 때문에 해군 인원으로 포함시켜도 무방할 정도이다. 그런데 북양에서 파견한 이들 유학생 군관들은 서학의 기초가 전혀 없었으며, 단기간에 선발해 뛰어난 인재들이 아니었다. 이들은 포술 정도만 익혔을 뿐 독일어는 거의 공부하지 않아 출국 준비가 부족하였다. 게다가 이들을 통제할 유학

52 洪子杰, 「一八七五~一八八一年海關購艦之研究」, 國立中央大學 碩士學位論文, 2008, p.36.
53 陳悅, 『船政史』(下), pp.395~396.

생 감독도 없었다.

한 연구에 따르면, 레마이어는 성격이 괴팍했으며 출국 전에 유럽으로 가는 도중 시간을 내어 유학생들에게 독일어를 가르쳐 주겠다고 했으나, 실제로는 배 위에서 약속을 지키지 않았다. 배가 마르세이유항에 도착해 기차를 타고 베를린으로 이동할 때에도 유학생들에게 별다른 관심을 보이지 않았다. 변장생 등은 이에 불만을 품으면서 학업에 영향을 미쳤다. 그는 여러 차례 레마이어에게 이의를 제기하였다. 레마이어는 이를 받아들이지 않고 자신은 이홍장의 위탁을 받았다며 유학생에 대한 권한을 강조하였다. 그는 어느 날 학생들에게 청국관복을 벗고 양복을 입혀 사교모임에 참가하도록 명령했다. 변장생, 왕득승, 주요채 등은 자신들의 임무는 군사를 학습하는 것이라며 이런 활동에 참여하지 않았다.[54]

레마이어는 변장승 등 일부 학생이 자신의 지시를 듣지 않자 보복을 결심하였다. 독일 현지에서 유학생들에게 군사 독일어를 몇 개월 간 교육시킨 후 반항적인 태도를 보인 변장생 등 세 사람은 베를린에서 340리 떨어진 공장으로 보내어 잡기를 가르쳤다. 여기서 잡기란 목공, 철공, 사진 등과 같은 기술이었다. 변장승 등은 원래의 유학목적에 부합하지 않는다며 불복해 이홍장에게 자신들이 능욕당하고 쫓겨났다고 보고했다.[55] 이런 주장은 청국 유학생의 관점에서 바라본 것이다.

청국 유학생들이 독일로 갔을 때 전문적인 감독관이 없었다. 이홍장이 복주선정학당 출신 유학생을 영국과 프랑스에 보낸 후에는 이봉포로 하여금 3개월에 한 차례 독일로 건너가 독일 유학생을 감독하도록 했다. 그

---

54 董守義,『淸代留學運動史』, p.113.

55 Ibid., p.113.

러나 현실적으로 쉽지 않아 유학생 관리 소홀 문제가 발생하였다. 변장승, 왕득승, 주휘채 등 세 사람은 독일에 온 후 거친 성격으로 말미암아 앞서 언급했듯이 독일 군관과의 관계가 원만하지 못했다. 이 세 사람은 공장에 불만을 품고 거주지를 이탈했을 뿐만 아니라, 곽숭도에게 사건을 고발하였다. 곽숭도는 공사관 직원 장덕이를 보내어 조사시켰다.[56]

장덕이가 독일에 도착한 후 변장승 등의 주장을 듣고, 다시 독일인 군관 등 관련 인물의 의견을 청취하였다. 각 방면의 의견을 들은 결과 쌍방에 모두 잘못이 있다고 판단했다. 장덕이는 학생들과 면담할 때는 그들을 위로했으나 상부에 보고할 때는 나이가 가장 많아 우두머리를 자처한 변장승이 서양인과의 약속을 지키지 않았다며 비판하고, 오히려 레마이어의 입장을 두둔하였다. 그는 "변은 스스로 거만해 서양인의 구속을 받지 않았으며, 왕은 비록 총명하지만 변의 유혹에 빠졌으며, 주는 어려서 아는 바가 없어 스스로 판단하질 못했다"[57]라고 썼다. 장덕이는 그들을 귀국시키려 했으나, 이홍장이 인재를 배양하려는 의지가 강하고 귀국 비용으로 낭비가 있을 것을 우려해 좀 더 남아서 학습하도록 했다.

장덕이는 변장승 등이 공장에서 제조를 공부하는 것은 적당하지 않다고 판단해 특별히 독일 장군에게 부탁해 부대에 복귀시켜 육군을 학습하도록 요청했다. 그러나 독일 장군은 변과 주 두 사람은 강폭 불손하다며 당장 귀국시킬 것을 종용하였다.[58] 변장승 등은 돌아가길 원하지 않아

56 왕득승(王得勝), 변장승(卞長勝), 주요채(朱耀彩) 등이 말썽을 일으키자 곽숭도(郭嵩燾)는 광서(光緖) 3년 정월 16일 장덕이(張德彝)를 독일에 파견해 조사시켰으며, 2월 1일 일기에는 장덕이가 독일에서 돌아왔는데 일이 잘 처리되었다고만 적혀있다. 하지만 자세한 내용은 남기지 않았다(張德彝, 『隨使英俄記(四述奇)』(『走向世界叢書』 第1輯 第7冊), 岳麓書社, 1985, p.252).

57 Ibid., pp.349~351.

58 董守義, 『淸代留學運動史』, p.114.

원래 부대가 아닌 다른 부대로 배치하는 문제를 논의하였다. 장덕이는 보병이나 포병으로 돌아갈 수 없다면 수사로 바꿀 것을 요청해 해군부와 상의하였다. 결국 세 사람은 수사에서 공부하기로 결정했다. 마침 일본인 유학생 여덟 명이 독일로 건너와서 수사에서 공부하기로 예정되어 같이 입학시키기로 했다.[59]

변장승과 주요채는 수사학당 입학 후에도 여전히 본분을 지키지 않고 공부를 게을리해 망령된 일을 일삼자 결국 신임 독일주재 청국 공사 유석홍은 이들의 귀국을 결정하였다. 그 결과 변과 주에게는 귀국을 명령하고, 그나마 나이 어린 왕득생은 계속 유학하도록 조치했다. 이들은 조기 군사유학의 실패사례로 꼽힌다.[60] 베를린에 혼자 남은 왕득승은 늦게나마 열심히 공부해 독일군대에 대해 다른 유학생들보다 이해가 깊어졌다. 재독 청국공사관의 참찬인 서건인이 유럽을 고찰할 때 여러 차례 왕득승과 함께 여행하였다. 왕득승은 독일 군사제도를 서건인에게 소개하면서 그의 관심을 끌었다. 독일은 보불전쟁 이후 유럽에서 최강국이었으며 왕득승이 소개한 독일군대는 서건인 일기를 통해 소개되었다.

남은 네 명의 유학생들은 독일육군 일반보병 수준의 군사훈련을 받았다. 독일 하급 군관 훈련으로 성적이 가장 우수한 사람은 양덕명이었다. 독일 장교는 보병교육이 끝난 후 다시 포병 교육을 1년 더 받을 것을 제안하였다. 결국 1879년 사련표, 원우춘, 유방포 등은 귀국했고, 양덕명

59 張德彝, 『隨使英俄記』, pp.352~354.

60 곽숭도 일기에 따르면, 변장승(卞長勝), 왕득승(王得勝), 주요채(朱耀彩) 등 세 사람이 독일 수사에서 공부하는데 문제가 있었다. 그리고 유방포(劉芳圃), 양덕명(楊德明) 등도 종종 사고를 일으켰다. 변장승은 군함을 바꾸었는데, 선원들이 모두 무시하였다. 독일인은 청국 유학생 일곱 명을 보고 크게 실망하였다. 7만 리를 유학 와서 병법을 공부한다면서 이처럼 경솔할 수 있을까? 라고 심경을 밝혔다(郭嵩燾, 『倫敦與巴黎日記』, pp.493~494).

은 폐결핵으로 치료받다가 1880년에야 귀국하였다.

독일 군사기술 유학성과는 영국과 프랑스에 비해 초라했으나 다른 유럽 유학생들에게 교훈을 제공하였다. 현재로서는 독일 유학생이 이홍장의 회군 개혁에 어떤 영향을 미쳤는지 알 수 없으나, 이홍장이 배운 경험은 유학생을 파견할 때 반드시 이들이 의지할만한 감독이 필요하다는 사실이었다. 그는 독일에서 교관을 초빙해 회군을 교육시킬 방법을 고려했으며, 영국과 프랑스에 있던 해군 유학생에게 관심을 집중하였다.

원래 유학생 감독이던 이봉포, 서기인 진계동, 뒤늦게 파견한 전덕배 등은 1878년에 유럽주재 외교관으로 발탁되어 계속 유럽에 남았다. 주지하듯 이봉포는 북양수사를 위해 철갑선, 어뢰정 등을 구매하는 중요한 업무를 맡았다. 그는 중국이 군사 무기를 제조할 것을 고려해 프랑스 유학생 중 정청렴, 임이유, 오덕장, 양염신 등을 군수공장에 파견해 군수산업 관련 학습을 시켰다. 아울러 기술학교 출신인 진가회, 엽전삭, 장계정 등에게 어뢰와 어뢰정 관련 공부를 시켰으며, 불칸 조선소에서 선박 제조를 배우도록 파견하였다.[61] 제2차 유학생이 유럽에 올 때에 기회를 빌려 제1차 유학생 몇 사람이 다시 유럽에 건너왔다. 임태증 등은 북양수사통령 정여창과 함께 영국으로 건너와 순양함 초용호와 양위호를 인수하는 행사에 참여하였다. 위한, 진조고 등은 독일로 파견되어 독일에 남아있던 정청렴 등과 함께 철갑선 정원호와 진원호의 건조를 감독하며 공부하였다. 유보섬 등도 독일로 파견되어 철갑선의 항해기술을 학습하였다.[62]

대체로 유럽 해군 유학생은 몇 가지 특징이 있었다. 첫째, 인원이 적고

61 陳悅, 『船政史』(下), pp.403~404 · 410.
62 Ibid., p.415.

분기로 나누어 선발 파견하였다. 둘째, 상대적으로 나이가 많고 기초가 튼튼하였다. 셋째, 유학 기간이 짧고 규정이 엄격하였다. 해군 유학생들은 똑똑하고 기본기를 갖춘 20세 전후의 청년들로 목표가 분명해 열심히 공부하였다. 흥미로운 사실은 복주선정학당에서 파견한 해군 유학생뿐만 아니라 유미유동 학생들도 귀국한 사람 가운데 다수가 해군 분야에 취직했다는 사실이다. 독일 군사기술 유학생의 경우도 예외는 아니었다.

덧붙이자면, 1880년 제1차 유학생이 귀국한 후, 1881년에 제2차 유학생 10명영국 2명, 독일 3명, 프랑스 5명이 다시 떠났다. 1886년에는 제3차 유학생 30명이 떠났는데, 이때에는 복주선정학당과 북양수사학당의 학생들이 섞여 있었다. 곽숭도를 이어받은 증기택은 비록 처음에는 유학 정책을 부정적으로 생각했으나, 점차 그 필요성을 인정해 성실히 유학생의 해외 생활 및 학습상황을 관리 감독하였다. 그를 이어받은 유서분은 더욱 적극적이었는데, 영국외교부와 교섭해 당시 외국 유학생의 인원 기준인 세 사람을 넘어 청국 유학생 여섯 명을 받아들이도록 설득하였다. 유학사업이 여러 해 경과하자 북양수사학당에서도 졸업생이 배출하면서 복주선정학당의 졸업생을 대체하기 시작했다. 그들이 점차 북양수사의 주력이 되면서 복주선정학당 졸업생들의 진로에 먹구름이 드리워졌다. 복주선정학당뿐만 아니라 기술학교의 경우도 초기에는 수요가 많았으나 점차 다른 출신 기술 인력이 늘어나면서 한계에 부딪혔다.

63 董守義, 『淸代留學運動史』, 遼寧人民出版社, 1985, pp.124~126, 「제1차 유럽 유학생 상황표」와 李喜所, 『近代留學生與中外文化』, 天津人民出版社, 1992, pp.86~91, 「제1차 유럽 유학생 상황표」를 참고해 작성.

〈표 5〉 청말 제1차 해군 유학생(영국과 프랑스)[63]

| 이름 | 출국시기 | 전공 | 귀국시기 | 유학국가 |
|---|---|---|---|---|
| 1. 劉步蟾 | 光緒원년 2월 | 항해사 | 光緒5년 | 영국 |
| 2. 林泰曾 | 〃 | 〃 | 〃 | 〃 |
| 3. 蔣超英 | 光緒3년 3월 | 〃 | 光緒6년 | 〃 |
| 4. 黃建勛 | 〃 | 〃 | 〃 | 〃 |
| 5. 林穎啓 | 〃 | 〃 | 〃 | 〃 |
| 6. 江懋祉 | 〃 | 〃 | 〃 | 〃 |
| 7. 林永升 | 〃 | 〃 | 〃 | 〃 |
| 8. 薩鎮冰 | 〃 | 〃 | 〃 | 〃 |
| 9. 葉祖珪 | 〃 | 〃 | 〃 | 〃 |
| 10. 方伯謙 | 〃 | 〃 | 〃 | 〃 |
| 11.嚴宗光(嚴復) | 〃 | 〃 | 光緒5년 6월 | 〃 |
| 12. 何心川 | 〃 | 〃 | ? | 〃 |
| 13. 魏瀚 | 光緒원년 2월 | 제조 | 光緒5년 | 프랑스 |
| 14. 陳兆翱 | 〃 | 〃 | 〃 | 〃 |
| 15. 鄭清濂 | 光緒3년 3월 | 〃 | 光緒9년 | 〃 |
| 16. 林怡游 | 〃 | 〃 | 〃 | 〃 |
| 17. 陳林璋 | 〃 | 〃 | 光緒6년 | 〃 |
| 18. 楊廉臣 | 〃 | 〃 | 〃 | 〃 |
| 19. 吳德章 | 〃 | 〃 | 〃 | 〃 |
| 20. 李壽田 | 〃 | 〃 | 〃 | 〃 |
| 21. 梁炳年 | 〃 | 〃 | ? | 〃 |
| 22. 林慶升 | 〃 | 〃 | 光緒6년 | 〃 |
| 23. 林日章 | 〃 | 〃 | 〃 | 〃 |
| 24. 張金生 | 〃 | 〃 | 〃 | 〃 |
| 25. 池貞銓 | 〃 | 〃 | 〃 | 〃 |
| 26. 羅臻祿 | 〃 | 〃 | 〃 | 〃 |
| (수행원) 馬建忠 | 光緒3년 3월 | 정치학 등 | 光緒6년 | 프랑스 |
| (문서) 陳季同 | 〃 | 정치학 등 | 〃 | 〃 |
| (통역) 羅豊祿 | 〃 | 자연과학 | 〃 | 영국 |

*그 밖에 프랑스에는 제조기술자 네 명(劉懋勳, 裘國安, 郭瑞珪, 陳可會)을 파견했으며, 광서 3년(1877) 9월에는 다섯 명(葉殿鑠, 張啓正, 王桂芳, 任照, 吳學鏘)을 추가로 파견하였다.

제6장

# 설복성의 '해국海國' 구상

도광 22년1842년 이래 우리는 동서양의 각국과 계속해서 통상조약을 맺었습니다. 영국과 맺은 강녕화약=남경조약 제1조에는 중국인과 영국인이 서로 상대국에 살 때, 반드시 그들과 그들 가족의 안전을 보호받도록 했습니다. 미국과 맺은 속약벌링게임조약 제5조에는 중국인과 미국인이 서로 상대국에 가거나, 혹은 상주해 호적을 받거나, 혹은 수시로 왕래할 때 모두 그 편의를 봐준다고 했습니다. 중국인 노동자에 관한 페루조약이나 쿠바조약에는 해외의 중국인을 돌보고 영사관을 둔다는 조항이 있습니다. (…중략…) 대체로 해금이 느슨해지면서 시대의 정신은 개방적인 것이 되어서, 이제는 멀리서 온 백성이나 가까운 곳에서 온 백성이나 모두 평등하게 대우해야 합니다. 비록 법령을 공식적으로 폐지하지 않았어도, 예전의 규정들은 사실상 폐지되었습니다. 이는 해외로 나간 백성에게 특혜를 주는 것이 아니라 시대의 흐름에 맞추는 문제입니다.

—「청활제구금초래화민소」(1893年), 『설복성선집』 중에서

## 1. 출사 전 해방海防인식

설복성薛福成은 1838년도광 18년에 출생했는데, 자는 숙운叔耘이고 호는 용암庸庵이며 강소 무석無錫인이다. 1865년동치 4년 증국번에게 장문의 글을 올려 "인재를 양성하고, 토지를 개간해 넓히며, 둔정을 활성화하고, 염적을 다스리며, 관리의 통치를 맑게 하고, 민생을 두터이 하며, 해방을 갖춘다"라는 주장을 펼쳐 높은 평가를 받았다.[1] 그의 막부에 들어가 핵심 인물이 되면서 여서창黎庶昌, 장유조張裕釗, 오여륜吳汝綸과 더불어 증문사자曾門四子로 불렸다. 전통 사대부들은 과학기술이란 서양인의 학문으로 자신들이 이를 배운다는 것은 오랑캐를 스승으로 삼는 수치스러운 일이라는 생각이 팽배하였다. 이에 반해 설복성은 일찍부터 과학기술이란 우주의 공리라는 유연한 사고를 가졌다.

증국번이 죽은 후 의탁할 곳을 찾던 설복성은 북양 양무를 주지하던 직례총독 이홍장의 요청으로 그의 막부에 들어가 문서를 처리하며 10년을 일하였다. 이홍장 막부로 옮긴지 얼마 지나지 않은 1875년광서 원년에 설복성이 조정에 올린 「치평육책治平六策」과 「해방밀의십조海防密議十條」는 양무 정책을 담은 것으로, 특히 후자의 경우 견선리포를 주장하는 전형적인 글이었다. 「해방밀의십조」에서 서양은 "병선의 힘으로 상선을 보호하고, 상선의 세금으로 병선을 육성한다"라면서 이런 방법은 중국이 배울 만하다고 주장했다. 이것이 설복성에게서 가장 일찍 나타난 상전商戰 사상이다.[2] 그는 국가가 상업을 중시하는 것이 바로 서양이 부강을 이룬 근

1 薛福成, 『出使英法義比四國日記』(鍾叔河 主編, 『走向世界叢書』 第1輯 第8冊), 岳麓書社, 1985(이하 薛福成, 『出使英法義比四國日記』로 약칭함), p.15.

원이라고 판단했다.

1879년에 쓴 설복성의 『주양추의籌洋芻議』 14편는 청국의 내정과 외교정책을 고루 다루었다. 여기서는 이전 주장에 비해 한 단계 더 나아가 서양의 부국강병 기원은 상공업을 우선시하는 상정에 있다면서, 상업은 서양국가의 경제 중추이며 상인은 서양사회의 핵심이라고 보았다. 상공업 진흥방안을 제시하면서 운수업 발전, 농업 발전, 제조업 발전을 강조하였다. 그는 유럽으로 출사하면서 홍콩과 싱가포르를 들렀는데, 불과 50~60년 전 황량했던 섬이 구미의 식민지가 되면서 놀랍게 변화해진 요인을 무역 진흥에서 찾았다. 이런 생각은 영국에 가서도 바뀌지 않았다.[3] 자신의 일기에서 영국 통상의 역사를 상세하게 기술하며 중국과의 무역관계를 소개하였다.[4]

설복성은 군사 문제도 무척 중시해 『주양추의』에는 「이기利器」와 「선정船政」 두 편에서 전문적으로 군사 개혁을 논의하였다.[5] 우선 육군을 개조하자고 했다. 청국 육군은 비록 숫자는 많으나 군사제도와 장비훈련면에서 매우 낙후하다고 보았다. 녹영綠營을 혁신하고 근대 무기를 갖추어 서양식 군대로 훈련시키자는 것이 요지였다. 해군의 창설도 주장하였다. 구식 수군으로는 어쩔 수 없는 상황이므로 근대해군을 건립하기 위한 몇 가지 제안을 하였다. 요약하자면 첫째, 해군 편제를 독립시켜 육군과 병렬시킨다. 둘째, 해군은 반드시 신형군함을 갖춘다. 셋째, 해군훈련

2 尹德翔, 『東海西海之間－晚清使西日記中的文化觀察, 認證與選擇』, 北京大學出版社, 2009, p.196.

3 「英吉利用商務辟荒地說」(1890), (丁鳳麟 · 王欣之 編, 『薛福成選集』, 上海人民出版社, 1987, 이하 『薛福成選集』으로 약칭함), p.297.

4 薛福成, 『出使英法義比四國日記』, pp.210~211.

5 『籌洋芻議』(1885), 『薛福成選集』, pp.534~536 · 543~545.

을 엄격히 하고 효율적으로 관리한다. 넷째, 해군은 적극적인 전략 전술을 갖춘다 등이다. 이를 위해 서양을 모방해 군사학당을 세우고, 유학생을 파견하며, 구식 무과 제도를 개혁하고, 기존 군사 인재 중에서 우수 인물을 선발한다 등을 제시하였다.[6]

『주양추의』의 관점은 7년 전의 「해방밀의십조」에 비해 나름대로 큰 변화와 발전이 있었다. 과거 '견갑이병堅甲利兵'이야말로 가장 급선무라고 여겨, 중국은 거액을 아끼지 말고 서양에서 철갑병선을 구매해야 한다고 했다. 이 때만 하더라도 서양의 군사기술이 중국에 비해 선진적이지만 중국의 삼강오상을 기초한 정교가 서양인보다 우월하다고 믿었다. 하지만 『주양추의』의 「상정商政」편이나 「변법變法」편에서는 서양에 대한 학습을 주장하였다. 여기서도 서양 부강의 뿌리는 상정에 있다면서, 옛날 상앙商鞅이 부강을 논할 때는 농업이 기반이었지만, 서양인이 부강을 모색하는 것은 상공업에 있다고 보았다. 만약 상공업이 흥하지 않으면 국가는 필연적으로 약화될 것이라 했다.[7]

설복성은 비록 세계질서의 변화에 대한 날카로운 감각에도 불구하고 여전히 전통적인 문명관을 유지하였다. 그는 "오늘날 진실로 서양인의 기수器數의 학을 취해 우리 요·순·우·탕·문·무·주·공堯舜禹湯文武周孔의 도를 지켜야 한다"[8]라는 유명한 말을 남겨 양무 세대의 입장을 여전히 대변하였다. 그가 다른 양무파와 차이점이라면 윤선과 창포와 같은 서양 무기나 과학기술이 우주 간의 공리라서 서양인들만의 것이 아니라 중국

6 胡門祥, 「試析薛福成的軍事改革思想」, 『樂山師範學院學報』, 2002.2, pp.63~64.
7 『籌洋芻議』(1885), 『薛福成選集』, pp.540~541.
8 Ibid., p.556.

인도 연구할 수 있다고 길을 열어 놓은 점이다.[9] 이 책의 영향력은 대단해서 많은 사람들이 읽었는데, 주외 공사 증기택도 영국으로 가져가서 런던에서 다시 인쇄하였다.

『주양추의』를 구상할 무렵 해관총세무사 하트를 총해방사로 임명하자는 논의가 있었다. 1879년 하트가 청국을 대신해 외국에서 쾌선과 문자선 등 군함을 구매한 후 해군을 남북으로 분산시켜 건립할 때, 총해방사라는 새로운 직책을 만들어 자신이 책임자가 되어 청국 해방과 해군의 지휘권을 장악하려 했다. 이때 설복성은 해군지휘권을 외국인의 손에 넘길 수 없다며 적극적으로 막았다. 그는 하트를 신랄하게 비난하면서 그 마음이 서양에 있지 중국에 있지는 않다고 했다.[10] 그리고 같은 해 일본이 류큐를 병탄하자 장패륜張佩綸 등 일부 젊은 관리들이 일본을 정벌할 것을 주장했는데, 설복성은 우선 해군력을 강화한 후 다시 논의하자며 이홍장과 같은 현실적인 감각을 드러내었다.[11]

1880년 해방정책에 관한 폭넓은 의견을 담은 글을 조정에 올렸으며, 「북양해방수사장정北洋海防水師章程」에 관한 글도 남아있다.[12] 설복성은 일찍이 근대해군을 건립하는 계획을 세운 사람 중 하나이다. 그의 해방 사상을 요약하면 다음과 같다. 첫째, 강해 연안을 강화해 방어 중점으로 삼는다. 둘째, 북양수사를 주체로 삼아 중국해군을 건립한다. 함대 편제, 해군기지, 지휘계통, 군사 장교와 기술자 선발, 훈련과 연습 등에 주목한

9 薛福成, 『出使英法義比四國日記』, p.132.
10 「上李伯相論赫德不宜總司海防書」(1879), 『薛福成選集』, p.298.
11 「代李伯相籌議先練水師再圖東征疏」(1880), 『薛福成選集』, pp.144~150.
12 「代李伯相籌議海防事宜疏」(1880), 『薛福成選集』, pp.144~150; 「酌議北洋海防水師章程」(1881), 『薛福成選集』, p.298.

다. 셋째, 먼저 무기를 구매한 후 모방해 제조함으로서 재빨리 군사 근대화를 실현한다. 넷째, 국방 군비 모집에 주력한다. 다섯째, 국가독립을 유지하기 위해 하트가 해방 대권을 가지는 것에 굳게 반대한다 등이다.

1884년 설복성은 이홍장 막부에서 벗어나 관리가 될 기회를 얻어 절강영소도浙江寧紹道를 맡았다. 그가 관리로 임명될 때는 프랑스군이 베트남에서 청군과 충돌할 무렵이었다. 프랑스 정부는 해군 중장 쿠르베에게 원동 함대를 인솔해 중국 연해를 북상하도록 명령했다. 설복성이 임지에 도착하자 절강순무는 그를 영파에 있던 해방영무처海防營務處로 보내어 해방의 중임을 맡겼다. 진해鎭海를 방어하는 임무 중 설복성의 능력이 십분 발휘되었다.[13] 쿠르베 함대는 진해 해구에서 40여 일 동안 대치 상태에 있었으나 별다른 성과 없이 물러났다.[14] 이처럼 그는 프랑스군의 침략을 효율적으로 막아내어 청프전쟁 중 보기 드문 부분적 승리를 이끌어내었다.

청프전쟁 당시 설복성은 외교 방면에서도 국제법 이해를 바탕으로 몇 가지 조치를 취하였다. 기존 조약에 근거해 청군이 열강과 정해定海를 보호하는 조약을 체결할 것을 요청하고, 청국에 남아 떠나지 않는 프랑스 공사를 추방하거나 체포할 것을 건의했으며, 다른 열강들이 중립을 지킬 것을 조회하였다.[15] 이렇듯 그는 만국공법을 이용해 국익을 지키려 한

13 鍾叔河, 『從東方到西方－走向世界叢書敍論集』, p.484.

14 1883년 설복성(薛福成)이 절강녕소도(浙江寧紹道)일 때 이규(李圭)를 추천해 양무위원을 겸임시켜 프랑스침략을 방어하는 준비업무를 맡겼다. 1885년 초 프랑스 군함이 진해(鎭海)해구에 접근하자 이규는 설복성에게 말하길, "마강(馬江)에서 패배한 까닭은 화전(和戰)이 정해지지 않아 감히 먼저 공격할 수 없었기 때문입니다. 지금 적들이 왔으니 마땅히 신속하게 진해포대로 하여금 포탄이 도달하는 곳에 나타나면 포탄을 발사해 늦지 않도록 해야 합니다. 이것이 선발제인(先發制人)의 도리입니다"라고 했다. 설복성은 이런 용감한 주장을 받아들여 프랑스 군함이 사정거리 안에 들어오면 발포하도록 해 결과적으로 진해에 들어온 적의 1차 진공을 막을 수 있었다(Ibid., p.360).

15 劉悅斌, 「薛福成對近代國際法的接受和運用」, 『河北師範大學學報』(自然科學版), 1998.6, p.120.

보기 드문 법률 지식의 소유자이기도 했다. 한편 조선에서 갑신정변이 일어났을 때에도 신속하게 일을 처리해 위기가 확대하는 것을 막는 등 여러 국제분쟁에서 외교능력을 발휘하였다. 설복성은 막료 출신이었지만 출사 후에는 전문적인 외교관의 모습으로 전환하였다.

## 2. 출사 후 해군 건설 구상

설복성 이전에 영국주재 청국 공사를 담당한 인물은 유서분劉瑞芬이었다. 그 역시 선임자 곽숭도와 증기택과 마찬가지로 해군 문제에 관심이 많았다. 유서분은 회계淮系 출신 군인으로 설복성처럼 증국번과 이홍장 막부에서 일한 경험이 있었다. 일찍이 회군을 위해 무기를 구매해 군수물자를 잘 알고 있었지만, 유럽으로 출사하기 전까지 서양문명에 대해선 아는 바가 많지 않았다. 그가 처음 영국에 도착했을 때 서양 문물을 무척 신기해하였다.[16] 유서분이 주영 공사로 재임할 시기 이홍장의 북양해군 건설에 전력 협조하였다. 그 결과 유서분 공사시기에는 북양수사를 건립하는데 필요한 기본적인 군함과 대포구매가 완료되었다.

1889년 초 유서분은 3년 임기를 마치고 중국으로 돌아와 광동순무에 임명될 예정이었다. 앞서 언급했듯이, 이때 청국 정부는 호남안찰사로 임명한 설복성에게 출사대신이란 새로운 임무를 맡겼다. 양무운동 시기

---

16 유서분(劉瑞芬)의 일기에는 기차를 처음 탄 놀라움이 기록되어 있다. "달리는 것이 나는 새와 같고, 창밖의 야경은 모호해 인지하기 어렵다. 두 귀에 천둥과 같은 소리가 들리고 심신이 진동했다"라고 기록했다(劉瑞芬, 『養雲山莊遺稿 · 西軺紀略』, 光緒二十二年刻本(江靜, 『晚淸變局中的角色轉換－劉瑞芬硏究』, 蘇州大學 碩士學位論文, 2010, p.31 재인용).

서양의 과학기술은 윤선과 창포 관련 인식에서 출발하는 경우가 많은데, 설복성 역시 예외는 아니었다. 그는 출국 전에 과학기술은 우주의 공리라는 논리를 가지고 오랑캐의 학문을 배우는 일이 수치라는 편견을 넘어섰다. 유럽은 전쟁으로 나라를 세웠기 때문에 경쟁에 익숙한 반면, 중국은 문을 숭상하고 무를 경시해 유약해졌다고 보았다. 1870년대 이후 설복성의 관심이 군사기술에서 공업기술로, 해방기술에서 민간기술로 넘어갔다고 주장하는 견해가 있지만, 여전히 양무운동 시기 해군 건설은 국방건설에서 중요한 문제였다. 즉 '견선리포'의 틀을 벗어나 '부강의 술'에 주목했다지만 그렇다고 해군 건설의 중요성을 무시한 것은 결코 아니었다. 그런 사실은 일기에 실린 다양한 해군 건설 관련 기사를 통해 확인할 수 있다.

설복성의 출사일기는 본인이 간행한 『출사영법의비사국일기出使英法義比四國日記』광서 16년 정월 11일부터 광서 17년 2월 30일까지와 그의 사후 셋째 아들이 간행한 『출사일기속각出使日記續刻』광서 17년 3월부터 광서 18년 9월 29일까지 등 두 가지가 있다.[17] 설복성의 유럽 체류 시간이 길어지면서 서양의 과학기술 문명에 대한 이해가 깊어지고 있다는 사실은 『출사영법의비사국일기』와 『출사일기속각』 간 분석에서 잘 드러난다.[18] 전편에서는 중서 문명관 비교가 두

---

17 광서(光緖) 17년 10월 런던공사관에 있던 설복성(薛福成)은 광서 16년(1890) 정월부터 광서 17년(1891) 2월까지의 일기를 정리해 6권(17만여 자)으로 만들었다. 일기를 총리아문에 보내고, 국내에서도 출판해 『출사영법의비사국일기(出使英法義比四國日記)』라고 명명하였다. 그가 죽은 후 셋째 아들이 광서 17년 3월부터 광서 20년(1894) 정월까지의 일기를 10권(35만 자)으로 정리해 광서 23년(1897) 겨울에 출판했는데 『출사일기속각(出使日記續刻)』이라고 명명하였다. 『주향세계총서(走向世界叢書)』에서는 이 두 편을 한 권의 책으로 통합해 『출사영법의비사국일기(出使英法義比四國日記)』라고 하였다(薛福成, 『出使英法義比四國日記』, 鍾叔河序文, p.26).

18 설복성(薛福成) 자신의 말에 따르면, 일기에는 행정(行程)을 기록하고, 교섭(交涉)을 기록하고, 정속(政俗)을 기록하고, 예기(藝器)를 기록하였다. 그의 일기는 학자로서의 특징이 잘 드러난다. 자료를 수집하고 기록한다든지, 실린 기사가 정확하고 체계를 갖추었다든지, 단순한 감상을

드러지며, 후편에서는 세계 지리 정보가 많이 실려 있어 세계관의 변화를 상징하는 지리학의 열정을 읽을 수 있다. 설복성이 출사일기를 간행한 배경에는 당시 청국이 처한 국제정세와 깊은 관련이 있었다. 이 일기가 만들어질 무렵 중국은 청일전쟁 이전이며 변법운동 역시 국내에서 아직 발달하기 이전이어서 여전히 서양 문화의 이해 수준이 높지 않았다.

설복성 재임 시기는 영국이나 독일에서 서양 군함과 대포를 구매하던 절정기는 지났으나 그렇다고 해서 그가 해군 건설에 대해 무지했던 것은 아니다. 이미 청국이 영국과 독일에서 군함을 대량 구입하고 국내에도 병기창과 조선창을 여럿 건설한 시기여서 상당한 군사력을 가졌지만, 설복성은 여전히 서양의 군사제도 분야에 주목해 기록을 남겼다.

설복성은 중국과 서양의 군사제도 차이에 대해 두 가지 측면에서 비교하였다. 하나는 중국이 송명이래로 문文을 중시해 군사력 강화나 군사 인재 양성을 홀시한 반면, 유럽 각국은 군사 인재들이 모두 학교를 나오고 자제들이 군대에 복무하는 것을 영광으로 삼으며 정부에선 장교와 사병들에게 충분한 보상을 한다. 다른 하나는 중국은 실제 훈련을 홀시해 명대 이후에는 고대 병법이 모두 소실되어 오합지졸의 군대가 되었다. 이와 달리 유럽은 전쟁으로 나라의 기틀을 다진 전통으로 전투의지가 강하고 훈련 규정이 엄격하며 실제 훈련을 중시하였다. 설복성은 청국이 열강에게 연속해서 패배한 이유를 군대의 결함에서 찾았는데 군인소질의 저하, 군사교육의 결핍, 군인 대우의 부실 등이다. 서양의 선진적인 군사무기를 넘어 군사 인재 배양에 주목한 사실은 곽숭도와 같은 일부 지식

---

넘어 논의 수준에 다다른다든지, 문체의 뛰어난 점 등이 그러하였다(劉悅斌, 「試論薛福成出使日記的學人特色」, 『廣西師範大學學報』(哲學社會科學版), 2001.12, pp.102~105 참고).

인과 견해를 같이한 것이다.

설복성 일기에는 "기계로서 제압하려면 철제군함과 철제대포만한 것이 없다"[19]라는 구절이 보인다. 일기에는 비록 자신이 주도해 군사 무기를 구매한 경우는 별로 없지만 과거 철갑선 진원호, 정원호와 순양함 제원호를 비롯해 영국과 독일에서 구매한 여러 척의 군함 기록을 자주 인용한다. 그는 영국해군을 파악할 때 증기택 등이 남겨놓은 옛 문서를 참조해 치원호 등 네 척의 순양함 구매와 건조과정, 영국식 독일식 군함의 차이점, 영국 전문가가 언급한 독일 군함의 단점, 영국조선소와의 계약과 군함 가격, 크루프 공사에서의 대포구입 등을 소개하였다.[20] 한두 가지 사례를 좀 더 들어보면 아래와 같다.

설복성은 예전에 허경징이 독일과 프랑스에 출사했을 때 군함과 대포를 구매하면서 「조해군선포응판사의條海軍船炮應辦事宜」라는 상소문을 올렸는데, 매우 중요한 말이 많아 그 요점을 일기에 옮겨 놓았다. 첫째, 대고구에는 마땅히 철갑 포선을 배치해야 한다. 둘째, 철갑선과 쾌선의 흘수吃水는 너무 낮아서는 안 된다. 셋째, 철갑선의 선식은 반드시 분별해서 만들어야 한다. 넷째, 해군의 포위는 일률적이어야 한다. 다섯째, 조선소와 무기공장의 생산은 점점 확충해야 한다 등을 상세하게 언급했다.[21] 이런 내용들은 비록 허경징의 주장이지만 설복성의 해군 인식을 잘 보여주는 기사이다.

다른 날 일기에서 해전 중에 주의해야 할 여섯 가지를 열거하였다. 첫

19 薛福成, 『出使英法義比四國日記』, p.697.
20 Ibid., pp.190~196 참고.
21 Ibid., pp.106~110.

째, 적선과 가까우면 가볍고 빠른 포로 공격한다. 둘째, 적선과의 거리가 주변에서 2천 야드 사이이면 중간 포6인치 포로 공격한다. 셋째, 적선과 거리가 1천2백 야드 이상이면 6인치보다 큰 포로 공격한다. 6백 야드 이내이면 적 수뢰의 공격에 조심해야 한다. 넷째, 전시에 절대로 본선으로 적선과 충돌해서는 안 된다. 적선의 왼쪽과 오른쪽에서 수뢰를 발사한다. 다섯째, 적선에서 작은 배들을 보내면 빼앗아서는 안 되는데, 화약과 수뢰 등의 피해를 입을 수 있기 때문이다. 여섯째, 우리 배에서 가장 신중해야 할 일은 키舵가 파손되는 것에 주의하고 신속해 수리가능하도록 한다.[22] 그리고 군함이 항해할 때 가장 두려운 것이 암초인데 철갑선이라고 예외는 아니다. 철갑선은 만일 사태를 대비해 철갑 아래에 수뢰나 어뢰를 보관하고, 선수와 선미에 철갑이 없는 곳에 포탄을 보관한다. 선박 안에 여러 겹의 문을 만들어 보호하는데, 작은 암초의 위험은 피할 수 있지만 큰 암초의 경우에는 대책이 없다. 암초에 부딪혀 구멍이 생기면 문을 닫아 침몰을 막고 수리할 수 있다고 했다.[23] 한편 병륜과 상륜의 형식이 확연히 다르다는 사실도 설명하였다.[24]

설복성은 서양 5개국영국, 프랑스, 독일, 미국, 러시아에서 사용하는 대포를 소

22 Ibid., pp.443~444.

23 Ibid., p.263.

24 "화물을 싣는 상륜(商輪)은 화물을 반드시 아래 선창에 놓아야 바다로 나갔을 때 안전하다. 중층에도 전부 화물을 놓고 반드시 포를 설치할 필요는 없다. 상층에는 방을 나누어 만들어 객창이라고 부른다. 선박 길이는 짧고 중간이 넓어 흘수가 깊지 않다. 병선의 선창에는 포를 설치해 위가 무겁고 아래가 가볍고, 암륜(暗輪)을 수선(水線)의 아래에 설치해야 포격을 피할 수 있으며, 선체는 비교적 길고 중간이 좁다. 선창 아래에 무거운 물건이 많아 흘수가 비교적 깊다. 윤선에 실은 화물은 협판선보다 많지 않으며 기계, 화로, 석탄 창고의 위치가 전체 선박의 3분의 1을 차지한다. 상륜의 크기는 25~30丈 정도가 적당하다. 윤선은 석탄이 생명인데 암륜 병선의 경우 순풍을 만나면 기관을 정지하고 돛을 이용하거나 혹은 기관을 쓰더라도 돛을 펼쳐 힘을 보조받아 석탄을 아끼는 것이 방법이다."(Ibid., p.263)

개하며 영국과 독일 대포가 가장 뛰어난데, 특히 크루프 대포가 유명해 북양에서도 수백 문을 구매해 10여 년 동안 사용하고 있다고 했다. 청국에서도 강남제조국 등에서 서양 대포를 모방한 제품들이 생산된다고 썼다. 정일창의 대포 관련 논의도 함께 실으며, 서양군대는 육지전투에서 대포에 크게 의존한다고 했다.[25] 그는 「창포설槍炮說」에서 전쟁은 용기여서 예로부터 용감한 자가 승리할 확률은 10에 7~8이라고 했는데, 오늘날 전쟁은 그렇지 않아 아무리 용감한 장수라도 소총과 화포 앞에서는 어쩔 수 없다고 보았다. 서양 창포의 정교함은 대단한데 위력이 맹렬하고, 속도가 빠르고, 명중이 정확하고, 먼 곳에 이른다고 높이 평가하였다.[26] 일기에는 신식화약의 언급도 종종 보이는데, 화약의 다양한 용도를 소개하면서 흑색화약과 밤색화약을 비교하였다. 독일 크루프 공사의 실험에 따르면 밤색화약이 좀 더 뛰어나다면서,[27] 나중에는 무연화약이 대세라는 사실도 밝혔다. 설복성은 출양이래 각 항구에 있는 포대를 10여 곳 이상 보았다며 포대 관심을 보였다. 그는 정일창, 이홍장, 장지동의 포대 관점을 소개하기도 했고, 영국공장에서 생산한 신형포대는 땅속에 대포를 감추고 철로 덮었으며 군인이 땅속에 매복한다고 소개했다. 대포는 기계를 작동해 상승해 적선이 오면 포를 쏘아 공격한다면서 적선이 방어할 시간을 주지 않는다고 했다.[28]

일기에는 "서양 각국에서 육군은 독일이 가장 뛰어나고, 수사는 영국이 가장 정예라고 생각한다"[29]라고 썼다. 영국의 저명한 국영 군수공장은

25 Ibid., pp.256~258.
26 「槍炮說 上」(1892), 『薛福成選集』, p.427; 「槍炮說 下」(1892), 『薛福成選集』, p.428.
27 薛福成, 『出使英法義比四國日記』, pp.261~262.
28 Ibid., pp.249~251.

두 곳이 있다. 하나는 울리치에 있는데 런던의 동남쪽에 위치한다. 다른 하나는 포츠머스에 있는데 런던의 남쪽 끝이다. 두 곳 모두 지명에서 유래하였다. 개인 군수공장으로 유명한 곳은 암스트롱과 휘트워드인데, 모두 창포로 유명하다.[30] 독일의 크루프 공장은 유럽 창포 제조에서 가장 유명한 공장이다. 설복성 역시 다른 출사대신처럼 이 공장을 방문해 대포 실험장, 대포 제조창, 동판 주조창, 철로 제조창 등을 관람하고 자세한 기록을 남겼다.[31] 곧이어 독일에서 조선소로 유명하고 청국의 대표적인 철갑선 정원호와 진원호를 만들었던 불칸 조선소도 방문하였다.[32] 설복성은 서양의 제조업에는 항상 검사하는 기구가 있다고 높이 평가했다. 배의 항행을 검사하거나, 창포의 발사를 검사하거나, 기계의 작동을 검사하거나, 모두 엄격한 기준에 따라 실험해 오류가 없도록 한다는 것이다.[33]

설복성 일기에는 어뢰(혹은 수뢰)와 어뢰정의 발전과정에 대해 잘 묘사되어 있다. 아마도 이 시기에 가장 주목받던 최신 무기였기 때문일 것이다. 그에 따르면, 천하의 전쟁 무기로는 총과 포가 있다. 포를 설치하려면 포대를 만들어야 하며, 포를 실으려면 군함이 있어야 한다. 거포의 공격을 막거나 스스로 거포를 실으려면 철갑선이 필요하다. 거포보다 저렴하고 군함과 포대를 만드는 것보다 열 배는 저렴한 무기가 있는데 바로 수뢰이다.[34] 이처럼 수뢰를 소개하면서, "병선을 책임지는 사람은 수뢰

29 Ibid., p.136.

30 Ibid., pp.226~227.

31 주독공사 허경징(許景澄)은 1860년대 독일 크루프 공장에서 처음으로 후당포를 만들었으며, 영국 암스트롱공장에서도 이를 모방하자 각국에서 후당포를 채용하지 않는 곳이 없다고 했다(呂芳上, 『從認識到認同－晚淸中國朝野對德國軍事能力的認知(1861~1890)』, 國立臺灣師範大學歷史學系 碩士學位論文, 2011, pp.48~49).

32 薛福成, 『出使英法義比四國日記』, pp.279~281.

33 Ibid., pp.99~100.

를 막지 않을 수 없고, 항구방어를 책임지는 사람은 수뢰의 유용성을 알지 않으면 안 된다"라고 주장했다.[35]

그의 설명에 따르면, 수뢰에는 세 가지가 있다. 복뢰伏雷가 있고, 송뢰送雷가 있고, 행뢰行雷가 있다. 복뢰에는 세 가지가 있는데, 엿보아 폭발하는 수뢰, 접촉하면 폭발하는 수뢰, 두 가지가 결합한 수뢰가 있다. 송뢰와 행뢰에도 각각 세 가지가 있다. 어뢰는 행뢰의 일종으로 어뢰를 처음 만든 사람은 독일 기술자 화이트헤드이다. 어뢰는 밖은 고기 모양이고 안에는 추진기가 있다. 머리 부분에 폭약이 들어있는 데 그 힘이 막강하다면서 어뢰의 구조를 비교적 상세히 소개하였다. 어뢰를 발사할 때는 반드시 어뢰 내 기관에 물의 깊이, 원근 등을 측정해 어뢰정의 양쪽 발사통에 장착해야 한다.[36] 주독 공사 이봉포가 북양을 대신해 20개를 구매했는데, 한 개에 1만 마르크였으며 발사 장비가 포함되었다. 북양에서도 공장을 만들어 독일 기술자를 초빙해 이용법을 교습받았다. 독일 측이 청국에서 복제해 만드는 것을 허가하자 북양에서도 위해위에 어뢰영을 두어 연습하였다.[37]

현재 새로 만든 어뢰정은 물고기처럼 수영하고 물밑에서도 운항할 수 있다. 각국의 모델이 다른데, 프랑스산 가격이 저렴해 전에 없이 유리하다. 그 방식은 고기와 같아 길이가 1장 8척이고, 넓이가 5척이며, 선형은

34 Ibid., pp.218~219.

35 Ibid., pp.219~221.

36 Ibid., pp.528~529.

37 1887년 프랑스는 어뢰정을 수십 척 만들어 지중해에서 훈련했는데, 침몰하거나 폭발하는 경우가 있었다. 영국도 20여 척을 만들었으나 해면에서의 속도가 지나치게 느렸는데, 무겁고 크기 때문이었다. 이에 더욱 정밀하게 만들려고 시도해 큰 성과를 올렸다. 독일 해군부에서 시연한 어뢰정은 속도가 빨라 각국의 선박을 능가하자 여러 나라에 판매되었다. 중국 광동성도 아홉 척을 구매하고 다시 한 척을 추가 구매했으며, 복건성에서도 어뢰정 한 척을 구매하였다(Ibid., pp.724~725).

둥글고 짧은데 전체가 순동으로 제작되었다. 중간에 두 사람이 앉고 나선형으로 돌며 물이 들어가지 않는다. 진퇴와 상하에 키를 사용하지 않고 바퀴를 사용하며, 불을 사용하지 않고 전기를 사용한다. 적선에 접근하면 배의 양쪽에 매달린 무기가 분리되고 적선 아래로 잠행해 선박에서 지극히 먼 곳에서 동선으로 전류를 흘려 폭발시킨다. 폭탄 소리는 벼락 같으며 적선은 곧바로 분쇄된다. 매 선박 제조 비용은 불과 8천 량으로 약 열 척이 있으면 항구를 방어하기에 충분하다.[38] 어뢰를 넘어 바다를 운항하는 어뢰정의 출현을 잘 보여주는 기록이다.

설복성은 서양 병기가 정교해질수록 전쟁은 나날이 감소한다는 견해를 피력하였다. 각국이 엄청난 물자와 인력을 투입해 소총의 신비함, 대포의 맹렬함, 군함의 정교함, 포대의 견고함을 추구하면서 그 기술이 고도화되고 대형화된다고 했다. 열강은 최고를 추구하지만 별로 무기를 사용하지 않는데, 그런 의미에서 전쟁 무기란 무용無用의 쓰임새가 있다고 보았다.[39] 한편 그는 청국 해방에 깊은 관심을 가지고 북양수사 등을 상세히 분석한 기사도 일기에 담았다.[40] 과거 출사일기와 달리 북양수사의 현황을 소개하는 기사가 자주 나타나는데, 이것은 청국의 해군 건설이 상당한 수준에 도달했음을 간접적으로 보여준다.

---

**38** Ibid., pp.382~383.

**39** Ibid., p.287; 「攻戰守具不用之用說」(1890), 『薛福成選集』, p.303.

**40** Ibid., pp.884~885. 근래 서양인들이 여순(旅順) 항구의 형세는 위해(威海)에 미치지 못한다며, 장래 북양함대는 위해를 전선의 정박지로 삼고 여순을 선박 수리하는 곳으로 삼는 것이 적당하다고 말했다. 또 듣기에 대련만(大蓮灣)에 새로 만든 포대가 여섯 곳 있는데, 견고하고 뛰어나 북양에서 으뜸이라고 한다. 위해위(威海衛)의 자연환경은 군항으로서 뛰어나 대형선박이 출입하기에 편리하다. 과거 어촌에 불과하던 이곳이 현재는 훌륭한 군항으로 바뀌었다. 위해와 연대(煙臺)는 매우 가까워 수로로 130리에 불과해 윤선으로 네 시간, 육로로 말을 타면 열 시간이면 도달할 수 있다(Ibid., pp.295~296).

## 3. 서양문명과 중서회통中西會通

설복성 일기에는 해군 관련 기사 말고도 풍성한 해양 문명과 관련이 있는 기사를 만날 수 있다. 한두 가지 사례를 들어보겠다. 우선 설복성은 자신의 일기 중에 중국에서 유럽으로 올 때 중요한 항구홍콩, 싱가포르, 스리랑카, 아덴 등마다 영국인이 점거하지 않은 곳이 없다고 했다. 영국인들은 통상을 생명으로 여기기 때문에 지세를 잘 이용하고 수사가 이를 선도한다면서, 수십 년 동안 전 세계 해상요지 중에 장악하지 못한 곳이 거의 없다고 적었다. 그가 이용한 항로가 영국에 의해 만들어진 이른바 제국항로帝國航路였기에 그런 인상을 받았을 것이다. 유럽 각국이 지중해를 출구로 여기지만 영국이 지중해의 요지를 독점한 상태에서 마음대로 출입할 수 없었는데, 특히 몰타섬을 점거해 지브롤터해협을 장악하였다. 몰타섬에서 수에즈운하까지 혹은 대서양의 출구까지는 윤선으로 불과 사흘거리에 불과하였다.[41]

그리고 기존 출사대신곽숭도, 증기택 등들과 마찬가지로 수에즈운하를 통과하면서 유럽의 토목 기술에 감탄하였다. 수에즈운하의 건설과정 기록은 과거 출사대신 일기에서 단골 메뉴였는데, 설복성의 일기에도 운하의 운영체계와 관련한 자세한 소개가 있다. 과거에는 야행을 금지했으나 최근에는 밤에도 전등을 켜서 배가 정박하지 않는다면서 선수에 전등을 달았는데, 2~3리는 밝힐 수 있다고 기록했다. 운하의 폭이 좁아 두 척이 서로 만나면 한 척이 옆으로 양보해야 지나갈 수 있다고 했고, 운하를 관

41 Ibid., pp.135~136.

리하는 비용은 통행세로 징수한다고 썼다. 한편 근래에는 미주에서 수에즈운하와 유사한 남북미를 관통하는 파나마운하 공사가 한창이지만 공사 구간이 어렵고 경비가 부족해서 잠시 중단되었으나 다시 재기하려는 시도가 있다는 소개 글도 있다. 파나마운하 관련 기사는 이전 출사대신들은 알지 못했던 새로운 운하 공사 정보였다.[42]

위의 사례들처럼 설복성의 출사일기에는 대양과 섬과 항구의 묘사들이 적지 않다. 이전 출사대신 일기와 다른 점이라면 서양 윤선에 관한 놀라움이나 항해 중의 배멀미와 같은 기억은 별로 나타나지 않는다. 이 무렵 그런 경험들은 이미 익숙해진 소재이기 때문일 것이다. 그 밖에도 다양한 해양 관련 기사들이 있다. 간단히 열거하자면, 각지에 설치된 등대, 세계 해양에 관한 묘사, 태풍에 관한 소개, 고래에 얽힌 전설과 수족관에서 본 인상, 열강 간에 벌어진 고기잡이 분쟁, 열강 간 해저전선 설치 문제, 부녀자들이 해수욕하는 풍경 등[43]이 그것이다. 앞서 출사대신들의 해양 인식을 다루면서 이런 경험들을 언급한 바가 있으므로, 여기서는 생략하고 좀 더 범주를 넓혀 과학기술을 중심으로 설복성의 서양 문명관의 특징을 다루고자 한다. 그가 서양문명을 실감한 공간으로는 해양 문명 말고도 의회, 학당, 감옥, 병원, 동물원, 천문대, 학회, 우체(전신)국, 박물관 등 다양하였다.

설복성이 영국을 방문했을 때는 서양의 근대가 완성된 시점은 아니었지만, 산업혁명이 순조롭게 진행되던 시기였고, 세계 공장으로 해가 지지 않는 제국의 물질문명을 어느 정도 관찰할 수 있었다. 우선 윤선과 기

42 Ibid., pp.90~91 · 420 · 576~577 · 667 · 693 · 752 · 959.
43 Ibid., pp.73 · 97 · 378 · 402 · 697~698 · 705 · 707.

차 등 교통수단과 전보, 전화 등 통신수단의 발전에 감명을 받았다. 그는 구미 열강이 증기기관으로 상징되는 제1차 산업혁명의 기초위에 전기를 광범하게 응용하기 시작한 제2차 산업혁명을 목격하였다.[44] 설복성은 유럽과 미국이 발흥한 것은 학문을 발전시키고 상공업을 진흥했기 때문인데, 대부분이 최근 백 년 사이에 일어난 일이라고 했다. 기차, 선박, 전선 등도 모두 불과 60~70년 이내에 만들어진 발명품이라며 그들의 상무, 병법, 조선, 제조, 농업, 어업, 목축, 광무 등은 자연과학에 기초한 것으로, 서양문명은 천지간에 존재하는 공공의 이치를 전문적으로 밝힌 것이라 말하였다.[45] 그가 유럽에서 쓴 일기에는 주포, 조선, 채광, 제강 등의 기술 분야 말고도 순수한 서양 과학에도 관심을 보였다. 특히 기초과학에 대한 흥미가 많았는데 잘못 이해한 부분도 없지 않았다.

설복성은 유럽으로 가는 선상에서 윤선이 갈수록 민첩해지는 것은 우주 자연의 이치와 같은 것이며, 윤선보다 민첩한 것으로 공중을 나는 기구를 예언하였다. 그는 앞으로 육전과 수전 말고도 공중전이 있으리라 추측하였다.[46] 실제로 유럽 현지에서 영국인과 미국인이 만든 공중을 나는 비행선飛船 관련 신문 기사를 소개하였다. 비행선의 양쪽에 날개와 같은 것이 달려 있어 낙엽과 같이 오르내릴 수 있다고 했다. 선두에는 엔진이 있어 진퇴를 조절하고, 선미에는 조타가 있어 전후나 좌우를 조절하는데, 선창 앞에는 사람이 앉을 수 있도록 만들었다고 썼다.[47]

영국에 도착한 지 오래되지 않아 설복성은 한 영국 과학자로부터 영국

44 丁鳳麟, 『薛福成評傳』, 南京大學出版社, 1998, pp.361~363.
45 「西法爲公共之理說」(1890), 『薛福成選集』, p.298.
46 薛福成, 『出使英法義比四國日記』, pp.83~84.
47 Ibid., pp.169~170.

세 섬의 석탄 광산은 천 년 동안 채굴할 수 있다는 말을 들으면서 자원문제에 호기심을 가졌다. "나는 영국 산업이 지구에서 최고인 까닭은 석탄과 철에 의존하기 때문이라고 본다. 만약 천년 후에 영국의 산업이 쇠퇴한다면 장차 윤선과 자동차를 운전할 수 없을 것이다"라고 말했다. 영국 과학자가 대답하기를 차와 배를 운전하는 것은 전기로 바꾸어 사용할 수 있고, 장래에는 수력으로 화력을 대체하는 연구가 있을 것이다. 물은 무한하게 사용할 수 있어 자원이 고갈되는 문제는 없을 것이라고 했다.[48] 그러나 설복성은 이런 대답에 만족하지 않았다. 그의 일기에는 화륜선윤선을 발명한 세 사람의 이야기, 화차철로·화차의 역사, 전기학전기의 원리, 전보·전화의 발명의 발전사가 실려 있다.[49] 이와 관련한 내용들은 여러 차례 나타나는데, 과학기술의 발달이 경제발전에 큰 영향을 미친다는 사실을 잘 알고 있었다.

그런데 설복성은 오행의 관점으로 전기의 생산, 전기의 응용과 치료, 전보와 전신 및 발화 등을 설명하였다. 화학의 기본성질에 대해서도 네 가지 기체와 열 가지 금속의 작용으로 이해하였다. 서양의 고로연철 과정 등을 이를 통해 설명했는데, 특히 물질의 성질을 소개할 때 철을 가지고 설명하였다. 물리학에서 빛은 각종 색깔이 합쳐진 것으로 사람들은 백색으로 감각한다고 했다.[50] 의학 분야에서 중서 의학은 서로 득실이 있다고 보았다. 서양의학의 장점은 실사구시에 있다면서 특히 외과 치료가 뛰어나다고 했다.[51] 설복성은 생리학에서 마음과 뇌의 기능 문제와 관련해 초기에는 전통적인 마음 위주의 세계관과 근대적인 서양의학 간

---

**48** Ibid., pp.126~127.

**49** Ibid., pp.119~123.

**50** 楊小明·張穎師, 「薛福成科技觀初探」, 『華僑大學學報』(哲學社會科學版), 2008年 第3期, pp.92~94.

**51** 薛福成, 『出使英法義比四國日記』, p.161.

갈등을 일으켰으나, 점차 인체해부학 지식이 깊어지면서 인간지능이 뇌에서 나온다는 과학지식을 받아들였다.[52]

하늘은 둥글고 땅은 네모나며, 하늘은 움직이고 땅은 고정되었다는 전통적 우주관이 서양 천문학지식으로 바뀌는 과정은 주목할 만하다. 설복성은 파리의 천문대를 방문해 망원경으로 천체를 관찰할 기회가 있었다. 천체망원경으로 본 달은 눈으로 보는 것보다 수십 배 커 보였으며 항성, 행성, 위성 등과 같은 개념과 태양계에서 각 행성의 위치 및 지구는 행성의 하나라는 사실을 인지하는 등 서양의 선진적인 천문학지식을 받아들였다. 비록 중국 천문학의 한계를 인정했지만 자기 나름대로 지구가 허공에 매달려 떨어지지 않는 까닭을 설명하기도 했다.[53] 나중에는 달의 표면과 혜성의 구조 및 지구의 생성 등에 관한 지식도 얻었다. 그는 지구가 둥글다거나 지구가 움직인다는 사실을 서양의 천문학지식을 접하면서 받아들이지 않을 수 없었지만, 중국 성인의 옛 학설을 부정하지는 않았다. 위의 여러 가지 사례에서 확인할 수 있듯이, 설복성은 새로운 과학지식을 받아들이면서도 우주관과 세계관에는 전통 관념이 복잡하게 얽혀 있었다.

흥미로운 사실은 설복성이 세계 지리에 대해 유난히 관심이 많았다는 점이다. 그는 임칙서林則徐나 서계여徐繼畬 등의 지리 지식이나 존 프라이어의 지리 정보를 이미 공부한 상황에서 유럽 여행을 떠났다. 광활한 바다와 육지를 담은 세계지도를 보면서 추연이 말한 구주설에 새로운 해석을 달았다. 추연이 중국을 적현·신주라고 말한 것은 천하의 81분의 1이 중

52 Ibid., p.609.
53 Ibid., pp.292~295.

국 대륙이라는 사실을 말한 것이다. 적현·신주를 다시 안으로 구주로 나누었는데, 적현·신주와 같은 곳이 중국 말고도 아홉 군데 있는데, 그것을 구주라고 하였다. 각 구주 간에는 넓은 바다가 가로놓여 있다고 보았다. 문제는 설복성이 외국에서 받아들인 지리 지식을 추연의 구주설과 견강부회해 해석을 했다는 점이다. 심지어 아시아, 아프리카, 유럽, 호주, 남미, 북미 등 육대주(아직 남극이 발견되지 않음)를 구주로 보았는데, 아시아가 유럽의 다섯 배라는 사실을 들어 세 개 주로 나누고 광활한 아프리카를 남북 두 개 주로 나누어 추연의 구주설에 억지로 끼워 맞추었다.[54]

설복성은 과거 출사대신처럼 오늘날 태평양을 대동양해라고 설명하면서 서양인들이 풍랑이 없는 곳이라 여겨 태평양으로도 부른다고 했다. 대동양에서 태평양으로 용어가 바뀌는 과정을 보여주는데, 중국인의 지리관 혁신을 반영하고 있다. 대서양, 인도양 말고도 중국의 남양을 소서양이라고 불렀다. 그리고 북극해와 남극해의 존재를 소개하였다.[55] 그는 태풍이 일어나는 원리를 나름대로 과학으로 설명하며 북반구에서는 오른쪽으로 돌고 남반부에서는 왼쪽으로 도는데, 태풍의 중심은 오히려 평온하다고 했다.[56] 당연한 이야기겠지만 기존 출사일기에 비해 더욱 정확한 지리 정보를 제공하고 있다. 앞서 언급했듯이 수에즈운하나 파나마운하 관련 자세한 설명도 그러하다.

설복성은 유럽에서 지리학이 널리 보급된 사실을 발견하였다. 지리학은 국가통치에 중요하다며 유럽의 학교나 행정기관에서는 지리 지식을

54 Ibid., pp.76~79.
55 Ibid., pp.697~698.
56 Ibid., p.705.

기반으로 상업을 추구한다고 했다. 7~8세의 아이들도 교사의 지도아래 세계지도를 보며 읽는 법을 배운다면서, 13~14세가 되면 지도를 정확하게 읽는다고 했다.[57] 지리학은 지도에 의존하는데 지도 제작은 중국인이 서양인보다 낙후되었다는 사실을 인정하였다. 그 까닭은 첫째 지도를 그리는 방식이 서양인보다 전문적이지 못하고, 둘째 지도를 그리는 기구가 서양인보다 정밀하지 못하며, 셋째 지도를 그리는 방법이 서양인보다 상세하지 못하다고 정리했다.[58] 근대중국에서 지리학은 외래학문 중에서 중국 사대부에게 큰 계몽 효과가 있던 분야였다. 외부세계의 지리적 인식이 있어야만 자신의 위치를 알 수 있었기에 근대화의 시작을 상징하였다. 설복성은 세계 지리를 이해하기 위해 서양 서적을 번역 출판하는 일에 관심이 많았으며, 서양 지리지 편찬을 준비하였다.

"무릇 서학이란 것은 실제로는 동쪽에서 왔다"라는 말은 설복성이 오랫동안 서양문명의 역사발전을 고찰하는 과정에서 나온 결론이었다. 서양사상은 중국 관념과 상응하며 모두 중국의 경전 중에서 원류를 찾을 수 있다. 혹은 서양 문화는 오랑캐의 것이 아니라, 중국 고대에 이미 있었던 것이라 하였다. 더 나아가 공예 제조와 수학이 중화에서 나온 것은 물론 서양이 전세계를 정복하는데 이용한 견선리포도 중화에서 시작되었다고 주장했다. 이런 주장은 설복성을 근대중국 사상계에서 서학중원설을 선전한 대표 인물로 만들었다. 물론 서학중원설은 명말 청초에 이미 출현했으며, 서학이 중국에 들어온 후 지식계에 광범하게 유행한 절충론이다.

---

**57** Ibid., p.150.
**58** Ibid., pp.596~597.

출사일기를 자세히 살펴보면 서양의 과학기술에 점차 압도당했기 때문인지 출사 전에 보이는 서양 기기가 고대 성인의 발명이라는 부회설附會說은 비록 줄어들었지만, 서양의 정교, 풍속이 고대 성인의 도와 합치한다는 부회설은 여전하였다. 출사 시기의 설복성은 서양문명이 중국 문명을 계승하는 동질의 문명으로 인식하였다.[59] 그는 서양의 기독교는 그 기원이 묵자에서 나왔으며, 비록 체용에 차이가 없는 것은 아니지만 대체적인 뜻은 가장 가깝다고 했다. 또한 『묵자』에는 서학의 선구라고 할 여러 학문들이 실려 있다고 말했다. 『여씨춘추』, 『회남자』, 『관자』, 『장자』 등을 언급하면서도 비슷한 논리를 폈는데, 서양 정치는 관자로부터 왔으며, 장자도 서학과 유사한 점이 많다고 주장했다.[60]

곽숭도는 세계 정체가 군주, 민주, 군민공주君民共主의 세 종류가 있다고 보았다. 황제가 권력을 가진 나라가 군주국이고, 정권이 의회에 있고 총통 권력이 작은 나라가 민주국이며, 권력의 10에 7~8이 의회에 있고 군주는 10에 2~3을 가진 나라가 군민공주라고 하였다.[61] 우리의 요·순·우·탕·문·무·주·공의 도가 점차 변해 오늘날 영국이나 이탈리아와 같은 군민공주의 정치가 되었다는 황당한 발상과 더불어 군민공주야말로 가장 뛰어난 제도라는 생각을 드러내기도 했다.[62]

설복성은 중국과 서양 간의 풍속 차이를 세밀하게 관찰한 인물이다. 그는 기독교도들 가운데 인격이 뛰어난 사람이 있다는 사실은 동감했지만, 과학기술이 발전한 서양에서 신을 믿는다는 사실, 하느님만을 인정

59 手代木有児, 『清末中國の西洋體驗と文明觀』, p.101.
60 薛福成, 『出使英法義比四國日記』, pp.252~254.
61 Ibid., p.286.
62 Ibid., p.583.

하고 다른 신을 부정한다는 사실, 죽은 자나 자손들을 경시한다는 사실 등은 받아들이기 힘들었다. 『성경』에서 선전하는 기독교 교리가 황당하다고 보았고, 기독교도들의 주장이 서로 모순된다고도 보았다. 이런 생각은 서양 윤리에 대한 부정적인 태도로 이어졌다. 부모나 자식들을 바라보는 시각차이나 남녀 간의 구별이 없다는 사실에 주목하였다. 중국인들이 글과 종이를 소중히 여기는 것과는 달리 신문지 등을 쉽게 읽고 쉽게 버리는 행위를 납득하지 못했다.[63] 심지어 부모 이름을 자손에게 붙인다든지, 군주 이름을 개나 말에게도 붙이는 행위에 놀랐다.[64]

그의 사상에는 이른바 지리인종설地理人種說의 흔적이 뚜렷하게 남아 있다. 지리와 기후가 인종의 우열을 결정한다는 환경결정론을 주장한 대목이 종종 보인다. 지구 온대지역 사람들은 총명하지만 한대의 북쪽은 사람들이 살 수 없고, 열대지역은 사람들이 많으나 총명하지 못하다고 했다. 그래서인지 남양동남아의 여러 섬들에 예로부터 걸출한 인물이 있다는 소리를 듣지 못했으며, 지금은 유럽 열강의 식민지가 되었다. 적도 주변은 더위만 있고 추위가 없어 정기가 유출된다. 사람들은 기력이 없고 총기가 일어나지 않아 어리석어 분발하지 않는다. 인재가 없으니 비록 물산이 있더라도 사용하지 못하며, 마침내 다른 사람들에게 지배받는다. 지금은 유럽의 여러 나라로부터 침략을 받아 어느 섬 하나도 독립을 유

---

**63** 易春秋, 「薛福成對西方風俗的認識與介紹」, 『青島大學師範學院學報』, 2006.6, pp.73~74.

**64** 한 연구자에 따르면, 화이(華夷)의 세계관으로 서양문명에 접근한 인물은 유석홍(劉錫鴻)이고, 화이로부터 접근했다가 화이의 역전이 일어난 인물이 곽숭도(郭嵩燾)와 설복성(薛福成)이다. 특히 곽숭도와 설복성은 전통 문명관을 여전히 견지하면서도 중국 문명의 연장선상에서 서양문명을 바라보는 점에서 근본적인 변화는 없었다. 하지만 장덕이(張德彝)와 종천위(鍾天緯)의 경우는 서양 중심의 질서관을 받아들인 신식지식분자로 화이문명관에서 중서문명관으로 전화하였다((日)手代木有児, 「晚淸中西文明觀的形成」, 『史林』, 2007.4, p.19).

지한 나라가 없다고 했다.[65] 이런 사회진화론에 기초한 서양 학설을 받아들여 동남아시아인이나 아메리카 인디언을 폄하했으며, 중국인의 우월성을 설명하는 논리로 활용하였다.

설복성이 서양문명을 중국 문명과 동질의 문명으로 본 점에서는 출사 시기 곽숭도와 유사하였다. 하지만 곽숭도가 중국의 정교, 풍속 현실을 비판하고 화이의 역전을 암시한 것과 대조적으로, 중국의 정교·풍속을 높이 평가하고 서양의 정교·풍속을 부분적으로 비판하였다. 설복성은 서양 각국의 학교, 병원, 감옥, 거리 등을 보면서 삼대三代의 유풍이 남았다고 칭찬하면서도 서양의 인심을 비판하기도 했다.[66] 이처럼 그는 전통적 문명관을 유지하면서 중서문명이 이질적인 문명이라는 사실을 인식하였다. 곽숭도가 영국을 친구처럼 인식해 유토피아로 바라본 경향이 강했다면, 설복성은 곽숭도처럼 영국을 유토피아처럼 바라본 경향도 없지 않으나 영국 속에서 중국의 고대를 발견하고자 했다. 그가 유럽 문명을 긍정한 이면에는 자국의 과거에 대한 자부심이 자리 잡고 있었다.[67]

설복성은 출사 후 직접 서양문명을 만나 중서문화 간의 차이를 실감하면서 중국이 반드시 개방해야 하고 서양을 학습해야 한다는 사실에 공감하였다. 그런데 중서문화 회통 방식이 체용, 도기, 신구와 같은 전통 철학의 개념을 가지고 양쪽 문명을 회통시키려 했다. 그 결과 서양문명이 중국문화를 새롭게 할 외인이지만 서학 중에 존재하는 중국문화로 말미암아, 중국이 서양 문화를 흡수하는 것은 실제로는 중국의 자아 발견 내

65 薛福成, 『出使英法義比四國日記』, p.86; 「赤島下無人才說」(1890), 『薛福成選集』, p.298.
66 手代木有児, 『清末中國の西洋體驗と文明觀』, pp.94~95.
67 張俊萍, 「晚清去‘夷’化後的英國形象」, 『江南大學學報』(人文社會科學版), 2013.3, pp.66~67.

지 자아 반성이라고 해석하였다. 서학중원설이나 지리인종설이 이를 정당화하는 논리로 작동하였다. 비록 구문화를 가지고 신문화를 이해하고 평가하려는 모습을 보이지만 적극적인 개혁 성격도 존재하였다.[68]

## 4. 화교정책과 해금海禁 폐지

설복성 일기는 과거 곽숭도나 증기택 일기와 여러모로 성격이 바뀌었다. 1880년대가 되면서 공사관의 제도와 기구가 정비되었고 국제법 의식이 고양되는 등 주변환경이 크게 달라졌다. 증기택 시절부터 점차 외교관 역할의 중요성이 뚜렷해지고 러시아와의 분쟁을 비롯해 외교교섭 사안이 늘어나면서 대외관계 의식도 변화하였다. 설복성 일기에는 외교 관련 기사들이 무척 많은데, 사건에 따라 증기택 등이 남겨놓은 외교자료를 참고하였다. 그는 영국, 프랑스, 러시아, 일본뿐만 아니라 조선, 베트남 및 미얀마 등과 같은 주변국 정책도 제안하였다. 그런데 설복성의 경우 외교 사안 가운데 대표적인 것은 화교華僑[69]정책이었다. 그는 출사 전부터 열강으로부터 이권을 회수하는 일과 남양 등지에서 억압받는 화교들을 보호하는 일에 관심이 많았다. 1876년 마가리 사건으로 영국과 외교분쟁이 일어났을 때, 교섭 과정 중 영국 관료들이 자국민을 보호하

68 王冬 · 李軍松, 「薛福成與近代中西文化交融會通」, 『北方論叢』, 2011年 第2期, pp.113~118 참고.

69 오늘날 중국에서 화교(華僑)와 화인(華人)의 기준은 국적의 유무이다. 그러나 실제로 화교란 용어의 탄생과 보급은 19세기 말부터 20세기 초의 일로 청국의 왕조 체제가 국민국가로 전환하는 역사적 배경 아래 나타났다. 1884년 동남아 화교 상황을 조사한 정관응(鄭觀應)의 글에 화교란 용어가 처음 나타난다고 알려져 있다(安井三吉, 『帝國日本と華僑－日本 · 臺灣 · 朝鮮』, 青木書店, 2005, pp.6 · 15~18).

는 태도에 강한 인상을 받았다.[70] 그래서인지 이미 『주양추의』의 「선정」 항목에는 해군 건설과 화교보호를 연계시켜 선정을 구상한 바있다.[71] 그의 화교정책은 출사 이후부터 구체화되었다.

설복성이 유럽으로 출사하던 길에 사이공에 들러 화교를 만난 적이 있다. 그는 사이공 화교가 다섯 개의 집단으로 나누어져 있고 5만 명에 이르며, 프랑스가 통치하는 각 성에 20여만 명이 더 있다고 소개했다.[72] 이곳은 화교가 없으면 경제가 없다고 할 정도로 화교 유통망에 의해 무역이 이루어졌다. 싱가포르에 들렀을 때에도 현지 부유한 화상이던 진금종陳金鍾을 만났는데, 그가 고국을 잊지 않고 여러 차례 기부한 사실을 기록하였다.[73] 싱가포르 경제는 화교가 80%를, 서양이 20% 정도를 장악한다면서, 특히 복건성 장漳 · 천泉 · 방幇 무역이 가장 크며, 그다음이 광동성 조방潮幇과 광방廣幇 순이라고 했다. 실제로 지역 주변 주석 탄광에서 일하는 화공만 해도 10여만 명에 이르렀다.[74] 이런 화교 관련 기사는 설복성 일기에 빈번하게 나타나 그 관심 정도를 읽을 수 있다.

본래 청대 해금海禁 정책의 출발은 청초로 올라간다. 강희 연간에 반청세력의 대륙진출을 막고 연해 지역의 통치 질서를 확보하기 위해 청국은 바다로 나가는 백성들을 적과 내통한 것으로 여겨 참형에 처할 것이라며 해금령을 반포하였다. 인구의 폭발적인 증가로 어쩔 수 없이 바다에 나가 생계를 꾸리던 화교들은 대부분 감히 귀향하지 못했다. 그러나 두 차

70 薛福成, 『出使英法義比四國日記』, p.16.
71 「籌洋芻議」(1885), 『薛福成選集』, pp.543~545.
72 薛福成, 『出使英法義比四國日記』, pp.75~76.
73 Ibid., p.81.
74 Ibid., p.175.

례 아편전쟁 후 개항이 이루어지면서 중국인의 해외 도항 자유는 1860년 북경조약에 의해 처음으로 확인되었다. 열강의 식민지개발정책에 따라 중국인 노동력이 많이 필요하자, 쿠리무역이라고 불리는 인력송출사업에 따른 것이다. 이런 노예무역에 가까운 쿠리무역을 위해 이른바 「벌링게임조약蒲安臣條約」1868과 같은 이민조약이 맺어져 국민이주의 자유를 상호 승인함으로서 사실상 해금정책이 와해되기 시작했다. 이즈음 청국 지방관 중에 해외중국인의 경제력에 주목해 이들을 상무 진흥에 활용하려는 광동순무 장익풍蔣益澧, 강소포정사 정일창 등의 주장이 나타났다.[75]

곽숭도, 증기택, 설복성 등 초기 주외 사절은 화교 문제에 관해 새로운 인식을 가지고 화교정책을 폈다. 특히 동남아 화교 문제는 청국의 관심을 끌었다. 영국주재 초대 청국 공사 곽숭도는 영국과의 오랜 외교협상을 거친 후 1877년 총리아문에 「신가파설립영사편新加坡設立領事片」을 올려 영사관설립의 시대 배경, 경제 이익, 공법 논리, 경비 방법, 인선 등에 관한 자신의 입장을 밝혔다. 곽숭도의 노력과 이홍장, 정일창 등의 도움으로 청조는 싱가포르에 영사관을 세우는 계획에 동의하였다. 1877년 10월 싱가포르에 청국영사관이 세워졌는데, 이것이 청국 최초의 해외영사관이다. 곽숭도는 화상이던 호선택胡璇澤을 초대 영사로 추천했는데, 그는 영사관 창립에 공을 세웠다. 이 사건은 청국의 해외 화교에 대한 태도가 변화하고 있음을 상징하는 표지였다. 영국주재 제2대 청국 공사인 증기택도 영국 런던에서 여러 차례 담판해 청국이 싱가포르에 영사를 파견할 권리를 획득하였다. 1881년 그는 좌병륭左秉隆을 제2대 영사로 추천해 무

75 安井三吉, 『帝國日本と華僑－日本・臺灣・朝鮮』, pp.10~13.

려 9년간 근무시켰는데, 그는 화교 관리에 큰 공헌을 하였다.[76]

청말 영사 파견의 목적을 자국 상민의 보호와 통제 및 감독에 있었다. 그런데 한 연구에 따르면, 서양의 영사와 청국의 영사는 강조점이 좀 달랐다. 서양 열강은 무역을 위해 청국에 온 자국 상인의 상업 활동을 감독하면서 자국민을 보호하는 데 중점을 둔 반해, 청국이 파견한 영사는 화교보호를 명분으로 삼았으나 관리자로서의 성격이 좀 더 강했다고 본다. 서양인 영사가 가진 영사재판권이나 군함 정박권이 자국민을 보호하는 목적이었다면, 청국인 영사가 화교보호를 주장한 이면에는 인구문제에 따른 중국인의 해외 이주라는 청국의 대외정책 전환과 깊이 연관되었다는 것이다.[77] 결국 청국이 파견한 영사가 남양 화인들에 대해 징세 등을 통해 지배하려 한 사실은 중대한 외교 문제를 일으켰다. 전통적인 의미에서 남양南洋은 중국의 영향력을 암시하는 용어이지만, 19세기 말 남양 지역은 이미 대부분 서양 열강의 식민지나 보호령이었다. 그럼에도 불구하고 청국 영사가 화인들을 통제하려는 시도는 열강의 영역주권 개념과 충돌하는 것이었다.[78]

1890년 북양해군 제독 정여창이 싱가포르에 총영사를 설치하고 각지에 부영사를 설치하자는 상주문을 올렸다. 이 상주문은 설복성 일기에도 실려 있다. 요점은 정여창이 지난 겨울 명을 받아 싱가포르 등 여러 섬을 다니다가 떠돌아다니는 중국인들을 목격했다면서, 영사가 설치되지 않은 곳에서 서양인들에 의해 착취당하고 있으니 보호가 필요하다는 내용

76 蔡永明, 「中國早期駐外使節與東南亞的華僑問題」, 『廈門大學學報』(哲學社會科學版), 2003年 第6期, p.82.

77 箱田惠子, 『外交官の誕生』, 名古屋大學出版會, 2012, 2장 참고.

78 青山治世, 『近代日本の在外領事とアジア』, 名古屋大學出版會, 2014, pp.15・20.

이었다. 영국이 점유한 싱가포르 주변 여러 섬에 화상들이 많으므로 이곳에 총영사를 설치하고 각 섬에 부영사를 둘 것을 요청하였다. 설복성 일기에는 곽숭도가 싱가포르 영사를 설치할 때의 일이나 증기택이 홍콩 영사관을 설치하려다 실패한 일을 간단히 언급한 후, 싱가포르뿐만 아니라 홍콩도 중외 교류의 거점이어서 중서 화물이 이곳을 통한 후 각 성으로 운반된다는 사실을 강조하였다. 아울러 범죄자 도주, 밀무역, 해양 경계와 같은 외교교섭의 요충지이므로 반드시 영사관을 설치해야 한다고 주장했다. 광동성 전체의 정무가 종종 홍콩에 의해 좌우되므로 이곳에 영사를 설치하는 일을 미룰 수 없다고도 했다.[79]

설복성의 화교정책은 싱가포르영사관을 승격시켜 총영사관을 세우는 일부터 시작하였다. 동남아지역은 최대의 화교 밀집 지역이어서 상인, 노동자, 농민, 광부 등을 포함하면 적어도 300만 명 이상이 거주하거나 왕래한다고 보았다.[80] 그는 유럽 출사 후 오래지 않아 조정에 글을 올렸다. 서양 각국 가운데 상무를 부강의 근본으로 삼지 않는 나라는 없다. 다른 나라의 통상항구에는 반드시 영사를 설치해 상인을 보호하는데, 중국에 있는 서양 각국의 영사들의 권력은 막강하다. 우리도 남양 각 섬에 거주하는 화상들이 능욕당하고 착취 받는 것을 막기 위해 각지에 영사를 파견하고 싱가포르에서 총괄할 것을 요청하였다.[81] 한편 영국외교부와도 교섭을 진행해 동의를 얻어내었다. 이런 정책추진의 이면에는 그의 부하로 있던 황준헌黃遵憲의 도움이 컸다.

---

79 薛福成, 『出使英法義比四國日記』, pp.213~214.
80 Ibid., pp.175~181.
81 「通籌南洋各島添設領事保護華民疏」(1890), 『薛福成選集』, pp.332~336.

황준헌은 1877년 11월 청국의 첫 번째 주일 공사관 참찬으로 외교 생활을 시작하였다. 이곳에서 몇 년간의 노력 끝에 유명한 『일본국지日本國志』 초고를 완성했는데, 사실상 메이지유신의 역사였다. 그 후 미국 샌프란시스코 총영사를 역임했으며, 이 시절에 미국의 배화 풍조에 맞서 화교보호에 앞장선 바 있다. 다시 영국 런던공사관 2등 참찬으로 옮겨와서 화교 사회의 광범위한 조사를 바탕으로 설복성에게 새로운 화교정책을 제안하였다. 1890년 설복성은 남양에 영사를 파견할 것은 제안하고 영국 외무부와 영국령 소속 지역에 영사관 설립문제를 협의했는데, 그 핵심은 홍콩에 영사관을 설치하는 문제와 싱가포르영사관을 총영사관으로 바꾸는 문제였다.

설복성은 1891년 가을 조정의 동의를 얻어 자신이 추천한 황준헌을 싱가포르 총영사에 임명시켰으며, 원래 싱가포르 영사였던 좌병륭은 홍콩 영사로 조정하려 시도했다. 그리고 주변 페낭, 말라카 등지에도 부영사를 파견하였다. 싱가포르 총영사관의 설립은 동남아지역 화교정책의 큰 성과였다. 총영사가 된 황준헌은 싱가포르뿐만 아니라 페낭, 말라카 및 주변 도서를 관할하였다.[82] 그는 교민 보호뿐만 아니라 규정을 만들어 중국인 선박의 불법 밀수 행위를 단속하였다. 그런데 동남아와 홍콩 등지에 영사관을 확대 설치하려는 시도는 열강뿐만 아니라 총리아문 의 내부 반대에 부딪혀 난항을 겪으면서 결국 좌절되었다.

설복성은 화교 고통 중 하나가 해외에서 어렵게 축적한 재산을 가지고 함부로 귀국할 수 없는 현실이라는 사실을 알았다. 청초 해금령을 반포

82 薛福成,『出使英法義比四國日記』, p.247;「瀕海要區添設領事疏」(1891),『薛福成選集』, pp.332~336.

한 후 사사로이 해외무역을 하거나 해외국가에 이주한 사람은 귀국할 경우 극형에 처해졌다. 다수의 화교들은 고향에 돌아오고 싶어도 감히 귀국할 수 없어 그 고통이 심하였다. 1860년대에 청국이 미국과 중국인 노동자 수출을 포함한 「벌링게임조약」을 맺었지만, 조약문에는 해금령의 명확한 폐지나 화교가 귀국할 때 분명한 보호 규정이 없었다. 실제로 청국의 백성이 해외에서 경제활동을 하는 것을 허락했지만 해금이라는 '조종祖宗의 옛 제도'는 폐지되지 않고 유지되었다. 게다가 외국에서 중국으로 귀국하는 사람에 관한 규정에 어떤 개정작업도 없었다.[83] 이를 빌미로 지방 토호들은 귀국 화교들을 한간漢奸이니 해도海盜니 하면서 마음대로 그들의 재물을 약탈하거나 가옥을 파괴하였다. 혹은 계약서를 위조해 사기를 쳤다. 지방정부도 마음대로 판결해 화교의 권익을 보호해주지 않았다.

1892년 황준헌이 화교실태에 관심을 가지고 설복성에게 남양 화교상황을 보고하고 이들을 보호할 것을 조정에 상소하도록 요청했다. 해금을 명확하게 폐지하고 귀국 화교 학대를 엄금해 폐단을 없애자는 것이었다. 설복성은 총리아문에 오래된 구제도를 폐지하자는 용감한 상소문 「청활제구금초래화민소請豁除舊禁招徠華民疏」을 올렸다. 요점은 첫째, 해외 화교는 고국으로 돌아오려는 마음이 있다. 둘째, 해외 화교가 귀국하지 않는 원인은 관부의 억압 때문이다. 셋째, 귀국 화교를 보호하는 구체적인 조치를 제시하였다. 넷째, 귀국 화교를 보호하는 일은 국가에 중요한 의미가 있다 등이다.[84]

---

83 安井三吉, 『帝國日本と華僑－日本・臺灣・朝鮮』, pp.22~24.

84 蔡永明, 「中國早期駐外使節與東南亞的華僑問題」, 『廈門大學學報』(哲學社會科學版), 2003年 第6期, p.83.

이 장의 서두에 인용한 설복성의 '해외중국인들의 오명을 벗겨주기 위한 제안'처럼 전통적인 화교정책을 혁신해 화교들이 자유롭게 왕래하고 청국과 조약국 간에 새로운 장정을 체결해 교민들의 권리를 보호할 것을 요청하였다. 이 상소문은 중국 화교사에 이정표를 지니는 것이었다. 결국 조정의 지지를 끌어내어 마침내 청국은 최종적으로 1893년음력 9월 13일 해금령을 폐지하고 귀국 화교의 경제활동을 보장하는 화교정책의 일대 개혁을 결정하였다. 상유에는 "성실한 상인과 양민은 얼마나 오랫동안 외국에 머물렀는지에 상관없이, 그와 그들의 아내 및 아이들에게도 해외 청국 외교관에 의해 여권이 발급될 것이고, 중국으로 돌아와서 거주하고 사업하는 것이 허가될 것이다. 더 나아가 그들은 귀국했을 때 괴롭힘을 당할지도 모른다는 두려움을 가질 필요 없이 언제든 사업을 위해 출국할 수 있다"[85]라고 적혀있었다. 이에 따라 하문을 시작으로 귀국 화교를 보호하는 기구들이 설치되었다. 결국 설복성의 "해금을 폐지하고, 교민을 보호"하는 정책은 그의 대표적인 외교업적이 되었다. 훗날 귀국 길에 싱가포르, 사이공 등을 들러 화상들을 만나면서 자신의 외교 성과를 일부나마 확인할 수 있었다.

설복성의 화교정책은 해양 정책의 하나이자 이른바 상전商戰 사상의 연장선에서 볼 수 있다. 그는 중국인들이 외국 현지에서 토지와 주택을 사고 자손을 기르면서도 고향을 잊지 않아 여유 재산을 중국으로 보낸다면서, 앞으로 국내의 중국인들을 더 많이 해외로 식민할 것을 주장하였다.[86]

85 필립 A. 큔, 이영옥 역, 『타인들 사이의 중국인-근대 중국인의 동남아 이민』, 심산, 2014, 303쪽 재인용.

86 薛福成, 『出使英法義比四國日記』, p.299.

영사를 설치하면서 드는 비용이 해마다 10만 금이 넘지 않는 데 반해, 중국이 얻는 수익은 그 열배 백배라고 하였다. 싱가포르영사관의 경우 10여 년 동안 들어간 비용은 10만 금이 넘지 않는 데 비해, 14~15만 명의 귀국 화교가 중국으로 가지고 간 돈은 1~2천만 량은 넘을 것이라 보았다. 따라서 화교를 보호하는 일은 상전의 일환으로 늦출 수 없다고 했다.[87]

북양해군의 임무 가운데 화교보호정책이 포함된 사실은 해외 화교의 인식 전환을 잘 보여준다. 이미 장지동은 청프전쟁이 끝난 후인 1885년 해외 화교의 보호와 관리를 목적으로 호상護商 함대의 파견계획을 세운 바 있다. 우선 남양 조사와 영사 파견이 이루어진 후 해군파견이 준비되었다. 설복성 역시 해외 화교 문제를 처리하는 과정에서 해군이 화상과 화교를 보호해야 한다는 생각이 깊어졌고, 1893년 여름 그런 생각을 조정에 보고하였다. 요점을 정리하면, 해외 화교는 고립되어 타국에 의해 홀대받는데, 근래 북양해군이 싱가포르 등을 방문하면서 화교들의 희색이 만연하다. 서양의 경우 군함을 파견해 상민을 보호하므로 여행객이나 거주민들이 자부심을 갖는다. 청국 군함이 많지 않고 경비가 부족해 군함을 오래도록 해외에 주둔시킬 수는 없다. 하지만 화상들에게 돈을 거두어 상인을 보호하는 병선을 만든다면 가능할 것이다. 혹은 국가가 군함을 파견하면 화상들이 경비를 내주는 방법도 있다. 남양 화교들은 기꺼이 파견 비용을 부담할 것이다. 그는 이 방법이 실행 가능한 방법이라고 생각하였다. 해군은 비용을 절약할 수 있어 좋고, 상인은 비용이 많이 들지 않으므로 서로 이익을 공유할 것이라고 했다.[88]

---

**87** Ibid., p.265.

**88** 「附陳派撥兵船保護商民片」(1893), 『薛福成選集』, p.498.

북양해군의 원양 훈련에는 화상이나 화교 관리 임무가 포함되었다. 하지만 남양수사는 아직 성군成軍을 이루지 못했고 광동수사 역시 그러하였다. 북양해군만이 해외 파견이 가능한데 북양을 방어해야 하므로 화교 상인들이 비용을 부담하더라도 쉽게 오갈 수 없었다. 실제로 일부 화교들은 북양함대의 위용을 보면서 가까운 시일 내에 청국이 서양 열강과 어깨를 나란히 하리라고 기대했을 것이다. 결국 나중에 다시 논의하기로 했으나 다음 해 청일전쟁이 일어나 북양해군이 몰락하면서 실행에 옮기지 못하였다.[89] 만약 북양해군의 동남아시아 진출이 이루어졌다면 동아시아 국제정세에 적지 않은 변화를 몰고 왔을 것이다.

설복성은 영국 정부뿐만 아니라 프랑스 외무부와도 베트남 등지의 화교 문제를 놓고 교섭을 벌였다. 프랑스 식민당국이 인도차이나반도 지역에서 강제로 징수하던 인두세에 반발해 화교에 대한 징세를 막은 일이 대표적이다.[90] 남양에서 네덜란드인이 화공을 학대하는 정도가 영국이나 프랑스보다 심해 중국인 일부는 부득이하게 국적을 바꾸는 경우가 있다며 이를 비판하였다.[91] 그의 관심은 태평양 넘어 브라질과 멕시코 화공으로까지 나아갔다. 이 시기는 계약 화공이 대량 출국하고 해외 화교 인구가 급증해 남양은 물론 미국, 호주, 유럽, 아프리카 등 세계 각지에 퍼지기 시작한 때였다. 미주지역에서 벌어진 화공 학대는 상당히 심각한 문제였다. 일기 후반부에는 전 세계의 화공현황 등에 관심을 가졌다는 사실을 확인할 수 있는데, 만국공법을 활용해 해외중국인들이 받았던 불

89 蘇小東, 「晚淸海軍護商護僑實踐及其得失」, 『安徽史學』, 2013年 第1期, p.52.
90 「與法外部議裁越南等處華民身稅」(1892), 『薛福成選集』, pp.332~336.
91 薛福成, 『出使英法義比四國日記』, p.274.

이익을 최대한 회복하려 했다.

설복성의 화교정책을 정리하면 대체로 다음과 같다. 첫째, 정치와 경제적 이유로 화교를 흡수하려고 했다. 화교는 중국 구성원의 하나로 상당한 경제력이 있고 고향에 대한 강한 애착이 있다. 따라서 화교 자본을 흡수한다면 국내 실업 발전에 도움이 될뿐더러 이권을 회수하고 치욕을 씻는 일이라고 보았다. 둘째, 해금을 해제하고 화교를 보호하려 했다. 해외 화교 사회를 오랫동안 관찰하면서 해금 정책은 교민을 속박하는 가장 큰 족쇄라는 사실을 발견하였다. 따라서 그는 전통적인 화교정책을 폐지하고 화교의 자유 왕래를 보장할 것을 주장하면서 청국과 열강이 조약을 체결해 교민 권리를 보호할 것을 요청하였다. 셋째, 화교의 합법적인 권리를 옹호하기 위해서는 반드시 해외 화교들이 거주하는 곳에 영사관을 설치해 국가의 이름으로 외교적 경로를 통해 화교를 보호해야 한다고 주장했다. 넷째, 정부는 화교의 이익 보호에 머무르지 않고 국내의 백성들을 출양시켜 재부를 축적하도록 해야 한다고 보았다.[92]

양무운동은 청국의 개방을 가속화시켰고 대외 인식에 변화를 가져왔으며, 설복성과 황준헌의 지속적인 해금 정책의 폐지주장을 받아들일 여지를 만들었다. 이것은 양무운동 30여 년의 주요 성과 가운데 하나였다. 해외국가 정보가 증가하면서 나타난 세계관의 변화도 한몫했을 것이다. 설복성은 1894년 5월 이임해 청국으로 귀국했으나, 같은 해 7월 상해에 도착한 후 오래지 않아 병으로 사망해 화교정책에 관해 더 이상의 진전은 없었다. 게다가 청일전쟁의 패배에 따라 중국의 국제적 권위가 크게

---

**92** 黃小用, 『晚清華僑政策硏究』, 湖南師範大學 博士學位論文, 2003, pp.263~270.

약화되면서 대외정책 전환 시도는 어려움에 직면하였다.

요컨대, 설복성은 서양문명에 대한 전 방위적인 탐색을 했을 뿐만 아니라 중국과 서양 간 비교를 통해 장단점을 파악하였다. 다수 연구자는 그를 양무와 변법 사이에 있었던 과도기적인 인물로 평가한다. 그는 양무파의 범주에 있지만, 일찍이 변법을 주장했다는 것이다.[93] 이와 달리 전형적인 양무운동의 지지자였다는 견해도 있다. 하지만 두 가지 해석 모두 어느 정도 양무운동의 이론적 한계를 돌파한 측면은 인정한다. 최근 설복성에게는 곽숭도식 경세치용의 사상과 그의 보좌관이었던 유석홍식 도덕적 이상주의 사상이 공존하는데, 모두 유교 사상을 근본으로 한다는 점에 주목하는 시각이 있다.[94] 이런 관점에 따르면 기존 연구는 설복성의 서구화 사상에만 주목해 유교와 전통적 해석이 홀시되었다는 전제가 깔려있다. 그가 귀국 직후 조정의 요직을 맡기도 전에 갑작스럽게 사망한 까닭에 구체적인 생각을 확인할 수 없어 여러 가지 해석을 낳은 것이다.

93 薛福成,『出使英法義比四國日記』, 序文, p.11.
94 尹德翔,『東海西海之間－晩淸使西日記中的文化觀察, 認證與選擇』, 北京大學出版社, 2009, p.227.

소결 1

# 해양문명의 격차, 중체서용의 한계

아편전쟁 이후인 1840년대부터 1860년대까지 중국인의 해외여행은 사실상 개인 차원으로 이루어졌는데, 주로 상인이나 유학생이었다. 임침이 미국으로 일하러 간 일, 용굉이 미국으로 유학 간 일, 왕도가 영국으로 건너간 일 등이 대표적이다. 임침, 용굉, 왕도 등이 남긴 개인 견문기에는 서양문명 이미지가 대부분 단편적이다. 그들의 견문기에는 과학기술에 대해 놀라움이 가득했지만 이와 관련한 체계적인 기술을 남기지 않았다. 그 밖에도 1870년대 기조희는 미국으로 유학 가는 어린 학생들의 관리자로, 이규는 미국에서 열리는 세계박람회 참석차 개인 공무로 대양을 건너 해외 여행기를 남겼다.

사절단 차원으로는 1866년 빈춘 부자 일행이 출국한 것이 청국이 처음 파견한 관방 여행단이었다. 해관총세무사 로버트 하트가 고국인 영국으로 휴가를 떠날 때 함께 유럽 여행을 시킨 것인데, 엄격한 의미에서 실험적인 관광여행에 불과하였다. 두 번째는 1868년의 벌링게임 사절단으로 미국인이 인솔한 근대중국 최초의 외교사절단이었다. 지강과 장덕이 등이 수행했으며, 이때 처음으로 청국을 상징하는 국기를 사용하며 세계 일주를 하였다. 다음으로 천진교안 때문에 1870년 프랑스로 사죄하러 간 숭후 사절단이 있는데, 이들은 뚜렷한 외교적 사명을 띠고 프랑스에 간 사절단으로 현지의 전쟁과 내전 상황 속에서 어렵게 임무를 수행하였다.

청국에서 파견한 해외 사절단의 경우 정치적 위상 때문인지 서방국가의 배려로 좀 더 세밀하게 그들의 과학기술을 관찰할 수 있었다. 빈춘 사절단의 빈춘은 물질문명에 대해 큰 호기심을 느꼈으나, 바쁜 일정으로 서양의 정치제도나 정신문명은 잘 이해하지 못했다. 빈춘의 『승사필기』는 관광과 오락에 관한 내용이 많았으며, 전통적인 시적인 표현으로 가득 찼다. 이와 달리 벌링게임 사절단의 지강이 쓴 『초사태서기』는 서방의 과학기술, 군사, 정치, 외교 방면의 내용이 상당 부분을 차지한다. 그런데 지강의 경우 기술과 과학으로 나누어보면, 서양의 기술체계는 비교적 잘 이해했지만 그들의 과학 원리를 이해하는 데 뚜렷한 한계가 있었다. 한편 숭후 사절단은 프랑스라는 특정 국가를 방문한 외교관들로 프로이센-프랑스 전쟁의 혼란 중에 방문한 것이라, 장덕이가 남긴 『수사법국기』는 상대적으로 현지 사정을 소개하는 데 주력하였다.

대체로 임침, 용굉, 왕도 등과 빈춘, 지강, 숭후 등은 초기 출양의 두 가지 유형을 보여주는데, 하나는 개인의 필요였으며 다른 하나는 국가의 파견이었다. 이런 개인 견문기와 사절단 여행기에 나타난 해양 관련 기사들을 모아 분류해보면 그들이 바라본 서양 해양 문명의 대강을 알 수 있다. 선박구조와 항구 풍경, 대양항해의 기억, 지리관과 세계관의 혁신, 수에즈운하의 경이로움, 군함과 조선소의 놀라운 규모, 대포와 포대의 정교함, 동물원과 수족관의 신기한 어류, 서양인의 해양 문화 등이 그것이다. 비록 아직까지 근대 해양 문명에 대해 체계적인 인식에 도달하지는 못했으나 점차 구체화되고 있었다. 예를 들어, 개인의 견문기를 읽어보면 그들은 해양 문명의 상징인 '견선리포'에 대한 관심은 있었지만, 일반인 신분이라 군사기밀인 군함과 대포에 접근하지 못했다. 하지만 사절단의 경우는 외국 손님 신분으로 군함과 대포에 가까이 접근해 관찰할 수 있었다. 하지만 그들 역시 일시적인 방문이라 서양의 해양 문명을 떠받히고 있는 제도와 사상에 대해서 깊이 있게 알 수는 없었다.

1876년 청국 최초로 영국에 출사한 곽숭도 일행은 런던 현지에서 서양 문화를 섬세하게 관찰하면서 화이의 질서관과 전혀 다른 새로운 질서를 목격하였다. 특히 이들 출사대신이 경험한 근대적 해양 문명은 고유의 중국적 세계질서에 균열을 가져오는 데 적지 않은 충격을 주었다. 그들의 출사는 단지 문화적 우월감에 기초해 호기심에 충만한 여행이 아니라 자신들의 왕조를 위기에서 구하려는 사명감을 가진 여행이었다.

곽숭도 일행이 대양에서 겪은 항해 기억 중에는 기존 사절단의 경우처럼 배멀미, 태풍, 선상 질병과 죽음, 등대 등과 같은 신선한 경험들이 많았지만, 무엇보다 지구가 둥글다는 사실을 몸으로 자각한 지리관의 혁신이 주목할 만하다. 여전히 일행 중 일부는 추연의 구주설을 고집했지만 태평양, 대서양, 인도양의 광활함을 경험하고, 심지어 북극과 아프리카와 같은 새로운 대륙 정보를 들으면서 전통적 지리관의 균열은 불가피하였다. 특히 수에즈운하의 건설은 우공이산의 업적에 필적할 만큼 충격적인 사건이었다. 영국 현지에 도착한 후에도 윤선과 군함, 대포와 포대, 수족관과 어류, 해양기술과 해양법 등 다양한 서양의 해양 문명을 직접 혹은 간접적으로 경험하면서 그 이해의 깊이를 더해갔다. 곽숭도 일행이 과거 사절단과 달리 이런 해양 문명을 작동하게 만드는 선정과 어정과 같은 뛰어난 제도에 관심을 가진 사실은 주목할 만하다.

비록 곽숭도 일행의 일기에도 중국 전통의 긍지가 곳곳에 나타나지만, 더이상 중화 문명이 서양문명보다 뛰어나지 않으며 중국으로 오랑캐를 변화시킬 수 없다는 사실을 받아들이기 시작했다. 해양 문명과 관련해 특히 견선리포로 상징되는 근대적 해군 분야에서 그러했다. 구미 현지에서 출사대신들은 근대 과학기술의 총화라고 할 수 있는 근대해군이라는 해양 문명을 만났다. 출사 기간 중 그들은 군함, 대포, 소총, 탄약 및 기기 등 군수물자를 적극 구매하고, 외국 군사전문가를 고용했으며, 해군 유학생을 관리하고, 군사기술 서적을 번역 편찬하였다. 뿐만 아니라 청조에 신식해군을 건설하기 위한 중요한 제안을 했고 일기, 주절, 전보 등의 방법을 통해 서양 군사기술의 발전을 청국에 알렸다.

19세기 중엽은 철갑선의 시대라고 말할 수 있다. 전 세계 해양 강국은 거대한 군함과 무거운 대포를 경쟁적으로 만들었다. 1875년부터 1881년까지 청국과 영국 사이에 진행된 네 차례 군함 구매 사업을 통해 청조는 모두 13척의 군함을 구매하였다. 그 가운데 11척은 암스트롱 공사로부터 구매한 것이다. 첫 번째는 1874년 일본이 대만을 침공한 사건에 자극받은 청국이 영국과의 협상을 통해 300~400톤급 규모의 문자선 네 척을 계약하였다. 1876년 알파벳 함대라고 명명한 포함들이 영국의 템스강 변에서 출발해 거의 반년간의 항해를 거쳐 중국의 대고구 항으로 도착하면서 청말 외국 군함의 구매 사업이 시작되었다. 두 번째는 1878년 일본이 세 척의 철갑선을 영국으로부터 구입하자, 이에 자극받아 항구방어를 위해 다시 네 척의 문자선을 구매하였다. 세 번째는 1879년 일본이 류큐를 오키나와현으로 편입시키자 영국에서 새로 개발한 순양함 초용호와 양위호 두 척을 수입하였다. 네 번째는 이홍장과 지방 독무와의 해방예산 갈등과정에서 추가로 세 척의 문자선을 구매하였다.

위와 같은 영국 군함의 초기 구입과정에는 모두 해관총세무사 하트와 영국 런던사무처 주임 캠벨의 도움이 결정적이었다. 주영 공사 곽숭도의 경우 직접 구매에 참여하지는 않았으나 후임인 증기택의 경우는 구매과정에 상당 정도 참여하였다. 영국으로부터 수입한 이런 군함들은 북양수사의 기본형태를 갖추는 데 도움을 주었다. 특히 순양함 초용호와 양위호는 문자선으로 항구를 방어하던 소극적인 정책에서 벗어나 황해를 오가며 조중관계에서 중요한 역할을 담당하였다. 예를 들어, 1882년 조선에서 임오군란이 일어났을 때 청군이 처음으로 북양수사를 이용해 출병하는 과정에서 이 군함들이 매우 유용하다는 사실을 확인하였다.

1881년부터 1888년 사이의 군함 구매 활동은 그 이전 구매과정과는 차이가 있었다. 가장 뚜렷한 특징은 외국인에게 부탁해 무기를 구매하던 방식에서 벗어나 출사대신이 영국과 독일 현지의 군수업자나 정부와 직접 교섭해서 군함을 구매하기 시작했다는 점이다. 이홍장의 주도 아래 주외 공사의 노력으로 영국과 독일을 서로 경쟁시키며 9척의 군함을 건조한 일이 대표적이다. 주독 공사 이봉포와 허경징, 주영 공사 증기택과 유서분 등이 이런 임무를 수행하였다. 그 가운데 대표적인 사건은 이홍장의 추천으로 이봉포를 주독 공사로 임명해 독일에서 철갑선을 구매하도록 하고, 동시에 기술전문가인 서건인을 2등 참찬의 신분으로 파견해 이를 도와주도록 한 일이다. 철갑선 구매는 이홍장의 북양해군 건설에서 정점을 찍은 해방사업이었다. 이봉포가 철갑선 정원, 진원과 순양함 제원을 구매하고, 허경징이 임무를 이어받아 순양함 경원과 내원 등을 구매하였다. 이런 구매방식의 변화는 청국이 스스로 군함을 판단해 선택할 능력이 생겼다는 것으로 유럽 무기 시장의 판도 변화를 유도하였다. 이렇게 독자적인 판단에 따라 수입한 군함들은 북양함대의 주력이 되었다.

국제정세 차원에서 보면, 영국이 청국에 대해 군함 수출 제한정책을 펴자 이 기회를 빌어 독일은 주변의 견제에도 불구하고 많은 군함을 수주한 것으로 볼 수 있다. 이것은 독일의 대중국 우호 정책의 결과였다. 비록 주독 공사 이봉포나 허경징이 모두 뛰어난 인재이고 독일에서 군사 무기를 구매하는데 최선의 노력을 한 점은 사실이지만, 여전히 외국기업과 대등한 관계에서 첨단 기술이전 문제 등을 풀기에는 충분한 능력을 보여주지는 못했다. 크루프 공사와 불칸 조선소도 영국의 군수 기업처럼 예민한 군사기술은 철저하게 정보를 통제했기 때문이다. 청국 외교관들은 기계를 구매하거나 이를 조작할 수 있는 기술자를 초빙하는 것만으로 충분하지 않다는 사실은 감지했으나, 여전히 기술 확보보다는 무기 구매를 중시하는 한계를 보이기도 했다. 어쩌면 이봉포와 서건인의 군함 구매 사업 과정 중에 충분한 기술 숙달이나 뛰어난 인재 양성에 소홀히 한 사실에서 청말 해군 건설의 한계를 발견할 수 있을지도 모른다.

일상적인 외교업무와 무기 구매 임무를 띠고 바다를 건너온 출사대신뿐만 아니라, 영국과 프랑스 및 독일의 군사학교에서 신식학문을 배우러 온 해군 유학생의 경우도 서양의 해군을 비롯한 해양 문명을 탐색했기에 주목할 만하다. 청국은 1873년부터 준비를 시작해 1877년 3월에 복주선정학당 졸업생을 중심으로 첫 번째 해군 유학생을 유럽으로 보냈다. 모두 30명의 학생을 파견했는데, 12명은 영국으로 유학 가서 해군 항해를 공부했으며, 18명은 프랑스로 유학 가서 선박 제조를 공부하였다. 일부 유학생은 광산과 법률 등을 전공하였다.

영국 유학 후 유보섬, 임태증, 엽조규, 임영승 등은 북양수사에 배치되어 진북호, 초용호, 진변호, 진중호 등의 함장이 되었으며, 장초영은 남양수사에 남아 징경호 함장이 되어 각종 감독과 훈련을 담당하였다. 훗날 저명한 사상가와 번역가로 알려진 엄복은 귀국한 후 복주선정학당 후학당에서 가르치다가 이홍장에 의해 북양으로 옮겨와 천진수사학당天津水師學堂 총교습을 맡았으며, 후에 총판으로 승진해 모두 20여 년을 근무하였다. 북양해군 건립과정에서 유보섬은 「북양해군장정」을 만드는 데 참여해, 영국해군 장정을 기본 틀로 삼고 독일해군 제도를 참고해 장정을 만들었다. 청일전쟁 전 북양해군의 주요 직책에 영국 유학했던 해군 유학생은 무려 15명이나 포진했고 그 가운데 8명이 군함 함장이었으며 모두 제1기 해군 유학생이었다.

프랑스 유학생은 사람마다 능력 차이가 있었다. 선박 제조 분야는 위한, 진조고가 가장 뛰어나서 프랑스 수사의 제조기술자와 비슷한 수준에 이르렀다. 기계조작에 능숙한 인물로는 정청렴, 임이유 등이 있었으며, 광무에 뛰어난 인물로는 나진록이 있었다. 이들은 귀국 후 선박 제조 분야 등에서 큰 기여를 하였다. 유학생들은 남북수사에 파견되어 근무했는데, 복건에 남은 사람이 가장 많았다. 한편 정치학을 공부한 마건충의 경우는 이홍장 막부에 들어가 외교와 법률 분야에서 탁월한 성취를 이루었다. 비록 막료 생활을 했지만 전문 외교관으로서의 능력을 발휘하거나, 신식 문법서를 저술한 사실은 새로운 유형의 지식인 출현을 보여준다.

해군 유학생은 연해 각성과 청조 여러 부서에서 주목을 받아 경쟁적으로 초빙되었다. 특히 유학생들은 북양으로 진출해 북양수사의 주요 지휘관이 되었다는 공통점이 있다. 이것은 청프전쟁으로 복건수사가 몰락한 사실과 이홍장이 북양함대를 육성하는 과정이 맞물린 결과였다. 그 후 세 차례에 걸쳐 해외유학이 이루어졌는데 복잡한 우여곡절이 있었다.

곽숭도와 증기택을 이어 청일전쟁 직전 주영공사로 부임한 설복성의 일기를 보면 그사이 근대해군의 이해가 얼마나 깊어졌는지 실감할 수 있다. 그를 통해 양무에서 변법으로 넘어가는 과정에서 해양 문명의 인식 수준을 살펴볼 수 있다. 출사 시기1890~1894 설복성은 장기간의 서양관찰을 통해 그들의 우월한 측면을 실감하면서 서양문명에 대한 기존 평가를 수정하였다. 그의 해방인식의 심화는 세부적인 해안방어 구상으로 나아갔다. 예를 들어, 해안방어에 대해 이전보다 좀 더 구체적인 네 가지 요점을 제시하였다. 포대를 축조하고, 화기를 첨단화하고, 인재를 비축하고, 재원을 절약하자는 것이다. 이를 위해 포대는 반드시 군항과 상호 보완하는 것으로 포대의 대포는 반드시 적선의 포가 우리에게 미치지 못하고 우리의 포가 적선을 파괴할 수 있어야 한다. 수뢰 가운데 어뢰가 최고의 성능을 가진다. 항구 주변에 수사학당과 무비학당을 세운다. 재정을 절약하는 방법으로 쓸모없는 군함을 폐선시키고 쓸모없는 비용을 없앤다 등을 제안하였다.

설복성은 양무 사상가로서 명성이 높지만, 외교관으로서의 능력도 뛰어났다. 그는 화교를 보호하기 위해 화교가 있는 해외에 반드시 영사관을 설치해 외교 경로를 거쳐 화교들의 권리를 보호할 것을 주장하였다. 설복성의 추천으로 황준헌이 싱가포르 총영사가 되고 재임 기간동안 함께 노력해 청조와 여러 차례 논의 끝에 1893년 8월 마침내 해금정책을 완전히 폐지시켰다. 청국이 개국 시기에 반포한 해금령을 폐지한 사건은 정치적으로 국제환경 변화에 따른 인식 전환의 결과이며, 경제적으로는 해외 화교의 풍부한 자산이 중국 내 경제발전에 도움이 될 가능성이 많았기 때문이다. 청말 외교가에서 설복성은 수백 년간 유지된 해금을 풀어 해외 화교를 보호한 공이 크다고 높은 평가를 받았다. 이런 맥락에서 그는 대륙중국이 아닌 해양중국의 가능성을 제한적이나마 탐색한 인물이라고 말할 수 있다.

# 제2부

# 동유기東遊記, 해국일본을 학습하다

**제7장**_여행기 속의 해국일본

**제8장**_출사대신과 일본해군

**제9장**_동유일기에 나타난 해양 문명

**제10장**_동유일기 속의 군사 시찰과 군사 유학

제7장

# 여행기 속의 해국일본

## 중일 항로와 개항장 화교를 중심으로

일본은 한대부터 이미 중국과 사신이 오갔고, 일찍이 한漢·위魏로부터 책봉을 받았으며, 당대에도 사람들이 서로 통상하였다. 옛날부터 나가사키에는 당관唐館이라고 부르는 지명이 있었는데, 오직 나가사키 항구에만 있었다. 청대 함풍咸豐이래로 동상銅商이 일본으로 와서 동을 매매한 것도 역시 나가사키였다. 오늘날 화상華商무역에 종사하는 자가 대략 천여 명으로 복건인이 가장 많고 광동인과 삼강三江인 등도 각자 회관이 있다. 동치同治 초년 미국 병선이 항구에 오자 일본인은 거절하지 못해 처음으로 통상을 허락하였다. 각국이 방문하자 다시 고베, 요코하마, 하코다테 등을 개항해 모두 여덟 곳의 부두가 열렸다. 우리 화인華人들도 서양 상인을 따라 옮겨왔다. 오늘날 무역이 번성한 곳으로 첫째가 요코하마이고, 둘째가 고베이며, 셋째가 나가사키이다. 일본에 거주하는 화상은 대략 5~6천 명이다.

— 이소포의 『일본기유』 중에서

## 1. 중일 항로와 지리관의 변화

### 1) 일의대수一衣帶水

황하 유역이 문명의 발상지이고 기본적으로 대륙 문명의 성격을 갖고 있는 중국에서, 동쪽 바다는 예로부터 신비에 가득한 존재로서 역대 황제들이 즐겨 행차하곤 했다. 그러나 동해에 떠 있다는 불로불사의 봉래선경을 동경할 뿐, 바다 그 자체에 도전하려는 자세는 별로 없었다. 중국 민간이나 역사 서적에서 전해지는 진시황이 불로불사의 약을 구하러 보냈다는 방사 서복徐福과 '오백동남, 오백동녀' 이야기에서 바다를 건너 찾은 신선이 사는 땅이 일본이라는 전설이 있다. 오랜 세월이 흐른 뒤 동쪽 바다에서 도전자가 나타났다. 원 세조가 일본을 정벌하려다 실패하고, 명대에 이르러 왜구가 바다를 건너온 것이다.[1]

해상교통이 발달하지 않은 고대에 동중국해를 건너 일본으로 가는 것은 매우 어려운 일이었다. 중국과 일본을 오고 간 사람들은 목숨을 걸어야 했고, 그래서인지 동양東洋의 일본은 중국인의 눈에 신비로운 곳이었다. 중국 고적에서 일본은 신선이 사는 섬이어서 종종 '해외삼신산海外三神山'으로 불렸다.[2]

16세기 중일 관계는 왜구라는 용어로 상징된다. 일본은 중국의 생사와 특산품을, 중국은 일본에서 생산되는 금은과 같은 귀금속을 갈망하였다. 그러나 쌍방무역은 밀수와 폭력적인 형태로 전개되었다. 16세기 말 도요토미 히데요시豊臣秀吉가 조선을 침략하자 명국은 조선에 원군을 파견

1 옌안성, 한영혜 역, 『신산(神山)을 찾아 동쪽으로 향하네』, 일조각, 2005, 233쪽.
2 王曉秋, 『近代中日文化交流史』, 中華書局, 2000, p.168.

했는데, 양국 정규군 간의 전쟁이었다. 그 후 중국인에게 왜구로 비쳐졌던 일본은 정치적으로 경계 대상이 되었다. 17세기 일본이 에도시대에 들어가고 중국에선 청이 명을 이어받았는데, 양국 모두 해금정책과 쇄국정책을 폈다.[3]

도쿠가와막부德川幕府는 일상적인 외교활동과 대외무역을 금지시키는 동시에 청국, 네덜란드, 조선, 류큐 네 나라와의 무역은 제한적으로 존속시켰다. 조선과 류큐와의 무역은 각각 쓰시마번對馬藩과 사쓰마번薩摩藩을 통해 이루어졌으며 주로 통신국서와 사신의 왕래으로 제한하였다. 그리고 청국과 네덜란드 상인들은 오직 나가사키長崎에서 무역했는데, 나가사키 항구 주변의 당관唐館과 데지마出島의 네덜란드 상관에서만 거래하도록 했다.[4] 청국도 중국인 상인들의 나가사키 도항을 규제했는데, 과거 왜구에 대한 경계심 때문이었다. 구미 국가의 회사가 고용한 중국인들이 일본에 건너와 나가사키의 거류민이 증가했으나 청국은 일본인이 중국으로 건너오는 것을 불허하였다.[5] 그런데 일본의 개국 후 해외무역을 진흥하면서 큰 변화가 일어났다. 일본인들이 자국의 해양성을 자각하면서 해국일본의 모습이 전면에 드러난 것이다.

---

3 岡本隆司, 『李鴻章』(岩波新書 1340), 岩波書店, 2011, pp.98~99.

4 왕효추, 신승하 역, 『근대 중국과 일본－타산지석의 역사』, 고려대 출판부, 2002, 3쪽. 황준헌(黃遵憲)의 『일본국지(日本國志)』(식화지(食貨志))에는 다음과 같이 쓰여 있다. "금교(禁教) 이후에 바다로 나가는 자는 반드시 허가증이 있어야 나갈 수 있어 이를 일러 봉서선(奉書船)이라고 부른다. 그러나 천주교도가 난을 일으키자 결국 호시(互市)를 끊고 큰 선박을 만들지 못하게 했다(돛은 세 개만 사용하고 조운선 말고는 오백 석을 넘지 못하도록 규정함). 외국 선박은 항구에 머물게 하고 상륙을 허가하지 않았다. 백성이 출해(出海)하면 비록 바람을 만나 난민으로 돌아오더라도 참형에 처하였다. 이백 년 동안 살벌하게 지키면서 오직 쇄국이 국시가 되었다. 도쿠가와 막부시대에 나가사키만을 개항해 중국과 네덜란드와 통상할 뿐이었다."(黃遵憲, 『日本雜事詩』(『走向世界叢書』 第1輯 第3冊), 岳麓書社, 1985, p.598)

5 岡本隆司, 『李鴻章』(岩波新書 1340), pp.99~101.

1854년 에도막부는 미국과 조약을 체결해 문호를 개방하였다. 당시 "미국花旗 군함을 타고 일본으로 가서 조약을 맺는 일을 도운" 중국인은 바로 나삼羅森이란 인물이다. 나삼이 쓴 『일본일기日本日記』1854는 근대중국의 첫 번째 일본 여행기로, 당시 미일 담판과 조약체결 과정이 실려 있는데, 귀국 후 홍콩에서 글을 남긴 것이다.[6] 나삼은 광동 남해 사람으로 홍콩에 거주할 때, 영미 선교사들과 왕래가 있어 미국 페리 함대의 번역관이 되어 일본에 건너가서 통역을 담당하였다. 미국함대가 무력으로 위협해 일본의 대문을 열게 했을 때, 나삼도 우연히 일본 개국의 목격자가 되었다. 여행기의 첫 대목에서 태평양이 넓기 때문에 미국이 화륜선을 운행하려면 석탄이 부족하다며 반드시 일본을 중간지점으로 삼아 석탄을 구입해야만 왕복에 편리하다는 사실을 지적하였다.[7] 실제로 페리M. C. Perry 제독이 일본을 개국시키려는 1차적인 목적은 일본 근해에 있던 자국 포경선원과 표류민의 생명과 안전을 보호하고 저탄장을 확보하려는 것이었다.

나삼 이전에 일부 중국인들이 일본으로 건너왔지만 대부분 상인이나 선원이어서 여행기를 남기지 않았다. 청 건륭 연간에 여러 차례 상선을 타고 일본을 방문한 왕붕汪鵬이 쓴 『수해편袖海編』과 같은 일본 여행기가 드물게 남아있다. 그러나 왕붕의 활동도 나가사키의 중국 상관에 제한되었다.[8] 이와 달리 나삼은 미국 군함을 타고 일본의 요코하마橫濱, 시모노세키下關, 하코다테函館 등을 여행하였다. 그는 일본인들에게 중국의 정치

6 陳室如, 『近代域外游記硏究(1840~1945)』, 文津出版社, 2008, p.71.
7 羅森, 『日本日記』(『走向世界叢書』 第1輯 第3冊), 岳麓書社, 1985, p.31.
8 王曉秋, 『近代中日文化交流史』, p.102.

상황을 소개했는데, 특히 일본인들이 관심이 많은 태평천국운동에 관한 소식을 전해주었다.[9]

1862년동치(同治) 원년, 문구(文久) 2년 도쿠가와막부는 청국과의 무역을 발전시키기 위해 관리 몇 명을 선발해 천세환千歲丸을 타고 상해로 항해했고, 각 번들도 번사를 보냈다. 이것은 쇄국이래 막부가 청국과 관계 개선을 위한 첫 번째 시도였다. 천세환은 4월 29일 나가사키를 출발해 5월 6일 상해에 도착했고 두 달가량 머물렀다. 천세환의 승객들은 저작과 일기를 통해 항해기록과 상해 견문을 남겼다.[10] 1864년 3월에는 건순환健順丸이라는 무역선을 다시 상해로 파견하였다.

개국 후 1859년 무렵에는 하코다테, 니가타新潟, 요코하마, 고베神戶, 나가사키 등 다섯 곳 항구를 개항하였다. 중일 간 항로는 구미계열의 해운회사가 먼저 열었다. 1859년 영국의 페닌슐러앤드오리엔탈기선P&O은 상해－나가사키 항로를, 1864년에는 상해－요코하마 항로를 열었다. 1865년 프랑스의 프랑스우선은 상해－요코하마 간 정기항로를 열었다. 1867년 미국의 태평양우선PM은 샌프란시스코－요코하마－홍콩항로를 열었다. 태평양우선에 의한 정기항로개설로 말미암아 홍콩, 요코하마, 샌프란시스코 사이를 왕래하는 중국인이 1만 명이 넘어섰다.[11] 1869년에는 요코하마－고베－나가사키－상해 항로를 개설하였다. 이에 대해 일본 국내에도 해상항로가 형성되었다. 메이지유신이 일어난 해인 1868

9 羅森의 표현을 빌리면 쌍륜선은 큰 파도를 만나면 요동치는 것이 달리는 말과 같았다(羅森, 『日本日記』, p.44).

10 왕효추, 신승하 역, 『근대 중국과 일본－타산지석의 역사』, 75쪽.

11 이토 이즈미(伊藤泉美), 「요코하마(橫濱)화교사회의 160년, 지속·갈등, 그리고 변화」, 『20세기 동아시아화교의 지속과 변화』, 심산, 2017, 197쪽.

년 에도江戶와 요코하마 간의 여객 운송과 우편 운송을 위한 정기선이 운항했고, 같은 해 오사카와 고베 간에도 증기선이 운항하였다. 1874년에는 일본의 우편국 증기선회사가 도쿄와 류큐 간 우편 정기항로를 개설하고, 같은 해 일본과 대만 간 해상항로도 정비하였다.[12] 1875년 미쓰비시三菱공사가 요코하마-상해 항로를 개설하고, 1885년 공동 운수회사를 흡수해 일본우선을 만들었다. 일본우선은 국가지원을 받아 항로를 확장했는데, 1886년 나가사키-천진 항로, 1889년 고베-천진 항로 등 계속 운송망을 넓혀갔다. 한편 중국은 1872년 윤선초상국輪船招商局을 설립해 상해를 중심으로 항로를 개척했는데, 화상華商 무역을 지원하면서 항운이 나날이 발전하였다.[13]

1871년광서(光緖) 원년 「청일수호조규淸日修好條規」의 체결은 중일 관계가 새로운 단계로 접어들었음을 상징한다. 양국정부는 공식적인 외교관계를 수립한 후 통상무역을 강화한 것은 물론 얼마 후 서로 외교관을 파견해 공사관과 영사관을 설치하기로 합의했다. 일본 측은 중국에 공사관을 설치했으나, 청국 측은 내부 문제로 늦어졌다. 청일수교 후 처음 일본을 방문한 중국 관리는 절해관 위원 이규李圭였다. 1876년 미국은 건국 100주년을 경축하기 위해 대규모 만국박람회를 열었는데, 청국도 처음 이 세계박람회에 중국관을 설치하고 이규를 파견하였다. 이때 이규는 상해에서 일본 배를 타고 출발해 나가사키에 도착한 후 단기간 유람하였다. 그는 나가사키, 고베, 오사카, 요코하마 등을 방문해 메이지유신 이후 일본으로 가서 현장을 본 첫 번째 청국 관리가 되었다.

12 荒山正彦, 『近代日本の旅行案內書圖錄』, 創元社, 2018, p.15.
13 安井三吉, 『帝國日本と華僑－日本・臺灣・朝鮮』, 靑木書店, 2005, pp.50~52.

1876년 4월 20일 이규는 일본 미쓰비시공사에 소속된 미국 윤선의 표를 샀는데, 상해에서 요코하마로 가는 표와 다시 요코하마에서 미국 샌프란시스코로 가는 표를 구입하였다. 중국과 미국 간 협정에 따라 원가의 절반 가격으로 표를 구할 수 있었다. 다음 날 출발한 배는 2,500톤급 명륜선으로 상등칸과 하등칸으로 나뉘어져 있었다. 객실이 무척 깨끗하다고 감탄했고, 책을 읽거나 흡연을 하거나 식사할 수 있는 공간이 별도로 마련되었다고 썼다. 세 끼 식사는 서양식이 기본이지만 쌀밥도 나왔으며, 서비스는 광동인과 일본인이 부지런히 한다고도 했다. 배에는 11개국 사람이 타고 있었는데, 미국인 상인 겸 우장牛庄 영사, 귀국하는 일본인 상해 영사, 영국으로 유학 가는 두세 사람, 미국에 가는 광동 상인 오吳씨 등을 만났다.[14]

이규를 태운 배는 4월 21일 상해를 출발해 22일 나가사키에 도착하였다. 1,797리를 운항했으나 불과 19시간 반밖에 걸리지 않았다.[15] 나가사키에서 고베까지 가는 항로는 19시간 반이 걸렸으며, 항행 거리는 1,531리였다. 고베에서 요코하마까지는 15시간 반이 걸렸으며, 거리는 1,341리였다. 상해부터 요코하마까지 전체 항행 거리는 4,669리였다. 배가 요코하마에 도착했을 때 항구에는 이미 태평양을 건널 미국 국적의 북경성北京城호가 정박하고 있었다. 이규가 탄 배보다 두 배는 컸는데, 홍콩에서 한두 시간 전에 들어와 미국으로 갈 예정이라고 했다. 아직 환선할 때는 아니어서 짐을 잠시 화상 동동태호東同泰號에 맡겨 보냈다.[16] 그 후 미국으

14 李圭, 『環游地球新錄』(『走向世界叢書』第1輯 第6冊), 岳麓書社, 1985, pp.317~318.
15 Ibid., p.318.
16 Ibid., p.322.

로 건너가 세계일주여행을 했으며, 훗날 『환유지구신록環游地球新錄』1876이란 유명한 여행기를 남겼다. 이 여행기는 근대 중국인이 남긴 초기 미국 여행기이자 세계여행기의 하나로, 책 가운데 『동행일기東行日記』 부분에 일본 견문이 담겨있다. 여기에 일본의 학교, 우체국, 전보국, 개광국開礦局, 윤선회사輪船會社 등은 모두 서양을 모방했으며 거의 서양과 겨룰 수 있을 수준이라고 썼다.

이규보다 일찍 태평양을 건너 미국으로 가기 위해 일본을 방문한 중국인으로는 장덕이張德彝와 기조희祁兆熙 등이 있었다. 앞서 소개했듯이, 장덕이는 벌링게임蒲安臣 사절단1868~1870을 따라 미국으로 건너가던 중이었으며, 기조희는 1874년 미국으로 유학 가던 제3차 유미유동留美幼童 사업의 인솔자였다. 이 무렵 원양항해의 혁신이 이루어져 윤선을 타고 태평양을 건널 수 있었는데, 두 사람은 일본을 경유하면서 간단하게나마 일본 인상을 기록으로 남겼다. 장덕이의 글에는 명륜선을 타고 일본으로 가다 겪은 풍랑이나 망원경의 신기한 경험이 엿보인다. 상해부터 나가사키까지 1,455리이고, 나가사키에는 2천여 명의 화상이 거주한다는 내용이 있다. 나가사키부터 고베까지는 바다로 1,200리이고, 다시 고베부터 요코하마까지 바다로 625리라고 적었다.[17] 기조희의 글에는 상해부터 요코하마까지 가는 여정에 대해 "서양인들의 거리 계산법에는 3리里가 1마일麥含이다. 상해부터 나가사키까지 459마일이고, 나가사키부터 고베까지 348마일이며, 고베부터 요코하마까지가 342마일이다"[18]라고 기록했다. 세 사람의 중일항로 거리는 약간 차이가 있으나 대체로 비슷하고 일

17 張德彝, 『歐美環游記』(『走向世界叢書』 第1輯 第2冊), 岳麓書社, 1985, pp.624~628.
18 祁兆熙, 『游美洲日記』(『走向世界叢書』 第1輯 第2冊), 岳麓書社, 1985, p.215.

본까지 하루 이틀 일정에 불과하다는 사실에 놀라워했다. 나가사키－고베－요코하마를 거치는 일정은 모두 동일한데, 이 항구들은 중국 화교들의 근거지이기도 했다.

### 2) 일본으로 건너간 청국인들

청일수교 후 오래지 않은 1874년에 일본이 대만을 침공한 대만사건이 발생하고, 1875년에는 조선에서 강화도사건을 일으켰을 뿐만 아니라 몇 년 후에는 류큐를 병합하였다. 이에 청일 간에 대만, 조선, 류큐를 놓고 외교적 교섭이 절실하였다. 게다가 일본에 거주하는 화인과 화상들이 나날이 증가해 만 명에 다다르자 그들을 보호 감독하기 위해 주일 외교관을 파견할 필요성을 느꼈다.[19] 청국은 1876년에 이르러서야 비로소 해외로 외교관을 파견했는데, 영국에 곽숭도郭嵩燾과 유석홍劉錫鴻을, 미국에 진란빈陳蘭彬과 용굉容閎을 파견한 일이 그것이다. 이홍장李鴻章은 오래전부터 가상적국으로 인식한 일본에 정보 수집을 위한 공사파견을 준비했으며, 결국 일본에도 출사대신出使大臣을 파견하기로 결정했다. 이에 따라 1877년 1월 일본에 상주할 초대 외교사절로 한림원시강翰林院侍講 하여장何如璋을 정사로, 장사계張斯桂를 부사로, 황준헌黃遵憲을 참찬으로 삼았다. 본래 그해 봄에 출발하려고 했으나, 일본에서 세이난전쟁西南戰爭이 일어나자 연말로 시기를 늦추었다. 하여장 일행 26명은 11월 27일에 상해를 떠나 30일 나가사키 항에 도착하였다. 그들이 탄 배가 구형 병선이라 그런지 오히려 민간 선박에 비해 좀 더 시간이 걸렸다.

---

19 王曉秋, 『近代中日文化交流史』, p.135; 箱田惠子, 『外交官の誕生』, 名古屋大學出版會, 2012, p.46.

첫 번째 주일공사의 부임 기록으로는 하여장의 『사동술략使東述略』1878이 남아있는데, 일본에 정착할 때까지 두 달간의 일기이다. 군함 해안海安호를 타고 오송吳淞항을 출발해 숭명崇明 남해안을 지나 동남쪽 대양으로 나아갔다. 하여장은 화륜선이라는 문명의 이기에 대해 "바퀴가 날아 하룻밤에 실로 천 리를 가는구나"라고 감탄했지만 더 깊은 감상은 없었다. 배가 일본 영해로 들어갈 무렵부터는 바다 풍경에 취하였다. 이 배에 함께 탄 장사계도 "바다에 나가면 서복의 후예를 찾아가고, 왜구를 평정함에는 척계광戚繼光의 원훈을 다시 생각한다"라고 읊었다. 나가사키를 떠나 히라도平戶 부근을 지나면서 판에 박힌 듯이 "원 세조의 명으로 범문호范文虎 아탑해阿塔海가 병력 10만 명을 이끌고 함선 9천 척으로 일본을 정벌하였다. 히라쓰보平壺의 섬에 이르자 큰바람이 배를 부숴는데 (…중략…) 여기가 그곳이다"라고 기록했다.[20]

해외여행을 하던 근대 동아시아 지식인들이 한시를 통해 자신의 마음을 드러내는 경우는 흔하였다. 중국인의 경우 가장 먼저 해외 사절단을 이끌고 유럽을 방문한 빈춘斌椿이 기록한 『승사필기乘槎筆記』1866부터 이미 한시를 통해 자신의 경험담을 기록하였다. 막말부터 메이지 초기까지 해외항로를 따라 여행한 일본인 가운데 여행 소감을 한시로 표현한 경우도 적지 않았다. 주로 모국을 멀리 떠나 바다를 바라본 심정을 묘사한 시가 많았다.[21] 조선의 경우 통신사通信使부터 수신사修信使에 이르기까지 일본을 방문한 사절단 일행의 경우 역시 다수의 한시를 남기는 것이 예외는 아니었다.

20 옌안성, 한영혜 역, 『신산(神山)을 찾아 동쪽으로 향하네』, 222쪽.
21 木畑洋一, 『帝國航路を往く』, 岩波書店, 2018, pp.72・103.

해안호를 타고 일본 나가사키 항에 들어오면서 청국 군함에서 예포를 21발 발포하고 일본 국기를 게양하였다. 나사사키 포대도 마찬가지로 같은 수의 예포를 발포하고 용기龍旗를 게양하였다. 곧이어 화상과 통역관 등이 배로 건너와서 인사하였다. 나가사키에서 시모노세키까지는 바다로 수백 리인데 여기부터 동쪽은 일본 내해라고 하였다. 시모노세키는 적마관赤馬關이라고 부르며 현지인들은 작은 나가사키라고도 부르는데, 아직 개항장은 아니었다. 나가사키부터 고베까지는 물길로 천여 리에 불과한데, 낮에 운항하고 밤에 정박해 5일 정도 늦어졌다. 내해는 물길이 좁고 굽어있으며, 도서가 복잡하고 암초가 많아 도선사들이 밤에는 운항하길 꺼린다고 했다.[22] 12월 4일 히라도를 출발해 7일 고베에 도착해 화교와 일본인의 환영을 받았다.

고베에서 기차를 타고 오사카를 가서 교토 등지를 유람하였다. 이때 이용한 철도는 혁신적인 운송 수단으로 도보로 이동하던 시간을 크게 단축시켰다. 1872년메이지 5년에 신바시新橋와 시나가와品川, 1874년에 오사카와 고베, 1877년에 교토와 오사카 사이로 철도가 건설되었다. 주지하듯이 철도여행은 윤선 여행과 마찬가지로 근대를 상징하는 발명품을 이용한 새로운 여행이었다.[23] 청국공사 일행은 육지여행을 마치고 고베로 돌아와 다시 12일 배를 타고 요코하마로 향하였다.

고베에서 요코하마로 가던 중 밤에 천둥 번개와 비바람을 만나 어떤 섬에 정박하였다. 비록 섬 안으로 정박했으나 밤새도록 소리가 나다 겨우 잠잠해졌다. 만약 큰 바다를 건너다 뇌우를 만났다면 전복될 수도 있

22 何如璋, 『使東述略』(『走向世界叢書』 第1輯 第3冊), 岳麓書社, 1985, pp.93~94 · 115.
23 荒山正彦, 『近代日本の旅行案內書圖錄』, pp.11~12.

었을 것이라고 기록했다. 실제로 폭풍우와 파도를 만나 승객들이 토하는 일상적 경험을 하였다.[24] 12월 16일 요코하마에 도착한 후 휴식을 취하다가 24일 다시 기차를 타고 도쿄로 가서 28일 국서를 봉정하였다. 그 후 1878년 1월 23일 요코하마출장소에서 도쿄의 한 사원으로 이주한 후에야 비로소 공사관이 정착하였다.[25]

하여장은 『사동술략』에서 메이지유신 관련 소감을 기술하였다. 그는 메이지유신의 성과를 긍정적으로 평가했지만 동시에 개혁은 반드시 큰 저항에 직면할 것이라고 예측하였다. 이 때문에 유신의 성공 여부는 회의적이었다.[26] 하여장은 일본이 류큐의 조공을 막은 사실을 심각하게 생각했다. 일본의 목적은 류큐를 병탄하고 조선에 대해서도 유사하게 행동할 것이라고 보았다. 이를 막고 책봉·조공질서를 유지하기 위해 본국에 무력을 행사할 것을 요청하는 강경책을 제안하였다. 이홍장도 일본이 류큐를 병합하려는 시도에 반대해 하여장과 같은 의견을 내었지만 두 사람 간의 관계가 우호적이지는 않았다.[27] 하여장은 1882년 2월 여서창黎庶昌으로 공사가 바뀔 때까지 3년간 주로 류큐 문제 해결에 주력했으며, 본국에다가는 일본의 각 개항장마다 영사를 설치할 것을 요청하였다.[28] 몇 년 후 류큐를 오키나와현으로 편입시킨 류큐처분은 청국에게 커다란 충격이었다.[29]

---

24 何如璋, 『使東雜咏』(『走向世界叢書』 第1輯 第3冊), 岳麓書社, 1985, pp.121~122.

25 "나는 8월 5일 수도를 떠나 발해를 건너 오송에 다다랐고, 금릉을 왕복하고 상해에서 얼마간 머물렀다. 10월 윤선에 올라 바다를 건넜으며 일본 내해와 외해를 지나 동지 5일 전 요코하마에 도착하였다. 한 달가량 늦어져 도쿄에 공사관을 마련하였다. 바닷길로 만 리에 가깝고 배를 탄 것이 열흘에 팔일이었다."(何如璋, 『使東述略』, p.108)

26 왕효추, 신승하 역, 『근대 중국과 일본－타산지석의 역사』, 104쪽.

27 岡本隆司, 『李鴻章』(岩波新書 1340), p.123.

28 安井三吉, 『帝國日本と華僑－日本·臺灣·朝鮮』, p.37.

민간차원에서 메이지유신을 비판한 글로는 이소포李篠圃의 『일본기유日本紀遊』1880가 있다. 이소포는 강서성 길안부吉安府 동지同知를 역임했으며, 1880년에 일본을 여행하였다. 그의 여행은 공무가 아닌 개인적인 것으로 출사대신보다 일본인의 민간생활을 잘 관찰할 수 있었다. 이소포는 상해에서 일본 상선 고사환高沙丸을 타고 일본으로 건너갔는데, 이 선박의 선장이나 기술자는 모두 서양인이었다. 그는 선실과 선상생활을 간단히 묘사하면서 여행객, 시종, 표 가격 등을 언급하였다. 아침에 상해를 출발했으나 짙은 구름과 비 때문에 천천히 운항하다가 한참이 걸린 후에야 나가사키 항에 도착하였다. 바다를 1,700여 리를 항행했는데, 그래도 실제로 운항한 시간은 25시간이었다. 선원의 말로는 안개가 없으면 18시간 만에도 도착할 수 있다고 했다.[30]

나가사키부터 고베까지 1,500여 리인데, 항행하는 동안 양안 사이가 비좁아 넓은 해면은 수십 리이고 좁은 해면은 몇 리에 불과하니 큰 풍랑이 없더라도 암초가 많아 이곳 항행은 반드시 숙달된 도선사가 필요하였다. 옛날 서양 배가 나가사키에서 고베로 갈 때는 바다 길로 돌아 3천여 리로 풍랑이 험악하였다. 요즘에는 일본인들이 항로를 바꾸어 천오백 리로 줄었으며 비록 암초가 있더라도 모두 등표를 설치해 윤선이 밤에도 항행할 수 있었다.[31] 이소포는 일본 내해로의 항행을 묘사하면서 이전에는 경험하지 못한 야간항해를 소개하였다. 한편 고베에서 요코하마로 가는

---

**29** 하여장(何如璋)은 이홍장(李鴻章)의 지지를 얻지 못하고 국내로 소환되었다. 귀국한 후 그는 복건선정대신(福建船政大臣)으로 임명되었다. 1884년 청국과 프랑스 간의 마강해전(馬江海戰)에서 대패하자 무거운 책임을 짊어지게 되었고 그의 명성도 흔적 없이 사라졌다(왕효추, 신승하 역, 『근대 중국과 일본-타산지석의 역사』, 229쪽).

**30** 李篠圃, 『日本紀遊』, p.162.

**31** Ibid., p.165.

현해환玄海丸이라는 배에서는 영파 출신의 상해 상인 장초전張楚傳이란 인물을 만났다. 그는 다리에 병이 있어 치료차 일본으로 건너왔는데, 요코하마 외곽에 있는 온천에 가서 목욕하면 나을 수 있을 것이라 했다.[32]

과거 하여장이 일본에서 각 도시를 여행할 때는 주로 명승고적을 찾아다녔다. 나가사키의 공자묘, 오사카의 옛 성, 교토의 고궁이나 신사 등이 그것이다. 그러나 이소포는 나가사키에서 박물원을 보았으며, 교토나 요코하마에서는 박람회를 구경하였다. 도쿄에서도 여러 박물원에 관심을 가졌다. 이렇듯 그는 물질문명에 흥미를 느꼈으나 메이지유신에 대해서는 역시 비판적이었다. 『일본기유』에서는 "온 힘을 들여 서양의 법을 모방하고 있어 갈수록 나라가 빈곤해지고 세금이 나날이 가혹해져서 백성들은 도쿠가와막부의 인자함과 은혜로움을 다시 회복하려 한다"[33]라고 언급했다. 일본이 서양을 배우려 유신을 시행해서 빈곤해졌다는 부정적인 입장을 취했지만, 자신의 눈으로 직접 본 과학기술 문명의 성과는 찬탄하지 않을 수 없었다. 이소포는 기본적으로 화교 네트워크에 의존해 여행했는데 나가사키, 고베, 오사카, 교토, 요코하마, 도쿄 등을 여행하고 1880년 6월 16일에 귀국하였다.[34]

훗날1887 청국이 해외로 파견한 시찰단의 한 사람인 부운룡傅雲龍은 광

32 Ibid., p.169.

33 Ibid., p.172.

34 형부주사(刑部主事)였던 고후혼(顧厚焜)은 1887년부터 1888년까지 청국의 명을 받아 메이지유신의 개혁을 고찰하고 『일본신정고(日本新政考)』를 펴냈다. 이 책은 중국인이 메이지유신의 개혁 조치를 이해하는 데 큰 도움이 되었지만, 그가 내린 결론은 메이지유신을 크게 질책하고 심지어 신랄하게 풍자하였다. "서양의 법이 이렇게 빠르게 전통에 스며들어 이 나라는 이다지도 가볍게 전통을 버리고 서양법을 제도화시켜 버렸는가!"라고 개탄했다. 하지만 그 역시 시대의 대세 때문인지 서양의 선진문물을 완전히 거부하지는 못했다(왕효추, 신승하 역, 『근대 중국과 일본－타산지석의 역사』, 109쪽).

서 13년 8월 28일 일본 우선회사 윤선 동경환東京丸을 타고 상해를 출발해 29일 자정쯤 나가사키에 도착했는데, 상해로부터 437해리, 중국 거리로 1,442리혹은 1,797리이며 모두 21시간이 걸렸다. 다시 삼판선으로 바꾸어 타고 6리2해리를 가서 해관에 도착하였다.[35] 부운룡이 일본에 온 것은 이소포가 온 지 7년 후이며, 하여장보다는 10년 후이다. 그는 일본을 포함해 각국을 여행하며 고찰한 보고서 『유력도경游歷圖經』1889을 남겼는데, 그중 일본을 소개한 『유력일본도경游歷日本圖經』30권이 있다. 이처럼 하여장–이소포–부운룡의 중일 항로를 통해 해협을 사이에 둔 양국의 해운 발전과정을 확인할 수 있다.

### 3) 지리관의 변화

청대 진윤형陳倫炯이 쓴 『해국견문록海國見聞錄』에는 일본이 나가사키, 사쓰마薩摩, 쓰시마對馬島 등 세 개의 섬으로 이루어진 국가로 보았다. 그 후 복건순무 서계여가 1848년에 편찬한 『영환지략瀛環志略』에서도 일본 지리를 설명하면서 그 나라는 동해에 있으며 나란히 세 개의 섬이 있는데, 북쪽에는 쓰시마 섬, 가운데는 나가사키, 남쪽은 사쓰마라고 부른다고 썼다. 주지하듯이 실제로는 세 곳 모두 오늘날 큐슈九州의 일부에 속하고 게다가 쓰시마는 작은 섬에 불과하다. 이른바 본주本州, 구주九州, 사국四國의 세 섬을 크게 착각한 것이다.[36] 위원魏源의 명저 『해국도지海國圖志』의 초기 판본에는 일본 언급이 없었으나 1852년 증보판에서는 일본을 언급하였다. 하지만 여기서도 일본 지도가 완전한 것은 아니어서 서계여와 비슷

35 傅雲龍, 『游歷日本圖經餘紀』(『走向世界叢書』 第1輯 第3冊), 岳麓書社, 1985, p.205.
36 黃慶澄, 『東游日記』, p.327 재인용.

한 생각을 가졌다. 그에 따르면 일본은 세 개의 섬으로 이루어졌는데, 사쓰마는 일본의 남쪽으로 명대 왜구가 이 섬사람이라고 하였다. 북쪽에 나가사키가 있고, 더 북쪽에 수도가 있는데, 쓰시마는 그 북쪽 방향으로 조선이 있다고 설명했다.[37]

하여장이 탄 윤선이 나가사키에 도착한 후 다시 해안을 따라 나가토長門 해협을 지나 고베, 오사카, 요코하마를 거쳐 마지막으로 도쿄에 도착하였다. 이런 장거리 항해는 중국 고위 관원으로서는 아마도 처음이었을 것이다. 나가사키에 오랫동안 거주했던 화교의 존재를 기억한다면 좀 납득하기 어렵지만, 어쨌든 청말 출사대신을 일본으로 정식 파견한 후에야 현지 조사를 통해 일본 지리 개념이 명확해졌다. 그는 『사동술략』에서 일본 지리에 대해 비교적 정확한 기록을 남겼다.

과거 진륜형의 『해국견문록』에서 말한 일본이 나가사키, 사쓰마, 쓰시마 등 세 개의 섬으로 이루어졌다는 오류를 알아내어, "(그 영토는) 네 개의 큰 섬으로 구성되었고 기내畿內와 팔도八道로 나눌 수 있다. (…중략…) 전국은 사면이 바다와 맞대어 있다. 큰 섬 말고도 크고 작은 섬이 그사이에 흩어져 있다. 길이는 2천여 리, 폭은 1백 리에서 3백여 리이다".[38] 여기서 네 개의 큰 섬은 곧 본주, 구주, 사국, 북해도이다. 그중 구주도九州島는 "지세가 험하고 길어서 남북으로 5백여 리이고 동서로 2~3십 리에서 1백여 리로 서로 같지 않고, 예로부터 구주로 나뉘어 있었다", "서쪽에는 나가사키가 있고, 서남西南을 사쓰마라고 하며", "쓰시마 섬은 조선과 수십 리 정도의 가까운 거리이다"라고 썼다. 이처럼 일본이 서해

37 王曉秋, 『近代中日文化交流史』, p.171.
38 何如璋, 『使東述略』, pp.106~107.

도西海道=九州, 남해도南海道=四國, 중앙일대도中央一大島=本州, 동북일대도東北一大島=北海道 등 네 개의 큰 섬으로 이루어져 있다는 사실을 인지하였다. 게다가 나가사키는 서해도의 한 항구라는 사실이나 사쓰마가 서해도의 서남쪽 변경이라는 사실이나 쓰시마는 서해도 북방의 작은 섬에 불과하다는 사실을 확인하였다. 최종적으로 『해국도지』와 『영환지략』에서 소개한 일본은 나가사키, 사쓰마, 쓰시마의 세 개 섬으로 이루어졌다는 오류를 수정하였다.[39]

이러한 큰 오류를 범한 것에 대해 훗날 황경징黃慶澄의 『동유일기東游日記』1893에서는 "화인이 왜에 올 때, 반드시 먼저 서쪽 국경에 도착하므로 서해도의 서쪽 끝나가사키, 쓰시마을 일본의 전체 영토로 생각했다"[40]라고 나름대로 추론했다. 에도막부의 쇄국 시기에 대중국무역이 나가사키 이외에 대마도의 종씨宗氏를 통한 조선 경유, 사츠마번을 중간에 둔 류큐 경유 등 세 곳의 창구를 통해 이루어졌기에 중국인들이 이곳을 세 개의 섬으로 착각했을 가능성이 높다.[41] 하지만 명말 청초 서양인 선교사들이 소개한 세계지도나 조선통신사의 일본방문 사례를 기억한다면 이런 황당한 지리 지식은 잘 이해가 되질 않는다. 예를 들어, 통신사의 경우 보통 부산포에서 쓰시마를 거쳐 아카마가세키赤間關에 도착한 후 다시 요도가와淀川 하구를 거쳐 요도우라淀浦에 도착하였다. 이곳에서 교토와 오사카를 거쳐 육로로 에도막부로 향하였다. 부산포에서 아카마가세키까지는 외해 혹은 대해 항로이지만 아카마가세키에서 요도가와까지는 내해 혹

39 何如璋 外, 『甲午以前日本游記五種』, pp.58~59(緖論).
40 黃慶澄, 『東游日記』, p.327.
41 하마시타 다케시, 서광덕·권기수 역, 『조공시스템과 근대아시아』, 소명출판, 2018, pp.130~131.

은 다도해 항로였다. 내해 항로가 외해 항로보다 편안하고 안전했을 것이라는 상식과는 달리 실제로는 해안을 끼고 항행하는 다도해 항로의 어려움을 호소하는 통신사기록이 많이 남아있다.[42] 어쨌든 조선은 통신사 여행을 통해 잠자리처럼 생긴 일본 지리를 잘 파악하고 있었다.

남양대신이자 양강총독이던 심보정沈葆楨은 러시아를 방어하기 위해 일본과 연합해야 한다는 판단 아래 왕지춘王之春[43]을 일본으로 보내어 조사를 시켰다. 그는 관광의 이름을 빌렸으나 정찰이 목적이었을 가능성이 높다. 왕지춘은 1879년 12월 4일 오송항을 출발해 12월 6일 나가사키항에 도착하였다. 8일에 고베, 9일에 오사카, I2일에 요코하마를 거쳐, 13일 도쿄에 이르렀다. 그 후 고베, 오사카, 교토 등을 여행하였다. 각 도시의 풍경이나 명승지말고도 교육박물원이나 박물원 및 공장 등을 관람하였다. 주일공사 하여장, 부사 장사계, 참찬 황준헌 및 요코하마 영사와 초상국 사람들도 만났다. 1880년 1월 3일 나가사키를 떠나 귀국 길에 올라서 5일 상해에 도착했는데, 귀국하는 도중에 풍랑을 만나 나가사키로 되돌아오는 별난 경험도 하였다. 그의 일본 정찰 여행은 한 달 남짓 걸렸다.

왕지춘은 귀국한 후에 『담영록談瀛錄』1880이라는 책을 썼으며, 모두 네 권으로 5만여 자이다. 앞의 두 권은 『동유일기東遊日記』로 1개월간의 여행 일정과 견문을 담았다. 뒤의 두 권은 『동양쇄기東洋瑣記』로 간단하게 일본의 역사, 지리, 호구, 조세, 병제, 관제, 국채國債, 물산, 교육, 풍속 등을 다

42 국립해양박물관 편, 『통신사 선단의 항로와 항해』, 국립해양박물관, 2017 참고.

43 왕지춘(王之春)은 1871년에 아편전쟁을 담은 『방해기략(防海紀略)』을 기술해 해전의 패배를 반성한 인물이다. 나중에 일본에서 돌아와서 광서순무(廣西巡撫)가 되었다.

루었다.[44] 이 여행기는 하여장의 『사동술략』에 비해 더욱 구체적이다. 『사동술략』은 일본에 출사한 후 초기 두 달간의 여행기로 메이지 초기 일본 사회를 관찰한 최초의 책이란 평가가 있지만 만여 자에 불과한 짧은 글이었다. 왕지춘과 같이 문인과 무인을 겸비한 관리의 여행기는 의미가 있지만, 그 역시 한 달이라는 짧은 시간 동안 여행한 것이라 주마간산 격의 기록이라는 한계가 없지 않다.[45]

왕지춘은 근대지리학의 개념을 사용해 일본의 지리 위치를 정확하게 서술하였다. "일본은 북위선 30도부터 시작해 43도에서 그친다. 동경선은 13도부터 시작해 29도에서 그친다. 지세는 좁고 길어 잠자리처럼 생겼고, 그사이 작은 섬들이 흩어져서 큰 섬을 바깥에서 둘러싸고 있다. 길이는 약 4천여 리이고 넓이는 100리부터 300리까지 일정하지 않다. 면적을 영국의 단위로 계산하면 15만 6천 6백 4평방미터이다."[46] 책 속에 다시 「일본지도日本地圖」와 「중국계연일본도中國界連日本圖」(혹은 중일교계도中日交界圖)를 각각 한 폭씩 첨가하였다. 이것은 근대중국에서 비교적 정확하고 상세한 일본 지도라고 할 수 있다. 왕지춘은 나가사키가 서해도에 속하는데 조선과 서북쪽으로 대치하고 있고, 그 중간에 쓰시마가 있으며, 류큐는 남쪽에 있다고 썼다. 그는 일본의 야욕이 대만보다는 조선에 있다는 판단 아래 조선 지리를 개략적으로 소개하였다.[47] 왕지춘이 접촉한 인물 가운데 메이지유신에 반대하는 보수파가 적지 않아 일정한 영향을 받았다.

---

**44** 王之春, 『談瀛錄』(『走向世界叢書』(一百種)), 岳麓書社, 2016, p.19.
**45** Ibid., pp.18~19. 이 글의 내용 가운데 일부는 황준헌(黃遵憲)의 『日本雜事詩』(1879년 출간)와 중복된다.
**46** Ibid., p.71.
**47** Ibid., pp.46~47.

하여장이나 왕지춘과 달리 왕도王韜는 일본과 민간차원에서 교류한 인사 중 대표 인물이다. 일본 문인들이 왕도의 명성을 알게 된 후 우편 연락을 했을 뿐만 아니라 적극적으로 일본방문을 요청하였다. 이에 왕도는 1879년 4월 23일 상해를 출발해 나가사키, 시모노세키, 고베, 오사카, 요코하마를 거쳐 도쿄에 도착하였다.[48] 그에 따르면 청국 공사는 도쿄에 주재하고 통상항구에는 영사관을 설립했는데 나가사키, 고베, 요코하마 등 세 곳에 있다고 했다. 그리고 고베 영사는 오사카를 겸임하고, 요코하마 영사는 하코다테를 겸임한다고 썼다.[49]

중국인의 초기 일본 여행기를 읽다 보면 흥미로운 공통점 중 하나는 일본 문인과의 시문詩文·창화唱和 활동을 통해 양국 문인 간의 교류가 활발하다는 사실이다. 왕도가 대표 인물로 1879년의 일본 여행은 중일 문화교류사의 한 페이지를 장식하였다.[50] 그의 글은 품격이 있어 청말 여행기 가운데 독특한 지위를 차지하는데, 풍만한 문학적 정서는 백미라고 알려져 있다. 하지만 해국일본海國日本의 이미지를 그리는 사례는 별로 없어 아쉬움이 남는다. 당시 주일공사 하여장은 청국에 상서를 올려 왕도를 주일 공사관에서 일하도록 요청했으나 뜻을 이루지는 못하였다.[51]

하여장이나 여서창과 같은 출사대신들도 전통 교육을 받은 인물로 고

---

**48** 1870년 왕도(王韜)가 영국에서 홍콩으로 돌아왔다. 1871년 유럽에서 보불전쟁이 발발해 끝난 지 오래지 않아 그는『보법전기(普法戰紀)』(14권)를 편찬해 전쟁 발발의 원인과 경과 및 쌍방의 승패 원인과 국제정세의 변화 등을 예측하였다. 이 책을 출판한 뒤, 사람들이 다투어 책을 구매하자 이름이 널리 알려졌다.『보법전기』는 일본에도 널리 소개되었다(王曉秋,『近代中日文化交流史』, pp.215~217).

**49** 王韜,『扶桑遊記』(『走向世界叢書』第1輯 第3冊), 岳麓書社, 1985, p.394.

**50** 왕보평(王宝平) 주편의『만청동유일기회편(晩清東游日記滙編)』(兩冊)(上海古籍出版社, 2004) 중에는『中日詩文交流集』(上冊)이 있는데, 모두 19종의 저작이 실려 있다. 이를 통해 19세기 말 청일 양국 문인들의 문화교류 활동을 알 수 있다.

**51** 王曉秋,『近代中日文化交流史』, p.223.

전적인 인문 정서를 농후하게 드러내었다. 예를 들어, 하여장의 『사동술략』 뒷부분에 있는 칠언절구의 시 67수를 『사동잡영使東雜詠』이라고 따로 부른다. 시詩마다 앞에 소주小注가 있어 일본에 출사하는 행로를 묘사해서 『사동술략』과 서로 비교해 볼 만하다. 여기서 그는 일본의 지리 형세를 문학적으로 생동감 있게 묘사하였다.[52] 그리고 여서창은 정기적으로 일본 문인과의 문학예술 교류 행사를 열었다. 비슷한 시기 일본을 방문한 조선의 수신사 일행의 기록을 보더라도 일본인과의 시문·창화교류는 무척 활발하였다. 같은 한자문화권의 공감대가 작용한 까닭으로 보인다. 특히 조선의 경우 통신사라는 한일교류의 오랜 전통을 가지고 있었다.

'자연미'를 음미하던 여행기의 품격은 시간이 지남에 따라 '사회상'을 묘사하는 객관적인 언어로 바뀌었다.[53] 일본을 조사했던 이소보나 왕지춘에 비해 그보다 뒤에 일본을 방문한 부운룡과 황경징의 묘사가 더욱 구체적이라는 사실에서도 알 수 있다. 일본 여행기는 시간이 지날수록 점차 외래어를 통해 새로운 사물을 묘사하는 사례가 증가하였다. 특히 황경징의 『동유일기』에는 선진적인 과학기술이나 교육이념 등을 언급하면서 전보국電報局, 경찰서警察署, 교육教育, 물리物理, 철학哲學, 공립公立, 의원議院, 선거選擧 등과 같은 새로운 용어들을 소개하였다.

---

52 이 책 속의 몇 가지 내용은 주의할 만하다. 특히 일본형세 기록이다. 그는 지리에 주의를 기울여 현지 조사를 덧붙였기 때문에 일본 지리에 대해서 비교적 정확히 묘사하였다.

53 서승조(徐承祖)가 공사인 제3차 주일공사관 일행 중 주목할 만한 인물로 진가린(陳家麟)이 있다. 그는 1884년부터 1887년까지 일본에 체류하면서 조사연구를 진행하였다. 비록 체계적인 일본통지를 출판하지는 못했지만, 1887년에 일본 관련 자료와 자신의 견해를 담은 『동사견문록(東槎見聞錄)』을 출간하였다. 여기에서는 메이지유신으로 추진된 여러 개혁들에 이(利)와 폐(弊)가 고루 있으므로 별도로 분석해야 한다고 주장했다(王曉秋, 『近代中日文化交流史』, p.190).

## 2. 개항장과 화교들

### 1) 나가사키

명대에 중국 상인들은 일본과 무역을 하면서 큐슈 지역의 중심인 나가사키에 당관이라고 부르는 거주지가 있었다. 명·청 교체기의 해상 영웅 정성공鄭成功의 생모도 나가사키에서 성장한 일본 여인이었다. 청초 만주족 왕조는 해금정책을 실시하고 일본의 도쿠가와막부도 쇄국정책을 실시하면서 중국 상선은 나가사키 항구에서만 제한된 무역을 할 수 있었다. 그래서 16세기 나가사키 화상이 일본 화교의 기원이라고 알려졌다. 나가사키의 중국인들은 동향 출신끼리 모여 사원을 건립하고 무역 활동을 하였다. 그들은 1620년 나카지마中島 강변에 항해안전의 여신인 마조媽祖를 주신으로 모신 흥복사興福寺를 건설했고, 1689년 도진야시키唐人屋敷가 건설되어 집단거주지에 격리되자 다시 그곳에 마조와 토지공사당을 세웠다. 나가사키에 거주한 중국인은 무역에 종사하는 복건인이 가장 많고 다음으로 광동인과 삼강三江인이 있었다. 여기서 삼강인이란 장강 중하류 지역 출신자들로 주로 절강성, 강소성 및 안휘성 사람들이다. 복건인 중에는 상인이나 직공도 있었지만, 남중국해 연안에서 어업에 종사하거나 바다를 사이에 두고 생산물을 거래하는 일이 그들의 주된 생업이어서 마조신앙이 강하였다. 그에 반해 광동인은 도시 내에 정착해 상품을 판매하고 음식점을 운영하거나, 가구나 세간을 제작하는 등의 서비스업이 특기였다. 그들은 상업 번성의 신인 관제關帝에게 감사하는 마음을 가졌다.[54] 아편전쟁 전 일본을 소개한 책은 대부분 나가사키에 갔던 상인이나 문인들이 쓴 것들이었는데, 당관 내에서만 활동해 시야가 매우 좁았다.

근대 시기 중국인의 일본 여행기에는 거의 예외 없이 개항장나가사키, 고베, 요코하마 등 내 중국 화교의 기록이 담겨있다. 이규는 광서 2년 4월 23일 작은 배를 타고 육지에 내려 사합성泗合盛이라는 잡화점에 갔다. 상점주인 양염천梁鑒川과 주소정周昭亭 두 화교가 말하길, 우리 화인 가운데 나가사키에서 공상工商하는 자는 대략 광동인은 300명, 복건인은 400명, 강절인이 100여 명이라고 했다. 각자 회관이 있으며 본토에 비해 생계를 모색하는 것이 쉽다고 했다. 그들은 일본으로부터 통제받는 것을 달가워하지 않았다.[55]

초대 주일공사 하여장이 일본에 온 때는 메이지유신으로부터 채 10년도 지나지 않았지만 그 동안 큰 변화가 있었다. 철도, 기차, 전보, 우편, 기계 등의 신문물이 급격하게 들어왔는데, 하여장도 나가사키에 도착하자마자 이런 신문물을 접하였다. 항구에 도착한 다음 날 육지에 내려 한 회관에 가자 상인들이 운집하였다. 그곳 원로가 소개하길 중국 상인들이 이곳에 머무른 지 수백 년이나 되었고, 땅을 나누어 거주하는데 당관이라 부른다. 설탕과 비단 등을 가져와 팔고, 해산물을 구매해서 가져간다. 일본이 서양과 조약을 맺으면서 외국 선박들이 자주 오며, 중국인들도 천여 명에 이르러 무역이 활발해졌으나 수익은 그리 많지 않다고 했다.[56]

당시 공사관 참찬이던 황준헌이 쓴 당관 관련 기록에 따르면, "나가사키와 우리의 통상은 이미 삼백여 년이다. 매해 선박이 8~9월에 오는데 옛날 당관에서는 주로 설탕과 목화를 수입했는데 모두 일상에 필요한 물건이었다. 서적, 그림, 종이, 묵 등은 더욱 좋아하였다. (…중략…) 수교

54 이즈미다 히데오(泉田英雄), 김나영 외역, 『해역아시아의 차이나타운 華人街–이민과 식민에 의한 도시형성』, 146 · 149쪽.

55 李圭, 『環游地球新錄』, p.318.

56 何如璋, 『使東雜咏』(『走向世界叢書』 第1輯 第3冊), 岳麓書社, 1985, pp.91 · 111.

이후에는 물건을 구하는 것이 비교적 쉬워졌다. 각 항구에 유동하는 상민이 오늘날에는 삼천여 명이다"라고 했고, 다른 대목에서는 "화상이 수입하는 화물은 면, 설탕, 비단, 서적, 문구가 가장 많고, 수출하는 화물로는 동銅이 가장 많다. 나머지는 다시마昆布, 전복鰒魚, 동칠잡기銅漆雜器 등이 있다. 일본 상인이 중국으로 가는 경우는 전혀 없다"[57]라고 썼다.

왕지춘의 여행기에는 황준헌黃遵憲의 기록과 유사한 대목이 있다. 나가사키와 우리가 통상한 것은 이미 삼백 년으로 매해 선박이 8~9월에 온다. 옛날 당관에서는 설탕과 면화를 수입했는데 주로 일용품이었다. 서·화·지·묵은 더욱 좋아하였다. 책들은 불티나듯 팔렸으며 동경과 서경의 문인들이 귀한 책을 구하면 소중하게 모셔놓고 사람들에게 자랑하였다. 수교 후에 비교적 쉽게 구할 수 있게 되자 이전의 모습은 사라졌다.[58] 왕지춘은 나가사키에서 중국인으로 무역에 종사하는 자가 대략 1천 3백 인이라며, 토지를 구획해 거주하는데 회관이 있어 당관이라고 부른다고 했다. 그들은 설탕이나 면화를 수입하고 해산물을 구매한다고 썼다.[59] 그리고 다른 글에서는 중화회관이 있어 제사를 지내는데, 중국인 상인들이 수백 년간 거주했으며 그 자손들의 복장은 여전히 중국식이다. 근래 일본과 구미가 수교해 상선이 오가자 이곳에 거주하는 화상은 겨우 천여 명에 불과하다고 기록했다.[60]

주일공사 하여장은 나가사키, 고베 등지의 화상들이 보낸 진정서를 읽고 본국이 그들을 보호할 것을 상서하였다. 이 일이 일본에서 시작한 첫

57 黃遵憲, 『日本雜事詩』(『走向世界叢書』 第1輯 第3冊), 岳麓書社, 1985, p.721.
58 王之春, 『談瀛錄』, p.113.
59 Ibid., p.18.
60 Ibid., pp.75~76.

번째 외교활동으로 일본 외무성에 조회해 화상이 가장 많은 요코하마부터 영사를 파견할 것을 요청하였다. 초기에는 일본 측이 부정적인 반응을 보였으나 결국 동의를 이끌어 내었다. 1878년 1월에는 범석붕范錫朋, 유수갱劉壽鏗, 여휴余瓗가 각각 요코하마, 고베, 나가사키 영사로 파견되었다. 그 후 1886년 하코다테에 영사를 설치하면서 영사 제도가 완성되었다.[61] 이처럼 주일 청국 공사의 주요 임무 중 하나는 화교보호 업무였는데, 근대 중국 외교의 출발은 일본을 포함한 전 세계에 흩어진 화교 문제와 관련이 깊었다.

### 2) 고베

고베에 화교가 처음 이주한 것은 개항한 해인 1868년이다. 나가사키와 요코하마는 이보다 빠른 1859년에 개항했기 때문에 고베 화교의 정착은 9년 정도 늦다. 하지만 고베 화교의 경제력은 훗날 두 도시를 능가하게 된다. 메이지 정부가 등장하면서 고베는 서일본의 교통요지로 떠올랐다. 이주 초기 고베 화교는 무역상이 중심이어서 고베와 중국 및 동남아시아 간 중계무역을 주로 담당하였다. 화상의 출신지는 광동계가 가장 많았고 삼강계와 복건계가 그 뒤를 이었다.[62] 이런 사실은 나가사키와 다른 점이다. 개항 초기만 하더라도 조약국 국민인 서양인을 따라 고용

61 한 연구에 따르면, 막부 시기부터 메이지시기까지 중국인 정책은 몇 가지 특징으로 요약할 수 있다. 첫째, 중국에 대한 무역 창구를 나가사키와 개항장으로 한정하였다(1635년). 둘째, 중국인의 거주지역을 이른바 당관(唐館)과 같은 개항장 내 일정한 장소로 제한하였다(1689년). 셋째, 통상교역은 인정하되 노동자의 유입은 엄격히 제한하였다. 즉 화상(華商)은 허가했지만 화공(華工)은 엄격히 제한하였다(安井三吉, 『帝國日本と華僑－日本・臺灣・朝鮮』, pp.29~30).

62 이정희, 「일본의 차이나타운 연구－고베 난징마치(南京町)를 중심으로」, 『중앙사론』(제40집), 2014, 292~293쪽.

인의 신분으로 활동하는 경우가 많았지만, 1873년 「청일수호조규」가 맺어지면서 무조약국민에서 벗어났다.[63]

이규는 고베에서 광동 상인 유흥태호裕興泰號의 맥麥군과 대화를 나눈 기록이 있다. 고베와 오사카 두 곳은 거류민이 대략 6만 명 정도인데, 화인은 모두 7~8백 명이다. 그들 역시 회관을 건립했는데, 규모는 나가사키와 비슷하다고 했다. 무역 현황과 조계 상황은 나가사키보다 좋다고 했다.[64] 하여장에 따르면, 고베는 오사카와 더불어 통상항구인데, 이곳에서도 중국 상인들이 사절단을 찾아와 오사카를 구경하며 며칠 머무를 것을 요청하였다. 고베 화상들은 수백 명에 이른다.[65] 왕지춘의 기록에 따르면, 나가사키에서 고베까지는 육로로 대략 2천 리이며, 수로는 3천여 리에 불과하지만, 배로 올 경우 험악한 지형이 있다. 이곳에서 육로로 오사카까지는 70리로 기차를 타고 한 시간이면 도착한다. 오사카는 서남지역의 요충지로 정치적 군사적으로 중요하며 도요토미 히데요시의 유적이 있다. 오사카에서 다시 80리를 가면 옛 수도 교토가 있다. 도쿄에서 교토까지는 아직 기차가 없는데, 10여 일이면 도착할 수 있다.[66] 고베에는 화상이 대략 2천 명 있어 하여장이 처음 방문했을 때보다 인구가 큰 폭으로 증가하였다.

고베에선 복건계가 1870년 상인 간의 분쟁조정을 목적으로 팔민공소를, 광동계가 1876년 광업공소를 각각 조직하였다. 삼강계의 삼강공소 설립연대는 분명하지 않으나 1891년 이전에 설립되었다. 1870년에는

63 安井三吉, 『帝國日本と華僑－日本・臺灣・朝鮮』, p.33.
64 李圭, 『環游地球新錄』, pp.320~321.
65 何如璋, 『使東述略』, p.95.
66 王之春, 『談瀛錄』, p.76.

사망한 화교를 위한 묘지인 중화의장中華義莊을 함께 조성하였다. 1878년 설립된 청국영사관의 권고에 따라 각 공소가 협력해 1891년 신판중화회관神阪中華會館을 조직하고 1893년에 회관을 건립하였다. 신판중화회관은 화교 사회를 연결시켜 주는 중요한 역할을 담당하였다.[67] 이곳의 중화회관은 청국의 후원과 현지 고베, 오사카 화교의 지원으로 건립되었는데, 동향을 넘어서 통합조직을 만든 것이 특징이다.[68]

이른바 상해 네트워크의 존재는 1870년대부터 확인할 수 있는데, 고베를 중심으로 일본제품을 중국으로 수출하는 화교 네트워크는 1880년대에 형성되었다.[69] 1890년 무렵 고베의 중국인은 700명, 오사카는 300명 정도였으며, 출신지는 복건, 광동, 삼강 등이었다. 고베항은 1890년의 수출액을 보면 화교 상인 전체 수출액의 25%를 차지하며 서양인들과 어깨를 나란히 하였다. 아시아무역에서는 화교 상인의 비중은 53%를 차지하였다. 부산화교의 역사 출발점에서도 고베화교의 존재가 나타나 흥미롭다.

### 3) 요코하마

1859년 7월 1일 일본에서 최초로 개항한 항구 중 하나인 요코하마는 원래 작은 어촌마을에 불과했으나 서양인 상관들이 자리 잡고 중국인들이 몰려들면서 급성장하였다. 구미상사는 중국에 본부를 두고 일본에 지사를 설립하는 방식으로 일본 시장을 개척하였다. 이 경우 중국 상인의

67 이정희, 「일본의 차이나타운 연구－고베 난징마치(南京町)를 중심으로」, 294쪽.
68 安井三吉, 『帝國日本と華僑－日本・臺灣・朝鮮』, pp.47~50.
69 Ibid., p.52.

전통적인 무역 망을 이용했을 뿐만 아니라, 한자를 통해 일본 상인과 교역하였다. 페리의 흑선 함대에 탑승한 나삼 역시 통역 자격으로 한자로 필담해 의사를 전달한 바 있었다. 이른바 중국인 매판買辦은 서양인을 따라 들어왔는데, 서양인과 일본인의 배척과 차별에도 불구하고 화교 수는 꾸준히 증가하였다. 개항으로부터 10년째인 1869년 무렵 중국인은 외국인 거류지에 거주하는 인구 전체의 60%에 달하였다. 이것은 개항 후에 실제로 일본항구를 방문한 외국인의 절반 이상이 아직까지 정식수교도 맺지 않은 중국인이었다는 사실을 의미한다.

중국인 매판은 요코하마의 서양 상관에서 상품구입, 대금결제, 정보수집, 장부기입 등의 업무는 물론 세관에서 물건 운반에 필요한 거룻배를 빌리는 업무, 배와 육지 사이로 짐을 싣고 내리는 항만노동자들을 고용하는 업무, 짐을 내리고 싣는 작업에 입회하는 업무 등 다양한 일을 하였다. 사실상 외국 상관의 실무 대부분을 중국인이 맡고 있었다. 그 후 서양 상관에 고용되지 않고 독립적으로 무역을 경영하는 사람들이 나타났다.[70] 요코하마에는 광동 상인이 우위를 점했는데, 1867년 무렵 중화회관을 설립한 것으로 보인다. 그들은 상해에서 나가사키－고베－요코하마를 잇는 일반적인 노선이 아니라 광주, 홍콩에서 요코하마로 곧바로 연결되는 항로를 주로 이용하였다.

1878년 2월 범석붕이 요코하마 영사로 임명되어 청국영사관이 정식업무를 시작하였다. 영사가 부임함에 따라 공권력 보호를 받은 중국인 사회는 생활이나 경제에서 성장기반을 갖추었다. 1867년 중국인 인구가 660

---

**70** 이토 이즈미(伊藤泉美), 「요코하마(橫濱)화교사회의 160년, 지속 · 갈등, 그리고 변화」, 『20세기 동아시아화교의 지속과 변화』, 심산, 2017, 196쪽.

명이었는데, 1877년에 1,142명이 되어 10년간 두 배가 늘었다. 1870년대에는 요코하마에 사는 중국인 인구의 60%가 모여 사는 차이나타운이 형성되었다.[71] 1871년 청일 국교 수립 후 화교 수는 별다른 증가추세를 보이지 않다가 1878년 청국영사관이 요코하마에 설치되면서 다시 증가하였다.

이규의 기록에 따르면, 요코하마에 도착한 날 작은 배를 타고 해안에 내려 동동태호로 갔다. 저녁에는 화상 양패림梁沛霖이 찾아왔다. 그가 말하길 요코하마 상민은 대략 4만 명으로 화인이 1천 6백 명이고 통상 상황은 나가사키, 고베보다 좋으나 상해에 비하면 10에 3~4 정도에도 미치지 못한다. 양행은 크고 작은 것이 수십 가인데 다양한 화물을 산적해 놓았다. 수입은 양화가 많고, 수출은 동, 칠기, 차, 골동품 등이라고 했다. 일본은 금연이 매우 엄격해서 아편을 피우는 자는 즉각 엄한 벌을 받아 일본인들은 감히 범법할 생각을 하지 못한다. 애석하게도 우리 중화는 어느 세월에 아편을 끊을지 모르겠다. 또 말하길, 이곳에도 중화회관이 있어 화인들의 세세한 문제는 이곳에서 처리한다. 만약 송사가 발생하면 일본 관리들이 주지한다고 적었다.[72]

하여장의 일기에는, 요코하마에 정박했을 때 일본 군함 춘일春日호 해군 장교가 와서 인사를 했고 유럽 각국의 항구주둔 장교들도 왔는데, 나가사키와 같이 서로 예포를 울렸다. 도착 다음 날 중화회관에 갔는데, 고베와 같이 화상들이 몰려와서 환영하였다. 요코하마는 일본의 큰 개항장으로 무역이 번영해 관세수입도 많은데 해마다 백만을 넘는다. 화상이 3

---

**71** 위의 책, 201~202쪽.

**72** 李圭, 『環游地球新錄』, p.322.

천 명에 가깝다. 주로 쌀, 설탕, 잡화들을 판매하고 부유한 자는 서양 물건도 취급하였다. 일본 통상항구 중에서 우리 백성은 요코하마가 가장 많고, 나가사키가 다음이며, 고베와 오사카가 그다음인데, 하코다테는 수십 명에 불과하다고 적었다.[73]

왕지춘의 여행기에 따르면, 요코하마는 도쿄까지 80여 리로 기차를 이용하면 한 시간이면 도착한다. 일본의 대표적인 통상항구로 무역이 번성해 관세수입이 많다. 화상으로 이곳에 거주하는 자 역시 2천여 명이다. 오월과 민월 출신이며 역시 중화회관이 있다.[74] 요코하마에 온 중국인 다수가 외국인 거류지의 한 모퉁이인 구舊요코하마 닛타新田 지구에 모여 살면서 차이나타운이 형성되었다. 그 까닭은 다른 지역에 비해 토지를 구입하기 쉬웠고, 거류지 안의 업종별 지역제 때문이었다. 1871년에 「청일수호조규」가 체결되자 그해 관제묘를 건립하고, 다음 해 묘지를 사들여 중화의장을 개설하였다. 그리고 같은 해에 중화회관이 만들어지면서 화교가 대폭 증가하였다.[75]

일본은 중국으로부터 생사, 약재, 사탕 등 수공업품을 수입했고, 중국으로 동이나 해산물 등 1차 생산품을 수출하였다. 요코하마 개항 초기 수출입업무는 대부분 구미 주일 상사가 중국인 매판에 의탁해 진행하였다. 청일 국교 수립 후 독립한 청상과 매판 상인이 일본 최대의 무역항이

---

73 何如璋, 『使東述略』, p.99.

74 王之春, 『談瀛錄』, p.77.

75 1870년대부터 1890년대 초반까지 요코하마 중국인 사회를 개관해 보면, 첫째 청일수호조규 체결에 따라 조약국 국민으로의 지위를 획득했고, 둘째 영사관 개설에 따른 공권력의 보호를 배경으로 인구가 1,000여 명에서 3,000여 명으로 약 20년간 3배로 증가하였다. 이에 따라 관제, 중화회관, 묘지, 병원 등의 사회조직이 만들어졌다(이토 이즈미(伊藤泉美), 「요코하마(橫濱)화교사회의 160년, 지속 · 갈등, 그리고 변화」, 『20세기 동아시아화교의 지속과 변화』, 199~201쪽).

된 요코하마에서 수출입무역을 독점하였다. 수입품인 사탕과 수출품인 해산물 대부분을 화상이 독점하였다.[76]

중국인 방문자 가운데 화교 사회와 가장 밀접한 관련을 가진 인물은 이소포였다. 그는 상해에서 나가사키로 와서 화상 태기호泰記號의 접대를 받았고, 고베에서는 화상 정태양포호鼎泰洋布號, 덕징호德澄號, 정발호鼎發號 등으로부터 주거지 등 편의 제공을 받았다. 오사카에서는 덕흥륭호德興隆號로부터 도움을 받았으며, 교토에서는 화교들의 안내를 받았다. 그는 세 사람의 중국인과 같은 숙소에서 묵기도 하였다. 이소포는 요코하마에서도 마찬가지였다. 요코하마에 대해 가나가와神奈川현의 경계에 위치하며 중국 상인들이 이곳으로 건너온 사람이 대략 3천여 명이라고 했다. 일본 통상항구 중에서 가장 번성한 곳으로 청국영사관이 이곳에 있다고 기록했다. 그는 덕징호에서 파견한 동료와 함께 도쿄를 방문하였다. 도쿄에 도착해서는 화상으로부터 전문요리사를 제공받아 중국 음식을 먹었다. 이처럼 화상과 관계가 깊어 그들의 네트워크를 통해 일본을 여행하였다. 이런 사실은 이소포가 중일 무역계에 상당한 영향력이 있었음을 보여준다.[77]

이소포의 요코하마 화교의 현황 기록에 따르면, 일본에 거주하는 화상은 대략 5~6천 명이었다. 그리고 요코하마는 일본 통상항구 중 가장 번화한 도시로 화상이 3천여 명이었는데, 광동인이 가장 많았고 중화회관을 가지고 있다고 썼다.[78] 특히 요코하마에서는 청일전쟁 이전까지 화교와 일본 상인 간에 만만치 않은 무역 경쟁이 있었다. 하지만 오랜 시간

**76** 이옥련, 「청일전쟁 전 인천과 횡빈 화교사회」, 『한국학연구』(13), 2004, 256쪽.
**77** 鍾叔河, 『走向世界－近代中國知識分子考察西方的歷史』, 中華書局, 1985, pp.373~374.
**78** 李篠圃, 『日本紀遊』, p.163.

쇄국정책을 폈던 일본에서 일본 상인들은 해외무역 네트워크를 가지지 못했기에 화교의 힘을 빌리지 않고는 국제무역을 할 수 없었다.

#### 4) 일본 화교와 해산물 수출

일본 화교들이 메이지 초기에 중국으로 수출한 상품은 차, 쌀, 금속, 건어물 등 1차 생산품이 주종이고, 일본으로 수입한 상품은 면제품, 금속, 모직물, 염료, 도료 등 공업제품이 주종이어서 기본적으로 후진국형 무역구조였다. 청일전쟁 직전에 수출한 상품은 쌀, 차, 금속, 장뇌, 해산물 등이 여전히 많았지만, 면제품과 같은 공업제품도 증가하였다. 수입한 상품으로는 면사, 면제품, 기계 등 공업제품에다가 면화가 증가하였다. 무역구조가 후진국형에서 선진국형으로 바뀌는 과도기임을 보여준다.[79] 1880년대 이후 일본의 대외무역에서 아시아무역의 비중이 커졌는데, 특히 중국무역의 비중이 커져 일본 화교의 역할이 중요해졌다. 여기서는 해산물로 품목을 제한해 간단히 살펴보겠다.

중국인 여행기에는 일본산 해산물 기록이 종종 나타난다. 하여장은 일본인들이 바다를 토지와 같이 여겨 물고기를 많이 잡으면 풍년처럼 여긴다고 했다. 전복, 해삼, 다시마, 새우 등이 싱싱하면 시장에서 경쟁적으로 해산물을 구매한다. 중국 상인들은 해삼과 전복을 많이 사는데, 일본인은 이것들을 모두 생식한다. 새우는 클수록 맛이 더욱 뛰어나다. 시장에서 거래되는 것 중 다수가 어류라고 적었다.[80] 황준헌의 글에도 해산물 설명이 적지 않다. 예를 들어, 『일본잡사시』 해물대종海物大宗, 제198항목

79 安井三吉, 『帝國日本と華僑－日本・臺灣・朝鮮』, p.53.
80 何如璋, 『使東述略』, p.112.

에서 "중국인들이 해물을 구매할 경우 전복鰒魚이 대종이고, 마른 대구乾鱈, 미역海苔, 가다랑어, 다시마昆布 순이다. 곤포는 우리가 해대海帶라고 부르는 것이다"[81]라고 썼다.

그리고 『일본국지禮俗志』에는 "(일본인은) 회를 먹는 것을 좋아해서 회 뜨는 일을 매우 잘한다. 생선을 얇게 베어내어 자른다. 처음 물에서 건져 자를 때는 그 껍질을 칼로 벗겨내고 그 피는 씻어낸다. 얇게 잘라내어 조각을 만든다"[82]라고 회 뜨는 과정을 묘사하면서 도미회, 해파리회 등 몇 종류의 회를 소개하였다.[83] 과거 조선인 통신사 일행의 기록에는 일본인들이 고래를 먹는다는 사실을 특이하게 여겼는데, "왜인이 고래의 회膾를 가장 귀하게 여겨서 비싼 값으로 사서 손님을 접대하는 화려한 찬으로 한다"라면서 고래를 한 마리 잡으면 상당히 큰 대가를 받을 수 있다고 했다.[84] 아마도 이 시기에도 고래고기는 여전히 좋은 횟감이었을 것이다.

『일본잡사시』에서는 견어堅魚라는 물고기를 별도의 항목제150항목으로 만들어 소개해 흥미롭다. 어떤 물고기가 견어인지 한자가 없다면서 가추옥加追沃이라고 부른다며 혹자는 가물치鰹라고 쓴다고 했다. 가츠오로 부르는 것으로 보아, 가물치가 아니라 가다랑어를 가리키는 듯하다. 큰 것은 1척이 넘고 작은 것은 9촌 정도라며 백미라고 칭찬하였다. 왕후부터 서민까지 모두 좋아해 먹지 않는 날이 없고 맛을 내지 못하는 경우가 없어 가장 널리 소비된다고 썼다.[85] 『일본국지』예속지에서도 이 물고기는

---

81 黃遵憲, 『日本雜事詩』, p.788.

82 黃遵憲, 『日本國志』(下), 『走向世界叢書』, 岳麓書社, 2016, p.1172.

83 Ibid., p.1173.

84 이덕무, 박상휘·박희수 역해, 『청령국지–18세기 조선 지식인의 일본 인문지리학』, 아카넷, 2017, 144~145쪽.

85 黃遵憲, 『日本雜事詩』, p.741.

'해미상품海味上品'이라고 높이 평가하였다.

또한 『일본잡사시』의 해착海錯, 제197항목에서는 "근해에는 상어鯊魚가 많이 나는데 어부들은 지느러미를 잘라 말린 후 중국에 판다. 해산물 가운데 고급품종으로 일본인들은 먹지 않는다. 해서海鼠, 즉 海參는 그 내장을 갈라 병에 담는데 일본인들은 최고품으로 치지만 중국인들은 먹지 않는다"[86]라고 소개했다. 왕지춘의 기록에도 황준헌의 글과 비슷한 내용이 나온다. 일본에서 수출하는 화물은 차가 주종을 이룬다. 미국인이 10에 7~8이다. 모두 요코하마로 옮겨져 다시 포장해 수출한다. 동을 비롯한 광물도 중국으로 수출하는 것이 적지 않다. 근래에는 상어가 많이 나는데 어민들이 지느러미를 잘라 말려 중국에 판매한다. 해산물 가운데 상품上品이나 일본인들은 먹지 않는다. 해서는 해삼인데, 그 내장을 꺼내 병에 모으는데 일본인들은 최고로 치지만 중국인들은 먹지 않는다. 나머지 해산물인 전복, 오징어, 대구, 다시마 등은 중국으로 수출하는 것이 많다.[87]

하여장 일행이 일본을 방문하기 불과 한두 해 전인 1876년 4월 제1차 수신사 일행의 책임자로 일본을 처음 방문한 김기수金綺秀의 여행기에도 수산물 기록이 엿보여 서로 비교할 만하다. 그는 일본인들이 어육의 큰 덩어리를 찌거나 굽기도 하고, 혹은 갈아서 국물을 만들거나, 그대로 익혀 조각조각 잘라서 그릇에 담기도 해서 갑자기 보면 어육인지 모른다고 했다. 그리고 생선회는 특별히 가늘게 하지 않는데, 손가락만 한 것도 있으며 맛은 비리지 않다고 평가했다. 또한 큰 새우大蝦는 껍질, 수염, 다리 등을 제거하고 기름에 넣어 지지는데, 살이 다 튀겨지면 장에 찍어 먹는

86 Ibid., p.787.
87 王之春, 『談瀛錄』, p.108.

다고 썼다.[88] 특히 조선인과 인연이 깊은 명태에 대해서도 언급하였다.

> 북해北海에 생선이 나는데 이름이 명태明太이다. 북어北魚라고도 하는데 북쪽의 물고기라는 뜻이다. 살아있을 적에는 물에서 활발하게 헤엄을 치는 것이 구경할 거리조차 되지 못하고, 죽더라도 밥상의 반찬 맛이 귀족들이 먹기에 부족하다. 특히 많이 생산되기 때문에 가격이 쌀 뿐이다. 그러므로 우리나라 사람이 궁벽한 산골이나 깊은 골짜기까지 남녀노소 할 것 없이 북어를 모르는 자가 없다. 지금 박물원에 전시한 어류를 보니 유독 북어가 보이지 않았다. 그들 역시 없는 것은 북어라고 하였다.[89]

한편 『일본국지』물산지에서는 해산물은 이전에는 서해에서 많이 채취했으나 북해도가 개발되면서 이곳에서 많이 생산한다. 국내에서 소비되는 것은 10분의 1에 미치지 못한다. 구미 제국은 별로 구매하지 않으나 중국인들이 구매한다. 북해도 해산물은 채취금지가 없어도 부족하지 않는데, 근래에는 인공으로 배양해 더욱 많아졌다. 중국으로 수입되는 해산물이 해마다 증가해 대표품목이 되었는데 건포류가 많다.[90] 해산물과 관련해서 하코다테 소개가 눈에 띈다. 기록에 따르면, 도쿄의 동북쪽에 통상항구로 하코다테가 있는데, 해마다 물고기, 새우 등 해산물을 수출하는 총액이 대략 은 8~9백만 량에 이른다. 하코다테항구는 일본의 북

88 김기수, 구지현 역, 『일동기유(日東記游)』, 보고사, 2018, 99쪽.
89 위의 책, 166~167쪽. 여기서 김기수는 도미어(道味魚)는 속칭 다이(鯛)라고 하는 것으로 없는 곳이 없고 없을 때가 없다고 했다. 그리고 강고도어(羌古道魚=가다랑어) 역시 일본에서 나는 것인데 맛이 담백해 먹을 만하다고 썼다.
90 黃遵憲, 『日本國志』(下), p.1282.

부 변경에 있는데 지형이 험악하고 날씨가 추워 비록 다시마, 전복, 해삼 등과 같은 해산물이 많지만, 화상과 서양 상인들 가운데 그곳에 머무르는 자는 몇 사람에 불과하다.[91] 하지만 요코하마, 고베, 나가사키에서 수출하는 해산물은 하코다테에 비하지 못한다고 썼다.[92]

덧붙이자면, 청일전쟁 직전 개항장 화교 사회의 분위기를 알 수 있는 글로는 절강인 황경징의 기록이 남아있다. 1893년 (음)5월 4일 황경징은 상해에서 일본 미쓰비시공사의 신호환神戶丸을 타고 5월 6일 나가사키에 도착하였다. 그의 『동유일기』는 청일전쟁 직전에 쓴 일본 여행기로 대략 두 달간 일본을 여행하였다. 황경징은 서학을 공부한 신식지식인으로 다른 여행객들처럼 나가사키에 도착했는데, 그곳 풍경은 크게 달라져 있었다. 육지에 내리자마자 접대한 사람은 태기호의 주인 왕효경王曉景으로 석탄을 주업으로 삼고 있었다. 다음 날 나가사키를 유람하며 깨끗한 길거리와 빼어난 산수에 감탄하였다. 도착 후 얼마 지나지 않아 청국 조계 내에 있는 영사관을 방문했는데, 대문 앞에 용기가 걸려 있었다.

황징경은 숙소에서 화상 장모張某를 통해 화교 상황을 이해하였다. 화상은 삼방이 있는데 복건방, 광동방, 삼강방이다. 나가사키에는 7백여 명이 있고, 고베와 오사카에는 천여 명이 있으며, 요코하마에는 4천여 명이 있다. 복건인과 광동인이 일찍 와서 경제적으로 왕성하고, 삼강인은 늦게 와서 적지만 최근에 인구가 증가한다. 황징경이 장모에게 "일본인들과 교제하는 것이 어떤가?"라고 묻자, "30년 전 화인이 여행하거나

---

91 李筱圃, 『日本紀遊』, p.163.

92 『일본국지(日本國志)』에는 일본에 상아가 없어 대신에 고래 뼈를 이용한다고 기록이 있다. 고래 뼈를 정교하게 가공해 다양한 소품을 만든다고 썼다(黃遵憲, 『日本國志』(下), p.1383).

거주하면 우대했으며, 우리나라 문인 학사를 만나면 더욱 존경과 예의를 다하였다. 지금은 이런 분위기가 바뀌었다"라고 답했다. "일본인의 풍속이 어떤가?"라고 묻자 개항 전 일본인의 풍속은 소박해서 자신들의 분수를 지키며 살아 길거리에 떨어진 것도 줍지 않았는데, 근래에는 내지인들이 항구로 몰려들어 점차 풍속이 어지러워져 절도 사건들도 발생한다고 했다. "일본에서 아편 금지는 어떤가?"라고 묻자, "화인이 금지를 어기면 조사해 흡연 도구를 빼앗고 영사관에 넘겨 귀국시킨다. 일본인이 금지를 어기면 가벼울 경우 금고이고, 무거우면 사형을 판결하기도 한다"라고 답했다. 화상이 말하길, 비록 일본의 수입세는 계속 증가하지만 수출세는 계속 감소한다. 그러나 중국과의 상거래는 무역 역차별 상태라고 하였다.[93]

황경징은 두 달 동안 나가사키, 고베, 오사카, 요코하마의 네 개 통상항구와 도쿄, 교토, 나라奈良 등 세 개 고적지 및 비파호琵琶湖 등 관광지를 돌아다니며 70~80여 명의 중일 인사들을 만났다. 그의 여행기는 청일전쟁 1년 전에 출판되었는데, 메이지유신이 20여 년 경과한 시점이었다. 부운룡이 일본에 온 지 6년 후, 이소포가 온 지 12년 후, 하여장이 온 지 16년 후, 나삼이 온 지 40년 후의 일이다. 이 기간 동안 일본은 서양을 배워 동아시아의 강국으로 거듭나고 있었다.[94]

93 黃慶澄, 『東游日記』(『走向世界叢書』 第1輯 第3冊), 岳麓書社, 1985, p.323.
94 鍾叔河, 『走向世界-近代中國知識分子考察西方的歷史』, p.384.

〈표 6〉 청일전쟁 이전 중국인의 일본 여행기 주요 현황표[95]

| 여행기 | 작자 | 직책·신분 | 일본체류시기 | 주요 경유지 |
|---|---|---|---|---|
| 『環遊地球新錄·東行日記』 | 李圭 | 상공업대표 | 1876년 4월 21일~5월 | 나가사키, 고베, 오사카, 요코하마, 도쿄 |
| 『使東述略』 | 何如璋 | 주일공사 | 1877년 11월 27일 ~1880년 말 | 나가사키, 히라도(平戶), 고베, 오사카, 교토, 요코하마, 도쿄 |
| 『扶桑遊記』 | 王韜 | 문인 | 1879년 윤(閏)3월~7월 | 나가사키, 고베, 오사카, 교토, 도쿄, 요코하마, 닛코(日光) |
| 『談瀛錄』 (『東遊日記』 『東洋瑣已』) | 王之春 | 조사관리 | 1879년 10월 ~1880년 1월 | 나가사키, 가고시마, 부젠(豐前), 붕고(豐後), 시모노세키, 고베, 오사카, 요코하마, 도쿄 |
| 『日本紀遊』 | 李筱圃 | 문인 | 1880년 5월 4일 ~6월 16일 | 나가사키, 고베, 교토, 요코하마, 도쿄 |
| 『遊歷日本圖經·餘記』 | 傅雲龍 | 조사관리 | 1887년 11월 14일 ~1888년 5월 29일 1889년 5월 27일 ~10월 19일 | 나가사키, 고베, 도쿄, 시즈오카(靜岡), 나고야 |
| 『東遊日記』 | 黃慶澄 | 조사관리 | 1893년 5월~9월 | 나가사키, 고베, 요코하마, 도쿄, 교토, 나라(奈良) |

95 陳室如, 『近代域外遊記研究(1840~1945)』, 文津出版社, 2007, p.161 도표.

제8장

# 출사대신과 일본해군

## 대만출병부터 나가사키 사건까지

일본이 영국에서 기예를 학습하는 자가 200여 명인데, 각 해구海口에 모두 있으며 런던에도 90명이 있다. 숭도가 본 20명은 모두 영어에 능통하였다. 나가오카 료노스케長岡良芝助라는 인물은 제후로 한 나라를 통치했는데, 지금 세작世爵으로 있지만 역시 이곳에서 율법律法을 배운다. 호부상서戶部尙書인 이노우에 가오루井上馨는 사신으로 와서 법률제도를 연구하는 데 힘쓴다. 전보전신국을 세운 것도 런던에서 배운 바를 이룬 것인데, 전보전신국의 설치를 담당하였다. 병법을 배우는 자는 매우 적다. 아마도 병법은 말末이고, 각종 제도의 창설은 모두 입국의 본本이기 때문이다.

— 곽숭도의 『런던과 파리일기』 중에서

## 1. 막말 메이지 초 해군 건설과 대만출병

아편전쟁을 계기로 동아시아 해양 질서는 전반적인 변화가 나타났다. 증기기관과 신식화포를 갖춘 영국해군이 청국 수사는 물론 연안 포대를 공격하였다. 남경조약 체결 이후 영국 함선뿐만 아니라 서양 열강의 함선들이 동아시아 해상에서 거침없는 활동을 전개하였다. 이 무렵 막부 말기 일본에서 해방海防을 주장한 인물들은 '해국海國'의 정체성을 강하게 가지기 시작했다. 해국으로서의 자기 인식은 바다를 통해 연결되는 타자에 대한 호기심으로 전화되었다. 이런 심리는 서양 열강이 보유하던 군함과 대포에 관한 강렬한 관심을 낳았다. 군함과 대포는 당시 일본인들이 서구세계에 대해 갖고 있던 근대 문명의 상징이었다.[1] 중국인 역시 정도의 차이는 있었지만 마찬가지였다. 실제로 이 시대의 군함은 최신 과학기술을 집적해 건조했기 때문에 한 나라가 가진 해군력은 곧 그 나라의 공업화 수준을 반영하였다.

일본 지식인들은 청국의 군사 무기와 기술이 뒤떨어진 것이 아편전쟁 패배의 주요 요인이라고 믿었다. 서양의 대포 기술에 정통했던 다카시마 슈한高島秋帆은 가장 먼저 아편전쟁의 충격에서 교훈을 받아들여 해방강화를 주장하였다. 1840년 가을 도쿠가와막부에 대포 기술을 개조해 병비를 강화하자는 의견서를 제출하였다. 그는 "(일본의) 대포술은 서양에서 이미 폐기된 지 수백 년이나 된 뒤떨어진 기술이어서 그들의 기술을 숙지하는 것은 아주 핵심적이고 중요한 일"이라고 강조했다. 1842년 11월

1 박영준, 『해군의 탄생과 근대일본』, 그물, 2014, 173쪽.

사쿠마 쇼잔佐久間象山은 일본의 해방을 강화하는 의견서 즉 『해방팔책海防八策』을 제출하였다. 그는 서양 열강이 청국을 침략한 후 일본도 침범해 막부에게 남경조약과 같은 굴욕적인 조약을 체결하게 할 가능성이 높다고 지적했다. 이 때문에 그는 대포를 주조하고 군함을 건조하며 해군을 일으키는 것이 당면한 가장 시급한 일이라고 주장했다. 그는 "해방의 요체는 대포와 전함이고, 대포가 가장 중요하다"라고 강조했다.[2] 막부가 쇄국정책의 한계를 느낀 것은 아편전쟁에서 청군이 패배하고 영국이 홍콩을 획득했다는 소식을 듣고 나서이다. 영국이 일본을 압박할 것이라는 위기감을 느끼면서 한때 풍미했던 양이론攘夷論은 점차 후퇴하였다.[3]

미국의 동인도함대 사령관인 해군 준장 페리 제독은 네 척의 미국 군함으로 이루어진 함대로 1853년 7월 처음 도쿠가와막부가 있는 에도도쿄만을 방문하였다. 1854년 2월에 두 번째 방문 때에는 모두 아홉 척의 함대를 이끌고 에도만을 방문해 막부로 하여금 200년간 지속되어온 쇄국정책을 끝내고 미국과 통상조약을 맺도록 압박하였다. 결국 막부는 「미일친선조약美日親善條約」을 체결하였다. 미국 군함은 선체가 검은색이고 증기기관에서 나오는 검은 연기 때문에 흑선黑船이라고 불렸다. 흑선의 충격 이후 막부와 지방 번들은 본격적으로 서구와 겨룰 수 있는 새로운 해군 건설에 착수하였다.

황준헌의 『일본국지』에는 "일본은 옛날에는 해군이 없었다"[4]라고 쓰

---

2 왕효추, 신승하 역, 『근대 중국과 일본-타산지석의 역사』, 고려대 출판부, 2002, 30~31쪽.

3 일본인들은 『해국도지(海國圖志)』를 세계형세를 이해하고 해방을 강화하는데 유용한 책이라고 여겨 급히 훈점을 가해 출간하였다. 근대중국에서 세계의 역사·지리를 체계적으로 소개한 첫 번째 명저인 『해국도지』가 일본으로 전래된 것은 막말 세계정세를 잘 알지 못한 일본인에게 하늘이 내린 보물 같은 책이었다(위의 책, 45쪽).

4 黃遵憲, 『日本國志』(中)(『走向世界叢書』(一百種)), 岳麓書社, 2016, p.878.

여져 있다. 막부는 1853년 9월 15일 마침내 1635년에 반포한 대형선박의 건조금지령을 해제함으로써 해군발전의 첫걸음을 시작하였다. 스스로 솔선해서 네덜란드 상관의 관장에게 부탁해 군함, 무기, 병서 등을 구매하고 해군 기술을 연마하였다. 1855년 막부는 외국으로부터 증기 군함을 구매하기로 결정하고, 네덜란드 정부에 군함 두 척을 주문하였다. 이에 네덜란드 정부는 일본에 군함을 판매하기로 하되, 우선 국왕 명의로 삼빈森賓호를 막부에 선물하였다. 이 배는 이름을 바꾸어 관광환觀光丸이라 불렀으며, 일본 역사상 최초의 증기선이자 근대해군의 첫 번째 군함이 되었다.

1857년 9월 막부가 네덜란드로부터 구매한 함임환咸臨丸, 간린마루라고 부름이 나가사키에 도착하였다. 다음 해인 1858년 6월 다른 군함 조양환朝陽丸도 나가사키에 도착해 두 척 모두 연습선으로 사용하였다. 이처럼 막부의 해군 건설은 기본적으로 군함의 외국 수입에 의존하였다. 다른 서양열강의 불만을 잠재우기 위해 네덜란드 군함 말고도 미국에서 부사산환富士山丸을, 러시아에서는 회천환回天丸을, 프랑스에서는 동환東丸 등을 각각 구매하였다. 그 가운데 네덜란드에서 구매한 조양환은 배수량 3,000톤으로 전투력도 강해 막부의 해군 기함으로 사용하였다.

막부는 해군 인재의 양성에도 관심을 기울였다. 개항장의 설치는 함선구입과 해군교육에 유리한 환경을 조성하였다. 1855년 10월 나가사키에 해군전습소海軍傳習所를 세우고 관광환을 실습선으로 만들고 네덜란드 해군 교관단을 초빙하였다. 1855년부터 1859년까지 두 차례에 걸친 해군 교관단의 파견과 나가사키에서 운영된 해군전습은 주목할 만하다. 그 성과로 실습생들은 관광환을 타고 23일간 항해를 했는데, 이것은 나가사키 해군전습소가 열린 이래 처음 실행한 장거리 항해였다. 1857년 3월 막부는 에도 부근 쓰키지築地에 군함조련소軍艦調練所를 만들었다. 나가사키 전습소의 졸업생들은 대부분 쓰키지로 가서 심화 교육을 받았다.[5] 1859년 나가사키 전습소는 문을 닫았지만 이미 해군 인재의 배양이 상당히 제고되었다.

여기서 1860년 함임환의 방미는 주목할 만하다. 1860년 1월 19일 일본해군은 함임환을 타고 우라가浦賀를 출발해 태평양을 건너 샌프란시스코에 도착하였다. 일본 사절단이 조약체결을 위해 미국을 방문할 때 해상훈련 차원에서 함께 출발했으며, 미국인 해군 장교와 선원들의 도움을 받았다. 이 군함은 임무를 성공적으로 마치고 같은 해 5월 6일 시나가와品川 항으로 안전하게 귀국하였다.[6] 함임환의 방미는 그 자체가 네덜란드 해군전습을 통해 양성된 해군사관들의 원양항해 훈련의 성격을 띠었다. 이 항해경험은 구미식 해군체제를 수용 정착시키는 중요한 계기가 되었다. 일반적으로 1861~1863년의 군제개혁으로 알려진 막부의 모든 해군 건설 정책, 즉 함선구입 대상의 전환, 네덜란드로의 해군 유학, 대함대 건설계획, 대규모 측량 활동 등은 함임환의 방미 영향과 관련되어 있었다.[7]

1861년 막부는 나가사키에 첫 번째 서양식 조선소인 나가사키조선소長崎造船所를 만들었다. 1865년에 요코하마제철소橫濱製鐵所를 만들었으며, 나중에는 프랑스의 도움으로 요코스카제철소橫須賀製鐵所도 만들었다. 특히

5 外山三郎, 『日本海軍史』, 吉川弘文館, 2013, p.10.

6 함임환(咸臨丸)의 태평양 횡단 과정에 대해서는 宗像善樹의 저서 『咸臨丸の絆』(海文堂, 2014)에 자세하다.

7 박영준, 『해군의 탄생과 근대일본』, 604쪽.

조선소로 바뀐 요코스카제철소는 주목할 만한데, 프랑스는 영국보다 먼저 막부에 접근해 자신들의 해양기술을 전파하였다. 동아시아 최고의 해군 조병창인 요코스카를 프랑스 기술자들이 건설해주어 일본해군의 근대화에 기여하였다. 청국의 경우도 프랑스의 조선 기술 능력을 높이 평가해 조선 기술자 유학생을 프랑스로 파견하였다. 막부는 자국 역량으로 첫 번째 증기선인 천대전환千代田丸을 만들었는데, 이 배는 1863년 건조를 시작해 1866년에 완성하였다. 막부에 등록된 증기선을 보면 외국에서 제조한 배가 26척으로 압도적이어서 막말 일본이 주로 군함 구매정책을 편 사실을 알 수 있다. 비록 천대전환과 선등환先登丸 두 척은 일본에서 스스로 만든 배였으나 일본인이 만든 서양식 범선이나 윤선은 실용가치가 그리 높지 않았다.

청국과 달리 막부는 서양의 충격 아래 능동적으로 개혁을 진행시켰는데, 지방의 사쓰마, 조슈長州, 사가佐賀 등과 같은 힘이 있는 번들도 앞을 다투어 번정 개혁을 추진하였다. 그들이 서양식 군함과 대포를 만들고 서학 인재와 신식 군대를 훈련시킨 성과들은 일본이 개국에서 메이지유신으로 향하는 기초를 마련하였다.[8] 유신의 내란 중에 막부는 가고시마鹿兒島, 야마구치山口, 사가 등에 해군을 보유하고 있었다. 막부 해군과 조정 해군은 교전을 벌여 결국 조정 측의 승리로 메이지 정부가 수립하였다.

8 한 연구에 따르면, 막부 말기 이른바 '해군혁명(海軍革命)'은 세 가지 파장이 겹치면서 태동하였다. 첫째, 이전 시기부터 해방론자들에 의해 주창되었던 '대선건조(大船建造)의 해방론'이 페리 내항 이후 막부의 공식적인 정책으로 수용되었다. 둘째, 막부 말기 해군혁명은 일본 단독의 정책 추진이나 기술개발에 의해서가 아니라 네덜란드를 매개로 서구 해군체제가 전파 수용되는 맥락에서 전개되었다. 셋째, 막부 말기 해군혁명은 막부가 소재한 에도나 네덜란드 해군전습이 실시되던 나가사키에 국한되지 않았다. 에도와 나가사키에서 출발한 근대적 해군혁명의 양상은 개명 번주(藩主)들을 통해 일본 각지로 확산되었다(위의 책, 177~179쪽).

새롭게 출발한 유신 정부는 1868년 11월 도쿄의 쓰키지에 해군국을 설치하고 막부에서 운영하던 해군을 흡수해 관광, 부사산, 조양, 양학翔鶴의 네 척과 막말 각 번에서 소유한 잡다한 선박을 징집해 군함 여덟 척, 운송선 여덟 척을 모았다. 이처럼 막부의 군함과 시설들을 귀속시켜 일본 해군의 모태를 만들었다.[9]

해군을 건설하는 출발점은 학교를 세우는 것이 기본이라는 생각도 분명해졌다. 1869년 9월 메이지 정부는 막부시대 만들어놓은 도쿄의 군함조련소를 회복해 16곳의 번에서 파견한 100명의 지원자를 받아 1870년 1월 11일 학교를 열었다. 일본해군은 외국인 교원이나 기술자를 초빙해 해군 기술을 배웠으며, 특히 기초이론뿐만 아니라 현장실습을 중시하였다.[10] 메이지 정부에서 처음 해외로 파견한 유학생은 외국 군함의 실습생이었다. 1870년 3월 두 명의 학생을 영국 군함에 승선시켜 항해기술을 배웠다. 같은 해 12월 유학생 규칙을 만들어 정부 선발과 개인 지원 두 분야로 나누었다. 1871년 2월 해군에서 선발한 열두 명을 영국으로 보냈고, 4월에는 네 명을 미국으로 보냈다.

1870년대에는 해군이 독자적인 군종이라는 자각이 일어나 육군과 해군을 독립적으로 건설하려는 생각이 분명해졌다. 1872년 10월 해군성海軍省 직제가 제정되었다. 1875년 10월 전국연해를 동서 두 개의 해군구海軍區로 나누어 지휘관을 두고 요코하마와 나가사키에 주둔하는 해군구 제도를 창립하였다. 해군경海軍卿을 비롯한 여러 관직들과 해군성이 관할하는 병학교, 조선국, 수로국, 해군재판소 조직 등을 갖추어 나갔다.[11] 그

9 太平洋戰爭研究會, 『圖說－日本海軍の歷史』, 河出書房新社, 1997, p.11.
10 外山三郎, 『日本海軍史』, p.26~27.

과정에서 중요한 변화는 풍력에서 증기력으로 동력이 바뀌었고, 목재에서 철제로 선체 재료가 바뀌었다. 즉 범선에서 증기선의 시대로 전환한 것이다. 증기선이 일본에 출현하면서 연해 주변에 머물던 섬나라 일본이 태평양으로 나갔다.[12]

1854년 일본 개국부터 1874년 대만출병까지 불과 20년 사이에 일본은 쇄국에서 개국으로 다시 대외 팽창의 길로 나섰다. 1871년 메이지 정부는 청국으로 사절단을 파견해 「청일수호조규」를 체결하였다. 조규가 체결한 지 2개월 후인 1871년 11월 30일 대만에 표착한 류큐의 궁고도宮古島 도민 54명이 대만원주민인 생번生蕃에게 살해되었다. 이를 대만사건(혹은 류큐표류민 사건)이라고 한다. 류큐는 표면상 청국에 속하지만, 실질적으로는 일본에 속한다는 생각은 당시 메이지 정부의 기본관점이었다. 류큐인을 일본인과 차별대우 했음에도 불구하고 외교적으로는 같은 인종이자 같은 언어를 사용한다고 주장했다. 이에 따라 대만 원주민이 류큐어민을 살해한 사건을 빌미 삼아 1874년 5월 대만출병이 이루어졌다. 이 사건에 대해서는 황준헌의 『일본국지』에도 상세하게 설명되어 있다.[13]

일본은 몇 척의 군함과 십여 척의 선박에 3,600여 명의 육군을 실어 대만을 공격하였다. 대만출병에 사용한 일진日進, 맹춘孟春, 용잉龍驤, 동東, 축파筑波 등은 증기선 군함으로 증기선이 일본의 대외침략에 사용될 수 있음을 확인시켜 주었다. 대만출병은 일본이 징병령을 실시한 다음 해에 벌어진 사건으로 일본군대의 첫 번째 대외작전이었다. 명분상 대만원주

11 黃遵憲, 『日本國志』(中), p.509.

12 姜春洁, 「從‘帆船’到‘汽船’－幕末日本海權意識萌生的器物條件」, 『世界歷史』, 2017年 第3期 참고.

13 黃遵憲, 『日本國志』(上)(『走向世界叢書』(一百種)), 岳麓書社, 2016, pp.215~222 참고.

민을 토벌하는 것이었지만 대만을 식민지로 만들려는 계산이 전혀 없었던 것은 아니었다. 3개월간 몇몇 요충지를 점령했는데, 그해 9월 북경에서 청국의 공친왕恭親王과 일본의 오쿠보 도시미치大久保利通 간 담판을 벌여 청국이 사과하고 배상금을 지불하는 선에서 사건을 마무리하였다. 최종적으로 군대를 전부 철수시켰는데, 이는 청일교섭의 결과에 따른 것이었다. 만약 교섭이 결렬되었다면 일본은 대만에 식민 정책을 실시했을 가능성도 없지 않았다.[14] 일본해군의 출병은 대만뿐만 아니라 조선 침략으로 이어졌다. 실제로 다음 해인 1875년 9월 강화도사건이 일어났다.

일본의 대만출병은 청국의 해방인식에 근본적인 변화를 가져왔다. 일본이 대만을 침공할 때 철재군함을 사용한 데 반해, 청국의 구식수사는 목조군함으로 일본군의 대만출병을 막지 못하였다. 이런 사실은 청국 내부에서 해방대논쟁을 가져왔으며 양무운동의 전환점을 이루었다. 양무운동의 선두에는 이홍장이 있었다. 해방이라는 글자는 연해의 방위를 의미하는데, 해군 건설에는 양무운동의 핵심 내용들이 포함되었다.[15] 해방대논쟁 중 주요 문제는 두 가지였다. 하나는 일본이 청국에 대단한 위협이라는 인식이 일어나 경계심이 강화되었다. 일본이 여러 척의 철갑선을 구매할 예정이므로 다시 대만에 출병하는 것은 물론 조선을 침략할 것으로 보았다. 다른 하나는 청국이 서양에서 신식군함을 구매하는 문제였는데, 가능하면 철갑선을 구매해 해방건설을 강화하자는 것이다. 철갑선 구매에 대해서는 대만사건 때 청일교섭에 담당했던 선정대신 심보정이 관심이 많았다.

14 (日)安岡昭男, 胡連成 譯, 『明治前期日中關係史研究』, 福建人民出版社, 2007, p.89.
15 岡本隆司, 『李鴻章』(岩波新書 1340), 岩波書店, 2011, p.128.

그런데 대만출병 당시 일본의 철제군함은 동東, 실제로는 철골 목피과 용양龍驤 두 척만을 보유하였다. 모두 12척의 군함 가운데 두 척 말고는 모두 목재였을 뿐만 아니라 내지 방어만이 가능한 군함이었다. 이즈음 청국은 21척의 군함을 보유했고, 청조 수사의 전력은 수치상 일본해군을 넘어섰다. 하지만 자국은 목조군함이고 일본은 철갑선이 있다는 강박관념에 대결할 생각을 포기하였다.[16] 그 후에도 상대방의 전력에 대한 과민반응은 계속되었다.

청국의 군함 제조 능력이 일본보다 뒤처지지 않았다는 사실은 양무揚武호의 경우를 보면 알 수 있다.[17] 양무호는 청국의 첫 번째 순양함으로 1872년 복주선정국福州船政局에서 만들어졌다. 배수량 1,560톤이고 항속 12노트였으며, 선상에 최대 300명의 병력을 실을 수 있었다. 1875년 실습선 건위호가 파손되자 복주선정국은 양무호를 개조해 복주선정학당의 연습선으로 썼다. 1876년 2월 4일 양무호는 산동 연대를 떠나 일본을 방문하였다. 양무호의 일본방문은 일본인에게 놀라움을 안겼다. 메이지 정부가 스스로 만든 첫 번째 군함은 1876년메이지 9년 요코스카조선소에서 건조한 청휘淸輝호로 배수량은 890톤에 불과하였다. 그래서 청휘호의 두 배인 양무호가 일본의 나가사키, 고베, 요코하마항구에 들어오자 많은 사람들이 구경을 나왔다. 불과 2년 전 일본이 해륙군을 출동시켜 대만을 침공했을 때, 청국의 해군력이 일본에 미치지 못해 출동하지 못

---

16 戸高一成, 『海戰からみた日清戰争』, 角川書店, 2011, p.59.

17 1865년 좌종당(左宗棠)이 복주선정국(福州船政局)을 만들어 다음 해부터 군함 건조를 시작하였다. 1867년에는 복주선정국에 복주선정학당(福州船政學堂)을 설치하였다. 1865년에 이홍장(李鴻章)은 강남기기제조총국(江南機器制造總局)을 건설해 군함의 국산화를 시작하였다(Ibid., pp.68~69).

했던 사실을 기억하면 묘한 상황이 벌어진 것이다.

일본의 대만출병은 청국에만 영향을 미친 것이 아니라 일본에도 큰 영향을 미쳤다. 대만출병 때 일본은 군함 다섯 척을 파견했는데, 이들 군함은 막부와 여러 번에서 받은 것들로 이미 낡은 상태였다. 출동한 선박 중에는 외국에서 임대한 기선들이 있었는데, 이 배들을 이용해 겨우 병력을 운반할 수 있었다. 이번 출병은 대단히 위험한 것이어서 청국의 유약함을 확인했지만, 본래의 목표를 충분히 달성하지는 못했다. 메이지 정부는 해군을 성장시키는 것이 미래 전략상 중요하다는 사실을 실감했으며, 결국 일본해군 최초의 군함 건조 계획을 준비하였다.

1875년 일본 해군부는 해군 확장계획을 세워 영국에서 세 척의 군함 부상扶桑호, 금강金剛호, 비예比睿호를 구매하기로 결정하고, 동시에 일본 국내에서도 세 척의 군함을 건조하기로 했다. 대만출병에 따른 청일 간의 전쟁 위험 상황에서 자국해군의 한계를 실감하면서 취해진 조치였다. 부상, 금강, 비예 세 척의 군함은 1878년에 완성되어 일본으로 가져왔는데, 당시 영국의 조선 기술은 뛰어나서 이 군함들은 메이지 해군력의 획기적인 발전을 가져왔다. 일본은 영국해군을 모방해 운송용, 측량용, 항구방어용, 충돌용, 공격용, 내하 침투용, 외양 공격용 등의 선박 구분을 분명히 했다.[18] 그 가운데 부상호는 철제 장갑전함으로 청일전쟁까지도 사용한 철갑선이었다. 이에 반해 금강호와 비예호는 순양함의 전신 모델이었다. 이 세 척 모두 한창 개발 중이던 어뢰를 탑재할 가능성을 염두에 두고 발사관을 장착할 수 있도록 설계하였다. 이로써 일본해군은 발족

18 黃遵憲, 『日本國志』(中), p.897.

10년 만에 최신 일급의 군함과 병기를 탑재한 무기를 보유하였다. 1875년을 기준으로 해군경비가 총 352만 엔인 데 반해, 세 척의 건조비가 합계 312만 엔이라는 사실을 비교한다면 엄청난 비용이 들어간 구매 사업이었다.[19]

이처럼 일본에서 군함 구매와 건조가 한창이던 1870년대 중반 초대 주일공사 하여장을 비롯한 일본 출사대신은 자신들의 일기에 일본해군의 발전과정을 근심스런 눈으로 기록해 놓았다.

## 2. 일본 출사대신의 여행기에 나타난 일본해군

### 1) 하여장何如璋 공사 시기

청국은 1860년부터 일본의 군사적 잠재 위협에 주의하다가 1870년대에 「청일수호조규」를 체결한 지 얼마 지나지 않아 대만출병이 일어나자 그 위협을 실감하였다. 메이지 정부는 청국에 이어 조선과의 국교 수립을 추진했으나 쇄국정책을 펴던 조선은 일본의 교섭 시도에 반응하지 않았다. 일본에서는 1873년부터 정한론征韓論이 일어났으며, 대만출병 다음 해인 1875년에 강화도사건을 일으킨 후 다음 해 「조일수호조규朝日修好條規」를 맺어 결국 개항을 시켰다. 이 사건은 조선을 번속국으로 생각하던 청국을 자극하였다.

일본은 정치의 중심인 북경에 가까운 조선 반도와 경제의 중심인 동남

19 戶高一成, 『海戰からみた日清戰爭』, pp.53~56; 太平洋戰爭研究會, 『圖說－日本海軍の歷史』, pp.30~31.

연해를 위협하는 대표적인 가상적국이었다. 청국해방의 중심은 동남 연해에서 수도 북경에 가까운 발해와 황해로 옮겨왔는데, 이를 주도한 인물은 바로 이홍장이다. 1870년대 중반부터 청일전쟁까지 20년간은 이홍장의 시대였다. 그는 회군 총수로 무기의 근대화에 주목하면서 일본의 서양화에 관심을 가졌다. 하지만 일본을 '명대 왜구'의 연장선상에서 위협적인 세력으로 인식한 종래의 생각에서 크게 달라지지는 않았다. 도요토미 히데요시의 조선 침략과 같은 역사도 일본을 조선 반도의 위협으로 보는 한 요인이었다. 명대의 왜구이자 청국보다 먼저 자강에 성공한 나라라는 일본 인식이 1870년대 대일정책의 기초를 이루었다.[20] 사실 일본이 청국에 조약체결을 요구했을 때 반대하는 사람이 많았지만, 이홍장은 잠재적 위협인 일본을 탐색하기 위해 관리파견을 제안하였다. 이런 상황에서 초대 주일공사 하여장을 일본에 상주사절로 파견하고 공사관을 설치해 적정을 탐색하는 임무를 부여하였다.

과거 페리 함대의 흑선이 나타났을 때, 일본인들은 어찌할 바를 몰라 먼 시골로 도망가는 자가 태반이었다. 이와 달리 1877년 하여장의 청국 사절단이 강남병선 해안호를 타고 육지에 상륙할 때, 일본인들은 이전과 달리 전혀 두려움 없이 호기심 어린 모습으로 구경하였다. 나가사키 항구에 해안호가 들어와 정박할 때 21발의 예포를 발포하고 일장기를 올려 일본 군주에 경의를 표하였다. 일본 측에서도 용기를 올리고 여러 차례 예포를 발사해 청국 황제에 경의를 표하였다. 이것은 서양해군에서 하는 의식으로 이른바 축포였다.[21]

---

20 岡本隆司, 『李鴻章』(岩波新書 1340), pp.103~104; 戶高一成, 『海戰からみた日淸戰爭』, pp.71~72.
21 何如璋 外, 『甲午以前日本游記五種』(『走向世界叢書』 第1輯 第3冊), 岳麓書社, 1985, pp.91 · 111.

하여장 일행은 청국의 공식 사절단으로서는 처음으로 나가사키와 고베를 거쳐 요코하마 항에 도착하였다. 본래 요코하마 외곽의 시모다下田 항이 개항장이었으나 지진으로 파괴되어 정박할 수 없자 가나가와로 옮겼는데, 이곳이 신항이었다.[22] 여기서 일본 병선을 참관하면서, 해군에 대한 첫인상을 남겼다. "그 배에 오르니 군사는 훈련되었고 법은 엄중하며, 군함은 견고하고 대포는 예리하였다. 병사와 기술자들이 각자 맡은 일을 하고 기기는 수시로 수리하였다. 비록 한가하더라도 큰 적을 눈앞에 둔 것과 같이 행동해, 어지럽히는 자가 없고 노는 자도 없으며 명령을 받지 않고는 육지로 나가지 않았다"라며 높이 평가했다.[23] 하지만 하여장은 기본적으로 일본의 군사력이 아직까지 허약하다고 판단했다. 이 사실은 류큐 문제와 관련한 강경한 태도에서 알 수 있다.

대만출병에 따른 류큐 교섭 문제는 청일관계 악화의 출발점이다. 하여장은 데라지마 무네노리寺島宗則 외무경을 만나 일본이 류큐가 청국에 조공하려는 것을 막은 일을 항의하였다. 류큐 문제는 양국 간에 항의와 비난이 반복되면서 청일 간의 가장 예민한 문제가 되었다. 그는 청국이 출병해 이 문제를 무력으로 해결할 것을 주장하였다. 여러 차례 총리아문總理衙門에 글을 올려 자신의 의견을 제시했는데, 일본이 개혁을 통해 일신하고 있지만, 국력은 여전히 자신들과 전쟁하기에는 부족하다고 주장했다. 따라서 청국이 대일외교에서 강경책을 채택할 것을 요청하였다. 하여장은 이른바 류큐삼책琉球三策을 제시했는데, 상책은 일본과 외교 단판을 하면서 동시에 병선을 출동시켜 대일 무력 시위를 한다. 중책은 먼저

22 Ibid., p.123.
23 Ibid., p.99.

외교논쟁을 하며 류큐인으로 하여금 항일운동을 하게 만들어 일본이 감히 류큐에 오지 못하도록 한다. 하책은 오직 외교 방법을 이용하되 군사행동을 하지 않는다 등이다. 결국 총리아문은 하책을 받아들여 일본과 외교교섭에 주력하였다.

하여장은 일본이 류큐, 대만, 조선에 영토 야심이 있으므로 이를 경계해야 한다고 보았다. 하지만 당시 가장 위험한 적은 러시아라고 판단해 일본을 경계하면서도 동시에 연합해 러시아를 견제하자고 했다. 그는 「주지조선외교의主持朝鮮外交議」를 써서 총리아문에 올렸다. 조선에 청국 대신을 파견해 국내정치와 국제외교를 주지할 것을 제안했고, 여의치 않으면 러시아를 막기 위해 조선과 미국, 독일, 영국, 프랑스 등과 통상조약을 맺도록 하자고 제안했다.[24] 하여장의 일본 인식은 참찬이던 황준헌이 쓴 『조선책략朝鮮策略』을 통해서도 알 수 있다. 하여장이 일본에 체류할 때 청러 관계가 위기에 놓였는데, 조선의 관리와 학자들이 세계정세에 어둡다고 판단해 황준헌이 쓴 『조선책략』을 일본을 방문한 김홍집 수신사 일행에게 제공하였다. 이때 조선 측에 제안한 '친중국親中國, 결일본結日本, 연미국聯美國'의 외교방침은 황준헌뿐만 아니라 하여장의 관점이기도 했다. 한 연구에 따르면, 하여장과 황준헌의 의견서 골자는 법적으로 조선을 청국에 종속시키고 미국과 조약체결을 강제한다는 것이다. 종래의 이른바 '자주'를 박탈하고 국제법상의 '속국'으로 바꾸겠다는 방침이라는 것이다.[25]

당시 청국공사관의 일본 인식을 알려면 황준헌의 책을 빼놓을 수 없

---

**24** 종숙하(鍾叔河)에 따르면, 하여장(何如璋)은 평범한 관료로 곽숭도(郭嵩燾)나 증기택(曾紀澤)과 같이 서양문명 지식이 풍부하지 않았고, 유석홍(劉錫鴻)과 같이 전통사상을 지키려는 사명감도 강하지 않았다고 한다(Ibid., p.62, 鍾叔河 서문).

**25** 오카모토 다카시, 강진아 역, 『미완의 기획, 조선의 독립』, 소와당, 2009, 106~107쪽.

다. 일본 관련 저술로는 『일본잡사시日本雜事詩』와 『일본국지日本國志』가 있는데, 일본 체재 중에 만든 책이다. 『일본국지』는 전 40권으로 일본의 역사, 대외관계, 천문지리, 경제, 군사, 법률, 문화 등 다양한 분야를 조사 소개한 책이다. 초기 일본 연구로 "구舊 중국에서 일본 연구의 최고걸작"이라고 평가받는다. 비록 걸작이라지만 일반론에 충실한 책이다. 『일본잡사시』는 칠언절구의 시집으로 『일본국지』보다 일찍 나왔는데 동문관同文館에서 1879년 초판이 출간되었다.[26] 『일본잡사시』에는 일본 유학생 관련 언급이 있다. 학교를 졸업하면 각국으로 보내는데 해외유학생이라고 부른다. 일본은 당나라 때에도 우리나라에 사신을 보낼 때 매번 유학생이 있었다. 관제와 예교를 모두 따랐다. 지금은 태서泰西에 대해 이와 같이 한다. 네덜란드, 러시아, 미국 등에 다양한 학문을 배우고자 경쟁적으로 보낸다. 막부 말기부터 이토 히로부미, 이노우에 가오루, 모리 아리노리森有礼 등과 같은 유학생이 있었으며, 메이지 원년 기준으로 해외유학생은 50명이고, 2년에는 150명, 5년에는 대략 천여 명에 이른다고 썼다.[27]

1879년 3월 일본이 류큐 왕국을 없애고 오키나와현으로 편입시키는 이른바 류큐처분琉球處分을 강행하자 청국은 큰 충격에 휩싸였다. 청국의 입장에서 보면 류큐라는 속국의 멸망은 류큐와 청국 사이에 존재했던 종번 관계의 해체이자 소멸이었다. 청국 지식인 일부에서는 군대를 일으켜 일본을 치자는 주장이 등장했으나 실행에 옮기지는 못했다. 당시 직례총독 겸 북양대신인 이홍장은 일본과 타협하는 정책을 지지했는데, 그 배

26 岡本隆司 · 箱田惠子 · 靑山治世, 『出使日記の時代』, 名古屋大學出版會, 2014, pp.244~245.
27 黃遵憲, 『日本雜事詩』(『走向世界叢書』 第1輯 第3冊), 岳麓書社, 1985, pp.646~649.

경에는 청국 수사에는 없는 철갑선이 일본은 여러 척 보유하고 있다는 상황판단에 따른 것이다. 이를 계기로 해군 증강과 대형 철갑선 구매를 주장하였다.[28] 1880년 4월 일본 정부는 류큐 문제의 원만한 해결을 위해 청국에게 궁고宮古, 팔중산八重山 두 섬을 할양하고 최혜국대우를 해줄 것을 결정했고, 이를 협의하기 위해 고위 관리를 북경으로 보내 총리아문과 담판하였다. 10월 양측은 류큐분도 조약의 기본적인 협의에 도달하였다. 그런데 청국이 갑작스레 최종서명을 거부하면서 청일 양국 간의 류큐 조약 초안은 유산되었다.[29]

1880년 왕지춘[30]의 정찰보고서인 『담영록』은 이런 험악한 청일정세와 관련이 없지 않다. 왕지춘의 중요한 임무 가운데 하나는 일본의 군사현황을 파악하는 것이었다. 하지만 그의 신분 한계 때문에 배를 타고 고베를 지날 때 멀리서 포대를 구경하는 수준에 그쳤고, 이미 공개된 자료를 수집하는 정도였다. 『담영록』권4에서 험요險要, 병제兵制, 육진六鎭 등 세 조항약 3,500자에서 군사 문제를 언급하였다. 왕지춘은 "일본의 유신 정치는 군비를 가장 중요시한다"라면서 일본 요새, 군대 편제, 병력 배치 등을 간단히 소개하였다. 일본이 심혈을 기울이던 해군 관련 기사는 겨우 400여 자에 불과한데, 그나마 다른 분야보다 분량이 많은 편이었다. 전문을 인용하면 아래와 같다.

---

28 戶高一成, 『海戰からみた日淸戰爭』, pp.60~61.

29 (日)安岡昭男, 胡連成 譯, 『明治前期日中關係史硏究』, p.48.

30 왕지춘(王之春)은 일찍이 『방해기략(防海紀略)』에서 "서양의 대포와 군함을 구매해 함포와 화공의 사용법을 훈련시키면 오랑캐의 장기를 중국의 장기로 바꿀 수 있다"라고 주장한 바 있으나, 서양인의 견선리포(堅船利炮)만을 중시했을 뿐, 서양의 과학기술 전반에는 주목하지 못했다(王之春, 『談瀛錄』(『走向世界叢書』(一百種)), 岳麓書社, 2016, p.21 서문).

해군은 이미 병선 8척이 있다. 길야함吉野艦, 태화함太和艦, 무장함武藏艦, 고웅함高雄艦, 천대전함千代田艦, 축자함筑紫艦, 도해함島海艦, 팔중산함八重山艦 등이 그것이다. 태화함은 광서 원년에 고베의 오노빈 조선소小野濱船塢에서 제조했는데, 철골에 목피이고 용적이 1천 톤이며 1,220마력이다. 선상에는 사관士官 이상이 30명, 하사下士 이하 병사가 219명이다. 무장함 역시 광서 원년에 고베 오노빈 조선소에서 제조했으며 선체와 마력 및 선상 인원이 태화함과 같다. 고웅함 선상에는 사관 이상이 33명, 하사 이하 병사가 230명이다. 천대전함은 동치 2년에 무사시武藏의 이시카와섬 조선소石川島船塢에서 제조했는데, 정박시켜 연습용으로 사용하며 용적이 1,104톤이고 2,100마력이다. 선상에는 오촌사분五寸四分의 대포 4문이 있고, 사관 이상이 7명, 하사 이하 병사가 235명이다. 축자함은 올해 영국으로부터 구매했는데, 선체가 철강 재질이고 용적은 572톤이며 2,887마력이다. 길이는 영국식으로 209척 11촌이고 넓이는 35척 1촌이며 흘수는 15척 1촌이다. 한 시간에 17해리를 갈 수 있으며, 선상에는 10촌 대포 2문과 5촌 대포 4문 및 호치키스哈乞開目 포 4문을 설치하였다. 사관 이상은 29명, 하사 이하 병사는 167명이다. 나머지 배에 대해서는 상세하게 알 수 없다. 단지 팔중산은 우편함이고 나머지 윤선 몇 척이 있는데, 모두 우선회사郵船會社에 배치되었다. 유사시에 빌려 병사나 무기, 식량을 운송하는 데 사용된다. 이것이 해군의 대체적인 상황이다.[31]

위의 기사 내용을 보면 일본 군함에 대한 일반적인 소개에 불과하며, 부상함을 비롯한 주력 전함 관련 정보도 결여되었다. 병력과 무기의 수

31 Ibid., pp.86~87.

량이나 배치 정도에 그쳐 피상적인 인식 수준임을 알 수 있다. 일본이 세운 해군학교 소개나 신식군대 건설에 대해 별다른 언급은 없었다.[32] 요컨대, 왕지춘이나 하여장은 메이지 정부의 체제가 안정되지 않아 해군력이 강하지 않다고 판단한 듯싶다. 그런 맥락에서 일본에 대한 선발제인先發制人의 주장을 펼쳤다. 비슷한 시기인 1880년 민간차원에서 일본을 방문했던 이소포의 여행기 『일본기유』에도 해군에 관한 기록은 거의 없다.[33] 특히 하여장은 초대 일본 공사를 마치고 일본에 돌아온 지 얼마 되지 않은 1882년에 신식군대의 건설을 주장하였다. 그 가운데는 조선의 부산에 근거지를 만들어 일본과 연해주, 아무르강 하구를 통제하자는 내용도 포함되어 있었다.

### 2) 여서창黎庶昌 공사 시기

하여장의 후임인 여서창[34] 공사는 두 차례에 걸쳐 일본으로 출사했는데, 제1차 출사 시기에는 임오군란1882과 갑신정변1884이 일어나 청일간에 전운이 감돌았다. 임오군란 때 청국이 기존 관례를 무시하고 신속

---

32 Ibid., p.21.

33 이소포(李筱圃)는 나가사키항으로 돌아오는 길에 러시아 병선이 들어오는 광경을 목격하였다. 러시아 병선에 일본 국기가 올라가고 21번의 포성이 울렸다. 일본 포대에서도 러시아 국기로 바꾸어 달고 같은 수의 포성으로 답하였다. 이것이 이른바 축포의 예절이라고 했다(何如璋 外, 『甲午以前日本游記五種』, pp.179~180).

34 여서창(黎庶昌)은 귀주 준의 사람으로 일찍이 증국번(曾國藩)의 막료로 장유조(張裕釗), 오여륜(吳汝綸), 설복성(薛福成)과 함께 '증문사제자(曾門四弟子)'라고 불린다. 1876년 영국 출사대신 곽숭도(郭嵩燾)의 참찬으로 가서 프랑스와 스페인의 참찬을 겸임하였다. 1879년 청국 대표로 파리에서 열린 파나마운하를 건설하기 위한 국제회의에 출석하였다. 1881년 일본 공사로 파견되었다가 1884년에 모친상으로 귀국하였다. 1887년 다시 일본 공사로 갔다가 1890년에 임기를 채우고 귀국하였다. 1897년에 사망하였다(王曉秋, 『近代中日文化交流史』, 中華書局, 2000, p.256). 여서창이 두 차례 걸쳐 주일공사를 맡은 6년간 많은 일본인 친구들을 만났다. 그동안 청국과 일본 시인들 간에 대규모 창화시(唱和詩) 활동이 있었다. 한자 필담이나 서화 말고도 창화시는 중일 문화교류의 특수한 형식의 하나였다.

하게 출병한 것도 여서창의 판단이 어느 정도 작용하였다. 청국은 류큐 사건에서 느낀 해군력 한계를 극복하기 위해 신속하게 해군강화에 나섰다. 앞서 언급했듯이, 해방대논쟁 후 거액을 들여 영국에서 여러 척의 포선은 물론 신식 순양함 초용超龍호와 양위揚威호를 구매하였다. 초용호와 양위호는 16노트 이상의 속도로 일본 군함을 능가했으며, 화포 역시 10인치의 4문 화포로 부상함의 9인치 4문 화포보다 성능이 뛰어났다. 이 두 척의 순양함은 조선 문제를 청국 측에 유리하게 만드는 데 중요한 역할을 담당하였다. 거꾸로 조선의 두 차례 정변 때 청국해군의 우월성을 확인한 일본은 새로운 군함 건조 계획을 세웠다. 당시 여서창은 일본의 군사 현황을 예의주시하였다. 예를 들어 1882년 (음)12월 8일 여서창은 총리아문에 글을 올려 일본의 군비 상황을 알렸다.

> 일본은 근래 천진에서 수사를 정비한다는 소식을 듣고 해군성에서 날마다 논의합니다. 장차 수사를 확충하고 오키나와현에 포대 3좌를 구축하려 하고, 오사카에서 대포 여러 문을 만들어 쓰시마섬과 이끼섬 사이에 설치하였습니다. 중국을 방비하려는 뜻이 분명합니다. 조사해보니 자국의 조선소를 만들어 올해 해문海門호, 천룡天龍호, 갈성葛城호 등 세 척의 신형군함을 제조했습니다. 큐슈 지방즉 나가사키에 가까운 곳에 수병 3백 명을 모아 수사학교에 입학시켜 학습시킵니다. 또한 독일 크루프 공장에서 대포 여러 문을 구매 계약해 전선에 배치할 목적으로 준비 중입니다.[35]

35 「出使大臣黎庶昌函」, 光緒八年十二月初八日(中硏院近代史硏究所編, 『淸季中日韓關係史料』 第3卷, 中硏院近代史硏究所, 1972), p.1084.

그리고 1883년 (음)2월 25일 편지에는 "일본인이 독일에서 구매한 두 척의 철갑선이 있습니다. 한 척은 축자함이라 하고, 다른 한 척은 입치함이라고 하는데, 장차 독일에서 항행해 일본으로 올 것입니다"[36]라고 썼다. 하지만 여서창은 "일본을 경시하는 것은 잘못이지만, 일본을 두려워하는 것도 잘못입니다"[37]라고 주장했다. 그는 일본의 군사력이 이전보다 상대적으로 강화되었으나 중국이 두려워할 수준은 아니라고 보았다. 게다가 갑신정변이 순조롭게 정리되고, 청프전쟁 후 북양해군의 군사력이 강화되면서 경계심은 더욱 이완되었다. 여서창의 제2차 일본 출사 시기에는 일본위협론보다 러시아가 조선으로 침략하는 것을 방어하기 위해 일본과 연합해 조선을 보호해야 한다는 주장을 폈다. 조선이 류큐보다 훨씬 중요하므로, 한때 일본과의 타협책으로 류큐-조선 교환론을 제안하기도 했다.

여서창과 함께 일본에 온 수행원 요문동姚文棟이 일본과 류큐를 조사한 사실은 주목할 필요가 있다. 그는 상해 출신으로 1881년 두 번째 주일공사가 될 여서창이 유럽에서 상해로 건너왔을 때 알게 되어, 1882년 일본으로 함께 건너가 도쿄의 청국 공사관에서 근무하였다. 요문동은 일본에 도착한 후 광범하게 각계 인사들을 만나 일본 정부의 중국 정책을 탐색하였다. 1884년 여서창이 모친상으로 귀국하고 새로운 주일공사인 서승조가 부임한 후에도 잔류해 근무하였다. 그가 일본에서 일할 때 남긴 주요성과는 일본과 류큐 지리 연구였는데, 일본 지리와 군사 분야 인식을

36 「出使日本大臣黎庶昌函」, 光緒九年二月十五日(中研院近代史研究所編, 『清季中日韓關係史料』 第3卷), p.1129.

37 「軍機處交出黎庶昌抄片」, 光緒十七年二月初六日(中研院近代史研究所編, 『清季中日韓關係史料』 第5卷), p.2879.

새로운 단계로 올려놓았다.[38]

요문동이 저술한 『일본지리병요日本地理兵要』는 1884년 총리아문에서 간행했는데, 모두 10권 8책으로 근대 시기에 가장 일찍 출판한 일본 지리서이다.[39] 제1권은 총론으로 일본 개설이며, 제2권부터 지역을 나누어 각 지방의 상황을 담았다. 대부분 내용은 일본 육군성이 작성한 『병요일본지리소지兵要日本地理小誌』에 근거한 것으로 일본 군사정보가 실려 있는데, 무엇보다 일본해군 소개가 중요하다. 제목처럼 지리와 군사 관련 내용이 많지만 그 밖에도 일본에 대한 광범위한 지식을 담고 있다. 이 책을 편찬한 배경에는 상급 기관에 보고하는 목적 말고도 일본 정부가 간행한 『청국병요지리지淸國兵要地理志』에 자극을 받았기 때문이다. 이 책은 황준헌의 『일본국지』와 비교할 수 있는데, 장지동張之洞이 황준헌의 책에 쓴 자문咨文에 따르면 요문동의 책에는 육군의 병력 숫자나 해군 군함 이름 정도만 있는데 반해 황씨의 책은 자세하다. 군사비의 경우 황씨보다 요씨가 최근 자료를 이용해 정확하다. 메이지 시기 폐번치현廢藩置縣에 따른 각종 행정조직의 변화는 두 책이 비슷하다고 평가했다. 특히 요문동의 책은 일본형세가 바다에 있다고 보아 연해 지역 정보가 상세한 것이 특징이라고 썼다.[40]

---

38 요문동(姚文棟)은 주일 공사관에서 5년여 일하다가 1887년 가을 러시아·독일·오스트리아·네덜란드 사국출사대신(四國出使大臣)이 된 홍균(洪鈞)의 수행원이 되어 일본을 떠났다(王曉秋, 『近代中日文化交流史』, pp.184~185).

39 왕보편(王宝平) 주편의 『晩淸東游日記滙編』(兩冊)(上海古籍出版社, 2004) 중에는 『日本軍事考察記』가 있는데, 여섯 종의 청말 일본 군사 고찰일기를 모아 놓았다. 『日本地理兵要』, 『四川派赴東瀛遊歷閱操日記』, 『遊歷日本視察兵制學制日記』, 『東遊日記』, 『重游東瀛閱操記』, 『赴日觀操報告書』 등이 그것이다. 그 가운데 요문동(姚文棟)의 『日本地理兵要』는 가장 많은 분량으로 청일전쟁 이전 중국인의 일본 군사정보가 담겨있다.

40 黃遵憲, 『日本國志』(下), p.1388.

1883년에 간행한 『류큐지리지琉球地理誌』는 일본 책 『관찬지서官撰地書』를 일부 번역해 류큐를 소개한 것이다. 이 책은 당시 일본인들의 류큐 문제에 대한 관점을 알 수 있어서, 청국이 류큐 문제를 교섭할 때 참고할 수 있었다. 요문동은 일본이 역사를 왜곡해 류큐 병탐을 위한 여론조작을 한 사실을 비판하였다. 이런 조사번역은 류큐와 조선 문제로 대립하던 일본의 정책에 대한 대책을 세우기 위한 것이다.[41] 임오군란과 갑신정변을 거칠 즈음 청국인들의 일본 관련 백과사전식 종합고찰이 눈에 띈다. 앞서 요문동의 『일본지리병요』말고도 황준헌의 『일본국지』, 진가린陳家麟의 『동사견문록東槎聞見錄』, 고후흔顧厚焜의 『일본신정고日本新政考』 등이 그러하다. 이런 저서들의 공통적인 특징은 일본의 서적이나 통계를 대량 발췌해 사용한 점이다.[42]

뒤에서 언급할 나가사키 사건1886이 발생한 직후 해외시찰단의 한 사람으로 일본을 방문한 부운용이 온 시점은 이소포보다 7년 늦었으며, 하여장보다 10년 늦었다. 그 사이 주일공사는 허경징, 여서창, 서승조 등 세 사람으로 차례로 바뀌었고 다시 여서창이 역임하고 있었다. 그의 여행기에는 일본해군 기록이 상대적으로 구체적이다. 청일전쟁 이전 일본과 미주에 파견되었던 부운룡은 일본과 관련해 『유력일본도경』30권과 『유력일본도경여기游歷日本圖經餘記』3권을 남겼다.[43] 출국과 귀국 과정 중 두

41 王曉秋, 『近代中日文化交流史』, pp.185~186; 岡本隆司 · 箱田惠子 · 靑山治世, 『出使日記の時代』, p.244.

42 王宝平 主編, 『晚淸東游日記滙編』(兩冊), 上海古籍出版社, 2004, p.2 총서 서문 참조.

43 부운룡(傅雲龍)의 『유력일본도경(遊歷日本圖經)』은 모두 30권으로 천문, 지리, 하천, 국기, 풍속, 식화, 고공, 병제, 관직, 외교, 정치, 문학, 예문, 금석, 문장 등의 항목을 포함하고 있다. 이 책은 일본 지도와 많은 도표를 수집해 실었는데, 일본을 전면적으로 조사 소개한 작은 백과사전이라고 할 수 있다(왕효추, 신승하 역, 『근대 중국과 일본-타산지석의 역사』, 237쪽).

번에 걸쳐 일본에 모두 1년간 체류한 그는 일본 메이지유신 20년 동안의 근대화에서 이룩한 거대한 성과를 조사하였다.

부운룡은 나가사키에서 미쓰비시조선三菱造船 기기창을 방문했는데, 이 공장의 기계들을 소개하였다. 미쓰비시조선 목공장도 방문했는데, 이곳에서 사용하는 소나무는 미국에서 온 것이라고 했다.[44] 도쿄에서는 해병海兵학교를 방문하였다. 학생들이 훈련하는 방식을 유심히 살펴보니 프랑스식 교육에 가까웠다고 평가했고, 신식 크루프 대포와 물고기 모양의 수뢰 등도 언급하였다.[45] 부운룡은 오사카에서 두 차례나 포병공장을 방문하였다. 이 공장은 홍콩에서 옮겨온 것으로 중국의 흔적이 남아있었다. 포식이 이탈리아식에다 프랑스식이 혼합된 것으로 야포, 공성포, 해안포 등 다양하였다.[46] 일본에서 철로를 수리할 때 사용하는 철은 영국에서 가져온 것이라 하였다. 고베에서 가와사키川崎조선소를 방문한 기록이 있다. 이곳은 상업용 선박을 만드는 곳으로 건조 중인 선박과 노동자의 임금 등을 소개하였다. 같은 날 해군조선소도 방문했는데, 본래 영국인이 만든 곳이나 일본이 구매하려던 선박을 받지 못하자 조선소를 해군에 귀속시킨 것이라고 했다. 당시 만들고 있던 배의 현황을 간단히 소개하였다.[47] 『유력일본도경여기』에서 "조선창과 화포창을 시찰하기 위해" 바쁜 와중에도 시간을 내어 "663리를 항해해" 현지를 답사했다고 기록했다. 부운룡은 "해군도海軍圖는 모두 실측한 것이다. 저자가 요새를 실측

---

44 傅雲龍, 「游歷日本圖經餘紀」, 『甲午以前日本游記五種』(『走向世界叢書』 第1輯 第3冊), 岳麓書社, 1985, p.206.
45 Ibid., p.216.
46 Ibid., pp.240~241.
47 Ibid., pp.245~247.

했는데 직접 경험하고 목격한 것으로 억측이 아니다"라고 했다.[48] 그는 해도나 해군지도 등을 열심히 찾아 구매하였다. 부운룡의 보고서는 이 시기 일본 나가사키를 방문한 청국인들의 해군 건설 인식이 과거와 달리 상당히 심화된 사실을 확인할 수 있다.

덧붙이자면, 서승조를 이어 청일전쟁 이전 주일 청국 공사를 역임한 이경방李經方 공사와 왕봉조汪鳳藻 공사 시기는 겉으로는 별다른 일이 없었던 평온한 시기였다. 청국에서 파견한 군함이 나가사키를 방문해 벌어진 유혈 충돌 사건이나, 조선에 주둔하던 일본군의 철병 문제 등이 주요 외교 현안이었다. 여전히 양국의 해군력 경쟁은 물밑에서 치열하게 전개되고 있었다.

## 3. 영국 출사대신의 일기에 나타난 해국일본

### 1) 곽숭도 공사 시기

봉건적 막번국가에서 근대적 천황제 국가로 탈바꿈한 일본은 200년 동안 유지하던 쇄국정책을 개국 정책으로 전환하였다. 어쩌면 메이지유신은 페리 함대의 흑선을 경험하면서 구미 국가들의 산업혁명으로 대포로 무장한 증기선의 위협 때문에 발생한 구체제의 전복으로 설명할 수도 있을 것이다. 막말 사절단의 영국방문은 일본 개화의 중요한 첫걸음을 가져왔다. 실제로 1863년 8월에 일어난 사쓰에이薩英전쟁에서 영국함대

48 鍾叔河, 『從東方到西方－走向世界叢書敍論集』, 岳麓書社, 2002, p.193.

는 암스트롱포를 가지고 일본영토를 포격해 그 파괴력을 입증하였다. 영국함대의 위력을 경험한 사쓰마번은 군비의 근대화를 위해 1864년 4월 번의 유학생 16명을 영국으로 보내었다. 1864년 9월 시모노세키해협에서 영국 등 연합함대와 시모노세키수비대 간에 포격전이 벌어졌는데, 구식대포를 가진 일본 측의 완패로 끝이 났다. 이에 충격을 받은 조슈번도 암스트롱포와 신식소총을 구매하기 위해 동분서주했으며, 사쓰마번의 도움으로 약간의 대포와 소총을 구입하는 데 성공하였다.

메이지유신 후 신정부가 본격적으로 해양제국 영국에 군함을 발주한 것은 앞서 언급했듯이 1875년메이지 8년으로 부상호, 금강호, 비예호 등 세 척의 군함이었다. 일본은 선진적인 해군 무기군함, 대포, 수뢰, 어뢰 등를 구매하는 사업 말고도 해군 인재 양성에 주목해 우수한 청년들을 영국으로 보내 해군 지식을 배우도록 하였다.[49] 뿐만 아니라 외국과의 업무가 증가하면서 메이지 정부는 공사와 영사를 각국에 파견하였다. 1870년메이지 3년 모리 아리노리를 미국에 파견한 것이 시작이었다. 그 후 공사를 유럽을 중심으로 아홉 개 국가에 파견하고, 영사도 여러 국가에 파견하였다.[50] 이런 모든 사업이 청국에 비해 앞서 이루어졌다.

당시 영국에 있던 일본 공사는 우에노 가게노리上野景範인데, 유능한 외교관으로 일찍부터 서양 학습을 주장해 유신과 개혁을 지지하였다. 그는

49 (러일전쟁 시기 일본연합함대 총사령관이 될) 도고 헤이하치로(東鄉平八郎)는 1871년 80일간의 항해 끝에 영국에 도착해 런던으로 왔다. 그러나 영국 해군부는 그가 해군학교에서 공부하는 것을 허락하지 않아 테임즈 강변의 사립 해군예비학교에서 해군 기술을 배웠고, 후에 여러 척의 함선에서 실습하였다. 1878년 일본으로 귀국하기 전 도고 헤이하치로는 잠깐동안 황실 해군학교를 방문할 기회를 얻었다(郭劍, 「現代海洋世界的地標－格林威治」, 『南京政治學院學報』, 2015年 第3期, p.81).

50 黃遵憲, 『日本國志』(上), p.285.

사쓰마번의 진보파로 메이지 정부 성립 후 1874년 영국으로 파견되었다. 청국의 초대 주외 공사 곽숭도郭嵩燾가 1876년 영국으로 출사하기 3년 전부터 주영 공사를 담당해 영국 상황을 잘 파악하고 있었다. 그는 곽숭도에게 국제법 지식이나 일본의 관제나 상무 관련 정보를 제공하였다. 곽숭도는 우에노 가게노리를 통해 일본 유학생 현황을 이해할 수 있었다. 곽숭도 일기에는 영국에서 일본 유학생을 접촉한 기록이 보인다.[51] 곽숭도는 일본 유학생이 공부하는 분야나 개인 소질 면에서 청국 유학생보다 낫다고 생각했다. 그들은 고위층 출신이 많았고 해군뿐만 아니라 모든 분야를 공부한다면서 자국과 비교하였다.[52] 청국 유학생은 주로 군사 분야에 제한되지만 일본 유학생은 재정, 외교, 교통 분야 등 다양하고 영어 능력이 뛰어나다는 것이다. 군사 유학생이 적다고 생각한 것은 곽숭도의 개인적인 판단으로 일본 유학생이 다양한 분야에 퍼져있어 상대적으로 군사 유학생이 적어 보인 탓이다. 한 일본학자의 연구에 따르면, 메이지3~4년1870~1871 무렵 일본 유학생 수는 미국이 152명, 영국이 124명, 프로이센이 61명, 프랑스가 41명 순이었다고 한다.[53]

청국이 철갑선에 관심을 가지도록 자극하는 사건이 영국에서 발생하였다. 앞서 언급했듯이, 일본은 영국에서 세 척의 철갑선을 주문했는데 그 가운데 부상호는 대표적인 군함이었다. 유명한 조선 설계사 리드Sir Edward Reed가 설계하고 사무다조선창Samuda Bros, Poplar에서 건조했는데

51 郭嵩燾, 『倫敦與巴黎日記』(『走向世界叢書』 第1輯 第4冊), 岳麓書社, 1985, p.166.

52 鍾叔河, 『從東方到西方－走向世界叢書敍論集』, p.263.

53 田中 彰, 『岩倉使節團『米歐回覽實記』』, 岩波書店, 2002, pp.106~107. 일본에서 외국으로 보낸 해군 유학생은 꾸준히 증가해 1887년 기준 영국에 25명, 미국에 21명, 프랑스에 6명, 독일에 1명 그리고 영국 군함에 5명, 미국 군함에 3명, 독일 군함에 8명을 파견하였다(外山三郎, 『日本海軍史』, pp.28~29).

배수량이 3,717톤이고 항속이 13노트인 소형 2등 철갑선이었다. 당시 군함 분류에 따르며, 5~6천 톤급 이상의 철갑선은 1등, 3~4천 톤급 이하는 2등으로 나누었다. 설계상으로 최신식은 아니었으나 아시아에서 이 군함처럼 강력한 배는 없었다. 1877년 4월 14일 철갑선 부상함의 진수식을 할 때 주영 공사 곽숭도가 참관했는데, 선박이 바다로 들어가는 진수식 장면을 기록하였다.[54] 곽숭도와 함께 이 행사에 참여한 참찬 유석홍劉錫鴻과 통역 장덕이張德彝도 비슷한 기록을 남겼다.

기록을 요약 정리하자면, 일본이 영국에서 병선 두 척을 구매했는데, 한 척이 완성되어 오늘 진수식을 하였다. 일본 공사인 우에노 가게노리가 사람들을 모아 함께 관람하였다. 청국 측에 특별히 연락해 우의를 보였다. 매우 뛰어난 배로 2,343톤의 화물을 실을 수 있고, 선미에 쌍륜이 있다. 신식 증기기관으로 석탄을 줄일 수 있고 풍력까지 보태지면 한 시간에 30리도 갈 수 있다. 영국인의 풍습에 선박을 진수할 때 술병을 깨뜨리는데, 여성 손님이 선박과 연결된 줄을 자르면 배가 천천히 입수하며 해안의 군중들이 환호한다. 일본 공사의 부인이 병을 깨뜨렸는데, 청국 손님들은 이를 신기하게 여겼다. 명명식에 끝난 후 일본공사관 주최로 선상에서 성대한 축하 행사를 거행했는데, 각국 손님이 160명 정도 참가하였다. 연회 중에 청국 공사도 축사를 하였다.[55]

일본에서 주문한 이 군함은 청국해군으로서는 큰 위협이 되었다. 곽숭도는 비록 축사를 했지만 일본이 신형 철갑선을 보유했다는 소식을 재빨

54 郭嵩燾, 『倫敦與巴黎日記』, pp.165~166; 陳悅, 『北洋海軍艦船志』, 山東畵報出版社, 2009, p.57.
55 劉錫鴻, 『英軺私記』(『走向世界叢書』 第1輯 第7冊), 岳麓書社, 1985, p.130; 張德彝, 『隨使英俄記』(『走向世界叢書』 第1輯 第7冊), 岳麓書社, 1985, pp.375~376.

리 본국으로 전하였다. 부상호는 1878년 6월 일본에 도착해서 전국적인 환영을 받았다. 모두 세 척의 철갑선을 완성해 일본으로 가지고 가면서 청일 양국의 해군력은 좀 더 차이가 벌어졌다. 이에 이홍장은 영국에 2차로 문자선蚊子船 네 척을 추가 주문하였다. 여기서 문자선이란 앞서 소개했듯이 모기 모양과 같은 소형포함으로, 청국이 세계 군함 시장의 새로운 구매자로 떠오르면서 처음 구매한 함선이다. 이 포함은 15년 동안 영국에서 세계 각국에 총 20척을 팔았는데, 중국이 무려 11척이나 구매하였다. 하지만 청국이 문자선 여섯 척을 구매하는 데 97만 량을 투입했는 데 비해, 일본은 세 척의 철갑선을 구매하는 데 300만 량 이상을 투입하였다.[56]

부상호의 출현은 양강총독 심보정과 직례총독 이홍장으로 하여금 청국이 반드시 세계해군의 주력함인 대형 철갑선을 보유해야 한다는 생각을 강화시켰다. 심지어 청국이 철갑선이 없다면 자강할 수 없다고까지 믿었다.[57] 곽숭도 일행은 신식군함의 위력을 직접 눈으로 보았고, 영국의 여러 포대와 군수 공장들을 참관해 군사 역량을 체험하였다. 지나치게 보수적이어서 곽숭도와 잦은 마찰을 일으켰던 유석홍조차 해방 관념에 변화가 일어났다. 그는 대량으로 신식병선을 구매하는 데 찬성했을 뿐만 아니라, 병선의 연구 제작에 힘을 쓸 것을 건의하였다.

곽숭도 일행은 우에노 가게노리의 초대로 영국에 온 일본 병선 청휘호를 참관한 일도 있었다. 메이지 정부가 자력으로 만든 청휘호는 비록 목조로 만들어진 소형함정이었으나 1877년에 벌어진 세이난西南전쟁에서

56 이내주, 「W. 암스트롱과 영국 군수산업의 성장, 1854~1900」, 『영국연구』 제28호, 2012, 53~54쪽.
57 陳悅, 『中國軍艦圖誌(1855~1911)』, 商務印書館, 2013, p.24.

혁혁한 전공을 세웠다. 세이난전쟁 때 정부군은 22척의 군함(앞의 세 척 제외)이 있었으며, 총 톤수는 17,600여 톤이었다. 1878년 청휘호의 원양항해는 메이지 일본의 해군 능력을 외국에 과시하는 계기가 되었다. 이 사건은 곽숭도뿐만 아니라 동행한 여서창과 장덕이에게 깊은 인상을 주었다. 여서창의 기록에는 일본 군함이 영국에 온 것을 목격했는데, 일본 공사의 초청으로 그 배 위에서 차 모임을 가졌다. 선두에는 일본기가 걸려 있었고, 선미에는 청휘함이라고 적혀있었다. 선원이 100여 명으로 영국 군인과 같이 경례하였다. 배 위에는 5문의 대포가 있었다. 일본은 소국이지만 싸워 이길 수 있는 저력이 있다며 높이 평가하였다.[58] 장덕이의 기록에는 일본 청휘포선에 올라 차 모임에 참가했는데 일본 공사가 약속한 것이다. 이 배는 처음 일본에서 영국으로 온 것으로 배는 크지 않았으나 깨끗했고, 형식은 서양과 같았다. 선장과 선원 모두 일본인으로 서양복장을 하였다. 음식과 다과가 뛰어났고 남녀 수백 명이 참가하였다.[59] 곽숭도 일행은 일본의 병선 건조기술이 이미 상당한 수준에 도달했으며, 일본이 비록 소국이지만 선진적인 병선을 스스로 만들어낸 것에 대해 감탄하였다.

유석홍은 메이지유신의 공신이자 저명한 정치가인 이노우에 가오루井上馨와 여러 차례 교류가 있어 주목할 만하다. 일기에서 그를 다음과 같이 소개하였다. 일본인 이노우에 가오루는 14세에 런던으로 와 공부하다 10년 후 귀국해 영국인의 대포와 기차의 쓰임새를 본국에 알렸다. 모두 그를 싫어해 말을 걸지 않았는데, 사사로이 서양과 통해 나라에 해악을

58 黎庶昌, 『西洋雜志』(『走向世界叢書』 第1輯 第6冊), 岳麓書社, 1985, p.437.
59 張德彝, 『隨使英俄記』, p.582.

입힌 자라고 생각하였다. 영국군이 일본을 공격할 때 버틸 수 없자 이노우에 가오루에게 화의를 부탁해 호부상서로 발탁하였다. 그는 법령을 바꾸고 서양을 따르도록 헌책했으며, 오늘날 또다시 영국으로 와서 징세의 법을 연구한다고 썼다.[60]

유석홍과 이노우에 가오루가 주로 나눈 대화는 서양을 학습하는 문제와 중국의 자연 자원에 관한 문제였다. 이 대화에서 이노우에 가오루는 서양의 징세제도에 밝아 서양 국가들이 상업과 무역을 중시하는 까닭을 잘 이해하는 데 반해, 유석홍은 서양의 상업과 무역을 이해하지 못했을 뿐만 아니라 조종의 법을 어기는 것이라고 여겨 반감을 드러내었다. 유석홍의 일기에는 일본이 법령으로 서법을 채용하고, 의식예속을 서양과 같이하니 서양인들이 모두 이를 비웃었다. 모방해 따르는 것은 근본을 크게 잃는 것이다. 만약 우리를 버리고 그들을 따르면 거꾸로 웃음을 산다. 용굉容閎이 양복을 입은 것을 사람들은 부끄럽게 여긴다고 썼다.[61] 이 대화에서도 보수주의자로서 유석홍의 모습이 적나라하게 드러난다.

장덕이 일기에는 곽숭도를 수행해 일본 측이 개최한 차 모임에 여러 차례 참가한 사실이 나타난다. 곽숭도를 따라 차 모임에 참석한 사람은 많지 않지만 남녀 모두 있었다. 우에노 가게노리가 자신의 부인에게 요청해 피아노를 연주하거나 그림을 감상하는 등 양국 사절 간의 친선외교가 나타난다.[62] 곽숭도 일기에도 우에노 가게노리의 부인이 전문적인 차도로 손님을 접대하고, 다기도 매우 뛰어나 감탄한 내용이 실려 있다. 차

---

60 劉錫鴻, 『英軺私記』, p.119. 장덕이(張德彝)의 일기에는 기사가 중복된다고 볼 정도로 거의 유사한 내용이 실려 있다(張德彝, 『隨使英俄記』, p.372).

61 劉錫鴻, 『英軺私記』(『走向世界叢書』 第1輯 第7冊), 岳麓書社, 1985, p.65.

62 張德彝, 『隨使英俄記』, p.422.

를 맛보는 것은 청일 양국의 공통적인 문화 전통이어서 외교관들의 소규모 차 모임은 친선외교에 큰 도움이 되었다.

### 2) 증기택 공사 이후

곽숭도를 이어 주영 청국 공사가 된 증기택曾紀澤 역시 일본의 주영 일본 공사 우에노 가게노리와 교류가 잦았다. 출사 기간동안 그의 일기 중에는 여러 차례 우에노 가게노리를 방문한 기록이 남아있다. 두 사람은 통상문제, 아시아정세, 조약수정 문제, 중국의 신식병선 문제 등을 주제로 대화를 나누었다. 증기택은 다른 청국인들과 마찬가지로 일본을 경시하는 마음이 있었는데, 여전히 중국은 대국이고 일본은 소국이라 두려워할 필요가 없다고 생각했다. 그러나 일본이 서양을 학습하는 속도가 중국이 서양을 학습하는 속도보다 빠르다는 사실은 인정하였다.[63] 한편 우에노 가게노리는 청국 병선 관련 정보에 관심이 많아 견제하려는 의도가 있었던 것으로 보인다.

비슷한 시기 유럽에 있던 주독 공사 이봉포李鳳苞는 유럽 현지에서 일본 외교관 아오키 슈조青木周藏와 필담을 나누며 해외유학생과 국제법에 관한 얘기를 나눈 기록이 『사덕일기使德日記』에 남아있다. 청국 유학생 관리자였던 이봉포는 아오키 슈조를 통해 일본은 일찍부터 서양 국가에 유학생을 파견했는데, 오래된 유학생은 이미 서양에서 8년을 공부했다고 알려

63 증기택(曾紀澤)은 1885년 4월 영국 외무부에 거문도 점령 여부를 문의하면서 조선이 중국의 속국이라는 전제 아래 이를 묵인하려던 시도가 있었다. 하지만 거문도를 점령한 후 러시아와 일본의 개입가능성이 높아지자 점령반대 입장으로 돌아섰다. 한편 증기택의 후임자인 유서분(劉瑞芬)은 일본이 조선을 병탄하려는 사실에 주목해 1886년 비밀리에 이홍장(李鴻章)에게 편지를 보내어 만주와 조선은 서로 붙어있고 자원이 풍부해 반드시 병가에서 말하는 분쟁의 땅인데, 조선이 일본에 병탄 당하면 만주를 오래 보존할 수 없을 것이라고 경고했다.

주었다. 그중 일부는 군대에서 근무한다고 말했다. 또한 아오키 슈조를 통해 국제법 지식과 정보를 얻는 상황은 흥미롭다.[64] 청국 외교관들이 상대적으로 일본인들에 비해 국제법 지식이 부족해 도움을 받았을 것이다.

청국 관리 중에 류큐를 회복하고 조선에서 우위를 확립하기 위해 일본을 공격해야 한다고 주장하는 사람들이 있었는데, 이홍장은 이런 정책은 당장에는 실행할 수 없다고 보았다. 그 대신 1875년 영국으로부터 포함 네 척 구입하는 것을 시작으로 북양함대의 건설을 본격화하였다. 이미 북양수사 시절인 1880년 초반부터 순양함을 동원해 중국 연해는 물론 조선, 일본, 러시아, 남양지역에 이르는 순항 훈련을 몇 차례 실시하였다. 그리고 이봉포 공사의 헌신으로 꿈에 그리던 정원定遠호과 진원鎭遠호라 불리는 두 척의 세계 일류의 철갑선 및 장갑 순양함 제원濟遠호를 구매하였다. 청국이 1881년 독일의 불칸 조선소Vulcan Shipyard에 주문한 정원호의 가격은 한 척이 2백만 량으로 일본 돈으로 환산하면 3백만 엔이었다. 당시 아시아에서 가장 큰 전함으로 일본해군의 예산으로는 구매할 수 없는 고가였다. 증기택 공사도 영국에서 순양함 두 척을 구매하는 임무를 수행하였다.

훗날 청일전쟁 직전까지 주영 공사를 역임한 설복성薛福成은 자신의 일기에 일본 관련 기사를 많이 실었다. 역사상 중국과 일본은 당대와 같이 우호적인 시기도 있었지만, 원대의 일본원정, 명대의 왜구 및 일본의 조선 침공과 같은 적대적인 시기도 있었다고 했다. 그는 일본의 메이지유

---

**64** 유석홍(劉錫鴻)의 일기에는 이노우에 가오루(井上馨)과의 대화 중 임칙서(林則徐)는 중국의 민족 영웅이라며 이런 인물들이 많다면 서양 열강이 두려워할 것이라 했다. 설복성(薛福成)의 일기에도 일본 외교관이 공사관을 방문해 중국 역사상 유명한 소식(蘇軾), 반초(班超) 등과 같은 인물을 토론한 기록이 남아있다.

신을 부러워했지만 지나치게 군사력팽창이 빠른 사실을 우려하였다. 설복성은 중국을 위협할 세력은 서양 국가가 아니라 지리적으로 가까운 일본이라고 보았다.[65] 그는 일본을 견제하기 위해 구미 국가와의 연합을 제안하였다. 왜냐하면 일본이 구미 열강에 많이 의지하므로 그들과의 우호 관계를 통해 통제하자는 것이었으며, 유사시 해상을 통한 공격 가능성도 열어 놓았다.

설복성은 일본은 나라가 작고 백성이 교활해 서양 여러 나라보다 문제를 많이 일으키는데, 오늘날 중국이 수사를 훈련시키는 데 총력을 기울이는 것도 일본을 억제하기 위해서라고 했다. 그는 일본이 대만을 침공해 병탄한 것은 중국이 아직 군함을 정비하지 않고 훈련하지 않았기 때문이라고 했다. 이제 중국이 군함을 완비해 활용할 수 있다면 일본은 스스로 복종해 류큐 문제도 쉽게 해결되리라 낙관하였다. 하지만 중일 해군력을 비교하면서 일본 병선은 통제가 쉬운 반면 중국 병선은 여러 성에 나누어져 통제가 쉽지 않으므로, 만일 전쟁이 일어난다면 승부를 예측할 수 없다고 보았다. 설복성이 일본을 잘 이해한 것은 일본의 청국공사관에서 근무하다 그의 부하로 온 황준헌의 영향으로 보인다.[66]

---

65 薛福成, 「『日本國志』序」(1894)(丁鳳麟 · 王欣之 編, 『薛福成選集』, 上海人民出版社, 1987), pp.524~525.

66 1894년(光緒 20년) 두툼한 책 한 부가 프랑스 파리의 청국공사관에 도착하였다. 당시 영국 · 프랑스 · 이탈리아 · 벨기에 사국출사대신(四國出使大臣)인 설복성(薛復成)이 책을 받은 후 전부 읽어보았다. 이 책은 수백 년 동안 보기 드문 역작이라고 칭찬하며 흔쾌히 서문을 써 주었다. 이것이 바로 황준헌(黃遵憲)의 『일본국지(日本國志)』이다. 앞서 언급했듯이, 『일본국지』는 모두 40권 5십만 자로 이루어진 대작으로, 근대중국에서 일본을 연구한 대표성과로 평가받는다(王曉秋, 『近代中日文化交流史』, p.199).

## 4. 북양함대의 일본방문과 나가사키 사건

청국은 서양의 해군 무기, 철갑전함, 순양쾌선, 포정, 어뢰정 등을 꾸준히 구매했으며, 서양인 전문가를 초빙해 수병들을 엄격히 훈련시켰다. 그 결과 1880년대에 들어서면서 해군력은 북양함대를 중심으로 급성장해 일본을 압도하였다. 일본해군의 정책 전환이 이루어진 때는 1882년 이후로 그 배경에는 조선 지배를 둘러싼 청국과의 충돌에 있었다. 즉 임오군란과 갑신정변의 영향 때문이었다. 1882년과 1884년 두 차례 조선에서 정변이 발생해 일본이 군사간섭을 시도했을 때, 청국은 군함을 신속하게 파견해 정변을 수습하였다. 해군력의 자신감을 바탕으로 대일본 강경책이 큰 성과를 본 것이다. 일본은 해군력 차이를 실감하면서 해군력 확충을 통해 청국 수사에 대항하자는 주장을 폈다. 1883년을 시작으로 1885년까지 대형함선 3척과 중소함선 8척을 구매하거나 건조하였다. 1886년 6월에는 제1차 군비확장 계획을 만들어 3년 동안 해군공채 1,700만 엔을 발행해 군함 54척과 총배수량 66,300톤 규모의 해군을 보유하기로 했다. 하지만 이 시기 청국은 해군력 강화에 총력을 다한 시기라 청일해군력을 비교하면 여전히 일본보다 앞섰다.[67]

1885년 10월 청조는 북경에 총리해군사무아문總理海軍事務衙門을 만들어 해군의 주관부서로 삼아 순친왕醇親王이 총리가 되었다. 북양해군이 아시아 최대의 해군력을 갖추기 시작하면서 연해 방위를 벗어나 원양작전 능력을 배양하였다. 이에 따라 원양항해 훈련을 적극적으로 실시하였다.

---

**67** (日)安岡昭男, 胡連成 譯, 『明治前期日中關係史研究』, p.133.

청일전쟁 전에 북양함대는 세 차례 일본을 내항하였다. 첫 번째는 1886년 8월, 두 번째는 1891년 6~8월, 세 번째는 1892년 6~7월이다. 특히 1886년메이지 19년 8월 정원, 진원, 제원, 위원威遠 등 네 척의 거함이 나가사키를 처음 방문했을 때, 청일관계의 위기감을 극적으로 고조시킨 나가사키 사건이 발생하였다.

1886년 7월 이홍장은 북양해군 제독 정여창丁汝昌과 부제독 윌리엄 랑W. Rang에게 러시아의 움직임에 대응하기 위해 신속히 함대를 출동하도록 명령했다. 7월 23일 기함 정원과 진원, 제원, 위원, 초용, 양위 등 여섯 척의 군함은 원산에 도착해 영흥까지 순항하며 무력을 과시한 후 31일 청러 국경 확정을 마치고 훈춘으로 온 사절단을 맞이하였다. 그 후 초용호와 양위호를 제외한 네 척은 석탄 보충과 함선 수리를 위해 8월 10일 나가사키로 입항하였다. 12일 기선 정원호는 선체 등의 수리를 위해 미쓰비시조선소에 들어갔다. 당시 나가사키 항에는 러시아, 이탈리아, 일본 군함이 각각 한 척씩 정박하고 있었다. 사건은 8월 13일(금)과 8월 15일(일) 두 번에 걸쳐 일어났다. 13일 휴가를 얻어 상륙한 청국 수병과 나가사키 지방 순사 간에 충돌이 일어나 수병과 순사 각 1명이 부상을 입었다. 14일에 긴장이 고조되다가 15일에는 다시 수병과 순사 간에 집단난투극이 벌어져 청국 측은 해군사관 1명과 수병 7명이 사망하고 50여 명의 사상자가 발생했으며, 일본 측은 경부 순사 1명이 사망하고 31명의 사상자가 나왔다. 이것이 이른바 나가사키 사건이다.[68]

서승조가 주일공사였던 시기1884.12~1888.1에 나가사키 사건이 발생해

68 馮青,『中國海軍と近代日中關係』, 錦正社, 2011, pp.24~25. 나가사키 사건의 구체적인 상황은 (日)安岡昭男 , 胡連成 譯,『明治前期日中關係史研究』, pp.135~141 내용을 참고할 것.

외교교섭이 있었다. 8월 16일 서승조는 일본의 통지를 받아 사건 발생을 알았고, 다음 날인 17일 기본적인 사건 개요를 이홍장에게 보고하였다. 참찬을 나가사키에 파견하고 동시에 일본 외무성과의 교섭에 들어갔다. 이 사건 후 나가사키에 양국의 조사위원회가 설치되어 사태 파악에 나섰는데, 도쿄에서는 이노우에 가오루 외무대신과 서승조 청국 공사가 참여하였다. 교섭 초기에는 청국이 일본의 과실을 인정할 것을 요구했으나 일본 측이 이를 거부하자, 서승조는 무력으로 일본을 압박할 것을 요청했으나 이홍장은 외교적 해법을 선호하였다.[69] 이에 이홍장의 외교 고문이던 오정방伍廷芳이 사건처리에 참여해 비교적 원만하게 일을 끌고 갔다. 하지만 청일 양국의 담판 속도는 느려 다음 해 2월에서야 마무리되었다. 이 사건은 언어가 통하지 않고 상호오해에서 비롯된 것이라는 사실을 확인하고, 서로의 책임과 시비를 따지지 않기로 합의하였다. 결국 일본은 52,500원, 중국은 15,500원을 사상자에게 보상하는 선에서 사건을 마무리하였다. 중국학계에서는 나가사키 사건의 결과를 가지고 1945년 이전에 중국이 일본과의 교섭에서 얻은 유일한 외교적 승리였다는 긍정적인 평가도 있지만,[70] 실제로 이 사건은 청일관계에 심각한 영향을 미쳤다.

청일전쟁 전 일본 국민의 심리에는 중국문화에 대한 친근감과 중국 실력에 대한 경외감이 존재하였다. 하지만 나가사키 사건 당시 청국의 해군력이 일본을 크게 넘어선 사실을 확인하자 충격을 받았다. 해방 위기감이 일어났으며, 동시에 청국인에 대한 적대감이 고조되었다. 이에 일본은 국력을 결집시켜 해군 건설에 나섰다. 메이지 천황이 "입국의 임무

69 駱遠榮, 『徐承祖與晩淸外交』, pp.109~112 참조.
70 張禮恒, 「伍廷芳與中日長崎事件」, 『東岳論叢』, 2006年 第2期 등.

는 해방에 있으며, 하루도 늦출 수 없다"라는 칙령을 내리고 스스로 30만 일원을 기부하자, 전국적인 헌금 활동으로 이어져 반년 만에 해방헌금을 203만 일원이나 모았다. 이것은 해국일본의 이상을 실현하려는 일본인의 열망을 반영한 것이다.[71]

북양함대가 제1차 일본방문을 한 5년 후에 두 번째 일본 기항이 있었다. 그 사이 1888년 10월 3일 청조가 「북양해군장정北洋海軍章程」을 비준하면서 북양수사를 넘어서 북양해군의 위용이 드러났다. 북양해군은 러시아, 조선, 남양 등 동아시아의 바다를 항행했으며, 1891년 6월 다시 일본을 방문하였다. 일본의 요청에 따라 정여창은 북양해군 여섯 척의 주력전함 정원, 진원, 치원致遠, 정원靖遠, 경원經遠, 내원來遠과 승무원 2,000명을 데리고 일본을 찾은 것이다. 북양함대의 제2차 일본 기항 일정을 보면, 6월 27일 정여창이 인솔한 함대는 시모노세키항에 도착하였다. 6월 30일부터 7월 4일까지는 고베항, 7월 5일부터 18일까지는 요코하마항, 7월 19일부터 24일까지는 다시 고베항, 7월 25일부터 28일까지는 궁도宮島와 오吳, 7월 29일부터 8월 5일까지는 나가사키항에 머물렀다. 친선방문이라는 공식적인 목적에도 불구하고 북양함대가 일본의 주요 항구를 고루 방문한 것은 일종의 시위 성격을 띠고 있었다.[72] 이번에는 고베에서 수병의 상륙을 금지하고, 요코하마에서는 장교가 사병을 인솔해 5년 전 나가사키와 같은 충돌 가능성을 피하였다.

북양함대가 방문한 나가사키, 고베, 요코하마 등은 화교들의 근거지여서 그들의 환영을 받았다. 특히 6월 30일 고베에 입항했을 때 화교들로

---

71 張兆敏, 「徐承祖與中日長崎事件」, 『史學月刊』, 2007年 第5期, p.55.
72 馮青, 『中國海軍と近代日中關係』, p.30 도표참고.

부터 열렬한 환영을 받았다. 고베의 중국인들은 신속히 함대를 방문하고 희색이 만연한 채 만찬을 준비하였다. 요코하마를 출항해 7월 19일 다시 고베항에 입항했을 때도 화교들의 환대를 받았다.[73] 여기서 정원 등 여섯 척이 요코하마에 도착했을 때 상황을 주목할 필요가 있다. 요코하마에서 수사제독 정여창은 기함 정원호를 타고 왔는데, 이경방 공사와 함께 황궁을 방문해 천황을 만났다. 7월 14일에는 황족, 대신, 고위 관리, 육·해군 장군 등을 포함한 100여 명을 정원호에 초대해 만찬을 열었다. 손님들이 군함 내 어디든지 참관할 수 있도록 배려했는데, 일본 지도층 인사들에게 큰 자극을 주는 결과를 초래하였다. 일본인들은 청국함대의 방문을 겉으로는 환영했지만 1차 방문보다 많은 여섯 척의 거함 출현으로 적지 않은 충격을 받았다.[74]

청국의 철갑선 정원호와 진원호는 당시 일본해군에서 가장 큰 군함인 고천수, 부상, 낭속보다 두 배 가까이 컸다. 송도松島호, 엄도嚴島호, 교립橋立호 세 척(보통 삼경함三景艦이라고 부름)이 완성되기 전까지 일본해군을 대표하는 군함들이었으나 북양함대에 적수가 될 수 없었다. 그럼에도 불구하고 일본의 한 해군 장교는 청국 군함은 최신식이지만 대포 등이 잘 관리되지 않은 사실을 확인해 전투력에 문제가 있음을 발견하였다. 청국의 해군 장교도 일본해군을 관찰해 몇 년 전보다 신속하게 발전해 몇몇 분야에서 청국해군을 넘어선 사실을 확인하였다.

1892년 북양함대의 제3차 일본방문이 실현되었다. 북양함대의 여섯 척정원, 내원, 경원, 치원, 정원, 위원 군함은 중국 연해 도시를 순항하다 6월 중순

73 安井三吉, 『帝國日本と華僑－日本・臺灣・朝鮮』, p.41.
74 馮青, 『中國海軍と近代日中關係』, pp.28~31.

상해에 도착하였다. 다시 상해를 출항한 함대는 6월 23일 나가사키에 입항하였다. 이번에는 진원호 대신 위원호가 포함되어 거대군함은 한 척 줄었고, 함대를 나누어 일본을 항행한 점이 이전과 달랐다. 일본방문 3주간 기항지는 나가사키와 요코하마로 제한되었다. 이전에는 도쿄와 가까운 요코하마에 여섯 척의 군함이 모두 입항했는데, 이번에는 치원호와 위원호 두 척만 조용히 내항했고 나중에 나가사키에 있는 정여창의 본대에 합류하였다.[75]

북양함대를 환영하는 일본인의 심리는 복잡하였다. 일종의 중국위협론이 일본국내에서 고조되었다. 북양함대를 보면서 해군력에서 여전히 청국보다 뒤쳐진다는 사실을 실감했고, 북양함대가 내항했듯 일본도 청국에 함대를 파견해야 한다고 생각했다. 무엇보다 자국의 해군력을 조속히 강화할 필요를 느꼈다.[76] 1886년 7월에 발생한 나가사키 사건 후 일본은 청국해군, 특히 정원호와 진원호에 대항하기 위해 군함을 보강하기로 결정했다. 프랑스 기술감독의 의견을 받아들여 이른바 삼경함 세 척을 만들어 북양함대의 정원호와 진원호를 상대하고자 했다. 이 배들은 정원호와 진원호의 성능에 미치지는 못하지만 320미리 거포를 장착하고 있었다.[77] 비록 건조 당시 송도, 엄도, 교립 세 척은 성능에 적지 않은 문제가 발생했으나 청일전쟁 이전인 1892년까지 급조해 작전에 투입했

---

75 Ibid., pp.32~33.

76 安井三吉,『帝國日本と華僑－日本・臺灣・朝鮮』, p.46.

77 청국의 정원(定遠)과 진원(鎭遠) 두 척의 거대군함에 대응해 일본은 송도(松島), 엄도(嚴島), 교립(橋立)을 만들었는데, 송도와 엄도는 프랑스에서 구입했고, 교립은 일본 스스로 만들었다. 한편 영국에서 1893년에 구매한 길야(吉野)는 당시 세계에서 가장 빠른 순양함으로 150미리와 120미리의 속사포를 가지고 있었다. 일본 군함은 최신 기술을 받아들여 여러 가지 성능에서 청국 해군을 뛰어넘기 시작하였다(姜鳴,『龍旗飄揚的艦隊－中國近代海軍興衰史』, 三聯書店, 2002, pp.328~329).

으며 그중 송도호가 기함을 담당하였다. 삼경함의 출현에 일본 국민은 크게 기뻐했는데, 왜냐하면 청국의 북양함대에 대항할 수 있다고 믿었기 때문이다.[78]

제2차 군비 확충 계획에 따라 1889년부터 군함 46척을 건조하는 대규모 계획이 추진되었다. 길야吉野호, 순마須磨호, 용전龍田호 등 세 척의 군함이 건조되었다. 특히 신식 순양함 길야함은 영국에서 1893년 9월 완성되었는데 당시 가장 빠른 군함이었다. 청일전쟁 직전 일본해군은 군함 31척, 어뢰정 24척을 보유했고, 총배수량이 61,373톤이었다. 건조 중인 군함 6척, 어뢰정 1척도 있어 이미 상비함대를 편성하였다. 하지만 청국 해군에 비해서는 아직 상대적으로 부족한 편이었다. 특히 장갑 전함 부사富士호와 팔도八島호가 아직 완성되지 않았고 장갑함은 여전히 노후한 부상함 한 척만이 있었다. 그래도 길야함을 중심으로 상비함대를 만드는 일정은 계속 진행되었다.[79] 결국 일본해군의 상징인 연합함대의 최초 편성이 청일전쟁 직전인 1894년메이지 27년 7월 19일에 이루어졌다.

북양해군의 일본방문 이후 일본해군은 확장일로를 걸은 반면, 거꾸로 북양해군은 하강 곡선을 그렸다. 청국은 청일전쟁 때까지 자국해군의 작전 능력을 과신해 해군력 증강을 위한 경비지원을 줄였다. 1891년 호부戶部로부터 안정적인 재정지원이 끊기자 북양해군의 발전은 급작스레 정지되었다. 그리고 몇 년 후 일본 해군력의 급속한 팽창에 따라 청국의 북양함대는 엇비슷한 전력으로 청일전쟁을 맞이하였다. 주지하듯 출사대신과 해군 유학생 등은 청국해군의 근대화를 위해 심혈을 기울였으나 청일

78 外山三郎, 『日本海軍史』, pp.42~43.
79 Ibid., p.46.

해전에서 북양함대가 몰락하면서 오랜 노력이 물거품으로 돌아갔다.

〈표 7〉 일본해군 확장계획 중 주요 군함(1883~1893)[80]

| 군함명 | 군함종류 | 준공 | 건조장소 | 배수량 | 주포 | 재질 |
|---|---|---|---|---|---|---|
| 筑柴 | 순양함 | 1883 | 영국 | 1,350 | 26센티 포2 | 철강 |
| 海門 | 〃 | 1884 | 요코스카 | 1,358 | 17센티 포1 | 목재 |
| 天龍 | 〃 | 1885 | 〃 | 1,547 | 〃 | 목재 |
| 浪速 | 〃 | 1886 | 영국 | 3,650 | 26센티 포2 | 철강 |
| 高千穗 | 〃 | 1886 | 〃 | 3,650 | 〃 | 철강 |
| 畝傍 | 〃 | 1886 | 프랑스 | 3,615 | 24센티 포1 | 철강 |
| 葛城 | 〃 | 1887 | 요코스카 | 1,480 | 17센티 포2 | 철골목피 |
| 大和 | 〃 | 1887 | 오노하마 | 1,480 | 〃 | 철골목피 |
| 武藏 | 〃 | 1888 | 요코스카 | 1,480 | 〃 | 철골목피 |
| 摩耶 | 포함 | 1888 | 오노하마 | 614 | 15센티 포2 | 철강 |
| 滿珠 | 연습선 | 1888 | 〃 | 877 | 20센티 포2 | 목재 |
| 干珠 | 연습선 | 1888 | 〃 | 877 | 〃 | 목재 |
| 鳥海 | 포함 | 1888 | 이시카와지마 | 614 | 21센티 포1 | 철강 |
| 愛宕 | 〃 | 1889 | 요코스카 | 614 | 〃 | 철골목피 |
| 高雄 | 순양함 | 1889 | 〃 | 1,774 | 15센티 포4 | 철골목피 |
| 八重山 | 통신선 | 1890 | 〃 | 1,609 | 12센티 포4 | |
| 赤城 | 포함 | 1890 | 오노하마 | 614 | 〃 | 鋼材製 |
| 千代田 | 순양함 | 1891 | 프랑스 | 2,439 | 속사포10 | 甲鐵 |
| 嚴島 | 해방함 | 1892 | 〃 | 4,210 | 32센티 포1 | |
| 千島 | 포함 | 1892 | 〃 | 750 | 12센티 포4 | |
| 大島 | 〃 | 1892 | 오노하마 | 640 | 속사포11 | |
| 松島 | 해방함 | 1892 | 프랑스 | 4,210 | 32센티 포1 | |
| 吉野 | 순양함 | 1893 | 영국 | 4,160 | 15센티 포4 | |

80 野村 實 監修, 太平洋戰爭硏究會, 『圖說 日本海軍』, 河出書房新社, 1997, p.36 도표.

제9장

# 동유일기에 나타난 해양 문명

수산학교는 본과의 수업연한을 3년으로 한다. 그러나 현지 사정으로 2년에서 5년 이내로 늘이고 줄일 수 있다.

수산학교의 본과과목 : 수신, 국어, 수학, 지리, 물리, 화학, 박물, 도화, 법규 및 관습, 경제, 체조와 실업과 과목 및 실습. 그러나 수신, 실업과 과목 및 실습 이외에는 본 항의 학과목은 편의상 뺄 수 있다. 앞의 학과목 이외에 역사, 외국어, 부기, 창가 및 기타 과목은 편의상 추가할 수 있다.

실업 각 학과의 과목 : 다음 항목에서 선택하거나 혹은 편의에 따라 조절해 정한다. 일, 노어과撈魚科 : 수산학대의, 노어론, 수산동물, 수산식물, 항해술, 운용술, 기상과 해양학, 선박위생과 구급치료 등. 일, 제조과製造科 : 수산학대의, 제조술, 수산동물, 수산식물, 세균학대의, 분석, 기계학대의 등. 일, 양식과養殖科 : 수산학대의, 양식론, 수산동물, 수산식물, 발생학대의 등. 노어 · 제조 · 양식의 세 학과나, 두 학과 이상의 과목을 앞 학과목에서 선택해 편의에 따라 조절해 정한다.

수산학교 본과 입학생의 자격은 나이가 14세 이상으로 수업연한 4년제 고등소학교를 졸업한 자이거나, 동등 이상의 학력을 갖추어야 한다.

—「수산학교규정」, 오여륜의 『동유총록』 중에서

## 1. 청일전쟁 전후의 '동유열東遊熱'

청일전쟁 이전 중국인이 쓴 일본 여행기를 보면 왕도, 이소포처럼 순수한 관광이거나 하여장, 장사계, 황준헌 등과 같이 외교관으로 방문한 경우가 대부분이었다. 당시 일본으로 건너간 사람들은 아직 청일전쟁 이후처럼 중국의 분할 위기를 겪지 않았고, 일본에게 굴욕감을 느끼지 않았기 때문인지 바다를 건너면서 별다른 비장감을 찾아볼 수 없다.[1] 하지만 『담영록』1879을 쓴 왕지춘처럼 관광의 이름을 빌려 일본정탐을 수행한 사례도 있었다. 점차 일본 관련 서적이나 통계와 같은 정보가 누적되면서 황준헌과 같은 진보적인 인물은 메이지유신의 성과에 감탄해 『일본국지』라는 대작을 써서 일본 사회를 본받아 변법개혁을 진행할 것을 주장하였다.

일본을 비롯해 해외 시찰을 한 초기 인물로는 부운룡 등 12명으로 이루어진 1887년광서 13년, 메이지 20년의 시찰단도 있다. 청조는 그들을 출국시키면서 특별한 임무를 주지 않고 세계를 유람하면서 견문을 넓히도록 했다. 황제는 이들 청년 관리 일행을 몇 팀으로 나누어 일본, 미국, 캐나다, 페루, 쿠바, 브라질 등에 파견했는데, 굳이 이들의 과제라면 각국을 여행하며 쓰도록 한 조사보고서 정도였다. 그 가운데 부운룡의 시찰 보고서가 가장 분량이 많고 내용이 풍부한데, 그의 『유역도경』은 모두 6종 86권이다.[2] 부운용 일행은 유람의 첫 번째 국가로 일본을 택해 1887년 11월 14일 일본에 도착해 유람했고, 1888년 5월 29일에 일본을 떠났다.

---

1 옌안성, 한영혜 역, 『신산(神山)을 찾아 동쪽으로 향하네』, 일조각, 2005, 221~222쪽.
2 張海林 編著, 『近代中外文化交流史』, 南京大學出版社, 2003, p.162.

미주를 시찰한 후 다시 1889년 5월 27일에 일본으로 돌아와서, 그해 10월 19일에 본국으로 귀국하였다. 두 번에 걸친 일본 체류 기간을 합치면 모두 1년 남짓이다. 그는 "여러 나라를 유람해 보니, 미국이 가장 부강한 나라이고, 일본은 아시아에서 중추적인 국가라고 하지 않을 수 없다"라고 썼다.[3]

청일전쟁 직전인 1893년 일본을 탐방한 황경징은 주일공사 왕봉조의 도움으로 1893년 5월부터 7월까지 나가사키, 고베, 오사카, 요코하마, 도쿄 등을 방문해 많은 중일 인사들을 만났다. 그가 쓴 『동유일기』에는 관찰자의 입장에서 메이지 정부의 개혁 의지를 가소롭고 서글프다고 폄하하면서도 집정자들이 낡은 것을 부수고 새로운 것을 세우려는 태도를 높이 평가하였다. 비록 일본인이 새로운 것을 좋아하고 낡은 것을 싫어하는 단점은 있지만, 이것이 메이지유신의 성공 요인으로 보았다. 황경징 자신은 전통적인 윤리체계를 유지하는 선에서 서양의 정치제도와 과학기술을 받아들이려는 생각을 가졌다.[4]

당시 다수의 중국인 사대부 마음속에는 섬나라 일본을 무시하는 태도가 여전하였다. 1877년 일본에 부임한 초대 주일공사 하여장부터 청일전쟁 직전 일본으로 건너간 황경징에 이르기까지 마찬가지였다. 하지만 그들이 중체서용론을 주장했든 서학중원설을 주장했든 그 자체가 유가학설의 완전성에 문제가 있다는 사실을 반증한 것으로, 청국인들은 점차 천조상국의 꿈속에서 깨어나기 시작했다. 서양 문명이 고대 중국에서 나왔을지라도 근대서양의 발전을 청국인들이 배우지 않으면 안 되는 상황

---

3 왕효추, 신승하 역, 『근대 중국과 일본－타산지석의 역사』, 고려대 출판부, 2002, 238쪽.
4 王曉秋, 『近代中日文化交流史』, 中華書局, 2000, pp.314~316.

이 찾아온 것이다.[5] 청일전쟁으로 양무파 관료들의 최대성과인 북양해군이 붕괴되고 대부분 군함을 노획당하자 여서창 등 일부 청국 외교관이 추구했던 청일 양국 간의 협력을 통한 열강 방어의 꿈은 사라졌다. 이로써 천여 년 동안 유지되던 중일 관계에 근본적인 변화가 찾아왔다.

한 연구자에 따르면, 1898년부터 1907년까지 10년간 청일관계는 "성과가 풍부하고 상대적으로 평화로운 황금 10년"[6]이라고 평가하였다. 당시 이런 분위기를 만든 인물은 아마도 호광총독 장지동張之洞과 직례총독 원세개袁世凱가 아닐까 싶다. 청일전쟁 직후만 하더라도 일본 시찰에 소극적이던 청국 정부는 의화단운동의 발발과 「신축조약」의 체결로 체제 위기를 실감하자 신정개혁을 추진하면서 일본을 스승으로 삼는 것을 주저하지 않았다. 여기에는 청국주재 일본공사관과 일본 내 외무성과 문부성 등 관련 기관이 청국 관신들의 일본방문을 적극적으로 주선하는 정책이 한몫하였다. 청말 '동유열'의 출현은 개혁정책의 추진과정에서 관신들의 일본방문이 일상화되었고, 청년들의 일본 유학과 맞물리며 급속도로 늘어났다.

양무운동 시기 해외 유학의 목적은 대체로 언어와 군사 두 분야로 집약된다. 언어는 영국, 미국, 프랑스 등과 교섭할 때 필요한 인재를 기르는 어학교육이고, 군사는 신식 육해군을 건설하는 데 필요한 장교, 항해사, 조선, 무기 기술자 등을 길러내는 일이었다. 초기 미국과 유럽 유학생은 해군 건설 인력양성이란 목표에 집중하였다. 일본 유학의 경우 청

5 (日)實藤惠秀, 譚汝謙·林啓彦 譯, 『中國人留學日本史』, 三聯書店, 1983, p.15.
6 (美)任達(Douglas R. Reynolds), 李仲賢 譯, 『新政革命與日本－中國, 1898~1912』, 江蘇人民出版社, 1998, p.9

일전쟁 이전인 1890년 6월 주일공사가 수행하는 방식으로 유학생 7명을 일본으로 파견한 사례가 있었다. 이 경우 주로 통역관을 양성하기 위한 양무운동의 방침에 따른 것이었지만 주일 공사관에서 교사를 초빙해 일본어를 배우는 수준이었다.[7] 그런데 청일전쟁 패배의 후유증이 가라앉은지 얼마 지나지 않아 급반전이 일어났다.

1896년 청국은 주일공사 유강裕康을 통해 당시 일본 외무대신 겸 문부대신인 사이온지 긴모치西園寺公望를 통해 도쿄고등사범학교 교장 가노 지고로嘉納治五郎에게 상해와 소주 일대에서 모집한 중국 청년 13명을 교육시켜 줄 것을 부탁하였다. 이것은 비공식적인 파견이었지만 중국인이 일본 유학을 향해 내디딘 첫 발걸음이었다.[8] 이들 13명은 도쿄고등사범학교에서 공부했는데, 오전과 저녁에는 일본어 문법, 일본어 읽기, 일본어 쓰기, 중국어 등을, 오후에는 물리, 수학, 역사, 지리, 군대 체조 등을 학습하였다. 그런데 이때는 청일전쟁이 끝난 지 얼마 지나지 않아 일본인의 적대 감정이 많이 남아있어서 청국 유학생에게 패전국의 치욕을 안겨주는 일이 잦았다. 유학생들은 중국 복장과 변발을 하고 있었는데, 그들이 공원을 산책하거나 물건을 살 때면 일본 아이들이 주변을 둘러싸고 변발을 '돼지 꼬리'라고 놀렸다. 이런 수치심을 이기지 못하거나 일본 음식이 입에 맞지 않아 네 명의 유학생이 도중에 귀국하였다. 얼마 지나지 않아 두 명이 더 자퇴해서 결국 1899년 도쿄고등사범학교를 졸업한 학생은 7명이었다.[9]

---

7 옌안성, 한영혜 역, 『신산(神山)을 찾아 동쪽으로 향하네』, 17·23쪽.

8 黃福慶, 『清末留日學生』, 中央研究院近代史研究所, 1975, p.13.

9 董守義, 『清代留學運動史』, 遼寧人民出版社, 1985, p.190; 李喜所, 『近代留學生與中外文化』, 天津人民出版社, 1992, p.178.

1900년을 전후해 청국 유학생은 폭발적으로 증가해 1899년 2백 명, 1902년 4~5백 명, 1903년 1천 명, 1906년 1~2만 명에 다다랐다.[10] 와세다早稻田대학과 같은 명문 학교에도 청국 유학생부를 별도로 만들어 유학생이 무려 5백여 명이나 공부했는데, 도쿄의 여러 학교 중 이곳에 청국인이 가장 많았다고 한다.[11] 하지만 한 연구자에 따르면, 이런 통계는 너무 과장된 것으로 1906년 유학생은 실제로는 8천 명 전후였을 것으로 추측한다.[12] 이처럼 일본 시찰과 유학이 갑자기 성행한 이유를 장지동은 『권학편勸學編』에서 몇 가지로 요약하였다. 첫째, 중국과 거리가 가까워 유학비용을 절약할 수 있다. 둘째, 중국과 가까워서 비교적 쉽게 시찰할 수 있다. 셋째, 일문과 중문이 서로 가까워 비교적 쉽게 소통할 수 있다. 넷째, 서양 서적은 매우 번잡하지만, 일본인들이 이미 서학 중에 필요 없는 것들은 없애고 고쳐놓았다. 다섯째, 일본의 정세와 풍속이 중국과 가까워서 쉽게 본받을 수 있다 등이다.[13]

청일전쟁 후 일본학습은 수동적인 태도에서 능동적인 자세로 급변해 유학생뿐만 아니라 관리, 문인, 실업가들의 시찰도 활발하였다. 이런 동유운동은 조사 활동을 넘어선 일종의 사회운동이었다.[14] 이번 장에서는

10 청국 유학생의 정확한 숫자는 불명확하다. 황경(黃璟)은 일본에 있던 유학생에 관심이 많았다. 유학생들과 교류하는 과정에서 1901년 무렵 일본에 유학한 초기 유학생 수가 280여 명이라고 구체적인 수치를 제시하였다(黃璟(1902), 『考察農務日記』(緒文)(『走向世界叢書』(一百種)), 岳麓書社, 2016, p.32).

11 좌상종(左湘鍾, 1907/1908), 『談瀛錄』(『走向世界叢書』(一百種)), 岳麓書社, 2016, p.149(여기서 저자명 뒤의 연도는 저자가 일본을 여행한 시기로 뒤에 나오는 여행기도 마찬가지임).

12 (日)實藤惠秀, 譚汝謙·林啓彦 譯, 『中國人留學日本史』, p.1. 일본 내 중국 유학생의 통계(1896~1914)는 (美)任達(Douglas R. Reynolds), 李仲賢 譯, 『新政革命與日本－中國, 1898 ~1912』, pp.56~57 표 참고.

13 張之洞, 『勸學篇』(外篇), 游學, pp.5~6(陳瓊瑩, 『清季留學政策初探』, 文史哲出版社, 1989, p.66 재인용).

14 王宝平 主編, 『晚清東游日記滙編』(兩冊), 총서 서문, p.4.

우선 청국인의 일본 사회 관련 교육 시찰, 실업 시찰, 법·행정 시찰 등을 살펴보고, 특히 해양 관련 학교나 산업 및 문화들을 주목하고자 한다.

## 2. 교육 시찰과 수해양학교

### 1) 교육 시찰의 열기

청말 동유일기 가운데 교육 시찰 보고서가 압도적인 비중을 차지한다. 대개 청국 시찰단은 일본을 2~3개월 시찰한 후 파견기관에 보고서를 제출하였다. 이런 보고서는 많은 경우 일기의 형식을 빌렸다. 여러 시찰단 가운데 교육시찰 목적이 아닌 단체라도 교육기관을 방문하지 않은 경우를 찾아보기 어렵다. 메이지 정부는 일찍이 1872년 프랑스제도를 기본으로 하고 미국의 교육사상을 가미해 의무교육을 지향하는 새로운 학제를 반포하고 근대식 학교를 적극적으로 설립하였다. 신분제의 폐지와 근대교육의 보급은 시대 대세가 되어 일본 사회를 근본적으로 바꾸어 놓았으며, 시찰단은 그런 성과에 주목하였다.

1898년 2월 초 장지동은 일본 관리와 접촉해 교육시찰단을 일본에 파견하기로 합의했다. 그해 요석광姚錫光이 장지동의 명을 받아 2개월간 각종 학교들을 참관했는데, 아마도 이 파견이 가장 빠른 일본 교육 시찰일 것이다. 그는 귀국 후 『일본각학교장정日本各學校章程』1898을 펴내고, 이를 보강해 『동영학교거개東瀛學校擧槪』1899를 출판하였다.[15] 이 책에서는 일본의

15 姚錫光, 『東瀛學校擧槪』(1899), p.13(王曉秋, 『近代中日文化交流史』, p.388 재인용). 일본에 거주하던 청국 관리도 비슷한 저술을 남겼는데, 도쿄 유학생 감독이던 夏偕復은 『學校急議』(1901)

관립, 공립, 사립학교 등을 개괄하고, 보통학교소, 중, 사범학교, 각 육군학교, 각 전문학교고등, 대학, 학원, 공업, 기술학교, 특수학교상업, 사범음악, 맹아, 여자고등, 여자고등 사범학교, 화족여학원 등을 소개하였다. 『동영학교거개』는 1899~1900년 동안 3판이나 발행했는데, 꽤 널리 전파되었음을 알 수 있다. 여기서 저자는 일본의 초등과 중등교육을 본받아 청국에서 시행할 것을 건의하였다. 이 책은 청년들이 일본 유학을 하는 데 나침판 역할을 했는데, 기억할 만한 점이라면 앞서 소개한 장지동의 『권학편』의 내용이 이 보고서의 영향을 받았으리라는 사실이다.[16]

청말 저명학자인 나진옥羅振玉은 근대농학의 개척자이자 근대고고학의 선각자로 알려져 있다. 1901년 말 양광총독 유곤일劉坤一과 호광총독 장지동의 명으로 그는 여섯 명의 교육가와 함께 특별 시찰단을 꾸려 일본 교육계를 시찰하였다. 1902년 1월 귀국해 만든 『부상일기扶桑日記』는 일본을 두 달간 돌아다니며 여행한 기록이다. 여기서 나진옥은 일본이 강성해진 원인은 "먼저 교통을 편리하게 만들고, 다음으로 교육을 일으켰으며, 다시 군제를 개혁한 데 있다"라고 보았다. 여기서 교통이란 철도, 우정, 전보, 전화 등을 포괄한다. 그리고 일본의 도로가 체계적이고 깔끔한 사실을 칭찬하였다. 방일 주안점이 교육 분야여서 유치원, 소학, 중학, 사범학교부터 대학까지 고루 참관하며 각종 장정과 통계들은 물론 교과서, 이과 실험장비, 생물표본 등을 수집하였다. 나진옥은 일본학교

---

를, 李宗堂은 劉坤一의 지시로 『考察學務日記』(1902)를 각각 출판하였다((美)任達(Douglas R. Reynolds), 李仲賢 譯, 『新政革命與日本－中國, 1898~1912』, p.151).

16 (美)Ibid., p.31. 한편 1898년 강서경제학당 교사였던 朱綬는 자비로 일본에 건너가 교육을 시찰하였다. 그는 『東游紀程』 한 권을 펴내어 일본에 만들어진 사립학교에 주목했는데, 그 학칙을 빌어 각 지역마다 학당을 건립하길 희망하였다. 주수는 책 중에 일본학교의 계통도를 실었다(王曉秋, 『近代中日文化交流史』, p.388 재인용).

와 학생의 높은 증가율에 감탄하였다. 그는 메이지 초기에 일본 정부가 관리들을 선발해 구미를 시찰하거나 황족을 유럽으로 유학시킨 사례를 들며 유학 경험이 교육정책의 근간이 되었다고 썼다. 또한 폐번치현廢藩置縣 후 천황이 스스로 대원수가 되어 징병제를 개혁해 전국 국민이 상하귀천을 불문하고 만 20세에 징병검사를 통과하면 군 복무를 3년 하도록 만들었다. 나진옥은 이처럼 "군정을 정돈하고서 교육을 일으키니 국력이 날로 강성해졌다. 이것은 분명히 중국보다 앞서가는 국가가 주는 가르침"[17]이라고 보았다.

나진옥 일행의 교육 시찰 경험은 1901년 5월 상해에서 창간된 『교육세계教育世界』라는 잡지에 실렸는데, 이 잡지는 근대중국의 첫 번째 교육잡지로 알려져 있다. 시찰단이 수집한 각종 교육기관의 법률과 규장, 교직원의 관리 규정, 교과서 자료 등이 『교육세계』에 번역 소개되었다. 이 잡지의 일본 학제 선전은 청국이 일본 학제를 모방하는 계기로 작용하였다.[18] 시찰단의 일원인 진곡陳穀은 장지동 막부 소속으로 교육개혁 분야의 핵심 막료로 1902년부터 1903년까지 적어도 세 권의 일본교육 관련 번역서를 내었는데, 『교육행정教育行政』, 『태내교육胎內教育』, 『교육사教育史』 등이 그것이다.[19]

17 羅振玉(1902), 『扶桑兩月記』(『走向世界叢書』(一百種)), 岳麓書社, 2016, pp.94~95.

18 吳汝綸(1902), 『東游叢錄』(緒文), p.27.

19 (美)任達(Douglas R. Reynolds), 李仲賢 譯, 『新政革命與日本－中國, 1898~1912』, pp.151~152. 비슷한 시기인 1901년 일본교육을 시찰하라는 명을 받은 인물로는 湖北候補道 李宗棠이 있는데 『고찰학무일기(考察學務日記)』를 남겼다. 그는 방일 기간 중 전력을 다해 일본 각종 학교의 장정 규칙 136종을 모았다. 이종당은 1902년에 『고찰일본학교기(考察日本學校記)』(총 16책)를 출판했는데, 여기서는 도쿄제국대학을 비롯한 136곳의 일본학교의 장정, 규칙, 과목, 학생 수 등을 제시하였다. 그는 일본 부강의 뿌리는 학교에 있다고 보았다. 이종당은 1901년부터 1908년까지 상부의 명을 받아 일본의 학무, 경무, 광무 등을 시찰하기 위해 아홉 차례나 일본으로 건너갔는데, 매번 여행시찰기를 작성해 후에 『동유기념(東游紀念)』 6책을 남겼다(王曉秋,

일본교육을 전 방위적으로 시찰해 청말 교육계에 가장 큰 영향을 미친 인물과 동유일기는 아마도 오여륜吳汝綸의 『동유총록東游叢錄』1902을 뽑을 수 있을 것이다. 그는 여서창, 설복성, 장유조張裕釗 등과 함께 증국번曾國藩의 사대제자 중 한 사람으로 나중에 이홍장의 막료가 되었다. 청조에서 고위 관직을 역임하다 새로 열기로 한 경사대학당의 교장 장백희張百熙로부터 대학당의 총교습이나 부교장을 맡아줄 것을 요청받았다. 오여륜은 우선 일본에 건너가 교육시스템을 시찰하는 것을 수락 조건으로 삼았고, 장백희는 이를 흔쾌히 수락하였다. 1902년 7월 20일 일본 나가사키에 도착한 후 63세의 적지 않은 나이에도 불구하고 거의 매일 여러 학교들을 방문하였다. 그의 명성은 일본에도 널리 알려져 열렬한 환영을 받았다. 3개월여 방문 기간 동안 44곳의 학교를 시찰했는데 유치원, 소학, 중학, 고등학교, 사범학교, 직업학교, 여자학교, 화족학교, 농아학교, 사관학교 및 도쿄와 교토의 제국대학 등이 포함되었다. 뿐만 아니라 일본교육제도의 방대한 자료를 수집하고 교육 문화계 저명인사들을 만나 교육개혁 경험담을 청취하였다.[20]

오여륜은 자신이 보고 듣고 쓴 것들, 예를 들어 강연원고, 일기원고, 학교도표, 학과과정표, 필담서한 등을 모아 568쪽의 두툼한 『동유총록』을 만들었다. 이 책은 그가 귀국할 때 도쿄 최대 출판사인 삼성당三省堂에서 재빨리 출판하였다. 『동유총록』은 일본교육의 백과사전이라는 평가를 받았다. 이 책에 실린 상세한 도표는 일본의 교육시스템을 요약한 것으로 유명한데, 이런 도표들과 오여륜의 분석을 통해 유명한 「주정학당

---

『近代中日文化交流史』, pp.389~390).

20 吳汝綸(1902), 『東游叢錄』(緒文), pp.17~21.

장정奏定學堂章程」1904이 만들어졌다. 이 장정은 일본에서 청국으로 들어온 각종 일본교육 관련 정보들이 마침내 「장정」으로 정리되었다는 의미가 있다.[21] 그는 일본 교육계가 청국 유학생들을 대상으로 속성교육을 시켜 교원 문제를 해결하길 희망하였다. 오여륜이 일본을 시찰한 목적은 귀국 후 중국교육을 개혁하고 새로운 경사대학당을 만들기 위해서였다. 따라서 일본교육 개혁과정에서 신구간의 갈등 문제에 대해서도 주목하였다. 하지만 귀국 후 경사대학당 직무를 맡기 전 병상에 누워 결국 일어나지 못하고 1903년에 세상을 떠났다.

한편 천진 출신의 교육가 엄수嚴修는 일본을 몇 차례 방문해 교육기관을 조사하였다. 1902년 천진을 출발해 2개월간 첫 번째 일본 여행을 떠났다. 그는 첫 번째 여행 도중 오여륜을 만났으며, 귀국 후 구식 교육의 개혁과 신식 학교의 창립에 힘썼다. 다시 1904년 직례총독 원세개의 요청으로 직례성 학무처 책임자가 되어 일본을 방문하였다. 그 기록이 『임인동유일기壬寅東遊日記』와 『갑진제이차동유일기甲辰第二次東遊日記』이다.[22] 그 밖에도 20세기 초 일본교육을 시찰한 기록으로는 관갱린關賡麟의 『일본학교도론日本學校圖論』1901, 항문서項文瑞의 『유일본학교필기游日本學校筆記』1902, 방연년方燕年의 『영주관학기瀛洲觀學記』1903, 양풍楊灃의 『일본보통학무록日本普通學務錄』1903 등이 있다. 이런 동유기들은 오여륜의 『동유총록』에 비해 수준 차이가 난다는 평가를 받는다.[23]

일본을 시찰한 청국 관신들은 '구망도존求亡圖存'의 위기의식 아래 서양

21 (美)任達(Douglas R. Reynolds), 李仲賢 譯, 『新政革命與日本－中國, 1898~1912』, pp.153~154.
22 嚴修(1902), 『東游日記』(緒文)(『走向世界叢書』(一百種)), 岳麓書社, 2016, pp.19~20.
23 王曉秋, 『近代中日文化交流史』, p.397.

과 일본의 교육사상을 적극적으로 수용해 자신의 교육관을 바꾸려고 노력하였다. 새로운 교육체계의 건립, 국민교육의 확대, 실업교육의 제창 등을 주장했으나 여전히 조급함과 보수적인 색채가 남아있었다. 예를 들어, 강남고등학당 총교습인 무전손繆荃孫은『일유회편日游滙編』1903을 남겼는데, 보수적인 인물이라 당시 흥기하던 혁명 사조에 반대해 앞으로 학당을 세우려는 사람은 마땅히 실학을 종지로 삼아야 하고, 모든 자유, 평권의 사악한 주장은 막아야 한다고 주장했다.[24] 혹자는 여전히 일본의 여러 학문은 유럽으로부터 왔으나, 서양 학문의 맹아는 중국으로부터 기원한다는 서학중원설의 관점을 유지하며 자기 정당화를 하였다.[25] 20여 년 전에 일본을 방문한 조선의 조사시찰단만 하더라도 일본의 근대교육에 대해 호평과 비난이 교차하였다. 양무파의 중체서용론처럼 일본이 채택한 근대교육이 가지는 실용성은 인정했지만, 기본적으로 실용 학문은 잡학으로 보았기 때문에 그 효용성을 전폭적으로 받아들이지는 못하였다. 특히 기독교의 유포와 풍속의 서구화를 비난하는 경우가 많았다.[26] 이런 경향이 20여 년 후의 청국 사찰단에게서도 단편적으로 나타났다.

교육개혁이 한창이던 1907년 학부에서 여패분呂珮芬을 파견해 일본 학무를 시찰했는데, 이때 남긴 여행기가『동영참관학교기東瀛參觀學校記』이다. 이 책의 특징이라면 방문학교별로 깔끔하게 학교를 소개한 점이다. 혹자는 오여륜의『동유총록』이후 일본학교를 가장 체계적으로 고찰한 전문 저작이라고 평가한다.[27] 교육 시찰 결과 대체로 일본교육은 상무 정신이

24 繆荃孫,『日游滙編』, 1903(王曉秋,『近代中日文化交流史』, p.395 재인용).
25 楊泰階(1906~1907),『東游日記』, p.83.
26 허동현,『근대한일관계사연구－조사시찰단의 일본관과 국가구상』, 국학자료원, 2000, 191쪽.
27 呂珮芬(1907),『東瀛參觀學校記』(緒文)(『走向世界叢書』(一百種)), 岳麓書社, 2016, p.35.

충만해 군사·국민교육으로 체현되었다고 평가했다. 군사·국민교육이란 학생들에게 군대식 교육을 가르치는 것으로 신체 단련을 중시하고 충군 애국 사상을 배양시켜 국가통치를 강화하는 것이다. 군사·국민교육의 방식은 군대식 체조 등 다양한 형태로 이루어졌다.[28]

청국 관신들은 교육 시찰 중 유학생에 대한 관심이 높아 방문하는 학교마다 중국 청년들이 재학하면 만나서 격려하였다.[29] 하지만 유학생들에 대해 긍정적인 평가만 있었던 것은 아니었다. 한국균韓國均의 『실업계지칠십일實業界之七十日』1905에는 일본에서 만들어진 어떤 보통학교는 오로지 중국인 유학생만을 받는데, 1년 6개월이면 졸업한다고 했다. 저자는 일본에서 중국인에게 학교를 개설하면 종종 '보통속성'의 이름으로 일본어 정도만 가르치고 나머지는 매우 간략하게 가르친다고 했다. 유학생의 졸업이 너무 쉬워 청년들이 일본으로 많이 건너오는데, 비용이 만만치 않고 학과에서 제대로 배우는 것도 아니었다. 한국균은 교육에는 속성의 법이 없는데, 일본인의 이익 추구와 이해가 맞아떨어져 학문을 구하지 않고 허명만을 구하는 해외유학생의 실태를 고발하였다.[30] 유학의 절정기에 다다른 1907년 무렵 좌상종左湘鍾의 『동유일기東遊日記』1907~1908에도 친구의 말을 빌려 최근 중국인 유학생이 많아져 새롭게 생긴 학교

28 孫雪梅, 『清末民初中國人的日本觀－以直隸省爲中心』, p.68.

29 재일본 청국 유학생은 전공 분야 구분 말고도 속성생과 보통생으로 나누기도 한다. 속성생은 일본에 온 후 특정 전문학교에 입학해 교육을 받았는데, 주로 사범계열과 법정계열이었다. 졸업 후 귀국하면 교육과 기타분야에 취업하였다. 20세기 초반에 신식 학당이 대량 건립되면서 교사가 부족하자 이를 해결하기 일본으로 건너온 사람들이다. 이들의 유학 기간은 짧았는데, 반년이나 수개월도 있었고, 혹은 3~4년도 있었다. 보통생은 일본에 유학할 당시 비교적 어린 학생들로 일본의 초등학교에서 언어와 문자를 배운 후 상급학교로 진학하였다(李喜所, 『近代留學生與中外文化』, 天津人民出版社, 1992, p.189).

30 韓國鈞(1905), 『實業界之九十日』(『走向世界叢書』(一百種)), 岳麓書社, 2016, p.135.

가 수십 곳인데 오로지 중국인을 위한 학교이다. 단기과정으로 증명서를 남발하며 학비를 받는데, 제대로 수업하지 않고 오로지 이익만을 도모한다고 썼다.[31] 이런 비판은 속성교육으로 시급한 교원 부족 문제를 해결하려던 기존방식이 부작용을 낳고 있음을 보여준다.[32]

### 2) 상선학교와 수산학교

교육 시찰을 위해 방문한 다양한 학교 가운데 수해양 관련 교육기관으로는 상선商船학교와 수산水産학교가 있다. 동유일기에 나타난 단편적인 상선학교와 수산학교 기록을 모아보면 아래와 같다.

제5차 오사카 박람회를 참관한 능문연凌文淵의 일기 『약암동유일기籥盦東遊日記』1903에는 상선학교 기록이 나온다. 상선학교는 학과가 두 개 있는데, 하나는 기관학과이고 다른 하나는 항해학과이다. 학교는 항해 기관 기술을 교수하며 고등 선박 교원을 양성하는 것을 목적으로 삼는다. 학생들은 5년 동안 공부한 후 졸업하면 병적에 편입되는데, 해군사관 후보생이 되어 해군 법규에 복종한다. 상선을 아는 사람은 함선을 탈 경우에 대비할 수 있고, 상선 교원은 해군 장교를 대신할 수 있다.[33] 당시 상선학교는 중국인 청년들이 해군유학을 위해 일본으로 건너왔다가 일본 정부

31 左湘鍾(1907/1908), 『談瀛錄』, p.143. 현지에서 들은 바에 따르면(정확한 통계인지는 모르겠으나), 이전에는 일본 내 청국 유학생이 만 명에 다다랐으나 현재는 각 학당의 관비, 사비 및 武備生 등을 합쳐도 5천 명을 넘지 않는다고 한다. 대개 절반은 졸업해서 귀국했고, 절반은 속성으로 배우고 있다고 했다(盛宣懷(1908), 『愚齋談瀛錄』, p.70).

32 청국 정부는 속성교육 문제가 나날이 심각해지자 1906년에 새로운 유학 장정을 발표하였다. 일본 유학을 하려는 학생은 중등 이상의 학력으로 일정한 일본어 능력을 갖추어야 하며, 각 지방의 심사를 통과해야만 일본 유학을 허락하도록 만들었다(李書緯, 『少年行－1840~1911 晩淸留學生歷史現場』, 南方出版傳媒・廣東人民出版社, 2016, p.241).

33 凌文淵(1903), 『籥盦東游日記』(『走向世界叢書』(一百種)), 岳麓書社, 2016, pp.104~105.

의 반대로 해군병학교에 입학이 불가능해지자 대체 수단으로 선택한 학교이다. 어느 정도 해군 유학생 양성을 위한 기관으로 기능했기에 기억할만하다. 상선학교는 갑·을 두 종류로 나뉘었다. 갑종 상선학교는 수업연한을 3년 이내로 제한했고, 을종 상선학교 수업연한은 2년 이내로 제한하였다. 이 학교는 예과를 부설할 수 있었다.[34]

나진옥의 일기1902에는 일본 손님의 말을 빌려 작년 상선학교를 졸업하고 항해술을 배우기 위해 운항하던 배가 멀리 가지 못하고 침몰해 학생 수십 명이 모두 실종되는 사고가 발생하였다. 하지만 이런 큰 사고에도 불구하고 성적이 좋은 어린 학생들이 상선학교에 입학하려는 숫자가 오히려 이전보다 많아졌다며 일본인의 실패를 두려워하지 않는 태도를 높이 평가하였다.[35] 이 실종 사건은 당시 사람들 사이에서 꽤 회자된 듯싶다. 무전손의 『일유회편』1903에도 상선학교의 강당에 월도환月島丸이란 배를 탔던 생도들의 초상이 있는데, 북해로 갔다가 풍랑을 만나 전복되어 생사를 알 수 없다고 했다. 이를 기념한 것으로 학생들의 마음을 고무시키고 있었다. 부두에는 상선학교의 학생실습용으로만 쓰는 명치환明治丸이라는 연습선이 있는데, 메이지 천황이 기증한 배라고 했다.[36]

무전손의 일기에는 도쿄 상선학교에 이어 같은 날 오후 수산강습소를 방문한 기사가 있다. 이 학교는 노어撈漁, 양식製造, 제조養殖 세 학과가 있으며, 소금을 만드는 일과 해양 동물로 가죽을 만드는 일 및 어류에서 기름을 짜는 일 등을 한다고 했다. 학생들은 학교에서 2년간 공부를 하고 외

34 吳汝綸(1902), 『東游叢錄』, pp.243~244 도표.
35 羅振玉(1902), 『扶桑兩月記』, p.38.
36 繆荃孫(1903), 『日游滙編』, p.41.

부에서 1년간 실습하는데, 학교 규모가 상선학교보다 크다고 썼다. 소장은 일찍이 구미로 유학해 각국의 장점을 배워 이를 종합했다면서, 일본은 10여 년 전에 비록 어업학당이 있었지만 규모가 작았으며 오늘날 비로소 체계를 갖추었다고 말했다. 재산을 늘리고 이익을 높이는 것은 국가의 핵심 전략으로 수산업은 국익을 높이는 한 방법이다. 정부에서 막대한 투자를 하는 것에서도 알 수 있듯이 일본 사회에서 수산업의 중요성을 알 수 있다.[37] 같은 해 일본을 방문한 능문연 역시 오사카 박람회의 수산관 내 농상무국農商務局에서 수산강습소의 연혁을 보았다. 1888년 도쿄에서 수산회와 수산전습소水産傳習所를 만들어 수산학 교육을 제창하였다. 점차 발전해 1897년 정부에서 교육기관인 수산강습소水産講習所를 개설하고 상무성에서 비용을 대었다고 썼다.[38]

일본 수산강습소의 학과를 살펴보면 메이지 22년 1월에 창립했으며, 우선 수산회에서 연구 교육을 하다가 후에 전습소를 만들어 수산의 이름이 시작되었다. 수산강습소는 30년 4월에 건립되었는데, 입학 자격은 문부성이 인정한 중학교와 동등하였다. 학과는 세 개가 있는데 노어撈魚, 제조製造, 양식養殖이다. 매 학과마다 10여 개의 과목이 있으며, 과정은 3학급인데 1년이 1급으로 3년이면 졸업하였다. 졸업생은 현업과現業科에서 1년간 연습하고 다시 연구과硏究科

37 Ibid., pp.41~42.

38 능문연(凌文淵)은 무전손(繆荃孫)과 비슷한 기록을 남겼다. 일기에 따르면, 1900년에 입학 과정이 만들어지면서 중학교 3학년의 자격을 얻었다. 학과는 세 개인데 노어(撈漁), 제조(製造), 양식(養殖) 등이다. 매 학과마다 20여 개 과목이 있다. 모두 3학년으로 1년에 1학년으로 3년이면 졸업한다. 졸업생은 현업과에서 실업 1년을 연습하고, 다시 연구과에서 학리 3년을 연구하면 모든 과정이 끝난다. 동시에 원양어업 연습과도 만들어졌는데, 9개 과목이 있다. 항해학, 선박운용법, 조선학, 해양학, 기상학, 수학, 국제법, 선원 선박법, 실습 등이 있으며 과목마다 세부 항목이 있다. 역시 3년이면 졸업한다 등이다(凌文淵(1903), 『籥盦東游日記』, p.87).

> 에 들어가 3년 공부하면 학업이 끝난다. 원양어업은 아홉 개 학과가 있는데 항해학, 조선 운용학, 조선학, 해양학, 기상학, 수학, 국제법, 선원 선박법, 실습 등이 있으며, 매 학과마다 10여 개의 과목이 있으며 역시 3년이면 졸업한다. 수산교육의 학문은 일본이 가장 발달해서 학리와 기술을 연구하는 데 지극하고 노력을 아끼지 않아 마침내 큰 이익을 얻었다. 해양 국가라면 수산은 진실로 홀시할 수 없다.[39]

부언하자면, 위에서 언급한 수산강습소의 전신은 수산전습소였다. 수산전습소는 아직 수산학이란 학문 분야가 성립되지 않았을 뿐만 아니라 수산교육의 경험이 거의 없는 상태에서 출발했기에 우여곡절이 많았다고 한다. 1897년에 수산전습소가 농상무성으로 이관되면서 수산강습소가 되었는데, 반관반민적인 성격의 학교가 정식으로 국가 교육기관이 된 것이다. 수산 분야의 문제 해결이나 기술 진보를 이루며 일본의 수산 정책 분야에서 큰 역할을 했다고 평가받는다. 이 학교는 1949년에 도쿄 수산대학이 되었고, 도쿄 상선학교와 통합을 거쳐 현재는 도쿄 해양대학이 되었다.[40]

훗날 양태계楊泰階의 『동유일기東游日記』1906에도 수산강습소를 방문한 기록이 있다. 방문한 날은 마침 수산강습소가 열린 18주년 기념일로 학교 밖에 대형 그물망을 이용해 담장을 둘러치고 오색 깃발이 높이 휻날리도록 만들어 눈을 즐겁게 했다. 그 안에는 고기잡이와 관련한 각종 모형을

39 楊泰階(1906~1907), 『東游日記』(『走向世界叢書』(一百種)), 岳麓書社, 2016, p.42.
40 이근우, 「수산전습소의 설립과 수산교육」, 『인문사회과학연구』(부경대) 제11권 제2호, 2010, 109~110쪽.

배치했는데 매우 기묘하였다. 높은 산의 물을 끌어들여 고기잡이를 할 수 있도록 만들었다. 어채를 사용해 물고기가 좋아하는 음식을 그 안에 넣어 물고기를 유인해 어채로 들어오도록 했다. 높은 곳에는 수차 같은 것을 만들어 기계를 이용해 물고기가 물을 따라와 포획되도록 만들었는데 매우 편리하였다. 진열장에는 물에서 생산되는 것들 가운데 없는 것이 없었다고 기록했다.[41]

한편 여패분의 『동영참관학교기』1907에서 공업대학 참관기 가운데 조선학과 소개가 눈에 띈다. 조선학과는 군함과 상선을 수리하는 학문을 겸한다면서 간단하게 설명하였다. 선박 내 기관들을 하나하나 분석할 수 없으므로 모형을 만들어 놓는다면서 범선 두 척, 윤선 세 척, 수뢰구축함 한 척 등이 있다고 썼다.[42]

덧붙이자면, 청국시찰단의 화교학교 소개도 기억할만하다. 1905년 출양오대신出洋五大臣 일행 중 대홍자戴鴻慈의 『출사구국일기出使九國日記』에는 고베 화상들이 설립한 동문학교同文學校를 방문한 기록이 있다. 광서 27년에 만들어졌는데, 남녀 두 반이 있고 남학생은 30여 명 여학생은 10여 명 있으며, 모두 광동인이라고 했다. 중국인과 일본인 교사 7명이 가르치며, 군대식 교육도 받는다고 기록했다.[43] 또 다른 출양오대신 일행인 재택載澤의 『고찰정치일기考察政治日記』에는 요코하마 화상들이 설립한 대동학교大同學校를 방문해 남녀 화교 학생들을 만난 내용이 있다.[44] 그 후 얼마

41 楊泰階(1906~1907), 『東游日記』, p.42.

42 吕珮芬(1907), 『東瀛參觀學校記』, p.127.

43 戴鴻慈, 『出使九國日記』(『走向世界叢書』 第1輯 第9冊), 岳麓書社, 1985, pp.325~326.

44 載澤, 『考察政治日記』(『走向世界叢書』 第1輯 第9冊), 岳麓書社, 1985, p.587. 1902년 엄수(嚴修)의 제1차 일본 여행기에는 요코하마에 있는 대동학교(大同學校)를 방문한 기록이 있다. 이곳에는 관제묘(關帝廟)가 보이고 광동 물건들이 전시되어 있는데, 학교 교장 역시 광동 남해인이

지나지 않아 여패분의 여행기1907에도 방문한 학교 중 마지막 항목에서 요코하마의 대동소학교와 고베의 동문소학교를 소개하였다. 이 두 학교는 광동 화교들이 자제들을 교육하기 위한 만든 학교로 대동소학교가 동문소학교에 비해 먼저 만들어졌다고 소개했다. 학제, 과목, 학비, 교원, 졸업 등을 설명하면서 학생들이 중국어에 능숙하다고 했다.[45]

## 3. 실업 시찰과 수해양산업

### 1) 농·공·상업 분야

오늘날 실업이란 용어는 주로 공업과 상업을 의미하지만, 당시에는 농업, 공업, 상업을 모두 포괄하였다. 청국은 1903년에 상부를 설치했고, 1906년에 비로소 상부를 농공상부로 개명하였다. 앞서 언급한 요석광의 『동영학교거개』, 나진옥의 『부상양월기』, 오여륜의 『동유총록』 등은 일본 학교제도와 관리제도를 보고 들은 것이지만 실업교육 과정의 시찰 내용이 적지 않게 실려 있다. 교육 시찰과 실업 시찰이 서로 혼재된 경우가 많은데, 단지 일본방문의 주요 목적이 무엇이냐에 따라 구분된다. 이 무렵 일본 사회는 메이지 초기의 급격한 근대화에 따른 재정위기를 넘어서 상대적으로 안정기에 접어들고 있었다.

---

라고 썼다(嚴修(1902), 『東游日記』, p.78).

45 呂珮芬(1907), 『東瀛參觀學校記』, pp.161~165. 성선희(盛宣懷)에 따르면, 화교 중에는 무역상과 요리점 말고도 종종 이발업에 종사하는 사람들이 눈이 띈다. 그가 귀국 길에 오사카에 방문했을 때는 화상이 만든 화교학교도 방문하였다. 학생들이 2백여 명 있었는데, 모두 화상의 자제들로 거의 중국학교와 같았다(盛宣懷(1908), 『愚齋談瀛錄』(『走向世界叢書』(一百種)), 岳麓書社, 2016, p.116).

이홍장의 측근인 유학순劉學洵은 청조의 명을 받아 전권사신으로 일본으로 건너가서 1899년 7월 19일부터 9월 17일까지 상무를 시찰하였다. 그는 광동성 향산 출신으로 일생이 베일에 쌓인 인물이다. 청일전쟁 후 청국이 파견한 첫 번째 고위 관리여서 일본 정부와 경제계의 환대를 받았다. 그가 남긴 『고찰상무일기考察商務日記』1899는 제목대로 일본의 상공업을 탐방한 기록으로 일본이 어떻게 짧은 시간 동안 빈곤한 국가에서 부유한 국가가 되었는지 주목하였다. 하지만 그의 방문 목적이 불분명해 비밀사명을 띠었다고 추측하기도 한다.[46] 유학순이 일본 정치가들과 나눈 기록은 비밀 때문인지 남아있지 않지만, 경제계 인사들과의 대화 내용은 남아있다. 그는 상무를 시찰한 첫 번째 청국 관리였기에 일본 상공업계의 열렬한 환영을 받았다. 일본재계 인사들은 청국이 상무를 진흥시켜 양국 간 무역이 활발해지기를 희망하면서 늦은 감은 있지만 지금이야말로 청국이 부흥할 기회라고 했다. "부국은 반드시 상무의 진흥을 근본으로 해야 한다"라는 말이 그에게 큰 자극을 주었다. 유학순은 나가사키나 도쿄 등지의 상품진열소를 참관했고 전람회가 상무를 활성화시킬 것이라고 보았다. 그 밖에도 다양한 공장들을 시찰했는데, 여기에는 포병공장이나 조선과 같은 군수공장도 포함되었다.[47]

광동성 남해 출신인 황경黃璟은 직례농무국 총판으로 1902년 직례총독 원세개의 명으로 두 달간 일본의 농무를 시찰하러 갔다. 원세개는 서양의 농학을 배워 가장 큰 효과를 본 국가가 일본이라며, 황경을 보내 "일본을 시찰하고 농기구를 구매하며 새로운 기술을 받아들여 우리의 구습을 개

46 劉學詢(1899), 『考察商務日記』(緖文)(『走向世界叢書』(一百種)), 岳麓書社, 2016, pp.19~20.
47 王曉秋, 『近代中日文化交流史』, pp.335~336.

혁하는" 새로운 농업을 모색하고자 했다.[48] 황경은 『고찰농무일기考察農務日記』1902에서 일본농업을 칭찬하면서 "입국한 후 농지가 바둑판과 같이 반듯하게 정리되어 있고 남녀가 힘을 다하고 있으며 생산물의 품질이 우수하다. 옛말에 들에 노는 땅이 없고 나라 안에 유민이 없다는 말이 있는데 현재 상황이 바로 그렇다"라고 말했다. 그는 일본에서 토지의 구조, 농작물의 종류, 비료의 이용 방법 등 농업현황을 성실하게 관찰하였다. 각종 농업시험장도 방문해 표본과 종자를 구입하였다. 황경은 중국 역시 땅이 넓고 백성이 많아서 일본을 따라서 하면 부강해질 것이라 희망했다. 그는 일본농업의 성공 원인으로 일본인의 근면과 지혜를 꼽았으며, 시인인 탓에 여러 편의 시를 통해 일본농업을 칭찬하였다.[49] 황경은 여행 도중 천진에서 파견한 엄수를 만났으며, 귀국 후 북양연초공사를 만들어 중국 최초의 민족연초공장을 건설하였다.

유학순이나 황경처럼 일본 농공상업 분야의 시찰은 중국인의 일본학습이 이미 실업 건설로 넘어가서 부국을 위해서는 공업과 상업이 흥해야 한다는 인식을 널리 퍼지도록 만들었다. 물론 일본경제의 발전 경험을 수십 일간의 관찰로 이해할 수 있는 것은 아니었다. 하지만 관리와 다르게 신상紳商들은 실업 시찰과 실업교육을 서로 연결해 실업과 교육의 관계, 사회와 학교의 관계로 파악하였다. 장건의 『계유동유일기』1903와 주학희의 『동유일기』1903가 대표적이다.

장건張謇은 근대중국의 대표적인 실업가로 1894년 과거에 급제했으나 관리가 되는 길을 포기하고 기업과 학교를 세우는 일에 매진한 독특한

48 黃璟(1902), 『考察農務日記』(緖文), p.28.
49 王曉秋, 『近代中日文化交流史』, pp.338~340.

인물이다. 장지동과 유곤일의 도움으로 1899년 남통南通에 대규모 생사 공장을 건립하고, 1902년에는 최초의 사범학교인 통주사범通州師範을 만드는 등 기업과 학교를 세워 저명인사가 되었다. 그는 일본에서 다섯 번째로 열린 오사카내국근업 박람회1903의 초청을 받아 70여 일간 보고 들은 것을 『계유동유일기癸酉東遊日記』1903로 남겼다. 일본에 체류하던 70여 일 동안 무려 20곳의 도시, 35곳의 교육기관, 30곳의 농·공·상업기관 등을 다니며 일본의 교육과 실업을 고찰하였다. 특히 오사카 박람회의 농림관을 참관할 때 일본이 홋카이도를 개발한 역사를 알게 되었다. 메이지 정부가 전력을 다해 홋카이도를 개척한 노력에 큰 감동을 받았다.

장건은 "세계와 문명을 경쟁하려면 나아가지 않으면 퇴보하는 것으로 중립은 없다"라면서 일본인들은 이런 도리를 잘 알아 발분해 부강을 도모하고 마침내 세계열강의 대열에 들어갔다고 평가했다. 일본인은 과거에 중국 문명을 학습했으나 현재는 반드시 구미노선으로 가야 한다고 얘기하면서 중국인을 무시하는 것을 탄식하였다. 그는 일본 정부의 '식산흥업' 정책을 칭찬하면서 민간 상공업을 지원하는 정책에 주목하였다.[50] 장건은 일본인들이 공업을 다룰 때 취할 것과 버릴 것을 잘 아는데 이는 구미로부터 배운 것이라 했다. 청국도 상업을 허용하고 노동자를 잘 대우하면 일본을 넘어설 수 있다고 단언했다. 하지만 일본 관리들은 민간을 위한 정책을 펴서 이익이 생기면 상인에게 이익을 돌려주는 데 반해, 청국 관리들은 민간공업을 보호하지 않고 오히려 억누르거나 배척한다고 썼다. 명목상 관상합판官商合辦이지만 이익은 관리에게 돌아가고 손해

50 Ibid., p.396.

는 상인에게 돌린다는 것이다.[51]

장건은 실업과 교육의 상관관계를 잘 파악한 인물로 "실업이 아버지라면, 교육은 어머니"라고 비유하였다. 실업으로 교육을 보조하고 교육으로 실업을 개량하자면서 교육개혁을 주장하였다. 그는 메이지유신의 경험을 근거로 "교육이 첫 번째, 공업이 두 번째, 군대가 세 번째"라고 말했다. 나라의 부강은 군사력에 있는 것이 아니라 교육에 있다는 생각을 청국 정부가 받아들이길 희망하였다.[52] 장건이 건립한 여러 학교들은 그가 만든 기업들의 자본에 기반했으며, 학교에서 배양한 인재들은 기업발전에 이바지하였다.[53] 한편 장건과 마찬가지로 오사카 박람회를 관람하고 남긴 능문연의 『약암동유일기』1903는 구체적인 사실 묘사에 치중해 공예 기술 방면에 주목했는데, 장건이 인사와 제도 및 실업 구국의 환경 등을 주목한 것과는 차이가 난다.[54]

청말 장건과 '남장북주南張北周'라고 병칭되는 주학희周學熙는 실업가이자 교육가로 북양공예국北洋工藝局 총판이었다. 그는 안휘성 출신으로 양강총독 주복周馥의 아들이다. 주학희는 직례총독 원세개와 가족 교류와 혼인관계 등을 통해 신임을 얻어 상공업을 열고 교육사업을 하면서 북양 정부의 적극적인 지지를 받았다. 따라서 장건처럼 사업을 하는 데 관리의 방

---

51 왕효추, 신승하 역, 『근대 중국과 일본-타산지석의 역사』, 256쪽.

52 王曉秋, 『近代中日文化交流史』, pp.396~397.

53 장건(張謇)의 여행기 중에는 같은 시기 청국에서 파견한 황족 재진(載振)과 시랑 나동(那桐) 일행의 일본 시찰을 평가한 기록이 있다. 그는 황족 일행이 일본 관광에 열중할 뿐 국가발전이나 실업발전에 무심하다는 사실을 비판하였다. 재진이나 나동이 쓴 방명록에 이름을 잘못 쓴 무지함이나, 박람회장에 전시된 대만지도 중 복건 일부가 포함된 오류에 대해서 무감한 태도를 보인 사실 등에 유감을 나타내었다(張謇(1903), 『癸卯東游日記』(緖文)(『走向世界叢書』(一百種)), 岳麓書社, 2016, pp.18~19).

54 凌文淵(1903), 『籥盦東游日記』(緖文), p.29.

해를 받는 경우가 별로 없었다. 오히려 직례성의 신정개혁 과정 중에 마치 양무운동 시기 관독상판官督商辦과 유사한 밀접한 관계를 맺었다.[55] 1903년 봄 원세개는 주학희를 일본으로 보내 3개월간 고찰시켰는데, 『동유일기東遊日記』1903는 이때 만든 일본 시찰기이다. 그의 일본행은 천진–연대–인천–한성–목포–부산–나가사키로 이어지는 노선을 채택하였다. 조선을 경유해 일본으로 건너가는 경우는 흔치 않은 일로 좀 특이한 사례였다. 일본에서는 조선소, 제철소, 상품진열소, 방직창, 은행 등 다양한 산업시찰을 했고, 장건처럼 제5차 오사카 박람회에도 참가하였다.

주학희는 "일본 유신이 가장 주의한 것은 연병練兵, 흥학興學, 제조製造 세 가지 일이다. 연병의 일은 오로지 국가의 힘에 의지하므로 개인을 논할 필요가 없다. 학교와 공장은 민간 스스로 도모하는 경우가 많은데, 십수 년 동안 증가한 것이 열 배에 그치지 않고 발전 속도가 고금 중외에 보기 드물다. 현재 전국의 남녀가 배우지 않는 사람이 없고, 매일 필요한 서양 상품 중에 일본에서 모방해 생산하지 않는 제품이 없으며, 근래에는 구미에 판매해 이익을 다툰다"[56]라고 썼다. 대체로 주학희가 학교를 건립하자는 것은 장건과 달리 사범교육과 보통교육을 강조하는 경우가 많았다. 그리고 무엇보다 공상흥국工商興國을 주장하였다.

이준지李濬之는 산동 사람으로 외삼촌이던 장지동의 명을 받아 1905년 10월 천진에서 일본으로 파견되어 공업, 상무, 교육, 법률정치, 사회풍속 등을 조사하였다. 『동우쇄기東隅瑣記』1905에 그 내용이 담겨있는데, 일

55 馮雲琴, 「官商之間–從周學熙與袁世凱北洋政權的關係看晉新內部的官商關係」, 『河北師範大學學報』, 2003年 第4期, pp.127~132 참고.
56 周學熙(1903), 『東游日記』(跋文)(『走向世界叢書』(一百種)), 岳麓書社, 2016, p.123.

본의 실업교육과 사회교육 관련 내용이 풍부하다.[57] 일기의 특징이라면 후반부에 청국기업의 상황을 자세히 기록했다는 사실이다. 그리고 한국균의 『실업계지구십일』1906은 일본의 농업, 공업, 상업, 광업 등을 시찰한 내용인데, 『신보申報』에 소개되는 등 주목을 받은 책이다. 이 일기의 뚜렷한 특징은 대량의 도표와 수치는 물론 사진 등을 실어 설득력을 높였다는 점이다. 도표가 100개, 사진이 22개 가량 실려 있다. 흥미롭게도 일기에는 청국 실업을 고찰한 일본인 34명의 명단을 열거하였다. 청일전쟁 후 중국으로 파견된 일본인은 잠사업 8명, 도자기업 2명, 견사업 6명, 칠기업 2명, 기타 상업 18명 등이라고 기록하였다. 그는 명분이 시찰일 뿐이지 실제로는 자신들의 이익을 추구한 파견이라고 비판했다.[58]

얼마 후인 1908년 당시 청국 정부의 고위 관료이자 한야강철창漢冶鋼鐵廠과 평향매광萍鄉煤礦의 책임자인 65세의 성선회盛宣懷가 일본을 방문하자 정계와 재계가 들썩거렸다. 그는 이홍장의 양무 사업을 도왔던 인물이자 관료 매판 자본가의 대표적인 인물이었다. 성선회는 '중국 실업의 아버지'로 불린 근대중국의 제1세대 실업가이다. 19세기 중엽부터 말엽까지 대규모 공장들이 그의 손을 거쳐 창립되었다. 비록 증국번, 이홍장, 좌종당 등이 최초로 군수공장을 창건했지만, 이는 정치적 수요에 따른 것으로 진정한 실업가라고 말할 수 없다. 주학희, 장건 등이 실업을 일으킨 것도 20세기 초의 일이니, 그들은 제2세대 실업가라고 말할 수 있다.[59] 성선회는 전통적인 과거시험의 길을 걷지 않고 양무 사업에 투신해 명성

57 李濬之(1905), 『東隅瑣記』(緖文)(『走向世界叢書』(一百種)), 岳麓書社, 2016, pp.18~21.
58 韓國鈞(1905), 『實業界之九十日』, pp.132~135.
59 盛宣懷(1908), 『愚齋談瀛錄』(緖文), p.24.

을 이룬 전형적인 인물이었으며, 대규모 사업을 일으켰을 뿐만 아니라 고위 관리가 된 사례였다.

성선회는 권력과 자본을 모두 가진 인물로 중일 합작을 위해 일본으로 건너갔기에 정계와 재계가 주목한 것이다. 두 달간에 걸친 그의 일본 여행기 『우재동유일기愚齋東遊日記』1908에는 청국 관료 매판 자본가의 일본 관점이 담겨있어 중요한 가치를 지닌다. 그의 공식적인 방일 목적은 병을 치료한다는 것이었지만, 실제로는 한야평 공사와 일본과의 합작 문제 때문이었다. 따라서 일본제철소 관련 인물들을 만났지만 그 밖에도 조선소, 방직공장, 도자기공장 등 다양한 공장들을 시찰하였다. 일기에는 일본의 경영관리와 생산기술 관련 내용이 많은데, 특히 재정문제에 관심이 높아 화폐제도 개혁에 주목하였다.[60]

장건, 주학희, 이준지, 한국균, 성선회 등 실업가들이 주장한 실업교육이 비록 청말 실업교육의 주류가 되지 못했지만, 교육과 실업의 관계에 주목하는 계기를 만들었다는 점에서 의미가 있다. 그들이 관심을 가진 실업 분야는 교육 분야와 마찬가지로 농업, 공업, 상업 분야에 집중되었으나, 동유일기를 자세히 살펴보면 해·수양 산업 분야 관련 관심도 적지 않게 나타난다.

### 2) 해양-수산업

나진옥의 일기1902에서 일본의 부강술과 관련해 특기할만한 것은 국가가 항해업을 장려한 사실이다. "일본의 체신청이 해마다 항해업 장려금

60 Ibid., pp.27~35.

을 국가보조금으로 지급해 항해업의 발달을 유인한다"라며 1898년에만 항해업의 장려비로 무려 258만 원 정도를 지출했다고 썼다.[61] 이런 정책은 영국과 같은 해양강국의 해운정책을 본받은 것으로 항해업의 발달은 상업의 발전을 촉진한다고 보았다. 능문연의 일기1903에도 관람회의 통운관通運館을 참관한 기록이 있다. 여기서 통운이란 교통 세계를 볼 수 있는 곳으로 관선국官船局, 철도작업국鐵道作業局, 통신국通信局 등 세 가지로 나뉜다. 선박, 교통 운수, 우편 전신과 관련한 제도를 보면서 해권海權, 노권路權, 우권郵權은 서로 보완하며 교통 세계를 이룬다고 썼다.[62] 그는 일본 산업이 강국인 이유는 국가가 권력으로 보호하고 예산으로 지원해 도중에 끝나는 법이 없으며, 학교를 진흥시키고 유학생들은 열심히 배우고 귀국해 배운 지식을 전파시켜 나날이 그 수준이 향상되기 때문이라고 했다.

이준지의 일기1905에도 항운업에 관한 구체적인 사례가 있어 흥미롭다. 그가 처음 일본으로 가는 우편선을 탔을 때는 영국 국적이었으나, 귀국할 때는 오사카 상선회사의 1,800톤급 대지환大智丸이었다. 이 배는 사실상 광동인이 경영하는데, 은 5천 원을 일본 은행에 맡기고 운영한다. 모두 아홉 명의 청국인이 달마다 200여 원의 월급을 받는데, 만약 경영상 문제가 발생하면 저축한 것에서 깎았다. 오사카에서 천진으로 직항하는 데 보름에 한 차례 왕복하였다. 석탄 가격이 싸지 않아 비용부담이 크지만 이익도 적지 않다. 일본의 항운업이 발전한 것은 각지의 기선회사들이 많고 동아시아 항로가 사통팔달로 연결되어 있기 때문이다. 만약 양화를 구매해 운송하는 화상들이 연합해 기선회사를 만들면 좋을 것이

61 羅振玉(1902), 『扶桑兩月記』, p.105.
62 凌文淵(1903), 『籥盦東游日記』, p.104.

나 그렇지 않다면 배를 빌리거나 청국인이 관리한다면 항운업을 배울 수 있을 것이다. 그는 "기선과 철로는 모두 교통 세계의 핵심으로 해군과 큰 관련이 있으니 중국 초상공사는 기선을 우선으로 하는 것을 마땅히 염두에 두어야 할 것"[63]이라고 썼다.

엄수의 일기1902에는 항만건설 기사가 있다. 그는 산동 친구들과 함께 작은 배를 타고 새로 만드는 해항天寶山港을 구경하였다. 공장에서 기계를 이용해 건축자재를 생산해 항구건설에 투입하는데, 10년 기간을 목표로 현재 4년째라고 하였다.[64] 장건의 일기1903에도 오사카 우선회사의 일본인 도움으로 항만 매축공사를 하는 현장을 구경한 기록이 있다. 본래 바다였으나 매축 후에는 항구가 된다면서 게처럼 생긴 모양이라고 했다. 먼저 석선石船을 만들어 돌을 운반해 표지한 곳에 가라앉히는데, 큰 돌이 바다 위로 올라오면 흙을 붓는다. 흙을 운반하는 일은 모두 기계를 이용한다. 매축공사는 메이지 31년에 시작해 37년에 준공되는데, 2천만 원의 비용이 든다고 썼다.[65]

청국에 비록 농공상부가 있으나, 수산 분야가 빠져있듯이 상대적으로 중국인들의 수산업 관심은 부족하였다. 하지만 오사카 박람회를 참관한 능문연과 장건은 좀 달랐다. 능문연의 일기1903에는 수산관을 참관한 기록이 남아있다. 수산관에는 어업, 수산제조, 해염, 양식, 수산업 방법 등 다섯 분야로 분류했고, 다시 세부적으로 80여 종류로 분류한 후, 또다시 수백 수천 종으로 나누어져 그 상세한 숫자를 알 수조차 없었다고 적었

63 李濬之(1905), 『東隅瑣記』, p.8.
64 嚴修(1902), 『東游日記』, pp.36~37.
65 張謇(1903), 『癸卯東游日記』, pp.20~21.

다. 그의 보고서에 따르면, 메이지유신 이후 수산 개량이 겨우 10여 년에 불과한데, 그 발전 속도가 이전에 비해 10배라고 했다. 빈해의 국가에서 수산은 큰 이익이니 연구, 교육, 기술에서 놀라운 발전을 이루었다고 평가했다. 청국의 수산은 오직 소금을 국가세금으로 부과할 뿐 나머지는 고려하지 않지만, 일본은 수초류나 해조류도 농상무성에서 고루 세금을 거두니 국가가 교육과 연구에 거액으로 지원할 수 있는 구조이다.[66] 능문연은 해염진열소도 참관했는데, 소금은 크게 식용, 농업용, 공업용 등으로 나뉘며 소금을 만드는 과정에서 부산물도 있다고 썼다.

능문연과 동행했던 장건은 소금생산에 특히 흥미가 많았다. 일본의 소금생산은 민간용이 부족해 대만 소금을 가져와 부족분을 채운다고 한다. 의화단운동 후 각국이 무역조약을 맺을 때 양염洋鹽의 수입 요청이 있어 당시 염상들이 떠들썩했다. 근대식 공장에서 소금을 만드는 새로운 방법은 소금 시장의 격변을 가져왔다. 그는 박람회의 수산관을 방문해 소금생산 방법을 예의주시하였다. 전시장에는 소금을 생산하는 여러 지역의 모형을 만들어놓아 비교적 쉽게 이해할 수 있었다. 장건은 소금가마를 개량한 사람을 직접 찾아가 대만 소금을 다시 제조해 일본 소금과 비슷하게 만드는 방법을 살폈다. 그리고 일본인 염전을 구경하면서 세금을 부과하는 방식을 알아본다든지, 염업 조사소를 직접 찾아가 미국제염법과 일본제염법을 비교하였다.[67]

장건의 수산업에 관한 관심은 일기 속에 나타난 내용 이상의 것이었다. 이 사실은 귀국 후 그의 활동에서 잘 드러난다. 장건이 중국 수산·어

66 凌文淵(1903), 『籥盦東游日記』, pp.85~86.
67 張謇(1903), 『癸卯東游日記』, pp.22·47~50.

업의 근대화에 앞장선 대표 인물이라는 점은 수산·어업사 연구자들 사이에서는 잘 알려진 사실이다. 그 계기는 다름 아닌 1903년 4월 말부터 6월 초까지 청국 실업계 대표로 일본 오사카 박람회를 방문한 경험이 결정적이었다. 비록 그의 동유일기에서는 충분히 언급되지 않지만 일본 수산·어업의 선진성에 큰 자극을 받아 귀국 후 중국 수산·어업의 근대화에 앞장섰다. 장건은 중국에도 연해어업공사를 만들 것을 제안했으며, 그 결과 강절어업공사江浙漁業公司를 시작으로 연해칠성어업공사沿海七省漁業公司가 만들어졌다. 보통 이 사건이 근대 어업정책의 시작으로 알려져 있다. 실제로 그는 독일어선을 구매해 복해福海호라고 명명하고, 이런 중국 최초의 근대어선을 가지고 새로운 어장을 개척하려고 노력했다.[68]

당시 장건은 "각 나라의 영해 경계는 근해와 원양의 구별이 있는데, 근해는 본국 스스로의 권리를 가지며, 원양은 각 나라 공공의 것이다. 윤선으로 고기를 잡는 것은 마땅히 원양에서 해야 하며, 근해 수백 리는 작은 배로 고기를 잡는 구역을 정해야 한다"[69]라고 말했다. 이 말처럼 그는 근대적 영해 인식을 가장 빨리 수용한 인물이기도 하다. 1905년 청국주재 이탈리아 공사가 청국 외무부에 다음 해 밀라노에서 열리는 어업박람회에 청국이 참여할 것을 요청했을 때, 칠성어업공사의 고위 관리였던 장건은 "어업과 국가는 밀접한 관계가 있다. 중국의 어정漁政은 오래되었지만 사대부들이 해권海權을 알지 못한다"라며, "칠성어업공사의 이름으로 세계에 표명해야 할 것 가운데 하나는 영해주권領海主權의 명분"이라고 주장했다.[70] 이 공문에 따르면 적어도 1905년에 영해란 용어를 정부 관리

68 조세현, 『천하의 바다에서 국가의 바다로』, 일조각, 2016, 365~369쪽.
69 李士豪·屈若搴, 『中國漁業史』(1936), 上海書店, 1980再版, pp.16~17 재인용.

였던 장건이 처음 공식적으로 쓴 것이라고 볼 수 있으며, 어업과 영해 주권을 연결시켜 영해란 용어를 일반화시킨 장본인이었다.[71] 이처럼 그는 실업가여서 그런지 해양의 중요성을 군사적 측면에서뿐만 아니라 해양 자원의 이용이란 측면에서 접근하였다. 이에 따라 어업 경계가 곧 해양 경계이며, 어업구역을 명확히 구획해 수산물을 확보할 것을 희망하였다.

장건은 수산업 진흥을 위해 1904년 청국 정부에 정식으로 수산학교를 창립할 것을 제안했으며, 우선 강절어업공사에서 어민소학교를 열어 그 출발을 알렸다. 그는 어민학교를 열면서 일본처럼 수산강습소를 준비해 어업 인재를 양성하고자 했다. 그리고 장건은 일본과 마찬가지로 항운 교육의 발전을 위해 윤선 항해사를 배양하자며 상선학교 건립을 주장하였다. 마침내 1912년 그의 노력으로 상해 오송에 상선학교가 세워졌다. 어업학교와 상선학교의 설립은 장건의 일본방문 경험과 무관하지 않은 것은 분명하다.[72]

몇 년 후 성선회의 일기1908에는 일본조선소를 살핀 기록이 있다. 우선 고베의 가와사키川崎조선소를 참관한 내용이 있다. 이 공장은 가와사키川崎씨가 창건한 기업으로 메이지 29년에 주식회사로 바뀌었다. 이름은 옛날 그대로이지만 가와사키씨는 고문관으로 있다. 처음에는 규모가 작았지만, 현재 자본은 이미 1천여만 원에 이르고 군함, 윤선, 범선 등 선박과 관련한 다양한 기계를 고루 제조한다. 선박 제조용 둑은 10여 개이며, 5백 톤에서 2만 톤까지 차등이 있다. 공장부지는 6만여 평으로, 공

70 Ibid., p.64 재인용.
71 조세현, 『천하의 바다에서 국가의 바다로』, 294쪽.
72 何新華, 『晩淸海防與海權思想論略』, 中國社會科學出版社, 2018, pp.199~204.

학박사 등 50여 명을 고용하고 일반 노동자는 만여 명이다. 현재 9천 톤급 선박 두 척과 6천 톤급 선박 4척을 비롯해 해군용 기계들을 만들어 무척 바쁘다고 썼다.[73] 다음으로 귀국하는 길이 나가사키에 있는 미쓰비시三菱 합자회사 조선소를 참관해 조선소의 역사와 현황을 자료에 남겼다. 조선업에서는 재료가 가장 중요하다면서 조금이라도 신중하지 못하면 전체 선박의 생명과 재산에 해를 입힐 수 있으므로 세계 각국의 어떤 선박들도 재료를 사용할 때 전문가가 세밀하게 검사해 문제가 발생하면 사용하지 않는다고 했다.[74] 이것은 성선회가 운영하는 제철소와도 관련이 깊은 사안이었다.

## 4. 법 · 행정 시찰 및 해양 문화

### 1) 사법제도 분야

메이지 일본은 국가발전과 사회진보가 진행되면서 법제의 정돈이 이루어졌다. 일본으로 간 청국인들은 근대일본의 법 · 행정제도를 시찰하면서 일본은 입헌군주제 아래 의회를 설치하고, 지방자치를 실행한다는 사실을 발견하였다. 여전히 천황제는 절대적인 행정권을 가지고 있었다. 청국 정부는 일본을 본받아 법제 개혁을 시행하고자 전문가를 파견해 법 · 행정제도를 시찰했는데, 각 지방에서도 시찰단을 파견할 때 일본의 법 · 행정제도에 주목하였다. 특히 청말신정 시기 출양오대신과 같은 해외

73 盛宣懷(1908), 『愚齋談瀛錄』, p.107.
74 Ibid., pp.122~124.

사절단이 일본의 입헌군주제에 깊은 관심을 가지고 시찰한 사실은 이미 학계에 알려져 있다.[75] 다른 시찰단들은 입헌제말고도 일본의 사법제도 가운데 심판제도, 변호제도, 감옥제도 등에 깊은 인상을 받았다. 여기서는 이런 사법제도를 중심으로 살펴보겠다.

메이지 초기부터 추진한 사법권의 독립은 경험이 전혀 없었기 때문에 한참 동안 사법권과 행정권의 분리가 이루어지지 않았다. 사법성을 설립하고 재판소가 설치되면서 점차 독립하였다. 실제로 사법제도는 사법기관의 성질, 임무, 조직, 심판과정, 사법행정 등을 포괄하는 복잡한 제도이다. 일본을 방문한 청국인은 제한된 지식과 한정된 시간으로 말미암아 일본의 사법제도를 체계적이고 전면적으로 시찰하는 데 어려움을 겪었다. 하지만 심판제도와 변호제도가 건전하게 운영되는 사실과 일본 감옥이 엄격하지만 학대하지 않고 오히려 교화시키는 기능에 놀라워했다. 이를 통해 일본 사법제도의 선진성을 실감하였다.[76]

유학순1899에 따르면, 일본 형법은 옛날에는 당률唐律을 채용했으나 메이지유신 시기에는 명률明律을 채용하였다. 왕실이 쇠퇴하고 막부가 통치할 때는 형벌의 경중을 장관의 뜻에 따랐다. 메이지 정부는 대법원과 재판소를 개혁해 서양 법률을 참고했는데, 외국과의 교류가 활발해지면서 프랑스법률을 채용해 태형과 참살과 같은 가혹한 처벌이 사라졌다고 했다.[77] 요봉도1903도 도쿠가와 시대의 형법은 중국보다 가혹했으나, 메이지 2년 프랑스인을 초빙해 서양 법률을 받아들여 형법을 개정하였다.[78]

75 조세현, 「청말신정 시기 오대신출양과 군주입헌론의 전개」, 『근대 서구의 충격과 동아시아의 군주제』, 산지니, 2014, 55~89쪽 참고.
76 孫雪梅, 『清末民初中國人的日本觀－以直隸省爲中心』, p.109.
77 劉學詢(1899), 『考察商務日記』, pp.20~21.

죄수를 인애로서 다루지, 잔혹으로 다루지 않았다. 부득이하게 구형하더라도 국가의 폐해를 제거하는 수준일 뿐이라고 썼다.[79]

엄수1902의 여행기에는 심판과 변호제도 관련 기사가 있다. 일본 고유의 심판방식은 중국과 크게 다르지 않았으나 사법개혁을 한 다음에는 고문과 같은 형벌을 폐지하였다. 범죄자를 마음대로 구속할 수 없고, 경찰이 범인을 구속할 때도 사사로이 무력을 사용할 수 없으며, 만약 폭력을 사용할 경우 처벌을 받는다고 했다.[80] 일본은 1882년 형사소송법을 만들어 피고가 변호인을 선임하지 못하더라도 재판소가 변호인을 선임하는 국선변호인제도를 도입하였다. 그러나 엄수는 범인의 죄가 엄중하면 법률로 정해 스스로 변호사를 구하지 못하게 하고 사법기관에서 파견한다고 보아 잘못 이해하였다.

오여륜1902은 일반법원, 대법원, 재판소, 감옥, 법률, 법학, 법의, 경찰소 등에 대해 고루 언급한다. 예를 들어, 강도 살인으로 원심에서 무기징역을 언도받은 사람이 이에 불복해 대법원에 항소할 수 있다. 재판 중에 범죄자가 사형에 해당된다고 밝혀져도 원래 형량보다 무겁게 줄 수는 없어 무기징역으로 판결한다고 적었다. 이렇게 법이 관용을 베풀 경우 요행을 바라는 자가 많아질 것을 우려했으나, 한 일본인이 법률의 의미를 설명해 주어 비로소 납득할 수 있었다.[81] 능문연1903은 오사카재판소를

---

78 메이지 정부는 1870년에 프랑스민법을 모방한 민법전의 편찬에 착수했고, 1873년 프랑스 법학자 보와소나드(Boissonade)가 일본으로 건너와 프랑스 법률수용에 노력하였다. 1880년에 보와소나드가 편찬한 프랑스 형법과 형사소송법이 공포되었다(허동현, 『근대한일관계사연구－조사시찰단의 일본관과 국가구상』, 115쪽).

79 姚鵬圖(1903), 『扶桑百八吟』(『走向世界叢書』(一百種)), 岳麓書社, 2016, p.58.

80 嚴修(1902), 『東游日記』, pp.33~36.

81 吳汝綸(1902), 『東游叢錄』, p.67. 오여륜은 일본법에는 헌법, 형법, 형사소송법, 민법, 민사소송법 등 다섯 가지가 있다. 형법은 공법으로 국가안정과 질서를 보호하는 것이며, 민법은 사법으로

방문했는데, 재판정 구조를 설명하면서 재판의 옳고 그름을 판단하는 것은 오로지 증거에 의존하며, 증인이 위증으로 범인을 비호할 경우 검찰은 위증죄를 적용해 징벌을 더욱 엄중히 한다고 했다.[82] 오사카를 방문한 이준지1905도 오사카법원과 재판소 방문하였다. 소송에는 민사와 형사가 있는데, 형사범은 초립을 써 얼굴을 가린다고 썼다.

청국 관신들은 사법성을 방문해 재판정을 구경했는데, 지방재판소에서 불복한 사안을 상고하면 대법원대심원에서 다시 재판을 한다는 사실에 놀라워했다. 좌상종의 경우 1907년과 1908년 두 차례에 걸쳐 일본을 방문했는데, 일상적인 학교 방문 이외에도 법·행정 시찰에 주의하였다. 특히 두 번째 여행에서 사법제도에 주목해 일본 사법성을 방문해 재판제도를 이해했으며, 실제로 재판 현장을 견학해 사법제도의 작동과정을 살펴보았다. 그는 일본의 재판제도를 소개하면서 전국에 대법원은 한 곳만 있고, 재판장의 권한이 독립적이어서 정권의 간섭을 받지 않는다고 했다. 법정이 조용하고 엄숙하며 재판정에 고문 도구가 없는 등 문명화한 사법제도에 경탄하였다.[83] 양태계1906~1907는 시찰뿐만 아니라 유학의 성격을 띠었는데, 도쿄에서 여러 차례 법정학교에 가서 수업을 들으면서 지방제도와 치외법권 등을 학습하였다. 하지만 짧은 시찰과 공부 탓에 오독 현상도 나타난다. 도쿄지방재판소를 참관할 때 법관의 복장이 전통 복장으로 서양 복장을 입지 않았다고 했는데, 실제로 그가 본 복장은 서양식 법관 복장이었다.[84]

---

사유재산 권리를 보호하는 것이라 했다(吳汝綸(1902), 『東游叢錄』, pp.96~97).

82 凌文淵(1903), 『籥盦東游日記』, p.146.

83 左湘鍾(1907/1908), 『談瀛錄』, pp.168~172.

84 楊泰階(1906~1907), 『東游日記』(緒論), pp.17~21.

심익청1899은 막 신설된 경찰감옥학교를 시찰하였다. 경찰과의 경우 생도가 150여 명이었으며, 감옥과의 경우 120여 명이었다. 다양한 범죄 유형을 소개하는 범죄학 강연을 듣고 주변 시설들을 둘러보았다.[85] 심익청과 함께 일본으로 건너간 정홍신의 일기에도 경찰감옥학교 기록이 보인다. 학생은 두 종류인데, 하나는 경찰이나 감옥에서 파견된 사람들로 반년이면 졸업한다. 다른 하나는 중학교를 졸업한 후 경찰과 감옥에 지원한 사람 중 심사에 합격한 사람으로 1년이면 졸업한다. 모두 260명이 있었는데 경찰법, 감옥법말고도 헌법, 민법, 형법, 소송법, 위생학, 실무 연습, 체조 등을 배운다고 했다.[86]

쌍도의 일기1902에는 일본경시청을 참관하면서 그 체제는 사법과 행정 두 부분으로 이루어졌는데, 서로 간섭이 많고 권력이 크지만 모두 평화적인 수단을 사용한다고 했다. 즉 법은 엄하지만 가혹하지 않고, 명령을 집행하지만 소란스럽지 않다는 것이다. 민간인이 아닌 군인의 경우 경찰이 아니라 헌병이 담당하는데 육군성 관할이라고 했다. 그는 각 지역에 설치된 경찰서를 방문해 그 운영방식을 상세하게 소개했다.[87] 황경1902은 오여륜, 엄수, 쌍도 등과 함께 경찰서를 방문하였다. 경찰서, 파출소의 현황이나 경찰 인원이나 월급 등에 대해서 기록하였다. 범죄 현황을 소개하면서 법이 엄해 비록 절도는 있지만 강도는 없다고 했다. 경찰이 범인을 체포하는 시범도 관람하였다.[88] 다음 해 요전손1903은 도쿄경시청을 방문했을 때 청국에서 건너와 경찰행정을 배우는 호북학생 10명

85 沈翊清(1899), 『東游日記』(『走向世界叢書』(一百種)), 岳麓書社, 2016, p.63.
86 丁鴻臣(1899), 『東瀛閱操日記』(『走向世界叢書』(一百種)), 岳麓書社, 2016, p.61.
87 雙壽(1902), 『東瀛小識』(『走向世界叢書』(一百種)), 岳麓書社, 2016, pp.133~136.
88 黃璟(1902), 『考察農務日記』, p.63.

과 북경학생 6명을 만났다. 소개에 따르면 정치경찰, 형사경찰, 행정경찰, 위생경찰, 소방경찰 등으로 나뉜다고 했다.[89]

청국 관신들이 사법제도와 관련해 단골처럼 방문한 곳은 감옥이었는데, 근대적인 감옥 시설에 감탄을 연발하였다. 황경1902은 도쿄경시청과 경찰서 및 도쿄 스카모巢鴨 교도소를 방문하였다. 황경이 감옥을 방문했을 때는 감방에 12명씩 수용하는데 중죄인은 붉은색, 경죄인은 푸른색 옷을 입는다. 여러 분야로 나눠 직업 교육을 시킨 후 공장에서 제품을 만들어 판매한다. 어린 아이는 학교를 세워 가르치고 스님의 설법으로 죄를 뉘우치게 한다. 감옥에서 규칙을 어기면 독방에 가두고 음식을 줄인다. 병자는 병원으로 옮겨 치료하고, 처음 감옥에 들어올 때도 5일간 별도로 구금해 전염병을 방지한다고 기록했다.[90] 황경과 함께 교도소를 방문한 오여륜의 기억에도 감옥을 방문했을 때 감방이 깨끗하고 죄수들이 일정한 색깔의 죄수복을 입은 풍경을 보았다. 그들이 노동을 해서 만든 제품을 판매해 수익이 나면 국고로 귀속시킨다. 모범수의 경우 출옥 시기를 앞당기는 상을 준다. 감옥 위생에 특별히 신경을 써서 감옥 내 병원은 빈방이 많다고 했다.[91]

---

89 繆荃孫(1903), 『日游滙編』(『走向世界叢書』(一百種)), 岳麓書社, 2016, p.29. 요붕도(1903)에 따르면, 일본 경찰은 중학교 졸업생으로 뜻이 있는 자가 한다. 의무가 많고 그 행정은 대략 중국의 주현관과 같으나 사법권이 없을 뿐이다. 경찰은 모두 유도를 배운다고 썼다(姚鵬圖(1903), 『扶桑百八吟』, p.59).

90 黃璟(1902), 『考察農務日記』(緖文), pp.61~62; 雙壽(1902), 『東瀛小識』, pp.133~136.

91 吳汝綸(1902), 『東游叢錄』, pp.68~69. 비슷한 시기 일본을 방문한 나진옥은 일본의 감옥 제도를 관찰해 죄수들을 노동시키는 방법이 가장 배울만하다고 했다(羅振玉(1902), 『扶桑兩月記』, p.107). 그리고 엄수도 감옥에서 죄수를 교육시키고, 감옥 내 공장에서 일을 시킨다면서, 그들이 만든 제품을 진열한 곳을 관람하였다(嚴修(1902), 『東游日記』, pp.56~57). 또한 요붕도에 따르면, 전국의 감옥을 도쿄 등지에 설치하고 사법부에서 관할한다. 감옥 제도가 세밀해 대체로 어리면 공부를 가르치고, 성인은 기술을 가르치며, 이를 위해 감옥 내에 학교, 공장, 의원, 정원 등을 만들었다. 죄수를 교육시킨다는 것은 중국에서 예로부터 듣지 못한 것이라고 썼다(姚鵬圖

요전손1903는 도쿄의 스카모 교도소를 방문했는데, 근래에 개축되어 일본의 중앙감옥으로 썼다. 전국에서 11년 이상의 형을 받은 중범죄자를 이곳에 모았다. 죄수들은 붉은색 옷을 입는데, 형이 끝나가거나 기술을 배우려는 죄수는 푸른색 옷을 입었다. 감옥 내에는 다양한 제품을 만드는 여섯 개의 공장이 있었다. 일본 감옥의 운영과정을 꼼꼼히 소개하면서 청국의 불량한 감옥 제도와 비교하였다. 그는 인정을 베푸는 일이 감옥에서도 가능하다는 인상을 받았다. 감옥이 깨끗하려면 반드시 먼저 경찰서가 만들어져야 하고 범인이 쉽게 탈옥할 수 없도록 해야 한다고 썼다.[92] 황경희1903도 같은 해 스카모 교도소를 방문하였다. 감방에는 열 명을 수용할 수 있는데, 침구가 가지런하고 무척 깨끗한데 죄수가 관리한다. 공부방에는 책이 있고, 수도가 있으며, 전등도 있어 중국의 학당과 같다. 낮에는 공장에서 일하다가 밤에는 돌아와 점호를 받고 잠을 잔다. 점호를 할 때 이름을 부르지 않고 번호를 부르는데, 수치심을 일깨우기 위해서이며 죄수 번호는 옷에 꿰매어져 있다. 휴일에는 강당에 모여 수신 관련 연설을 들어 감화를 받도록 하는데, 강연하는 사람은 모두 스님이었다. 그 밖에도 감옥 관리에 대해 상세하게 기록하였다.[93]

한편 능문연1903은 오사카의 호리카와노掘川 감옥을 방문하였다. 감옥 구조나 감옥 운영에 관해 묘사했고, 남녀가 구분되어 생활한다거나 미성년자의 경우 성인과 다른 대우를 받는다는 사실 등을 기록하였다. 일본 감옥에는 학교와 공장을 설치해 기술을 가르치는데, 백성이 직업이 없으

---

(1903), 『扶桑百八吟』, pp.58~59).

92 繆荃孫(1903), 『日游滙編』, pp.29~30.

93 王景禧(1903), 『日游筆記』(『走向世界叢書』(一百種)), 岳麓書社, 2016, pp.110~112.

면 죄에 빠지게 되니 국가가 이를 방지하기 위한 조치라고 보았다. 청국에서도 이런 제도를 배울 것을 제안하였다.[94] 그리고 이준지1905도 오사카 감옥을 시찰했는데, 풍속죄 등 죄명을 아홉 개로 분류해 설명하였다. 범죄자가 가족과 면회하는 곳이 있다든지, 밖으로 편지를 쓰고자 하면 대필해준다고 했다. 한편 채혈하는 죄수는 좀 더 나은 대우를 받았다고도 썼다. 기본상황은 도쿄의 경우와 유사하였다.[95]

그런데 1900년을 전후해 일본을 방문해 사법제도를 칭송한 청국 관신들과는 달리, 20여 년 전인 1881년에 조선에서 파견한 조사시찰단은 법의 고유목적이 정의의 실현에 있던 서양 법률이 예의나 도덕과 같은 규범을 실현하기 위한 수단이 아니라는 사실에 놀라워했다. 당시 조선인들은 이런 일본 형법의 서구화에 반감을 가졌지만, 장차 조선 사법제도 개혁의 모델이 된 것은 청국과 마찬가지였다.[96] 청말신정의 핵심이 예비입헌과 헌정 개혁이므로 이를 위해 청국 관신을 일본으로 파견해 법·행정제도를 시찰했는데, 중국 학생들을 유학 보내 장기간 혹은 속성으로 법·행정을 공부시켰다. 이들은 일본 사회가 헌법아래 군주 권력이 있다든지, 지방자치가 뛰어난 사실에 놀라움을 표시하였다.[97] 법·행정 시찰 가운데 해양법이나 해양 행정에 관한 내용은 일기에 거의 눈에 띄지 않아 아쉽다.

---

94 凌文淵(1903), 『篙盦東游日記』, pp.99~100.

95 李濬之(1905), 『東隅瑣記』(『走向世界叢書』(一百種)), 岳麓書社, 2016, pp.15~17. 몇 년 후 좌상종은 도쿄 감옥을 방문해 죄수들이 거주하는 감방의 구조를 설명하거나 이들이 일하는 작업장의 모습을 소개하면서 여름에도 악취가 나지 않는 복지시설에 놀라움을 드러내었다(左湘鍾(1907/1908), 『談瀛錄』, pp.181~183).

96 허동현, 『근대한일관계사연구-조사시찰단의 일본관과 국가구상』, pp.116~117.

97 劉庭春의 『日本各政治機關參觀詳記』(1907), 王儀通의 『調査日本裁判監獄報告書』(1907) 등.

앞서 살펴본 교육 시찰, 실업 시찰, 법·행정 시찰 말고도 주목할 만한 시찰 분야로는 군사 시찰육군과 해군이 있는데, 군사 시찰의 경우 그 분야의 특성상 다른 시찰단과 달리 쉽게 개방하지 않았다. 이 문제는 다음 장에서 자세히 다룰 것이다.

### 2) 도국島國의 해양 문화

청국인들이 일본의 해양 문화를 처음 경험하는 것은 일본으로 가는 항로 중 만난 풍랑과 배멀미와 증기선의 복잡한 설비와 규칙 등일 것이다. 여행자들은 상해에서 배를 타고 나가사키에 도착한 다음 현지 화교들의 도움을 받아 화교현실이나 상업 현황을 파악하고 주변 상선회사나 조선소 등을 참관하였다. 그들은 거치는 항구도시마다 화교들의 도움을 받았는데 삼강방, 광동방, 복건방 등 세 개의 그룹이 있었고, 그 중 광동방이 경제계의 주축을 이루고 있었다. 1908년 성선회가 방문할 당시 고베의 화상이 가장 많다면서 모두 3천여 명이라고 했다. 그가 삼강, 광동, 복건과 더불어 북방 화교를 포함시켜 모두 네 개의 방으로 분류한 것이 특이하다. 그런데 과거에는 수출 화물을 모두 화상이 대리해 돈벌이가 좋았으나 당시에는 대부분 일본인들이 직접 처리하고 있어 수입이 이전만 못하였다.[98]

물론 상해가 아닌 천진, 연태, 홍콩 등지를 출발해 일본으로 오는 배들도 있었다. 일본에 도착 후 경유하는 모든 항구시모노세키, 고베, 요코하마 등에는 엄격한 검역이 이루어졌으며 규정에 따라 꼼꼼한 세관 신고가 이루어졌

98 盛宣懷(1908), 『愚齋談瀛錄』, p.68.

다. 만일 조금이라도 문제의 여지가 있으면 상륙을 허락하지 않았다. 일본 내해를 항행하면서 다양한 등대를 구경하거나 곳곳에 설치된 포대들을 구경하였다. 그리고 이 시기에는 철도건설이 상당 정도 이루어져서 이전과 달리 일부 구간은 윤선이 아닌 기차를 타고 이동하는 경우가 잦았다. 그들은 종종 박물관 등지에서 청일전쟁의 패배로 일본인이 가져온 자국 전리품을 구경하거나 청국 유학생의 배만排滿 풍조를 겪기도 했다.

일본 현지에서 청국 관신들은 섬나라 일본의 해양 문화를 직간접적으로 경험하였다. 수족관을 방문한 경험이나 고래 이야기를 들은 사례 등이 그것이다. 엄수의 일기1902에 수족관을 방문한 기사가 있다. 큰 거북이를 보며 돼지와 같다고 하는 등 다양한 해양 생물들을 묘사하였다. 수족관에는 사무실, 기관실, 전등, 수도시설이 있고, 위층에서 수중생물이 있다고 했다. 수중생물은 유리 안에 있고 돌들을 적절히 배치했다고 썼다.[99] 왕경희의 일기1903에도 수족관을 방문해 건축구조와 유리 벽 및 수조 안으로 공기를 주입하는 장치들을 살펴보았다. 해양생물 중에는 육상동물과 물고기의 성질이 섞여 있는 것들도 있는데, 배가 고프면 사람들을 향해 고개를 흔들기도 한다고 적었다.[100] 정육의 일기1906에서도 도쿄 수족관에 입장료를 내고 방문한 기사가 있다. 출입문이 별도로 만들어져 있고 어두운 길로 이어져 있는데, 양쪽 면에 유리 벽이 만들어져 그 안에 다양한 생물들이 있었다. 수족관에는 이전에는 본 적이 없는 무수한 어류들이 있었다.[101]

---

**99** 嚴修(1902), 『東游日記』, p.30.

**100** 王景禧(1903), 『日游筆記』, p.115.

**101** 수족관 밖 능운각(凌雲閣)에는 러일전쟁 당시 남산(南山)에서의 격전도와 동해에서의 해군격전도를 볼 수 있었다(程淯(1906), 『丙午日本游記』(『走向世界叢書』(一百種)), 岳麓書社, 2016,

해양생물 가운데 가장 관심이 많았던 어류로는 역시 고래가 아닐까 싶다. 양태개의 일기1907에는 고래에 관한 흥미로운 기사가 있다. 그에 따르면, 고래는 용도가 가장 많은데 그 껍질두께는 소가죽의 두 배이고 큰 뱀 가죽 같이 생겼는데, 가죽신부터 가죽가방 등 다양한 제품을 만드는 데 쓰이며 매우 견고하다. 어유魚油를 만드는 공장이 많은데, 각국으로 수출해 등유나 양초를 만드는 데 쓴다. 이런 기름을 만드는 데 몸집이 큰 어류가 좋은데, 고래의 경우 지방이 700~800석이나 나온다. 따라서 고래를 포획하면 큰 이익을 남기며, 일본인의 속담에 "고래 한 마리를 잡으면, 일곱 개의 촌락이 부유해진다"라고 한다. 일본에서 수산업이 크게 발전한 것을 보면 고기잡이의 이익을 추측할 수 있다고 했다.[102]

그의 다른 날 일기에는 도사土佐 근해에서 큰 고래를 포획했다는 기사가 있는데, 사람들이 소양小洋 일각一角을 내고 입장권을 사서 구경한다고 썼다. 고래의 길이는 90여 척이고, 체중은 2만 관에 이른다. 고래는 두 가지 종류가 있는데, 크고 작은 것에 따라 나눈다. 큰고래는 수면에서 공기를 마시며 힘이 세고 애정이 깊다. 이런 큰고래는 포유류라서 새끼를 낳고 젖을 먹인다. 어부들은 어린 고래를 포획한 후 이를 이용해 어미 고래를 유인하기도 한다. 고래울음 소리를 들으면 총격을 가해 부상을 입혀 큰 비명을 지르게 만든다. 울부짖는 소리를 듣고 주변 고래들이 몰려드는데, 서로 협력해 다친 고래를 보호하려고 한다. 이번 도사 바다에서 고래를 포획할 때의 상황을 자세히 묘사하면서 포획 과정에서 고래 꼬리가 잘려 아쉬움을 남겼다고 했다. 어류의 진퇴는 꼬리가 좌우하므로 가

pp.120~121).

**102** 楊泰階(1906~1907), 『東游日記』, pp.42 · 49.

격을 판단할 때 꼬리가 가장 중요한데, 이번에 꼬리가 잘린 것은 유감이라는 것이다.[103]

동유일기는 비록 일기라는 제목을 붙였지만 보고서 성격이 강해서 개인적인 경험이나 소감보다는 공식적인 시찰과 견해를 제시하는 것이 보통이다. 따라서 해양문화의 사적인 기록을 찾기는 생각보다 쉽지 않다. 하지만 동유일기의 한 형식인 '죽지사竹枝詞'란 문학 장르의 경우는 다르다. 청말 해외 죽지사 가운데 일본 관련 죽지사가 가장 많으며, 여기에는 개인 여행기처럼 해·수양 문화가 종종 소재로 등장한다.

동유일기 중 진도화陳道華의 『일경죽지사日京竹枝詞』에는 해양 풍경, 해수욕, 미역, 화물선 등[104]을 소재로 한 시 구절이 보인다. 예를 들어, 해항에는 고래가 많은데, 호흡하면 운무를 이룬다. 바닷가에 남녀가 수영을 할 수 있는 곳이 있으며, 사람들이 물놀이로 더위를 식히는데 해수욕이라고 부른다. 미역은 바다에서 나는데, 잎의 두께가 종이와 같고 색이 푸르고 향기롭다. 해상법에서 배를 빌리는 계약은 배로 화물을 옮겨 바다로 나가는 것이다 등과 같은 구절이 보인다. 요붕도姚鵬圖의 『부상팔백음扶桑八白吟』에서도 군함, 박람회의 수산관 등[105]을 시의 소재로 삼았다. 예를 들어, 조일환朝日丸이란 군함은 작년 영국에서 건조되었는데, 외국인과 일본인들이 이를 관람하였다. 박람회의 수족관에 있는 진주는 모두 류큐 산인데, 검푸른 빛이 옻과 같고 그 가운데 금빛을 포함한다 등과 같은 구절이 있다. 청국 사절단이 일본의 교육, 실업, 법·행정 분야에 비해 해양

103 Ibid., pp.48~49.
104 陳道華(1908), 『日京竹枝詞』(『走向世界叢書』(一百種)), 岳麓書社, 2016, pp.10·19·26·28.
105 姚鵬圖(1903), 『扶桑百八吟』, pp.47·48.

분야에 관심이 적어 보이는 것은 대륙중국의 특성이 남아있을 때문일 것이다. 그래도 양무운동 시기 서양 해양 문명의 충격을 받았듯이, 청말신정 시기 일본의 해양 문화에 의해 중국인들이 어느 정도 자극을 받은 것은 분명해 보인다.

덧붙이자면, 청말신정 시기의 동유일기에 대한 비판적인 평가도 남아 있어 흥미롭다. 영국 선교사 티모시 리처드Timothy Richard, 李提摩太의 중국어 비서이자 광학회 일을 돕던 정육程淯은 산서순무의 명을 받아 일본을 여행하고 『병오일본유기丙午日本游記』1906를 남겼다. 본래 관방에서 파견한 것이었으나 청국 관리의 여행이 타락한 지 오래되어 상인자격의 이름을 빌어 개인 관계를 활용해 학교, 공장, 의원 등을 시찰하였다. 그에 따르면, 일본을 방문한 청국 관신들이 너무 많고 시찰 보고서가 모두 대동소이한 것들이 많다고 꼬집었다. 이 여행기의 특징이라면 일본 견문을 통해 반성하는 자세로 신정개혁의 문제점을 해결하도록 노력했으며, 특히 청국 유학생들의 상황을 기록하면서 그들의 게으름을 비판한 사실이다.

〈표 8〉『走向世界叢書』(一百種)에 실린 대표적인 동유일기 목록[106]

| 여행기 | 작자 | 신분 | 일본체류시기 | 주요 내용 |
|---|---|---|---|---|
| 『東瀛閱操日記』 | 丁鴻臣 | 무관(사천총독) | 1899年 | 군사시찰기 |
| 『東游日記』 | 沈翊清 | 문관(복주선정학당) | 1899年 | 군사시찰기 |
| 『考察商務日記』 | 劉學詢 | 관료 | 1899年 | 실업시찰기 |
| 『扶桑兩月記』 | 羅振玉 | 저명학자 | 1901~1902年 | 교육시찰기 |
| 『考察農務日記』 | 黃璟 | 관료 | 1902年 | 실업시찰기 |
| 『東瀛小識』 | 雙壽 | 관료(몽골인) | 1902年 | 군사·교육시찰기 |
| 『東游叢錄』 | 吳汝綸 | 저명교육가 | 1902年 | 교육시찰기 |

106 鍾叔河·曾德明·楊雲輝 主篇, 『走向世界叢書』(一百種)(岳麓書社, 2016) 가운데 대표적인 동유일기를 뽑아 도표로 작성.

| 여행기 | 작자 | 신분 | 일본체류시기 | 주요 내용 |
|---|---|---|---|---|
| 『東游日記』 | 嚴修 | 교육관료 | 1902・1904年 | 교육시찰기 |
| 『日游筆記』 | 王景禧 | 교육관료 | 1903年 | 교육시찰기 |
| 『日游滙編』 | 繆荃孫 | 교육관료 | 1903年 | 교육시찰기 |
| 『扶桑百八吟』 | 姚鵬圖 | 관료 | 1903年 | 문화시찰기(竹枝詞) |
| 『東游日記』 | 周學熙 | 실업가 | 1903年 | 실업시찰기 |
| 『癸卯東游日記』 | 張謇 | 정치가・실업가 | 1903年 | 실업시찰기 |
| 『籥盦東游日記』 | 凌文淵 | 관료 | 1903年 | 실업시찰기 |
| 『實業界之九十日』 | 韓國鈞 | 관료 | 1905年 | 실업시찰기 |
| 『東隅瑣記』 | 李濬之 | 실업가 | 1905年 | 실업시찰기 |
| 『丙午日本游記』 | 程淯 | 신식지식인 | 1906年 | 기술・의학시찰기 |
| 『東瀛參觀學校記』 | 吕珮芬 | 관료 | 1906~1907年 | 교육시찰기 |
| 『東游日記』 | 楊泰階 | 관료 | 1906~1907年 | 교육시찰기 |
| 『東游日記』 | 文愷 | ? | 1906~1907年 | 정치・교육시찰기 |
| 『談瀛錄』 | 左湘鍾 | 관료 | 1907年 | 정치시찰기 |
| 『愚齋談瀛錄』 | 盛宣懷 | 저명실업가 | 1908年 | 실업시찰기 |
| 『日京竹枝詞』 | 陳道華 | 문인 | 1908年 | 문화시찰기(竹枝詞) |
| 『扶桑再游記』 | 羅振玉 | 저명학자 | 1909年 | 교육시찰기 |

제10장

# 동유일기 속의 군사 시찰과 군사 유학

처음 체육회를 창립한 취지는 비록 일본이 해양 국가이지만 학교에서 보병훈련만 시켜서 육군에 전력하지, 해군을 홀시하니 장차 어찌 국가라고 할 수 있겠는가? 대개 구미 제국은 각자 병선을 가지고 태평양에서 경쟁하는데 동방의 여러 나라는 여기에 참여하지 못했다. 일본의 다카후지 요시로高藤吉郎는 분연히 일어나 동지를 규합하고 이 단체를 창립하였다. 학교 사람들을 모아 항운 기술을 연마하고 국민들이 모두 해양에 익숙하도록 노력했다. 단체가 성립하자 일본 천황도 기뻐하며 2만 금을 기부하니 국가 전체의 관리, 상인, 신사들 또한 즐겁게 기부하였다. 자원이 충족해지자 점차 해군 자강의 기본이 세워졌다.

—정홍신의 『동영열조일기』 중에서

## 1. 청국 관신官臣의 군사 시찰

### 1) 육군 분야

청일전쟁 직전인 1879년에 왕지춘이 정탐 목적으로 일본을 방문하고 남긴 여행기 『담영록』이 있다. 여기에는 일본의 군사 현황 관련 간단한 소개가 담겨있다. 그는 메이지유신은 군사 분야에서 성과가 가장 뚜렷하다며 공개자료를 기반으로 군사요새, 군사편제, 병력배치, 해군현황 등을 열거하였다.[1] 1884년에는 요문동이 일본에 주재하면서 쓴 『일본지리병요』가 있는데, 이 책의 제1권은 총론이고 제2권부터는 각 지방의 현황을 서술하였다. 본문에서 일본의 군사 지리 저작들을 정리했는데, 1874년 일본이 대만에 출병하고 다시 1879년 류큐를 병탄하는 상황을 주목해 만든 책이다.[2] 청일전쟁의 패배 이후 청국 관신들은 일본 군사력을 은근히 멸시하던 기존 관념을 버리고 육군과 해군 분야를 가리지 않고 궁금증을 가졌다.

일본의 근대화가 성공했다는 사실을 자각한 중국인들은 전쟁 직후부터 일본 군사를 시찰하는 사례가 증가하였다. 육군 분야 시찰단으로는 정홍신丁鴻臣과 심익청沈翊清 일행의 동유일기가 대표적이다. 1899년 봄 일본육군에서 사천성으로 파견한 장교가 일본 근위사단이 거행할 예정인 추계 군사대연습의 참관을 청국 측에 요청하였다. 이에 무관 정홍신과 문관 심익청 등 일행 아홉 명을 일본으로 파견하였다. 그해 7월 가정嘉定을 출발해 다음 해 1월 귀국해 거의 반년 가까이 여행하였다. 군사훈련을

1 王之春(1879), 『談瀛錄』(『走向世界叢書』(一百種)), 岳麓書社, 2016, pp.85~87.
2 王宝平 主編, 『晩清東游日記滙編』(2), 上海古籍出版社, 2004, p.1 참고.

참관한 것 말고도 도쿄에서 각종 학교들을 시찰하고 교토, 오사카 등을 둘러보았다. 정홍신은 호남 장사 출신으로 사천제독이었으며, 그가 남긴 『동영열조일기東瀛閱操日記』(혹은 『四川派赴東瀛遊歷歷閱操日記』이라고도 부름)는 1900년 성도에서 출판되었다. 정홍신은 귀국 후 의화단운동이 일어나 팔국연합군이 북경을 점령하자 군대를 이끌고 북상해 공을 세운 인물이기도 하다. 그리고 심익청은 복건 후관인으로 그가 남긴 『동유일기東遊日記』는 1900년 3월 복주에서 출판되었다. 심익청은 청말 양강총독을 역임한 심보정의 장손으로 복주선정대신이었다. 그는 복주선정학당福州船政學堂 학생 몇 명을 데리고 상해에서 일본 선박 산성환山城丸을 타고 출양하였다. 이 책은 1899년 8월 복주를 출발해 11월 상해로 돌아오는 70여 일 동안의 일본 여행기이다.[3] 앞서 정홍신의 시찰 일기와 서로 보완할 수 있다.

정홍신은 무관 출신이어서 동행한 문관 심익청과는 일본 사회를 바라보는 관심 분야가 좀 다르다. 특히 군사 방면의 기록이 상세한 것이 이 책의 가치라고 할 수 있다. 예를 들어, 시모노세키 부근에서 항행할 때 외부인에게는 잘 보이지 않는 포대 30여 곳을 발견하였다. 그가 말하길, 메이지유신 초기에 서양인이 만든 포대를 설치하려고 하자 사이고 다카모리西鄕隆盛는 홀로 항의하면서 외국인의 손에 맡기는 것은 요지를 지키기에 부족하다고 했다. 이에 사람을 유럽으로 파견해 포대 건축 기술을 배우게 한 후 귀국시켜 스스로 만들도록 했다. 결국 30년간 운영하면서 일본 요새는 적을 제압할 수 있는 능력을 갖추게 되었다고 설명했다.[4] 정홍신은 본래 방일 목적이었던 근위사단의 군사훈련을 자세하게 묘사했다. 남

3 王宝平 主編, 『晩淸東游日記滙編』(2), p.2 해제 참고.
4 丁鴻臣(1899), 『東瀛閱操日記』(『走向世界叢書』(一百種)), 岳麓書社, 2016, pp.11~12.

북 두 개 부대로 나누어 기병과 보병이 모의 전투를 하거나 남북부대가 합동훈련을 하는 모습 등이 포함되었다.[5] 이와 달리 심익청의 일기는 상대적으로 군사 분야 말고도 상공업은 물론 학교 제도에 대해 상세하였다.

정홍신 일행은 나가사키, 시모노세키, 고베, 나고야, 시즈오카静岡, 누마즈沼津, 도쿄, 교토, 오사카 등 여러 도시를 다니며 요코스카 조선창, 오사카 포병공창, 오사카 조폐국, 내각인쇄국 등과 같은 산업시설과 성성학교, 육군지방유년학교, 중앙유년학교, 호산학교, 군의학교, 기병실시학교, 사관학교, 경찰감옥학교 등 군사학교 및 이과학교, 의과대학, 도쿄대학 등 일반학교를 방문하였다. 그리고 근위보병 제3연대, 근위기병대대, 중야철도대대, 근위공병대대, 근위야전포병연대 등 다양한 부대를 찾았으며, 현지에서 성대하게 치러진 천장절 열병식, 체육조정 경기대회, 사관학교 졸업식 등에도 참석해 일본의 군사계, 정치계, 경제계 인물들을 만났다.[6] 그들은 군사훈련은 물론 육군과 해군부대 및 군사학교 등을 고루 시찰했는데, 특히 호산학교戶山學校의 인상이 깊었던 듯싶다.

> 최근 일본 군사제도의 뛰어남은 실로 호산학교戶山學校, 사관학교를 졸업한 후 신식학문을 탐구하는 연구학교에 근거한다. 오늘날 시국은 여러 열강이 병립해 날마다 더욱 새롭게 근본을 바꾸고 연마한다. 이에 대응해 널리 무관을 파견하는데 공사를 따라 각국에 주재하면서 전문적으로 현지의 병제를 살펴 고칠 것이 있으면 신식제도를 만들어 육군성에 보고한다. 육군성에서는 교육기관에 명령하고, 교육기관은 호산학교에 명령한다. 이에 전국의 사단에 지시를 내려 다시 무관을 차

5 Ibid., pp.54~56.
6 Ibid., pp.21~22.

례로 나누어 오도록 해서 공부시키며 그 신법을 연구한다. 결과가 좋으면 일본 병제에 적용하고 변용하니 기존 규정에 구속되지 않는다. 반년 혹은 일 년을 공부해 완성하면 부대로 귀환해 그 제도를 가르친다. 따라서 만국의 신법이 비록 하루가 다르게 바뀌지만 국가가 알지 못하는 것이 없으며 변하지 못해 통하지 않는 것이 없다. 그 이익을 배우고 폐단을 버리니, 최선을 만들 수 있어서 굴욕을 당하지 않는다.[7]

위와 같이 일본이 각국에 무관을 파견해 현지의 신법을 정탐하고, 부대가 대원을 파견해 군사학교에서 신법을 학습하고 연구한 후, 대원이 부대에 돌아가 신법을 전파하는 호산학교의 교육시스템에 깊은 인상을 받았다. 여기서 신법에는 전술, 창검술, 체력훈련 등 다양한 내용이 포함되었다.

심익청에 따르면, 메이지유신 후 일본 군인은 모두 학교에서 징병하는데, 그 병사들은 보통학교의 생도였다. 각 학교는 평소에 체조와 군사훈련을 가르쳤다. 정홍신 일행은 처음 일본에 왔을 때 나가사키의 한 공원에서 소학생들이 체조 훈련하는 것을 보았다. 이런 어린아이들이 성장하면 모두 군인의 소질을 가지게 될 것이다. 각 지방마다 특색이 있지만 일본 전체가 군사에 대해 알게 될 것이고, 일본이 강국이 된 도리는 실로 여기에 있다고 여겼다.[8] 이처럼 "교육제도는 군사제도의 근원"[9]이라는 관점을 가졌다. 백 년 이래 서양 열강이 흥기하는 가운데 동양에서는 일

7 Ibid., p.28.
8 Ibid., p.27.
9 沈翊清(1899), 『東游日記』(札)(『走向世界叢書』(一百種)), 岳麓書社, 2016, p.3.

본만이 분투했는데, 학당의 흥성이 병력의 강성과 서로 상응하였다. 이와 달리 청국의 경우 글자를 알지 못하는 장군에게 완고하고 교활한 병사들이 대응하니 상대할 수 없게 됐다고 보았다.[10]

일본방문 기간 중 일본인들은 여러 차례 심익청을 방문해 양국의 동문동종同文同種의 우정을 강조하며, 청국에서 육군을 훈련시키고 학교를 열 것을 권하였다. 그도 참모부와 외무성 등을 방문해 관리들과 대화를 나누었다. 심익청의 일기에는 일본군대의 가을 훈련을 명분으로 방문했기 때문에 이 훈련 상황 관련 내용이 상대적으로 풍부하지만,[11] 그 밖에도 체류기간 동안 일본군대와 군사학교 등을 고찰하였다. 일기에는 각종 부대 구성, 연습상황 등을 기록하고 군사학교의 과정 설치 등을 소개하였다. 또한 요코스카조선소를 방문해 일본이 서양에서 구매한 군함인 부사富士호, 천관淺間호 등을 관람하였다.[12] 정홍신과 심익청의 동유일기에는 무술변법 이후부터 청말신정 이전까지 일본 육군 상황은 물론 청국인의 일본에 관한 생각이 담겨있기에 사료적 가치가 높다.

한편 정홍신 일행과 유사한 일본 군사 여행기로는 장대용張大鏞의 『일본무학병대기략日本武學兵隊紀略』1899과 정은배程恩培의 『동영관병기사東瀛觀兵紀事』1901 및 전덕배의 『중유동영열조기重游東瀛閱操記』1901가 있다. 장대용의 책은 그가 1898년 절강무비학당 장가명蔣嘉名 등 네 명을 데리고 일본을 방문했을 때, 군사학교와 부대를 참관한 기록이다. 각종 군사학교와 연대를 방문한 17편의 내용이 담겨있다. 성성학교, 육군지방유년학교, 육

10 Ibid., pp.5~6(孫詒讓의 敍).
11 Ibid., pp.51~53.
12 Ibid., p.18~19(緒文).

군중앙유년학교, 사관학교, 육군대학교, 호산학교, 승마학교, 포공학교, 경리학교, 교도단, 정병략, 근위보병 제일연대, 기병 제일연대, 야전포병 제일연대, 근위공병대대, 근위치중병대대, 해군기관학교 등이 그것이다. 이 가운데 그가 육군 유학생을 입학시킨 (후술할) 성성학교成城學校는 일본 군사학교로 육군사관학교의 예비학교이기도 하다.[13]

전덕배의 책은 센다이仙臺에서 열린 군사대연습에 장국계張國桂 등을 인솔해 일본으로 건너가 고찰한 책으로, 1901년 9월에 상해를 출발해 다음 달 돌아오기까지 현지에서 보고 들은 것을 적었다. 그의 일기에는 군사대연습은 물론 성성학교, 호산학교, 육군포병학교 등을 비롯한 일본 군사학교와 각종 군수공장 등을 견학한 기록이 남아있다.[14] 그리고 정은배의 책도 전덕배와 마찬가지로 1901년 9월 군사대연습의 시찰을 위해 일본으로 건너가 경험했던 내용을 일기형식으로 기록한 것이다. 그는 군관 출신이어서 군사대훈련을 참관하는 것이 목적이었지만 "교육이 우선이고 무비는 다음"이라고 생각할 만큼 교육이 군사의 기초라고 여겨 많은 학교들을 참관하였다. 육군사관학교에서 중국인 유학생을 만나기도 했고, 육군포공학교에서는 매년 여러 명의 우수 학생을 선발해 유럽 각국으로 유학시킨다는 얘기도 들었다.[15] 이런 군인 출신의 동유일기말고도 관리 출신의 여행기에도 군사학교를 시찰한 기록이 종종 보인다.

---

13 呂順長, 『淸末浙江與日本』, 上海古籍出版社, 2001, pp.159~164; 呂順長, 『淸末中日敎育文化交流之硏究』, 商務印書館, 2012, pp.62~69 참고.

14 전덕배(錢德培)는 제4차 주일공사인 여서창(黎庶昌)의 참찬(參贊)으로 일본에 머문 적이 있기에 '중유(重游)'라는 제목을 달았다. 전덕배는 이 책의 끝에서 말하길, 장차 관제와 봉록부터 해군과 육군제도까지 전문 서적을 몇 권을 구해 번역하려는데, 국정을 기록해 참고할 수 있을 것이다. 이번 두 번째 여행은 비록 시간이 부족했지만 정확하고 상세해 믿을 만하다고 자신했다(錢德培, 『重游東瀛閱操記』(1901)(王宝平 主編, 『晚淸東游日記滙編』(2), p.435).

15 呂順長, 『淸末浙江與日本』, 上海古籍出版社, 2001, pp.165~167.

1902년에 일본을 방문한 쌍도雙壽는 몽골인으로 장지동이 파견한 것으로 보인다. 유학생 감독 신분으로 일본교육을 고찰하고 『동영소식東瀛小識』을 남겼다. 그런데 이 일기에는 군사교육 관련 기사가 상대적으로 풍부하다. 그가 참관한 학교 중에는 성성학교, 육군사관학교, 포공학교, 호산학교, 기병실시학교, 육군대학교, 군의학교, 육군경리학교 등이 포함되었다. 아울러 보병 제1연대, 기병 제2연대, 근위야전포병연대 등 육군성 관할의 부대들도 참관하였다. 그는 일본 정부가 국가를 위해 희생된 사람을 신사에 모셔 정중하게 대우하므로, 청년들이 나이가 되어 군인이 되더라도 부모가 기뻐하고 친척과 친구들이 축하한다고 썼다. 이처럼 일본인들이 군인을 대우하는 방식이나 군 복무를 고통으로 여기지 않는 사실에 깊은 인상을 받았다.[16] 청국 관신들은 일본이 "사람마다 보국의 뜻을 가지고, 집집마다 전사를 영예로 생각한다. 상무가 기풍을 이루는데, 상무는 교육에서 비롯된다"[17]라고 보았다.

1903년에 일본을 방문한 무전손은 "육군에는 사관학교와 유년학교가 있다. 유년학교는 보통중학 수준과 비슷한데 육군의 예비병력 성격이 짙다. 유년학교를 졸업하면 사관학교에 입학할 수 있다. 사관학교를 졸업하면 육군직책을 맡을 수 있는데, 참모부 요원이 되고 싶으면 육군대학교에 입학해야 한다"라고 썼다.[18] 같은 해에 일본을 방문한 왕경희王景禧는 일본 천황이 직접 군복을 입고 군마를 탄 채 기병, 보병, 포병을 사열하거나 군사 연습을 관람하는 일이 일상적이라는 사실에 놀랐다. 장교와

---

16 雙壽(1902), 『東瀛小識』(『走向世界叢書』(一百種)), 岳麓書社, 2016, pp.130~131.
17 姚鵬圖(1903), 『扶桑百八吟』(『走向世界叢書』(一百種)), 岳麓書社, 2016, p.59.
18 繆荃孫(1903), 『日游滙編』(『走向世界叢書』(一百種)), 岳麓書社, 2016, p.19.

사병 모두 국민교육을 받았기 때문에 충군애국 사상이 충만하다는 인상을 받았다.[19]

20여 년 전인 1881년 조선 정부에서 파견한 조사시찰단의 경우 양무파의 중체서용론식 관점을 가졌기에 일본의 근대화 개혁에 대한 시비가 분분했는데, 군사 개혁에 대해서만큼은 한결같이 긍정적인 평가를 내렸다.[20] 육군의 포병과 보병, 해군의 군함이 항상 전투에 나갈 만반의 준비가 갖추어져 있다는 평가는 청일전쟁 후 청국 정부가 파견한 시찰단의 생각과 비슷하였다. 단지 일본이 수용한 서양식 군사제도, 무기체제 및 전투방법 등 이면에 깔려있는 근대적 제도와 정신의 이해 수준은 뚜렷한 차이를 드러내었다.

#### 2) 해군 분야

청일전쟁 후 중국의 해군 인재는 다수가 부상을 입고 사람이 유실되어 겨우 명맥을 유지하였다. 좀 정세가 안정을 되찾자 옛 해군 인재들의 복귀가 이루어졌다. 그 과정에서 원세개의 역할이 컸던 사실은 흥미롭다. 그는 육군 유학뿐만 아니라 해군 건설에도 관심이 많아 살진빙薩鎭冰을 해군 재건의 적임자로 추천하였다. 살진빙이 남북양 해군제독으로 임명되자 해군 재건사업의 핵심 인물이 되었다. 고위 해군 장교였던 위한魏瀚도 해군력을 회복하는 일에 참여했는데, 사람의 부족으로 일부 육군 인재를 뽑아 해군에 충당하였다.[21] 전쟁 패배 후에 청국해군이 사라진 것으로

19 王景禧(1903), 『日游筆記』(『走向世界叢書』(一百種)), 岳麓書社, 2016, p.79.
20 허동현, 『근대한일관계사연구－조사시찰단의 일본관과 국가구상』, 국학자료원, 2000, 124~126쪽.
21 馮青, 『中國海軍と近代日中關係』, 錦正社, 2011, p.67.

보일지 몰라도 실제로는 신해혁명으로 청국이 멸망하는 순간까지도 함선구입, 함대재편, 군정기구정비, 인재양성 등 해군 재건의 노력은 계속되었다. 그 가운데 일본해군을 본받으려는 적극적인 시도가 있었다.

일본해군의 최고기관은 해군경을 중심으로 한 해군성인데, 군함을 건조하고 장교를 파견하며 항구와 해안을 방어하는 일 등을 맡는다. 해군성 아래는 해군병학교, 해군조선국, 해군수로국, 해군재판소 등이 있다.[22] 나진옥의 일기1901에 따르면 일본 군함의 수는 103척이다. 청일전쟁 이전에 일본 군함은 불과 30척으로 배수량이 5,700여 톤에 불과했지만, 지금은 군함 수는 몇 배로 증가했고 배수량도 26,285톤으로 증가하였다. 해군에 소속된 현역군인은 28,308명이고 예비군은 2,995명이며 후방병력은 1,678명이다. 그들의 임무는 유사시에 해양을 방어하고 적군을 공격하거나 육군을 호송하며, 평소에는 해외 상민이나 국내 어민들을 보호한다. 아울러 해만을 측량하거나 연해를 경호하고, 해안과 도서를 관리한다.[23] 이처럼 일본해군의 발전을 수치로 기록하였다. 엄수嚴修의 여행기1902에 따르면, 일본 정부가 해군을 1,200만 톤으로 확장하기로 했다. 매 톤에 천 원이 들어가며 12년을 기한으로 삼았는데, 이를 계산하면 매해 2천만 원씩 증액해야 한다. 정부가 해군경비를 증액시키는 것에 대해 국민들은 별로 좋아하지 않아 정부와 내각 간에 논쟁 중이라고 썼다.[24]

일본육군을 시찰했던 정홍신 일행은 비록 육군을 중심으로 살펴보았으나 해군 기록도 적지 않게 남겼다. 상해에서 출발할 때부터 일본 군함

22 해군병학교, 해군수로국, 해군조선소에 대해서는 黃遵憲, 『日本國志』(中)(『走向世界叢書』(一百種), 岳麓書社, 2016, pp.903~909)에 자세하다.

23 羅振玉(1901~1902), 『扶桑兩月記』(『走向世界叢書』(一百種)), 岳麓書社, 2016, p.108.

24 嚴修(1902/1904), 『東游日記』(『走向世界叢書』(一百種)), 岳麓書社, 2016, p.89.

고웅高雄호와 용전호를 참관하면서 영국에서 만든 군함들이지만 일본에서 개조해 성능을 향상시켰다고 했다. 뿐만 아니라 일본이 근래 건조하는 큰 군함은 만 톤도 넘지만, 그 선체 대부분을 서양에서 구매해서 자신들이 조립하는데, 이는 일본의 철 가격이 비싸기 때문이라고 했다. 한편 정신홍은 일본해군은 육군과 같은 군사훈련을 받아 육지전투에 대비하므로 기율이 엄격하다고 썼다.[25] 그는 일본 현지에서 체육회 주관 요트경기 창립대회를 관람하면서 말하기를, 일본은 육군근대화가 자리를 잡자 해군 건설에 주목한다고 말했다.[26]

정홍신 일행은 일본의 대표적인 해군조선소인 요코스카조선소를 참관하였다. 요코스카는 대표적인 군항이기도 한데, 해군 중장을 도독으로 삼아 해군출동부터 해군구 경비, 군항 방어, 병선 15척의 진퇴 등을 총괄한다. 이 항구는 선박이 바람을 피할 수 있는 최적의 항구로 청국의 여순항에 비교할 수 있으며 도쿄의 숨구멍이라 말할 수 있다. 이에 따라 조선소를 만들었는데, 30년 동안 3백여 척의 대소형 병선을 만들었고 만 톤급의 배도 건조할 수 있다. 여기서 일행은 해군의 배려로 일본 군함들을 참관할 수 있었다. 일행이 참관한 부사함 등 두 척의 배는 모두 영국 암스트롱공장에서 만든 군함이었다. 정홍신의 일기에서 말하길, 일본은 독일육군을 본받아 나날이 발전하고 있어 자신감이 있지만 해군 경쟁력은 차이가 난다. 그래서인지 부사함 말고도 독일 조선소에서 만오천 톤급 포선을 만들고 있다고 했다. 그는 귀국 길에서 일본육군은 강성하지만, 해군은 영국의 6분의 1도 미치지 못한다. 하지만 일본인들은 전력을

25 丁鴻臣(1899), 『東瀛閱操日記』, pp.7~8.
26 Ibid., p.31.

다해 태평양으로 진출하려 한다는 의미심장한 말을 일기에 남겼다.[27] 심익청의 일기에서도 이런 조선소와 군함들로 나날이 일본해군의 전력을 팽창시키고 있다고 했다.[28]

이준지의 『동우쇄기』1905에서는 일본의 해군 건설 관련 기사가 있다. 양무운동 초기에 청국 군함은 대부분 영국과 독일에서 구매하였다. 그 후 일본의 조선업이 크게 발전한 사실을 확인하고 일본에서도 군함을 구매하였다. 일기 중에는 가와사키철공장을 설명하면서 기계를 제조하는 일과 기선을 제조하는 일을 하는 큰 공장이라고 했다. 두 개의 대형 선박 건조용 둑이 있는데, 깊이가 2백 척이나 되어 큰 배도 수용할 수 있다고 썼다. 그리고 "(중국) 양강兩江을 대신해 어뢰정 네 척을 건조하는데, 두 척은 이미 완성하였다. 길이가 131피트, 배수량은 89톤, 시속 23해리"라면서 작자는 "우리나라 광산은 부유하나 공예가 발전하지 않아 다른 재능을 빌려 쓰고 있으니 매우 부끄럽다"라고 한탄했다.[29] 그리고 다른 날 일기에서 민영기업이 군수산업에 기여하는 것과 관련해 니시무라西村 철공장에서 만드는 못은 오로지 해군에서 필요로 하는 것을 제조한다면서 관상官商이 연합해서 정교한 부품을 생산한다고 했다. 작자는 청국도 일본의 방법을 모방해 "모든 제조를 분업으로 나눌 수 있는데, 규모가 크고 어려운 일은 관官에서 시작하고, 가볍고 간단한 일은 초상招商에서 담당하자"라고 제안했다.[30] 사실 민간기업에서 군수산업을 담당하는 것은 구미와 일본에서는 일상적으로 이루어지는 일로 무기의 혁신에 유리한 방식이었다.

27 Ibid., p.30(緖論).
28 沈翊清(1899), 『東游日記』, pp.31~32.
29 李濬之(1905), 『東隅瑣記』(『走向世界叢書』(一百種)), 岳麓書社, 2016, p.18.
30 Ibid., pp.23~24.

근대국가 국력의 상징인 해군력을 중요시해 청조의 관제 개혁 중에는 해군관할부서의 재건이 이루어졌다. 우선 1907년 해군처가 만들어지고, 살진빙과 재순載洵이 해군 부흥을 위한 '7년 계획'을 만들었다. 여기에는 해군 유학생 파견과 해군학당의 설립이 포함되었다. 다시 1909년 7월 해군처가 육군부에서 독립해 주판해군사무처籌辦海軍事務處가 만들어졌는데, 이제 준비단계를 넘어 정식으로 해군대표기구가 된 것이다.[31] 선통宣統 시기 해군 재건과정의 특징 가운데 하나는 지배층이 해외 시찰에 적극적이었다는 사실이다. 섭정왕 재풍載灃은 재순과 살진빙이 국내 해군 시찰을 마치자 곧바로 해외 시찰을 준비하도록 명령했다. 1909년 10월 11일 재순과 살진빙은 주미공사를 지낸 양성梁城을 막료로 삼아 17명의 수행원을 이끌고 상해에서 상선을 타고 유럽 시찰에 나섰다.

시찰단은 11월 19일부터 이탈리아, 오스트리아, 독일, 프랑스, 영국, 러시아 등을 방문하였다. 영국 체재 기간이 가장 길고 독일이 그 다음이었다. 주지하듯이 영국은 전통적인 해군 강국이고 독일은 신흥 해군 강국이어서 청국이 군함을 구매하거나 해군 유학생을 파견할 경우 도움받았던 나라였다. 영국, 독일, 프랑스 등을 시찰하면서 해군 재건 계획을 세웠는데, 특히 해군력이 약한 나라가 수뢰 제조에 주력하는 현상에 흥미를 보였다.[32] 청국해군의 재건을 위해 군함을 구매할 필요가 있었다.

31 선통(宣統)원년인 1909년 해군을 진흥시키자는 논의가 일어나 재순(載洵)을 해군대신으로, 살진빙(薩鎭冰)을 해군부대신으로 정하였다. 주판해군사무처(籌辦海軍事務處)를 설립하면서 남·북양 군함을 정리해 순양(巡洋)함대와 장강(長江)함대로 나누었다. 정벽광(程璧光)이 순양함대를 통솔하고, 심도곤(沈壽堃)이 장강함대를 통솔하도록 했다. 그해 7월 살진빙과 재순은 수행원을 데리고 직접 연강, 연해 각성을 조사하여 상산(象山)을 해군군항으로 정하였다(「載洵薩鎭冰出國考察海軍」, 張俠·楊志本·羅澍偉·王蘇波·張利民 合編, 『清末海軍史料』, 海洋出版社, 1982, p.846).

32 馮靑, 『中國海軍と近代日中關係』, pp.104~105.

영국에서는 신식 증기기관을 갖춘 고등훈련 순양함인 응서應瑞호, 조화肇和호를 구매하고, 독일에서는 천강川江 포선인 신벽新璧호, 신진新珍호와 구축함 장풍長風호, 복파伏波호, 비운호를 구매하였다. 이탈리아에서는 구축함 경파鯨波호를, 오스트리아·헝가리제국에서는 구축함 용단龍湍호를 각각 구매하였다.[33] 일행은 러시아의 시베리아철도를 통해 1910년 2월에 귀국하였다.

유럽 시찰에서 돌아온 후 얼마 지나지 않아 주판해군사무처와 외무부는 다시 미국 정부의 요청에 따라 오진린吳振麟 주일 대리공사와 일본외상에게 1910년 8월 24일 상해를 출발해 일본과 미국의 해군을 시찰하겠다고 통보했다. 이에 따라 결성된 재순 시찰단은 해외 경험이 있는 사람과 없는 사람을 절반씩 섞었으며, 청국에서 일본을 거쳐 미국으로, 다시 미국에서 일본을 거쳐 청국으로 돌아오는 일정을 짰다. 일본에서의 시찰 일정은 오고갈 때 모두 2주간 체재하는 것으로 계획하였다.[34] 시찰 경로를 보면 미국으로 건너갈 때 일본방문은 비공식이었으며, 미국에서 돌아올 때 일본방문은 공식이었다.[35]

1910년 8월 26일부터 9월 4일까지 일본해군에 대한 비공식방문은 상해에서 미국 윤선을 타고 나가사키에 도착하는 것으로 시작하였다. 이번 해군 시찰은 청국해군을 재건하기 위해 일본의 근대해군을 시찰하는 데 목적이 있었다. 시찰 장소는 해군성, 군사령부, 해군요새, 군항, 함대 등

33 陳悅 編著, 『辛亥·海軍－辛亥革命時期海軍史料簡編』, 山東畵報出版社, 2011, p.32; 「載洵薩鎭冰出國考察海軍」, 『淸末海軍史料』, pp.846~847).

34 馮靑, 『中國海軍と近代日中關係』, pp.105~107. 풍청(馮靑)의 책 도표 「청조의 일본과 미국 해군시찰단 인원표」(p.106), 「청조 해군시찰단의 미국으로 가는 길의 일본 시찰 일정표」(p.111), 「청조 해군시찰단의 미국에서 돌아오는 길의 일본 시찰 일정표」(p.113) 등을 참고.

35 姜鳴 編著, 『中國近代海軍史事日誌』(下), 三聯書店, 1994, p.272.

과 같은 기관과 부대였다. 해군학교의 교육을 시찰하거나 해군공장과 민간조선소 등을 방문하는 것도 일정에 포함되었다.[36] 재순 시찰단은 해군기관학교를 시찰해 유학생의 숙소를 방문해 격려했으며, 곧이어 9월 4일 요코하마를 출발해 태평양을 건너 약 2주간 미국 일정에 들어갔다. 뉴욕에 도착해서 먼저 여러 조선소와 기계창을 참관하고, 뉴욕의 한 조선소에서 3천여 톤급 순양함 비홍飛鴻호를 구매하였다. 여기서 기억할 점은 현지에서 청국과 미국 간에 해군차관 관련 계약체결이 이루어진 사실이다. 당시 청국과 미국은 해군 분야의 협력을 약속하고 미국차관을 빌어 장기적인 해군발전전략을 짰지만 신해혁명의 갑작스런 발발로 실행에 옮기지 못했다.[37]

미국해군을 시찰한 후 1910년 10월 6일 미국을 떠나 일본으로 향하였다. 청국으로 돌아오는 길에 10월 23일부터 11월 1일까지 일본을 공식 방문한 것이다. 이번 일본해군 시찰은 앞서 비공식 방문 때보다 다양한 행사와 방문이 이루어졌는데, 황족을 포함한 일행이라서 일본 측의 대대적인 환영을 받았다. 당시 일본해군 관리는 각 조선소와 군수기업을 참관시켜주었고, 현지 한 조선소에서 포선 두 척을 계약하였다. 1천 6백톤급으로 영풍永豊호와 영상永翔호라는 이름이 붙여졌다. 이런 군함은 의화단운동 이후 청국이 가장 주목한 무기 구매 활동이었다.

시찰 일정 가운데 해군 유학생과 관련한 일정 한 가지를 소개하면, 재순 일행은 10월 24일에 59명의 청국 유학생이 재학 중인 상선학교를 방문해 수업받는 모습을 시찰했으며, 이때 우등생이던 나치통羅致通, 증광륜

36 馮青, 『中國海軍と近代日中關係』, pp.110~112.
37 崔志海, 「海軍大臣載洵訪美與中美海軍合作計劃」, 『近代史研究』, 2006年 第3期, pp.92~105.

曾廣倫 등을 접견하였다. 재순과 살진빙은 일본 시찰 중 학업이 우수한 유학생 두 명을 해군 장교로 선발해 선정학교에 입학시켜 기관을 공부하도록 조치했다.[38] 모든 공식 일정을 소화한 후 시찰단 일행은 청국 군함 해기海圻호를 타고 진황도로 출발하였다. 그해 겨울 주판해군사무처는 해군부로 승격되었고,[39] 재순은 해군대신海軍大臣으로 살진빙은 해군총제海軍統制로 각각 임명되었다.[40]

## 2. 청국 청년의 군사 유학

### 1) 육군 – 성성成城학교와 진무振武학교

청일전쟁의 패배 이후 의화단운동과 러일전쟁 등 연이은 충격은 중국인들의 일본에 대한 시각을 근본적으로 변화시켰다. 전쟁 후 일본 유학은 매우 광범했는데, 육군, 경찰, 해군, 법정, 사범, 공업, 상업, 잠업, 토목, 철로, 측량, 제약, 물리, 화학, 외국어, 체육, 음악, 미술 등 전 방위적이었다. 크게 나누어보면, 법정계열, 사범계열, 과학계열, 군사계열 등으로 나누어볼 수 있다. 특히 문과와 군사 분야가 다수를 점했으며, 그중 정법과 육군을 공부하는 사람이 가장 많았다. 이것은 중국인 유학생의 흥미가 광범하다는 사실을 보여줄 뿐만 아니라 당시 시대 상황을 반영하

38 馮青, 『中國海軍と近代日中關係』, p.142.

39 해군시찰단의 국내외 시찰은 해군부(海軍部)의 성립(1910.12.4)에 직간접적인 영향을 미쳤다. 이 해군부(海軍部)는 청일전쟁 전의 해군아문(海軍衙門)과는 다르며 주판해군사무처(籌辦海軍事務處)를 개편한 것이다(Ibid., p.118).

40 「載洵薩鎮冰出國考察海軍」, 『清末海軍史料』, p.849; 馮青, 『中國海軍と近代日中關係』, pp.113~117.

고 있다. 청말신정 시기 예비입헌과 신군의 개혁을 추진하는 상황에서 이 기회를 이용해 정법과 군경을 출세 수단으로 삼은 까닭이다.[41] 기존 연구는 교육, 실업, 법·행정 분야에 주목하는 경향이 있었는데, 여기서는 육군과 해군이라는 군사계열 유학에 제한해 다루어보고자 한다.

군사 분야는 신정의 핵심으로 대량의 재원을 투입해 신군을 확대하고 있었기에 군사 유학생을 많이 파견하였다.[42] 실제로 관비 유학생 중 군사 분야가 가장 많았다. 청국 관리들은 일본육군이야말로 수십 년간 괄목할만한 발전을 이룬 나라라고 여겼다. 따라서 육군 유학생을 일본으로 파견한다면 그 성과가 뚜렷할 것이라 믿었다. 원세개의 경우 독일육군이 가장 모범적인 군대인데, 일본이 독일군을 모방했기에 쉽게 강성해졌다고 판단했다. 앞서 정홍신도 "일본은 일개 섬나라일 뿐이다. 서양법을 모방해 부강을 이루었는데, 그 기세가 구미 여러 대국들과 서로 대등하니 풍속, 정교가 특별히 달라서가 아니다. 학교의 설립을 보고 군사의 근본을 알았다"[43]라고 말한 바 있다.

청국인이 일본으로 건너가서 군사유학을 시작한 것은 1898년 무렵이었다. 우선 절강순무가 파견한 오석영吳錫永, 진기채陳其采, 서후덕舒厚德, 허보영許葆英 등 네 명이 있었고, 거의 동시에 호광총독이 두 차례에 걸쳐 파견한 담홍패譚興沛, 서방겸徐方謙, 단란방段蘭芳, 소성원蕭星垣 등 24명이 있었다. 그리고 남·북양에서 각 20명을 파견하고, 절강에서도 다시 8명을

41 1907년 도쿄제국대학에서 공부 중이던 45명의 중국인 유학생 중 법과를 공부하는 사람이 18명, 농과 10명, 문과 3명, 이과 2명, 공과 1명, 의과 1명 등이었다(王曉秋, 『近代中日文化交流史』, pp.358~359). 군사 분야는 일반 학교가 아닌 별도의 교육기관에서 유학하였다.

42 李喜所, 『近代留學生與中外文化』, 天津人民出版社, 1992, p.195.

43 丁鴻臣(1899), 『東瀛閱操日記』(拔), p.79.

파견해 모두 70여 명이었다. 그 후에도 각 성에서 유학생을 계속 파견하였다. 예를 들어, 1902년 9월 북양대신 원세개는 무위우군학당武衛右軍學堂에서 선발한 55명을 보냈고, 1903년 단방端方은 50명을 보냈으며, 산서 순무도 20명을 파견했는데 모두 군사 유학생이었다. 이런 유학은 각 성의 절박한 필요에 따른 것이다.[44] 일본 말고도 구미로 군사유학을 보낸 경우도 약간 있었는데, 유학비용이 많이 드는 단점이 있었다.

1898년 절강, 호광출신 육군 유학생들을 처음 일본으로 파견할 때, 일본육군에서는 우선 성성成城학교에 이들을 위탁해 교육하기로 결정했다. 성성이란 "뜻을 모아 성을 이룬다衆志成城"라는 뜻에서 유래한다. 일본인의 경우 중학교를 졸업한 사람이 시험만 쳐서 장교가 되기가 어려웠다. 이에 성성학교를 세워 예비 장교 재원을 키우므로 예과라고 할 수 있다. 본래 사립학교로 무관 중에서 대장 혹은 중장이 주지했는데, 수업은 중학교보다 어려웠고 신체훈련, 군사훈련을 특히 중요시하였다. 5년을 공부한 후 다시 고등과에 들어가 1년을 공부하면 시험을 통해 육군사관학교로 갈 수 있었다. 원하지 않는 사람은 전문학교에 입학할 수 있었다.[45] 학교건립의 목적은 윤리로 심지를 굳건히 하고 체조로 담력을 단련하며, 충군 애국의 마음을 갖도록 하는 데 정신교육을 제일로 삼았다. 그리고 한문, 서문, 지리, 역사, 산학, 박물, 화학 등을 공부해 지식을 계발하고 능력을 확장시키는 지식교육을 두 번째로 삼았다.[46]

일본으로 건너가서 군사를 공부하려는 청국 유학생들은 반드시 성성

44 黃福慶, 『淸末留日學生』, 中央硏究院近代史硏究所, 1975, pp.33~34.
45 丁鴻臣(1899), 『東瀛閱操日記』, p.18.
46 성성학교(成城學校)의 수업과정, 교육제도, 평가성적, 학교규칙 등에 대해서는 Ibid., pp.25~27; 沈翊淸(1899), 『東游日記』, pp.15~18 참고.

학교에서 예비교육을 받은 뒤 육군사관학교로 입학하였다. 절강성에서 파견한 오석영 등 네 사람도 일본에 도착하자 육군부가 위탁한 성성학교에서 예비교육을 받았다. 당시 군사교육을 받는 청국인은 매우 소수였기 때문에 집단적으로 기숙했으며, 점차 인원이 많아지자 학교 주변에 기숙사를 마련하였다. 1902~1903년 무렵 성성학교의 청국 유학생은 모두 200여 명이었으며, 그중 관비 유학생이 115명, 자비유학생이 77명이라는 통계가 있다.[47] 따라서 일본을 시찰하던 관신들의 단골 방문지가 성성학교인 것은 자연스런 현상이었다.[48]

1902년 성성학교를 참관한 쌍도의 일기에는 부현에서 설립한 학교이며, 문무 두 개의 예과가 있다고 했다. 학년은 5년이고 교과과정은 여러 개의 분반으로 나누어져 있으며, 각 반에는 한 명의 교습이 있는데 학생이 대략 30여 명이다. 청국 유학생은 백여 명이 재학 중이며 일본 학생은 5백여 명이 있는데, 모두 병부에서 관할해 규칙이 엄격하다. 일본 학생은 대부분 학교에서 숙식을 해결하지 않고 통학한다고 했다.[49] 1903년 성성학교를 참관한 주학희의 일기에는 중국 학생 170명이 있었는데 일본 학생과 섞이는 것을 원치 않아 분반을 나누었다. 북양학생 50여 명은 제4, 5반에 있다며 교칙을 준수하면 연대에 입학할 수 있다고 썼다.[50]

47 陳瓊瑩, 『清季留學政策初探』, 文史哲出版社, 1989, pp.72~74; 黃福慶, 『清末留日學生』, pp.36~37. 1903년 성성학교(成城學校)가 더 이상 청국인 신입생을 모집하지 않을 때까지 이미 175명의 청국인이 16개월의 군사 과정을 이수하였다((美)任達(Douglas R. Reynolds), 李仲賢 譯, 『新政革命與日本－中國, 1898~1912』, 江蘇人民出版社, 1998, p.170).

48 1901년 나진옥(羅振玉)이 귀국 선박에서 만난 한 일본육군 대위와 대화를 나누던 중 청국 유학생들이 보통 과정을 이수하지 못하는데, 유학 기간이 불과 3년이기 때문으로 그냥 귀국하는 것이 아쉽다. 만약 1~2년을 더 유학할 수 있다면 쓸모가 있을 것이라 했다. 그 말이 매우 설득력 있었다고 회고했다(羅振玉(1901~1902), 『扶桑兩月記』, p.117).

49 雙燾(1902), 『東瀛小識』, p.127.

50 周學熙(1903), 『東游日記』(『走向世界叢書』(一百種)), 岳麓書社, 2016), p.111. 주학희(周學熙)

같은 해 성성학교를 참관한 왕경희의 일기에는 청국 유학생 중에 육군을 배우려는 사람들은 모두 여기 있었는데, 최근 진무학교를 새로이 만들어졌다는 사실을 전하였다. 일기 중에는 한 일본인이 성성학교를 설명하면서 혁명 사조의 유행과 혁명파의 출현에 따른 고심이 엿보이는 대목이 있어 흥미롭다.

> 본교는 중국 육군 학생을 가르치며, 순수하게 충의를 일으키고 학식과 기능을 주로 삼기 때문에 일체의 혁명이나 평등권과 같은 잘못된 주장을 결코 학생들이 듣도록 허락하지 않는다. 각 신문잡지의 말들이 정당하지 않으면 역시 열람을 엄격하게 금지시킨다. 국가가 군인을 가르치고 훈련시키는 것은 국가의 쓰임 때문이다. 만약 잘못된 길로 들어선다면 무익할 뿐만 아니라 오히려 국가에 방해를 준다.[51]

일본 내 반청 사조의 흥기에 따라 군사학교의 입학 조건이 까다로워진 사실은 이른바 성성학교 입학사건成城學校入學事件의 사례를 보면 알 수 있다. 1902년 7월 자비유학생 유원鈕瑗 등 아홉 명은 성성학교에 들어가려고 준비하였다. 그러나 입학 규정에 유학생은 청국 공사의 보증을 받지 못하면 입학할 수 없었다. 청국 공사 채균蔡均은 아홉 명 학생의 입학허가서에 도장 찍는 것을 거부하였다. 왜냐하면 당시 재일청국 유학생들이 혁명을 도모하는 등 분위기가 험악해 채균은 비밀리에 유학생 파견금지를

---

는 오사카 주변의 한 항구에서 일본 군함을 참관하던 중 청일전쟁 후 빼앗긴 군함 평원호(平遠號)와 진원호(鎭遠號)를 목격하기도 했다(周學熙(1903), 『東游日記』, p.96).

51 王景禧(1903), 『日游筆記』, p.110.

본국에 요청한 상태였기 때문이다. 유학생들은 자국 정부가 자비 유학생의 군사 유학을 막으려는 것으로 판단해 집단적으로 공사관에 난입하였다. 유학생들은 공사에게 도장 찍을 것을 요구했으나 공사가 끝내 허락하지 않자, 공사관에서 그들의 요구를 들어줄 때까지 떠나지 않겠다며 농성하였다. 청국공사관은 일본 경찰을 불러, 주모 학생을 체포하자 양자 간 충돌이 더욱 격렬해졌다.[52]

성성학교 입학사건은 오여륜이 일본을 방문했을 때 일본인 아오키青木 소장이 군사제도를 이야기하는 과정에서도 나타난다. 그는 "성성학교에 있는 중국 유학생들은 매번 약속을 받아들이지 않는다. 육군에서 명령을 엄격히 하는 것이 핵심이듯, 학당은 약속을 지켜야 한다. 장군이 군대에서 명령하는 것처럼 약속을 받아들이지 않는다면 명령이 없는 군대와 같다. 몇 사람을 퇴학시키더라도 나머지 학생에게 경고해야 한다"[53]라고 말했다. 오여륜은 일본 관계자들을 만나고, 일본당국과 청국 공사 등과 교섭해 협정을 맺었다. 이에 따라 청국은 그해 9월 왕대섭汪大燮을 첫 번째 일본 유학생 총감독으로 임명해 파견하기로 결정했으며, 앞으로 유학생에 대한 엄격한 통제를 실시할 예정이었다.[54] 이 사건의 전모는 이종당의 동유일기에도 잘 나와 있다. 이종당은 1901년 양강총독의 명령을 받아 일본으로 학무 시찰을 갔는데, 그 후 여러 차례 일본을 방문하였다. 그는 매번 일본을 방문한 내용들을 일기에 담아 『동유기념』총 6책을 만들었는데, 그 『동유기념』 제2권에 성성학교 입학사건을 기록하였다.[55] 그런데 채균

52 (日)實藤惠秀, 譚汝謙 · 林啓彦 譯, 『中國人留學日本史』, pp.353~377에 상세하다.
53 吳汝綸(1902), 『東游叢錄』(『走向世界叢書』(一百種)), 岳麓書社, 2016, p.75.
54 (日)實藤惠秀, 譚汝謙 · 林啓彦 譯, 『中國人留學日本史』, pp.375~377.
55 성성학교입학사건(成城學校入學事件)은 한때 농성주동자였던 오치휘(吳稚暉), 손규(孫揆) 등

공사가 본국으로 귀국하자 아홉 명의 유학생은 다음 해1903 1월 공사관 보증을 받아 정식으로 성성학교에 입학하였다. 최종적으로는 유학생들의 승리로 끝났지만, 훗날 일본 내 반청운동의 씨앗을 뿌린 사건이었다.

한편 1903년에 성성학교를 방문한 장건은 이 학교의 숙식이 가장 어렵고, 수업이 가장 힘들어 유학생들 사이에 성성학교의 명성이 가장 높다고 칭찬했다. 하지만 청국 유학생 가운데 정치와 법률 및 군사를 전공하는 사람이 많은 것은 관리가 되기 쉽기 때문이라고 보았다. 농공실업 분야는 실습과 과학이 있고 쉽게 관리가 될 수 없으며 국가 또한 장려하지 않는다고 우려하였다. 근래에 흥학의 필요성으로 실업이 강조되고 유학생들의 관심이 많아지는 것은 그나마 다행이라고 썼다.[56]

일본 정부는 1903년 7월 도쿄에 진무振武학교를 창립했는데, 이 학교는 전문적으로 중국인 군사 유학생을 대상으로 예비교육을 시키기 위해 만든 학교였다. 따라서 성성학교에서 공부하던 중국인들은 모두 진무학교로 옮겨왔다. 진무학교가 세워질 무렵 방문한 왕경희의 기록에 따르면, 당시 진무학교에는 청국인 학생이 80여 명이었으며 분반으로 나누어 교육받았다. 이 학교의 식당과 침식은 청결하고 법도가 있는데, 학감이 있어 관리 감독한다고 기록했다.[57] 그 후 진무학교는 청국 군사간부를 양성하는 예비학교로 일본의 육군사관학교 혹은 육군호산학교를 들어가기 위한 통로였다. 과거에는 육군학교에 진학하려는 경우 모두 성성학교에 입학했으나 이런저런 문제가 발생하자 아예 진무학교를 창설해

이 강제 귀국 조치를 당하는 등 사태가 심각해졌다. 당시 양계초(梁啓超)의 『신민총보(新民叢報)』에도 사건이 실리는 등 사회적으로 적지 않은 파장을 일으켰다((日)Ibid., pp.353~354).

56 張謇(1903), 『癸卯東游日記』(『走向世界叢書』(一百種)), 岳麓書社, 2016, pp.30~31.

57 王景禧(1903), 『日游筆記』, p.110.

이곳에서 육군 유학생을 교육시킨 것이다. 졸업 후 다수의 유학생들이 사관학교에 입학했는데, 신해혁명 시기 대표적인 군사 인재가 이곳에서 양성되었다. 예를 들어, 중화민국 시기 주요 군사 지도자인 장개석蔣介石, 채악蔡鍔, 손전방孫傳芳, 염석산閻錫山, 이열균李烈鈞 등이 그들이다.[58]

1905년의 출양오대신 중 재택의 『고찰정치일기』에는 일본 군사학교인 중앙유년학교에 이어 진무학교를 방문한 기록이 있다. 청국인 육군 유학생을 위한 학교라면서 학생이 381명 있는데, 각 성에서 파견되었으며 모두 감독이 인솔했다고 썼다. 평일에는 감독이 학생과 접촉하지 않고, 학생 역시 감독에게 구속받지 않았다. 재택은 교장인 육군 소장 후쿠시마 야스마사福島安正와 교직원의 노고를 치하하고, 유학생들이 힘써 공부하고 유언비어에 현혹되지 말고 애국심을 가지라고 충고했다.[59] 재택 일행도 유학생들 다수가 방임이어서 일본 학생들과 차이가 난다는 사실을 알고 있었다. 이처럼 진무학교는 창립 후 성성학교처럼 관신들의 단골 방문지가 되었다.[60] 한국균의 『실업계지구십일』1906에 따르면,

진무학교는 우리나라를 위해 특별히 설치한 곳으로 교육 기간이 1년 3개월

58 장개석(蔣介石)이 가장 유명한데, 원세개(袁世凱)의 지원 아래 일본으로 유학 가서 진무학교(振武學校)에서 3년간 공부한 후 일본육군 제13사단에서 실습하였다. 모두 4년간 유학해 1911년에 끝났는데, 그 사이 혁명파의 일원이 되어 원세개의 반대편이 되었다. 그는 자신의 일본 생활이 사상과 일생에 큰 영향을 미쳤다고 회고했다((美)任達(Douglas R. Reynolds), 李仲賢 譯, 『新政革命與日本－中國, 1898~1912』, p.169).

59 載澤, 『考察政治日記』(『走向世界叢書』 第1輯 第9冊), 岳麓書社, 1985, pp.583~584.

60 문개(文愷)의 『동유일기(東遊日記)』(1907)에서도 진무학교(振武學校)가 청국인을 위해서 특별히 만들어진 학교인데, 학생이 4백여 명이며 보통학과 교육을 받는다고 했다. 졸업한 후에는 연대(聯隊)에 들어갈 수 있는데, 그 수준 여부는 알 수 없다고 했다. 하지만 공부가 끝나고 귀국하면 군대에 취직할 수 있으며 유망하다고 썼다(文愷(1906~1907), 『東游日記』(『走向世界叢書』(一百種)), 岳麓書社, 2016, p.111).

이다. 졸업 후 우선 연대聯隊에서 연습한 후 다시 사관士官에 입학한다. 일본인이 연대에 입학하려면 반드시 중앙유년학교에서 5년 과정을 졸업해야 하는데, 1년 3개월은 부득이 단축시킨 것이다. 무비武備는 일국의 명맥을 위한 것으로 국위가 부진하면 상무 정신을 우선해야 한다. 5년 과정을 1년 3개월로 단축한 것으로 간략함을 알 수 있다. 그러나 이 학교가 우리나라 유학생을 위해 전문반을 설치한 것은 그 이름을 빌린 것에 불과하다. 교육의 권리를 외국인에게 맡겼으니 기이할 것도 없다.[61]

청국인을 대상으로 한 진무학교와 달리 일본인을 위한 중앙유년학교는 그 생도들의 정숙함이 다른 학교에 비할 바가 아니었다. 예과 3년, 본과 2년의 5년 과정을 마쳐야만 비로소 연대에 들어가는 것에 비하면 진무학교는 큰 차이가 있다고 보았다. 어쩌면 한국군은 진무학교가 청국 군사 인재를 배양하는 것을 목적으로 하므로 일본인이 청국이 강대해지길 원하지 않아 적당히 가르치려는 것은 아닌지 의심했을 수도 있다. 얼마 후 진무학교의 교육과정은 3년으로 연장되었다.

여패분의 『동영참관학교기』1907에도 육군장성 후쿠시마 야스마사가 진무학교는 청국에서 일본으로 육군 유학을 하는 사람을 위해 만든 학교라고 했다. 성성학교를 방문했을 때 유학생 명단 중에 세 사람의 유학생 포기명단을 보았는데, 진무학교 졸업생 명단에서 다시 발견할 수 있었다. 처음 세 사람이 유학 왔을 때 성성학교에서 공부했으며 후쿠시마씨가 감독한 바 있었다. 육군성에서는 진무학교를 만들어 청국에서 육군

61 韓國鈞(1905), 『實業界之九十日』(『走向世界叢書』(一百種)), 岳麓書社, 2016, p.72.

유학 오는 학생들을 전담하고, 성성은 문과로 성격을 바꾸어 육군에는 들어갈 수 없도록 제도를 바꾸었다. 진무가 만들어지면서 성성에서 육군대학까지 졸업한 자는 앞의 세 사람에 그치지 않았다.[62]

한때 청국은 자비유학생이 육군을 공부하는 것을 금지시켰으나 주일공사 양추楊樞는 1904년 음력 1월 「주진겸관학무정형접奏陳兼管學務情形摺」을 올려 매년 일정한 수2백 명 혹은 1백 명의 학생을 파견해 육군 전문가로 교육할 필요성을 제기하였다. 같은 해 음력 4월 연병처練兵處는 「육군학생분반유학장정陸軍學生分班游學章程」 16조를 만들어 이 장정에 따라 매년 각 성에서 선발한 100명의 학생을 일본으로 유학시키기로 했다. 나이는 18세 이상 22세 이하로 제한했으며, 진무학교의 유학경비는 국가에서 지원하기로 했다. 이 때문에 육군을 지원하는 학생 수는 성성학교 시대보다 많아졌으며, 전체인원은 대체로 고정되었다. 이 학교는 기숙사를 만들어 엄격한 규율 생활을 실행하였다.[63]

청말 육군 유학생은 꽤 엄격한 과정을 통해 선발했는데, 이열균의 예를 들면 다음과 같다. 북경 연병처에서 학생을 선발해 일본육군으로 유학시키기로 결정하고 각 성에 일정한 수를 배당했는데, 강서성은 네 명을 배당받았다. 당시 이열균은 강서성 무비학당에서 공부 중이었으며, 성적이 우

62 여패분(呂珮芬)의 여행기에는 진무학교(振武學校) 관련 별도 항목을 만들어 비교적 자세히 학교 과정을 소개하였다(呂珮芬(1907), 『東瀛參觀學校記』(『走向世界叢書』(一百種)), 岳麓書社, 2016, pp.62~66).

63 초기에 학생은 170~180명, 1907년에는 3백 명으로 증가했는데, 3년제로 바뀐 영향으로 보인다. 1904년 졸업생은 49명, 1905년 121명, 1906년 202명 등으로 1911년까지 유지되었다((日)實藤惠秀, 譚汝謙·林啓彦 譯, 『中國人留學日本史』, pp.47~49). 한 연구에 따르면, 일본육군 참모본부는 1903년에 진무학교(振武學校)를 만들어 전문적으로 청국 군사 유학생을 길렀다. 1903년 7월에 열어 1914년 학생 부족으로 문을 닫을 때까지 모두 1,000명의 중국 유학생들이 진무학교에서 엄격한 교육을 받았다고 한다((美)任達(Douglas R. Reynolds), 李仲賢 譯, 『新政革命與日本－中國, 1898~1912』, p.171).

수해 강서순무의 추천을 받아 뽑힐 수 있었다. 북경에 도착한 후 전국에서 올라온 선발자들과 함께 시험을 보고 통과한 후에야 유학이 최종적으로 결정되어 출국수속을 밟았다. 그는 천진으로 가서 직례총독 원세개의 면담과 훈시를 받은 후 상선을 타고 일본으로 건너갔다.[64] 이열균 등 육군 유학생 일행은 일본에 도착한 후 진무학교에 들어가 2년간 공부한 후, 다시 사국포병四國砲兵 제12연대에서 1년간 실습하였다. 그 후 일본사관학교에 다시 입학해 모든 과정을 이수한 후 졸업한 다음 비로소 귀국해 강서성의 신군 장교가 되었다. 이런 코스는 일본육군 엘리트 유학의 전형이며, 대체로 육군 유학생은 몇 개의 등급으로 나누어 교육이 진행되었다.[65]

이처럼 초기 군사 유학생들은 예비교육을 받은 후 대부분 육군사관학교에 입학하길 희망하였다. 당시 군사학의 발전에 따라 전문분야가 세분화되어 육군사관학교 말고도 헌병학교, 경리학교, 측량학교 등 관련 기관들이 늘어났다. 육군사관학교만 하더라도 보병, 기병, 포병, 군수병 등으로 나누어졌다.[66] 그런데 유학생들은 대부분 육군사관학교에서 초급사관 교육을 받은 후 귀국하였다. 전문 군사학교에 들어가 진일보한 군사학을 공부한 사람은 거의 없었다. 그 까닭은 유학생의 심리상태나 국내환경과 관계가 깊지만, 한편으로는 일본 정부가 이런저런 제한 규정을 두었기 때문이다. 전문 군사학교까지 들어갈 경우 군사학 관련 군사기밀이 유출될 가능성을 염려한 것도 원인 중 하나일 것이다.[67]

**64** 董守義, 『淸代留學運動史』, 遼寧人民出版社, 1985, pp.211~212.

**65** 1908년 기준 통계에 따르면, 청국 육군 유학생 가운데 진무학교(振武學校)를 졸업하고 연대(聯隊)에 들어간 사람은 499명이고, 연대에서 실습 중인 사람은 75명이었으며, 사관학교(士官學校)에서 공부한 사람은 255명이었다. 퇴학 등의 사유로 그만둔 사람 200여 명을 제외하면, 연대와 사관학교를 거쳐 졸업 후 귀국한 유학생은 총 229명이었다(Ibid., p.212).

**66** 黃福慶, 『淸末留日學生』, p.38.

육군 유학생 관련 비판적인 기록도 남아있다. 정육의 『병오동유일기』1906에서는 일본인 사관생도의 경우 여러 교육과정을 성공적으로 마치고 군 업무에 투입되었으나, 청국 유학생은 종종 학업을 완성하지 못하고 귀국 조치를 당하였다. 진무학교를 만들어 유학생이 4백여 명이나 있었으나, 이 학교를 졸업하고 호산학교에 입학한 자는 10여 명에 불과하다. 일본의 교육과정에 따르면 호산학교를 졸업한 사람 가운데 뛰어난 학생이 육군대학에 진학할 수 있었다. 그러나 청국 유학생 가운데 호산학교를 졸업한 사람들은 모두 귀국했지, 육군대학에 입학했다는 얘기는 들어보지 못했다고 적었다. 비록 진무학교의 규정은 일본 참모부가 만들어 엄격했으나 진무학교 학생들이 모두 중국인이었던 탓에 대학에 들어가지 못한 현실을 비판한 것이다.[68] 이런 기록은 앞서 호의적인 평가와는 다르다.

한편 군사교육 기능이 사라진 성성학교를 다시 참관한 여패분의 여행기1907에 따르면, 당시 유학생은 280명으로 중등 보통교육을 받고 있었으며, 굳이 학년을 나누지 않고 입학하는 순서대로 분반을 나누었는데 8개 반이 있었다. 비록 정족수를 채우지 못한 상태였지만 유학생들은 속성으로 공부하기를 희망해 1년 6개월이면 졸업할 수 있었으며, 고등과에는 진학하지 않았다. 시간이 지나치게 짧아 공부를 충분히 할 수 없어 3년을 공부한 후 졸업하는 것으로 개정하려는데, 학생들의 반발 때문에 갈등이 있다고 썼다.[69] 얼마 후 양태계의 『동유일기』1907에는 성성학교의 청국 학생과 일본 학생의 수업을 참관하면서 양국학생의 수업 과정이

67 Ibid., p.40.
68 程淯(1906), 『丙午日本游記』(『走向世界叢書』(一百種)), 岳麓書社, 2016, pp.28~30.
69 吕珮芬(1907), 『東瀛參觀學校記』, pp.32~33.

좀 다르다는 사실을 확인할 수 있었다. 이제 청국 학생은 3년 과정을 마치면 졸업하는데 비해, 일본 학생은 5년 과정을 졸업한 후에도 1년 더 고급과정이 있었다. 일본 학생은 졸업 후 육군사관학교에 입학할 수 있으나, 청국 학생은 졸업 후 고등전문학교를 시험 칠 수 있었다.[70] 이 시기의 성성학교는 유학생에게는 더 이상 군사교육을 가르치는 기능이 사라졌지만, 일본을 방문하는 청국 관신 가운데 성성학교를 시찰하지 않은 사람은 거의 없을 정도로 여전히 유명한 방문코스였다.

청국이 일본으로 파견한 육군 유학생은 대략 1천여 명이었다.[71] 비록 유럽 여러 나라에도 약간의 군사 유학생을 파견했지만 일본 유학생의 숫자에는 크게 미치지 못했다. 그들은 귀국 후 신군을 편성하고 훈련시키는 데 중요한 역할을 담당하였다. 한편 유학생 가운데 혁명사상의 영향을 받아 신해혁명 시기 공화파에 가담한 경우도 적지 않았다.

### 2) 해군 - 상선商船학교와 해군병海軍兵학교

양무운동 시기 우수 학생이나 군관을 선발해 외국의 군사학교로 유학을 보내는 사업이 있었다. 청일전쟁 이전 세 차례에 걸쳐 영국 해군유학을 시킨 사건이 대표적이다. 이 시기만 하더라도 군사 유학의 중점은 해

70 성성학교(成城學校)의 기본과목은 두 나라 학생이 유사했으나 일본인이 좀 더 과목이 많았다. 청국 학생의 학비는 1년에 300원인데 반해, 일본 학생은 불과 20여 원에 불과해 열 배 이상의 차이가 났는데, 기숙사비 등 추가 비용이 있기 때문이었다. 1907년 당시 청국 학생이 300여 명이고 일본 학생이 700여 명이었다. 입학 자격의 경우 일본 학생은 고등소학을 졸업한 후 입학시험에 합격한 자에 한해 입학을 허락했으나, 청국 학생은 공사관의 소개서만 있으면 입학할 수 있었다(楊泰階(1906~1907), 『東游日記』(『走向世界叢書』(一百種)), 岳麓書社, 2016, p.48).

71 한 통계에 따르면, 1904년 군사 유학생은 100여 명이고, 1906년에 670명이며, 1908년에는 천여 명에 이르렀다고 한다(李書緯, 『少年行－1840~1911 晚淸留學生歷史現場』, 南方出版傳媒·廣東人民出版社, 2016, p.376). 하지만 이런 통계수치는 연구자마다 적지 않은 편차가 있다.

군이었지 육군은 아니었다. 1876년 이홍장이 변장승卞長勝 등 일곱 명을 독일로 유학 보낸 것이 육군 유학의 시작이지만, 이 시기는 북양해군 건설을 중시하던 때라서 육군 유학은 거의 없었다. 청일전쟁 이후 얼마간 해군 건설이 중지되면서 해군 유학생 사업도 없었다. 전쟁의 후유증에서 벗어나면서 해군중건사업이 시작되었고, 이에 따라 해군학당의 설립, 해외유학생의 파견을 통한 해군 인재 양성을 다시 모색하였다. 얼마 후 중앙정부가 해군 건설을 주도하면서 해군유학은 점차 중앙해군기구에서 관리하였다.[72] 국내에서는 산동, 광동, 복건 등 각 성에 있던 해군학당을 조사한 후 여섯 곳의 해군실습학당을 건설할 것을 결정하였다. 그리고 주판해군위원회는 학부에 장래 유학생을 파견할 경우 해군 유학생을 늘리길 제안했고, 주일공사 호유덕胡惟德도 일본 정부에 해군 유학생을 받아주기를 요청하였다.[73]

해군 인재 육성은 청일전쟁 이전 영국과 프랑스에 유학생을 파견하던 관행에서 벗어나 전쟁 이후 일본해군 평가가 바뀌면서 일본으로 유학생을 보내려고 계획했다. 일본 유학은 구미에 비해 가깝고도 편리했을 뿐만 아니라, 일본해군 역시 배울 만한 곳이었기 때문이다. 1898년 절강성에서 처음 육군 유학생을 파견할 때 각 성에서는 해군 유학생을 파견하는 문제를 논의하였다. 북양대신이 안경란安慶瀾, 채성욱蔡成煜, 고숙기高淑琦, 정보승鄭葆丞, 장영서張瑛緖, 심곤沈琨 등 여섯 명을 일본으로 보내 해군전문학교인 해군병海軍兵학교에서 공부시킬 예정이었다. 해군병학교는 일본해군의 사관 양성 학교로 청국에서도 유명하였다. 그런데 일본해군은 이

72 「署兩江總督端方奏請派水師學堂赴駐滬英船學習片」, 『淸末海軍史料』, pp.415~416.
73 馮靑, 『中國海軍と近代日中關係』, pp.67~68.

학교가 제국 해군 장교만을 양성하기 위한 기관으로 외국인을 받을 수는 없다는 규정을 내세워 중국인 입학을 거절하였다. 실제로 해군병학교는 천황의 칙령으로 일본해군 인력을 양성하기 위해 설치된 특수학교로 해군성조차 외국 유학생을 입학시킬 권한이 없었다. 따라서 이번 일본 유학계획은 좌절되었다.[74]

오래지 않아 호광총독 장지동이 호북성의 해군 인재들을 적극적으로 육성하였다. 군함과 무기 등을 구매하기 위해 일본 정부와 기업들과 교섭하는 과정에서 해군 유학생을 파견하는 문제를 논의하였다. 특히 1904년 11월 장지동이 고베의 가와사키조선소에서 여러 척의 함선을 구매할 때 일본 측이 청국해군 재건사업에 관심을 가지면서 상황이 바뀌었다. 장지동은 구매한 함선을 운영하기 위해서는 기관사와 항해사가 필요하다는 명분으로 일본 측에 해군 유학생을 받아주기를 요청하였다. 일본 외무성과 해군성이 이 문제를 토의해 최종적으로 1905년 2월 해군성은 청국 유학생이 해군병학교에 곧바로 입학하는 것은 무리가 있고, 우선 상선학교에서 해군 관련 일반교육을 받은 다음에 문제가 없으면 해군병학교에 입학시키는 것을 고려한다는 결정을 내렸다.[75] 그리고 유학생의 입학 자격으로 일본어에 능통한 중학 졸업 이상의 학력을 요구했으며, 정원은 70명으로 하면서 입시 과목과 수업 기간 등을 결정하였다.[76]

---

74 黃福慶, 『清末留日學生』, 中央研究院近代史研究所, 1975, p.43; 陳悅 編著, 『辛亥·海軍－辛亥革命時期海軍史料簡編』, p.46.

75 중국 내 한 신문에 따르면, “중국 정부는 최근 해군을 중흥시키고자 학생을 영국으로 파견해 해군을 학습시켰는데, 장래에 해군사관학교를 설립할 것을 준비하기 위해서이다. 우선 학생 약간 명을 일본에 보내어 해군병학교에서 학습시킬 것을 결정했는데, 현재 일본해군성과 협의 중이다”(「海軍學生」, 『廣益總報』, 1905年 第87期(馬駿杰·吳峰敏·門貴臣 編, 『清末報刊載海軍史料滙編』(兩冊), 山東畵報出版社, 2016, p.108)).

76 상선학교(商船學校) 규정은 吳汝綸(1902), 『東游叢錄』, pp.243~244 도표를 참고.

몇 년 전 주학희의 『동유일기』1903에 이미 상선학교를 참관하며 항해과와 기관과에 모두 7백여 명의 학생이 있다면서 수업 과정을 소개한 바 있다. 항해과는 본교에서 6단계매 단계 6개월 과정을 이수하는데, 마지막 단계에서는 해군포술훈련소에서 6개월간 포술을 익힌다. 그리고 항해 실습을 2년 6개월 실시해 총 5년 6개월이 소요된다. 기관과는 5단계매 단계 6개월 과정을 이수하는데, 마지막 단계에서는 기관공장에서 2년간 공업 기술을 실습한다. 그리고 기선과 기관 운전을 1년간 실습해 총 5년이 지나야 졸업한다고 썼다.[77] 이처럼 상선학교를 졸업한 후 해군포병학교 등에서 공부해 소위 후보생 자격을 획득한 후에야 해군성 산하의 해군학교에 입학할 수 있었다.[78] 한편 무전손의 『일유회편』1903에는 해군학교를 설명하면서 "해군에는 해군병학교, 해군기관학교가 있다. 해군병학교는 장교양성학교이며, 기관학교는 기관사를 양성한다. 중학교를 졸업한 사람은 모두 지원할 수 있다. 두 학교를 졸업하면 모두 해군에서 직책을 맡을 수 있다. 만약 해군장성을 희망한다면 해군대학교에 입학해야 한다"라고 썼다.[79]

1906년 청국 연병처는 전국 해군교육 기관들을 통일적으로 조직하는 과정에서 일본으로 해군 유학생 70명을 보내었다. 연병처는 제1차 해군 유학생의 일본파견 비율을 호광 출신이 약 3분의 1로 하고 그밖에 연태수사학당 22명, 강남수사학당 12명 등을 파견하기로 결정했다.[80] 4월 27일 유화식劉華式, 정례경鄭禮慶, 능소凌霄 등 65명의 관비 해군 유학생을 도

77 周學熙(1903), 『東游日記』, pp.109~110.

78 黃福慶, 『清末留日學生』, pp.43~44; 陳悅 編著, 『辛亥・海軍－辛亥革命時期海軍史料簡編』, p.46.

79 繆荃孫(1903), 『日游滙編』(『走向世界叢書』(一百種)), 岳麓書社, 2016, p.18.

80 해군 유학생의 중국 내 성별・출신지 통계를 보면 양호(兩湖) 말고는 광동(廣東)이 많은 편인데, 지리환경과 관련된 듯하다. 양호지역은 내륙이지만 그 인원수는 오히려 연해 지역보다 많은데, 이것은 총독이던 장지동(張之洞)이 해군을 중시한 결과이다(黃福慶, 『清末留日學生』, p.52).

교로 보냈는데, 조금 늦게 출발한 다섯 명을 포함해 모두 70명의 유학생을 파견하였다. 그들은 5월 31일 상선학교 항해과 전공으로 입학해 공부를 시작하였다.[81] 일본 측에서는 1906년 11월 상선학교에 「청국유학생수업규정淸國留學生授業規程」을 만들어 입학 조건, 학비, 수학 연한, 학습 내용 등을 상세히 규정하였다. 우선 입학 조건은 첫째 연령은 16~25세 사이이고, 둘째 체력은 강건하고 시력과 청력이 완전해야 하며, 셋째 소정의 학력을 구비해야 하는 등 세 가지 항목이었다. 그리고 학비는 자비이고, 수학 연한은 예과와 본과 합쳐 모두 2년이며, 성적에 따라 연장하거나 단축할 수 있었다. 예과와 본과는 입학 후 상선학교의 항해과와 기관과에서 교육을 받았다. 예과생은 기초과목을 중심으로 항해학, 기관학 등을 공부하고, 본과생은 항해운용, 기관운용 등에 관한 전문지식을 교육받았다. 상선학교의 규정은 엄격해 학습성적이 불량하거나 질병이 있는 경우 퇴교 처분을 할 수 있도록 만들었다.[82]

1906년 첫 번째 해군 유학생 70명이 상선학교에 들어간 후, 다시 1907년에 두 명의 유학생이 항해를 공부하였다. 1908년에는 36명의 유학생이 입학해 항해를 배우고, 25명의 유학생이 윤전기를 배웠다. 1909년 두 명이 더 파견되어 윤전기를 배웠다. 이처럼 매년 해군 유학생들을 파견했는데, 그 수는 일정하지 않았다. 일본해군은 청국 유학생들을 탐탁하지 않게 생각하는 경우가 있어 신식장비를 제공하거나 신식지식을 교육하지 않아 불만을 일으켰다.[83] 훗날 일본으로 건너가는 사람이 나날

81 馮靑, 『中國海軍と近代日中關係』, p.138.
82 Ibid., pp.138~139.
83 陳悅 編著, 『辛亥・海軍－辛亥革命時期海軍史料簡編』, p.46.

이 많아지자 어떤 경우에는 해군학당을 졸업하지 않은 사람들도 있었으며, 심지어 국내학당에서 공부하지 않은 사람조차 있었다.[84] 당시 여진홍余振興의 경우를 보면 일본해군에서 공부하던 유학사례를 알 수 있다. 이를 간단히 정리하면 아래와 같다.[85]

여진홍은 의화단운동 때 천진수사학당이 파괴되자 1903년 연대에 다시 세워진 연대해군학교 제1기로 들어가 공부하던 중 일본으로 파견하는 해군 유학생으로 선발되었다. 1906년 4월 여진홍 등 22명의 연대해군학교 유학생은 연대에서 상해로 이동한 후 다시 프랑스 상선을 타고 일본으로 건너갔다. 일본에 도착한 후 주일 공사관에 가서 청국 공사 양추와 유학생 업무를 주관하는 참찬 왕극민王克敏을 만났다. 두 사람은 훈시 중에 학생들이 유학의 기회를 빌어 일본해군의 장점을 배우는 것에 노력하고, 난당亂黨, 혹은 혁명당 사람과 접촉하지 말 것을 경고하였다. 만약 위반한 자는 즉시 귀국시킬 것이라 엄명하였다. 이들이 상선학교에 등록했을 때, 이미 학교에는 강남수사학당江南水師學堂 제5기 졸업생 12명, 일본의 성성(예비)학교에서 선발된 36명이 있어서 모두 70명이었다.[86] 여기서 성성학교 출신자도 해군 유학에 참가한 사실을 확인할 수 있다.[87]

84 유학생들은 상선학교에 입학해 기초적인 항해과 과정을 공부했고, 그 후 해군포술학교, 해군기관학교에서 공부한 후 마지막으로 일본해군 훈련선 엄도(嚴島), 진경(津輕)에서 실습하였다(陳悅, 『船政史』(下), 福建人民出版社, 2016, p.551).

85 여진홍(余振興)의 「清末新建海軍首次留日, 留英學生經歷」에 대해서는 王玉麟 整理, 『海痴－細說余振興與老海軍』, 河中文化實業有限公司, 2001 참고(陳悅 編著, 『辛亥 · 海軍－辛亥革命時期海軍史料簡編』, pp.58~64 재인용).

86 陳悅 編著, 『辛亥 · 海軍－辛亥革命時期海軍史料簡編』, p.58.

87 "주일 양(梁)대신의 요청으로 수사 학생을 선발해 일본에 해군을 학습시키려 파견하는데, 일본 정부에서는 매년 70명을 받아들일 것을 허락하였다. 일본 성성학교(成城學校) 유학생 15명을 학습시키는 것 말고 나머지 55명은 연병처(練兵處)에서 정하는데, 먼저 연근해 성에서 파견하고 내년에는 내지에서 파견하기로 했다. 각각 직례 · 산동 26명, 영 · 소 · 환 · 공(寧蘇皖贛) 14명, 절강 · 복건 5명, 광동 5명, 양호(兩湖) 5명씩 보내기로 했다."(「水師學堂選派學生出洋」, 『教育雜誌』(天

당시 자신들이 입학한 곳이 해군병학교가 아니라 상선학교라는 사실을 안 후 연대수사학당과 강남수사학당의 유학생들은 혼란에 휩싸였다. 학교 측에서는, "일본이 처음 청국의 해군 유학생을 받았는데 훈련생이 너무 많았다. 적어도 1년 정도 예비과정이 필요한데 해군병학교는 준비가 되어있지 않다. 그래서 예비과정으로 외국 학생을 받은 경험이 있는 상선학교에서 담당하기로 했다"라고 설명했다. 유학생들은 이런 계획에 불만이 많았지만 이미 일본으로 건너왔기에 어쩔 수 없었다. 학생들은 입학한 후 숙소를 상선학교의 실습선인 명치환으로 정하였다. 이 세 개의 돛이 달린 선박은 1874년에 건조되었는데, 당시 일본이 서양에서 가장 일찍 구매한 선박 가운데 하나였다. 본래 메이지 천황이 이 배를 타고 전국을 순시했는데, 1905년 상선학교에 보내어 실습선으로 쓰도록 하였다. 일본 선박은 실용을 중시하지만 선원 복지는 홀시했는데, 이에 학생들의 선상생활은 무척 힘들었다.[88]

1906년 봄 호북성 출신 유종수劉鍾秀가 언어 문제로 일본 학생과 충돌하는 사건이 발생해 청국 학생들의 공분을 샀다. 유학생 전체가 수업을 거부하고 학교 측에 일본 학생을 징벌할 것을 요구하는 동시에 주일 공사관에도 청원을 넣었다. 상선학교 교장인 히라야마 토오지로平山藤次郎 대좌가 좋은 말로 청국 학생들을 위로해 수업에 복귀하도록 했다. 다른 한편으로는 청국과 일본 학생을 격리하도록 조치해 교사 일부에 유학생 전용 교실을 만들었다.

1907년 여름 여진홍 등은 1년간 일본어를 공부한 후 다음 학기에는

津), 1906年 第22期)(馬駿杰 · 吳峰敏 · 門貴臣 編, 『淸末報刊載海軍史料滙編』(兩冊), p.179)

88 陳悅 編著, 『辛亥 · 海軍－辛亥革命時期海軍史料簡編』, p.59.

해군병학교로 입학할 수 있는가를 질의했으나 분명한 답변을 듣지 못하였다. 유학생들은 여러 차례 논의 끝에 반응이 없자 귀국할 것을 결정하였다. 이에 남·북양에서 파견한 34명의 해군 유학생들은 학사일정에 있던 여름방학 여행을 거부하고 9월 집단 귀국하였다. 귀국 후 여진홍은 해군통제 살진빙이 실시한 유학 시험에 합격해 다시 영국 유학생으로 선발되어 새로운 유학 생활을 할 수 있는 행운을 얻었다. 한편 상선학교에 남은 사람들도 있었다. 그들은 모두 성성학교 출신의 학생들로 상선학교를 졸업한 후, 1910년 일본 해군병학교에 입학해 1년간 공부한 후 신해혁명 전에 모두 귀국하였다.[89] 당시 상선학교를 방문한 좌상종의 『담영록』1907에는 학교의 상황이 나와 있다.

> 학교에는 생도가 6백여 명 있는데, 학생이 2백여 명으로 그 가운데 중국인이 70여 명 있다. 학과는 기관과 항해 두 과로 나누어져 있다. 기관과는 외국어, 국문, 이화理化, 역학, 수학, 전기, 제도, 공학, 관학罐學, 기기汽機, 의술, 기업技業, 병식兵式, 체조 등이며, 5년이면 졸업한다. 항해과는 국문, 외국어, 이화, 산술, 상업, 항해, 의술, 운용運用, 기업技業, 병식, 체조 등이며, 5년 반이면 졸업한다. 제조창은 세 개의 교실이 있는데, 갑을병甲乙丙으로 나눈다. 갑실은 철기鐵機, 연화燃火, 발전發電이고, 을실은 방전放電, 수전收電, 축전蓄電, 인전引電이며, 병실은 운전運轉이다. 제조기계 공장은 해안가에 있으며 기선이 한 척 정박되어 있는데 마침 수리 중이었다.[90]

89 Ibid., p.60.
90 左湘鍾(1907/1908), 『談瀛錄』(『走向世界叢書』(一百種)), 岳麓書社, 2016, pp.154~155.

좌상종의 일기에는 일본해군을 대표하는 교육기관의 하나인 일본해군(병)학교 소개도 있다. 해군학교는 미래 해군 인재를 육성할 목적으로 만들어졌는데, 16세 이상 20세 이하의 청년 가운데 신체검사에 합격하고 한문, 작문, 영어, 수학 지리, 역사, 화학, 도화圖畵 등 시험에 고루 합격해야 한다. 입학하면 곧 병적에 편입되는데 용돈, 피복, 학비가 지급된다. 병학과와 보통과로 나누어진다. 병학과의 경우 포술炮術, 운용술運用術, 수전술水電術, 항해술航海術, 기관술機關術 등을 배우고 3년이면 졸업한다고 기록했다.[91] 황준헌의 『일본국지』에도 해군병학교가 소개되었다. 이에 따르면 병학교는 교장과 교사 및 조교가 있으며, 학사는 유년, 장년, 전업으로 나누어져 있다. 입학 후에는 세분화된 과목에 따라 수업을 하고, 매 시기마다 크고 작은 시험을 치른다. 학교 내에는 관학생과 사학생으로 나뉘는데, 관학생은 평생 해군에 종사할 것을 서약하고 입학하므로 모든 비용을 정부에서 지급한다. 그중 우수한 학생은 유럽으로 유학시키거나 공사관에 파견해 열강의 병제를 연구한다고 썼다.[92] 해군병학교는 1881년 조선 정부에서 파견한 조사시찰단의 기록에도 이미 나타난다. 보고서에는 일반사병도 육군과 달리 지원방식으로 충원한다든지, 유경력자를 우대하고 해군복무를 하면 봉급을 후하게 준다고 했다. 도쿄 주변의 바닷가에 군함 모형의 교사가 있으며, 훈련이 엄격해 함부로 교사나 군함 주변을 이탈할 수 없다고 했다.[93] 청국 관신들이 군사학교 시찰 과정에서 자주 방문했던 해군병학교는 청국 유학생이 입학하길 갈망하

91 Ibid., p.157.
92 黃遵憲(1887), 『日本國志』(中)(『走向世界叢書』(一百種)), 岳麓書社, 2016, pp.903~905.
93 강문형 외, 장진엽 역, 『문견사건(聞見事件), 일본국문견조건(日本國聞見條件)』(조사시찰단기록 번역총서 18), 보고사, 2020, 157~158 · 215~217쪽.

던 학교였으나 쉽게 허락되지 않았다.

해군 유학생이 상선학교에서 2년간 과정을 수료하고 나서 수준높은 해군 군사교육과 실지훈련을 받을 필요가 있었다. 그런데 앞의 여진홍 사례에서 알 수 있듯이 상선학교의 중국인 유학생 32명이 집단귀국하거나 퇴학당하는 사건이 발생하였다. 청국 측은 이 사건을 계기로 해군 유학생이 일본 군함에서 승선 실습할 수 있도록 강력히 요청하였다. 이에 대해 외무성이 유학생의 학습 태도를 비판하자 청일외교 문제로 비화되었다. 결국 해군성은 유학생이 상선학교 교육과정을 수료하면, 해군포술학교와 해군수뢰학교에서 일정한 과목을 이수하고 얼마간 제국 군함에서 실습할 수 있도록 조치해 갈등이 봉합되었다.[94]

이에 따라 1909년 청일정부는 협정을 맺어 유학생이 상선학교 졸업 후 희망할 경우 해군포술砲術학교와 해군공기工機학교에 진학해 수뢰술, 항해술 등의 교육과 실습을 받을 수 있도록 했다. 「재제국해군청국학생교육규정在帝國海軍淸國學生敎育規程」과 「청국학생관리규정淸國學生管理規程」에 따르면, 상선학교의 유학생들은 항해과와 기관과로 나누어 공부한다. 항해과 학생은 상선학교를 졸업한 후 해군포술학교에 입학해 6개월의 수뢰술을 배운다. 기관과의 학생은 해군공기학교에 들어가 6개월의 교육을 받는다. 이 교육 기간 중에 반드시 해군포술학교에서 일정 기간 총대銃隊교육을 받는다. 모든 교육과정이 끝나면 해군소위후보생 혹은 해군기관후보생의 자격을 얻은 후에 함정을 타고 6개월의 실제 연습을 받는다.[95] 이에 따라 1910년 11월 1일 제1기 해군 유학생 사강철謝剛哲, 유화식劉華式 등 여

94 馮靑, 『中國海軍と近代日中關係』, pp.139~142.
95 黃福慶, 『淸末留日學生』, pp.44~45.

덟 명은 해군포술학교에 입학해 항해과를 전공하였다.[96] 한때 승함 문제로 퇴학 사건이 일어났는데, 쌍방 간에 타협해 심각한 사고로 확대되지는 않았다.

해군포술학교에서 공부한 유학생은 84명이었는데, 그 가운데 78명이 실습 항해 등 전 과정을 마치고 졸업하였다. 해군포술학교 제1기생 중에서 성적이 우수한 자들은 구미에 유학한 학생들에 못지않았다. 그들은 1911년 5월 일본 군함에서의 실습 훈련을 모두 마치고 졸업증서를 받았다. 졸업생들은 귀국하기 전에 해군성의 허락을 받아 해군교육본부, 해군함정본부, 수로부, 항무부, 해병단 등을 견학하였다. 하지만 기관과 학생 25명은 해군포술학교 재학 중에 신해혁명이 발발해 도중에 귀국함으로서 최종적으로 졸업하지 못했다.[97] 혹자는 중국인이 해군병학교에도 정식 입학한 것으로 보는 견해가 있으나 실제로 이루어지지는 않은 듯싶다.

일본으로 건너가 해군을 공부한 청국 유학생의 수는 많지 않지만 나름대로 특징이 있다. 과거 청국의 해군 인재는 대부분 유럽으로 떠났다. 그리고 일본의 경우 유학생이 해군을 공부하는 조건이 까다롭고 엄격해 유학가길 원하는 학생이 소수였다. 결국 1909년 여름 주일공사 호유덕은 각 성의 해군 유학생 희망자가 매우 적다는 이유로 일본 정부에 조회해 다음 해부터는 학생을 파견하지 않기로 결정했다. 따라서 청일 양국이

96 "우리나라 해군 학생 중에 상선학교(商船學校)에 유학한 사람은 대략 5백여 명(?)인데, 3월 초 졸업한 사람이 28명으로 공사가 이미 일본 포선학교(炮船學校)에 보내었다. 이것은 우리나라 해군 학생이 일본해군에 들어간 발단으로 상선학교는 해군전문학교가 아니고 해군예비학교에 불과하기 때문이다. 지금 28명이 해군전문학교에 들어간 것을 시작으로 중국해군의 앞날을 미리 축하할 만하다."(「海軍學生之新紀念」, 『北洋兵事雜誌』, 1910年 第1期)(해군사료휘편, p.6)

97 馮靑, 『中國海軍と近代日中關係』, p.142. 「해군포술학교 4기 유일해군학생 명단」(p.143), 「해군포술학교에 입학한 중국유학생 현황」(p.144)은 풍청의 책을 참고; 「일본 상선학교와 해군포술학교를 졸업한 명단」(黃福慶, 『淸末留日學生』, pp.45~51) 참고.

어렵게 만든 해군훈련계획은 중지되었다. 모두 네 차례 해군 유학생 100여 명을 파견했으나 상대적으로 주목받지 못했다.[98] 해군 관련 유학생은 당시 일본으로 유학한 군사 유학생 중에서 수적으로 일부만을 차지하지만, 장래 중화민국 해군을 담당할 인재를 육성했다는 점에서 의미가 있다. 또한 당시 청국 정부가 해군 유학생을 선발해 파견하는 과정에서 일본 측과 적극적으로 협의한 사실도 기억할만하다.[99]

덧붙이자면, 앞서 언급했듯이 1909년 말 재순과 살진빙이 유럽에 건너가 해군을 고찰할 때 파옥조巴玉藻, 엽재복葉在馥 등 각 학교에서 선발한 23명의 해군 유학생을 데리고 영국으로 건너갔다. 그 가운데 연태해군학당, 강남수사학당, 광동수사학당의 학생이 가장 많았고, 복건선정학당의 교육상황은 좋지 않아 겨우 한 사람만이 선발되었다. 이것이 신해혁명 이전 서양으로 유학시킨 마지막 청국 유학생들이었다.[100]

---

98 黃福慶, 『淸末留日學生』, p.45.

99 풍청에 따르면, 해군유학의 한두 가지 특징은 다음과 같다. 첫째, 일본으로 가는 해군 유학생의 선발에 호광지방을 다수 뽑아 종래 복건파와 광동파의 독점을 타파하였다. 둘째, 일본에 유학해 해군을 공부한 사람들은 중화민국 초기 북경 정부의 해군기구, 해군학교의 고관과 교원이 되었다. 이에 따라 기존 영국과 프랑스 유학파를 중심으로 한 중국해군의 지도층에 일본 유학파가 새롭게 진출하였다(馮靑, 『中國海軍と近代日中關係』, pp.144~145).

100 陳悅, 『船政史』(下), pp.550~551; 姜鳴 編著, 『中國近代海軍史事日誌』(下), p.269. 영국으로 유학한 청국 유학생의 근황에 관해서는 「留英海軍學生升學」, 『華商聯合報』, 1910年 第7期(馬駿杰·吳峰敏·門貴臣 編, 『淸末報刊載海軍史料滙編』(兩冊), pp.161~162); 「籌辦海軍處奏爲留學英國海軍畢業學生考試成績比照成案量予獎勵折」, 『淸末海軍史料』, pp.420~421 등에서도 언급하였다.

소결 2

# 해국일본, '모범'이자 '적국'

청말 중국이 일본에 공식적으로 파견한 출사대신은 하여장, 여서창, 서승조 등이 차례로 이어졌고, 청조가 일본에 파견해 현지 조사를 시킨 인물로는 왕지춘, 부운룡 등이 있었으며, 개인 자격으로 일본에 건너간 사람으로는 이규, 왕도, 이소포 등이 있었다. 그 가운데 1877년부터 청일전쟁까지 청국에서 파견한 주일 청국 공사는 모두 다섯 명으로 하여장, 여서창, 서승조말고도 이경방, 왕봉조가 있었다. 특히 여서창은 제2차와 제4차 주일공사를 두 차례 역임하였다. 이들은 류큐, 대만, 조선 등 현안으로 떠오른 주변국 외교 문제를 처리하였다.

그런데 초기 청국인들은 중화주의의 관념 아래 일본인이 낙후한 섬의 오랑캐라는 인식을 가져서 심각하게 생각한 경우가 별로 없었다. 옛날의 영광에 얽매어있기는 초대 주일공사 하여장부터 청일전쟁 직전 일본으로 건너간 황경징에 이르기까지 대부분 비슷하였다. 청일전쟁 이전 중국 지식인 중에 황준헌, 왕도 등 일부 지식인은 메이지유신의 성과에 찬탄해 일본을 학습할 것을 주장하며 변법개혁에 동조하였다. 그러나 다수의 중국 사대부들은 철도와 전신을 비롯한 문명이기의 발빠른 수용에 대해서는 놀라움을 표시했지만, 여전히 일본을 대단하다고 보지는 않았다. 특히 일본인이 과학기술을 넘어 서양의 정치제도를 적극적으로 수용하는 태도는 탐탁하지 않게 생각하였다. 보수적인 일부 인사들은 일본인의 근대화정책을 노골적으로 비웃었다. 대체로 청국인의 초기 일본 여행기에 나타난 일본관은 옛 이미지와 새로운 이미지 사이를 배회하고 있었다고 평가할 수 있다.

당시 중국인 여행가들은 나가사키, 고베, 요코하마 등에 거주하는 화상들을 통해 일본 정보를 얻을 수 있었고, 해산물을 비롯한 무역 현황을 파악할 수 있었다. 나가사키의 경우 명대 이래 당관이라고 부르는 차이나타운이 있어서 일본 화교의 기원이었는데 복건인이 많았다. 고베의 경우 비록 나가사키나 요코하마보다 화교의 진출이 늦었지만 오사카와 더불어 메이지시기 서일본의 중심으로 급부상하면서 중계무역으로 한때 무역량이 두 도시를 능가하기도 했다. 요코하마의 경우 개항 이후 급격하게 발전한 도시로 서양 상인을 따라 고용인 신분으로 중국인이 들어왔으나 얼마 후 매판 상인의 모습으로 변신하였다. 이곳은 광동계가 다수를 이루었다. 일본 화교들은 쌀, 차, 금속, 해산물 등을 외국으로 수출했는데, 특히 해산물의 경우 중국으로 많이 수출하였다.

1874년 일본의 대만출병은 청국을 자극해 해방대논쟁을 가져와 일본을 가상적국으로 여기게 되었고, 거꾸로 일본은 자국 해군력의 한계를 자각하는 계기가 되었다. 몇 년 후 일어난 류큐처분은 일본의 제국주의적 팽창을 노골적으로 드러냈으며, 청국의 대일 경계심은 극도로 고조되어 일본에 대한 선제공격론을 불러왔다. 1875년 강화도사건은 일본의 군사적 우위를 드러내는 듯했으나, 1882년 임오군란과 1884년 갑신정변에서 청국이 조선으로 군함을 파견해 사태를 유리하게 이끌면서 청국 해군력이 일본을 견제할 수준에 도달했다는 사실을 보여주었다.

청국이 일본과 유럽으로 파견했던 출사대신의 여행기에 나타난 일본 해군의 모습을 살펴보면 '해국일본'의 이미지가 뚜렷하게 보인다. 청국과 일본 사이의 해군력 경쟁은 서양 열강에 대한 수동적 방어 차원을 넘어 동아시아 해양 패권을 장악하려는 열망에서 비롯되었다. 그 과정에서 청일 간의 신뢰 관계는 크게 악화되었으며, 결국 1886년 8월 나가사키에서 청국 수병과 일본 경찰이 충돌해 쌍방이 적지 않은 사상자가 난 나가사키 사건이 발생하였다. 이 사건이 일어난 역사 배경에는 양국의 오랜 불신과 앙금이 자리 잡고 있었다. 나가사키 사건 후 청국은 북양해군의 건설로 해군에서의 우위를 보여주는 듯했으나 갑작스레 재정지원이 줄어들면서 동아시아 최고 함대라는 명성이 하락하였다. 이와 달리 일본은 나가사키 사건 직후 메이지 정부가 절치부심하면서 거액의 해군경비를 마련해 해군 건설에 매진했으며, 청일전쟁 직전에는 북양해군을 육박하는 수준에 이르렀다.

출사대신의 일기를 통해 판단해 보건대, 청국은 일본의 군사력을 저평가하는 실수를 범하였다. 일본 출사대신 하여장 등은 해군력 관련 정보는 부족해 일본 측 자료를 수집 정리하는 수준에 머물렀다. 그들은 일본의 군사력이 청국에 미치지 못하므로 류큐와 조선 문제의 해결을 위해 무력을 사용할 것을 주장하였다. 비록 영국 출사대신 곽숭도 등은 일본 외교관과 교류하면서 신형군함을 구매하며 자국 해군력을 강화하는 일본에 경계심을 가졌으나 여전히 충분히 견제할 수 있다고 믿었다. 이런 사실은 청말 중국인의 일본 여행기에 나타나는 해국일본에 대한 고질적 편견왜구, 소국, 섬나라 등과 일맥상통한다. 동아시아 패권을 둘러싸고 전개된 양국의 해군력 강화경쟁은 결국 청일해전을 일으켰으며 일본해군의 최종 승리로 끝이 났다. 청일전쟁의 패배 이후 체제의 붕괴 위기에 직면한 청조는 일본을 폄하하던 기존 태도를 급격하게 전환하였다.

청말신정 시기 청조가 체제개혁을 진행하면서 중앙관제, 군사, 재정, 사법, 교육 등 여러 방면에서 일본 사회는 좋은 모델이 되었다. 일본 시찰 여행기인 동유일기는 중일 문화교류의 기록이자 청말 신정개혁과 근대화과정을 읽을 수 있는 좋은 사료이다. 이때 일본으로 건너간 청국인들은 대부분 공비로 파견한 각급 중앙과 지방정부의 관리자, 학교와 실업단체의 책임자들이었으며, 일부 자비로 건너간 사람들도 있었다. 이들이 시찰한 분야는 내정, 외교, 농공상, 해륙군 등 다양했으며, 파견부서는 시찰자에게 보고서나 저작물을 제출하도록 해서 개혁에 유용한 글이 나오도록 장려하였다.

방일시찰단은 일본 교육가와 정부 관원들을 만나보았고, 교육제도와 행정관리 강연을 들었으며, 각종 일본 교육기관의 법규와 규정뿐만 아니라 교과서들도 수집하였다. 이런 관신들의 동유일기에 나타나는 교육 시찰 내용은 아마도 전체 분량 중 가장 많은 내용을 담고 있지 않을까 싶다. 나진옥이나 오여륜과 같은 저명한 교육가들도 일본 시찰에 동참하였다. 그 가운데에는 수해양학교인 상선학교와 수산학교 방문일정도 포함되었다. 상선학교의 경우 해운 인력을 양성하는 것이 기본이지만, 중국인은 해군 인력을 키우는 학교로도 이용되었다. 수산학교는 섬나라 일본의 특성이 잘 드러나는 곳으로, 수산학의 경우 세계적인 수준이라고 자부하고 있었다.

청말 관상들이 시찰한 일본의 농·공·상업과 같은 실업 분야는 장건과 성선회 등과 같은 실업가이자 고위층 사람들이 많았다. 그들의 일기에는 실업교육 관련 언급이 적지 않은데, 나중에 중국 내 실업교육 사조의 흥기를 가져왔다. 해양-수산업과 같은 새로운 산업 분야의 관심도 어렵지 않게 찾을 수 있다. 일본 정부의 해운업 장려, 항만건설과 조선업의 발전뿐만 아니라 수산업의 중요성에도 주목하였다. 특히 장건은 일본 오사카 박람회를 시찰한 후 귀국해 중국 수산·어업의 근대화에 앞장서 인상적이다. 그리고 청국인 방문자들은 일본의 중앙집권체제 아래서 운영되는 법·행정 분야에 높은 관심을 드러냈는데, 특히 사법제도에 주목해 심판제도, 변호제도, 감옥제도 등을 고루 살펴보고 높이 평가하였다. 이것은 당시 청국의 관제개혁과도 밀접하게 관련되어 있었다. 한편 동유기에는 비록 체계적이지는 않지만 일본의 해양 문화 관련 단편적인 기사도 적지 않게 실려 있다.

청일전쟁 후 중국의 국방건설에서 뚜렷한 특징 가운데 하나는 기존 서양을 모범으로 배우던 방식에서 벗어나 일본을 모델로 삼으려는 노력이 있었다는 사실이다. 짧은 기간 동안 일본의 제도를 참고해 군사 기구를 재정비하거나, 일본에서 새로운 군함이나 무기를 구매하거나, 일본인 군사 교습을 초빙해 여러 군사학교에 파견한 일 등이 그것이다. 뿐만 아니라 청국 관신들은 일본 측 요청으로 일본군 군사훈련을 관람했을 뿐만 아니라 병기공장과 군사학교를 참관하면서 학제, 설비, 교과 내용 등을 파악하였다. 그들이 방문한 군사와 교육 관련 기관단체의 소개와 설명이 동유일기에 고스란히 담겨있다.

메이지유신의 뚜렷한 성과 가운데 하나는 군사 분야였으며 무엇보다 육군에서 두드러졌다. 육군 분야 시찰은 정홍신과 심익청의 일본방문이 대표적이다. 이들은 일본의 군사훈련을 참관하기 위해 일본으로 건너갔다. 정홍신은 고위급 무관이었고, 심익청은 비록 문관이었지만 복건수사학당의 책임자로 해군 전문가라고 말할 수 있다. 그 후에도 여러 관신들이 일본의 군사 관련 시설들을 둘러보았다. 무관 출신이 아닌 경우에는 주로 군사학교를 방문하였다. 이들은 당연히 군사력의 중요성을 인정했지만 대체로 군사교육의 중요성을 강조하는 등 충국 애국 사상에 기초한 일본의 국민교육에 주목하였다.

정홍신 일행은 육군말고도 해군을 시찰했는데, 군함을 탑승하거나 조선소를 방문하면서 청일해전 때 실감했던 일본해군의 무력을 확인하였다. 몇 몇 관신들 역시 해군학교를 방문한 기록들이 남아있다. 무엇보다 청국해군을 재건하는 과정에서 살진빙의 제안으로 해외 해군 시찰을 추진한 사실이 인상적이다. 1910년 8월 재순, 살진빙 등은 상해를 출발해 일본을 거쳐 미국에서 해군을 고찰하고 군함을 구매하였다. 다시 일본으로 건너와 해군조직기구를 살피면서 역시 군함을 구매하였다. 그 결과 청국해군은 점차 체계를 갖추기 시작했는데, 주판해군사무처를 해군부로 바꾸었으며 재순이 해군대신, 살진빙이 해군통제가 되는 성과가 있었다.

1898년 6월 네 명의 절강군사학교 학생이 일본으로 유학을 갔는데, 이것이 첫 번째 성급 단위의 학생들이 군사 유학한 사건이다. 그 후 거의 모든 중국의 각 성에서 학생들을 보내었다. 해마다 육군 유학생이 증가하자 입학 인원을 제한했는데, 그럼에도 불구하고 각 성의 무비학당 설립이 증가하는 동시에 일본으로 건너가는 유학생도 계속 늘어났다. 도쿄에 있던 성성학교는 일본인이 1885년에 만든 사립학교로 육군예비학교이다. 이 학교는 청국인 육군 유학생을 위한 군사 예비교육이 가장 먼저 이루어졌고 가장 오랫동안 이루어졌다. 그리고 1903년 7월 진무학교가 세워지자 성성학교 학생들은 모두 이 학교로 옮겨와 공부하였다. 그 후 성성학교는 다른 고등학교에 진학할 수 있으나 육군학교에는 들어갈 수 없었다.

당시 군사 유학생의 다수는 육군 유학이었으며, 해군유학은 상대적으로 적었다. 1899년 초 청조는 중국 청년의 해군유학을 위해 일본 정부와 교섭해 우선 안경란 등 다섯 명을 해군병학교에 입학시키려 했다. 하지만 이 문제는 일본 해군성의 권한 밖이어서 이들 학생의 입학은 거부되었다. 일본 정부가 중국 유학생의 해군병학교 입학을 기피한다는 사실을 헤아리지 못한 것이다. 하지만 해군 유학생들은 상선학교에 입학해 해군교육을 받는 등 우여곡절을 겪으며 일본에서 공부할 수 있었다. 영국이나 유럽의 경우는 비용 문제로 말미암아 극소수의 선발 학생만이 갈 수 있었다. 양무운동 시기 해군 중심의 구미 유학이 청말신정 시기 육군 중심의 일본 유학으로 무게의 축이 이동했지만, 일본으로 건너갔던 육군과 해군 유학생 모두 신해혁명과 중화민국의 건립과정에서 중요한 역할을 담당하였다.

결론

# 동양과 서양 사이

이 책은 '근대 중국인의 해국海國 탐색'이라는 제목으로 전반부인 '서유기'는 청국에서 파견한 유럽 출사대신의 일기를 중심으로, 후반부인 '동유기'는 청국에서 파견한 일본 출사대신의 일기를 중심으로, 각각 그들의 근대 해양 문명의 경험과 인식을 다루었다. 19세기 후반의 해방위기는 명대 가정대왜구에 이어 중국문명이 해양으로부터 두 번째 맞은 위기였다. 본문에서는 청말 '해국' 구상을 위한 중국인의 시행착오를 확인하고자 했으며, 이 문제는 21세기 현재에도 일정한 영향을 미치고 있다.

아편전쟁 이전 해외 여행기는 과거의 전설 수준에서 벗어나 사실에 가까워졌는데, 그럼에도 불구하고 여행 범위는 여전히 동남아 지역과 러시아에서 크게 벗어나지 못했다. 두 차례 아편전쟁의 패배 후 청국은 유럽 열강에 의해 강제로 해금정책을 버리고 개항하면서 근대적 만국공법 질서에 편입되어 외교근대화를 이루는 계기를 맞이하였다. 그 과정에서 경험한 서양의 이른바 '견선리포'의 위력은 중국인들에게 큰 충격을 주었다. 동양에서 서양으로 건너간 출사대신이나 유학생은 구미 사회에 장기

체류하며 해양 문명을 가장 실감나게 경험한 사람들이다. 근대 문명이 바다로부터 왔다는 전제에 동의한다면 해양 문명에 대한 인식 수준은 곧 근대화의 수준을 반영하는 것이다. 대양을 건넌 청국인들은 구미 사회에 대해 다양한 반응을 보였고, 훗날 자신들의 국가 운명에 적지 않은 영향을 미쳤다. 본문에서 다룬 내용을 대략 네 가지 주제로 정리하면 아래와 같다.

## 1. 청말 출사대신이 서양(혹은 일본)으로 출양하는 과정에서 겪은 대양항로의 경험

15세기 중반부터 시작한 대항해시대는 광활한 바다 세계를 발견하면서 유럽인들 사이에 유라시아대륙은 세계의 중심이 아니라 넓은 바다에 떠 있는 하나의 섬으로 인식되었으며, 이른바 공간혁명을 일으키며 19세기 후반까지 이어졌다. 바다가 대륙을 연결하는 시대가 출현한 것이다. 신항로의 개척과 산업혁명의 영향으로 교통수단이 발전하면서 증기선과 기차 등 새로운 발명품이 출현하자 세계 일주와 같은 장거리 여행이 가능해졌다.

제국항로=유럽 항로는 영국 본국에서 지중해를 지나 인도에 이르는 해양 루트이다. 19세기에 서인도제도 대신 인도의 중요성이 커지면서 영국 본국–지브롤터해협–지중해–수에즈–인도양으로 연결하는 루트가 중시되면서 제국항로라고 불리게 되었다. 이 항로는 다시 청국과 일본으로 확대되었는데, 동아시아인들의 입장에서 보면 동남아를 경유해 유럽으로 가는 유럽 항로이기도 했다. 한편 중국에서 일본을 경유해 태평양을 건너 미국에 도착한 후 다시 대서양을 건너 영국으로 향하는 태평양 항로도 있었다. 대양항해 가운데 해양 관련 소재를 열거하자면, 증기기관과 선박구조, 대양항해의 기억들풍랑, 배멀미, 선상 질병과 사망, 지리관의 혁신과 시간관념의 변화, 등대와 암초, 해저케이블과 해외 이민, 수에즈운하의 개통, 항구 풍경 등을 들 수 있다. 당시 일반 중국인에게는 5대양 6대주의 개념이 아직 정착하지 않았고, 대서양의 상대어인'대동양'이란 용어가 '태평양'으로 바뀌는 중이었다.

청국의 지식인들에게 대양이라는 새로운 지리적 공간을 경험하는 놀라움은 근대의 출발을 알리는 새로운 문명사적 발견의 하나였다. 출사대신은 산업혁명의 놀라운 발명품인 증기선으로 대양을 건너면서 지구가 둥글다거나 바다가 육지를 감싸고 있다는 사실을 눈으로 직접 확인하였다. 그리고 대양항해 중에 지구의 자전과 공전에 따라 밤낮과 사계절이 생긴다는 근대적 시간관념을 인식할 수 있었다. 날짜변경선의 이해, 즉 "태양의 반대 방향으로 여행하면 하루가 더 많아진다"라는 시차 문제의 자각은 근대적 시간과 거리 감각의 수용을 가져왔다. 이런 근대과학의 지구설과 지리관을 수용할 경우 세계 어느 지역도 중심이 될 수 없다는 탈중심화로 연결되면서 전통적 중국 중심의 세계질서는 균열을 일으킬 수밖에 없었다.

곽숭도를 비롯한 출사대신이 유럽으로 출사한지 오래지 않아 일본으로도 주일 청국 공사가 파견되었다. 상대적으로 짧은 거리인 중일 항로는 상해에서 출발해 나가사키와 고베를 거쳐 도쿄 주변인 요코하마까지 하루 이틀 걸리는 해상항로였으며 그 항행 속도는 과거와 비교할 수 없이 빨랐다. 그런데 좀 납득하기 어려운 점은 오래전부터 나가사키 항에 당관이 있었음에도 불구하고, 청대 중국인들은 일본을 나가사키, 사쓰마, 쓰시마 등 세 개의 섬으로 이루어진 국가로 보았다는 사실이다. 일본 지리에 대한 정보공유가 널리 이루어지지 않은 탓으로 보인다. 일본 출사대신은 처음에는 다소 낭만적인 감정을 품고 바다를 건너 일본을 방문했으나 자연미를 음미하던 여행기는 점차 사회상을 묘사하는 객관적인 언어로 바뀌었다.

## 2. 출사대신이 유럽(혹은 일본) 현지에서 군함 구매를 통해 해군 건설

서양의 중국 침략은 기본적으로 바다를 통해 근대해군으로 이루어졌다. 따라서 청국 역시 신식해군을 건설해 해양을 방어하는 것이 필수적이었다. 19세기 후반은 해군혁명의 시대라고 부를 수 있을 만큼 기술혁신이 이루지고 있었다. 중국 사회에서 근대해군의 탄생과정을 살펴보면 중국인들의 해양 인식이 전환되는 과정을 알 수 있다.

근대를 상징하는 대표적인 해양 문명으로는 증기기관으로 움직이는 증기선과 대형함포를 구비한 군함 등을 꼽을 수 있는데, 특히 견선리포로 기억하는 서양의 군함과 대포는 경이로운 존재였다. 출사대신 일기와 여행기 중에는 군함의 구매 문제, 최신식 철갑선에 대한 기억, 신형군함의 진수식 참가, 어뢰와 어뢰정에 대한 놀라움, 함포의 제작과 위력, 서양해군의 역사와 발전과정, 해군 열병식과 해군학교 참관, 조선소에서 군함의 무기 장착 과정, 문자선의 결함, 군항과 해안포대의 참관 등 다양한 기록들이 나타난다. 그 가운데 출사대신이 군함과 대포를 구매하면서 해군을 건설하는 과정을 보면 출사대신들이 얼마나 해군력 강화에 집착했는지 알 수 있다.

1870년대 중엽부터 90년대 중엽까지는 청말 해방근대화의 최고 전성기로 초기 출사대신이 유럽 현지에서 이 임무에 주력하였다. 그들은 해군 군함을 구매하고, 해군 유학생을 관리했을 뿐만 아니라, 개혁적인 해방건설 계획을 본국에 제안하였다. 특히 영국과 독일주재 청국 공사들이 중요한 역할을 담당하였다. 주외 공사라는 신분을 이용해 서양의 해군 군사 시설들을 고찰한 일은 그들이 해방근대화에 공헌을 할 수 있었던 배경이었다. 청말 해방건설은 근대적 해군 건설이 핵심이며, 군함을 구매 혹은 건조하는 일이 핵심 중의 핵심이다. 외국으로부터 구매하는 방법과 스스로 만드는 방법 가운데 전자가 해방근대화의 지름길이었다. 이런 해군 건설과정에서 전근대 시기의 해방인식을 넘어서 근대적 해권=해양력을 자각하는 과정도 엿볼 수 있다.

일본은 메이지 정부가 들어서면서 급격한 해군발전을 이루었다. 일본 해군의 대만출병은 청국의 해방인식에 근본적인 위기감을 불러왔다. 양국의 해군력 경쟁은 동아시아 해양 패권을 장악하기 위한 열망을 부채질해 류큐, 대만, 조선 문제를 놓고 서로 대립하였다. 이른바 나가사키 사건의 발발로 상호 간 긴장감은 그 정점에 도달하였다. 청국은 북양함대와 같은 신식해군을 건설해 한때 일본을 압도했음에도 불구하고 청일해전 중 거의 모든 전투에서 패배한 사실은 놀랍다. 이 점은 청국의 전통수사가 실질적인 근대해군으로 거듭나지 못한 사실을 잘 보여준다. 청일전쟁 후 해군을 중건하는 과정에서 비록 해군 규모가 전쟁 이전 수준으로 회복되지는 못했지만, 중국인의 해군 인식은 감성적인 차원에서 이성적인 차원으로 고양되었다. 그 후 체제의 붕괴 위기에 직면한 청조는 청말 신정 시기에 이르러 구미 국가를 대신해 일본을 모범으로 삼아 군함을 구매하거나 해군 유학생 파견하는 등 전향적인 모습을 보였다.

## 3. 출사대신과 유학생 등이 경험한 유럽(혹은 일본)의 해양 문명

양무운동 시기 중국의 사대부들이 서양 야만인들로부터 배워야 할 것은 단 한 가지 군사력이라고 생각한 것과는 달리 출사대신들은 현지에서 그 이상의 근대 문명을 경험하였다. 당시 영국은 해양에 관련한 세계의 표준을 정한 나라로 최고의 해양 강국이었다. 출사대신의 여행기(혹은 일기)에는 영국의 해양 문명에 대한 고급 정보가 담겨있다. 일행이 경험한 해양 문명은 서양 문화의 산물로, 적어도 200여 년의 뿌리를 가진 영국의 과학기술인데 이것을 이해하기란 결코 쉬운 일이 아니었다. 청국이 영국과 프랑스에 해군 유학생을 파견한 사건은 중국사에서 보기 드문 문화 역전 현상으로, 진정한 의미에서 근대중국 유학생 교육의 출발이었다. 영국으로 파견한 유학생은 항해사 교육을 받았는데, 그 가운데에는 청말 대표적인 사상가이자 번역가인 엄복도 있었다. 프랑스로 파견한 유학생은 주로 선박 제조 교육을 받았다. 이들은 귀국 후 북양함대의 주축이 되었다.

출사대신의 유럽 시찰 가운데 해양 문명 관련 소재를 열거하자면, 어정과 선정의 합리성, 해양법과 만국공법, 해양기술, 동물원과 수족관의 신기한 어류, 해양스포츠와 해수욕 등이 있었다. 그들이 서양의 물질문명뿐만 아니라 사회, 풍속이나 정치, 교육 등 다양한 제도와 문화를 수용하려는 노력은 여행기 곳곳에 나타난다. 따라서 해군 건설을 중심으로 한 군사력 증강에만 주력했다는 기존 해석은 어느 정도 타당성이 있지만, 물질과 제도 및 정신문명의 수용과정을 단계론으로 파악하기보다는 자신들이 필요하다고 판단한 서구 문명의 여러 요소를 선택적으로 수용했다고 보는 것이 더욱 적절할 듯싶다.

중국의 지식인들이 자국의 해양성을 자각하는 것보다 상대적으로 일본의 지식인들이 해국일본을 체감하면서 세계인식의 변화가 뚜렷하게 나타났다. 그런데 청일전쟁 이전 중국의 지식인 가운데 일부만이 메이지유신의 성과를 높이 평가해 주목했을 뿐이다. 여전히 다수의 사대부들은 일본을 대단하다고 생각하지 않았고 심지어 근대화정책을 비웃었다. 하지만 청일전쟁의 패배 이후 중국인들은 일본에 대한 모호한 관점을 버리고 전면적으로 일본을 배우려는 태도를 취하였다. 대표적인 현상이 일본을 학생으로만 보던 고자세가 180도 바뀌어 일본으로 건너가는 청국 시찰단과 유학생이 대량 출현한 사건이다. 일본 시찰 여행기인 동유일기는 청말신정과 중국 근대화과정을 읽을 수 있는 좋은 자료인데, 여기에는 교육 시찰, 실업 시찰, 법·행정 시찰, 군사 시찰 등 전 방위적인 내용이 담겨있다. 일기에는 해국일본의 수해양학교, 수해양산업 및 해산물과 같은 독특한 해양 문화도 포함되었다. 뿐만 아니라 군사 분야에서도 육·해군 시찰은 물론 육·해군 유학생 파견도 이루어졌다.

## 4. 출사일기에 나타난 중서 문화 비교

양무운동 시기 출사대신 가운데 진심으로 서양 문화의 가치를 높이 평가하는 사람은 많지 않았다. 그들은 중국인의 전통적 가치관에서 출발해 서양인의 물질에 대한 추구를 천시하였다. 따라서 서양 국가가 과학기술과 상공업무역을 발전시킨 것을 주의 깊게 관찰하면서도 다른 한편으로 차가운 눈으로 방관하는 이중적 태도를 취하였다. 실제로 유교적 세계관을 가지고 서양과학과 이론을 받아들이는 것은 무척 험난하고 시간이 걸리는 일이다. 왜냐하면 동아시아인의 인식구조와 지식체계가 구미의 근대적 과학이론과 서로 통하지 않았기 때문이다. 그래서인지 서양의 과학기술을 중국식으로 오독하는 경우가 쉽게 발견된다. 전통적 가치와 서구적 근대 간의 긴장과 균열은 서학중원설이나 중체서용론과 같은 절충적 인식론에서도 확인할 수 있다.

곽숭도부터 설복성에 이르기까지 영국을 방문했을 때 서양의 근대는 완성된 시점은 아니었지만, 산업혁명이 순조롭게 진행되어 세계 공장으로서 물질문명의 놀라운 생산력을 관찰할 수 있었다. 하지만 엄격한 의미에서 그들이 경험한 서양의 근대는 현재진행 중이었다. 그런 불안정성 때문인지 서학이 실은 동쪽에서 왔다는 관점을 유지하면서 서양문명을 중국 문명과 동질의 문명으로 보려 했다. 설복성의 경우는 지리와 기후가 인종의 우열을 결정한다는 지리인종설을 받아들여 동남아시아인들과 아메리카 인디언을 폄하하면서 중국인의 문화적 우월성을 재확인하려 했다. 이런 식의 중서문화 회통방식은 당시 일본인에게서도 종종 발견할 수 있지만 정도의 차이가 뚜렷한 편이다.

출사대신은 출국과 귀국항로에서 서남아시아와 동남아시아의 대표적인 해항 도시들을 경유하였다. 특히 지중해와 홍해 사이를 관통하는 수에즈운하 대공사는 중국인의 눈에 우공이산에 비유될 만큼 서양인의 해양 개척정신을 보여주는 대표사례였다. 그리고 인도와 동남아지역에 산재해 있던 여러 식민도시를 경유하면서 아시아를 바라보는 출사대신의 시선은 정도의 차이가 있지만 이중적인 모습을 보인다. 다시 말해 동일 인종이라는 동정적인 태도와 구미 문명과 비교할 때 낙후한 동양에 대한 비판적인 생각이 중첩되는 것이다.

출사일기에는 예외 없이 동남아의 여러 도시베트남, 싱가포르 등에서 차이나타운을 방문해 화교들을 만난 기록이 나타난다. 물론 동남아 화교처럼 오랜 역사를 가지지 않았지만 일본, 미주 등지의 화교를 만난 내용도 담겨있다. 유럽 출사대신이 화인들이 밀집한 동남아지역에서 화교정책을 주목했듯이, 일본 출사대신들은 나가사키, 고베, 요코하마 등 개항장 내 화교들을 만나 현지 정보를 얻었다. 실제로 청국 근대외교의 출발은 화교정책과 깊은 관련성을 가지며, 설복성의 화교정책은 수백 년간 유지되었던 해금령의 종말을 가져오는 데 결정적으로 작용하였다. 화교라는 존재는 근대 해양 문명을 이해하는 데 또 다른 키워드이다. 한편 일본 시찰을 통해서는 서양 배우기에 몰두해 중국문화로부터 멀어지는 일본인들에 대한 애증의 감정도 나타난다.

덧붙이자면, 일본의 경우 메이지 정부가 출범하면서 파견한 이와쿠라 사절단 말고도 이미 도쿠가와막부 말기 개항에 따른 통상조약 비준이나 구미 국가 시찰 등을 위해 여러 차례 해외 사절단을 미국과 영국 및 유럽에 파견한 바 있다. 이들 해외 사절단은 청국보다 시기적으로 빠르고, 훨씬 풍부한 여행기들을 남겼다. 따라서 당시 일본은 청국에 비해 서양문명에 대한 풍부한 이해가 있었다고 말할 수 있다. 청국은 여전히 전통 체제를 유지하기 위해 군사력을 필요로 했을 뿐 국가를 근본적으로 개조하려는 의지가 약했다면, 일본은 이미 근대국가의 길로 나아가고 있어 구미 지식을 구해 열강과 같은 부국강병을 이루려는 강렬한 욕망이 있었다.

조선에게 개항은 청국과 일본처럼 해금 시대의 종말이자 천하 질서의 해체가 시작되는 역사적 사건이다. 동아시아 다른 나라와 마찬가지로 바다와 문명에 대한 근본적인 인식 전환이 요구되면서 조선에서도 대양에 대한 새로운 자각이 일어났다. 예를 들어, 개항 시기 조선 최초의 출사대신이라고 할 수 있는 수신사는 바다를 건너 해국일본을 경험했다는 점에서 서양의 해양 문명을 간접적이나마 가장 먼저 실감한 사절단이다. 그 후에도 미국을 방문한 보빙사나 러시아를 탐방한 민영환 사절단이 이어졌으나 청국과 일본에 비해서는 규모와 기간 면에서 상당한 차이를 보였다.

만약 일본과 조선혹은 베트남의 해외 사절단과 출사대신이 바라본 서양의 해양 문명을 청국의 사례와 비교하는 연구가 앞으로 이루어진다면 무척 유용할 것이다. 19세기 후반 한·중·일 출사대신과 지식인의 여행을 통해 근대서양의 해양 문명을 받아들여 자국으로 전파하는 과정을 탐구하는 작업은 책봉·조공 체제에서 만국공법 체제로의 전환과정을 파악하는 것은 물론, 해양의 시각에서 19세기 후반 동아시아 근대사를 새롭게 해석하는 데 적지 않은 도움을 줄 것이다.

## 참고문헌

### 1. 사료, 자료집


구메 구니타케, 정애영 외역, 『특명전권대사 미구회람실기』(전5권), 소명출판, 2011.

김기수, 구지현 역, 『일동기유(日東記游)』(수신사기록 번역총서 1), 보고사, 2018.

김득련, 허경진 역, 『環璆唫艸』, 평민사, 乙酉文化社, 2011.

민영환, 『海天秋帆』(『使歐續草』포함), 乙酉文化社, 1959.

______, 조재곤 편역, 『海天秋帆－1896년 민영환의 세계일주』, 책과함께, 2007.

민족문화추진회, 『신편 국역 해행총재(新編 國譯 海行摠裁)』, 2008.

박대양, 장진엽 역, 『동사만록(東槎漫錄)』(수신사기록 번역총서 8), 보고사, 2018.

박상식, 장진엽 역, 『동도일사(東渡日史)』(수신사기록 번역총서 4), 보고사, 2018.

박영효, 이효정 역, 『사화기략(使和記略)』(수신사기록 번역총서 7), 보고사, 2018.

안광묵, 구지현 역, 『창사기행(滄槎紀行)』(수신사기록 번역총서 2), 보고사, 2018.

유길준, 허경진 역, 『西遊見聞－조선 지식인 유길준, 서양을 번역하다』, 서해문집, 2004.

윤치호, 박정신・이민원 역, 『국역 윤치호 영문 일기(3)』, 국사편찬위원회, 2015.

______, 윤경남 역, 『민영환과 윤치호, 러시아에 가다』, 신앙과지성사, 2014.

이민수 역, 민홍기 편, 『閔忠正公 遺稿(全)』, 일조각, 2000.

허동현 편, 『조사시찰단관계자료집』(전14권), 국학자료원, 2000.

姜　鳴 編著, 『中國近代海軍史事日誌』, 三聯書店, 1994.

郭嵩燾, 『倫敦與巴黎日記』(『走向世界叢書』 第1輯 第4冊), 岳麓書社, 1985.

祁兆熙, 『游美洲日記』(『走向世界叢書』 第1輯 第2冊), 岳麓書社, 1985.

戴鴻慈, 『出使九國日記』(『走向世界叢書』 第1輯 第9冊), 岳麓書社, 1985.

羅　森, 『日本日記』(『走向世界叢書』 第1輯 第3冊), 岳麓書社, 1985.

羅振玉, 『扶桑兩月記』(『走向世界叢書』(一百種)), 岳麓書社, 2016.

______, 『扶桑再游記』(『走向世界叢書』(一百種)), 岳麓書社, 2016.

吕珮芬, 『東瀛參觀學校記』(『走向世界叢書』(一百種)), 岳麓書社, 2016.

劉學詢, 『考察商務日記』(『走向世界叢書』(一百種)), 岳麓書社, 2016.

凌文淵, 『籥盦東游日記』(『走向世界叢書』(一百種)), 岳麓書社, 2016.

李濬之, 『東隅瑣記』(『走向世界叢書』(一百種)), 岳麓書社, 2016.

林汝耀 等, 『蘇格蘭游學指南』(『走向世界叢書』 第1輯 第2冊), 岳麓書社, 1985.

馬駿杰・吳峰敏・門貴臣 編, 『清末報刊載海軍史料滙編』(兩冊), 山東畫報出版社, 2016.

繆荃孫, 『日游滙編』(『走向世界叢書』(一百種)), 岳麓書社, 2016.

文　愷, 『東游日記』(『走向世界叢書』(一百種)), 岳麓書社, 2016.

福建師範大學歷史系華僑史資料選集組 編, 『晚清海外筆記選』, 海洋出版社, 1983.

傅雲龍, 『游歷日本圖經餘紀』(『走向世界叢書』 第1輯 第3冊), 岳麓書社, 1985.

斌　椿, 『乘槎筆記・詩二種』(『走向世界叢書』 第1輯 第1冊), 岳麓書社, 1985.

薛福成, 『出使英法義比四國日記』(『走向世界叢書』 第1輯 第8冊), 岳麓書社, 1985.
盛宣懷, 『愚齋談瀛錄』(『走向世界叢書』(一百種)), 岳麓書社, 2016.
雙　燾, 『東瀛小識』(『走向世界叢書』(一百種)), 岳麓書社, 2016.
梁啓超, 『新大陸游記及其他』(『走向世界叢書』 第1輯 第10冊), 岳麓書社, 1985.
楊泰階, 『東游日記』(『走向世界叢書』(一百種)), 岳麓書社, 2016.
嚴　修, 『東游日記』(『走向世界叢書』(一百種)), 岳麓書社, 2016.
黎庶昌, 『西洋雜志』(『走向世界叢書』 第1輯 第6冊), 岳麓書社, 1985.
吳汝綸, 『東游叢錄』(『走向世界叢書』(一百種)), 岳麓書社, 2016.
吳振清・吳裕賢 編輯整理, 『何如章集』, 天津人民出版社, 2010.
王景禧, 『日游筆記』(『走向世界叢書』(一百種)), 岳麓書社, 2016.
王　韜, 『漫游隨錄』(『走向世界叢書』 第1輯 第6冊), 岳麓書社, 1985.
王宝平 主編, 『晚清東游日記滙編』(兩冊), 上海古籍出版社, 2004.
王　栻 主編, 『嚴復集』(第2冊), 中華書局, 1986.
王藝生, 『六十年來中國與日本』, 三聯書店, 2005.
王之春, 『談瀛錄』(『走向世界叢書』(一百種)), 岳麓書社, 2016.
姚鵬圖, 『扶桑百八吟』(『走向世界叢書』(一百種)), 岳麓書社, 2016.
容　閎, 『西學東漸記』(『走向世界叢書』 第1輯 第2冊), 岳麓書社, 1985.
劉錫鴻, 『英軺私記』(『走向世界叢書』 第1輯 第7冊), 岳麓書社, 1985.
李　圭, 『環游地球新錄』(『走向世界叢書』 第1輯 第6冊), 岳麓書社, 1985.
李鳳苞, 『使歐日記』, 黎明文化事業公司, 1988.
李筱圃, 『日本紀游』(『走向世界叢書』 第1輯 第3冊), 岳麓書社, 1985.
林汝輝 等, 『蘇格蘭游學指南』(『走向世界叢書』 第1輯 第2冊), 岳麓書社, 1985.
林　鍼, 『西海紀游草』(『走向世界叢書』 第1輯 第1冊), 岳麓書社, 1985.
張　謇, 『癸卯東游日記』(『走向世界叢書』(一百種)), 岳麓書社, 2016.
張德彝, 『隨使法國記』(『走向世界叢書』 第1輯 第2冊), 岳麓書社, 1985.
______, 『隨使英俄記』 (『走向世界叢書』 第1輯 第7冊), 岳麓書社, 1985.
______, 『航海述奇・歐美環游記』(『走向世界叢書』 第1輯 第1冊), 岳麓書社, 1985.
張斯桂, 『使東詩錄』(『走向世界叢書』 第1輯 第3冊), 岳麓書社, 1985.
張俠・楊志本・羅澍偉・王蘇波・張利民 合編, 『清末海軍史料』, 海洋出版社, 1982.
載澤, 『考察政治日記』(『走向世界叢書』 第1輯 第9冊), 岳麓書社, 1985.
錢德培, 『歐游隨筆』(『走向世界叢書』 第2輯), 岳麓書社, 2016.
丁鳳麟・王欣之 編, 『薛福成選集』, 上海人民出版社, 1987.
程　淯, 『丙午日本游記』(『走向世界叢書』(一百種)), 岳麓書社, 2016.
丁鴻臣, 『東瀛閱操日記』(『走向世界叢書』(一百種)), 岳麓書社, 2016.
鍾叔河 主篇, 『走向世界叢書』 第1輯(第1-10冊), 岳麓書社, 1985.
鍾叔河・曾德明・楊雲輝 主篇, 『走向世界叢書』(一百種), 岳麓書社, 2016.
鍾賢培 等 選注, 『黃遵憲詩選』, 廣東人民出版社, 1994.
左湘鍾, 『談瀛錄』(『走向世界叢書』(一百種)), 岳麓書社, 2016.

朱維錚 主編, 『郭嵩燾等使西記六種』, 三聯書店, 1998.
周學熙, 『東游日記』(『走向世界叢書』(一百種)), 岳麓書社, 2016.
中研院近代史研究所 編, 『清季中日韓關係史料』, 中研院近代史研究所, 1972.
曾紀澤, 『出使英法俄國日記』(『走向世界叢書』 第1輯 第5冊), 岳麓書社, 1985.
志　剛, 『初使泰西記』(『走向世界叢書』 第1輯 第1冊), 岳麓書社, 1985.
陳道華, 『日京竹枝詞』(『走向世界叢書』(一百種)), 岳麓書社, 2016.
陳　悅 編著, 『辛亥・海軍－辛亥革命時期海軍史料簡編』, 山東畵報出版社, 2011.
沈翊清, 『東游日記』(『走向世界叢書』(一百種)), 岳麓書社, 2016.
何新華 編, 『中文古籍中廣東華僑史料滙編』, 廣東人民出版社, 2016.
何如璋, 『使東述略・使東雜咏』(『走向世界叢書』 第1輯 第3冊), 岳麓書社, 1985.
何如璋 等, 『甲午以前日本游記五種』(『走向世界叢書』 第1輯 第3冊), 岳麓書社, 1985.
韓國鈞, 『實業界之九十日』(『走向世界叢書』(一百種)), 岳麓書社, 2016.
黃　璟, 『考察農務日記』(『走向世界叢書』(一百種)), 岳麓書社, 2016.
黃慶澄, 『東游日記』(『走向世界叢書』 第1輯 第3冊), 岳麓書社, 1985.
黃遵憲, 『日本國志』(上・中・下), (『走向世界叢書』(一百種)), 岳麓書社, 2016.
______, 『日本雜事詩』(『走向世界叢書』 第1輯 第3冊), 岳麓書社, 1985.
久米邦武 編, 水澤周 譯注, 『現代語訳 特命全権大使米欧回覧実記』(全5卷), 慶應義塾大学出版会, 2005~2008.
福澤諭吉, 『西洋事情』, 慶應義塾大学出版会, 2009
市川清流, 楠家重敏 編譯, 『幕末歐州見聞錄』, 新人物往來社, 1992

## 2. 연구서

### 1) 국문

국립해양박물관 편, 『통신사 선단의 항로와 항해』, 국립해양박물관, 2017.
규장각한국학중앙연구원 편, 『조선사람의 세계여행』, 글항아리, 2011.
김성준, 『배와 항해의 역사』, 혜안, 2010.
김유철 외, 『동아시아 역사 속의 여행 1－경계, 정보, 교류』, 산처럼, 2008.
다나카 아키라, 강진아 역, 『소일본주의』, 소화, 2002.
____________, 현명철 역, 『메이지 유신과 서양 문명－이와쿠라 사절단은 무엇을 보았는가』, 小花, 2006.
대니얼 R. 헤드릭, 김우민 역, 『과학기술과 제국주의, 증기선・키니네・기관총』, 모티브북, 2013.
량얼핑, 하진이 역, 『세계사의 운명을 바꾼 해도』, 명진출판, 2011.
劉中民, 이용빈 역, 『중국 근대 해양방어 사상사』, 한국해양전략 연구소, 2013.
류한수 외, 『발트해』, 바다위의 정원, 2017.
마루야마 마사오, 김석근 역, 『『문명론의 개략』을 읽는다』, 문학동네, 2007.
문옥표 외, 『동아시아 관광의 상호시선』, 한국학중앙연구원출판부, 2016.
미야자키 마사카츠, 박현아 역, 『물건으로 읽는 세계사』, 현대지성, 2018.
________________________, 『세상에서 가장 쉬운 패권 쟁탈의 세계사』, 위즈덤하우스, 2020.

박영준, 『해군의 탄생과 근대일본』, 그물, 2014.
박찬승 편, 『여행의 발견, 타자의 표상』, 민속원, 2010.
서양원 편, 『세계를 뒤흔든 바다의 역사』, 알에이치코리아, 2014.
송승석・이정희 편, 『동남아화교와 동북아화교 마주보기』, 학고방, 2015.
신승하, 『근대중국의 서양인식』, 고려원, 1985.
아리야마 테루오, 조성운 외역, 『시선의 확장－일본 근대 해외관광여행의 탄생』, 선인, 2014.
야마모토 요시타카, 서의동 역, 『일본 과학기술 총력전』, AK, 2019.
옌안성, 한영혜 역, 『신산(神山)을 찾아 동쪽으로 향하네』, 일조각, 2005.
오카모토 다카시, 강진아 역, 『미완의 기획, 조선의 독립』, 소와당, 2009.
왕효추, 신승하 역, 『근대 중국과 일본－타산지석의 역사』, 고려대 출판부, 2002.
우미영, 『근대 조선의 여행자들』, 역사비평사, 2018.
이덕무, 박상휘・박휘수 역해, 『청령국지－18세기 조선 지식인의 일본 인문지리학』, 아카넷, 2017.
이에인 딕키 외, 한창호 역, 『해전(海戰)의 모든 것』, Human & Books, 2010.
이즈미다 히데오, 김나영 외역, 『해역아시아의 차이나타운 華人街－이민과 식민에 의한 도시형성』, 선인, 2014.
임성모 외, 『동아시아 역사 속의 여행 2－네트워크, 정체성』, 산처럼, 2008.
잰슨, 마리우스 B, 장화경 옮김, 『일본과 세계의 만남－격동의 200년』, 소화, 1999.
정수일 편, 『해상 실크로드 사전』, 창비, 2014.
조성운 외, 『시선의 탄생－식민지 조선의 근대관광』, 선인, 2011.
______, 『식민지 근대관광과 일본시찰』, 경인문화사, 2011.
조세현, 『천하의 바다에서 국가의 바다로』, 일조각, 2016.
주강현, 『제국의 바다, 식민의 바다』, 웅진씽크빅, 2005.
______, 『등대의 세계사』, 서해문집, 2018.
주경철, 『문명과 바다』, 산처럼, 2002.
첸강・후진초, 이정선・김승룡 역, 『유미유동－청나라 정부의 조기유학 프로젝트』, 시니북스, 2005.
최덕규 편, 『제국주의 열강의 해군과 동아시아』, 동북아역사재단, 2018.
카를로 M. 치폴라, 최파일 역, 『대포 범선 제국』, 미지북스, 2010.
프랑수아 지푸루, 노영순 역, 『아시아의 지중해－16~21세기 아시아 해항도시와 네트워크』, 혜안, 2014.
필립 A. 큔, 이영옥 역, 『타인들 사이의 중국인－근대 중국인의 동남아 이민』, 심산, 2014.
하마시타 다케시, 서광덕・권기수 역, 『조공시스템과 근대아시아』, 소명출판, 2018.
허동현, 『근대한일관계사연구－조사시찰단의 일본관과 국가구상』, 국학자료원, 2000.

### 2) 중문

姜　鳴 編著, 『中國近代海軍史事日誌(1860~1911)』, 三聯書店, 1994.
______, 『龍旗飄揚的艦隊－中國近代海軍興衰史』, 三聯書店, 2002.
曲金良 主編(本卷主編 閔銳武), 『中國海洋文化史長篇(近代卷)』, 中國海洋大學出版社, 2013.
郭　麗, 『近代日本的對外認識－以幕末遣歐美使節爲中心』, 北京大學出版社, 2011.
瞿立鶴, 『淸末留學教育』, 三民書局, 1973.

戴東陽,『晚淸駐日使團與甲午戰前的中日關係(1876~1894)』, 社會科學文獻出版社, 2012.
董守義,『淸代留學運動史』, 遼寧人民出版社, 1985.
呂順長,『淸末浙江與日本』, 上海古籍出版社, 2001.
______,『淸末中日敎育文化交流之硏究』, 商務印書館, 2012.
雷俊玲,『淸季首批駐英人員對歐洲的認識』, 臺灣, 中國文化大學史學硏究所, 博士學位論文, 1999.
廖珮君,『薛福成的政治理念』, 國立成功大學 博士學位論文, 2010.
馬幼垣,『靖海澄疆－中國近代海軍史事新詮』, 聯經, 2009.
閔銳武,『蒲安臣使團硏究』, 中國文史出版社, 2002.
史滇生 主編,『中國海軍史槪要』, 海潮出版社, 2006.
尙小明,『留日學生與淸末新政』, 江西敎育出版社, 2003.
舒新城,『近代中國留學史』, 中華書局 · 上海書店, 1989.
孫雪梅,『淸末民初中國人的日本觀－以直隸省爲中心』, 天津人民出版社, 2001.
辛元歐,『中外船史圖說』, 上海書店, 2009.
沈　岩,『船政學堂』, 書林, 2012.
楊金森 · 范中義,『中國海防史』(下冊), 海軍出版社, 2005.
楊文鶴,『海洋與近代中國』, 海洋出版社, 2014.
梁碧螢,『艱難的外交－晚淸駐美公使硏究』, 天津古籍出版社, 2004.
楊　波,『晚淸旅西記述硏究(1840~1911)』, 河南大學 博士學位論文, 2010.
嚴安生, 陳言 譯,『靈臺無計逃神矢－近代中國人留日精神史』, 三聯書店, 2018.
吳寶曉,『初出國門－中國早期外交官在英國和美國的經歷』, 武漢大學出版社, 2000.
吳　霓,『中國人留學史話』, 商務印書館, 1997.
吳以義,『海客述奇－中國人眼中的維多利亞科學』, 上海科學普及出版社, 2004.
王家儉,『中國近代海軍史論集』, 文史哲出版社, 1984.
______,『李鴻章與北洋艦隊』, 三聯書店, 2008.
______,『洋員與北洋海防建設』, 天津古籍出版社, 2004.
王宏斌,『淸代前期海防－思想與制度』, 社會科學文獻出版社, 2002.
______,『晚淸海防－思想與制度硏究』, 商務印書館, 2005.
王曉秋,『近代中日啓示錄』, 北京出版社, 1987.
______,『近代中日文化交流史』, 中華書局, 2000.
______,『黃遵憲與近代中日文化交流』, 遼寧師範大學出版社, 2007.
王熙,『一個走向世界的八旗子弟－張德彝「稿本航海述奇滙編」硏究』, 中山大學歷史系 博士學位論文, 2004.
于桂芬,『西風東漸－中日攝取西方文化的比較硏究』, 商務印書館, 2001.
兪　政,『何如樟傳』, 南京大學出版社, 1991.
劉中民 外,『中國近代海防思想史論』, 中國海洋大學出版社, 2006.
尹德翔,『東海西海之間－晚淸使西日記中的文化觀察、認證與選擇』, 北京大學出版社, 2009.
李金强 等主編,『我武維揚－近代中國海軍史新論』, 香港海防博物館編製, 2004.
李書緯,『少年行－1840~1911 晚淸留學生歷史現場』, 南方出版傳媒 · 廣東人民出版社, 2016.
李英 · 陸過,『船政與近代中國思想』, 福建人民出版社, 2016.

李喜所,『近代留學生與中外文化』, 天津人民出版社, 1992.
張宇權,『思想與時代的落差－晚淸外交官劉錫鴻硏究』, 天津古籍出版社, 2004.
張　靜,『郭嵩燾思想文化硏究』, 南開大學出版社, 2001.
張海林 編著,『近代中外文化交流史』, 南京大學出版社, 2003.
丁鳳麟,『薛福成評傳』, 南京大學出版社, 1998.
鍾叔河,『走向世界－近代中國知識分子考察西方的歷史』, 中華書局, 1985.
______,『從東方到西方－走向世界叢書敍論集』, 岳麓書社, 2002.
曾永玲,『郭嵩燾大傳』, 遼寧人民出版社, 1989.
陳瓊瑩,『淸季留學政策初探』, 文史哲出版社, 1989.
陳室如,『近代域外遊記硏究(1840~1945)』, 文津出版社, 2008.
陳　悅,『北洋海軍艦船志』, 山東畵報出版社, 2009.
______,『近代國造艦船志』, 山東畵報出版社, 2011.
______,『中國軍艦圖誌(1855~1911)』, 商務印書館, 2013.
______,『船政史』(上・下), 福建人民出版社, 2016.
陳　悅 主編,『北洋海軍珍藏圖片集』, 文匯出版社, 2011.
陳貞壽,『圖說中國海軍史』, 福建敎育出版社, 2002.
戚其章,『北洋艦隊』, 山東人民出版社, 1981.
______,『晚淸海軍興衰史』, 人民出版社, 1998.
戚俊杰・郭陽 主編,『北洋海軍新探』, 中華書局, 2012.
戚海瑩,『北洋海軍與晚淸海軍建設－丁汝昌與北洋海軍』, 齊魯書社, 2012.
何新華,『晚淸海防與海權思想論略』, 中國社會科學出版社, 2018.
胡代聰,『晚淸時期的外交人物和外交思想』, 世界知識出版社, 2012.
胡立人・王振華 主編,『中國近代海軍史』, 大連出版社, 1990.
黃萬機,『黎庶昌評傳』, 貴州人民出版社, 1989.
黃福慶,『淸末留日學生』, 中央硏究院近代史硏究所, 1975.
黃小用,『晚淸華僑政策硏究』, 湖南師範大學 博士學位論文, 2003.
(德)喬偉, 李喜所・劉曉琴 譯,『德國克虜伯與中國的近代化』, 天津古籍出版社, 2001.
(美)馬士,『中華帝國對外關係史』(第2冊), 商務印書館, 1958.
(美)汪榮祖,『走向世界的挫折－郭嵩燾與道咸同光時代』, 岳麓書社, 2000.
(美)任達(Douglas R. Reynolds), 李仲賢 譯,『新政革命與日本－中國, 1898~1912』, 江蘇人民出版社, 1998.
(美)鮑威爾,『中國軍事力量的興起』, 中國社會科學出版社, 1979.
(英)林肯・潘恩(Lincoln Paine), 陳建軍 羅燚英 譯,『海洋與文明－世界航海史』, 讀書共和國, 2018.
(英)布賴恩・萊弗里(Brian Lavery), 鄧峰 譯,『征服海洋－探險, 戰爭, 貿易的4000年航海史』, 中信出版社, 2017.
(日)實藤惠秀, 譚汝謙・林啓彦 譯,『中國人留學日本史』, 三聯書店, 1983.
(日)安岡昭男, 胡連成 譯,『明治前期日中關係史硏究』, 福建人民出版社, 2007.

3) 일문
岡本隆司,『李鴻章』(岩波新書 1340), 岩波書店, 2011.
岡本隆司・箱田恵子・青山治世,『出使日記の時代』, 名古屋大學出版會, 2014.
犬塚孝明,『海國日本の明治維新』, 新人物往來社, 2011.
橋本順光・鈴木禎宏 編著,『歐洲航路の文化誌－寄港地を讀み解く』, 青弓社, 2000.
宮永孝,『アメリカの岩倉使節団』, 筑摩書房, 1992.
______,『幕末遣歐使節團』, 講談社學術文庫, 2006.
吉川長夫・松宮秀治 編,『『米欧回覧実記』を読む』, 法律文化社, 1995.
大久保利謙 編,『岩倉使節團の研究』, 宗高書房, 1976.
鈴木智夫,『近代中國と西洋國際社會』, 汲古書院, 2007.
木畑洋一,『帝國航路を往く－イギリス植民地と近代日本』, 岩波書店, 2018.
米歐回覽の會 編,『岩倉使節團の再發見』, 異文閣出版, 2003.
芳賀徹 編,『岩倉使節團の比較文化史的研究』, 思文閣出版, 2003.
箱田惠子,『外交官の誕生』, 名古屋大學出版會, 2012.
西川長夫・松宮秀治 編,『『米欧回覧実記』を読む－1870年代の世界と日本』, 法律文化社, 1995.
松村昌家,『幕末維新使節團のイギリス往還記』, 柏書房, 2008.
手代木有児,『清末中國の西洋體驗と文明觀』, 汲古書院, 2013.
神谷大介,『幕末の海軍－明治維新への航跡』, 吉川弘文館, 2018.
安井三吉,『帝國日本と華僑－日本・臺灣・朝鮮』, 青木書店, 2005.
野村實,『日本海軍の歷史』, 吉川弘文館, 2002.
王大宝,『蒲安臣使節團の研究－清朝最初の遣外使節團』, 広島大學大學院, 文學研究科 博士學位論文, 2017.
外山三郎,『日本海軍史』, 吉川弘文館, 2013.
熊田忠雄,『世界は球の如し』, 新潮社, 2013.
依田憙家,『日中両国近代化の比較研究序説』, 龍渓書舎, 1986.
田中彰,『岩倉使節團『米歐回覽實記』』, 岩波書店, 2002.
______,『明治維新と西洋文明－岩倉使節団は何を見たか』, 岩波書店, 2003.
田中彰・高田誠二 編著,『『米欧回覧実記』の学際的研究』, 北海道大学図書館刊行会, 1992.
宗像善樹,『咸臨丸の絆』, 海文堂, 2014.
佐藤三郎,『中国人の見た明治日本－東遊日記の研究』, 東方書店, 2003.
泉三郎,『「米欧回覧」百二十年の旅－岩倉使節団の足跡を追って』, 図書出版社, 1993.
______,『岩倉使節團』, 祥傳社黃金文庫, 2012.
青山治世,『近代日本の在外領事とアジア』, 名古屋大學出版會, 2014.
阪本英樹,『月を曳く船方－清末中國人の美歐回覽』, 成文堂, 2002.
馮青,『中國海軍と近代日中關係』, 錦正社, 2011.
戶高一成,『海戰からみた日清戰爭』, 角川書店, 2011.
和田博文,『海の上の世界地圖－歐州航路紀行史』, 岩波書店, 2016.
荒山正彦,『近代日本の旅行案內書圖錄』, 創元社, 2018.

#### 4) 영문

F. W. Williams, *Anson Burlingame and The first Chinese Mission to Foreign Powers*, New York, Charles Scribrer's sons, 1912.

Hsu, Immanuel C. Y., *China's Entrance into the Family of Nations : the Diplomatic Phase 1858-1880*, Cambridge, Mass : Harvard University Press, 1960.

Ian Nish, *The Iwakura Mission to America and Europe : A New Assessment*, New York, Routledge, 1998.

J. D. Frodsham, *The First Chinese Embassy to the West : the Journals of Kuo Sung-t'ao, Liu Hsi-hung and Chang-yi*, Oxford : Clarendon Press, 1974.

Kim, Man Chan, *Mandarins in America : The Early Chinese Ministers to the United States, 1878-1907*, University of Hawaii, 1981.

Kim, Samuel Soon-ki, *Anson Burlingame : A Study in Personal Diplomacy*, Columbia University Ph.D Thesis, 1966.

Koo, Telly H., *The Life of Anson Burlingame*, Harvard University Ph.D Thesis, 1992.

Mary C. Wright, *The Last Stand of Chinese Conservatism : The T'ung-chi Restoration 1862-1874*, Standford : Standford University Press, 1961.

Richard N. J. Wright, *The Chinese Steam Navy 1862-1945*, Chatham Publishing, 2000.

Ring, Martin Robert, *Anson Burlingame, S. Wells Williams and China, 1861-1870 : A Great Era in Chinese-American Relations*, Tulane University Ph.D Thesis, 1972.

Williams, Frederick Wells, *Anson Burlingame and the First Chinese Mission to Foreign Powers*, New York : C.Scribner's sons, 1912.

Wong, Owen Hong-Hin, *A New Profile in Sino-Western Diplomacy : The First Chinese Minister to Great Britain*, Kowloon : Chung Hwa Book Co., Ltd., 1987.

### 3. 연구논문

#### 1) 국문

고정휴, 「태평양의 발견-그 바다 이름의 생성・전파와 조선에의 정착」, 『한국근현대사연구』 83, 2017.

大津留厚, 「이와쿠라 사절단이 본 비엔나의 도시개조」, 『法學論叢』 第35卷 第1號, 2011.

로버트 캠벨, 「미국 서부의 이와쿠라 사절(岩倉使節)」, 『日本硏究』 제10집, 2008.

미야지마 히로시, 「'화혼양재'와 '중체서용' 재고-일본・중국과 구미와의 만남」, 『동아시아 근대이행의 세 갈래』, 창비, 2009.

민유기, 「이와쿠라 사절단의 프랑스 근대도시 체험과 인식」, 『史叢』 80, 2013.

박경석, 「근대 중국인의 해외여행과 내셔널리즘, 그리고 타자인식」, 『동양사학연구』 107, 2009.

박삼헌, 「이와쿠라 사절단의 역사적 의미 재고찰」, 『일본학보』 98, 2014.

박진빈, 「자연, 도시, 국가-이와쿠라 사절단과 미국 체험」, 『史叢』 80, 2013.

방광석, 「메이지 관료의 '유럽 지식순례'」, 『동아시아 역사 속의 여행』 1, 산처럼, 2008.

_____, 「메이지관료의 '문명' 인식-이와쿠라 사절단의 재조명」, 『동아시아 역사 속의 여행』 2, 산처럼, 2008.

방광석, 「막말유신기(幕末維新期) 일본 사절단의 근대도시 인식」, 『日本学』 第36輯, 2013.
성희엽, 「이와쿠라(岩倉)사절단의 國家構想 연구-『米歐回覽實記』에 나타난 國家構想을 중심으로」, 『국제지역학논총』 제4권 제1호, 2011.
양승조, 「1873년 일본사절단이 바라 본 근대 도시 상트페테르부르크의 '아우라'와 전근대적 과거의 유산」, 『역사·사회·문화도시연구』 12호, 2014.
이근우, 「수산전습소의 설립과 수산교육」, 『인문사회과학연구』 제11권 제2호, 2010.
이내주, 「W. 암스트롱과 영국 군수산업의 성장, 1854~1900」, 『영국 연구』 제28호, 2012.
이영석, 「이와쿠라 사절단이 바라본 영국의 공업도시」, 『史叢』 80, 2013.
이옥련, 「청일전쟁 전 인천과 횡빈 화교사회」, 『한국학연구』(13), 2004.
이정희, 「일본의 차이나타운 연구-고베 난징마치(南京町)를 중심으로」, 『중앙사론』(제40집), 2014.
이토 이즈미, 「요코하마(橫濱)화교사회의 160년, 지속·갈등, 그리고 변화」, 『20세기 동아시아화교의 지속과 변화』, 심산, 2017.
전진성, 「비스마르크의 환대-『미구회람실기』에 나타나는 근대 일본의 자기모색과 프로이센」, 『史叢』 80, 2013.
조병한, 「海防體制와 1870년대 李鴻章의 洋務運動」, 『동양사학연구』 제88집, 2004.
조세현, 「청말 개인과 사절단의 해외 여행기에 나타난 해양문명」, 『동북아문화연구』 48, 2016.
______, 「청말 출사대신의 일기에 나타난 해양문명」, 『중국근현대사연구』 72, 2016.
______, 「청말 주영공사의 '견선리포(堅船利炮)' 관찰과 군함구매」, 『동북아문화연구』 53, 2017.
______, 「청말 주독공사의 군함구매와 해군건설」, 『중국사연구』 115, 2018.
______, 「청말 해군유학생이 경험한 유럽의 해군문명」, 『해항도시문화교섭학』 제21호, 2019.
______, 「청말 설복성의 출사일기에 나타난 해양문명」, 『동북아문화연구』 제61집, 2019.
최연식·이필영, 「이와쿠라 사절단(岩倉使節團)이 본 서양-모방과 습합(習合)」, 『동서연구』 25-2, 2013.
최용찬, 「1873년 이와쿠라 사절단이 본 비엔나 만국박람회의 근대적 풍경」, 『역사와 문화』 26호, 2013.
최희재, 「1874~5年 海防·陸防論議의 性格」, 『동양사학연구』 제22집, 1985.
허동현, 「19세기 한·일 양국의 근대 서구 문물 수용 양태 비교연구-朝士視察團과 이와쿠라(岩倉) 사절단을 중심으로」, 『동양고전연구』 24, 2006.

#### 2) 중문

賈熟村, 「赫德與郭嵩燾」, 『湖南城市學院學報』, 2010.1, 第31卷第1期.
賈偉川, 「洋務運動時期海外軍用設備采購的途徑」, 暨南大學 碩士論文, 2005.
賈菁菁, 「晚淸駐德公使硏究」, 南開大學 碩士學位論文, 2007.
姜春洁, 「從'帆船'到'汽船'-幕末日本海權意識萌生的器物條件」, 『世界歷史』, 2017年 第3期.
郭　劍, 「現代海洋世界的地標-格林威治」, 『南京政治學院學報』, 2015年 第3期.
魯濤·黃娟, 「郭嵩燾教育思想芻議」, 『雲夢學刊』, 2008.1, 第29卷第1期.
唐宏·王紅, 「尖封的遠航日誌-中國近代海軍的歷次遠航」, 『現代艦船』, 2001.8.
戴國芳, 「晚淸外交官劉瑞芬的洋務活動評述」, 『湖南人文科技學院學報』, 2014年 第2期.
代祥·葛維春, 「淸末赴日考察官紳的教育思想述略-以'東遊日記'爲中心」, 『江西社會科學』, 2012年 第7期.

雷俊玲,「清末駐歐使節劉錫鴻對西方的認識」,『輔仁歷史學報』, 1999.6, 第10期.
薛玉琴,「馬建忠與近代中國海軍建設」,『史林』, 2002年 第1期.
蘇小東,「晚淸海軍護商護僑實踐及其得失」,『安徽史學』, 2013年 第1期.
孫　烈,「晚淸駐外官員與克虜伯對華軍事交流」,『自然辨證法通訊』, 2012年 第1期.
宋德玲,「日本海軍的近代化」,『世界歷史』, 1993年 第2期.
楊小明・張潁師,「薛福成科技觀初探」,『華僑大學學報』(哲學社會科學版), 2008年 第3期.
楊　早,「"文明國"游記－1903~1907年中國官紳眼中的日本」,『華南師範大學學報』, 2014年 第2期.
楊千菊,「嚴復與近代航海軍事敎育」,『航海敎育硏究』, 2013.4.
楊湯琛,「錯位下的日本想像－甲午前晚淸人士的日本游記硏究」,『中國文學硏究』, 2013年 第4期.
嚴鋕玉,「岩倉使團與蒲安臣使團出使歐美之比較」,『廣西大學學報』(哲學社會科學版), 1994年 第6期
呂曉勇,「日本近代海防思想與海軍近代化」,『軍事歷史硏究』, 2004年 第1期.
易春秋,「薛福成對西方風俗的認識與介紹」,『靑島大學師範學院學報』, 2006.6.
吳昆財,「淸季派遣駐外公使始末的分析」,『中華人文社會學報』, 2005.9, 第3期.
吳雪玲,「郭嵩燾西學思想述評」,『齊魯學刊』, 2006年 第4期.
溫曉靜,「黃慶澄'東遊日記'及其日本觀」,『溫州職業技術學院學報』, 2019.12.
王冬・李軍松,「薛福成與近代中西文化交融會通」,『北方論叢』, 2011年 第2期.
王榮國,「嚴復海權思想初探」,『廈門大學學報』, 2004年 第3期.
王曉秋,「三次集體出洋之比較－晚淸官員走向世界的軌迹」,『學術月刊』 第39卷 6月號, 2007.
劉桂芳,「晚淸蒲安臣使團與日本岩倉使團之比較硏究」, 延邊大學 碩士學位論文, 2013.
劉國軍,「中日蒲安臣使團與岩倉使團歐美之行的比較硏究」,『黑龍江社會科學』, 1999年 第4期.
劉悅斌,「薛福成對近代國際法的接受和運用」,『河北師範大學學報』(自然科學版), 1998.6.
劉少虎,「近代中國海外游記硏究綜述」,『湖南商學院學報』 第14卷5期, 2007.
劉振華,「晚淸政府向西方購買鐵甲船述論」,『軍事歷史』, 2009年 第4期.
______,「赫德,金登干與晚淸艦船的購買」,『軍事歷史硏究』, 2011年 第4期.
______,「赫德,金登干購艦問題再探討」,『軍事歷史硏究』, 2014年 第1期.
劉含力,「張德彝筆下的英國形象」,『福建論壇』(人文社會科學版), 2011年 第9期.
尹德翔,「『初使泰西記』中的西方科技與中國思想」,『北方論叢』, 2008年 第1期.
______,「郭嵩燾使西日記中的西方形象及其意義」,『社會科學戰線』, 2009年 第1期.
李　芳,「嚴修'東遊日記'中的黔籍留日學生」,『貴州文史叢刊』, 2013年 第3期.
李　尹,「近代早期出洋國人對西方軍事工業的考察－以旅西日記爲中心」,『中國海洋大學學報』, 2016年 第6期.
李思聰,「薛福成,黃遵憲與晚淸海禁政策的廢除」,『齊齊哈爾大學學報』, 2015.7.
李華珍,「晚淸駐歐使節與海軍近代化」, 福建師範大學 歷史系 碩士學位論文, 2003.
張良俊,「論郭嵩燾『條議海防事宜』的思想價值」,『江西社會科學』, 1994年 第4期.
張禮恒,「伍廷芳與中日長崎事件」,『東岳論叢』, 2006年 第2期.
張雅晶,「何如璋駐日期間的外交活動」,『歷史敎學』, 2001年 第4期.
莊安正,「張謇東游與'東游日記'」,『安徽師範大學學報』, 1995年 第2期.
張兆敏,「徐承祖與中日長崎事件」,『史學月刊』, 2007年 第5期.

張俊萍, 「晚淸去‘夷’化後的英國形象」, 『江南大學學報』(人文社會科學版), 2013.3.
田穀鵬, 「近代中日兩國出使西洋的比較硏究」, 『歷史敎學』, 1993年 第4期.
祖金玉, 「早期駐外使節對西方近代文明的傳播及其特點」, 『社會科學輯刊』, 2004年 第6期.
______ · 閆夏, 「早期駐外使節與晚淸海防近代化」, 『社會科學輯刊』, 2010年 第2期.
周佳榮, 「第一個環游地球的中國外交人員-張德彝對近代海防和西方船炮的認識」, 『我武維揚-近代中國海軍史新論』, 香港海防博物館, 2004.
周啓乾, 「晚淸知識分子日本觀的考察」, 『日本學刊』, 1997年 第6期.
周立英, 「晚淸中國邊吏眼中的日本」, 『史學月刊』, 2008年 第9期.
周至碩, 「張謇眼中的日本」, 『檔案建設』, 2016.2.
陳端坤, 「嚴復與英國皇家海軍學院」, 『海峽敎育硏究』, 2014年 第4期.
陳德勤, 「1866年張德彝在瑞典見到藍鯨標本」, 『中華科技學會學刊』 第18期, 2013.
蔡永明, 「中國早期駐外使節與東南亞的華僑問題」, 『廈門大學學報』(哲學社會科學版), 2003年 第6期.
戚其章, 「琅威理與北洋海軍」, 『近代史硏究』, 1998年 第6期.
皮明勇, 「晚淸海戰理論及其對甲午海戰的影響」, 『安徽史學』, 1995年 第2期.
夏　英, 「淸末赴日考察官商的實業敎育課程觀述略」, 『敎育史論』, 2015年 第10期.
洪子杰, 「一八七五~一八八一年海關購艦之硏究」, 國立中央大學, 碩士學位論文, 2008.
黃宇暘, 「李鴻章與淸季購艦政策硏究-1874~1891」, 淡江大學, 碩士學位論文, 2011.
(德)僑偉 · 李喜所 · 劉曉琴, 「德國克虜伯與晚淸軍事的近代化」, 『南開學報』, 1999年 第3期.
(日)小野泰敎, 「郭嵩燾與劉錫鴻政治思想的比較硏究」, 『淸史硏究』, 2009年 第1期.
(日)手代木有児, 「晚淸中西文明觀的形成」, 『史林』, 2007.4.
(日)________, 「嚴復在英國(1877~1879)」, 『1993年嚴復國際學術硏討會論文集』, 海峽文藝出版社, 1995.

### 3) 일문

宮永孝, 「オランダにおける岩倉使節団」, 『社會勞働研究』, 32:2, 1998.
______, 「アメリカにおける岩倉使節団-岩倉大使の条約改正交渉」, 『社會勞働研究』, 38:2, 1999.
______, 「ベルギーにおける岩倉使節団」, 『社会志林』, 47:1, 2000.

毛利敏彦, 「岩倉使節団の編成事情-参議木戸孝允の副使就任問題を中心に(変動期における東アジアと日本 — その史的考察)」, 『季刊国際政治』, 66, 1980.
福井純子, 「『米歐回覽實記』の成立」, 『『米歐回覽實記』を讀む』, 法律文化社, 1995.
石附実, 「岩倉使節団の西洋教育観察 (明治の政治と教育思想〈特集〉)」, 『季刊日本思想史』, 7, 1978.
趙怡, 「もう一つの米欧回覧の旅ー近代中国初の外交使節団‥蒲安臣使節団ー」, 旅の文化研究所 研究報告 No.9, 2000.12.
坂内知子, 「サンクト・ペテルブルグにおける岩倉使節団-『米欧回覧実記』における「育嬰院」の記述をめぐって」, 『異文化コミュニケーション研究』, 13, 2001.

## 용어 찾아보기


ㄱ

간뢰(杆雷) 136
갑신정변 240, 339, 341, 343, 355, 449
강남수사학당(江南水師學堂) 438, 440, 441, 446
강남제조국(江南製造局) 43, 58, 120, 127, 165, 168, 171, 203, 214, 245
강절어업공사(江浙漁業公司) 392, 393
개틀링(Gatling) 포 141
건순환(健順丸) 287
건위(建威)호 215, 330
건이(乾二)호 185
건일(乾一)호 185
견선리포(堅船利炮) 20, 47, 60, 81, 82, 149, 218, 235, 241, 255, 273, 274, 337, 454, 457
견정(堅定, Staunch)호 126, 128
경원(經遠)호 21, 163, 176, 191~193, 195, 197, 276, 358, 359
경파(鯨波)호 421
고사환(高沙丸) 295
고웅(高雄)호 338, 418
관광환(觀光丸) 324
관제(關帝) 225, 300, 304, 312, 336, 347, 380, 414, 420, 450, 451
교립(橋立)호 359, 360
구망도존(救亡圖存) 373
구주(九州) 37, 63, 94, 254, 297, 298
구주설(九州說) 94, 253, 254, 273
군함조련소(軍艦調練所) 325, 327
그레이트이스턴(Great Eastern)호 53
그리니치 해군학교(The Royal Naval College, Greenwich) 206, 207, 209~211, 216
금강(金剛)호 149, 331, 346
길야(吉野)호 338, 360, 361

ㄴ

나가사키 사건 28, 343, 356, 357, 360, 449, 458
나가사키조선소(長崎造船所) 325
남경조약 234, 322, 323
남양(南洋) 57, 91, 95, 146, 154, 254, 257, 259, 262~265, 267, 268, 353, 358
남장북주(南張北周) 385
내원(徠遠)호 21, 163, 191~193, 195, 197, 276, 358, 359

ㄷ

당격순양함(撞擊巡洋艦, Ram Cruiser) 156~159
당관(唐館) 283, 285, 304~307, 448, 457
대고구(大沽口) 선박사건 74
대동양(大東洋) 60~63, 95, 254, 456
대동학교(大同學校) 380
대만사건 119, 291, 328, 329
대만출병 15, 28, 82, 328~332, 334, 448, 458
대지환(大智丸) 389
덕징호(德澄號) 313
덕흥륭호(德興隆號) 313
데지마(出島) 285
도진야시키(唐人屋敷) 304
도쿠가와막부(德川幕府) 25, 285, 287, 296, 304, 322, 323, 462
동경환(東京丸) 297
동동태호(東同泰號) 289, 311
동문관(同文館) 46, 47, 56, 57, 78, 79, 85, 336
동문학교(同文學校) 380
동유기(東遊記) 26, 33, 373, 451, 454

동유열(東遊熱) 31, 366
동환(東丸) 324
디스커버리(Discovery)호 96

ㄹ

레이-오스본함대 사건 119, 123
류큐삼책(琉球三策) 334
류큐처분(琉球處分) 294, 336, 448

ㅁ

마조(媽祖) 304
만국공법(萬國公法) 34, 73, 75, 116, 239, 268, 454, 460, 463
만국박람회 219, 288
메이지유신 25, 28, 29, 264, 287, 288, 294~296, 301, 303, 305, 319, 326, 344~346, 350, 354, 364, 365, 385, 391, 395, 409, 410, 412, 447, 452, 460
면화화약(棉花火藥) 66, 108, 131, 137~139, 141
명치환(明治丸) 377, 441
모니터(Monitor)호 72
문자선(蚊子船) 121~125, 127, 128, 130, 149~158, 162, 165, 238, 274, 275, 349, 457
미국(花旗)호 40
미쓰비시(三菱)공사 289, 318
미일친선조약(美日親善條約) 323
미첼(Mitchell) 조선소 127, 128, 152, 159, 176, 180

ㅂ

버지니아(Virginia)호 72
벌링게임 사절단 57, 60~62, 70, 75, 79, 85, 94, 99, 101, 104, 271, 272
벌링게임조약(蒲安臣條約) 234, 261, 265
베르아일(Belleisle)호 179
보불전쟁 70, 172, 230, 302
복뢰(伏雷) 185, 247
복주선정국(福州船政局) 43, 89, 137, 144, 152, 153, 165, 185, 189, 199, 201, 202, 204, 206, 215, 221, 330
복주선정학당(福州船政學堂) 23, 165, 200, 214, 215, 220, 222, 224, 228, 232, 276, 277, 330, 406, 410
복파(伏波)호 421
복해(福海)호 392
부사(富士)호 361, 413, 418
부사산환(富士山丸) 324
부상(扶桑)호 131, 149, 158, 331, 338, 340, 346~349, 361
북경(北京)호 76
북경성(北京城)호 289
북경조약 261
북양수사(北洋水師) 119, 154, 156, 159, 160, 191, 220, 225, 231, 232, 238, 240, 248, 275, 277, 278, 353, 358
북양수사학당(北洋水師學堂) 191, 220, 232
북양해군(北洋海軍) 7, 22, 119, 127, 156, 185, 193, 194, 240, 262, 267, 268, 275, 277, 341, 355, 356, 358, 361, 366, 436, 449
불칸(Vulcan) 조선소 163, 167, 171, 176, 178, 181, 182, 184, 190, 192~194, 196, 197, 224, 231, 246, 276, 353
불템베르그(Wurtemberg)호 176
비어(飛魚) 54, 89
비예(比睿)호 149, 158, 331, 346
비운(飛雲)호 215, 421
비정(飛霆)호 131
비홍(飛鴻)호 422
빈춘 사절단 52, 79, 85, 92, 93, 172, 173, 272

ㅅ

사무다조선창(Samuda Bros, Poplar) 347
사쓰에이(薩英)전쟁 345
삭슨(SMS Sachsen)호 181
산성환(山城丸) 410
삼경함(三景艦) 359~361
삼구통상대신(三口通商大臣) 37, 80
삼빈(森賓)호 324
상선(商船)학교 32, 33, 376~379, 393, 422, 437~442, 444, 445, 450, 453
상전(商戰) 235, 266, 267
서유기(西遊記) 17, 33, 454
서학중원설(西學中原說) 84, 255, 259, 365, 374, 461
선등환(先登丸) 326
선야설(宣夜說) 95
선정(船政) 105~107, 201, 214, 215, 236, 260, 274, 460
성성(成城)학교 413~415, 425~432, 434, 435, 440, 442, 453
성성학교 입학사건 427, 428
세이난전쟁(西南戰爭) 291, 350
송도(松島)호 359~361
송뢰(送雷) 247
쇄국정책 285, 304, 314, 323, 332, 345
수뢰(水雷) 65, 72, 77, 108, 109, 120, 122, 131, 136~140, 143, 158, 166, 170, 184, 198, 206, 208, 209, 221, 244, 246, 247, 278, 344, 346, 380, 420
수사아문(水師衙門) 225
수산(水産)학교 32, 363, 376, 450
수산강습소(水産講習所) 377~379, 393
수산전습소(水産傳習所) 378, 379
수신사(修信使) 292, 303, 316, 335, 463
수에즈운하(Suez Canal) 42, 45, 46, 52, 57, 70~72, 99~102, 161, 249, 250, 254, 272, 273, 456, 462
순마(須磨)호 361
숭후 사절단 70, 72, 75, 78, 79, 85, 88, 93, 272
스카모(巢鴨) 교도소 399, 400
신벽(新璧)호 421
신주(神州) 94, 253, 254
신진(新珍)호 421
신축조약 366
신판중화회관(神阪中華會館) 309
신해혁명 16, 417, 422, 430, 435, 442, 445, 446, 453
신호환(神戶丸) 318

ㅇ

아메리카호 76
아편전쟁 14, 16, 18, 38, 39, 41, 79, 87, 261, 271, 300, 304, 322, 323, 454
알파벳 함대(Alphabetical Fleet) 128, 274
암스트롱(Armstrong) 공사 123, 124, 127, 128, 135, 140, 141, 145, 152, 156, 158, 160, 163, 192, 198, 274
앨라배마(Alabama)호 사건 73, 116
양무(揚武)호 89, 215, 330
양무운동(洋務運動) 15, 18, 22, 24, 25, 32, 33, 56, 78, 87, 119, 121, 171, 182, 240, 241, 269, 270, 329, 366, 367, 386, 406, 419, 435, 453, 459, 461
양위(揚威)호 124, 157~162, 180, 186, 193, 231, 275, 340, 356
양이론(攘夷論) 323
양자(揚子)호 169
어뢰(魚雷) 65, 66, 108, 131, 133, 136~140, 162, 170, 184, 185, 187, 197, 208, 231, 244, 246~248, 278, 331, 346, 457
어정(漁政) 105, 274, 392, 460
얼러트(Alert)호 96
엄도(嚴島)호 359, 360, 440
연병처(練兵處) 432, 438, 440
연해칠성어업공사(沿海七省漁業公司) 392

영양(永翔)호 422
영풍(永豊)호 422
영해주권(領海主權) 392
예비입헌 29, 401, 424
예포(藝圃) 201
오대신출양(五大臣出洋) 78, 395
오리온(Orion)호 179
올리펀트 형제공사(The Olyphant Brothers) 41
요·순·우·탕·문·무·주·공(堯舜禹湯文武周孔) 237, 256
요코스카제철소(横須賀製鐵所) 325, 326
요코하마제철소(横濱製鐵所) 325
용기(龍旗) 57, 160, 293, 318, 333
용단(龍湍)호 421
용양(龍驤)호 128, 328, 330
용전(龍田)호 361, 418
우공이산(愚公移山) 70, 273, 462
울리치 병기공장(The Royal Arsenal at Woo-liwich) 109, 132, 133, 137, 138
월도환(月島丸) 377
유레카(Eureka)호 42
유미유동(留美幼童) 사업 199, 202, 290
유흥태호(裕興泰號) 308
윤선초상국(輪船招商局) 288
응서(應瑞)호 421
이와쿠라 사절단 76, 462
인플렉시블(HMS Inflexible)호 179~181
임오군란 28, 162, 226, 275, 339, 343, 355, 449

ㅈ

자딘(Jardine)호 39
장풍(長風)호 421
적현(赤縣) 94, 253, 254
전당포(前膛炮) 126, 127, 132, 134, 135, 148, 216
전학당(前學堂) 200~202, 204, 222
정발호(鼎發號) 313
정원(定遠)호 21, 163, 176, 353, 360
정원(靖遠)호 163, 191, 358
정태양포호(鼎泰洋布號) 313
정한론(征韓論) 332
제국항로(帝國航路) 249, 455
제안(濟安)호 205
제원(濟遠)호 21, 163, 176, 186~193, 197, 243, 276, 353, 356
조사시찰단 374, 396, 401, 416, 443
조양환(朝陽丸) 324
조일수호조규(朝日修好條規) 332
조일환(朝日丸) 405
조화(肇和)호 421
주비설(周髀說) 95
주판해군사무처(籌辦海軍事務處) 420, 421, 423, 452
중국계연일본도(中國界連日本圖) 301
중체서용론(中體西用論) 84, 365, 374, 416, 461
중화의장(中華義莊) 309, 312
지구도(地球圖) 51, 52, 63, 94
지리인종설 257, 259, 461
진남(鎭南)호 154
진동(鎭東)호 154
진무(振武)학교 427, 429~434, 453
진변(鎭邊)호 154, 277
진북(鎭北)호 154, 277
진서(鎭西)호 154
진원(鎭遠)호 21, 163, 176, 181, 182, 184, 186~191, 196, 197, 231, 243, 246, 275, 353, 356, 358~360, 427
진위(振威)호 215
진중(鎭中)호 154, 277

ㅊ

차이나(China)호 43, 44, 58, 59, 61
천대전환(千代田丸) 326
천세환(千歲丸) 287

천진교안(天津教案) 14, 69, 79, 80, 272
천진수사학당(天津水師學堂) 277, 440
천진조약 56
청말신정(淸末新政) 29, 32, 33, 78, 176, 394, 395, 401, 406, 413, 424, 450, 453, 459, 460
청일수호조규(淸日修好條規) 25, 288, 308, 312, 328, 332
청일전쟁 16, 22, 24~27, 29, 32, 33, 117, 119, 196, 242, 268, 269, 277, 278, 313, 314, 318~320, 331, 333, 342, 343, 345, 353, 356, 357, 360, 361, 364~368, 382, 387, 403, 409, 416, 417, 423, 427, 435, 436, 447, 449~451, 458, 460
청휘(淸輝)호 110, 330, 349, 350
체전(掣電)호 131
초용(超勇)호 124, 157~162, 180, 186, 193, 231, 275, 277, 340, 356
총리아문(總理衙門) 46, 81, 82, 84, 103, 118, 121, 123, 125, 148, 149, 155, 189, 200, 202, 241, 261, 264, 265, 334, 335, 337, 340, 342
총리해군사무아문(總理海軍事務衙門) 355
총해방사(總海防司) 125, 238
춘일(春日)호 311
출사대신(出使大臣) 7, 14~21, 24~28, 33, 34, 71, 72, 82, 85, 87, 88, 103, 117, 118, 122, 127, 134, 140, 149, 165, 169, 180, 211, 240, 246, 249, 250, 254, 273~276, 291, 295, 298, 302, 332, 339, 361, 447, 449, 454, 456~459, 461~463
출사일기(出使日記) 7, 15, 27, 34, 90, 104, 117, 241, 242, 248, 250, 254, 256, 462
측해규려(測海窺蠡) 40
치원(致遠)호 141, 163, 175, 191~193, 243, 358~360

ㅋ

크루프 대포 22, 76, 165, 172, 173, 175, 194, 197, 245, 344
크루프(Krupp) 공사 22, 151, 167, 171~175, 178, 194, 197, 198, 227, 243, 245, 276

ㅌ

타뢰(拖雷) 136
태기호(泰記號) 313, 318
통신사(通信使) 292, 299, 300, 303, 315
트라반코르(Travancore)호 88
트라팔가 해전(Battle of Trafalgar) 211

ㅍ

파리코뮨 15, 56, 69, 70, 85
팔도(八島)호 361
팽쾌선(碰快船) 122, 124
평향매광(萍鄉煤礦) 387
폐번치현(廢藩置縣) 342, 371
포대선견(炮大船堅) 65

ㅎ

한야강철창(漢冶鋼鐵廠) 387
함임환(咸臨丸) 324, 325
해경청(海鏡淸)호 154
해국일본(海國日本) 26~28, 33, 285, 302, 358, 449, 450, 460, 463
해군경(海軍卿) 327, 417
해군구(海軍區) 327, 418
해군대신(海軍大臣) 420, 423, 452
해군병(海軍兵)학교 377, 417, 436~438, 441~443, 445, 453
해군성(海軍省) 327, 340, 417, 421, 437, 438, 444, 445, 453
해군전습소(海軍傳習所) 324, 325
해군조련소(海軍調練所) 201
해군총제(海軍統制) 423

해금(海禁)정책 260, 261, 269, 278, 285, 304, 454
해기(海圻)호 176, 423
해룡(海龍) 55
해방대논쟁(海防大論爭) 83, 119, 120, 146, 172, 329, 340, 448
해방영무처(海防營務處) 239
해방육사(海防六事) 81
해방총서(海防總署) 125
해안(海安)호 292, 293, 333
해외삼신산(海外三神山) 284
해침(海琛)호 160, 196
행뢰(行雷) 247
헌트러스(Huntress)호 41
현해환(玄海丸) 296
호리카와노(掘川) 감옥 400
호산학교(戶山學校) 411, 412, 414, 415, 429, 434
호상(護商)함대 267
호위(虎威)호 128
호치키스(Hotchkiss) 기관포 141, 338
혼천설(渾天說) 95
화교(華僑)정책 25, 259~261, 263, 264, 266, 269, 462
화기(花旗) 57
화이트헤드, 로버트(Robert Whitehead) 136, 137, 184, 247
황학(黃鶴)호 168
회천환(回天丸) 324
후당포(後膛炮) 72, 132, 134, 135, 148, 159, 170~172, 174, 216, 227, 246
후아스카(Huáscar)호 115
후학당(後學堂) 200~202, 204, 220, 277

# 인명 찾아보기


ㄱ

강명(姜鳴) 21, 23, 156
강무지(江懋祉) 205, 207, 221
고후혼(顧厚焜) 78, 296, 343
공친왕(恭親王) 124, 165, 329
곽서규(郭瑞珪) 222, 223
곽숭도(郭嵩燾) 15, 16, 18~21, 27, 45, 72, 78~91, 96~99, 101~106, 108~111, 115, 116, 122, 127, 129~135, 137~141, 147, 149, 153, 159, 166, 174, 203, 205, 206, 209~212, 214, 216~219, 222, 226, 229, 230, 232, 240, 242, 249, 256~259, 261, 263, 270, 273~275, 278, 291, 321, 335, 339, 347~352, 449, 456, 461
관갱린(關賡麟) 373
광영(廣英) 46
구국안(裘國安) 222, 223
기조희(祁兆熙) 39, 43, 44, 271, 290
김기수 316, 317

ㄴ

나삼(羅森) 26, 286, 310, 319
나진록(羅臻祿) 212, 222, 223, 277
나진옥(羅振玉) 370, 371, 377, 381, 388, 399, 417, 426, 450
나풍록(羅豊祿) 204, 205, 223
네어스(George Strong Nares) 96
넬슨(Horatio Nelson) 제독 211
능문연(凌文淵) 376, 378, 385, 389~391, 396, 400

ㄷ

다카시마 슈한(高島秋帆) 322
다카후지 요시로(高藤吉郎) 408
단방(端方) 425
대홍자(戴鴻慈) 176, 380
덕명(德明) 46
데라지마 무네노리(寺島宗則) 334
도리침(圖理琛) 38
도요토미 히데요시(豊臣秀吉) 284, 308, 333
등세창(鄧世昌) 160, 161

ㄹ

랑, 윌리엄(W. M. Lang, 琅威理) 124, 193, 356
래(John Rae) 97
레마이어(C. Lehmeyer) 227~229
레셉스, 페르디낭(Ferdinand Marie Vicomte de Lesseps) 70, 71, 99~102
레이(Horatio Nelson Lay, 李泰國) 119, 123
렌델, 조지(George Rendel, 倫道爾) 124, 126, 157
리드(Sir Edward Reed) 143, 347
리처드, 티모시(Timothy Richard, 李提摩太) 406
리치, 마테오(Matteo Ricci) 40

ㅁ

마가리(Augustus R. Magary, 馬嘉理) 82, 83, 128, 165, 203, 259
마건충(馬建忠) 109, 204~206, 223~226, 277
마유원(馬幼垣) 21
맥클린톡(Francis Leopold McClintock) 98
메카트니(Halliday Macartney, 馬格里) 83, 87, 88, 90, 104, 105, 113, 116, 150~152
모리 아리노리(森有礼) 336, 346
무전손(繆荃孫) 374, 377, 378, 415, 438
문상(文祥) 81

ㅂ

방백겸(方伯謙) 205, 207~210, 215, 221
방연년(方燕年) 373
번수의(樊守義) 38
벌링게임, 앤슨(Anson Burlingame, 蒲安臣) 14, 56
범석붕(范錫朋) 307, 310
변장승(卞長勝) 222, 227~230, 436
봉의(鳳儀) 46, 83
브라운(H. Octavius Brown, 博郎) 140, 142~147
브란트(Max August Scipio von Brandt) 179
비스마르크(Otto Eduard Leopold von Bismarck) 171, 226
빈춘(斌椿) 14, 20, 39, 45~50, 52~57, 68, 88, 110, 172, 173, 271, 272, 292

ㅅ

사네토 케이슈(實藤惠秀) 30
사련표(査連標) 227, 230
사이고 다카모리(西鄉隆盛) 410
사이온지 긴모치(西園寺公望) 367
사청고(謝淸高) 38
사쿠마 쇼잔(佐久間象山) 323
살진빙(薩鎭冰) 205~209, 221, 416, 420, 423, 442, 446, 452
서건인(徐建寅) 21, 164, 167~169, 171, 174~183, 185, 230, 275, 276
서계여(徐繼畬) 253, 297
서복(徐福) 284
서수(徐壽) 168
석대산(釋大汕) 38
성선회(盛宣懷) 387, 388, 393, 394, 402, 451
손가곡(孫家谷) 56, 57, 64
손문(孫文) 14
손전방(孫傳芳) 430
순친왕(醇親王) 355
숭후(崇厚) 14, 37, 56, 69, 73, 75, 80, 85, 86, 109, 272
쉬리허(Viktor Ernst Karl Rudolf von Scheliha) 120
심보정(沈葆楨) 125, 154, 162, 199~203, 300, 329, 349, 410
심익청(沈翊淸) 33, 398, 409~413, 419, 452
쌍도(雙燾) 398, 415, 426

ㅇ

아오키 슈조(青木周藏) 352, 353, 428
암스트롱, 윌리엄(William George Armstrong) 127
양덕명(楊德明) 227, 230
양병년(梁炳年) 212, 214, 222, 224
양성(梁城) 420
양염신(楊廉臣) 212, 222, 231
양용림(楊用霖) 161
양추(楊樞) 432, 440
양태계(楊泰階) 379, 397, 434
양풍(楊澧) 373
언혜(彦慧) 46
엄복(嚴復) 23, 108, 198, 206~213, 215~221, 277, 459
엄수(嚴修) 373, 380, 383, 390, 396, 398, 399, 403, 417
여서창(黎庶昌) 26, 27, 83, 85, 98, 109, 133, 134, 137, 138, 235, 294, 302, 303, 339~341, 343, 350, 366, 372, 414, 447
여진흥(余振興) 442, 444
여패분(呂珮芬) 374, 380, 381, 431, 432, 434
여휴(余璿) 307
염석산(閻錫山) 430
엽전삭(葉殿鑠) 223, 231
엽조규(葉祖珪) 205~207, 221, 277
오덕장(吳德章) 212, 213, 221~223, 231
오스본(Captain Sherard Osborn, 阿思本) 119

오여륜(吳汝綸) 235, 339, 363, 372~374, 381, 396, 398, 399, 428, 450
오정방(伍廷芳) 357
오진린(吳振麟) 421
오쿠마 시게노부(大隈重信) 219
오쿠보 도시미치(大久保利通) 329
오학장(吳學鏘) 223
와트, 제임스(James Watt) 105
왕가검(王家儉) 21, 23, 155
왕경희(王景禧) 403, 415, 427, 429
왕계방(王桂芳) 223
왕극민(王克敏) 440
왕대섭(汪大燮) 428
왕대해(王大海) 38
왕도(王韜) 14, 20, 26, 39, 44~46, 132, 271, 272, 302, 364, 447
왕득승(王得勝) 227~230
왕보평(王宝平) 30, 33, 302
왕봉조(汪鳳藻) 26, 27, 345, 365, 447
왕붕(汪鵬) 286
왕승영(王承榮) 227
왕지춘(王之春) 26, 27, 300~303, 306, 308, 312, 316, 337, 364, 409, 447
왕효추(王曉秋) 27, 31, 285, 287, 294~296, 323, 343, 365, 385
요문동(姚文棟) 33, 341~343, 409
요붕도(姚鵬圖) 395, 399, 405
요석광(姚錫光) 369, 381
용굉(容閎) 14, 39, 41~44, 46, 76, 87, 99, 141, 199, 271, 272, 291, 351
우에노 가게노리(上野景范) 149, 150, 152, 346~349, 351, 352
원세개(袁世凱) 366, 373, 382, 385, 386, 416, 424, 425, 430, 433
원우춘(袁雨春) 227, 230
웨이드(Tomas Wade, 威妥瑪) 104, 121, 203
웹(Captain Mathew Webb) 117
위원(魏源) 297
위한(魏瀚) 202, 204, 221~223, 231, 277
유강(裕康) 367
유곤일(劉坤一) 370, 384
유무훈(劉懋勳) 222, 223
유방포(劉芳圃) 227, 230
유보섬(劉步蟾) 138, 191, 202, 205, 206, 208, 220, 221, 231, 277
유서분(劉瑞芬) 21, 193, 232, 240, 275, 352
유석홍(劉錫鴻) 20, 83~86, 106, 107, 113, 133, 134, 137, 138, 141~148, 166, 170, 230, 257, 270, 291, 335, 348~351, 353
유수갱(劉壽鏗) 307
유학순(劉學洵) 382, 383, 395
윤덕상(尹德翔) 17, 20, 147
이경방(李經方) 26, 27, 345, 359, 447
이규(李圭) 26, 39, 51, 61, 69, 71, 75~78, 94, 174, 239, 271, 288~290, 305, 308, 311, 447
이봉포(李鳳苞) 21, 84, 85, 96, 134, 135, 139, 153, 158, 162, 163, 165~171, 174~176, 179, 180, 182, 183, 185, 186, 188~191, 196, 203~206, 209, 210, 212, 220, 222, 228, 231, 247, 275, 276, 352, 353
이소포(李筱圃) 26, 27, 283, 295~297, 313, 319, 339, 343, 364, 447
이수전(李壽田) 212, 221
이열균(李烈鈞) 430, 432, 433
이준지(李濬之) 386, 388, 389, 397, 401, 419
이토 히로부미(伊藤博文) 219, 336
이홍장(李鴻章) 21, 25, 28, 82, 84, 108, 119~125, 127, 128, 130, 131, 135, 137, 139, 140, 147~149, 151~163, 165~167, 169, 172, 174, 178~180, 182~191, 193, 199, 200, 202, 203, 211, 220, 225~229, 231, 235, 238~240, 245, 261, 275, 277, 278, 291, 294, 295, 329, 330, 333, 336, 349, 352, 353, 356, 357,

372, 382, 387, 436
임경승(林慶升) 221, 223
임여요(林汝耀) 215
임영계(林穎啓) 205, 207, 208, 221
임영승(林永升) 205, 207, 215, 221, 277
임이유(林怡游) 221~223, 231, 277
임일장(林日章) 221
임조(任照) 223
임칙서(林則徐) 253, 353
임침(林鍼) 14, 39~41, 44, 46, 76, 87, 271, 272
임태증(林泰曾) 160, 161, 191, 202, 205, 208, 215, 220, 221, 231, 277

ㅈ

장가명(蔣嘉名) 413
장개석(蔣介石) 430
장건(張謇) 37, 383~387, 388, 390~393, 429, 451
장계정(張啓正) 223, 231
장국계(張國桂) 414
장금생(張金生) 222, 223
장대용(張大鏞) 413
장덕이(張德彝) 14, 20, 37, 39, 46~58, 60, 63~65, 67~70, 74, 75, 78, 80, 83, 85, 86, 87, 93~95, 97, 106, 107, 109, 113, 129, 134, 137, 138, 140, 141, 172, 173, 206, 229, 230, 257, 271, 272, 290, 348, 350, 351
장사계(張斯桂) 27, 291, 292, 300, 364
장사돈(章斯敦) 161
장유조(張裕釗) 235, 339, 372
장익풍(蔣益澧) 261
장조동(張兆棟) 81
장주(張籌) 214
장지동(張之洞) 137, 245, 267, 342, 366, 368~371, 384, 386, 415, 437, 438
장초영(蔣超英) 205, 208, 215, 221, 277
장초전(張楚傳) 296
장패륜(張佩綸) 238
재순(載洵) 32, 420, 421~423, 446, 452
재택(載澤) 380, 430
재풍(載灃) 420
전덕배(錢德培) 33, 170, 176, 177, 182, 188, 231, 413, 414
정보정(丁寶楨) 169
정성공(鄭成功) 304
정손아(程遜我) 38
정여창(丁汝昌) 160, 161, 231, 262, 356, 358~360
정육(程淯) 403, 406, 434
정은배(程恩培) 413, 414
정일창(丁日昌) 81, 120, 162, 165, 190, 199, 200, 202, 203, 245, 261
정청렴(鄭淸濂) 222, 231, 277
정홍신(丁鴻臣) 33, 398, 408~413, 417, 418, 424, 452
종숙하(鍾叔河) 7, 15, 18, 26, 27, 31, 147, 335
좌병륭(左秉隆) 261, 264
좌상종(左湘鍾) 368, 375, 397, 401, 442, 443
좌종당(左宗棠) 200, 201, 330, 387
주복(周馥) 191, 385
주요채(朱耀彩) 227~230
주학희(周學熙) 383, 385~388, 426, 438
증국번(曾國藩) 42, 43, 149, 168, 199, 235, 240, 372, 387
증기택(曾紀澤) 20~22, 27, 84, 86, 90, 92, 100, 139, 149~153, 159, 160, 163, 174, 183, 190~193, 219, 226, 232, 238, 240, 243, 249, 259, 261, 263, 275, 278, 335, 352, 353
지강(志剛) 14, 20, 39, 56~60, 62~70, 74, 94, 104, 271, 272
지정전(池貞銓) 221, 223

지켈(Prosper Marie Giquel, 日意格) 121, 139, 150, 152, 160, 201~206, 209, 221
진가린(陳家麟) 303, 343
진가회(陳可會) 222~224, 231
진계동(陳季同) 202, 204, 205, 210, 211, 221, 223, 231
진곡(陳穀) 371
진금종(陳金鍾) 260
진도화(陳道華) 405
진란빈(陳蘭彬) 291
진림장(陳林璋) 222
진실여(陳室如) 17, 19
진열(陳悅) 21, 23, 156
진윤형(陳倫炯) 297
진조고(陳兆翱) 202, 204, 221, 222, 231, 277

ㅊ

채국상(蔡國祥) 89
채국희(蔡國喜) 89
채균(蔡均) 88, 427, 428
채악(蔡鍔) 430
채정란(蔡廷蘭) 38
척계광(戚繼光) 292
추연(鄒衍) 63, 94, 253, 254, 273

ㅋ

캠벨(James D. Campbell, 金登幹) 102, 124, 128, 140, 144, 150, 152, 156, 158, 189
크루프, 알프레드(Alfried Felix Alwyn Krupp) 171

ㅍ

페리(Matthew Calbraith Perry) 286, 310, 323
풍청(馮青) 21, 23, 29, 32, 421, 445, 446
프라이어, 존(John Fryer, 傅蘭雅) 165, 168, 253
플랭클린(John Franklin) 97, 98

ㅎ

하심천(何心川) 205, 207, 220, 221
하크, 루돌프(Rudolph Haack) 176
하트, 로버트(R. Hart, 赫德) 14, 21, 46, 78, 102, 121~125, 127, 128, 140, 142, 148, 151, 152, 154~158, 162, 165, 166, 172, 180, 183, 186, 188, 189, 196, 238, 239, 271, 275
한국균(韓國均) 375, 387, 388, 430
항문서(項文瑞) 373
해밀턴(Blair Hamiltan) 128
허경징(許景澄) 21, 22, 163, 186, 189~197, 243, 246, 275, 276, 343
헉슬리, 토마스(Thomas Huxley) 220
헤일즈(Stephen Hales) 105
혁흔(奕訢) 81
현장(玄奘) 37
호선택(胡璇澤) 261
호유덕(胡惟德) 436, 445
화이트, 윌리엄(William White) 163, 187
황건훈(黃建勛) 205, 207, 208, 221
황경(黃璟) 368, 382, 383, 398, 399
황경징(黃慶澄) 27, 299, 303, 318, 319, 365, 447
황관(黃寬) 41
황승(黃勝) 41
황준헌(黃遵憲) 26, 27, 263~265, 269, 278, 285, 291, 300, 301, 305, 306, 314, 316, 323, 328, 335, 342, 343, 354, 364, 443, 447
후쿠시마 야스마사(福島安正) 430, 431
힐리어(Walter Caine Hilleir) 83, 87, 96

## 책명 찾아보기


ㄱ

각국수사포법(各國水師炮法) 194
갈라파기략(噶喇吧紀略) 38
갑진제이차동유일기(甲辰第二次東遊日記) 373
계유동유일기(癸酉東遊日記) 383, 384
고찰농무일기(考察農務日記) 383
고찰상무일기(考察商務日記) 382
고찰정치일기(考察政治日記) 380, 430
관찬지서(官撰地書) 343
교육사(教育史) 371
교육세계(教育世界) 371
교육행정(教育行政) 371
구가기경(漚舸紀經) 198, 212
구미환유기(歐美環游記) 57, 60
구서일사(歐西日史) 212, 213
구유수필(歐游隨筆) 170
구유잡록(歐游雜錄) 21, 164, 169, 170, 179
권학편(勸學編) 368, 370
극로백포병약법(克虜伯炮餅藥法) 165
극로백포설(克虜伯炮說) 165
극로백포준심법(克虜伯炮准心法) 165
극로백포탄조법(克虜伯炮彈造法) 165

ㄷ

담영록(談瀛錄) 300, 337, 364, 409, 442
동사견문록(東槎聞見錄) 303, 343
동양쇄기(東洋瑣記) 300
동영관병기사(東瀛觀兵紀事) 413
동영소식(東瀛小識) 415
동영열조일기(東瀛閱操日記) 408, 410
동영참관학교기(東瀛參觀學校記) 374, 380, 431
동영학교거개(東瀛學校學概) 369, 370, 381
동우쇄기(東隅瑣記) 386, 419
동유일기(東游日記) 29~33, 299, 300, 303, 318, 365, 369, 372, 375, 376, 379, 383, 386, 388, 392, 405, 406, 409, 410, 413, 414, 428, 430, 434, 438, 450, 451, 460
동유총록(東游叢錄) 363, 372~374, 381
동행일기(東行日記) 290

ㅁ

마씨문통(馬氏文通) 225
만유수록(漫遊隨錄) 45

ㅂ

방해신론(防海新論) 120
법국해군직요(法國海軍職要) 225
병오일본유기(丙午日本游記) 406
병요일본지리소지(兵要日本地理小誌) 342
부상일기(扶桑日記) 370
부상팔백음(扶桑八白吟) 405
북양해군장정(北洋海軍章程) 277, 358
북양해방수사장정(北洋海防水師章程) 238

ㅅ

사기(史記) 94
사덕일기(使德日記) 21, 166, 167, 169, 180, 352
사동술략(使東述略) 292, 294, 298, 301, 303
사동잡영(使東雜詠) 303
사서기정(使西紀程) 103
사술기(四述奇) 129
서유일록(西游日錄) 212, 214
서학동점기(西學東漸記) 41

서해기유초(西海紀游草) 39, 40
서행과기(西行課紀) 212
선정지학법(船政之學法) 215
수사법국기(隨使法國記) 37, 70, 74, 272
수사영아기(隨使英俄記) 80, 86
수사조련(水師操練) 168
수해편(袖海編) 286
승사필기(乘槎筆記) 47, 272, 292
신가파설립영사편(新加坡設立領事片) 261
신견록(身見錄) 38
실업계지칠십일(實業界之七十日) 375
약암동유일기(篛盦東遊日記) 376, 385
영국선정소사(英國船政小史) 214
영주관학기(瀛洲觀學記) 373
영초일기(英軺日記) 86
영환지략(瀛環志略) 297, 299
외국사선도표(外國師船圖表) 195
우재동유일기(愚齋東遊日記) 388
유력일본도경(游歷日本圖經) 297, 343
유력일본도경여기(游歷日本圖經餘記) 343, 344
유미주일기(遊美洲日記) 43
유일본학교필기(游日本學校筆記) 373
육군학생분반유학장정(陸軍學生分班游學章程) 432
윤돈여파려일기(倫敦與巴黎日記) 86
윤선포진(輪船布陣) 168
이역론(異域錄) 38
일경죽지사(日京竹枝詞) 405
일본각학교장정(日本各學校章程) 369
일본국지(日本國志) 264, 285, 315, 317, 318, 323, 328, 336, 342, 343, 354, 364, 443
일본기유(日本紀遊) 283, 295, 296, 339
일본무학병대기략(日本武學兵隊紀略) 413
일본보통학무록(日本普通學務錄) 373
일본신정고(日本新政考) 296, 343
일본일기(日本日記) 26, 286
일본지도(日本地圖) 301
일본지리병요(日本地理兵要) 342, 343, 409
일본학교도론(日本學校圖論) 373
일유회편(日游滙編) 374, 377, 438
임인동유일기(壬寅東遊日記) 373

ㅈ

재제국해군청국학생교육규정(在帝國海軍清國學生教育規程) 444
조선책략(朝鮮策略) 335
조의해방사의(條議海防事宜) 81
조진해군사의소(條陳海軍事宜疏) 195
조청상민수륙무역장정(朝淸商民水陸貿易章程) 226
조해군선포응판사의(條海軍船炮應辦事宜) 243
주양추의(籌洋芻議) 236~238, 260
주의해방접(籌議海防摺) 120
주정학당장정(奏定學堂章程) 373
주지조선외교의(主持朝鮮外交議) 335
주진겸관학무정형접(奏陳兼管學務情形摺) 432
중유동영열조기(重游東瀛閱操記) 413
지구도설(地球圖說) 51
지구설(地球說) 50, 51
진서(晉書) 95
진화와 윤리(Evolution and Ethics) 220

ㅊ

창포설(槍炮說) 245
천연론(天演論) 220
천하전도(天下全圖) 96
청국병요지리지(淸國兵要地理志) 342
청국유학생수업규정(淸國留學生授業規程) 439
청국학생관리규정(淸國學生管理規程) 444
청활제구금초래화민소(請豁除舊禁招徠華民疏) 234, 265

초사태서기(初使泰西記) 57, 58, 68, 272
출사구국일기(出使九國日記) 380
출사영법의비사국일기(出使英法義比四國日記) 118, 241
출사일기속각(出使日記續刻) 241
치평육책(治平六策) 235
칠술기(七述奇) 86

ㅌ

태내교육(胎內教育) 371

ㅍ

필기(筆記) 212

ㅎ

항해술기(航海述奇) 47, 48, 50, 56, 94
해국견문록(海國見聞錄) 297, 298
해국도지(海國圖志) 297, 299, 323
해남잡저(海南雜著) 38
해도일지(海島逸志) 38
해록(海錄) 38, 39
해방밀의십조(海防密議十條) 235, 237
해방조의(海防條議) 120
해방팔책(海防八策) 323
해부조선장정(海部造船章程) 182
해외기사(海外紀事) 38
해전신의(海戰新義) 191
환유지구신록(環遊地球新錄) 51, 76, 94, 290